走遍全球 GLOBE-TROTTER TRA

德 国
Deutschlan

日本《走遍全球》编辑室 编著

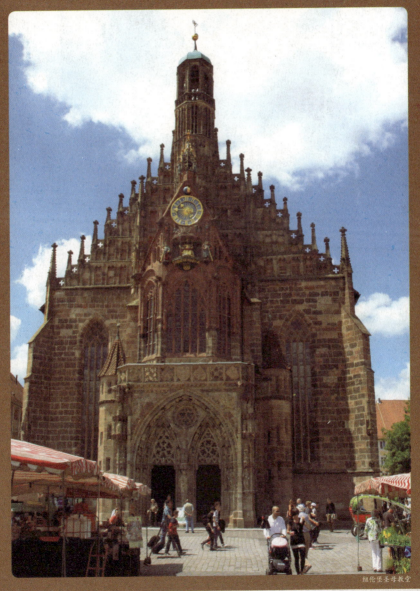

纽伦堡圣母教堂

中国旅游出版社

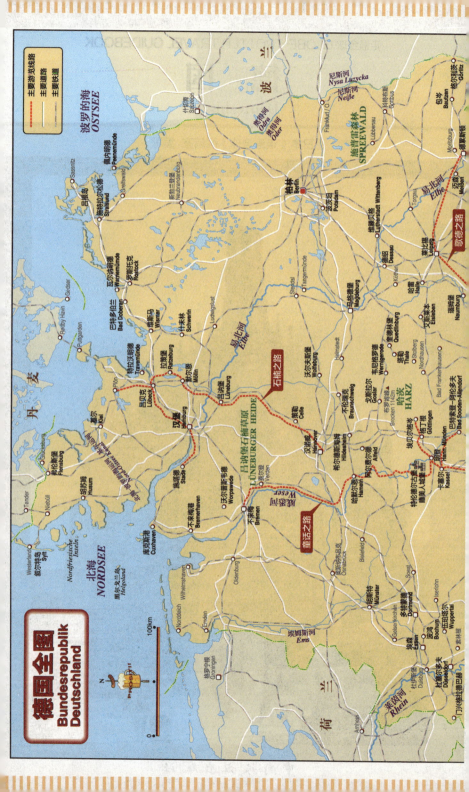

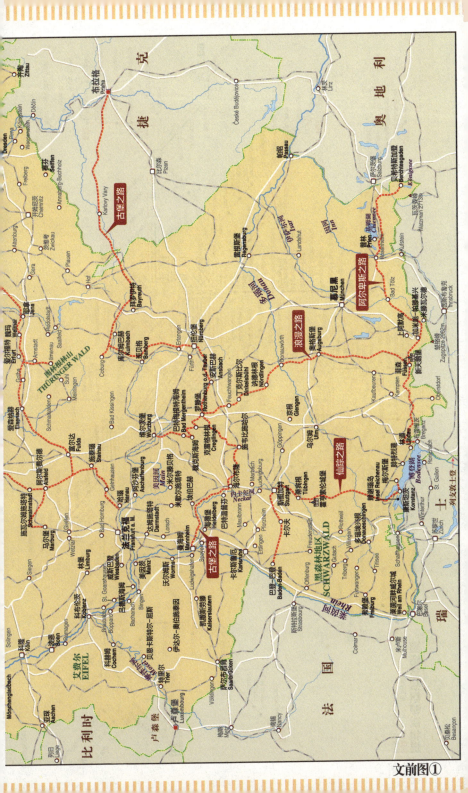

文前图①

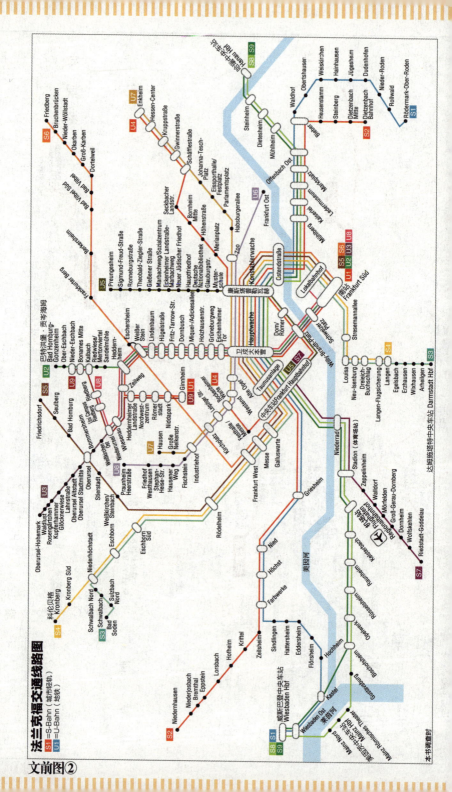

法兰克福交通线路图

文前图②

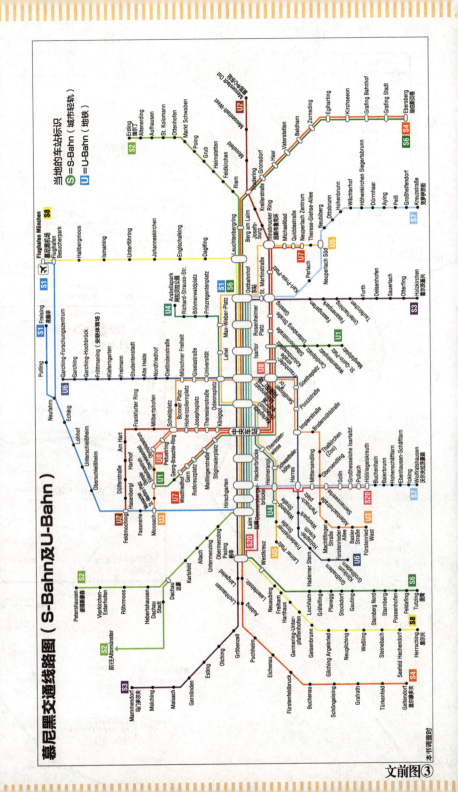

慕尼黑交通线路图（S-Bahn及U-Bahn）

当地的车站标识
S＝s-Bahn（城市轻轨）
U＝U-Bahn（地铁）

本书测量当时

文前图③

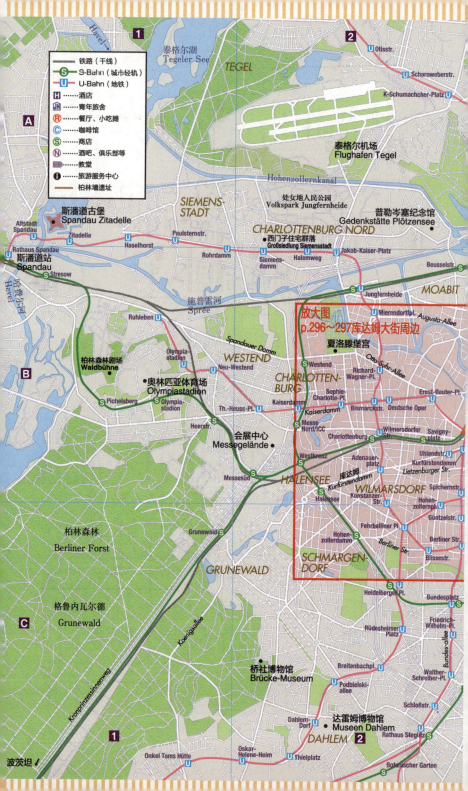

柏林交通线路图

（本书调查时）

※柏林的交通线路图，经常会出现变更，或者是由于施工造成区间性停运等情况。
到当地之后一定要入手一份最新的线路图，确认妥当之后再出行。

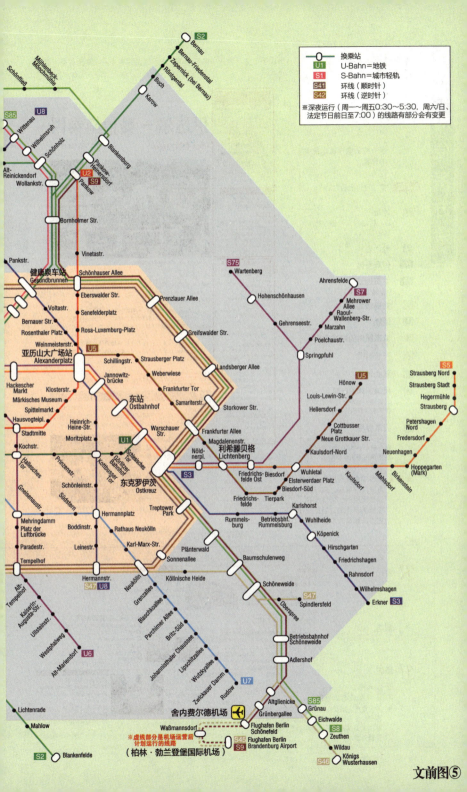

本书使用的符号、简略标记

出现于正文及地图中的符号，❶ 表示旅游服务中心。其他符号，参见以下说明。

所介绍的城市在地图中的位置

ACCESS 前往目的地的方法

🏠 **地址**
D– 后面的 5 位数字表示邮政编码

☎ **电话号码**

FAX **传真号码**

URL **主页地址**
（省略 http://）

🚌 **交通线路**

U **地铁**

S **城市圈内的短途列车**

📅 **开放时间**

🕐 **营业时间**

❌ **闭馆、休业日期**
有些地方省略了对圣诞节及新年前后假期的标注

💰 **门票费用**
想购买学生票的需持有国际学生证（→ p.498），享受年龄优惠的需出示护照

★★★ 本书编辑室评出的景点重要程度等级。旅行时间较紧张时，可将此等级作为参考制订游览计划。三颗星表示最重要

MAP ✦ p.42-B2

人口	28300 人
长途区号	06781

ACCESS
位于美因茨至萨尔布吕肯间的铁路线上，有从拉兰兰克福出发的直达车次。从拉兰兰克福乘坐快车约 1 小时 45 分钟，从美因茨乘车约 1 小时 5 分钟。

伊达尔－奥伯施泰因
Idar-Oberstein
德国宝石之路的中心

市中心的集市广场，附近有 ❶ 及宝石博物馆

从前这里遍产玛瑙、紫水晶，现在商业目的的开采已经停止，但是传统的高级研磨技术仍在世界上占有重要地位。位于市中心的"钻石・宝石交易所"里有来自世界各地的买家。这里还开设有与宝石相关的专门学校，引领着世界宝石产业的发展。

从火车站出来，过马路，沿购物中心之间的道路前行，从百货商场前的广场向右（右侧）延伸的步行街豪普特街 Hauptstr. 便是这座城市的主街道。沿缓缓的下坡路步行 10 分钟左右，就能到这集市广场 Marktplatz。

这里地球上所有种类宝石的的德国宝石博物馆 Deutsches Edelsteinmuseum 以及在笔直的岩壁上悬空而建的岩石教堂 Felsenkirche 都很值得一看。

❶ 伊达尔－奥伯施泰因的旅游服务中心

🏠 Hauptstr. 419 D-55743 Idar-Oberstein
☎（06781）64871
FAX（06781）64878
URL www.idar-oberstein.de
📅 3/15-10/31
　周一～周五　　9:00-18:00
　周六・周日・节日
　　　　　　　　10:00-15:00
　11/1~ 次年 3/14
　周一～周五　　9:00-17:00

● 宝石矿山遗址

位于火车站西北 4 公里处，乘坐 303 路巴士在 Strutwies 下车，步行约 30 分钟可到达供游客参观的巷道入口。巴士每小时只有 1 个车次，因从火车站乘坐出租车更加方便一些。
🏠 edelsteinmine-ide-obestein.de
📅 3/15~11/15 每天 9:00-17:00
　（最晚出坑时间 16:00 出发）
💰 团体票 8，学生 5.50，采集体验费用 10，提前预约 10
🕐 9:00-11:00，12:00-14:00，15:00-17:00 的时间段中选择参加时的时间段为 2 小时。

推荐酒店

🏨 City Hotel Idar-Oberstein
🏠 Otto-Decker-Str. 15 D-55743
☎（06781）50550
FAX（06781）505550
URL www.cityhotel-io.de
S €60 **T** €90
前台按时只在 7:00~11:00 和 16:00~19:00，有免费 WiFi。

伊达尔－奥伯施泰因 近郊景点

宝石矿山遗址 ★★★
Edelsteinminen Steinkaulenberg

这里是欧洲唯一一个可供游客参观的宝石矿山，位于自然保护区内。1870 年前后，传统的采矿业已经衰退，商业目的的开采也已经停止。这里便成了地质学家及宝石爱好者的圣地。可以参加用时约 30 分钟的团体游参观巷道 Besucherstollen（导游使用德语，有英语导览手册）。设有采掘体验区，可以试采宝石（参加体验需提前预约），锤子等工具需要游客自行准备。

戴上安全帽参观巷道的团体游

R **餐厅**

黑星餐厅
Zum Schwarzen Stern

◆ 名字的意思是黑色的星星
　位于罗马广场市政厅的后面，面向广场右侧的大型木结构建筑。这里的招牌是果黑酱，多一同十分时尚的酒店。房间内有客房服务的咖啡、红茶，桌子上享用美食⋯⋯
Frankfurter Teller 是招牌菜⋯⋯

德国菜　　　Map p.53-B3
🏠 Römerberg 6
☎（069）291979
URL www.schwarzenstern.de
🕐 11:30-24:00
❌ 无休
card A D J M V

S **商店**

手工制造
Manufactum

◆ 世界各地的名品杂货大集合
　这里汇集了来自全世界的商品质感⋯⋯房用品、文具、清洁用具⋯⋯不妨亲自上这里逛一逛，选几件适合自己的商品。店内同时设有咖啡厅⋯⋯场刻到的面包⋯⋯不能的⋯⋯

厨房杂货　　　Map p.52-A2
🏠 Bockenheimer Anlage 49-50
☎（069）976931399
URL www.manufactum.de
🕐 周一～周六 10:00-19:00
❌ 周日・节日
card A D M V

H **酒店**

S 单人房
T 双人房或者大床房

※ 酒店费用，如没有特别标注则均表示每间客房的全部费用，其中已包含使用洗手间、淋浴或浴缸的费用以及早餐费、税金、服务费等费用。

施泰根博格尔大都会酒店
Steigenberger Hotel Metropolitan

◆ 中央车站对面的功能性酒店
　酒店位于中央车站北口斜对面，共有 128 间客房，是一同十分时尚的酒店。房间内有客房服务的⋯⋯咖啡、红茶，可以补充维生素。所有客房均配有⋯⋯空调。有免费 Wi-Fi 可供使用（需要向前台索取密码）。

高级酒店　　　Map p.52-B1
🏠 Poststr. 6 D-60329
☎（069）5060700 **FAX**（069）506705555
URL www.steigenberger.com/Frankfurt_Metropolitan
S €150~ **T** €170~
card A D J M V
🚶 从中央车站步行约需 1 分钟

地 图

——Ⓤ——	U 线（地铁）
——Ⓢ——	S 线（城市轻轨）
Ⓗ	酒店
🏠	青年旅舍、面向年轻人的住宿设施
Ⓢ	商店
Ⓡ	餐厅（包括啤酒屋）
Ⓒ	咖啡馆
❶	旅游服务中心

（柏林地图中有与此不一致的地方）

Information
有用信息

Art
艺术专栏

Specialty
名优特产

Festival
节日和节庆活动

读者投稿

🏠	地址
🚋	交通线路
☎	电话号码
FAX	传真号码
URL	主页地址
E-Mail	电子邮箱
🕐	营业时间
📅	休业日期
💳	信用卡
Ⓐ	美国运通卡
Ⓓ	大来卡
Ⓙ	JCB 卡
Ⓜ	万事达卡
Ⓥ	Visa 卡

■关于刊载信息

编辑部尽力确保刊载信息的及时性与正确性，但是当地的规定以及办事程序经常会发生变化，对同一规定也可能会有理解上的歧义。基于以上原因，在本社无重大过失时，对读者因阅读本书而遭受的损失和不便，本社将不承担任何责任。另外，对本书所载的信息、建议等应根据自身情况进行具体的判断并自负全部责任。

■在当地采访及调查的时间

本书根据 2016 年在当地进行的采访及追踪调查的数据编辑而成。但是随着时间的推移，数据与实际情况可能会有出入。尤其是酒店与餐厅的费用，很多时候都会发生变化。所以对本书中的数据应仅作为一种参考，到达当地后应去旅游信息中心获取最新的旅游信息。

■关于投稿

读者的投稿，即便稍有主观色彩，在登载时也会尽量忠实于原文，对文中的数据编辑部会进行追踪调查。

■关于读者优惠

为了让各位读者获得更好的旅行体验，编辑部已恳请本书所载酒店对持有本书的游客给予住宿优惠。对于已经同意的酒店，会标记"读者优惠 10%"。如希望获得读者优惠，应在预订酒店时确认该酒店是否已参加此优惠活动。之后，在办理入住时出示本书及下面的文字。另外，此优惠仅适用于游客直接在酒店预订且使用现金交易时，通过旅行社、酒店预订网站及旅游服务中心等第三方预订则无法享受此优惠。还需注意，在大型活动、节日庆典以及展会举办期间，酒店也不提供此优惠。参加此优惠活动的酒店，均指编辑部在 2016 年进行的调查中获得酒店经理承诺的酒店，此后可能会出现未经通知而取消优惠的情况，请在预订时一定与酒店再次确认。编辑部不对优惠取消及其带来的损失承担责任，敬请悉知。

Dear Manager,

Please be advised that 读者优惠 described beside the name of your hotel means that those tourists carrying this guidebook would be given discount on room rate, which has been agreed or contracted between your hotel and "Globe-Trotter Travel Guidebook-Germany".

走遍全球 GLOBE-TROTTER TRAVEL GUIDEBOOK

德 国

—— Contents

12
特辑 1

德国热门景点

16
特辑 2

聆听只有在这里才能听到的极品音乐

古典音乐
鉴赏指南

18
特辑 3

亲身感受观众上座率世界第一的人气度!

德国职业足球
联赛观战指南

20
特辑 4

匠人们世代传承下来的传统和品质

德国伴手礼
大集合

24
特辑 5

德国美食如此美味!

德国美食全攻略

36
特辑 6

装点四季的节日盛典

德国节庆指南

39
特辑 7

制造浪漫回忆

入住古堡酒店

基本信息

法兰克福与莱茵河、摩泽尔河周边 44
FRANKFURT / RHEINTAL / MOSELTAL

科隆与鲁尔地区 101
KÖLN / RUHRGEBIET

海德堡与古堡之路 129
HEIDELBERG / DIE BURGENSTRAßE

仙踪之路与黑森林 161
DIE FANTASTISCHE STRAßE / DER SCHWARZWALD

浪漫之路 199
DIE ROMANTISCHE STRAßE

旅行的关键词

去德国旅行前记住下列内容，可使旅途变得更加顺畅。

车站 Bahnhof

大城市的主要车站叫作Hauptbahnhof，简称Hbf.。

U-Bahn & S-Bahn

U-Bahn是地铁（部分列车也在地上行驶），S-Bahn是城市轻轨，是大城市的主要交通工具。

集市广场 Marktplatz

城市中心的广场。经常被当作早市、圣诞市场的场地。

市政厅 Rathaus

大多数城市的市政厅都是历史悠久的建筑物，有些还同时设有被叫作Ratskeller的餐厅。

教堂 Kirche

基督教教堂。Pfarrkirche是教区的主要教堂，Dom是主教所在的大教堂。

街道与地址

德语中表示道路的词语"Straße（简称Str.）"与英语中的Stree相同，表示小路的词语是"Gasse（G.）"。地址中首先记入的是街道或者广场的名称，然后是地址编号Hausnummer，地址编号类似于门牌号，通常道路的一侧是单号，另一侧是双号。也有特殊的城市，比如说柏林。

德国旅行的准备与技巧
TRAVEL INFORMATION 497

旅行准备

旅行技巧

国旗

三色旗，自上而下依次为黑色、红色、黄色。

正式国名

德意志联邦共和国
（The Federal Republic of Germany；Bundesrepublik Deutschland）

国歌

《德意志之歌》（Deutschland-Lied）

面积

约35.7万平方公里（与我国云南省39万平方公里比较接近）

人口

约8094万

首都

柏林（Berlin）。人口约342万

总统

弗兰克·瓦尔特·施泰因迈尔（Frank-Walter Steinmeier）

政治体制

联邦共和制。由16个联邦组成，各州都设有独立的州政府，州政府拥有学校、警察、土地使用计划等权限。是欧盟加盟国之一。

民族构成

德意志人占大部分，另外还有索布族人、弗里斯人等少数民族。总人口的10%左右是外籍人。

宗教

基督教（新教和天主教各占一半）

语言

德语。

→旅行用语 p.534

货币和汇率

货币单位为欧元（简称为€、EURO、EUR），辅助通货单位是欧分（CENT）。德语发音分别为"欧尤霍"和"灿特"。€1=100 Cent=7.8307元人民币（2017年9月）。纸币有5、10、20、50、100、200、500欧元共7种面值。硬币有1、2、5、10、20、50欧分（Cent）和1、2欧元共8种面值。

车站内的外币兑换处

自2013年5月开始小额纸币开始陆续更换为新版设计。

1 欧元

2 欧元

5 欧元

10 欧元

20 欧元

50 欧元

100 欧元

200 欧元

500 欧元

1 欧分　2 欧分　5 欧分

10 欧分　20 欧分　50 欧分

→外汇兑换小窍门 p.502
→关于携带的货币 p.502
→旅行预算 p.503

出入境

【签证】

中国内地居民前往德国需要提前办理签证。德国为申根国家，中国游客办理赴德国申根旅游签证，可获得有效期不超过6个月、最长停留时间不超过3个月的签证。

【护照】

有效期在申请逗留期以后至少还有3个月。

→德国出入境 p.498、p.506

1

从中国拨往德国

| 国际电话
识别号码

00 | + | 德国
国家冠码

49 | + | 区域号码
（去掉最前面的0）

×× | + | 对方
电话号码

×××××× |

从德国拨往中国

| 国际电话
识别号码

00 | + | 中国
国家冠码

86 | + | 区域号码
（去掉最前面的0）

×× | + | 对方
电话号码

×××××××× |

如何拨打电话

【德国国内通话】

　　拨打市区内电话不需要拨打区域号码。拨打市外电话时需要从区域号码开始拨号。

【如何使用公用电话】

　　① 拿起话筒。

　　② 将电话卡按照箭头指示的方向插入机器。

　　③ 拨打对方电话号码。

　　④ 通话时显示屏上会显示电话卡内的余额。通话结束后，将话筒放回原位，取出电话卡。

→电话·通信 p.529

→互联网 p.530

从中国飞往德国的航班

　　从中国的北京、上海、广州分别有直飞德国法兰克福或者慕尼黑的航班，飞行时间大约是13小时，主要航空公司有汉莎航空、东方航空、中国国际航空等。

→去往德国的交通方法 p.504

气候

　　德国的冬季十分寒冷。就连南部的城市慕尼黑纬度也比我国的冰城哈尔滨还要高。所以，冬季前往要准备御寒服装，以我国北方的冬季服装为标准。另外降雪较多，准备防水的鞋子会比较方便。夏季虽然偶尔会有酷暑之年，但总体还是比较舒服的，尤其是雨后会比较凉快甚至有些冷，所以即便是夏季也要带好御寒的外套。

→旅行的季节 p.500

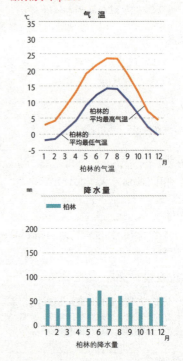

柏林的气温

柏林的平均最高气温

柏林的平均最低气温

柏林的降水量

时差与夏令时

　　德国比中国晚7小时。例如，中国时间为上午7:00，德国则为前一天的深夜0:00。如果在夏令时期间时差则变为6小时。

　　实施夏令时的时间是每年3月的最后一个周日AM2:00（=AM3:00）至10月的最后一个周日AM3:00（=AM2:00）。

营业时间

以下内容为相对普遍的营业时间。根据商铺的不同，营业时间会有 30 分钟至 1 小时的差异。

【银行】

各银行的营业时间略有不同，周一到周五的营业时间为 9:00~12:00 和 14:30~16:00，一般周四营业到 17:30。周六、周日和节假日休息。

【百货商场及商店】

周一~周五的营业时间为 9:00~20:00，周六为 9:00~16:00（大都市及圣诞节期间营业到 18:00）。

【餐厅】

午餐：11:30~14:00，晚餐：17:30~23:00。

节假日（主要节假日）

很多节日都是与基督教相关的，值得注意的是有些节日每年的日期都会有所变化（用 ※ 标注）。另外还有各个州的独立节日（用 ★ 标注）。

节日名称	时间
元旦 Neujahr	1/1
三圣节 Heilige Drei Könige ★	1/6
耶稣受难日 Karfreitag ※	3/30（'18）
复活节 Ostern ※	4/1（'18）
复活节后的周一 Ostermontag ※	4/2（'18）
劳动节 Maifeiertag	5/1
圣灵升天节 Christi Himmelfahrt ※	5/10（'18）
圣灵降临日 Pfingsten ※	5/21（'18）
圣灵降临日后的周一 Pfingstmontag ※	5/27（'18）
圣体节 Fronleichnam ※ ★	5/31（'18）
圣母升天节 Mariä Himmelfahrt ★	8/15
德国统一纪念日 Tag der Deutschen Einheit	10/3
宗教改革纪念日 Reformationstag ★	10/31
圣徒节 Allerheiligen	11/1
忏悔祈祷日 Buß-und Bettag ※ ★	11/21（'18）
圣诞节 Weihnachtstag	12/25、12/26

【准节假日】

多数商店、博物馆和美术馆在 12 月 24 日与 12 月 31 日时会缩短营业时间（仅上午营业），有些甚至会休业。另外，如科隆、杜塞尔多夫等会在狂欢节时举办盛大活动的城市，在狂欢节期间几乎所有美术馆、博物馆都会停止营业。

→主要节庆活动日程 p.38

电源与电压

电压是 230V，频率为 50Hz。电源插头一般都是 C 型，另外也有部分 SE 型的。虽然电压与我国基本相同，但是这种圆柱形的德标插头与我国的标准插头有所不同，所以大部分电器都需要使用转换器。

C 型　　　　插座插口

录像制式

德国的电视录像是 PAL 式的，与中国大陆地区使用的制式是相同的，因此德国的录像带可以在我们的录像机内直接使用。如果你在德国购买了 DVD 光盘，需要注意光盘的区域码限制问题，如果是全区码的 DVD 则可以使用中国国内的 DVD 机播放，如果只有德国区域码"2"的光盘，则无法在我国（中国区域码为"6"）的 DVD 机上播放。

小费

餐厅以及酒店等服务设施的费用中包含了服务费，因此无须另外支付小费（德语中小费是"Trinkgeld"，发音为"特林克盖鲁特"）。但是，作为对自己提供帮助的人的一种谢意，德国人还是有支付小费的习惯。具体金额根据你是否提出过特殊要求或者对其服务的满意度而不同，以下内容仅供参考。

【出租车】

费用的 10% 左右。如果行李较多，可适当增加一些。

【餐厅】

根据餐厅的档次，小费金额也有所不同，一般来说是餐费的 5%~10%。可以在座位上结账时直接支付小费，也可以选择将找零作为小费置于餐桌之上。

【酒店】

当向门童或者客房服务人员提出服务要求时支付 € 1 即可。

【卫生间】

有管理员坐在卫生间外并且面前放了一个盘子的需要支付 € 0.20~0.50 的小费。

饮用水

自来水是可以直接饮用的，不过因为个人体质不同，突然改变饮水水源可能会造成水土不服等身体不适，建议身体比较敏感的游客还是饮用矿泉水。

餐厅和超市内出售的矿泉水分为含气矿泉水（mit Kohlensäure）和不带气矿泉水（ohne Kohlensäure 或者 still）。如果购买 500mL 的矿泉水，超市价格为 € 1，车站内的商店等地售价为 € 1.50 左右。

邮政

德国的邮政设施已经实行了民营化，被称为 Deutsche Post AG。大多数邮局除了邮政业务以外，还兼营销售文具等商品。大多数的车站和购物中心都设有邮局的服务台。一般来说平日营业时间为 8:00~18:00，周六至 12:00，周日和节假日休业。但是，比较小的邮局可能会有午休时间，大城市的中央车站邮局也可能会营业到深夜，根据具体情况而异。

【邮费】

寄往中国的航空邮件，明信片为 € 0.90、平信 20g 以内的也是 € 0.90。2kg 以内的小型包裹 Päckchen 是 € 16。5kg 以内的小包裹是 € 43.99。

→邮政 p.529

左／邮筒
上／可以购买小包裹专用的纸箱

税金

在德国几乎所有商品都含有 19%（书籍和食品是 7%）的附加价值税（Mehrwersteuer，简称 MwSt.）。游客可以通过办理相关手续，得到部分税金的返还（最多可返 14.5%）。但退税仅限于购物时的花费，酒店以及餐饮费用不包含在退税范围内。

→办理退税手续 p.530

治安与麻烦

法兰克福、柏林等地的机场和车站周边，经常发生偷盗事件。另外，旅游团经常入住的大型酒店的大堂或者餐厅也经常发生物品丢失

巴伐利亚州的警车。警车的外观颜色各州都有所不同，也有采用蓝色和银色车身的州

的事件。

警察局 ☎110   消防局 ☎112

→旅行中的麻烦与安全对策 p.532~533
→中国驻德国大使馆、总领事馆 p.533

年龄限制

在德国不满16岁禁止饮酒，不满18岁禁止吸烟。

租借车辆时，根据租车公司和车型的不同也会有相关的年龄限制。

→租车自驾之旅 p.521

度量单位

距离与我国一样使用米为单位，重量以克、千克为单位，液体以升为计量单位。另外，在称重食物的时候，有时500g被称为ein Pfund、250g被称为ein halbes Pfund。

其他

【卫生间】

Toilette（托爱丽缇）或者WC都是卫生间的意思。另外，有些卫生间的门上也会写有"00"的标识。女性卫生间会标有Damen或者Frauen，男性卫生间会标有Herren或者Männer，有时也会只标注缩写D和H。使用中标为besetzt，空闲时为frei。购物中心只在就餐

卫生间的复数表示形式是 Toiletten

楼层设有卫生间。博物馆内的卫生间非常干净，不妨顺道去一下。大型车站和服务区的卫生间是需要付费的（€0.50~1，需要硬币），大多数是需要购买使用券的。使用券可以在站内的商店购买（有最低购入金额规定）。

【礼仪】

在德国打招呼是非常重要的一个礼节。进入商店后不要忘记跟店员说一声"Hallo"或者"Guten Tag"，接受完服务之后需要说"谢谢Danke"，离开时请说"再见Tschüß"。不要小看这些小细节，它们会使对方的态度有所改变。

德国导览

讲述汉萨同盟历史的港口城市与德国北部

这里有汉堡、不来梅、吕贝克等能让人感受作为汉萨同盟城市的骄傲和传统的城镇。使用红砖建造的古老建筑群使人印象深刻。另外，由于这里地理位置临近海边，还可以品尝到新鲜的鱼类料理。

右上／港口城市汉堡（→ p.444）
右／因格林童话《不来梅的城市乐手》而知名的不来梅，同时也是世界文化遗产（→ p.432）

莱茵河沿岸的黑森州和莱茵兰－普法尔茨州地区

乘船在莱茵河上漂流，一边欣赏古城风采一边听着关于魔女传说的讲解，这段浪漫的莱茵河之旅是德国旅行的一大亮点。这个地区也是葡萄酒产区，当然科隆、杜塞尔多夫、多特蒙德的啤酒也是相当不错的。

左／莱茵河游轮之旅沿途可以欣赏到葡萄园和古堡的美景。上／因科隆大教堂而闻名于世的科隆（→ p.106）

自然资源丰富的黑森林地区

这个地区以巴登－巴登为首，拥有众多的温泉疗养胜地。进入黑森林深处，风景酷似中国的田园风光。另外，还可以游览德国最大的淡水湖——博登湖和多瑙河的源头。

左／在黑森林包围之下的古都弗赖堡（→ p.190）
右／多瑙河源头多瑙埃兴根（→ p.188）

德国的州

丹麦

北海

石勒苏益格－荷尔斯泰因州
Schleswig-Holstein

基尔

不来梅港

汉堡
Freie und Hansestadt
Hamburg

不来梅州
Freie Hansestadt
Bremen

下萨克森州
Niedersachsen

汉诺威

荷兰

北莱茵－威斯特法伦州
Nordrhein-Westfalen

杜塞尔多夫

科隆

波恩

黑森州
Hessen

比利时

威斯巴登

法兰克福

卢森堡

莱茵兰－普法尔茨州
Rheinland-Pfalz

美因茨

萨尔兰州
Saarland

萨尔布吕肯

斯图加特

法国

巴登－符腾堡州
Baden-Württemberg

瑞士

德国最大的特点是，没有像伦敦或者巴黎那样的单中心城市。自中世纪开始，这里的历史就被一些自由都市和小型的邻邦国书写着，所以这里拥有个性的地域文化。无论你走到哪里，都会体验到不一样的德国和不同的乐趣。

首都柏林

柏林曾经是动荡的现代史舞台之一。即便是在东、西德已经统一 20 多年的今天，柏林仍然处于建设中，每次来到这里都能看到其崭新的姿态。同时柏林还拥有世

界首屈一指的交响乐团、歌剧院和最新的俱乐部文化。总之这里是一个可以满足你各种好奇心的，并且充满刺激的都市。

德国联邦议会大厦的穹顶（→ p.298）

德国文化的发源地
萨克森州和图林根州

这里的历史名城如璀璨的珠串一般相互连接，既有歌德故里、古典小城魏玛，又有巴赫曾经活跃过的莱比锡。另外，百塔之都德累斯顿、以盛产高级瓷器而闻名的迈森、木质玩偶产地厄尔士山脉的小镇等也都是非常值得一去的好地方。

上／易北河畔的古城德累斯顿。周边可游览的景点众多（→ p.384）
左／图林根的香肠味道超赞

最具德国特色的
巴伐利亚地区

如果你印象中的德国人是喝着啤酒吃着香肠，热热闹闹地唱歌的，那么巴伐利亚地区的人们是最符合这个特征的。这个地区拥有著名的观光胜地慕尼黑、新天鹅堡等浪漫之路的大部分。

左／新天鹅堡（→ p.230）
右／世界最大的啤酒节——慕尼黑十月节（→ p.36）

地图标注

波罗的海

梅克伦堡－前波美拉尼亚州
Mecklenburg-Vorpommern

■ 什未林

波兰

奥得河

柏林州
Berlin

勃兰登堡州
Brandenburg

■ 马格德堡

萨克森－安哈尔特州
Sachsen-Anhalt

尼斯河

■ 德累斯顿

易北河

爱尔福特 ■

萨克森州
Freistaat Sachsen

图林根州
Thüringen

捷克

美因河

多瑙河

巴伐利亚州（拜恩州）
Freistaat Bayern

■ 慕尼黑

因河

奥地利

德国的世界遗产

截至本书调查时，德国共有40个"世界遗产"。这些形态多样的"人类遗产"，既有中世纪遗留的街道景观，又有庄严肃穆的大教堂、修道院，更有作为产业文化遗产遗留下来的矿山和钢铁厂等。

当然，这些世界遗产也可以作为德国历史的"述说者"。

❻科隆大教堂是德国每年接待游客最多的教堂

❻紧邻瑞士国境的博登湖上的赖谢瑙岛。这座小岛上遗留有3座历史上非常重要的教堂

㉑在魏玛宫廷剧院的广场前矗立着歌德和席勒的铜像，这两位都是德国文学具有代表性的人物，他们的代表作分别是《浮士德》和《威廉·退尔》，初演都是在这个剧院内举行的

世界遗产是指，需要传承至未来的人类共同的无法代替的财富。是以1972年联合国教科文组织大会中制定的《保护世界文化和自然遗产公约》为依据进行遗产登录的。

中国世界遗产官网
www.whcn.org

❾浪漫莱茵河谷沿途非常有人气的小镇——圣戈阿

㉒位于库克斯港附近的瓦登海（北海浅滩）。退潮时可以步行或者乘坐马车去近海的小岛上

⑱维尔茨堡的大主教宫是一座风格纯正的巴洛克式宫殿。绿植茂盛的附属花园是市民们休闲的好去处

㉙共有5座博物馆汇聚于此的柏林博物馆岛。建于最北端的是博德博物馆

旅行经典行程范例

罗滕堡的集市广场

（→ p.202）

行程范例 1

适合第一次前往德国的旅行者

浪漫之路和慕尼黑 8 日游

■行程

第一天	上午：从中国出发　下午：抵达法兰克福机场，乘坐火车前往维尔茨堡
第二天	上午：游览维尔茨堡　下午：乘坐火车前往罗滕堡
第三天	游览罗滕堡　下午：乘坐巴士前往菲森
第四天	参观游览新天鹅堡
第五天	从菲森乘坐火车前往慕尼黑　晚间：宫廷酿酒厂
第六天	游览慕尼黑
第七天	从慕尼黑出发
第八天	上午：回到中国

■线路说明
- 第三天乘坐"浪漫之路旅游巴士"时需要注意运行时间（→ p.202）。暑假旅游旺季期间建议提前做好预约。
- 上述线路可以通过乘坐火车和巴士悠闲地享受超高人气的浪漫之路的旅途。

地图标注：法兰克福、维尔茨堡、罗滕堡、慕尼黑、菲森

行程范例 2

适合多次来到德国的旅行者

古堡老街和温泉体验＆慕尼黑 8 日游

■行程

第一天	上午：从中国出发　下午：抵达法兰克福机场，乘坐火车前往海德堡
第二天	乘坐火车前往巴登－巴登一日游
第三天	早晨：乘坐经由斯图加特的火车去往下一个目的地　下午：到达罗滕堡
第四天	从罗滕堡乘坐火车前往纽伦堡
第五天	上午：从纽伦堡乘坐火车前往慕尼黑
第六天	游览慕尼黑
第七天	从慕尼黑出发
第八天	上午：回到中国

海德堡

■线路说明
- 在海德堡住宿 2 晚，可以有时间前往德国的温泉胜地巴登－巴登。如果你准备去赌场，一定要带上西式短上衣。当然，在巴登－巴登住宿一晚也是不错的选择。
- 第三天的行程中，需要在斯图加特和安斯巴赫、施泰纳赫换乘。也可以选择增加一项斯图加特的游览日程。

地图标注：法兰克福、纽伦堡、海德堡、罗滕堡、巴登－巴登、慕尼黑

行程范例 3

既适合初次到德国的旅行者，也适合资深旅行者

童话之路和德国北部＆柏林 12 日游

■行程（德国国内的交通全部依靠火车）

第一天	上午：从中国出发　下午：抵达法兰克福机场，乘坐火车前往卡塞尔
第二天	游览卡塞尔（格林兄弟博物馆等）　下午：乘坐火车前往格丁根
第三天	从格丁根前往不来梅
第四天	游览不来梅　下午：去往汉堡
第五天	游览汉堡
第六天	乘坐火车从汉堡前往柏林
第七天	游览柏林
第八天	游览柏林，前往波茨坦进行一日游
第九天	乘坐火车从柏林经由汉诺威前往科隆
第十天	游览科隆
第十一天	从法兰克福出发
第十二天	上午：回到中国

汉堡的市政厅

■线路说明
- 这条线路可以体验到与浪漫之路完全不同的德国风光。如果比起大都市的灯红酒绿，你更喜欢田园风光，那么可以调整行程用施泰瑙代替卡塞尔，用哈默尔恩或者策勒来代替不来梅的行程。
- 如果取消汉堡或者柏林的行程，可以缩短 2 天的行程。

地图标注：汉堡、不来梅、柏林、波茨坦、格丁根、卡塞尔、科隆、法兰克福

德国的每个地区都拥有不同特色的魅力城市，一次性游览多座城市是一件非常辛苦的事情。如果你有10天左右的时间，那么不妨根据自己的兴趣爱好或者主题制定一条合理的游览线路。例如，品尝红酒＆啤酒之旅，品尝香肠之旅，鉴赏歌剧＆音乐会之旅，或是根据德国节庆活动的日期来安排旅行线路等。下文中所介绍的线路是比较普遍的行程，你也可以根据自己的实际情况来制定适合自己的行程。

行程范例④

既适合初次到德国的旅行者，也适合资深旅行者

歌德之路与德累斯顿＆柏林11日游

■行程

第一天	上午：从中国出发 下午：抵达法兰克福机场，乘坐火车前往爱森纳赫
第二天	爱森纳赫一日游＆参观瓦尔特堡
第三天	乘坐火车前往魏玛
第四天	乘坐火车前往莱比锡
第五天	乘坐火车前往德累斯顿
第六天	上午：乘坐火车前往柏林
第七天	游览柏林
第八天	波茨坦一日游
第九天	乘坐火车前往法兰克福
第十天	从法兰克福出发
第十一天	上午：回到中国

■线路说明

● 德国东部有许多被称为"德国文化的发源地"的著名旅游景点。歌德之路沿途的交通十分方便，相对来说比较容易安排行程。而且，这条线路不受季节影响，全年都可以游览。

柏林勃兰登堡门前

行程范例⑤

只限夏季的德国之旅行程

阿尔卑斯之路和神奇之路10日游

■行程

第一天	上午：从中国出发 下午：抵达法兰克福机场，乘坐火车前往斯图加特
第二天	游览斯图加特 下午：乘坐火车前往康斯坦茨
第三天	乘坐博登湖渡轮前往梅尔斯堡
第四天	早晨：从康斯坦茨出发 下午：抵达慕尼黑（火车）
第五天	游览慕尼黑
第六天	上午：乘坐火车前往加米施－帕滕基兴
第七天	楚格峰一日游＆步行远足
第八天	上午：乘坐火车前往慕尼黑
第九天	慕尼黑出发
第十天	上午：回到中国

■线路说明

● 最适合暑期的行程。这条线路可以让你通过游览博登湖和楚格峰充分享受德国雄浑的大自然风光。

行程范例⑥

圣诞节期间推荐行程

体验德国的圣诞节9日游

■行程

第一天	上午：从中国出发 下午：抵达法兰克福机场
第二天	乘坐火车前往纽伦堡
第三天	乘坐火车前往德累斯顿
第四天	游览德累斯顿，前往迈森进行一日游
第五天	乘坐火车前往柏林
第六天	游览柏林，前往波茨坦进行一日游
第七天	乘坐火车前往科隆
第八天	从法兰克福出发
第九天	上午：回到中国

德累斯顿的圣诞市场

■线路说明

● 德国的圣诞节季大约从12月24日的前4周就开始了。在此期间，各地都会有不同规模的圣诞市场开放，这条旅行线路既可以游览名胜又可以巡游各个圣诞市场，是一条十分浪漫的线路。

特辑 德国热门景点

新的观光景点、并未广为人知的自然风光，这里将介绍一些值得推荐的热门景点。

建造在一座艺术的南面的小山城上，山的名字叫棱恩贝尔，可以沿着分板梯登上屋顶眺望周围的景色

前往童话之城卡塞尔
格林世界登场!

卡塞尔是格林兄弟长年居住并收集了大量童话的城市，2015年9月一座新型博物馆在这里开业了。博物馆的开设目的是介绍闻名世界的格林童话以及格林兄弟的伟大生平事迹。孩子和大人都能在此感受到乐趣。展品均有英文说明。

■前往卡塞尔的交通线路→ p.417
■格林世界的详情→ p.420

入口在北面，从这一侧也能上到屋顶

格林童话第7版（1857年出版）。讲述童话的Viehmannin的肖像，格林兄弟中的弟弟路德维格的作品

进入博物馆后，脚下会立即出现青蛙。其实这只是3D影像，青蛙可以跳跃，非常奇妙

宽敞明亮的法拉达咖啡馆（Cafe Harada），店名源自《牧鹅姑娘》中一匹会讲话的马的名字

墙面变成了餐桌，上面摆满了童话中出现过的菜肴及食材

由弗里茨·霍格设计，于1924年竣工的大型商务会馆——智利屋

世界遗产
PICK UP!

2015年列入 充满诗情画意的海港

游览汉堡的仓库街与智利屋！

汉堡是德国最大的国际性港口城市，被列为世界文化遗产。作为世界上最大的仓库建筑群的仓库街以及智利屋等商务大楼林立的区域向人们证明着这一点。这些辉煌的建筑建于20世纪20年代，行走于此间，会让人想到汉堡作为国际商业城市的飞速发展历程。

■交通＆游览方法
在地铁 U1 Meßberg 站下车，参观完商务大楼区后，向南走过运河就是仓库街的东部，可以向西步行游览。也可在 U3 Baumwall 站下车，沿相反方向游览。
■此区域的相关信息→ p.451

智利屋的东侧呈锐角，看上去很像是船头，非常特别

智利屋的外墙为砖结构，呈深褐色且有装饰物，很值得仔细参观

可以在这里小憩！

仓库街上值得推荐的咖啡

仓库街咖啡餐厅
Speicherstadt Kaffeerösterei

■ DATA → P.458 ／ Map P.449-B3
红砖仓库内的自助式咖啡馆，有制作咖啡的设备。客人可以一边观赏咖啡的制作过程，一边品尝美味的咖啡。

→ 现磨咖啡€4

店内宽敞，有制作咖啡的设备

实行自助式服务，在柜台前告知想要的咖啡品种，然后付款，最后自取咖啡

入口处为红砖墙，很有传统建筑的韵味

从德累斯顿出发去观赏壮丽的景色

易守难攻的柯尼希施泰因要塞

建于悬崖之上的 Friedrichsburg。在这里眺望远处，景色绝佳。可以看到，在易北河的对岸有一座形似桌子、名为利林施泰因 Lilienstein 的山

这座要塞是欧洲规模最大的要塞之一，其历史可以追溯到 1233 年之前。城池面积达 9.5 公顷，在 19 世纪又陆续新建了许多建筑。现在一部分建筑已成为博物馆。这里也曾经设有监狱，发明了迈森瓷器制法的伯蒂格就曾被监禁于此。

沿城墙走上一圈需要 30 多分钟。要塞周围有萨克森的奇峰异石以及厄尔士山脉。

■交通 &DATA → p.393

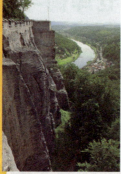

建于陡峭山崖之上的牢固城池柯尼希施泰因 Koenigstein

穿过售景处右侧的隧道后乘坐电梯，可到达高出易北河 240 米的山顶堡垒的平台

上／欧洲第二深的水井。现在仍在使用，禁止向井里扔硬币
右／布鲁嫩小屋 Brunnen House 内有旅游服务中心以及深达 152.5 米的水井

堡垒上排开的大炮

从 Friedens Bruecke 桥上眺望塔城——包岑

右／道路名称也用两种语言表示
下／德语下面还有索布语的包岑站名

位于德国东部的
如画小城——包岑

在德国东部、距离捷克和波兰很近的劳西茨地区，居住着少数民族索布人，他们有独特的民族文化。包岑是传承索布文化的中心城市，索布博物馆很值得一去。小城面积不大但充满情趣，很适合从德累斯顿出发到此游览一日。

■ 交通 &DATA → p.404

以漂亮的图案和色彩而著称的索布地区复活节彩蛋

索布博物馆入口

索布博物馆 Sorbisches Museum

介绍该地区的历史文化并展出各种民族服装、当地特产——复活节彩蛋等展品。

🏠 Ortenburg 3 D-02625 Bautzen
🖥 sorbisches-museum.de/
🕐 周二～周日 10:00～18:00
🚫 周一、12/24 · 25 · 31　💰 €5

可爱的女子民族服装

在这里品尝索布菜

值得推荐的餐厅
Sorbisches Restaurant Wjelbik

具有索布当地特色的鱼、肉类菜肴非常讲究。主菜每份€10～。

🏠 Kornstr. 7 D-02625 Bautzen
☎ （03591）42060
🕐 周二～周六 11:00～15:00，17:30～23:00，
周日 11:00～15:00　🚫 周一

外观很普通，但非常有人气

索布特色婚宴汤 Sorbisches Hochzeitssuppe（€4.80），里面有类似鸡蛋豆腐的食物

劳西茨地区的黄油鳟鱼 Lausitzer Forellenfilet in Butter gebraten（€13.80）

服务员身穿包岑的民族服装

15

森帕歌剧院（→p.301），瓦格纳、韦伯
都曾在此演出，内部装饰富丽堂皇，豪
华程度在欧洲首屈一指

聆听只有在这里
才能听到的极品音乐

古典音乐
鉴赏指南

德国有许多世界顶级的指挥家与交响乐团。
在历史悠久的歌剧院与音乐厅里，
伴随着最动人的音乐度过美好的夜晚，
这会成为令人终生难忘的记忆。
在幕间休息时，
看看周围穿着讲究的观众或者手里拿上杯葡萄酒、
香槟与人闲谈也是一种乐趣。

慕尼黑

♪巴伐利亚州立歌剧院
Bayerische Staatsoper

Map p.245-A3　详细DATA→p.253

瓦格纳的歌剧《特里斯坦与伊索尔德》《纽伦堡的名歌
手》都是在此首次公演。现在有歌剧和芭蕾舞演出。

1 以红色和金色为基调的
观众席　**2** 装有水晶吊灯
的豪华大厅　**3** 希腊神殿风
格的石柱非常气派

16

慕尼黑

♪爱乐音乐厅
（加斯泰格文化中心内）
Philharmonie, Gasteig

Map p.243-B4　详细DATA→p.253

人气、实力均为德国顶级水平的慕尼黑爱乐管弦乐团就常驻在此。有大小两个音乐厅，除了慕尼黑爱乐乐团，也有其他团体在此演出。

① 慕尼黑最大的音乐厅。照片为最后公开彩排（全过程彩排）开始前的情况。墙壁上打出的"Handy aus？！"意为"关掉手机了吗？！"
② 位于德意志博物馆附近的加斯泰格文化中心内

柏林

♪爱乐音乐厅
Philharmonie

Map p.306　详细DATA→p.317

能欣赏到常驻此地的爱乐乐团以及德国国内外许多乐团的音乐会。可以通过自己的耳朵亲身体验一下这里的音响效果。

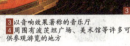
③ 以音响效果著称的音乐厅
④ 周围有波茨坦广场、美术馆等许多可供参观游览的地方

柏林

♪柏林国家歌剧院
Berlin Staatsoper

Map p.298　详细DATA→p.316

德国具有代表性的歌剧院。东、西德统一后的 1992 年，丹尼尔·巴伦博伊姆出任柏林国家歌剧院管弦乐团的音乐指导，带领着该乐团演奏出美妙乐曲。

购票方式

1. 查看演出安排
　　可以在官方网站（有英语版）查看演出安排。

2. 网上订票
　　最简便的方式是在网上购票。用信用卡付完款后，打印付款证明，出发时带上。到达当地后，在

指定的窗口用付款证明领取入场券（各剧场的具体规定可能不同）。

3. 到达当地后在窗口购票
　　如果还有空座位，剧院售票处通常会在开演前 1~2 小时在窗口售票。

慕尼黑的巴伐利亚州立歌剧院的门票预售窗口。如已在网上订票，可持打印的付款证明、信用卡、护照到窗口领票

3

亲身感受观众上座率世界第一的人气度!

德国职业足球
联赛观战指南

GUIDE FOR GERMAN FOOTBALL LEAGUES

德国职业足球联赛（足甲联赛）有许多国际球星参加，各球队与所在城市联系紧密，到场观看比赛的球迷人数非常多。可以在球场以及球迷商店购买围巾、运动衣等球迷用品，到球场与当地球迷一起为球队呐喊助威吧。

体验德国足球联赛的气势!

德国足球联赛基础知识

德国的职业足球联赛分为甲级和乙级，每级由18支球队组成。主客场赛制，每年甲级联赛排名最后两名的俱乐部，次年将降级到乙级联赛。甲级联赛第16名的俱乐部则要与乙级联赛第3名的俱乐部进行比赛来争夺甲级联赛的席位。

赛季与比赛日为何时?

每赛季从8月中旬进行至次年5月，12月中旬至次年1月中旬为冬季休赛期。

比赛基本都在周五、周六、周日举行，但有时也可能会有变动。具体赛程可到 🔗 www.bundesliga.de 查询。

球迷素质如何? 是否有危险?

个别球迷会比较狂热，不过这类球迷从其穿着上就可辨认出来，只要不靠近他们就不会有任何问题，而且球场的安保力量也足够确保观看比赛的安全。进入球场时，所有观众都要在入口处接受随身箱包和身体的检查。全家到场观看比赛的观众以及女性观众也很多，所以对安全问题不必过于担心。

如何购票?

各俱乐部的售票方式不一，不过大部分俱乐部都可以在官网使用信用卡购票。也可以在当地的球迷商店或球场的售票窗口购买。很多球迷都购买了年票，所以现在球票越来越不好买了。一定要尽早购票。

还可以参加团体游参观球场及观看训练

有的俱乐部会举办团体游，参加者可参观球场、球员休息室等地方，忠实球迷一定不能错过。另外，一些俱乐部还允许球迷观看球队训练，能够近距离见到自己喜欢的球员。许多俱乐部都会把相关活动的具体日程公布在官网上。

德国足球受到众多球迷的鼎力支持。球迷助威和比赛都充满了激情!

如在网上订票，需持付款证明在当地领取球赛门票（柏林的领票处）

德国足球甲级联赛比赛地主要城市

汉堡（→p.446）
不来梅（→p.435）
沃尔夫斯堡
柏林（→p.311）
汉诺威（→p.477）
盖尔森基兴（→p.126）
多特蒙德（→p.127）
莱比锡（→p.337）
门兴格拉德巴赫（→p.121）
莱沃库森
科隆（→p.109）
法兰克福（→p.59）
美因茨（→p.75）
辛斯海姆（→p.138）
斯图加特（→p.168）
奥格斯堡（→p.226）
弗赖堡（→p.190）
慕尼黑（→p.253）

1936 年柏林奥运会的主体育场现为柏林赫塔队的主场

1 可容纳 2.5 万人的南侧看台为欧洲最大的看台，这里是多特蒙德队的主场，该队的球迷在看台上热烈地助威，被称为"黄墙"
2 德国球迷狂热的助威方式很有感染力
3 不管天气多冷都离不了啤酒
4 在场内的商店购物需使用充值卡。可在商店旁的工作人员那里购买充值卡，剩余金额也可到指定窗口办理退款
5 柏林球队的充值卡
6 观战助威不可缺少的球迷围巾也很适合作为小礼物

德甲 18 支球队的介绍与主页链接

2017~2018 赛季德国足球甲级联赛的各球队。各球队的官方网站上刊登着购买球票的相关信息。

FC 拜仁慕尼黑
FC Bayern München
→p.253
所在城市 / 慕尼黑
球场 / 安联体育场
URL www.fcbayern.de

法兰克福
Eintracht Frankfurt
→p.59
所在城市 / 法兰克福
球场 / 商业银行体育场
URL www.eintracht.de

FC 沙尔克 04
FC Schalke 04
→p.126
所在城市 / 盖尔森基兴
球场 / 维尔廷斯体育场
URL www.schalke04.de

1.FC 科隆
1. FC Köln
→p.109
所在城市 / 科隆
球场 / 莱茵能源体育场
URL www.fc-koeln.de

举办足球联赛的球场草坪下都装有电热融雪装置（Heater），因此下雪天也可以比赛

不来梅
Werder Bremen
→p.435
所在城市 / 不来梅
球场 / 威悉体育场
URL www.werder.de

VfB 斯图加特
VfB Stuttgart
→p.168
所在城市 / 斯图加特
球场 / 梅赛德斯·奔驰体育场
URL www.vfb.de

莱沃库森
Bayer 04 Leverkusen
所在城市 / 勒沃库森
球场 / 拜耳体育场
URL www.bayer04.de

汉堡 SV
Hamburger SV →p.446
所在城市 / 汉堡
球场 / 人民公园体育场
URL www.hsv.de

FC 奥格斯堡
FC Augsburg
→p.226
所在城市 / 奥格斯堡
球场 / WWK 体育场
URL www.fcaugsburg.de

VFL 沃尔夫斯堡
VFL Wolfsburg
→p.480
所在城市 / 沃尔夫斯堡
球场 / 大众汽车体育场
URL www.vfl-wolfsburg.de

汉诺威 96
Hannover 96
→p.477
所在城市 / 汉诺威
球场 / HDI 体育场
URL www.hannover96.de

柏林赫塔
Hertha Berlin
→p.311
所在城市 / 柏林
球场 / 奥林匹亚体育场
URL www.herthabsc.de

RB 莱比锡
RB Leipzig →p.337
所在城市 / 莱比锡
球场 / 红牛竞技场
URL www.dierotenbullen.com/de

门兴格拉德巴赫
Borussia Mönchengladbach
→p.121
所在城市 / 门兴格拉德巴赫
球场 / 普鲁士公园体育场
URL www.borussia.de

TSG1899 霍芬海姆
TSG 1899 Hoffenheim
→p.138
所在城市 / 辛斯海姆
球场 / 维尔索尔莱茵 - 内卡体育场
URL www.achzehn99.de

多特蒙德
Borussia Dortmund
→p.127
所在城市 / 多特蒙德
球场 / 西格纳伊度纳公园
URL www.bvb.de

1.FSV 美因茨 05
1. FSV Mainz 05
→p.75
所在城市 / 美因茨
球场 / 科法斯体育场
URL www.mainz05.de

弗赖堡
Sport-Club Freiburg →p.190
所在城市 / 弗赖堡
球场 / 巴登诺瓦球场
URL www.scfreiburg.com

编外话 如果有当日比赛的球票，在很多城市都可以免费乘坐公共交通工具前往球场。球票上会注明可乘坐的交通工具（交通联盟）及乘车范围，应仔细确认。

匠人们世代传承下来的传统和品质
德国伴手礼大集合

从传统的名品到实用的日常杂货，
为你介绍值得作为伴手礼的德国产品。

德国名品

史泰福 Steiff
就连成年人都爱不释手的品质上乘的史泰福泰迪熊。这里还有中国很难买到的限定版。

布里 BREE
随着使用时长箱包皮革的颜色会逐渐变成考究的糖浆色，这款软皮包也正因此而闻名于世。目前无论是颜色还是材质都有更多的选择。你可以在法兰克福（→ p.65）等城市的商店内购买到此品牌的箱包。

迈森 MEISSEN
高端瓷器品牌，该品牌的经典款式是蓝色洋葱花纹。除了可以在位于迈森的瓷器工厂（→ p.400）直营店购买该产品之外，德国的各大百货商场内均有销售。

爱格纳 AIGNER
从制作手包和钱包起家的起源于慕尼黑的品牌。品牌LOGO是创办者名字的第一个字母 A 的马蹄形变形体。可以在法兰克福（→ p.65）或者慕尼黑（→ p.258）的精品店内购买。

日默瓦 RIMOWA
耐久性能极好的日默瓦旅行箱，让你成为"旅行达人"。你可以在柏林的百货商场、卡迪威等地购买到此品牌的箱包。

双立人
ZWILLING J.A.HENCKELS
诞生于 1938 年的历史悠久的厨房用剪刀。剪刀上附带有开瓶器、拔塞器的功能。可以在法兰克福的古洛迷亚百货（→ p.64）等各大百货商场购买。

工艺品＆杂货

吉祥物礼祺（Nici）
可以挂在书包或者手机上的小饰物，最可爱的还要数礼祺。一般在百货商店的文具卖场附近或者收银台附近可以找到。

胡桃夹子木偶
将胡桃放入木偶的口中，按木偶后背上的手柄就可以将胡桃压碎。木偶多为国王和士兵的模样，据说是因为老百姓为了泄愤，让这些平时作威作福的人嘴里嚼上硬物。

娃娃香炉
娃娃的内部可以放置香，点燃后会有青烟冒出。最近鸡蛋形状的小号娃娃比较热销。与左上角的胡桃夹子木偶一样，都可以在罗滕堡的沃尔法特商店内（→p.216）买到。

信号灯小人纪念品
由原东德的红绿灯衍生出来的纪念物。印有小绿人的商品也十分可爱。可以在柏林的直营店（→p.325）购买。

蜡笔
德国小朋友使用的史都曼牌蜡笔是使用蜜蜡制成的，所以即便是放入嘴里也是无害的。蜡笔使用感觉很好，不黏，着色鲜艳。在各地的百货商店文具卖场都可以买到。

彩色铅笔
辉柏嘉公司的产品，笔杆的表面有被称作"艺术把手"的有助于握笔的小圆点。特别适合外出写生用。可以在慕尼黑的考特·布林格文具店（→p.258）或者百货商场的文具卖场购买。

马克笔
扁粗笔头是德国马克笔的特点。还有可以不在复印纸上渗色的马克笔。可以在法兰克福的卡尔施泰特（→p.64）等各地百货商店的文具卖场购买到此商品。

※ 上述商品，有可能会出现售罄的情况。

在超市和药妆店就可以买得到
伴手礼

€ 0.99

肉酱 C
可以涂在面包上的肉酱（鱼或者其他）。有芝麻菜、彩椒等口味。

€ 1.09

€ 0.95

汤和酱汁的调味料 A
即便是回国后也能吃到德国的味道。扁豆汤（左）和烹制芦笋用的荷兰酱（右）。

€ 3.29

€ 1.69

方便杯面 A
非常熟悉的德国版方便面。

蜂蜜 A
方便使用的挤压式便携瓶。

€ 2.79

榛子巧克力酱 A
德式早餐不可或缺的一种巧克力酱。在酒店里也是常用品。

€ 3.95

水果干 C
选用有机栽培的杏制成的水果干可以放心食用。口感绵软。

€8.69

混合干果 C
由干果和豆子混合而成的食物，被誉为学生们打牙祭的必备品——"Studenten Futter"，既健康又美味的小零食。

€1.35

巧克力 A
虽然中国各大超市也有销售这一品牌的巧克力。但不妨在德国找找德国限定款哦。

€ 6.49

咖啡 A
在超市里就可以购买到高级熟食店达鲁玛雅（→ p.258）的咖啡豆。

€ 1.69

玉米泡芙煎饼 C
将爆米花制成煎饼形状的微咸口味的小零食。使用 BIO 环保素材，可以安心用。

€ 4.99

麦片 C
混入酸奶中 15 分钟后食用味道更佳的营养麦片。

€ 2.39

花果茶 C
德国也十分流行喝绿茶。将生姜和橙子与绿茶混合后的花果茶，味道更是清爽可口。

22

※ 上述商品，有可能会出现售罄和价格变动的情况。

可以在以下店铺购买！

牙膏 B
€ 0.75
共有5种香型的清爽牙膏。

护手霜 B
€ 0.50
德国最受欢迎的芙蕾蓉娜护手霜是冬季的必需品。最小支20mL装。

维生素泡腾片 B
各 €0.49～2.99
放入矿泉水中会迅速溶解的气泡型维生素剂。

€ 1.49

香蕉片 B
混入巧克力和酸奶的香蕉片，口感比较酥软。

€ 2.95

€ 0.89

古龙水 B
以清爽柑橘味而知名的4711的便携喷雾款（20mL）。

厨房用海绵抹布 B
擦拭水槽周边和桌子用的Schwammtuch抹布，德国家庭必备良品。5块装。

迷你装专区 B
售价大约在€1的迷你旅行装洗发液等整齐排列的商品区可以特别关注一下！

从左往右依次是：rei 洗衣液（€0.79）、护发素（€0.69）、Kneipp 泡澡精油（€0.99）、牙粉（€0.79）、婴儿霜（€0.69）

※ 根据店铺的不同，可能有些商品存在断货或者没有上架的情况，敬请注意。每个地区的分店名单，在各个连锁店的官网上都可以查到。

A 拥有700余家分店的超级大企业
凯撒斯 KAISER'S
在德国北部以及柏林地区有许多分店，而在德国南部则以廷格尔曼（Tengelmann）这一名称来展开店铺。柏林中央车站虽然非常小巧，但是周日和节假日都会营业。

柏林中央车站内分店
🏠 Europaplaz 1
🚇 Map p.294-B1（柏林中央车站）
🌐 www.ktag.de
🕐 周一～周六 7:00~24:00、周日·节假日 8:00~22:00 🈚 无休

B 方便的药妆店
罗斯曼 ROSSMANN
这间药妆店对于旅行者来说无疑是非常方便的，除了药妆之外，店内还有零食和饮料等商品。而且这里绝对是购买便宜药妆的首选之地。

柏林中央车站内分店
🏠 Europaplatz 1
🚇 Map p.294-B1（柏林中央车站）
🌐 www.rossmann.de
🕐 周一～周六 7:00~22:00、周日·节假日 8:00~22:00 🈚 无休

C 环保超市
LPG环保超市 LPG Bio Markt
欧洲规模最大的BIO超市，柏林共有6家分店。店内同时设有BIO面包房和化妆品店。

柏林 Kollwitzstr 店
🏠 Kollwitzstr.17
🚇 从 U Senefelder Platz 站步行需1分钟
🚇 Map p.295-A3
🌐 www.lpg-biomarkt.de
🕐 周一～周六 9:00~21:00、面包房 7:00~、周日 8:00~14:00 期间也会营业

德国美食如此美味！

德国美食全攻略

一提到德国美食，人们首先会想到
德国大肘子、香肠等肉类料理，
其实，在德国，意面类、芦笋、蘑菇等时令鲜蔬类的
健康料理也非常受欢迎。
下面让小编带你进入具有浓浓的德国乡土特色的美食世界之中，
去品尝红酒、啤酒、甜品等只有在当地才能品尝到的
地道美食吧，保证会让你的爱吃之心蠢蠢欲动。

如何在餐馆就餐 （从进店到结账）

■餐厅禁烟

德国实行禁烟法，餐饮店内原则上是禁烟的。个别州允许在单独设置的吸烟室内吸烟。露天席位、啤酒花园是可以吸烟的。如果在禁烟场所违规吸烟，并且不听从负责人的劝阻，会被报警并处罚款。

■点菜的方法

在餐厅如果一直将菜单打开翻阅，会被服务员误认为是没有决定好，所以久久不会过来为你下单。一旦决定好了要吃什么可首先将菜单合拢，等待服务员下单。如果接下来还想看菜单，可以说"Darf ich diese Speisekarte behalten"（请让我看一下菜单可以吗），然后慢慢看。

有些店铺还同时准备了英语菜单

① 打招呼、就座

进店后需要先打招呼，如果是白天需要说"Guten Tag（中午好）"，晚上则是"Guten Abend（晚上好）"。接下来店员为你领位就座。在比较高级的餐厅，请不要随便就座，一定要等店员领位。如果是啤酒屋或者咖啡厅等气氛比较轻松的店铺，是不会有店员领位的，可以自行寻找空座位就座。但是，部分啤酒屋会专门设有"预约席（reserviert/Reserved）"或者"常客专用区（Stammtisch）"，需要注意一下。

当地上班族经常光顾的店铺味道如何？

② 首先点酒水饮料

就座后，服务员会将菜单（Speisekarte）递给你，一般接下来会问："请问需要喝点什么？"（Zun Trinken？）这时可以先点一些啤酒、餐前酒、果汁等，接下来可以慢慢地挑选自己想要的菜品。水不是免费的，所以如果你没有单独点水是不会有免费水提供的。

首先点酒水饮料

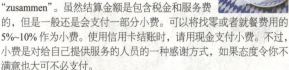

德语菜单简介

主要饮料

Mineralwasser	矿泉水
Cola	可乐
Orangensaft	橙汁
Apfelsaft	苹果汁
Traubensaft	葡萄汁
Tomatensaft	番茄汁
Bier	啤酒
Faßbier	生啤
Rotwein	红葡萄酒
Weißwein	白葡萄酒
Whisky	威士忌
Sekt	气泡酒
Kaffee	咖啡
Tee	茶

肉类　　　　Fleisch（荤菜）

Brust	胸脯肉
Ei	鸡蛋
Ente	鸭
Filet	里脊肉
Gans	鹅
Gänseleber	鹅肝酱
Hirsch, Reh	鹿肉
Huhn	鸡
Hühnerfleisch	鸡肉
Kalbfleisch	小牛肉
Lamm	羊肉
Ochse	牛
Rindfleisch	牛肉
Rücken	背部里脊
Schinken/Wurst	火腿 / 香肠
Schweinefleisch	猪肉
Speck	培根
Truthahn/Pute	火鸡

海鲜类　　　　Fisch（鱼）

Forelle	鳟鱼
Hering	鲱鱼
Lachs	鲑鱼
Scholle	鲽鱼
Seelachs	鳕鱼
Seezunge	比目鱼
Thunfisch	金枪鱼

蔬菜类　　　　Gemüse（素菜）

Blumenkohl	菜花
Brokkoli	西兰花
Gurke	黄瓜
Kartoffel	土豆
Lauch	葱
Linse	扁豆
Paprika	彩椒（青椒）
Petersilie	欧芹
Pilz	蘑菇
Sellerie	西芹
Spargel	芦笋
Spinat	菠菜
Tomate	番茄
Zwiebel	洋葱

❸ 点餐

接待游客较多的餐厅，有些会准备英语或者汉语的菜单，但是如果你进了一间只有德文菜谱的餐厅，一个认识的菜名都没有的时候，不妨点当日套餐（Tagesmenü）。价格相对来说会比较实惠，而且上菜的速度也快。

饭量较小的人可以只点一份汤或者沙拉

❹ 甜点

在主菜吃完之后，服务员会为你推荐饭后甜品或者咖啡，根据个人喜好点与不点都可以。

喝汤或者咖啡的时候请不要发出声音，这是就餐的基本礼仪

❺ 在座位结账

准备结账时，可以告知本桌的服务员"请帮我结账（Zahlen，bitte）"，然后在座位上等待。如果同时有多人共同就餐，准备 AA 结算时可以说"getrennt"，准备由一位代表统一结算时可以说"zusammen"。虽然结算金额是包含税金和服务费的，但是一般还是会支付一部分小费。可以将找零或者就餐费用的 5%~10% 作为小费。使用信用卡结账时，请用现金支付小费。不过，小费是对给自己提供服务的人员的一种感谢方式，如果态度令你不满意也大可不必支付。

将 €1 以下的（即 cent）零钱当作小费递给服务员

德国料理图鉴

在被难懂的德语菜单搞得"头大"之前，
先认识一些特色地方菜。
万一点菜困难时，指着菜式图片也能应对。
不过，德国各个地区的特色名菜有所不同。
德国的餐厅入口处都会有菜谱展示，请确认好这里有哪些菜式和具体金额之后，再决定是否进店就餐。

汤
Suppen

味道浓郁且量很足
可能一碗汤加一个面包就能填饱肚子。

豌豆汤
Erbsensuppe
使用豌豆制成的绿色鲜汤。有些店铺还会加法兰克福香肠在汤里。

土豆汤
Kartoffelsuppe
土豆浓汤。依店铺而异，还会加入香肠丝或者培根等，内容丰富。

扁豆汤
Linsensuppe
使用扁豆制成的汤。里面还加有胡萝卜、土豆、培根等。

薄煎饼条汤
Pfannkuchensuppe
德国南部名汤。将不甜的鸡蛋薄饼切成1厘米的条状加入清汤炖煮而成。

时令鲜蔬 &其他

5~6月中旬可以品尝到的春季食材中，Spargel（白芦笋）是德国人非常钟爱的一种食材。
夏季可以品尝到蘑菇中的一种——鸡油菌的味道。
在德国南部可以品尝到一种面食Maultaschen（德式饺子），非常适合亚洲人的口味。

鸡油菌奶油沙司
Pfifferlinge im Rahmsauce
鲜奶油沙司拌鸡油菌。

白芦笋牛扒
Spargel mit Steak
附带牛排的芦笋，主菜绝对是美味的白芦笋。

奶酪烩鸡蛋面疙瘩
Käsespätzle
将耳垂形状的意面煮熟后，撒上芝士放入烤箱内烘烤而成的美食。也是德国南部的名吃之一。

德式饺子
Maultaschen
将使用肉馅、菠菜等混合而成的馅用面皮包起来的食物。有多种做法，在德国南部可以吃到。

鱼类料理
Fisch

与肉类料理相比种类较少，价格也相对偏高。
在离海较近的吕贝克和汉堡等德国北部地区，卤汁鲱鱼这道前菜十分受欢迎。
另外，鳗鱼料理也是汉堡名菜之一。

梭鲈
Zanderfilet
梭鲈是鲈鱼的一种，肉质呈白色。

香煎鲽鱼
Schollenfilet
煎鲽鱼。

肉类料理
Fleisch

德国料理的精髓便是肉菜了。比起使用调味酱汁提高肉的美味来说，大多数德国肉菜更注重将肉质本身的香味发挥出来的烹饪方法。肉类菜肴的菜量一般都很大。

维也纳炸牛排
Wiener Schnitzel
油炸小牛牛排。在德国无论是大人还是小孩都非常喜欢这道菜。

德国烤猪肘
Schweinehaxe
烤猪肘是巴伐利亚地区的名菜。

煎锅美食
Schmankerlpfandl
~pfandl、~pufance 是指用铁板煎锅装盛菜肴的一种料理。主要有香肠、培根、土豆、酸菜等食材。有些餐厅是 2 人份起订的。

烤猪肉
Schweinebraten
巴伐利亚地区具有代表性的猪肉料理。味道香浓的调味汁是这道菜肴的关键。

煮牛肉
Rinderbrust
使用清汤炖煮的牛胸肉，味道清淡，并配有西式芥末（Meerrettich）。

卷心菜肉卷
Kohlroulade
一种德式的卷心菜肉卷，经过较长时间的炖煮后非常入味。配菜是土豆泥，量也很足。

肉末饼
Leberkäse
也被称为肉末芝士，是一种蒸烤的德式肉肠。

油煎香肠
Bratwurst
正宗烤香肠。是啤酒屋和小餐馆的常备菜式。

肉丸
Königsberger Klopse
将奶油酱汁浇在肉丸上的一道菜肴。也是柏林地区的名菜。

黑客牛排
Hacksteak
德式汉堡肉饼。个头很大，分量不轻呢。

27

越嚼越香

德国面包图鉴

德语中的面包写作 Brot。德国酒店早餐提供的刚刚出炉的面包，种类之多，味道之香美，令不少游客为之惊讶。尤其是黑麦面包，越嚼越香；还有每天都吃不腻的德式小餐包 Brötchen，这些都是在中国轻易品尝不到的美味。此外还有表皮撒有瓜子仁、芝麻的面包，全麦面包等各式各样既健康又美味的面包。

布雷结（扭结面包）Brezel

这款面包是德式面包店的招牌。具有独特的风味，非常好吃。表面撒有盐粒的面包，特别适合当作啤酒伴侣，所以这款面包也是啤酒屋的必备之物。

牛角包 Hörnchen

牛角形状的面包。照片中的牛角包表面撒了芥菜籽。这款面包一般在早餐中食用。

黑麦面包 Roggenbrot

黑麦面包的品种繁多，一般来说黑麦面包 Roggenbrot 和由小麦跟黑麦混合而成的小麦黑麦面包 Mischbrot 是比较常见的。黑麦含量越高，面包的颜色越重。德国北部地区经常食用的裸麦粗面包 Pumpernickel 中的黑麦含量高达90%，是颜色最重的黑麦面包，同时伴有很重的酸味。

小餐包 Brötchen

顾名思义这是一款小小的面包，属于白面包的一种，也是德式早餐的首选。外皮硬而脆，中间的芯柔软。德国南部称之为 Semmel，柏林则称之为 Schrippe，并且被做成了椭圆形。可以用餐刀将面包横向从中间分成两半，然后抹上黄油或者果酱，也可以夹一些火腿或者乳酪一起食用。

法式黄油牛角包 Croissant

虽然是法国风味，但是在德国也非常普遍，是使用大量黄油烤制而成的。

螺旋面包 Schnecke

因其形状酷似蜗牛，也被称为蜗牛面包。照片中是加入葡萄干和奶油的 Rosinenschnecke。

德国的面包房

大多数面包房在 7:00 开店，18:00 关店。最近许多面包房都开设了就餐区，可以购买完面包之后顺便在店内喝杯咖啡。在大型车站内一般也会设有面包房，可以在店内买一些三明治等简餐带到车上吃。制作三明治的面包以方砖面包和黑面包为主。

罗滕堡的面包房。可以看到窗子上布雷结面包的图案

28

德国人常吃的快餐

快餐店全攻略

在德国售卖香肠和土耳其烤肉 Döner Kebap 等肉类三明治的店被称为 Imbiss，也可以说是德国的快餐店。既有快餐车形式的，也有利用商店一角处开店的，基本上只能站着吃。适合没有时间去餐厅就餐的人，或者一人独自旅行想要尽快就餐的人，还有小饿解馋的人。

快餐店的常用语

请帮我打包带走（不在店内食用）。
Zum Mitnehmen, bitte.

在店内就餐。
Ich esse hier.

请给我叉子。
Ich möchte eine Gabel, bitte.

不要芥末。
Ohne Senf, bitte.

不要番茄。
Ohne Tomate, bitte.

请给我番茄酱。
Ketchup, bitte.

什么是 Imbiss？

土耳其烤肉的快餐店

在德国，土耳其烤肉是十分受欢迎的快餐

大片的烤肉，搭配蔬菜一起食用，十分美味

香肠的买法

购买香肠十分简单，只需要指着烤得香喷喷的香肠说"请给我一根烤香肠（Bratwurst, bitte）"就可以了。如果有 2~3 种香肠一起烤，有可能会被问道："你需要哪一种？"不过根据店铺和地区的不同，所销售的香肠种类也有所不同，所以无须刻意记住香肠的名字，届时只需要用手指着自己想要的香肠即可。烤香肠一般都会夹在小餐包 Brötchen 里出售，如果不想要可以说"ohne Brot"，需要可以说"mit Brot"。吧台上放着黄芥末，可以根据个人喜好随意添加。准备了番茄酱的店铺不是很多。

市场内也有售卖香肠的小摊

不容错过的柏林名物咖喱香肠（→详情参见 p.320）

烤香肠和炸薯条是最佳组合

探寻排起长龙的人气店铺

最近亚洲系的快餐店在德国发展势头十分迅猛。最便宜的中式炒面只需要€3便可以打包带回去吃。每个店铺的味道各有千秋，只能根据第一印象来自行判断了。

德国地方啤酒概述

德国啤酒的人均消费量大约是我国的 4 倍，堪称啤酒王国。
在德国没有全国性的大品牌啤酒厂商，饮酒习惯主要以地方啤酒为中心，
到不同的地区饮用不同口味的啤酒也是德国旅游的一大乐趣，
甚至有句德语叫作 Bier-Reise（啤酒纪行）。
让我们在旅途中寻找适合自己口味的啤酒吧。

纯正的德国啤酒

德国自16世纪以来一直秉承着《啤酒纯度法》。1516年，巴伐利亚大公威廉四世为了禁止不法啤酒制造商加入各种添加剂而制造出劣质啤酒，颁布了"制造啤酒时只允许使用大麦、啤酒花、水"的法令（16世纪时加上了酵母）。口味浓郁的德国啤酒味道，是经受了历史考验的。

大家齐唱《干杯之歌》！♪♪

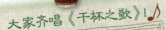

啤酒屋必唱歌曲，其中比较著名的是以下的一小节，如果可以跟着一起唱，德国人会非常高兴的。

♪

*Ein Prosit, ein Prosit,
der Gemütlichkeit*

歌词大意"干杯呀！干杯！大家一起愉快地来干杯"，重复两遍。

啤酒的种类

不过度冰镇，选择可以更好地享受啤酒味道的温度是德式的饮酒方法

原味啤酒 Helles 普遍在饮用的啤酒。同时也被称为 Lager、Export。

比尔森啤酒 Pilsner 简称为 "Pils"。德国北部比较受欢迎的一种淡色啤酒。

深褐色啤酒 Dunkeles 麦香浓厚的黑褐色啤酒。

史瓦兹黑啤酒 Schwarzbier 黑啤酒。

小麦啤酒 Weissbier 巴伐利亚地区比较受欢迎的、主要以小麦麦芽为原材料的啤酒。也被称作Weizenbier。

酵母小麦啤酒 Hefeweiße 在小麦啤酒Weissbier中加入酵母的一种啤酒，颜色呈浑浊白色。啤酒中有酵母特有的香气，许多人喜欢加柠檬饮用。

水晶小麦啤酒 Kristalweiße 将小麦啤酒Weissbier中的酵母过滤后酿成的清爽的淡色啤酒。

vom Fass 生啤酒。

Flaschenbier 瓶装啤酒。

Dosenbier 罐装啤酒。

啤酒的下单方法

1. 选择啤酒的种类

如果说"来杯啤酒（Bier, bitte）"，一般来说会上比尔森啤酒（Pilsner）或者原味啤酒（Helles）。如果想要其他啤酒，请参看啤酒的种类。

2. 选择啤酒杯的大小

一般餐厅会备有 0.3 升的小杯啤酒（Kleines Bier）和 0.5 升的大杯啤酒（Grosses Bier）。啤酒屋还有 1 升的扎啤（1Liter Bier）（在巴伐利亚地区被称为马斯 Maß）。

3. 那么！干杯吧！！

德语中"干杯"的发音是"Prost!"或"Zum Wohl!"。与相邻而坐的人，包括当地人共同举杯开怀畅饮，这句话是必不可少的。

慕尼黑的白香肠和布雷结面包是啤酒的最佳搭档

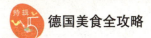

人气啤酒

在德国中世纪以前人们就饮用啤酒，称为液体面包的啤酒，也是重要的营养来源。
根据制法的不同，各地区的啤酒有各种不同的味道、芳香以及颜色。

① 慕尼黑
教士啤酒
Franziskaner

创业于 1936 年的老牌酿酒厂，教士啤酒的标志十分著名。口感清爽，加入酵母的小麦啤酒十分受欢迎。

② 慕尼黑
卢云堡狮牌啤酒
LÖWENBRÄU

0.5 升装的小麦啤酒。是创办于 1383 年的德国大型酿酒厂所生产的啤酒，口味芳醇浓厚。

③ 慕尼黑
斯贝特啤酒 SPATEN

这款啤酒只有在每年 10 月盛典的时候才能喝到，酒精度为 5.9%，因此也被称为"十月啤酒"。刚刚酿造出来的啤酒味道鲜美可口。

④ 凯尔海姆
施耐德啤酒
Schneider

只酿造小麦啤酒的酿酒厂。可以在慕尼黑的直营店白啤餐厅 Weisses Bräuhaus（→ p.254）内品尝到。

⑤ 纽伦堡
图赫啤酒 Tucher

用当地大商人的名字命名的酿酒厂。带有果香味的口感浓郁的小麦啤酒是招牌产品。

⑥ 不来梅
贝克啤酒 BECKS

在德国啤酒中出口量排名第一的啤酒。低刺激性，是很清爽的一款啤酒，可以与任何一款菜式搭配。绿色瓶子是该品牌的特征。

⑦ 汉堡
好顺啤酒 HOLSTEN

汉堡地区具有代表性的品牌。没有任何杂味的、口感清爽的比尔森啤酒最受欢迎。最近也在大力推广对外出口业务。

⑧ 德累斯顿
拉德贝尔格啤酒
Radeberger

源自位于德累斯顿郊外的拉德贝尔格的一间酿造比尔森啤酒的酿酒厂。啤酒呈琥珀色，味道成熟，口感微苦。

地方啤酒

⑨ 科隆
科尔施 Kölsch

金黄色的带有果香味的啤酒使用 200 毫升的细长形玻璃杯饮用。酒精度为 5%。

⑩ 杜塞尔多夫
老啤酒 Altbier

一款经过了发酵的黑褐色啤酒。因与邻城科尔施之间的竞争关系而知名。

⑪ 班贝格
烟熏啤酒 Rauchbier

使用经过烟熏的麦芽酿造而成的珍贵啤酒。其中以 Schlenkerla（→ p.158）最为著名。

⑫ 柏林
柏林白啤
Berliner Weisse

使用绿色或者红色的糖浆勾兑小麦啤酒而成的鸡尾酒。使用吸管饮用。

欧洲届指可数的实力派

德国葡萄酒指南

德国葡萄酒的魅力在于，口感好、味道醇厚。
尤其是白葡萄酒，受到世界各国的高度好评。
另外，除了品质优良以外，价格实惠也是其魅力之一。
一边品尝德国料理，一边喝着德国葡萄酒也是人生一大乐事。

德国葡萄酒的主要产区

德国葡萄酒主要有13个产区，不过只要记住以下4个产区就足够了。

莱茵葡萄酒产区

莱茵河流域是德国最大的葡萄酒产区。其中又被分为莱茵右岸的莱茵高（Rheingaw）、莱茵左岸的莱茵黑森（Rheinhessen）和莱茵法尔兹（Pfalz）等区域。这里酿造出的白葡萄酒散发着精致的香气，拥有众多的酒粉。

`可以在这里品尝！` 吕德斯海姆（→ p.79）和美因茨（→ p.75）等莱茵河沿岸的城市

摩泽尔葡萄酒产区

这个产区的葡萄主要种植在阳光明媚的摩泽尔河流域的陡坡上。这一产区酿造的葡萄酒果香怡人、清爽可口，就连平时喝不惯葡萄酒的人也可以接受。

`可以在这里品尝！` 科赫姆和贝恩卡斯特尔－屈斯（同在→ p.96）这两座城市中随处可见葡萄酒酒吧

弗兰肯葡萄酒产区

这一产区的葡萄酒因装在一种被称为"Bocksbeutel"的圆形矮身瓶中，所以辨识度非常高。这里是德国最具"阳刚气"的产区，酒的特点是性干、有劲，味道辛辣，深受干型葡萄酒酒粉的喜爱。

`可以在这里品尝！` 维尔茨堡的市民福利院庄餐厅和尤利乌斯葡萄酒屋（同在→ p.208）等地

巴登葡萄酒产区

这一产区位于莱茵河上游与法国接壤的地域，也是德国境内比较少见的红酒产区。这里大多数地区气候温暖，可以种植的葡萄种类多，同时拥有众多备受好评的酒庄。

`这里最好喝！` 巴登－巴登（→ p.174）和弗赖堡（→ p.190）及其周边

汉堡
柏林
科隆
莱茵葡萄酒
法兰克福
摩泽尔葡萄酒
弗兰肯葡萄酒
斯图加特
巴登葡萄酒
慕尼黑

德国葡萄酒的种类与等级

白葡萄酒的产量占德国葡萄酒总产量的63%，红葡萄酒产量占37%。酿造白葡萄酒的葡萄品种以雷司令为主，其次是米勒-图高、西万尼。红酒以黑皮诺为主。

等级分类如下图所示，根据含糖量、收获期等因素主要分为4个等级，最高等级的葡萄酒又细分为6个级别。

口味纯正自然是德国葡萄酒的一大魅力

莱茵葡萄酒中雷司令白葡萄酒最受欢迎

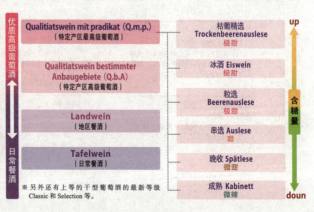

优质高级葡萄酒	Qualitiatswein mit pradikat (Q.m.p.)（特定产区最高级葡萄酒）	枯葡精选 Trockenbeerenauslese 极甜	up
		冰酒 Eiswein 极甜	
		粒选 Beerenauslese 极甜	含糖量
	Qualitiatswein bestimmter Anbaugebiete (Q.b.A)（特定产区高级葡萄酒）	串选 Auslese 甜	
	Landwein（地区餐酒）	晚收 Spätlese 微甜	
日常餐酒	Tafelwein（日常餐酒）	成熟 Kabinett 微辣	doun

※ 另外还有上等的干型葡萄酒的最新等级 Classic 和 Selection 等。

摩泽尔葡萄酒的著名产区
拜访科赫姆

四周遍是葡萄园的科赫姆小城，是果香型白葡萄酒雷司令的著名产区。小城中心的集市广场有许多葡萄酒商店，其中位于市政厅地下的 Ratskeller 红酒餐厅最为著名，这是一间创办于 1739 年的古老餐厅。

就餐时不妨点上一瓶摩泽尔葡萄酒试试看

赖希斯堡的历史可以追溯到 12 世纪，站在这里可以一览科赫姆城景观和摩泽尔河

去往集市广场的道路两旁葡萄酒商铺林立

面向集市广场的木结构建筑内有许多环境极佳的餐厅和咖啡厅

特别适合作为伴手礼的红酒冻价格在 €3.20~3.70。也可以当成果酱使用

去往科赫姆的方法 & DATA →p.96

葡萄酒的下单方法

无论是在一般餐厅还是在红酒吧点餐，都需要先点酒水饮料。如果按照以下顺序说出你的要求，便可以点到适合自己的葡萄酒。

① 一杯酒 or 一瓶酒?

如果一个人就点一杯酒，如果很多人可以点一瓶酒。当然，也可以点多杯不同的葡萄酒，品尝多种口味。

瓶装葡萄酒
Flaschenwein

杯装葡萄酒
Glaswein

② 白葡萄酒 or 红葡萄酒?

葡萄酒单分为红、白、玫瑰（个别店铺没有）葡萄酒。在德国，不必过多地考虑葡萄酒与菜肴（肉或者鱼）的搭配。

白葡萄酒
Weisswein

红葡萄酒
Rotwein

玫瑰葡萄酒
Rosé

③ 甜口 or 半干型 or 干型?

根据含糖量分类，选择自己喜好的口味。

甜口
Süß

半干型
Halbtrocken

干型
Trocken

夏季在郊外享受葡萄酒时光

甜点 & 传统糕点图鉴

使用新鲜的奶油和色彩绚丽的水果装点的德国蛋糕，有许多品种是在中国品尝不到的。
一定要到街角的咖啡馆里，体验一下美味甜品所带来的美好时光。

德国的人气蛋糕

乳酪蛋糕
Käsetorte
使用优质乳制品烘烤而成的、有着浓郁乳酪香味的美味乳酪蛋糕。

黑森林蛋糕
Schwarzwälder Kirschtorte
德国最受欢迎的蛋糕，"Schwarzwälder"在德语中是黑森林的意思。用酒浸泡过的樱桃，更有一种醇厚的味道。

酸甜杏桃派
Aprikosenkuchen
酸甜的杏和卡仕达奶油酱的绝妙组合，是一款非常经典的蛋糕。

樱桃乳酪蛋糕
Kirsch-Käsetorte
在味道浓郁的乳酪蛋糕上抹上一层用糖浆浸渍过的樱桃酱，色彩鲜艳，美味可口。

苹果派
Apfelstrudel
加入大量苹果颗粒的苹果派。夏季可以搭配香草冰激凌一起食用，冬季则可以搭配香草酱。

大黄蛋糕
Rhabarberkuchen
将一种被称作为"大黄"的蔬菜根茎制成菜泥混合到蛋糕胚中烤制而成的馅饼蛋糕。

草莓乳酪蛋糕
Erdbeer-Quark-Torte
乳酪蛋糕上盖上一层厚厚的草莓的蛋糕。经常使用农家干酪等类似的鲜乳酪来制作乳酪蛋糕。

泡芙
Windbeutel
泡芙在德语中是用风"Wind"之口袋"beutel"来表示的。将泡芙从中间切开，然后加入足量的鲜奶油。

罂粟乳酪蛋糕
Mohn-Käsekuchen
将罂粟果制成糊状，加入乳酪蛋糕中，味道类似黑芝麻糊。

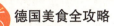

德国的传统糕点

年轮蛋糕
Baumkuchen

　　年轮蛋糕的制作工艺十分复杂，如今在德国很难见到。关于它的发源地众说纷纭，但一般都认为被原产地名保护制度所公认的萨尔茨韦德尔（→p.456）是年轮蛋糕之城。

❶ 在约1米长的蛋糕芯上无数次地涂抹蛋糕浆，反复烘烤 ❷ 德式吃法是横切成薄片 ❸ 切成小块后蘸着巧克力酱食用的年轮蛋糕也很受欢迎

罗滕堡雪球糕
Schneeball

　　罗滕堡的名特产，德语的意思是"雪球"。如棒球般大小，撒上白色糖霜的雪球是比较普遍的吃法，还有撒上巧克力粉或者花生粉的吃法（→p.216）。

圣诞节限定产品史多伦蛋糕
Stollen

　　在圣诞节前4周，各大商场和蛋糕店、面包房等都会陆续开始售这种蛋糕。在蛋糕中加入葡萄干、水果干、坚果等配料，甜味十分浓郁。德累斯顿的史多伦蛋糕最为著名。

史多伦是"坑道"的意思，因烤制出来的蛋糕酷似矿山的坑道而得名。另外还有一种说法是，很像用白色产褥包裹下的婴儿耶稣的姿态

在咖啡馆点蛋糕的方法

❶ 挑选蛋糕

　　用手指着蛋糕橱窗里选中的蛋糕即可。如果准备在店内就餐，可以说"Hier essen"，届时店员会给你一张写有号码等内容的小票Zettel。

☞ ❷ 就座

　　找到空位后就座，会有专门的服务员过来为你下单点取红茶或者咖啡，届时可以把刚才的小票交给服务员。如果你知道蛋糕的名字也可以在餐桌处下单。

☞ ❸ 结账

　　与刚刚点单的服务员打招呼说"Zahlen, bitte"，可以在餐桌处结账。一般来说，如果你对服务表示满意，可以将€1以下的（合计金额的5%~10%）找零作为小费。

　　在店内食用和打包带走的蛋糕价格是不同的，一般来说在店内食用的价格会贵€0.30~0.50。

特辑6

装点四季的节日盛典
德国节庆指南

德国人非常喜欢举办各种集庆活动，一年四季各地都有各式各样的盛典。
既有展现中世纪历史长卷和童话世界情景再现的节日，
又有手持啤酒或葡萄酒举杯欢庆的葡萄酒狂欢节等。
通过这些节日可以体会德国人的热情和朝气。
不妨与当地人融为一体，欢度热情洋溢的节日吧！

科隆周边的
狂欢节 Karneval

`2月下旬~3月初`

狂欢节是基督教的传统节日，古时候在斋期（禁食期）之前允许人们有一次纵情狂欢的行为。届时可以穿着各式服装在城市的大街小巷尽情地纵酒饮乐直至天亮。节日的高潮是玫瑰周一的游行活动，届时游行车上会有大量小吃糕点分撒给群众。科隆、杜塞尔多夫和美因茨的狂欢节规模比较大。

罗滕堡的 海量酒客节
Der Meistertrunk

`6月初`

这个节日是为了纪念传说通过豪饮拯救了整个罗滕堡的卢修 Nusch 市长而举行的。届时会有穿着华丽古装的人们在街上进行游行活动，还有中世纪市场、士兵的野营会场等，整个城市处处是舞台，十分热闹。

详细指南→p.213

`1` 因为节日源于百年战争时的故事，所以装扮成士兵的人比较多 `2` 集市广场是节日期间举办各种活动的场所，既有公开活动又有舞蹈表演 `3` 市政厅内上演的历史剧 `4` 集市广场上将会举办各种各样的活动，有时代剧表演、舞蹈表演等

慕尼黑的 十月节
Oktoberfest

`9月中旬~10月上旬`

十月节是世界最大的啤酒节，也因此而知名。每年从9月中旬至10月上旬期间举行各种活动，届时会有600万以上的参加者。在巨大的会场内，有各个啤酒公司设立的可以容纳数千人的巨型帐篷，还有各种移动的娱乐设施，无论是大人还是孩子都可以玩得很尽兴。

前往会场特蕾西亚草坪Theresienwiese（●Map p.242-B2），可以从中央车站乘坐U4或5，在第一站Theresienwiese下车即到。

`5` 起源于1810年路德维希一世结婚庆典的集会活动，延续至今仍然是人气不减！在会场上找到一个座位简直是太难了 `6` 规模之盛大、人潮之汹涌令人惊讶！ `7` 单手举杯开怀畅饮

36

童话王国的
圣诞市场
Weihnachtsmarkt

圣诞节之前 4 周陆续开始（每个城市不同）

圣诞节是德国人一年中最重要的节日。其中最愉快的活动，要数在圣诞节之前4周便开始设立的圣诞市场。届时广场上有各种颜色的霓虹灯的装点，变得格外光彩夺目，售卖烤香肠、圣诞树装饰品等的小摊位也比比皆是。

德累斯顿盛大的圣诞市场

想要在圣诞市场中品尝&购买的商品！

姜饼 *Lebkuchen*
加入生姜和各种调料的大号曲奇。左图色彩鲜艳的有很多装饰的是非食用姜饼，用作装饰。

烤香肠 *Bratwurst*
各地的烤香肠味道以及大小各有不同。将烤香肠夹在面包里，抹上黄芥末酱吃。

热红酒 *Glühwein*
将水果糖浆和香料加入加热后的红酒中的一种混合饮品。不含酒精的是Kinderpunsch。喝完之后，马克杯可以带回家留作纪念，也可以将杯子返还回店里领取相应的费用。

木质人偶 *Holzkunstfiguren*
厄尔士地区制作的传统手工艺品。天使与矿工的组合是传统的圣诞款。胡桃夹子人偶和娃娃香炉也是经典款。

装饰品 *Ornament*
有玻璃球、锡制品、木制品、草编制品等各式各样的装饰物。可以装饰圣诞树或者窗户、墙壁等。

市场里可爱的垃圾桶

蜡烛 *Kerzen*
加入了蜂蜜的蜡烛随着燃烧会散发出一种香甜的气味，十分受欢迎。

【举办时间和注意事项】
德国各地的许多城市都会举办圣诞市场，只是规模大小不同而已。纽伦堡和德累斯顿的圣诞市场历史最悠久，规模也比较大。举办时间大约在圣诞节之前4周开始至平安夜前一天（开始日和结束日每年会有一些调整，可关注当地最新消息）。大多数城市的圣诞市场，在傍晚会变得比较拥挤，请注意保管好自己的贵重物品。防寒措施也要做得充分一些。

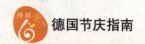

德国节庆指南

德国主要节庆活动日程

1月	1/6（每年）	三圣节儿童列队游行（德国各地）
2月	2月中旬	柏林国际电影节（柏林）→ p.306
	2月底~3月初	狂欢节游行（科隆、美因茨等地）→ p.36、p.76
3月	3月底~4月底	汉堡游乐节（汉堡）→ p.461
4月	4月底~5月初	Auer Dult跳蚤市场（慕尼黑）
	4月底	沃普尔吉斯之夜（巫婆节）（戈斯拉尔等哈茨山地）→ p.369
6月	6月初	蛋糕和泉水节（施韦比施哈尔）→p.146
	6月初	海量酒客节（罗滕堡）→p.36、p.213
	6月中旬	巴赫音乐节（莱比锡）→p.340
	6月下旬	基尔周
	6月底	美因茨·约翰尼斯之夜（美因茨）
	6月底~7月初	慕尼黑歌剧节（慕尼黑）
7月	7月中旬	MotoGP世界摩托车锦标赛（萨琛林赛道）
	7月中下旬	儿童表演节（丁克尔斯比尔）→p.220
	7月25日~8月28日	拜罗伊特音乐节（拜罗伊特）→p.159
	7月底~8月底	汉堡游乐节（汉堡）→p.461
	7月底~8月初	Auer Dult跳蚤市场（慕尼黑）
8月	8月初	美因河谷节（法兰克福）
	8月中下旬	葡萄酒节（吕德斯海姆）
9月	9月上旬~10月上旬	贝多芬音乐节（波恩）
S	9月中下旬~10月初	十月节（慕尼黑）→p.36
	9月下旬~10月上旬	斯图加特啤酒节（斯图加特）
	9月下旬	柏林马拉松（柏林）→p.316
	9月底~10月中旬	灯光节（柏林）
10月	10月第二个周末	洋葱节（魏玛）
	10月中下旬	Auer Dult跳蚤市场（慕尼黑）
11月	11月初~12月初	汉堡游乐节（汉堡）→p.461
S	11月底~12月底	圣诞市场（汉堡）以下仅列出具有代表性的
12月	11月底~12月底	圣诞市场（莱比锡）
	11月底~12月底	圣诞市场（斯图加特）
	11月底~12月底	圣诞市场（德累斯顿）→p.391
	11月底~12月底	圣诞市场（纽伦堡）→p.151

※ 时间可能会因一些特殊情况而发生变更，制订旅行计划时一定要去德国旅游局的官网等再次确认。

在希尔施霍仑古堡酒店的露台餐厅可以眺望内卡尔河畔的景色

制造浪漫回忆
入住古堡酒店

如果去德国旅行，一定要尝试着在古堡酒店住宿一次。
将自己置身于宛如童话世界般的古堡里，
度过一个浪漫而美好的夜晚。
古堡酒店的外观和沙龙都重现了旧时的模样，
客房里却是现代化设施齐全。
在这里既可以享受中世纪的氛围，又可以享受舒适的住宿体验。

莱茵河景十分美丽

美丽堡伯格酒店
Burghotel Auf Schönburg

Map® p.84

这座古堡酒店于 1957 年开业，是由一座起源于 11 世纪的古城堡改造而成的。古堡建于莱茵河畔的小山丘上，站在这里可以俯瞰莱茵河景，尤其是站在露台欣赏河景，真是美极了。古堡共有 2 间单人间、16 间双人间和 4 间套间。全馆禁烟。可免费使用有线网络。古堡餐厅的精选红酒也很值得一试。1 月上旬至 3 月中旬休业。

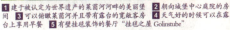

1 建于被认定为世界遗产的莱茵河河畔的美丽堡 **2** 朝向城堡中心庭院的房间 **3** 可以俯瞰莱茵河并且带有露台的宽敞客房 **4** 天气好的时候可以在露台上享用早餐 **5** 有壁毯装饰的餐厅"挂毯之屋 Golinstube"

D-55430 Oberwesel ☎（06744）93930 FAX（06744）1613
URL www.burghotel-schoenburg.de ⑦ 附带早餐、晚餐、免费迷你吧
⑤ €120~170 ⑦ €220~360 card MV 交通指南 从美因茨乘坐 RE（快速）在 Oberwesel 下车大约需要 30 分钟车程，然后再乘坐出租车 5 分钟便可到达。但是这座车站是无人车站，站外既没有出租车站，也没有电话亭。所以应该提前跟酒店预订好出租车接送服务。

探访莱茵河畔最大的城堡

莱茵岩古堡酒店
Schlosshotel Rheinfels

Map ● p.84

在客房所在的古堡旁，还有被破坏后留下的古城遗址可供参观游览。虽然新馆是莱茵岩别墅，但在这里住宿还是老馆最有味道。公共区域内可提供免费 Wi-Fi。客房内有有线网络（自费）。可以眺望莱茵河景的餐厅需要提前预约。酒吧以外全馆禁烟。

1 浪漫而舒适的房间
2 面朝莱茵河而建的莱茵岩古堡

Schlossberg 47 D-56329 St.Goar ☎ (06741) 8020
FAX (06741) 802802 URL www.schlosshotel-rheinfels.de
房 ⑤ €95~210，① €130~325 早餐另收费 卡 ADJMV
交通链接 从美因茨乘坐普通列车（MRB）在 St.Goar 下车大约需要 1 小时车程，然后再乘坐出租车（需要提前预约）5 分钟便可到达。

几乎所有的房间都可以望见内卡尔河

内卡尔河景十分美丽

希尔施霍仑古堡酒店
Schlosshotel Hirschhorn

Map ● p.130-B1

希尔施霍仑古堡的历史可以追溯到 13 世纪，这座古堡也是古堡之路上最具人气的古堡酒店。主堡（Palas）内共有 8 间客房，由马厩改建而成的别馆有 17 间客房，若是想要充分体验古堡氛围推荐住宿在主堡内。有免费的 Wi-Fi。每周一・二餐厅歇业。12 月下旬～2 月末休业。全馆禁烟。

Schlossstr.39-47 D-69434 Hirschhorn ☎ (06272) 92090 FAX (06272) 920920
URL www.castle-hotel.de ① €96~164 卡 AMV
交通链接 从海德堡乘坐普通列车在 Hirschhorn（Neckar）下车大约需要 25 分钟车程，然后再乘坐出租车 10 分钟便可到达。

古堡四周被葡萄种植园环绕着，同时还可品尝到自制的葡萄酒

歌德戏剧的舞台

霍恩伯格古堡酒店
Burghotel Hornberg

Map ● p.130-B1

歌德戏剧《葛兹・冯・伯里欣根》中的主人公，16 世纪的骑士铁腕葛兹就是在这里度过的晚年生活，这座城堡也因此而闻名。现在的城主是 1612 年便开始继承城堡的凯明根家族。酒店共有 24 间客房，房间很小巧。部分房间有免费 Wi-Fi。12 月下旬至 1 月中旬休业。

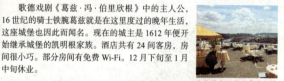

十分适合眺望内卡尔河景的餐厅露台

D-74865 Neckarzimmern ☎ (06261) 92460 FAX (06261) 924644 URL www.burg-hotel-hornberg.de
房 ⑤ €78~100，① €110~160 MV 交通链接 从海德堡乘坐普通列车在 Mosbach-Neckarelz 下车大约需要 50 分钟车程，然后再乘坐出租车 15 分钟便可到达。

格林童话《莴苣姑娘》中描绘的情景

特伦德尔古堡酒店
Burghotel Trendelburg

Map ● p.407-A2

高达 38 米的巨塔，是格林童话《莴苣姑娘》中插图的模本。城堡内使用的家具和装饰品都充满着浓郁的历史气息。餐厅还为你准备了童话晚餐。酒店内有免费 Wi-Fi。

Steinweg 1 D-34388 Trendelburg ☎ (05675) 9090
FAX (05675) 9362 URL www.burg-hotel-trendelburg.com
房 ⑤ €105~135，① €155~265 卡 AMV 交通链接 从卡塞尔乘坐 RT（Regiotram）在 Hofgeismar 下车大约需要 30 分钟车程，然后再乘坐出租车 15 分钟便可到达。

睡美人故事中的场景

睡美人城堡
Dornröschenschloss Sababurg

Map ● p.407-A2

这座建于 15 世纪的古堡静静地矗立在被人们称为童话森林的莱恩哈特森林之中。古堡内的家具充满着浪漫的气息，深受游客们的喜爱。酒店内设有 Wi-Fi。没有电梯。酒店内的美食餐厅受到食客们的高度评价。冬季休业。

被茂盛的森林和自然动物园包围着的古堡

D-34369 Hofgeiamar-sababurg ☎ (05671) 8080 URL www.sababurg.de
房 ⑤ €110~，① €140~ 早餐含 15
卡 AMV 交通链接 从卡塞尔乘坐 RT（Regiotram）在 Hofgeismar 下车大约需要 30 分钟车程，然后再乘坐出租车 15 分钟便可到达。

编外语 大多数的古堡酒店都在山上。没有通往酒店的公交车，如果从最近的公交车站往上拉着行李箱爬山是一件很吃力的事情。虽然可能会多花费一些交通费，但是从车站乘坐出租车（或者叫车）前往是最明智的选择。

1 位于莱茵葡萄酒的名产地吕德斯海姆的葡萄酒餐厅
2 摩泽尔河畔的葡萄酒之乡科赫姆
3 穿梭于法兰克福中心区域的苹果酒电车
4 施塔德尔美术馆（法兰克福）是名画的宝库
5 法兰克福的圣诞市场中央的圣诞树十分漂亮

法兰克福与莱茵河、摩泽尔河周边
Frankfurt /Rheintal / Moseltal

Hallo!

法兰克福与莱茵河、摩泽尔河周边

去往科隆

铁路
88 高速公路
主干道
城堡
修道院、教堂
山

N

波恩
Bonn

奥伊斯基兴
Euskirchen

海姆巴赫
Heimbach

比利时

蒙绍
Monschau

Kall

柯尼希斯温特
Königswinter

巴特霍内夫
Bad Honnef

莱茵河
Rhein

Rolandseck

雷马根
Remagen

巴特敏斯特艾佛尔
Bad Münstereifel

巴特诺因阿尔-阿尔韦勒
Bad Neuenahr-Ahrweiler

A
比利时

Kreuzberg

安德纳赫
Andernach

玛利亚·拉赫修道院

Mendig

尼尔堡
Nürburg

科布伦茨
Koblenz

巴特埃姆斯
Bad Ems

Gerolstein

Mayen

布劳巴赫
Braubach

艾费尔
Eifel

Daun

埃尔茨城堡

博帕德
Boppard

科赫姆
Cochem

莫塞尔克尔恩
Moselkern

圣戈阿
St. Goar

Oberwesel
Kaub

维特利希
Wittlich

Bacharach

吕德斯海姆
Rüdesheim

特拉本-特拉尔巴赫
Traben Trarbach

摩泽尔河
Mosel

贝恩卡斯特尔-屈斯
Bernkastel-Kues

巴特克罗伊茨纳赫
Bad Kreuznach

卢森堡

64

特里尔
Trier

B

洪斯吕克
Hunsrück

伊达尔-奥伯施泰因
Idar-Oberstein

62

法 国

8

1

凯撒斯劳滕
Kaiserslautern

萨尔路易
Saarlouis

诺因基兴
Neunkirchen

1

2

锡根
Siegen

马尔堡
Marburg

柏林

法兰克福

慕尼黑

45

吉森
Gießen

韦茨拉尔
Wetzlar

歌德之路

林堡
Limburg an der Lahn

3

5

45

马克斯堡

圣戈阿斯豪森
St. Goarshausen

罗蕾莱

巴特洪堡
Bad Homburg

法兰克福
Frankfurt am Main

哈瑙
Hanau

埃伯巴赫修道院

威斯巴登
Wiesbaden

奥芬巴赫
Offenbach

Eltville

美因河
Main

美因茨
Mainz

法兰克福国际机场

去往维尔茨堡

宾根
Bingen

阿沙芬堡
Aschaffenburg

3

阿斯曼斯豪森
Assmannshausen

梅瑟尔
Messel

莱茵河
Rhein

达姆施塔特
Darmstadt

梅斯珀尔布伦城堡

61

洛尔施
Lorsch

米歇尔施塔特
Michelstadt

米尔滕贝格
Miltenberg

63

沃尔姆斯 Worms

5

奥登林山
Odenwald

67

6

曼海姆
Mannheim

埃伯巴赫
Eberbach am Neckar

路德维希港
Ludwigshafen

0   10   20km

65

海德堡
Heidelberg

3

4

法兰克福与莱茵河、摩泽尔河周边

法兰克福市中心夜景。左边为卡塔琳妮教堂，中间的高层建筑为德国商业银行大厦

　　从中国可直飞法兰克福。作为德国的经济中心，德国各大银行的总部大楼是这里最显眼的建筑。对德国充满了浪漫幻想的游客如果看到这样的景象，一定会感到吃惊。

　　不过，大文豪歌德就诞生于此，并在这里度过了青少年时光，所以这里也是一座文化之都。17世纪，罗斯柴尔德家族、贝特曼家族的银行家们让这里成为了金融城市。以银行家施塔德尔的美术收藏品为基础而建立的施塔德尔美术馆是德国最重要的美术馆之一。

游览提示

　　法兰克福是德国的铁路交通枢纽，所以往返于各地的火车车次很多，交通非常便利。游览莱茵河，可乘火车前往宾根（→p.86），然后可乘坐航行于景区内的游览船（时刻表→p.85）。也可从宾根乘渡轮前往莱茵河对岸的吕德斯海姆（→p.79）。

　　浪漫之路巴士（时刻表→p.202）北端的起点也位于法兰克福。

乘船游览莱茵河可以看到两岸上的众多古堡

住宿指南

　　法兰克福是德国的大都市，因此酒店住宿费用很高。在展会举办期间，酒店客房基本上会满员，而且住宿费会涨到平时的两倍。如果要游览莱茵河的话，建议在美因茨、科布伦茨、吕德斯海姆或者古堡酒店住宿。但冬季往往都不营业。

左／葡萄酒之乡吕德斯海姆的酒店　右／可俯瞰莱茵河的人气古堡酒店 Burghotel auf Schonburg

特产与美食

法兰克福的著名特产是苹果酒，德语称作 Apfelwein。在萨克森豪森有很多提供当地美食的餐馆，环境舒适轻松，可以品尝到餐馆自制的苹果酒。喝苹果酒，使用叫作 Bembel 的陶瓷酒壶倒酒。Bembel 底色为灰，图案为蓝色，也很适合当作礼物。

另外，苹果酒是德国的大众饮料，高级餐馆、酒店内的酒吧是不提供苹果酒的。

美食方面，味道淳朴的被称为 Frankfurter Rippchen 的腌制猪排以及叫作 Gruene Sosse 的绿色酱汁非常有名。

莱茵河与摩泽尔河的两岸地区是德国首屈一指的葡萄酒产地。可以在这里寻找自己喜欢的葡萄酒。

左 / 青酱 Gruene Sosse 使用了香芹、西洋菜、野葱等7种时令鲜蔬制作而成。与煮鸡蛋或者牛肉一起吃

右 / Frankfurter Rippchen 是一道简单而美味的肉类菜肴

左 / 味道酸爽的苹果酒。还有不含酒精（alkohlfrei）的苹果酒　右 / 装苹果酒用的酒壶

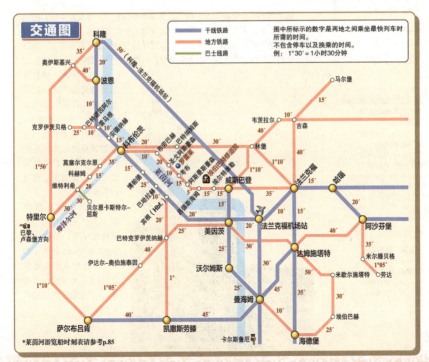
摩泽尔河地区出产在德国比较少见的玫瑰红葡萄酒

交通图

干线铁路
地方铁路
巴士线路

图中所标示的数字是两地之间乘坐最快列车时所需的时间。
不包含停车以及换乘的时间。
例：1°30′＝1小时30分钟

科隆
奥伊斯基兴
波恩
克罗伊茨贝格
巴特戈德斯贝尔
科赫姆
莫塞尔克尔恩
维特利希
特里尔
巴黎、卢森堡方向
贝尔恩卡斯特尔-屈斯
安德纳赫
科布伦茨
博帕德
巴赫拉赫
宾根（Hbf.）
吕德斯海姆
马尔堡
韦茨拉尔
吉森
林堡
圣戈阿尔斯豪森
阿斯曼斯豪森
埃尔特维勒
威斯巴登
美因茨
法兰克福机场站
达姆施塔特
沃尔姆斯
伊达尔-奥伯施泰因
巴特克罗伊茨纳赫
曼海姆
萨尔布吕肯
凯撒斯劳滕
卡斯鲁厄
海德堡
埃伯巴赫
米歇尔施塔特
劳达
米尔滕贝格
阿沙芬堡
哈瑙
法兰克福

*莱茵河游览船时刻表请参考p.85

Frankfurt /Rheintal / Moseltal

柏林

法兰克福

慕尼黑

法兰克福 *Frankfurt am Main*

欧元中心、大文豪歌德的故乡

MAP ◆ p.43-A4	
人　口	701400 人
长途区号	069

ACCESS

铁路： 从慕尼黑中央车站乘坐 ICE（Inter City Express，德国的高速铁路）约 3 小时10 分钟可到达。从柏林中央车站乘车需要大约 4 小时 10分钟，从汉堡中央车站出发大约 3 小时 40 分钟。法兰克福中央车站是德国规模最大的火车站，有通往德国各地的线路。

充满活力的法兰克福中央车站站前

ⓘ **法兰克福的旅游服务中心**
● 中央车站内的 ⓘ
⊞ Im Hauptbahnhof, Frankfurt am Main D-60329
🖙 Map p.52-B1
☎ （069）21238800
🖷 （069）21245012
🖳 www.frankfurt-tourismus.de
⊞ 周一～周五　8：00～21：00
　　周六・周日・节日
　　　　　　　9：00～18：00
　　12/24・31　9：00～13：00
🛏 1/1、12/25・26

● 罗马广场的 ⓘ
⊞ Römerberg 27
🖙 Map p.53-B3
☎ （069）21238800
🖷 （069）21245012
⊞ 周一～周五　9：30～17：30
　　周六・周日・节日、12/24・31、狂欢节的周二
　　　　　　　9：30～16：00
🛏 1/1、12/25・26

罗马广场上的木结构建筑与正义女神雕像喷泉

　　莱茵河的支流美茵河流经的法兰克福是德国的商业与金融中心，市中心鳞次栉比的高层建筑基本上是银行或保险公司的办公楼。德国的中央银行——德意志联邦银行以及负责管理欧元的欧洲中央银行都在这里，所以这里也被人们形容为美因河畔的曼哈顿，从而有了"美因哈顿"的别名。

立于商业银行大楼前面的歌德铜像

　　在中世纪，神圣罗马帝国皇帝的选举以及加冕典礼等重要政治活动都在法兰克福举行。第二次世界大战后，这座城市变得越来越现代化，但也保留着曾经繁华一时的大教堂、市政厅等老建筑。

　　这里也是文豪约翰·沃尔夫冈·冯·歌德的出生地，歌德故居Goethe House 就位于市中心。当地人称歌德为"法兰克福市民的伟大儿子"，把歌德视为自己家乡的荣耀。

46　📖 编外话　在德国还有另外一个名为法兰克福的城市，那就是靠近与波兰交界处的奥德河畔法兰克福（Frankfurt an der Oder）。最好记住这个名字，以免混淆。

到达法兰克福

乘飞机抵达

向憧憬中的德国迈出第一步

法兰克福美因国际机场 Flughafen Frankfurt Main（机场代码：FRA。下面简称为法兰克福机场）位于法兰克福西南约 9 公里处，属于欧洲顶级规模的大型机场。从中国有直飞法兰克福的航班，可在法兰克福机场转机飞往德国其他城市以及欧洲各主要城市。

机场分为 1 号航站楼和 2 号航站楼，汉莎航空及中国国际航空等星空联盟的航班都在 1 号航站楼起降，中国东方航空、法国航空等的航班在 2 号航站楼起降。两个航站楼之间开行被称为 Sky Line 的高架轻轨列车和摆渡巴士（→ p.48）。

利用高架轻轨列车 Sky Line 迅速移动

乘飞机到达后，可以借助指示牌上的英文信息的引导，办理入境手续。

1 入境检查 Passkontrolle

飞机降落后，按照写有 Passkontrolle 的标识前行。中国国籍者，应在有 Non EU National 标识的柜台前排队等候。通常，出示护照并接受简单的检查即可。

2 取回行李 Gepäckausgabe

接下来，取回出发时随机托运的行李。如果是 1 号航站楼，入境检查结束后，走过普通通道，乘扶梯前往下一层。因为地点不太好找，所以一定要按照行李领取处 Gepä ckausgabe/Baggage Claim 的指示标识前行。在显示有所乘航班号的行李转盘上取回自己的行李。

通往行李领取处的扶梯（1 号航站楼）

3 海关检查 Zollkontrolle

所带相关物品超过免税范围时，应走红色通道并接受海关检查。无须报关的旅客则走绿色通道。

4 到达大厅

利用铁路交通去往法兰克福市内时需进入位于地下的车站

通过海关后，就是到达大厅。到了这里就表示已经顺利地进入了德国境内。1 号航站楼有外汇兑换处、酒店介绍处、汽车租赁公司服务窗口。在航站楼的一层，还有德国铁路公司的服务窗口、餐厅、超市等设施。

● 法兰克福国际机场
Map p.43-B3
www.frankfurt-airport.de

● 中国总领事馆
Generakonsulat der Volksrepublik China
Stresemannallee 19-23
D-60596 Frankfurt am Main
☎ （069）75085545
FAX （069）75085540
www.frankfurt.china-consulate.org/chn/
周一～周五 9:00~11:30
周六·周日·节日，放假会提前在网站发布通知。

● 转机时的入境检查
如果是在德国转机去往德国以外的欧盟申根协定成员国（→ p.508），则在入境国接受入境检查即可，无须在德国接受入境检查。

● 入境德国时的免税范围
→ p.506

法兰克福与莱茵河、摩泽尔河周边 ● 法兰克福

✉ 投稿 在法兰克福机场使用行李推车需要交€ 2 硬币，返还推车时硬币也会退还给旅客。建议在去提取行李前就准备好硬币。

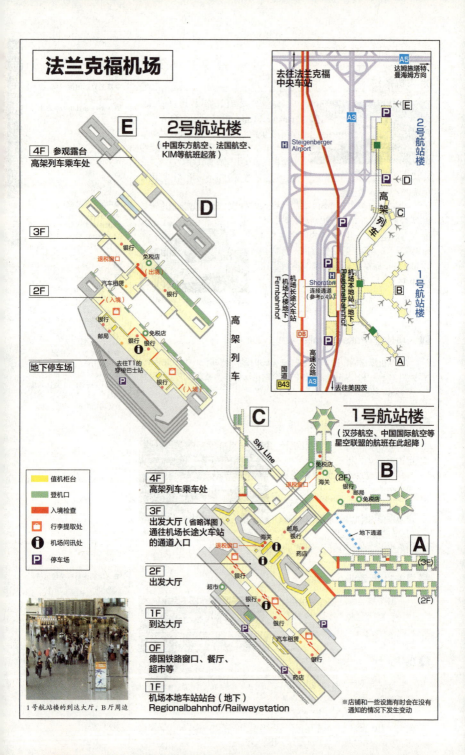

法兰克福机场

2号航站楼
（中国东方航空、法国航空、KIM等航班起落）

E

4F 参观露台
高架列车乘车处

D

3F

银行
退税窗口　免税店
（出境）

2F

汽车租赁
（入境）
银行
银行
邮局　银行　银行
去往T1的
穿梭巴士站
免税店
（入境）

地下停车场

P

高架列车

去往法兰克福
中央车站

A5
达姆施塔特、
曼海姆方向

A3

Steigenberger
Airport

A3

高架列车

2号航站楼

P E

P D

C

1号航站楼

Shoraton
机场长途火车站
（机场大楼地下）
Fernbahnhof

机场本地站（地下）
Regionalbahnhof

连接通道
（参考p.49）

DB

国道
B43

高速公路
A3

去往美因茨

B

A

1号航站楼
（汉莎航空、中国国际航空等
星空联盟的航班在此起降）

C
Sky Line

免税店

4F 高架列车乘车处
退税窗口
海关

(2F)
银行

B

3F 出发大厅（省略详图）
通往机场长途火车站
的通道入口

海关
退税窗口

邮局
银行

邮局
免税店

地下通道

A
(3F)

2F 出发大厅

超市

银行

银行

(2F)

图例	
值机柜台	
登机口	
入境检查	
行李提取处	
机场问讯处	
停车场	P

1F 到达大厅

P

P

银行

P

0F 德国铁路窗口、餐厅、
超市等

汽车租赁

银行

P

药店

-1F 机场本地站站台（地下）
Regionalbahnhof/Railwaystation

※店铺和一些设施有时会在没有
通知的情况下发生变动

1号航站楼的到达大厅，B厅周边

48 编外话 2号航站楼和机场本地站之间的交通可以利用免费的机场穿梭巴士。可以在2号航站楼到达大厅外的车站乘车，大约每10分钟一班车，然后在1号航站楼的机场本地站通道入口前下车。

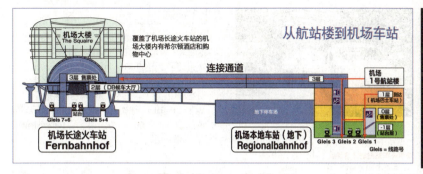

停在法兰克福中央车站的高速列车 ICE

乘火车抵达

　　法兰克福中央车站是德国的铁路枢纽，有发往德国各地的 IC、ICE 等高速列车。车站内有商店、外汇兑换处、旅行社以及 Tourist Information（旅游服务中心，本书中以 ➊ 表示。火车站内的 ➊ 标识多表示铁路问询处，需注意）等铁路旅行所需的各种设施。

　　地下有 U-Bahn（地铁，下面均以 Ⓤ 来表示）和 S-Bahn 的站台。另外，在德国大多用 Hauptbahnhof 的缩写 Hbf. 来表示中央车站，最好记住。

● **中央车站内的注意事项**

　　在中央车站内的自动售票机上购票时，可能会有人主动搭话，说"你要是不太明白该如何买票的话，我可以帮你买"，等拿到钱后便立即跑掉，所以游客千万不要理睬这样的人。还有的人会说"能给我 €1 吗""能跟你换一下零钱吗"，此时如果拿出钱包的话，钱包就可能被抢走，所以对这些人最好也不要理睬。机场车站也发生过类似案件。

● **RMV 交通联盟**

　　RMV 交通联盟包括法兰克福以及达姆施塔特、威斯巴登、美因茨、科布伦茨、哈瑙、马尔堡等广阔区域内的多个城市。购买 1 次票，只要是在有效区间及时间内，就可以随意换乘 S-Bahn、U-Bahn、有轨电车、巴士等公共交通工具。但要记住不能凭此票往返或在环线乘车一周。

　　凭欧洲铁路通票、德国铁路通票可乘坐 S-Bahn，但不能乘坐 U-Bahn、有轨电车、巴士。

🌐 www.rmv.de
🌐 www.vgf-ffm.de
　　（法兰克福市内）

法兰克福的市内交通

　　有 U-Bahn、S-Bahn、有轨电车、公交巴士等多种公共交通工具。车票均采用 RMV 交通联盟的区间制票价系统。只要是在车票的有效乘车区间及有效时间内，就可以在所有公共交通工具中任意换乘。可以在进入巴士车站或火车站台前的自动售票机上购买车票 Fahrkarte。

　　※ 法兰克福的交通线路图为本书文前图②。

表示走下台阶便是 S-Bahn 和 U-Bahn 的车站

乘车方法

1 寻找可去往目的地的火车站台或巴士车站

　　在巴士车站及火车站内都有线路图，可以自己确认所在位置以及寻找要去往的目的地，然后记住线路号和终点站的名称。因为引导标识上都标记着线路号及终点站。

2 购买车票

　　乘坐 S-Bahn 与 U-Bahn 时，进入站台前应在自动售票机上购票。

3 乘车 / 下车

　　S-Bahn、U-Bahn、巴士的车门都不是自动开启。在 Ⓢ Ⓤ 中，需要通过旋转开关或按动按钮的方式来打开车门。乘坐巴士和有轨电车也必须按车门旁的按钮，否则车门无法打开。关门则全部通过自动方式完成。

开门时需自己按动按钮

S-Bahn 车厢内部

投稿　在法兰克福强烈推荐乘坐有轨电车，这种车乘坐舒适且车次很多，行驶期间还能看到美丽的景色。横跨美因河的线路会让人感到十分惬意。即便只是买上 1 张 1 日通票，随便乘车逛一逛也很有趣。

车票的购买方法与种类

车票可以从自动售票机上购买。只有乘坐巴士时可以跟司机购买车票。德国的自动售票机是先选择目的地，按确认按钮后投入相应的金额。

名 称	有效区间	票价	注意事项
短途乘车票 Kurzstrecke	乘车距离2公里以内（中央车站—Römer、中央车站—Hauptwache）	€1.80	应在售票机上确认要前往目的地是否在规定区间内
1次乘车票 Einzelfahrkarte	法兰克福市内	€2.80	
	机场~市内	€4.65	
1日乘车票 Tageskarte	法兰克福市内	€7.00	
	机场~市内间有效	€9.10	
1日乘车团体票 Gruppentageskarte	法兰克福市内	€11.00	最多可供5人使用
	机场~市内间有效	€15.80	

（本书调查时数据，仅供参考）

●法兰克福卡
Frankfurt Card

凭此卡在1天之内可随意乘坐S-Bahn（机场~市内间也可乘坐）、U-Bahn、巴士、有轨电车，购买歌德故居、施塔德尔美术馆的门票时也可享受最高达50%的优惠，非常适合游客使用。还有最多可供5人同时使用的团体卡。在❶购买。

1人1日€10.50，1人2日€15.50，团体用1日€20.50，团体用2日€30.50。

注：有关票价的规定1~2年内就会变更一次。请在当地再确认。

自动售票机的使用方法

●法兰克福机场本地站的新型（触屏式）售票机

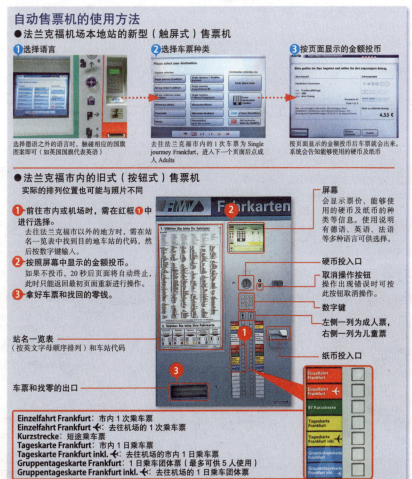

❶选择语言

选择德语之外的语言时，触碰相应的国旗图案即可（如英国国旗代表英语）

❷选择车票种类

去往法兰克福市内的1次车票为Single journey Frankfurt，进入下一个页面后点击成人Adults

❸按页面显示的金额投币

按页面显示的金额投币后车票就会出来。系统会告知能够使用的硬币及纸币

●法兰克福市内的旧式（按钮式）售票机
实际的排列位置也可能与照片不同

❶前往市内或机场时，需在红框❶中进行选择。

去往法兰克福以外的地方时，需在站名一览表中找到目的地车站的代码，然后按数字键输入。

❷按照屏幕中显示的金额投币。

如果不投币，20秒后页面将自动终止，此时只能返回最初页面重新进行操作。

❸拿好车票和找回的零钱。

站名一览表
（按英文字母顺序排列）和车站代码

车票和找零的出口

屏幕
会显示票价、能够使用的硬币及纸币的种类等信息。使用说明有德语、英语、法语等多种语言可供选择。

硬币投入口

取消操作按钮
操作出现错误时可按此按钮取消操作。

数字键

左侧一列为成人票，右侧一列为儿童票

纸币投入口

Einzelfahrt Frankfurt： 市内1次乘车票
Einzelfahrt Frankfurt ✈： 去往机场的1次乘车票
Kurzstrecke： 短途乘车票
Tageskarte Frankfurt： 市内1日乘车票
Tageskarte Frankfurt inkl. ✈： 去往机场的市内1日乘车票
Gruppentageskarte Frankfurt： 1日乘车团体票（最多可供5人使用）
Gruppentageskarte Frankfurt inkl. ✈： 去往机场的1日乘车团体票

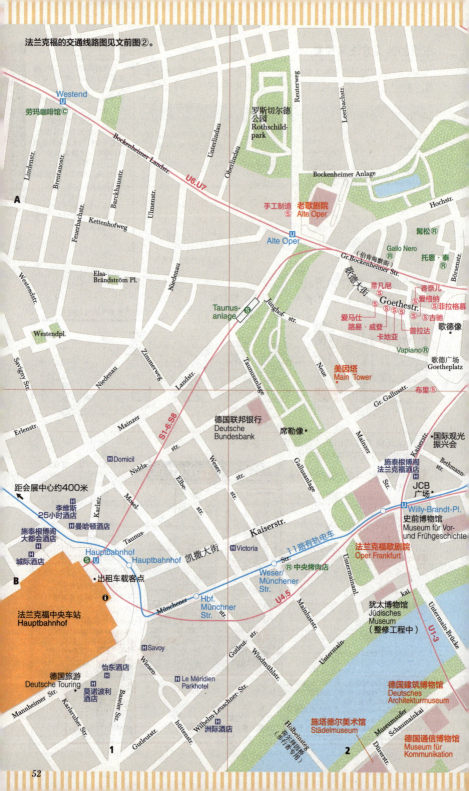

法兰克福的交通线路图见文前图②。

Westend
劳玛咖啡馆 ©

Bockenheimer Landstr.
U6·U7

罗斯切尔德公园 Rothschild-park

Bockenheimer Anlage

A

手工制造 老歌剧院 Ⓢ Alte Oper

Alte Oper Ⓤ

Gr. Bockenheimer Str. 〈伯肯海默街〉

髻松 Ⓡ
Gallo Nero
托恩·泰 Ⓡ

歌德大街

蒂凡尼 香奈儿
Goethestr. 爱格纳 菲拉格慕
爱马仕 路易·威登 普拉达 古驰
卡地亚 Vapiano Ⓡ

歌德像
歌德广场 Goetheplatz

Taunus-anlage Ⓢ

Junghof str.

Neue

美因塔 Main Tower

布里 Ⓢ

德国联邦银行 Deutsche Bundesbank

席勒像 •

Gr. Galluisstr.

国际观光振兴会

Domicil Ⓗ

Nidda str.

Weser- str.

Elbe str.

Gallusanlage

Mainzer str.

Kaiserstr. 施泰根博阁 法兰克福酒店

JCB 广场

距会展中心约400米

李维斯 25小时酒店
曼哈顿酒店

Karlstr.

Mosel str.

Willy-Brandt-Pl. Ⓤ

史前博物馆 Museum für Vor- und Frühgeschichte

施泰根博阁大都会酒店
城际酒店

Taunus str.

Hauptbahnhof Ⓢ Ⓤ

Hauptbahnhof

凯撒大街 Kaiserstr.

Victoria Ⓗ

11路有轨电车

Weser/ Münchener Str.

中央烤肉店

U4·5

法兰克福歌剧院 Oper Frankfurt

B

出租车载客点

法兰克福中央车站 Hauptbahnhof

ℹ

Münchener

Hbf. Münchner Str.

犹太博物馆 Jüdisches Museum 〈整修工程中〉

Untermainbrücke U1·3

德国旅游 Deutsche Touring

怡东酒店 Ⓗ
莫诺波利酒店 Ⓗ

Savoy Ⓗ

Le Méridien Parkhotel Ⓗ

德国建筑博物馆 Deutsches Architekturmuseum

Mannheimer Str.

Karlsruher Str.

Basler Str.

Wieser str.

Gutleutstr.

Windmühlstr.

Wilhelm-Leuschner-Str.

洲际酒店

Hohenstein-

施塔德尔美术馆 Städelmuseum

Museumsufer

Schaumainkai

德国通信博物馆 Museum für Kommunikation

Dürerstr.

1

2

法兰克福
FRANKFURT

U-Bahn（地铁）
S-Bahn（城市轻轨）
有轨电车（11路）
H 酒店
青年旅舍、面向年轻人的住宿设施
S 商店
R 餐厅（包括啤酒屋）
C 咖啡馆
Tourist Information
（旅游服务中心）

0   100   200m

N

U6.U7   动物园方向

Eschenheimer Anlage

Bleichstr.

Peters-kirche

Eschenheimer Tor
埃申海默尔塔楼
Eschenheimer Turm

Hilton
Hilton

Stephanstr.

Alte Gasse

Große Friedberger Str.

K. Adenauer Str.

威斯汀大酒店

Le Note
Gelbhirschstr.

证券交易所
Börse

费勒 S
禄来 S

牛笑汉堡店
Thurn-und Taxis-Palais

Schillerstr.

Schäfergasse

Brönnerstr.

Stiftstr.

Jumeirah
采尔购物长廊

Bieber.

Hauptwache

卫戍大本营
Hauptwache

Gr. Eschenheimer

卡尔施泰特
采尔大街 Zeil

麦·采尔
古洛迷亚百货

Hasengasse

Econa Tours

城墙遗址

Konstablerwache

Konstabler-wache

Kurt-Schumacher-str.

Aller-heiligenstr.

Klingerstr.

Breite Gasse

Kolping Hotel

Allerheiligentor

Lange Str.

卡塔琳妮教堂
Katharinen K.

Töngesgasse

运动品商城
Roßmarkt

塞罗纳咖啡吧
Maggi S

Holzgraben

Neue Kräme

Kleinmarkthalle
（室内市场）

Mikuni R

Börnerplatz

Battonn

str.

Fahrgasse

犹太人墓地
Jüdischer Friedhof

Stolzestr.

步行者咖啡馆

Hirschgraben

Am Salzhaus S 瓦尔登咖啡馆
S 凯琳咖啡馆

Hechst

Berliner Str.

圣保罗教堂
Paulskirche

Römer/Paulskirche

现代艺术美术馆
Museum für Moderne Kunst

美丽华酒店

苦与甜巧克力店

犹太巷纪念馆
Museum Judengasse
Gedenkstätte
（整修工程中）

Fahrgasse

歌德故居
Goethehaus

Kornmarkt

Römer

Struwwelpeter-Museum

Braubachstr.

Berliner Str.

Bethmannstr.

旧市政厅
Römer

罗马广场
Römerberg

锡恩美术馆
Kunsthalle Schirn

大教堂
Dom

黑星餐厅

Metropol

鹤餐厅

Schöne Aussicht

Alte Brücke

Obermainbrücke

S 联合商店

尼古拉教堂
Nikolaikirche

圣莱昂哈德教堂
St.Leonhard-kirche

历史博物馆
Historisches Museum

kai

爱赛尔纳桥
Eiserner Steg

美因河 Main

世界文化博物馆
Museum der Weltkulturen

斯考发则路

Schaumainkai

Schifferstr.

Sachsenhäuser Ufer

圣象博物馆
Iconenmuseum

Deutschherrnufer

青年旅舍

应用艺术和手工艺博物馆
Museum für Angewandte Kunst

Schul-str.

Walter-Kolb-Str.

Elisabethenstr.

Paradiesg.

Große

K! Rittergasse

Ritter.

Zum Grauen Bock

gasse

德国电影博物馆
Deutsches Filmmuseum

Schweizer Str.

Maingau

Schifferstr.

Gartenstr.

萨克森豪森

Brückenstr.

多思·施耐德
Neuer Wall

Paradiesg.

K! Rittergasse

Klapperg.

Dreieichstr.

R 彩绘小屋餐厅、
阿道夫·瓦格纳餐厅方向

3

4

●法兰克福的危险地带

●法兰克福的危险地带
从中央车站开始的凯撒大街以及陶努斯大街Taunusstr.一带，白天没有什么问题，但天黑以后女性最好不要独自在这里步行。另外，中央车站周边以及附近的地下通道、卫戍大本营的地下通道里常有吸毒者和酗酒的人。一定要多加注意。

●从中央车站前往罗马广场乘坐有轨电车最方便
如果觉得步行至市中心有些吃力，那么可以从中央车站正门出来，过马路后乘坐11路有轨电车（车站偏左）。乘上向右行驶的开往Fechenheim/Schießhüttenstr方向的电车，上车后电车行至前方的第三站就是Willy-Brandt-Platz，那里距离歌德故居较近。第四站是Römer/Paulskirche，车站就在罗马广场旁边。

从中央车站正面出来，眼前就是一条名为凯撒大街 Kaiserstr. 的主干道路，一直通向市中心，路的一部分区段被作为了禁止车辆通行的步行街。从车站出发沿凯撒大街步行，大约10分钟后就来到一个广场，广场周围有高层建筑以及现代风格的法兰克福歌剧院。从这里开始就是市中心区域，继续步行5分钟就是歌德故居 Goethehaus，再步行5分钟就可到达建有旧市政厅 Römer 的罗马广场 Römerberg。

这里是景点集中的区域，但面积并不广阔，步行就可转遍所有景点。中央车站距离卫戍大本营 Hauptwache 步行12~13分钟。如果从中央车站乘坐 Ⓢ Ⓤ 的话，在第二站 Hauptwache 下车。卫戍大本营是18世纪时这座城市军营和监狱的所在地。从这里向东是步行街采尔大街 Zeil，有许多百货商场和时尚购物大厦，是法兰克福最著名的购物街。高级品牌店则集中在Hauptwache 以西的歌德大街 Goethestr.。

旧市政厅的正面屋檐呈阶梯状

最新的购物中心 My Zeil

●市内观光巴士
Hop on Hop off
www.citysightseeing-frankfurt.com
罗马广场附近的圣保罗教堂旁边，10:00~17:00 每隔30分钟（冬季会有调整）发车。可以在罗马广场或中央车站的 ❶ 预约。费用为€17，使用法兰克福卡可享受优惠。

卡塔琳妮教堂（左）与高层建筑群

在中央车站前驶过的市内观光巴士

歌德故居与歌德博物馆
Goethehaus und Goethe-Museum ★★★

1749年8月28日，以《少年维特之烦恼》《浮士德》等名著而享誉世界的约翰·沃尔夫冈·冯·歌德随着12点的钟声降生在法兰克福。他的父亲是曾任神圣罗马帝国顾问的约翰·卡斯帕·歌德，母亲是法兰克福市长的女儿卡特琳娜·伊丽莎白·歌德。歌德家在18世纪是法兰克福当地屈指可数的名门望族。

歌德家原来的住宅在第二次世界大战中毁于战火，不过战后又得到了重建。室内陈设在战争中被搬到别处，所以幸免于难且留存至今。

需要通过歌德博物馆 Goethe-Museum 才能进入歌德故居。博物馆里展出着与歌德同时代的画家们的画作，游客可以借此了解到歌德生活时代的艺术风格。歌德故居向游客们展示了歌德家的日常生活。

前往歌德故居（左）要先进入歌德博物馆

●歌德故居与歌德博物馆

⌖ Großer Hirschgraben 23-25

⮕ Map p.53-B3

可乘坐 U S 在 Hauptwache 或 Willy-Brandt-platz 站下车。

🖥 www.geothehaus-frankfurt.de

🕐 周一～周六　10:00～18:00
　　周日　　　　10:00～17:30
　　（入馆截至闭馆30分钟前）

💰 €7，学生€3
　　语音导游器€3
　　可以使用 Museumsufer-Ticket
　　（→ p.57）

🚫 12/24・25・31、1/1、复活节前的周五

（右上角竖排）法兰克福与莱茵河、摩泽尔河周边 ● 法兰克福

歌德故居

（从博物馆进入）

1层

典型的18世纪上流家庭的厨房。角落里的灶台也是隔壁餐厅里炉子的火口。做蛋糕的模具也很有意思。

家人欢聚一堂的地方。

庭院／厨房／餐厅／玄关

2层

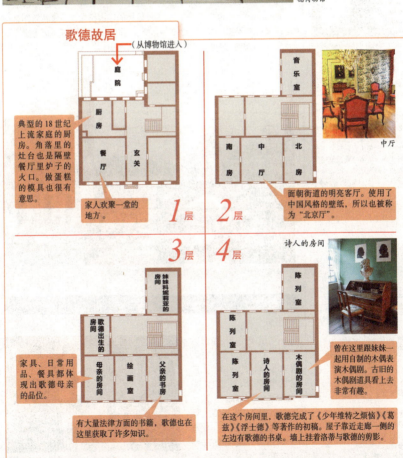

音乐室／南房／中厅／北房

中厅

面朝街道的明亮客厅。使用了中国风格的壁纸，所以也被称为"北京厅"。

3层

妹妹科妮莉亚的房间／歌德出生的房间／母亲的房间／绘画室／父亲的书房

家具、日常用品、餐具都体现出歌德母亲的品位。

有大量法律方面的书籍，歌德也在这里获取了许多知识。

4层

诗人的房间

陈列室／陈列室／陈列室／诗人的房间／木偶剧的房间

曾在这里跟妹妹一起用自制的木偶表演木偶剧。古旧的木偶剧道具看上去非常有趣。

在这个房间里，歌德完成了《少年维特之烦恼》《葛兹》《浮士德》等著作的初稿。屋子靠近走廊一侧的左边有歌德的书桌。墙上挂着洛蒂与歌德的剪影。

✉ 📮(投稿) 来到歌德博物馆，建议游客一定要租赁语音导游器。机器很好用，解说也非常通俗易懂。馆内的展品布置得非常得体，参观后觉得收获不少。

● 旧市政厅 Römer
⊃ Map p.53-B3

可乘坐 Ⓤ 4、5 号线在 Römer 或 11、12 路有轨电车在 Römer/Paulskirche 下车。

皇帝大厅 Kaisersaal

囲 每天　　10:00~13:00
　　　　　　14:00~17:00

但是有特殊活动时会闭馆。

向着 Römer 的方向前行，进入左手一侧的一条小巷 Limpurger Gassel，然后从右手一侧写有 Kaisersaal 的入口处进入庭院里，建筑的墙壁上有写着 Kasse 的自动售票机，买票后沿里面的螺旋楼梯上楼。

圏 €2

去往皇帝大厅 Kaisersaal 需从这个大门进入，然后沿里面的螺旋楼梯上楼

● Dom Römer Project 正在进行之中

在罗马广场与大教堂之间的 Braubachstr. 沿线区域，名为 Dom Römer Project 的大规模区域开发工程正在进行之中。此项工程的目的是将毁于战火的木结构建筑恢复原貌并且利用修复的建筑开设酒店、餐厅以及购物设施。

● 大教堂
⊃ Map p.53-B3·B4

可乘坐 Ⓤ 4、5 号线在 Römer 下车。

囲 www.dom-frankfurt.de
囲 9:00~20:00
　　13:15~20:00
　　（周五 13:15~）

※ 做礼拜时谢绝参观。

圏 免费

大教堂内的博物馆

囲 周二~周五　10:00~17:00
　　周六·周日　11:00~17:00

囲 周一

圏 €4、学生 €2

旧市政厅与罗马广场
Römer & Römerberg　　　　　　　　★★★

上／挂满了皇帝肖像的皇帝大厅
下／由三座相连的建筑组成的旧市政厅

罗马广场的西侧有三座面向广场而建的建筑，中间的建筑被称作 Römer。

在 Römer 的二层，有神圣罗马帝国的新皇帝在完成加冕典礼后举办庆祝宴会的皇帝大厅 Kaisersaal，游客可以参观。大厅的墙上挂着 52 位皇帝的等身大肖像。

罗马广场的中央，有立有正义女神 Iustitia 雕像的喷水池。罗马广场是夏季举办美因河之夏的节日活动的会场，到了冬季，圣诞节到来前的 4 周，还会在这里开设圣诞市场。

罗马广场南侧面向广场而建的建筑是在"二战"中幸免于被战火毁坏的尼古拉教堂，该教堂作为宫廷御用的礼拜堂，始建于 1290 年。现在这里已变成基督新教的教堂，每天 9:05、12:05、17:05，教堂都会敲响悦耳的钟声。

举办圣诞节市场的罗马广场变得异常热闹。右边为尼古拉教堂

大教堂
Dom　　　　　　　　　　　　　　　★★

这座曾经被用来举行神圣罗马帝国皇帝选举以及加冕典礼的教堂，也被称为皇帝的大教堂"凯撒大教堂 Kaiserdom"。建于 13~15 世纪，为哥特式建筑。高达 95 米的塔，始建于 1415 年，直到 1877 年才完工。

教堂大厅内有许多值得观赏的艺术品

施塔德尔美术馆距离中央车站步行 12~13 分钟。从中央车站出发，走过架在美因河上的步行者专用吊桥——荷尔拜因桥 Holbeinsteg，沿着河边步道前行，可以欣赏到美丽的景色，非常值得推荐。

施塔德尔美术馆
Städelmuseum ★★★

法兰克福的银行家施塔德尔捐资建立的美术馆。有中世纪德国、佛兰德斯绘画（丢勒、荷尔拜因、克拉纳赫），14~18世纪意大利绘画（波提切利、弗拉·安杰利科、拉斐尔），以及17世纪绘画大师（鲁本斯、伦勃朗、弗美尔）的作品、浪漫派与拿撒勒派（弗里德里希、施皮茨韦格）的作品、印象派（雷诺阿、莫奈）的作品、表现主义画家（贝克曼、基希纳）的作品等诸多风格的藏品。

《歌德在罗马平原上》——蒂施拜因

展出许多西欧绘画名作

博物馆林立的博物馆区
Museumsufer ★★

美因河岸上名为Schaumainkai（斯考麦凯路）的休闲漫步道路旁，有施塔德尔美术馆等多家博物馆，因此这条道路也被称为博物馆大街。在德国电影博物馆、德国建筑博物馆、德国通信博物馆以及应用艺术和手工艺博物馆里，都有介绍德国科技以及文化历史的展览。

上/在电影《路德维希》中扮演伊丽莎白皇后的罗密·施耐德穿过的服装
左/德国电影博物馆紧邻德国建筑博物馆

现代艺术的殿堂 现代艺术美术馆
Museum für Moderne Kunst ★★

对现代艺术感兴趣的游客一定不能错过

由维也纳的建筑家汉斯·霍莱茵设计的美术馆，可以说建筑本身就是一件艺术作品。美术馆内的结构就像迷宫一样错综复杂，非常奇特。这里收藏有20世纪50年代~21世纪初的现当代艺术家的绘画、摄影、美术品。展品经常会有变化。另有分馆。

●博物馆区通票
Museumsufer-Ticket

美因河沿岸的"博物馆林立的街区"被称为"博物馆区"，还专门设有博物馆专用的优惠通票。通票包含法兰克福地区的34家博物馆、美术馆（包含歌德故居）等的门票。2日内有效（购入之日起至次日），€18，家庭票€28，在 ❶ 和各大博物馆均有销售。

●施塔德尔美术馆
🏠 Schaumainkai 63
🔴 Map p.52-B2
乘坐 Ⓤ1、2、3、8号线在 Schweizer Platz 站下车，步行7分钟可达。或者从中央车站的正面出口出来之后，乘坐从右侧车站发车的46号巴士在第三站（周六有跳蚤市场开办时线路会有变动）Städel 站下车，这是最近的车站。
🌐 www.staedelmuseum.de
🕐 周二~周日　10:00~19:00（周四·周五~21:00）
✖ 周一、12/24·31、年末年初会缩短开放时间
💰 €14、学生€12

●博物馆林立的博物馆区
🔴 Map p.52-B2~p.53-B3
德国电影博物馆
🌐 www.deutsches-filmmuseum.de
🕐 周二~周日　10:00~18:00（周三~20:00）
✖ 周一、12/24·31
💰 €6、学生€3，特展以及欣赏电影需要另外付费
德国建筑博物馆
🌐 www.dam-online.de
德国通信博物馆
🌐 www.museumsstiftung.de
应用艺术和手工艺博物馆
🌐 www.angewandtekunst-frankfurt.de

●现代艺术美术馆
🏠 Domstr. 10
🔴 Map p.53-A3
乘坐 Ⓤ4、5号线在 Römer 下车，或者乘坐11、12路有轨电车在 Römer/Paulskirche 站下车。
🌐 www.mmk-frankfurt.de
🕐 周二~周日　10:00~18:00（周三~20:00）（闭馆前30分钟停止入馆）
✖ 周一、复活节前的周五、12/24·31
💰 €12、学生€6，分馆需要另外付费，每月最后一个周六免费

投稿 ▶ 应用艺术和手工艺博物馆的建筑非常漂亮，整体设计很有品位。学习设计的游客一定要去参观这座博物馆。

以动物种类丰富闻名的动物园

Zoo ★

位于采尔大街东段。尽可能地模拟了自然环境的动物园中饲养着约 600 种、5000 只动物。有夜行性动物馆，可在白天观察到夜行性动物的习性，很值得一看。

出了地铁站马上就能到达动物园入口

参观超高层建筑美因塔

Main Tower ★

法兰克福有很多超高层建筑，但对游客开放可以上到顶层的就只有这里。高速电梯可以迅速将游客带至位于 54 层的观景平台。53 层是可观赏夜景的餐厅和酒吧。

为了确保安全，在一层大厅需接受安检。

可在最顶层俯瞰全城的美因塔

歌德接受洗礼的卡塔琳妮教堂

Kathalinenkirche ★

法兰克福的基督新教主教堂。塔位于教堂建筑的一侧，此种教堂的建筑形式非常少见。歌德于 1749 年在此受洗，1790 年莫扎特曾在此弹奏管风琴。教堂玻璃的图案非常美丽。

圣诞节前后的卡塔琳妮教堂

能见到恐龙的森肯伯格自然博物馆

Naturmuseum Senckenberg ★★

位于法兰克福高教区的世界著名自然博物馆。该馆由法兰克福的医学博士森肯伯格设立。展示有从远古时期到现在的各种哺乳动物骨骼、化石，还有各种矿物标本。尤其是恐龙骨骼非常值得一看。有梁龙（体长 20 米）、暴龙（身高 5 米）、禽龙等种类。

博物馆前有霸王龙模型

●动物园
⌂ Bernhard-Grzimek-Allee 1
➜ Map p.53·A4 外
乘坐 Ⓤ6、7 号线，或者乘坐 14 路有轨电车在 Zoo 站下车，步行 1 分钟即到。
🖥 www.zoo-frankfurt.de
🕐 4~10 月　　9:00~19:00
11 月~次年 3 月
9:00~17:00
（闭园前 30 分钟停止入园）
🚫 无
💶 €10、学生 €4、家庭票 €25

●美因塔
⌂ Neue Mainzer Str. 52-58
➜ Map p.52-A2
从 Ⓢ Taunusanlage 站步行约需 10 分钟。
🖥 www.maintower.de
🕐 夏季
周一~周四　10:00~21:00
周五·周六　10:00~23:00
冬季
周一~周四　10:00~19:00
周五·周六　10:00~21:00
※ 恶劣天气时会关闭
🚫 12/24、25
💶 €6.50、学生 €4.50
🍴 美因塔餐厅
MAIN TOWER Restaurant
☎ (069) 3650477（预约）
🕐 周二~周五　12:00~15:00
18:00~24:00
（周五~次日 1:00）
周六　　18:00~次日 1:00
🚫 周日·周一

●卡塔琳妮教堂
⌂ An der Hauptwache 1
➜ Map p.53-A3
乘坐 Ⓤ Ⓢ，在 Hauptwache 站下车，步行约需 1 分钟。
🕐 周一~周六　10:00~17:00
（礼拜时谢绝参观）
💶 免费

●森肯伯格自然博物馆
⌂ Senckenberganlage 25
➜ Map 地图外
乘坐 Ⓤ4、6、7 号线在 Bockenheimer Warte 下车后步行 3 分钟即到，或者乘坐 75 号巴士在 Senckenbergmuseum 站下车。
🖥 www.senckenberg.de
🕐 9:00~17:00
（周三~20:00，周六·周日·节日~18:00）
🚫 1/1、复活前的周五、12/24·31
💶 €9、6~15 岁 €4.50

音乐大厅老歌剧院
Alte Oper

非常漂亮的意大利文艺复兴后期风格的建筑，仿照巴黎歌剧院而建。第二次世界大战中遭轰炸被毁后，市民捐款重建，现在在此举行古典、流行、摇滚、爵士音乐会以及音乐剧、芭蕾演出。

左／装修古朴的老歌剧院
上／音乐厅的观众席坡度很缓

●老歌剧院
Opernplatz 1
Map p.52-A2
乘坐 U 6、7号线在 Alte Oper 下车。
www.alteoper.de
提前售票窗口周一～周五 10:00~18:30、周六 10:00~14:00 营业。

法兰克福歌剧院
Oper Frankfurt

建筑外观全部为玻璃幕墙，在欧洲的歌剧院中非常少见。从 2008/2009 年度开始，出生于柏林的塞巴斯蒂安·魏格勒担任歌剧院的音乐总监。

欧洲著名的歌剧院之一

●法兰克福歌剧院
Willy-Brandt-Platz
Map p.52-B2
乘坐 U 1、2、3、4、5、8号线或有轨电车 11、12 路在 Willy-Brandt-Platz 下车。
www.oper-frankfurt.de
提前售票窗口周一～周五 9:00~19:00、周六·周日 10:00~14:00 营业。

 足球场信息

●商业银行体育场　Commerzbank Arena
Mörfelder Landstr. 362　Map 地图外
www.commerzbank-arena.de
法兰克福足球俱乐部的主场。球场内的球迷商店周一～周五 10:00～18:00、周六 10:00～16:00 营业。位于连接法兰克福机场车站与法兰克福中央车站的 S-Bahn 线上，交通便利。
交通路 从法兰克福中央车站前往时乘坐 S 7、8、9 在第二站 Stadion 下车，之后大约步行 10 分钟可到达球场。有轨电车的话，乘坐 20 路（仅在足球联赛比赛日开行）、21 路在 Stadion 下车。从机场车站前往球场时，乘坐 S 8 或 S 9 在第一站 Stadion 下车。有球赛入场券（仅限写有 RMV-KombiTicket、gilt hin und zurück im RMV 的入场券）可免费乘车。

2006 年足球世界杯比赛时整修过的球场

 凯撒大街旁边的 Taunusstr. 有许多疑似不法的店铺，街上的行人中也有许多看上去很可怕的人。即使是白天也让人觉得很不安全，夜晚绝不能在这一带步行。

古罗马长城遗址
（2005 年列入）

与英国境内的哈德良长城、安东尼长城一样都是古罗马帝国的边境线，现都被列为世界文化遗产。

交通线路 从法兰克福中央车站乘Ⓢ5，去往巴特洪堡 Bad Homburg，用时约 20 分钟。从火车站前的巴士车站 Bad Homburg v.d.H.Bahnhof 去往要塞可乘坐 5 路市内巴士（车次较少），约 20 分钟后在 Bad Homburg-Saalburg 下车。

● **萨尔堡要塞**
🏛 Archäologischer Park, Am Römerkastell 1
🌐 www.saalburgmuseum.de
🕐 3~10 月
每天　　　　9:00~18:00
11 月~次年 2 月
周二~周日　9:00~16:00
（闭馆前 30 分钟停止入馆）
🚫 11 月~次年 2 月的周一、12/24・31
💰 € 5、学生 € 3.50

交通线路 从法兰克福中央车站（地下站台）乘Ⓢ1、2、8、9 去往 Offenbach-Marktplatz，15 分钟后到达奥芬巴赫中心城区。

● **皮革博物馆**
（包括皮鞋博物馆）
🏛 Frankfurterstr. 86 D-63067
🌐 www.ledermuseum.de
🕐 周二~周日 10:00~17:00
💰 € 8

交通线路 从法兰克福中央车站乘坐 HLB（黑森州铁路）或 RE 快车（有时需中途在 Gießen 换车），大约 1 小时后可到达。

ℹ **韦茨拉尔的旅游服务中心**
🏛 Domplatz 8 D-35578
☎ (06441) 997755
🌐 www.wetzlar-tourismus.de
🕐 10 月~次年 4 月
周一~周五　9:00~17:00
周六　　　　10:00~12:00
5~9 月
周一~周五　9:00~18:00
周六　　　　10:00~14:00
周日　　　　11:00~15:00

● **绿蒂家**
🏛 Lottestr. 8-10
🕐 周二~周日 10:00~13:00
　　　　　　14:00~17:00
🚫 周一　💰 € 3、学生 € 2

● **光学博物馆**
🏛 Lottestr. 8-10
🌐 www.viseum-wetzlar.de
🕐 周二~周日 10:00~13:00
　　　　　　14:00~17:00
🚫 周一　💰 € 3.50、学生 € 2.50

法兰克福 近郊景点

巴特洪堡的古罗马长城遗址
Bad Homburg　　　　　　世界遗产　Map p.43–A3

已被列为世界遗产的 Limes（古罗马长城）是 1 世纪时罗马皇帝为抵御日耳曼人的入侵而建的防御工事。北到科布伦茨、南到雷根斯堡的城墙，长达 600 公里。现在，位于巴特洪堡的萨尔堡要塞 Römerkastell Saalburg 遗址得到修复，里面还有与 Limes 有关的展品。

萨尔堡要塞入口

这里也是著名的温泉疗养胜地，还设有赌场。

皮革制品之乡奥芬巴赫
Offenbach　　　　　　　　　Map p.43–B4

与法兰克福相邻的奥芬巴赫是著名的皮革制品之乡。这里有一座非常特别的皮革博物馆 Ledermuseum，里面有从世界各地收集来的有关皮革的资料及皮革制品。其规模和藏品数量在世界上的皮革博物馆中均属第一。藏品中包括拿破仑曾使用过的皮包和奥地利皇妃伊丽莎白的皮鞋。

皮革博物馆的正门，建筑建于 1829 年

与歌德和莱卡公司有着渊源的韦茨拉尔
Wetzlar　　　　　　　　　Map p.43–A3

法兰克福以北 50 公里，缓缓流动的兰河与木结构房屋形成了美丽的图画。从火车站到位于市中心的大教堂广场 Domplatz 大约有 700 米，中途要跨过兰河。运行有名为 Citybus 的小巴士，可乘车周游从站前广场（FORUM 前）到大教堂广场的老街区。

1772 年歌德来到韦茨拉尔学习法律并与朋友的未婚妻夏绿蒂·布芙相恋。根据这一时期的痛苦经历，歌德写成了《少年维特之烦恼》，该书当时曾风靡欧洲。歌德经常造访的绿蒂家 Lottehaus 现在变成了纪念馆。旁边的房子是由创立于此的莱卡等 14 家精密光学企业运营的光学博物馆 Viseum。

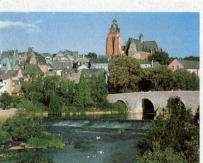
兰河对岸的老城街景

✉ 投稿　奥芬巴赫皮革博物馆的电灯开关为手动，展厅中无人时，参观者可自行点亮电灯在展厅中参观，感觉稍微有点恐怖。

法兰克福的餐馆
Restaurant

这里汇集了许多世界美食，既有德国乡土菜餐馆，又有经营法国菜、意大利菜等的餐厅，还有中餐馆和日本料理店。卫戍大本营以西的步行街 Große Bockenheimer Str.，因其内部有许多餐饮店，又被称为"饕餮胡同"，里面既有餐厅、咖啡馆，又有快餐店。如果你想吃实惠一点的，那么百货商场里的自助餐最值得推荐。另外，如果有时间一定不要忘了去美因河对岸的萨克森豪森地区，品尝一下法兰克福名产——苹果酒 Apfelwein（→ p.45）的味道。

黑星餐厅
Zum Schwarzen Stern

◆ 名字的意思是黑色的星星

位于罗马广场旧市政厅的后面，面向广场右侧的大型木结构建筑。这里的招牌是苹果酒，夏季时可以坐在屋外的桌子上享用美食。香肠和肉类的拼盘 Frankfurter Teller 是 € 19.80。

德国菜　　　　　　　　　Map p.53-B3
- 囲 Römerberg 6
- ☎（069）291979
- 🌐 www.schwarzenstern.de
- 🕙 11:30~24:00
- 💳 Ⓐ Ⓓ Ⓙ Ⓜ Ⓥ
- 🚋 乘坐 11 路有轨电车在 Römer/Paulskirche 站下车，然后步行 3 分钟

鹤餐厅
Zum Storch

◆ 名为"鹤"的老店

这间开业于1704年的老铺，位于大教堂附近的一个安静的角落里。法兰克福名吃肉类和香肠等的拼盘 Frankfurter Spezialitätenschüssel 是 € 14.50，莱茵风味的醋焖牛肉 Rheinischer Sauerbraten 是 € 14。

德国菜　　　　　　　　　Map p.53-B3
- 囲 Saalgasse 3-5　☎（069）284988
- 🌐 www.zumstorch.de
- 🕙 周一～周五　18:00~22:00
  周日·节日 12:00~15:00
  　　　　　　 18:00~24:00
- 🚫 周六（会展期间只在晚间营业）
- 💳 Ⓐ Ⓙ Ⓜ Ⓥ
- 🚇 从 Ⓤ Römer 站步行约需 5 分钟

彩绘小屋餐厅
Zum Gemalten Haus

◆ 因自制苹果酒而知名

这间餐厅有着小酒馆风格的轻松的就餐环境。外墙和店内的壁画是店名的由来。招牌菜是炖带骨猪小排 Rippchen € 8.50，烤香肠 Bratwurst mit Kraut und Brot（附带面包和德式泡菜）是 € 4.80。苹果酒 Apfelwein 是 € 1.80。

德国菜　　　　　　　Map p.53-B3 外
- 囲 Schweizer Str.67　☎（069）614559
- 🌐 www.zumgemaltenhaus.de
- 🕙 周二～周日 10:00~24:00
- 🚫 周一，有夏季休业
- 💳 Ⓙ Ⓜ Ⓥ
- 🚇 从 Ⓤ Schweizer Platz 站步行约需 5 分钟

多思·施耐德餐厅
Dauth-Schneider

◆ 这里的青酱很好吃！

这间苹果酒酒馆因法兰克福名物青酱（→ p.45）做得很好吃而闻名。除此之外，还有法兰克福风味炸猪排而且附带青酱和土豆 Frankfurter Schnizel mit Grüner Soße und Bratkaroffeln € 11.50，苹果酒 Apfelwein 是 € 1.80。

德国菜　　　　　　　　　Map p.53-B4
- 囲 Neuer Wall 5-7/Klappergasse 39
- ☎（069）613533
- 🌐 www.dauth-schneider.de
- 🕙 11:30~24:00　🚫 周一，有夏季休业
- 💳 Ⓙ Ⓜ Ⓥ（€ 30 以上）
- 🚇 从 Ⓢ Lokalbahnhof 站或者 Ⓤ Konstablerwache 站乘坐 30、36 路巴士在 Affentorplatz 下车，步行 3 分钟即到

阿道夫·瓦格纳餐厅
Adolf Wagner

◆ 气氛轻松的苹果酒餐馆

是创办于1931年一直由家族经营的老铺。可以与苹果酒 Apfelwein 一起享用的大众料理是这间餐馆的特色。照片中的菜是汉堡牛排 Hacksteak € 9.30。烤猪排 Rippchen gegrillt mit Sauerkraut und Kartoffelbrei 是 € 9.80。

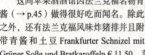

德国菜　　　　　　　Map p.53-B3 外
- 囲 Schweizer Str. 71
- ☎（069）612565
- 🌐 www.apfelwein-wagner.com
- 🕙 11:00~24:00
- 🚫 12/25　💳 Ⓜ Ⓥ
- 🚇 从 Ⓤ Schweizer Platz 站步行约需 5 分钟

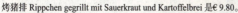

编外话　一般来说，有苹果酒的店铺，在大餐桌就餐时经常会有拼桌的情况。有时即便从外面看是满座，只要跟店员用手比画 2 人等就餐人数，店员就会帮你张罗空座位。当然，一个人就餐也是可以的哦。

牛笑汉堡店
Burgerbar Die Kuh Die Lacht

◆ 时尚的汉堡店

　　品质卓越的高档汉堡店，既有100%使用国产牛肉制成的汉堡，又有鸡肉汉堡、蔬菜汉堡等。牛油果汉堡是€7.95，芝士汉堡是€7.75。店内的购买流程是在柜台下单、付款，然后在座位上等待上菜即可。家庭旅行者不妨来这里试试看哦。

多国料理　　　　　　　　　Map p.53-A3
- Schillerstr.28 ☎（069）27290171
- www.diekuhdielacht.com
- 周一～周六　　11:00~23:00
  周日·节日　12:00~22:00
- 12/24~26、1/1
- A D J M V
- 从 U S Hauptwache 站步行约需5分钟，从 U Eschenheimer Tor 站步行约需3分钟

髯松
HIGEMATSU

◆ 喜欢日本料理的游客不妨来这家试试看

　　价格亲民，味道正宗。除了寿司、刺身、烤鱼、天妇罗、荞麦面条、乌冬面等传统日料以外，还有店长为之骄傲的个性居酒屋菜式。午餐的每天更替套餐是€11.50~，咖喱饭是€9.50，寿司套餐是14.50。

日本料理　　　　　　　　　Map p.52-A2
- Meisengasse 11 ☎（069）280688
- 12:30~14:30
  18:30（周六是 18:00）~21:45
- 周日·节日、复活节、夏季休业、冬季休业
- A D J M V
- 从 U S Hauptwache 站步行约需5分钟

托思·泰
Thong-Thai

◆ 时尚的泰式餐厅

　　你可以在这间时尚的餐厅内品尝到泰国菜。在前台下单、付款后工作人员会把菜品送到你的餐桌上。咖喱共有牛肉、猪肉、鸡肉、虾、蔬菜等种类可供选择，价格是€7.60~9.20。可售外卖。

泰国菜　　　　　　　　　　Map p.52-A2
- Meisengasse 12
- ☎（069）92882977
- www.thong-thai.com
- 11:00~22:00
- M V
- 从 U S Hauptwache 站步行约需4分钟

中央烤肉店
CENTRAL GRILL

◆ 既便宜又好吃的土耳其烤肉店

　　店内的就餐环境宛如咖啡厅般优雅舒适，即便是女性客人也能安心地单独就餐。这里的菜单是附带照片的，既便宜菜量又大。右图中的菜品是炸豆丸子Falafel Teller，并且附带面包，价格是€7.90。

民族料理　　　　　　　　　Map p.52-B2
- Münchener Str. 17
- ☎（069）24450041
- www.centralgrill.net
- 周一～周六 8:00~次日 1:00、周日 9:00~24:00　　A D J M V
- 从 U Willy-Brandt-Pl. 站步行约需8分钟。乘坐 11 路有轨电车在 Weser-/Münchener Str. 站下，步行约需1分钟

塞罗纳咖啡吧
Café & Bar Celona

◆ 热闹的西班牙风格咖啡馆＆酒吧

　　店内充满南欧风情且敞亮。天气好的时候对面的广场上也会摆上桌椅。一种叫作 PiCelona Pino 的极薄蘑菇比萨价格只有€5.45，番茄汤 Tomatensuppe 附带面包是€4.95，沙拉或者意面等菜式也有很多种。

多国料理　　　　　　　　　Map p.53-A3
- Holzgraben 31
- ☎（069）13886709
- www.cafe-bar-celona.de
- 9:00~次日 1:00
  （周五·周六～次日 2:00）
- A J M
- 从 U S Hauptwache 站步行约需5分钟

 **乘坐苹果酒电车在市内观光**

　　在苹果酒的名产地法兰克福，有一种叫作苹果酒电车 "Ebbelwei-Express"（ www.ebbelwei-express.com）的观光游览有轨电车。可以一边喝着苹果酒一边乘坐电车周游景点，沿途有萨克森豪森、罗马广场、动物园等著名景点。车子本身是由老式的电车改造而成的，内部是小酒馆风格。

　　周六日、节假日是在 13:30~18:35 期间运营，大约每隔 35 分钟一趟车，1 天 10 趟车（11 月～次年 3 月车次会有相应的减少），全程所需时间大约 1 小时。车票附带苹果酒€8，14 岁以下是 $3.50。

红色的车身十分醒目

  大多数乘坐苹果酒电车的乘客会一直坐到终点。所以建议从始发站动物园站开始乘车，一般来说，中央车站或者罗马广场附近经常会出现没有座位的情况。

瓦尔登咖啡馆
Café Walden

◆ 美味的食物是这间咖啡馆的魅力所在

饭菜很好吃的小咖啡馆，满位是经常的事情。地处歌德故居附近，还有歌德非常喜爱的意大利名品 Goethes Leibspeise in Italien（€ 11.50），这是意面的一种。早餐套餐、沙拉等种类也很齐全。夏季还有开放式的露台座席。

咖啡	Map p.53-B3

- 囲 Kleiner Hirschgraben 7
- ☎ （069）92882700
- URL www.walden-frankfurt.de
- 圖 周一～周五　8:00~24:00
  周六　　　　9:00~次日 1:00
  周日・节日 9:00~18:00
- 困 不可使用
- 図 从 Ⓤ Ⓢ Hauptwache 站步行约需 5 分钟

凯琳咖啡馆
Café Karin

◆ 不加修饰的店内给人感觉十分舒服

位于歌德博物馆的斜对面，是旅途中稍事休息的最佳选择地。食物有自制松饼和沙拉等。早餐内容十分丰富，假日时会有许多当地人在此享用早午餐。

咖啡	Map p.53-B3

- 囲 Grosser Hirschgraben 28
- ☎ （069）295217　URL www.cafekarin.de
- 圖 周一～周六　9:00~19:00
  周日　　　　10:00~19:00
- 困 不可使用
- 図 从 Ⓤ Ⓢ Hauptwache 站步行约需 5 分钟

劳玛咖啡馆
Café Laumer

◆ 乳黄色建筑内的古典咖啡馆

创办于 1919 年的老牌咖啡馆。进店最先映入眼帘的便是琳琅满目的自制蛋糕，店的里侧是用餐区。食物的种类也很多。右图中是苹果奶油蛋糕€ 3 和咖啡€ 4.50。

咖啡	Map p.52-A1

- 囲 Bockenheimer Landstr. 67
- ☎ （069）727912
- URL www.cafe-laumer.de
- 圖 周一～周五　　　　8:00~19:00
  周六・周日・节日 9:00~19:00
- 困 不可使用
- 図 从 Ⓤ Ⓢ Westend 站步行约需 2 分钟

步行者咖啡馆
Wacker's Kaffee

◆ 咖啡达人们盛赞的名店

这是一间开业于 1914 年的咖啡专卖店。在这里你可以购买散装的自家烘焙的咖啡豆。可供坐下来喝咖啡的席位不是很多，每杯咖啡的价格是€ 1.40~，十分亲民。即便是在冬季也有许多站在店外端着咖啡喝的客人。

咖啡	Map p.53-A3

- 囲 Kornmarkt 9
- ☎ （069）287810
- URL www.wackers-kaffee.de
- 圖 周一～周五　8:00~19:00
  周六　　　　8:00~18:00
- 困 周日・节日　困 不可使用
- 図 从 Ⓤ Ⓢ Hauptwache 站步行约需 5 分钟

Specialty　在室内市场 Kleinmarkthalle 闲逛

与其说是市场，不如说是许多小食材店汇集的面向一般客人的大展厅。这里有新鲜蔬菜店、肉店、面包店、乳酪店、红酒坊、调味品店、快餐店等各式小店铺。即便只是在这里闲逛一下也会觉得很有趣。二楼还有可以就餐的红酒吧。

● **Kleinmarkthalle**
- 囲 Hasengasse 5-7　● Map p.53-A3
- URL www.kleinmarkthalle.com
- 圖 周一～周五　8:00~18:00　周六　8:00~16:00
- 困 周日・节日　困 依店铺而异
- 図 从 Ⓤ Ⓢ Hauptwache 站步行约需 8 分钟。

这里的购物感觉与超市里完全不一样，每天都会有许多常客来这儿购买新鲜的食材

购买市场名物 Schreiber 香肠的队伍。最受欢迎的是右图中的肉肠 Fleischwurst

投稿　室内市场里有一家叫作 Schreiber 的香肠店，这里的煮香肠十分有名，店外经常排起长队。下单购买的时候会被询问香肠的种类、长度、是否要面包等问题。加有满满的黄芥末的香肠味道简直是绝美。

法兰克福的商店
Shopping

法兰克福的购物区主要集中在卫戍大本营一带。由此往东延伸的是步行街采尔大街，街的入口处矗立着的是古洛迷亚百货商场，商场旁边时尚的摩登大楼是采尔购物长廊。采尔地区主要面向年轻人，亲民的商铺较多，比较有活力。相反地从卫戍大本营向西延伸的一条窄路——歌德大街 Goethestr. 上则汇集了各种高端品牌的精品店，整条大街比较幽静，在这里可以享受橱窗购物的乐趣。

麦·采尔
My Zeil

◆ 最前卫的购物商厦

商场的外观建筑给人留下了深刻的印象，面向采尔大街一侧的正面是一大面玻璃墙，中央的位置开了一个深邃的洞，好像宇宙旋涡一样非常神秘。整间商场内有 100 多家店铺，有鞋、日用百货、时装、运动专区、家电量贩店等，除此之外地下还有超市和药妆店。

购物广场	Map p.53-A3
⊞ Zeil 106　☎（069）29723970	
🖳 www.myzeil.de	
🕐 周一～周六 10:00~22:00（周四～周六~21:00），地下超市是周一～周六 7:00~22:00，四层餐饮店是 10:00~22:00	
🈺 周日·节日　困 依店铺而异	
🚇 从 ⓤⓢHauptwache 站步行约需 3 分钟	

古洛迷亚百货
Galeria Kaufhof

◆ 这里是最便利的大型百货商场

是德国首屈一指的大型百货商场，这里的商品种类十分齐全。款式繁多的泰迪熊特别适合作为伴手礼。商场顶层的自助餐厅也很受欢迎，在这里就餐可以眺望高楼林立的街区景观。

百货商场	Map p.53-A3
⊞ Zeil 116-126　☎（069）21910	
🕐 周一～周三　9:30~20:00	
周四～周六　9:30~21:00	
🈺 周日·节日　🅰🅳🅹🅼Ⓥ	
🚇 从 ⓤⓢHauptwache 站步行约需 1 分钟	

卡尔施泰特
Karstadt

◆ 位于采尔中心位置的大型百货商场

这间百货公司是与古洛迷亚百货比肩的德国又一大百货公司。地下是食品专区，顶层是自助餐厅，一层的最里侧是通往邮局的入口。男装和女装的楼层十分宽敞，购物体验极好。

百货商场	Map p.53-A3
⊞ Zeil 90　☎（069）929050	
🕐 周一～周六 10:00~20:00	
🈺 周日·节日	
🅰🅳🅹🅼Ⓥ	
🚇 从 ⓤⓢKonstablerwache 站步行约需 1 分钟	

采尔购物长廊
Zeilgalerie

◆ 深受年轻人喜爱的时尚购物广场

崭新的建筑物十分吸引人的眼球，虽然位于两栋楼之间，入口不是十分宽敞，但内部空间很大，全长约有 800 米。共有 H&M 等 50 间商铺和餐饮店。坐在顶层的咖啡馆还可以眺望法兰克福街景。

购物广场	Map p.53-A3
⊞ Zeil 112-114　☎（069）9207340	
🕐 周一～周六 10:00~20:00（餐饮店不同）	
🈺 周日·节日	
困 依店铺而异	
🚇 从 ⓤⓢHauptwache 站步行约需 2 分钟	

手工制造
Manufactum

◆ 世界各地的名品杂货大集合

这里汇集了来自全世界的高品质厨房用品、文具、清洁用具等。不妨来这里逛一逛，选几件适合自己的精品。店内同时设有咖啡店 brot & butter，这里现场烤制的面包和新鲜的沙拉等味道还是不错的。

厨房杂货	Map p.52-A2
⊞ Bockenheimer Anlage 49-50	
☎（069）976931399	
🖳 www.manufactum.de	
🕐 周一～周六 10:00~19:00	
🈺 周日·节日	
🅰🅳🅼Ⓥ	
🚇 从 ⓤ Alte Oper 站步行约需 1 分钟	

 投稿　ROSSMANN 药局在大街小巷都可见到，中央车站地下也有一家，而且周日也会照常营业。去机场前可以在这里购买伴手礼，十分方便。🕐 周一～周六 6:00~22:00（周日 8:00~）

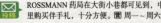

洛里厨具店
Lorey

◆ 厨房用品的老铺

　　创办于 1796 年，是法兰克福比较古老的厨房用品专卖店。经营品质卓越值得信赖的德国制厨房用品、餐桌装饰品等。另外还有欧洲最有人气的艾烈希 ALESSI 的厨房用具。

厨房用品	Map p.53-A3

- Schillerstr. 16　☎（069）299950
- www.lorey.de
- 周一～周六 10:00～19:00
- 周日・节日
- A D J M V
- 从 U S Hauptwache 站步行约需 5 分钟

费勒商店
Feiler Store

◆ 该品牌首家直营店

　　费勒的手巾、手包和化妆包，色彩鲜艳、经久耐用、手感柔软。使用独特的制造工艺和 100% 纯棉的材质，织成的布料给人一种高级感。

生活用品・杂货	Map p.53-A3

- Schillerstr. 20　☎（069）21932832
- www.feiler.de
- 周一～周五　10:00～19:00
  周六　　　　10:00～18:00
- 周日・节日　A M V
- 从 U S Hauptwache 站步行约需 5 分钟

运动品商城
Sport Arena

◆ 运动服装 & 器械一应俱全

　　拥有 4 层楼的大型体育用品专卖店。虽说是体育用品店，却有不少运动时尚外套和时尚运动鞋，平时也可以穿着。除此之外，野营用品等也十分齐全。

体育用品	Map p.53-A3

- An der Hauptwache 1
- ☎（069）2191489
- 周一～周三　10:00～20:00
  周四～周六　10:00～21:00
- 周日・节日　A D J M V
- 从 U S Hauptwache 站步行约需 1 分钟

苦与甜巧克力店
BITTER & ZART

◆ 巧克力迷们的天堂

　　充满了香甜气味的巧克力专卖店。除了德国名品以外，还有从欧洲各地搜集来的名品巧克力。另外，店里的特制产品也非常值得关注。还可以为你进行礼品包装。店铺隔壁的巧克力咖啡馆也非常受欢迎。

甜品	Map p.53-B3

- Braubachstr. 14
- ☎（069）94942846
- www.bitterundzart.de
- 周一～周五　10:00～19:00
  周六　　　　10:00～16:00
- 周日・节日　不可使用
- 从 U Römer 站步行约需 4 分钟

联合商店
Eintracht-Shop

◆ 足球用品十分齐全

　　法兰克福队的围巾是 € 19.95，队服是 € 49.95，除此之外还有许多周边产品。另外，在这里还可以购买主场比赛的球票。体育场内部也有球迷商店。

体育用品	Map p.53-B3

- Bethmannstr. 19　☎（069）283010
- www.eintrachtshop.de
- 周一～周五　10:00～18:00
  周六　　　　10:00～14:00
- 周日・节日　J M V
- 从 U Willy-Brandt-Pl. 站步行约需 5 分钟

法兰克福名牌店

店　名	地图 / 地址	店　名	地图 / 地址
卡地亚 Cartier	Map ◆ p.52-A2 Goethestr.11	路易・威登 LOUIS VUITTON	Map ◆ p.52-A2 Goethestr.13
布里 BREE	Map ◆ p.52-A2 Roßmark 23	香奈儿 CHANEL	Map ◆ p.52-A2 Goethestr.10
爱格纳 AIGNER	Map ◆ p.52-A2 Goethestr.7	菲拉格慕 Ferragamo	Map ◆ p.52-A2 Goethestr.2
爱马仕 HERMES	Map ◆ p.52-A2 Goethestr.25	古驰 Gucci	Map ◆ p.52-A2 Goethestr.5

编外话　博物馆林立的美因河沿岸的斯考麦凯路 Schaumainkai（→ Map p.52-B2～p.53-B3）上，隔周的周六（具体开办日期可以参看 www.hfm-frankfurt.de/flohmark）9:00～14:00 期间会有跳蚤市场。

法兰克福的酒店
Hotel

中央车站周围可供住宿的酒店相对多一些，这里汇集了从高端到普通的各类住宿设施。价格便宜的住宿设施施鱼龙混杂，还是让 ❶ 的工作人员介绍一些放心的住宿设施比较稳妥。以每年 10 月举办的法兰克福国际书展为例，这座城市一年中会举办多次展会（通过 www.messefrankfurt.de 可以查询具体日程）。展会期间各大主要酒店经常会客满，甚至近郊的威斯巴登、美因茨、哈瑙等地也会受到影响。而且，展会期间住宿价格会上涨（一般来说涨幅在 2~6 倍）。

施泰根博阁法兰克福酒店
Steigenberger Frankfurter Hof
◆ 法兰克福最具代表性的高档酒店

这间酒店拥有 130 年的古老历史，外观采用了意大利文艺复兴时期的建筑风格，看上去十分厚重。法国前总统密特朗、滚石乐队、埃尔顿·约翰等世界级的 VIP 都曾经入住过这里。有免费 Wi-Fi 可供使用。

最高档酒店	Map p.52-B2

- Am Kaiserplatz D-60311
- ☎（069）21502 FAX（069）215900
- URL www.Frankfurter-Hof.Steigenberger.de
- ⑤①€ 195~ 早餐另收费
- A D J M V
- 从 U Willy-Brandt-Pl. 站步行约需 5 分钟

威斯汀大酒店
The Westin Grand Frankfurt
◆ 健身设施十分齐全的大型酒店

酒店位于采尔附近，是一间拥有 371 间客房的现代风格的大型住宿设施。客房的样式也是多种多样，既有现代风格的，又有巴伐利亚风格等。健康中心、室内游泳池等设施也十分完备。酒店大堂有免费的 Wi-Fi 可供使用，客房内使用需要收费。

高档酒店	Map p.53-A4

- Konrad-Adenauer-Str.7 D-60313
- ☎（069）29810
- FAX（069）2981810
- URL www.westin.com/grandfrankfurt
- ⑤€ 143~ ①€ 227~ 早餐另收费
- A D J M V
- 从 U⑤ Konstablerwache 站步行约需 5 分钟

洲际酒店
InterContinental
◆ 美因河沿岸的高档酒店

这是一间可以欣赏到美因河河景和高层建筑群街景的 21 层的高层酒店。酒店有室内游泳池和健身房。距离施塔德尔美术馆很近，还可以在河畔小径散步，喜欢购物的游客不妨在这里入住。有免费 Wi-Fi。

高档酒店	Map p.52-B1

- Wilhem-Leuschner-Str. 43 D-60329
- ☎（069）26050 FAX（069）252467
- URL www.frankfurt.intercontinental.com
- ⑤①€ 170~ 早餐另收费
- A D J M V
- 从 U⑤ Hauptbahnho 站步行约需 10 分钟

万豪酒店
Marriott
◆ 紧邻会展中心的高层酒店

该酒店距离会展中心较近，是一间汇集了来自世界各地商务人士的现代化大型酒店。健身区域有桑拿、按摩浴缸等设施。有免费 Wi-Fi 可供使用。2013 年客房全面重新装修竣工。

高档酒店	Map 地图外

- Hamburger Allee 2-10 D-60486
- ☎（069）79550 FAX（069）79552432
- URL www.marriott.com
- ⑤①€ 199~ 早餐另收费
- A D J M V
- 从 U⑤ Messe 站步行即到

施泰根博阁大都会酒店
Steigenberger Hotel Metropolitan
◆ 中央车站对面的功能性酒店

酒店位于中央车站北口斜对面，共有 128 间客房，是一间十分时尚的酒店。房间内有客房服务提供的时令鲜果，可以补充维生素。所有客房都带有空调。有免费 Wi-Fi 可供使用（需要向前台索取密码）。

高档酒店	Map p.52-B1

- Poststr.6 D-60329
- ☎（069）5060700 FAX（069）506070555
- URL www.steigenberger.com/Frankfurt_Metropolitan
- ⑤€ 150~ ①€ 170~
- A D M V
- 从中央车站步行约需 1 分钟

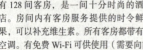

我在中央车站北口附近的 Cristal Hotel（图 Ottostr. 3 URL www.cristalhotel-frankfurt.de）住了 6 天。酒店经过改造后是现代风格的，房间整洁干净。前台工作人员十分热情，还提供了不少旅行建议。

李维斯 25 小时酒店
25 hours Hotel Frankfurt by Levi's

◆ 与李维斯（Levi's）合作创办的主题酒店

以李维斯牛仔裤为主题的原创设计酒店。整个酒店给人感觉很时尚，很脱俗。房间的整体色调是 20 世纪 50~80 年代的风格，你可以通过酒店官网寻找自己喜爱的房型。有免费 Wi-Fi。

中档酒店　Map p.52-B1

🏠 Niddastr.58　D-60329
☎ (069) 256670
URL www.25hours-hotels.com
💰 ⑤① € 79~　早餐另收费
🅰 A M V
🚇 从中央车站步行约需 4 分钟

曼哈顿酒店
Manhattan

◆ 拥有时尚家居内饰的中档酒店

这间时尚现代风格的酒店位于中央车站的斜对面。单人间虽然面积不大，但设备比较不错。2015 年 1 月所有房间升级重装完毕。有免费 Wi-Fi。

中档酒店　Map p.52-B1

🏠 Düsseldorfer Str.10　D-60329
☎ (069) 2695970
FAX (069) 269597777
URL www.manhattan-Hotel.com
💰 ⑤ € 85~　① € 105~
🅰 A D J M V
🚇 从中央车站步行约需 3 分钟

美丽华酒店
Miramar

◆ 地理位置优越

法兰克福的主要观光地在罗马广场一带，而这附近的酒店却十分稀少，美丽华酒店是这一带为数不多的中档酒店。房间简洁大方。早餐厅位于地下，种类丰富、可口。有免费 Wi-Fi。

中档酒店　Map p.53-A3

🏠 Berliner Str.31　D-60311
☎ (069) 9203970　FAX (069) 92039769
URL www.miramar-frankfurt.de
💰 ⑤ € 78~320　① € 88~320
🅰 A D J M V
🚇 从 Ⓤ Ⓢ Hauptwache 站步行约需 5 分钟。乘坐 11 路有轨电车在 Römer/Paulskirche 站下，步行约需 5 分钟

城际酒店
InterCityHotel

◆ 中央车站前

德国各地的车站附近都会有这家连锁酒店的住宿设施。该集团旗下酒店的一大卖点是为住宿的客人提供该城市公共交通设施的免费通票一张。客房虽然看上去很简洁，但是功能非常齐全。有免费 Wi-Fi。

中档酒店　Map p.52-B1

🏠 Poststr.8　D-60329
☎ (069) 273910
FAX (069) 27391999
URL www.intercityhotel.de
💰 ⑤① € 132.80~　早餐另收费
🅰 A D J M V
🚇 从中央车站步行约需 1 分钟

怡东酒店
Excelsior

◆ 迷你吧的饮料免费提供

位于中央车站南口的斜对面。虽然酒店的外观和房间的设备都比较陈旧，但是迷你吧的饮料是免费提供的，而且 Wi-Fi 也是免费提供的。与隔壁的莫诺波利酒店隶属于同一集团，酒店的设施和服务大致相同。

中档酒店　Map p.52-B1

🏠 Mannheimer Str.7-9　D-60329
☎ (069) 256080
FAX (069) 256082141
URL www.hotelexcelsior-frankfurt.de
💰 ⑤ € 56~　① € 71~
🅰 A D J M V
🚇 从中央车站步行约需 1 分钟

青年旅舍
Haus der Jugend

◆ 深受年轻人喜爱的青年旅舍

从中央车站乘坐 46 路巴士在 Franken-steiner Platz/JH 站下车。这趟巴士的末班车在 22:30 左右。没有巴士时可以乘坐 S 线在 Lokalbahnhof 站下车。房型有单人间、双人间、3~4 人间。在公共空间可以使用 Wi-Fi（付费）。12 月下旬有休业。

青年旅舍　Map p.53-B4

🏠 Deutschherrnufer 12　D-60594
☎ (069) 6100150
FAX (069) 61001599
URL www.jugendherberge-frankfurt.de
💰 附带早餐 ⑤ € 38.50、27 岁以上是 € 43、8~10 床位的宿舍间是 € 19.50、27 岁以上是 € 24
🅰 A D J M V

柏林

法兰克福

★达姆施塔特

慕尼黑

达姆施塔特 *Darmstadt*

能欣赏到新艺术风格建筑的城市

玛蒂尔德高地的结婚纪念塔（左）与俄罗斯教堂

MAP ◆ p.43-B3	
人 口	149700人
长途区号	06151

ACCESS

铁路：从法兰克福中央车站乘坐IC特快大约需要15分钟，RB、RE快速则需要20分钟。

ℹ️ **达姆施塔特的旅游服务中心**

🏠 Luisenplatz 5　D-64283
　　Darmstadt

☎ （06151）134513

📠 （06151）134536

🖥 www.darmstadt-tourismus.de

🕐 周一～周五　10:00~18:00
　周六　　　　10:00~16:00
　4~9月期间的周日在
　10:00~14:00 也开放。

● **达姆施塔特卡**
Darmstadt Card

　1日有效卡€6，2日有效卡€9。有效期内可以随意乘坐市内的巴士、有轨电车。而且凭此卡在购买主要景点、博物馆的门票时会有相应的折扣。在 ℹ️ 可以购买。

● **黑森州立博物馆**

🏠 Friedensplatz 1

🖥 www.hlmd.de

🕐 周二·周四·周五
　　　　　　10:00~18:00
　周三　　　10:00~20:00
　周六·周日·节日
　　　　　　11:00~17:00

🚫 周一、12/24·31、复活节的周五　🎫 €6

耸立于路易斯广场的纪念柱上有黑森大公路德维希一世的铜像

　　城中心在第二次世界大战的空袭中遭到了巨大的破坏，所以现在的建筑物基本上都是战后重建的。不过这里曾经是黑森·达姆施塔特大公国的首都，市内还是有过去的城堡、教堂等建筑，可以让人感受到这里昔日的繁华。特别是在位于城市边缘的玛蒂尔德高地，末代大公恩斯特·路德维希于19世纪末建造艺术家村时为这座城市留下了许多美丽的建筑。

达姆施塔特 漫 步

　　从中央车站前往市中心的路易斯广场 Luisenplatz，可沿车站南侧的莱茵大街 Rheinstr. 一直东行1公里。乘坐有轨电车（3、5路）、巴士（F或H）的话在第三站下车。

　　路易斯广场一带有许多百货商场、购物中心，广场东侧的 Schloss 城堡现在是一家博物馆。城堡对面的黑森州立博物馆 Hessisches Landesmuseum 馆藏丰富，藏品种类从绘画到自然历史领域都有涉及。

　　玛蒂尔德高山位于城市的东部，在中央车站西侧出口（与主出口方向相对的出口）乘坐F路巴士，大约15分钟后在 Mathildenhöhe 下车。

达姆施塔特 DARMSTADT

0　200　400m

推荐游览线路

编外话 来到城堡博物馆（🖥 www.schlossmuseum-darmstadt.de），德国文艺复兴时期巨匠小汉斯·荷尔拜因的祭坛画非常值得一看。🕐 周五～周日 10:00~17:00，但只有参加德语导游的团体游才能进入馆内参观。

艺术家村的中心区域玛蒂尔德高地

Mathildenhöhe ★ ★ ★

玛蒂尔德高地有艺术家村，是黑森·达姆施塔特大公在19世纪末至20世纪初召集德国各地的艺术家建造的。其中的标志性建筑是为了纪念大公与玛蒂尔德大公妃结婚而建的结婚纪念塔 Hochzeitsturm。纪念塔附属的展览馆 Ausstellunggebäude，以及艺术家村博物馆 Museum Künstlerkolonie、艺术家们居住的房屋等景点可以让游客感受到建筑艺术的魅力。结婚纪念塔以结婚仪式上大公宣誓的手为造型，建有5个圆屋顶，代表5根手指。在塔的旁边，有同为奥尔布里希设计的艺术家村博物馆 Museum Künstlerkolonie。

● 结婚纪念塔
囲 Olbrichweg 11
⊠ hochzeitsturm-darmstadt.eu
囲 3～10月
　周二～周日　　10:00~18:00
　11月～次年2月
　周五～周日　　11:00~17:00
※ 这里也被用来举行结婚仪式，仪式进行期间不能参观
囲 周一、11月～次年2月周一～周四
園 €3

● 展览馆
⊠ www.mathildenhöhe.info

玛蒂尔德高地的建筑物介绍

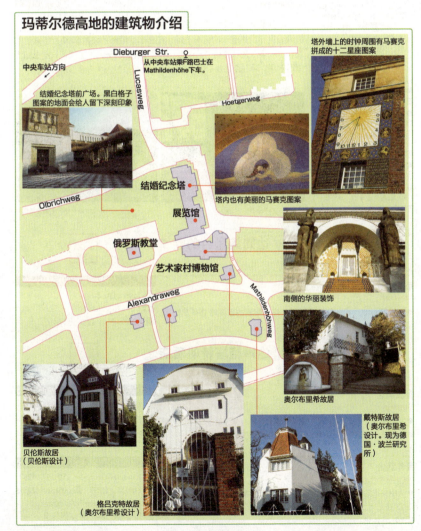

中央车站方向

Dieburger Str.

从中央车站乘F路巴士在 Mathildenhöhe 下车。

塔外墙上的时钟周围有马赛克拼成的十二星座图案

Lucasweg

Hoetgerweg

结婚纪念塔前广场。黑白格子图案的地面会给人留下深刻印象

结婚纪念塔

展览馆

Olbrichweg

塔内也有美丽的马赛克图案

俄罗斯教堂

艺术家村博物馆

Alexandraweg

Mathildenhöhweg

南侧的华丽装饰

奥尔布里希故居

戴特斯故居
（奥尔布里希设计。现为德国·波兰研究所）

贝伦斯故居
（贝伦斯设计）

格吕克特故居
（奥尔布里希设计）

● 艺术家村博物馆

Mathildenhöhe Olbrichweg 13
www.mathildenhoehe.eu
周二～周日　11:00～18:00
周一、12/24～26　€ 5

艺术家村博物馆正面的建筑风格与维也纳分离派艺术很相似

世界遗产

梅瑟尔化石遗址
（1995 年列入）

从达姆施塔特乘 RB（普通列车），约 10 分钟后在梅瑟尔站下车。之后乘 U 路巴士前往挖掘现场，在 Messel Grube Besucherzentrunm Abzw. 下车，步行 5 分钟可至。巴士一小时开一班。从梅瑟尔火车站步行前往的话，大约需要 30 分钟。

● 梅瑟尔化石遗址
www.grube-messel.de

游客中心
☎（06159）717590
10:00～17:00
（入馆截至闭馆 30 分钟前）
12/23～26、12/31、1/1
€ 10、包括挖掘现场团体游的套票€ 14
※ 团体游周一～周五每天举行 1 次。只有德语导游。最好提前预约。用时大约 1 小时。

这里还有 19 世纪建筑师贝诺伊设计建造的俄罗斯教堂，院子里有很多 Hoetger 的雕刻作品，仿佛就是一座户外的青年风格（新艺术运动式的）博物馆。在小山的南侧，有大公聘请的艺术家们居住过的房屋，现在已成为建筑研究上的宝贵材料。

收藏有许多青年风格手工艺品的艺术家村博物馆

达姆施塔特 近郊景点

梅瑟尔化石遗址

世界遗产

Grube Messel

Map p.43-B4

在法兰克福以南、距离法兰克福市中心 25 公里的梅瑟尔，有一个已被列为世界自然遗产的化石遗址，在那里挖掘出了许多 5000 万年以前的鸟类、鱼类以及马等动物的化石。游客不能擅自进入挖掘区，只能参加团体游参观。可在游客中心 Besucherzentrum（展览馆）办理参观申请。

游客中心内的展厅

在导游的带领下参观挖掘现场

达姆施塔特的餐馆
Restaurant

市政厅餐厅
Ratskeller

Map p.68

◆ 位于旧市政厅内的德国菜餐厅。自家酿制的新鲜啤酒非常好喝。菜肴以肉为主。

 Marktplatz 8
☎（06151）26444
10:00～次日 1:00　MV

达姆施塔特的酒店
Hotel

霍农酒店
Hornung

Map p.68

◆ 距离中央车站约 300 米，方便乘坐火车。有周末优惠（法兰克福举办展览会时除外）。有 Wi-Fi 可供使用（收费）。

 Mornewegstr.43　D-64293
☎（06151）9266　FAX（06151）891892
www.hotel-darmstadt.de
Ⓢ€ 48～　Ⓣ€ 72～　AMV

青年旅舍
Jugendherberge

Map 地图外

◆ 从中央车站向东约 2 公里。可在中央车站乘坐 K55、K56、K672、K673 路巴士，15 分钟后在 Woog 下车。有收费的无线局域网，12/24～26 休息。

 Landgraf-Georg-Str. 119　D-64287
☎（06151）45293　FAX（06151）422535
www.djh-hessen.de/jh/darmstadt
带早餐€ 26～　不能使用

米歇尔施塔特 *Michelstadt*

奥登森林里的木结构建筑小城

奥登森林从法兰克福绵延至海德堡，那里有一座保持着中世纪德国之美的小城。

与德国其他小城一样，这座小城的布局也是以集市广场 Marktplatz 为中心，广场对面的市政厅 Rathaus 是一座非常优美的建筑。市政厅建于1484年，有两个尖屋顶和一个钟楼，为德国东部特有的木结构建筑。

集市广场上的尖顶市政厅

从火车站步行 10~15 分钟可到达市中心。沿班霍夫大道 Bahnhofstr. 南行，在 Groβe Gasse 右转继续前行就能到达集市广场。

MAP ◆ p.43-B4

人 口	16200人
长途区号	06061

ACCESS

铁路：从法兰克福乘私营火车 VIA，用时约 1 小时 15 分钟。也可能需要在哈瑙、达姆施塔特等地换车。

❶ 米歇尔施塔特的旅游服务中心
- 🏠 Marktplatz 1
  D-64720 Michelstadt
- ☎ （06061）9794110
- 🌐 www.michelstadt.de
- 📅 周一　　　　10:00～12:00
  周二～周五　10:00～17:00
  周六·周日　11:00～15:00

米尔滕贝格 *Miltenberg*

隐藏于森林之中的美因河珍珠

木结构住宅建筑环绕着的集市广场

走出火车站后沿眼前的 Brückenstr. 前行 500 米就是横跨美因河两岸的美因桥 Mainbrücke，河对岸有一座砖结构的大门。穿过大门便是老街区。从火车站到老街区的中心地带大约有 1 公里。

城中心的集市广场 Marktplatz 被誉为德国最美的广场之一。广场的里侧有米尔滕贝格博物馆 Museum Stadt Miltenberg，可以从那里了解到这座城市的历史。在豪普特街 Hauptstr.，保留着很多木结构的住宅建筑。豪普特街 Hauptstr. 的中段附近有名为 Gasthaus zum Riesen 的餐馆，是 16 世纪末的建筑。❶ 位于市政厅 Rathaus 内。

MAP ◆ p.43-B4

人 口	9200人
长途区号	09371

ACCESS

铁路：从阿沙芬堡乘 RE 快车约 35 分钟，乘 RB（普通列车）约 50 分钟。

❶ 米尔滕贝格的旅游服务中心
- 🏠 Engelplatz 69, Rathaus
  D-63897 Miltenberg/Main
- ☎ （09371）404119
- 📠 （09371）9488944
- 🌐 www.miltenberg.info
- 📅 周一～周五 9:00～17:00
  （4-10月周一～周五 ～18:00,
  周六 10:00～16:00）

● 米尔滕贝格市博物馆
- 🏠 Hauptstr. 169-175
- 🌐 www.museum-miltenberg.de
- 📅 4/1～10/31
  周二～周日 10:00～17:30
  11/2～次年 1/31
  周三～周日 11:00～16:00
- 📅 2～3月、4~10月的周一，
  11 月～次年 1 月的周一·周二
- 💶 €4

法兰克福与莱茵河、摩泽尔河周边

● 达姆施塔特／米歇尔施塔特／米尔滕贝格

柏林
法兰克福
阿沙芬堡
慕尼黑

阿沙芬堡 *Aschaffenburg*

造访美丽的城堡

四角都建有塔楼的约翰尼斯堡宫殿是一座文艺复兴风格的建筑

MAP ◆ p.43-B4

人　口	67800 人
长途区号	06021

ACCESS

铁路：乘 ICE 特快从法兰克福出发约 30 分钟到达，从维尔茨堡出发约 40 分钟到达。

ℹ️ **阿沙芬堡的旅游服务中心**
🏠 Schloßplatz 1
　 D-63739 Aschaffenburg
☎ （06021）395800
📠 （06021）395802
🌐 www.info-aschaffenburg.de
🕐 4~9 月
　 周一~周五　　9:00~18:00
　 周六　　　　 9:00~13:00
　 周日　　　　11:00~15:00
　 10 月~次年 3 月
　 周一~周五　　9:00~17:00
　 周六　　　　10:00~13:00

● **城堡博物馆**
🏠 Schloßplatz 4
🌐 www.museen-aschaffenburg.de
🕐 4~9 月周二~周日
　 　　　　　　9:00~18:00
　 10 月~次年 3 月
　 周二~周日　10:00~16:00
🚫 周一、1/1、狂欢节的周
　 二、12/24・25・31
💰 € 3.50、学生 € 2.50

● **珀姆坡雅努姆别墅**
🏠 Pompejanumstr. 5
🕐 4/1~10 月中旬的周二~
　 周日　　　　9:00~18:00
🚫 周一、10 月中旬~次年 3
　 月中旬 💰 €5.50、学生 €4.50

● **梅斯珀尔布伦城堡**
🚍 在阿沙芬堡火车站旁边的巴士枢纽站乘坐开往 Dammbach Krausenbach Mühlgasse 的 40 路巴士，用时约 40 分钟，在 Abzw. Schloss, Mespelbrunn.de 下车，步行 10~15 分钟
🌐 www.schloss-mespelbrunn.de
🕐 3 月中旬~11 月中旬
　 　　　　　　9:00~17:00
🚫 11 月下旬~次年 3 月上旬
💰 € 5
参加由导游带领的团队参观城堡（约需 40 分钟）。

　　位于法兰克福东南约 40 公里处。阿沙芬堡是德国最大的州——巴伐利亚州境内的城市，过去曾因地理位置较近而属于美因茨主教的管辖范围。

　　走出火车站，进入向左前方延伸的 Frohsinnstr.，在路口转入与之相交的 Erthalstr. 后便可到达阿沙芬堡的标志性建筑——约翰尼斯堡宫殿 Schloss Johannisburg 的正面。这座耸立于美因河右岸的宫殿非常雄伟，是由 17 世纪初的当地领主美因茨主教所建。现在，这里是州立美术馆和将主教统治时代的城堡予以复原的城堡博物馆 Schlossmuseum。宫殿外有沿河向西北方向延伸的宫殿花园 Schlossgarten，里面有巴伐利亚国王路德维希一世于 1848 年建造的罗马式别墅——珀姆坡雅努姆别墅 Pompejanum。圣彼得和亚历山大修道院 Stiftsbasilika 建于 13 世纪，属于罗马式建筑。

阿沙芬堡 近郊景点

隐藏在森林之中的梅斯珀尔布伦城堡

Schloss Mespelbrunn Map p.43-B4

　　位于阿沙芬堡东南 22 公里处。在建于 15 世纪的城堡的基础上，16 世纪中叶对该建筑进行了扩建并保持至今。周围有森林环绕，城堡前有湖水，宛若童话世界。在新绿初现枝头的春季、湖水清凉的夏季、层林尽染的秋季、白雪覆盖的冬季，都能看到美丽的景色。

梅斯珀尔布伦城堡被称为施佩萨尔特森林中的珍珠

🗣️ **境外话** 在约翰尼斯堡宫殿的一角，有一家名为 Schlossweinstuben（🌐 www.schlossweinstuben.de）的餐厅，可以品尝到弗兰肯菜和葡萄酒。天气好时，可以在室外用餐。

威斯巴登 *Wiesbaden*

植被繁茂的疗养胜地

疗养院内设有赌场

MAP ◆ p.43-B3

人 口	273900 人
长途区号	0611

ACCESS

铁路： 从法兰克福乘 S-Bahn 约 45 分钟，乘私营列车 VIA 约 35 分钟。从美因茨 乘 S-Bahn 约 15 分钟。

❶ 威斯巴登的旅游服务中心
- Marktplatz 1
  D-65183 Wiersbaden
- ☎（0611）1729930
- 📠（0611）1729799
- 🖥 www.wiesbaden.de
- 📅 4~9 月
  周一～周五　10:00~18:00
  周六　　　　10:00~15:00
  周日　　　　11:00~15:00
  10 月～次年 3 月
  周一～周五　10:00~18:00
  周六　　　　10:00~15:00

● 市内交通
　巴士单次车票 Einzelfahr-schein 是 € 2.75、短程区间 票 Kurzstrecke 是 € 1.65（参考 p.75 注 1）。1 日 通 票 Tagesfahrschein 是 € 6.60（与 美因茨通用）。

● 黑森州立剧院
- Christian-Zais-Str. 1-3
- 🖥 www.staatstheaterwiesbaden.de

黑森州立剧院内部非常华丽

● 赌场
- Kurhausplatz 1
- 🖥 www.spielbank-wiesbaden.de
- 🕐 14:45~次日 3:00
  （周五·周六～次日 4:00）
- 🚫 部分节日、12/24·25
- 🎫 1 日入场券 € 2.50

威斯巴登是国际著名的度假及会议之城，位于德国大动脉莱茵河畔的陶努斯山脚下，地理位置优越，是德国中部黑森州的首府。

市中心有疗养院 Kurhaus 和黑森州立剧院 Hessisches Staatstheater，从火车站到市中心可乘坐 1、8、16 路巴士，大约 7 分钟后在 Kurhaus/Theater 下车。

这里是历史悠久的温泉疗养地，歌德、瓦格纳、陀思妥耶夫斯基也曾到此疗养，环境幽雅。

疗养院内设有赌场 Spielbank，疗养院前面的黑森州立剧院建于 1902 年，洛可可风格的大厅非常华丽，在歌剧或芭蕾舞剧的幕间休息时可以体验到传统欧洲的优雅氛围。

从疗养院沿威廉大街前行至西北方向的广场，有被称为热喷泉 Kochbrunnen 的亭子，里

73

●腓特烈大帝温泉浴场

🏠 Langgasse 38-40

从中央车站前乘 1 路、8 路巴士在 Webergasse 下车。

16 岁以上者才能进入。

5~8月
每天　　　　　10:00~22:00
9月~次年 4 月
周日~周四 10:00~22:00
周五·周六　10:00~24:00
入浴时间截至闭馆前 30 分钟。

※ 周二为女性专场（其他日子为混浴）

🚫 12/24·25·31

💰 夏每小时 € 5，冬每小时 € 6.50，有租赁的浴巾、浴袍以及按摩、面部美容等服务（费用另计）

●尼欧山登山铁路

从威斯巴登中央车站乘开往 Nerotal 的 1 路巴士，在终点下车即到。

🌐 www.nerobergbahn.de

💰 往返 € 3.50

🚫 11 月~次年 3 月

面有饮用泉，有水温 66℃的含钠泉水流出。

游客可轻松体验的温泉有腓特烈大帝温泉浴场 Kaiser Friedrich Therme。该温泉建于 1913 年，建筑样式属于 19 世纪末的新艺术风格，可不穿泳衣进入温泉。如果说明自己是第一次来这里，温泉工作人员会为游客进行讲解。

Langgasse、Marktstr.、Kirchgasse 是非常热闹的购物区，有百货商场、时尚的精品店、咖啡馆等商业设施。

天气好的日子，可以乘坐尼欧山登山火车 Nerobergbahn 登上尼欧山。令人惊奇的是这里的火车是靠水力驱动，而且早在 1888 年就已开始运营。

有饮用泉流出的 Kochbrunnen

完全环保的铁路——尼欧山登山铁路

新艺术风格的浴场，看上去非常优雅

威斯巴登的酒店
Hotel

纳绍尔霍夫酒店
Nassauer Hof

◆这是一家优雅华丽的酒店，也是威斯巴登最高级的酒店。有温泉游泳池、美容沙龙等设施。有 Wi-Fi 设施可供使用。

Map p.73
🏠 Kaiser-Friedrich-Platz 3-4　D-65183
☎ (0611) 1330　FAX (0611) 133632
🌐 www.nassauer-hof.de
💰 Ⓢ € 220~　Ⓣ € 270~
早餐需单独支付 € 32
💳 ADJMV

威斯巴登杜瑞特帕拉斯酒店
Dorint Pallas Wiesbaden

◆距离中央车站仅 2 分钟的路程，是一家高级大型酒店。主要面向商务人士。有带有按摩浴缸、桑拿等设施的洗浴区域。部分客房有 Wi-Fi 设备。

Map p.73
🏠 Auguste-Vikoria-Str. 15　D-65185
☎ (0611) 33060　FAX (0611) 33061000
🌐 www.dorint.com/wiesbaden
💰 Ⓢ € 99~277　Ⓣ € 99~307
早餐需单独支付 € 24
💳 ADMV

西塔特鲁福酒店
Citta Trüffel

◆一层有装潢时尚的熟食店。客房给人感觉十分高雅。有免费 Wi-Fi。

Map p.73
🏠 Webergasse　D-65183
☎ (0611) 9905510　FAX (0611) 9905511
🌐 www.citta-hotel.de
💰 Ⓢ € 95~145　Ⓣ € 125~195
早餐需单独支付 € 15
💳 ADJMV

青年旅舍
Jugendherberge

◆四周环绕着绿树的青年旅舍。办理入住时间是 6:30~23:00（周日·节日至 21:00）。12/24~26 期间休业。从中央车站乘坐前往 Klarenthal 方向的 14 路巴士，在 Gneisenaustr. 站下车。有 Wi-Fi 设施（付费）。

Map 地图外
🏠 Blücherstr. 66　D-65195
☎ (0611) 449081　FAX (0611) 441119
🌐 www.wiesbaden.jugendherberge.de
💰 附带早餐 € 28~　💳 不可使用

美因茨 *Mainz*

古登堡的故乡

集市广场的早市

MAP ◆ p.43-B3

人 口	204300 人
长途区号	06131

ACCESS

铁路：从法兰克福中央车站乘 ICE 特快约 35 分钟，乘 RE 快车或 S-Bahn 8 约 40 分钟。

❶ **美因茨的旅游服务中心**
Brückenturm am Rathaus D-55116 Mainz
Map p.76-A2
☎ （06131）242888
📠 （06131）242889
www.touristik-mainz.de
周一～周五　　9:00～17:00
周六　　　　10:00～16:00

●**市内交通**
巴士、有轨电车的单次车 票 Einzelfahrschein € 2.75，短程区间票 Kurzstrecke € 1.65（参见注1），1 日乘车票 Tageskarte € 6.60（与威斯巴登通用）。
注1：美因茨与威斯巴登的短程区间票可在 3 站以内（不超过 20 公里）使用。

●**集市广场的早市**
每周二·周五·周六的7:00～14:00 开市。附近农民在此出售刚刚采摘的蔬菜、水果。可以买到天然蜂蜜等适合馈赠的商品。

美因茨位于莱茵河与美因河的交汇处，自古以来就是重要的贸易城市，从 8 世纪开始也是德国重要的宗教城市，被称为"黄金美因茨"。这里是近代印刷术之父古登堡的出生地，介绍印刷术历史的古登堡博物馆与罗马式建筑风格的大教堂都非常值得一看。

美因茨 漫 步

　　主要景点集中在老街区，从中央车站出来向东南方向步行 10 分钟左右就能到达老街区。从班霍夫街 Bahnhofstr. 行至席勒街 Schillerstr.，在席勒广场 Schillerplatz 左转，进入百货商场与店铺林立的路德维希街 Ludwigsstr.。穿得立有古登堡像的古登堡广场 Gutenbergpl.，就能看见美因茨市中心的集市广场 Markt 与大教堂 Dom。

　　在紧邻集市广场的圣母院广场 Liebfrauenplatz 的一角，有这座城市引以为豪的古登堡博物馆 Gutenberg Museum。莱茵河畔有近代建筑风格的市政厅 Rathaus，旁边就是 ❶。

庄严肃穆的大教堂

　　大教堂的背面（南侧）有一个名叫樱桃花园 Kirschgarten 的地方，很值得一去。有很多木结构的住宅建筑，现在已成为一家家充满个性的咖啡馆、餐厅、服饰店，在此步行游览充满乐趣。

樱桃花园中的房子

　　在中央车站前乘坐有轨电车时，可乘开往 Hechtsheim 方向的 50、51、52 路，在上车后的第二站 Schillerplatz 下车就可到达大教堂附近，在第三站 Am Gautor 下车就是内有夏卡尔绘制的教堂玻璃的圣史蒂芬教堂 St. Stephans-Kirche 附近。

⚽ **足球场信息**

●**科法斯体育场**
Coface Arena
Eugen-Salomon-Str.
www.mainz05.de
　　2011 年夏竣工的美因茨足球俱乐部主场。
比赛开始前和结束后有往返于美因茨中央车站与球场的接送巴士。

　　在没有比赛的日子前往科法斯体育场时，可从中央车站乘坐 69 路巴士在 Fachhochschule 下车，步行 800 米左右可到达红白相间的球场。在一层外侧的商店里可以购买纪念品和球票。

德国屈指可数的大教堂

Dom ★★★

美因茨大主教位居可选举德意志皇帝的 7 名选帝侯之首，掌握着巨大的权力。大教堂是威利盖斯大主教于 975 年开始兴建的。内部空间宏大，西侧与东侧都有圣坛。

走过圣坛是中庭回廊 Kreuzgang，再往里走是大教堂博物馆 Dommuseum。

古登堡博物馆

Gutenberg Museum ★★★

约翰内斯·古登堡（1397~1468 年）发明了使用铅活字的排版印刷术，在那之前西方世界的书籍复制基本上都依靠手抄。博物馆内有再现当时印刷技术的工房，参观者较多时工作人员可能会进行实际操作的演示。

展品中最珍贵的是 1455 年出版的《古登堡圣经》（42 行圣经），除此之外还展示有装帧华丽的 16~19 世纪的珍本古版书 Incunabula（欧洲活版印刷技术诞生初期的书籍）以及日本的浮世绘等世界各地的珍贵印刷物。

●大教堂
- Markt 10
- Map p.76-B2
- www.dom-mainz.de
- 3~10 月
  - 周一～周五　　9:00~18:30
  - 周六　　　　　9:00~16:00
  - 周日　　　　12:45~15:00
  - 　　　　　　16:00~18:30
- 11 月～次年 2 月
  - 周一～周五　　9:00~17:00
  - 周六　　　　　9:00~16:00
  - 周日　　　　12:45~15:00
  - 　　　　　　16:00~17:00
- 礼拜中谢绝参观。
- 免费

●大教堂博物馆
- 周二～周五　10:00~17:00
- 周六·周日　11:00~18:00
- 周一·节日
- 内部所有博物馆及珍宝馆，博物馆€ 3.50，珍宝馆€ 3，两馆通票€ 5

编外话　美因茨狂欢节与科隆狂欢节、杜塞尔多夫狂欢节并称德国三大狂欢节。最热闹的是玫瑰周一 Rosenmontag 的游行，整个城市人头攒动。

古登堡虽然经过艰苦的努力，完成了具有重大意义的发明，但是由于他的工匠气，最终因无法偿还贷款而导致包括印刷机在内的全部资产被收走，据说晚景十分凄凉。

使用当时的方法进行的印刷演示

● 古登堡博物馆
🏠 Liebfrauenplatz 5
● Map p.76-B2
🌐 www.gutenberg-museum.de
🕐 周二～周六　9:00～17:00
　　周日　11:00～17:00
🚫 周一、节日
💰 €5、学生€2

可以了解到印刷技术的发展过程

可以欣赏夏卡尔艺术的圣史蒂芬教堂
St. Stephans-Kirche ★★

夏卡尔的蓝色充满了神秘感

建于990年，由兴建了大教堂的威利盖斯大主教主持修建。曾毁于第二次世界大战，战后得到重建。这座教堂因马克·夏卡尔绘制的教堂玻璃而闻名于世。绘画以《新约全书》和《旧约全书》为题材，阳光透过以美丽的蓝色为基调绘制的玻璃照亮整个教堂。这些玻璃是于1978~1985年绘制并安装的。回廊Kreuzgang也很值得参观。

● 圣史蒂芬教堂
　　从中央车站前乘50、51、52路巴士，在Am Gautor下车后往回步行一小段。
🏠 Kleine Weißgasse 12
● Map p.76-B1
🕐 周一～周六　10:00～17:00
　　周日　12:00～17:00
　　（冬季每天都～16:30）
　　礼拜时谢绝参观
💰 免费

美因茨的酒店
Hotel

美因茨希尔顿酒店
Mainz Hilton

Map p.76-A2

◆这是一间面朝莱茵河而建的国际化酒店。紧邻赌场和莱茵金色展览馆，团体客人和商务人士比较喜欢入住于此。有Wi-Fi设施（大堂免费，客房内需要单独付费）。

🏠 Rheinstr. 68　D-55116
☎ (06131) 2450　FAX (06131) 2453299
🌐 www.hilton.de/mainz
💰 Ⓢ €90~305　Ⓣ €90~570
早餐另收费　🃏 A D J M V

汉默尔酒店
Hammer

Map p.76-A1

◆虽然这间酒店位于中央车站附近，但是由于安装了隔音玻璃，所以一点儿也不会觉得喧闹。所有房间都带有空调。有免费的桑拿房可供使用。有免费Wi-Fi。

🏠 Bahnhofplatz 6　D-55116
☎ (06131) 965280　FAX (06131) 9652888
🌐 www.hotel-hammer.com
💰 Ⓢ €89~149　Ⓣ €99~159
早餐另收费　🃏 A D J M V

施彻特霍夫酒店
Schottenhof

Map p.76-A1

◆距离中央车站步行仅需5分钟，是一间拥有40间客房的小型酒店。有Wi-Fi设施可供使用。

🏠 Schottstr. 6　D-55116
☎ (06131) 232968　FAX (06131) 221970
🌐 www.hotel-schottenhof.de
💰 Ⓢ €60~85　Ⓣ €75~120
🃏 A D J M V

莱茵美因青年旅舍
Rhein-Main-Jugendherberge

Map 地图外

◆从美因茨中央车站乘坐前往Weisenau-Laubenheim方向的62路或者63路巴士，在Am Viktorstift/Jugendherberge站下车，步行2分钟即到。如果准备步行前往可以从S-Bahn的Mainz Römisches Theater车站向南走2公里即到。部分区域可以使用Wi-Fi。12/24~26期间休业。

🏠 Otto-Brunfels-Schneise 4
　（Im Volkspark）　D-55130
☎ (06131) 85332　FAX (06131) 82422
🌐 www.diejugendherbergen.de
💰 附带早餐 €23~　🃏 M V

伊达尔－奥伯施泰因

Idar-Oberstein

德国宝石之路的中心

MAP ◆ p.42-B2

人口	28300人
长途区号	06781

ACCESS

铁路： 位于美因茨至萨尔布吕肯间的铁路线上，有从法兰克福出发的直达车次。从法兰克福乘 RE 快车约 1 小时 45 分钟，从美因茨乘车约 1 小时 5 分钟。

❶ 伊达尔-奥伯施泰因的旅游服务中心

- 🏠 Hauptstr. 419 D-55743 Idar-Oberstein
- ☎ （06781）64871
- 📠 （06781）64878
- 💻 www.idar-oberstein.de
- 📅 3/15~10/31
  - 周一~周五　　9:00~18:00
  - 周六·周日·节日
  　　　　　　　10:00~15:00
  - 11/1~次年 3/14
  - 周一~周五 9:00~17:00

● 宝石矿山遗址

位于火车站西北约 4 公里处，可乘坐 303 路巴士在 Strutwies 下车，步行约 30 分钟可到达供游客参观的巷道入口。巴士每小时只有 1 个车次，所以从火车站乘坐出租车可能会更方便一些。

- 💻 edelsteinminen-idar-oberstein.de
- 📅 3/15~11/15 每天 9:00~17:00（最晚团体游 16:00 出发）
- 💰 团体游€7，学生€5.50。采掘体验费用€10。提前预约后，可在 9:00~11:00、12:00~14:00、15:00~17:00 的时间段中选择参加时间，体验时间均为 2 小时。

推荐酒店

🏨 City Hotel Idar-Oberstein

- 🏠 Otto-Decker-Str. 15 D-55743
- ☎ （06781）50550
- 📠 （06781）505550
- 💻 www.cityhotel-idar-oberstein.de
- 💰 ⑤€60 ⑦€90
- 🚇 Ⓜ Ⓥ

前台接待只在 7:00~11:00 和 16:00~19:00。有免费 Wi-Fi。

市中心的集市广场。附近有 ❶ 及宝石博物馆

从前这里盛产玛瑙、紫水晶，现在商业目的的开采已经停止，但是传统的高级研磨技术仍在世界上占有重要地位。位于市中心的"钻石·宝石交易所"里有来自世界各地的买家。这里还开设有与宝石相关的专门学校，引领着世界宝石产业的发展。

从火车站出来，过马路，沿购物中心之间的道路前行，从百货商场前的广场向东（右侧）延伸的步行街豪普特街 Hauptstr. 便是这座城市的主街道。沿缓缓的下坡路步行 10 分钟左右，就能到达集市广场 Marktplatz。

收集了地球上所有种类宝石的德国宝石博物馆 Deutsches Edelsteinmuseum 以及在笔直的岩壁上悬空而建的岩石教堂 Felsenkirche 都很值得一看。

伊达尔－奥伯施泰因 近郊景点

宝石矿山遗址

Edelsteinminen Steinkaulenberg　　　　★★★

这里是欧洲唯一一个可供游客参观的宝石矿山，位于自然保护区内。1870 年前后，传统的采矿业已经衰退，商业目的的开采也已停止，这里便成了地质学者及宝石爱好者的圣地。可以参加用时约 30 分钟的团体游参观巷道 Besucherstollen（导游只使用德语，有英语导游手册）。设有采掘体验区，可以试采原石（参加体验需提前预约），锤子等工具需要游客自行准备。

戴上安全帽参观巷道的团体游

吕德斯海姆 *Rüdesheim*

在斑鸠小巷的葡萄酒馆畅饮！

有很多葡萄酒酒馆的斑鸠小巷

柏林
法兰克福
★吕德斯海姆
慕尼黑

MAP ◆ p.43-B3

人　口	9700 人
长途区号	06722

ACCESS

铁路：莱茵河沿岸两条铁路中的非干线的地方短途铁路经过这里。从法兰克福乘坐私营铁路 VIA（铁路通票有效）约 1 小时 10 分钟。走干线铁路的话，则从美因茨乘私营铁路 MRB（Mittelrheinbahn 中部莱茵铁路的简称。各种铁路通票有效）约 30 分钟在宾根 Bingen Stadt 下车，然后乘坐莱茵河渡轮 Fähre。

吕德斯海姆被称为莱茵河畔的珍珠，是一座非常可爱的小城。有很多人从这里乘船沿莱茵河顺流而下。走出火车站，沿莱茵河岸向东步行 1 公里左右可以到达 Geisenheimer Str.，那里有 ❶。

在著名的斑鸠小巷 Drosselgasse，有很多葡萄酒酒馆及纪念品商店。可以在葡萄酒酒馆内品尝当地生产的葡萄酒，还可以欣赏音乐和跳舞，非常有趣。

位于莱茵大街 Rheinstr. 的布雷姆泽堡 Brömserburg 内设有葡萄酒博物馆 Weinmuseum，展示有制作葡萄酒所需的工具以及各个历史时期制作的珍贵葡萄酒杯。另外，这里也出售葡萄酒。

斑鸠小巷面对莱茵大街的入口

❶ 吕德斯海姆的旅游服务中心

- Rheinstr. 29a D-65385
- ☎（06722）906150
- 📠（06722）9061599
- 🌐 www.ruedesheim.de
- 🕐 11 月～次年 3 月
  - 周一～周五　10:00～16:30
  - 4～10 月
  - 周一～周五　8:30～18:30
  - 周六·周日　10:00～16:00
  - ※冬季为旅游淡季，几乎所有的酒店、餐厅、纪念品店都会关门歇业。

● 布雷姆泽堡（葡萄酒博物馆）

- Rheinstr. 2
- 🌐 www.rheingauer-weinmuseum.de
- 🕐 3 月中旬～10 月
  - 10:00～18:00
  - （17:15 停止入场）
- 休 周一、11 月上旬～次年 3 月中旬
- 💶 €5

● 布雷姆泽馆（自动演奏乐器藏品）

- Oberstr. 27-29
- 🕐 3～12 月 10:00～18:00
- 💶 €7，学生€4
- 休 1～2 月
- ※ 会不定期举行可欣赏自动演奏乐器音色的团体游（例如想参加的游客超过 5 人时）。

沿斑鸠小巷向北前行，走到尽头左转便是布雷姆泽馆 Brömserhof，里面展示有自动演奏乐器藏品。

可以乘坐缆车登上尼德瓦尔德 Niederwald 观景台，观赏莱茵河与葡萄种植园的景色。为了纪念 1871 年德国统

莱茵河与葡萄地之间的古堡内有葡萄酒博物馆

投稿　在纪念品店购买了香槟色的白葡萄酒果酱。回国后，把这种果酱跟奶油奶酪一块抹在黑麦面包上食用，品尝到了独特的德国风味。果酱的味道即便是不喜欢饮酒的人也完全能够接受。

● 缆车

　通往尼德瓦尔德的缆
车，单程€5，往返€7。缆椅
的票价相同。缆车与缆椅的
通票€8。仅在3月下旬~11
月上旬及圣诞节期间运行。

● Ringticket

　凭 Ringticket 可乘坐上面
所述的缆车、缆椅以及乘坐
Bingen Rüdesheimer 公司的游
船往来于阿斯曼斯豪森与吕
德斯海姆，票价€14。各乘坐
地售票窗口及旅游局有售。

吕德斯海姆背后森林中的尼德瓦尔德观景台

坐在开往尼德瓦尔德的缆车上可
以俯瞰葡萄地

一，1883年在此建造了俯视莱茵河的日耳
曼妮娅女神像的纪念碑。从观景台看到的
壮丽景色一定会给人留下深刻的印象。

　如果时间充裕的话，可以从尼德
瓦尔德观景台沿林间小路步行1公里，
前往尼德瓦尔德狩猎宫 Jagdschloss
Niederwald 这家古堡酒店·餐厅。在城堡
前乘坐缆椅可以前往位于山下的阿斯曼斯
豪森小城。

编外话 想了解中世纪德国黑暗历史的人可以去参观一下酷刑博物馆（⌂ Oberstr. 49-51　www.foltermuseum.com　€6），
里面有中世纪执行死刑的刑具以及对巫女施加酷刑的刑具等展品。夏季每天开馆，冬季只有周六、周日下午开馆。

歌德喜爱的红酒之乡阿斯曼斯豪森

Assmannshausen   Map p.43-B3

德国少有的黑皮诺红葡萄酒产地。不过这种红葡萄酒属于颜色较淡的粉红葡萄酒。从前，歌德等18世纪、19世纪后期的浪漫派诗人、艺术家们曾云集于此，一边畅饮当地的葡萄酒，一边进行热烈的讨论。现在还保存着很多美丽的木结构建筑，其中克罗恩酒店 Hotel Krone 是历史悠久的高级酒店，以美食著称。

交通指南 除了沿莱茵河顺流而下的游船，还可以乘坐 RB（普通列车），从威斯巴登出发约40分钟，从吕德斯海姆出发约5分钟。还可以在吕德斯海姆乘坐缆车或缆椅（二者的乘坐地点相隔步行30-40分钟的距离）前往。

码头旁的克罗恩酒店

吕德斯海姆的餐馆
Restaurant

斑鸠之家
Drosselhof

◆斑鸠小巷最具代表性的葡萄酒老餐馆。店内有单间和大厅座席。店内同时设有葡萄酒商店。

 Map p.80

 Drosselgasse 4 ☎（06722）1051
🖥 www.drosselgasse.com
🕐 每天 10:00~次日 1:00
    冬季 11:00~18:00（冬季会有变化）
💳 ADJMV

吕德斯海姆的酒店
Hotel

阿斯曼斯豪森皇冠酒店
Hotel Krone Assmannshausen

◆建于莱茵河畔的历史悠久的酒店，位于邻城的阿斯曼斯豪森。酒店的名字是皇冠的意思，所以入口处有一家有皇冠装饰的餐厅，这里的葡萄酒相当不错。酒店内的公共区域内有 Wi-Fi 设施可供使用。

 Map 地图外

 Rheinuferstr. 10   D-65385
☎（06722）4030 📠（06722）3049
🕐 Ⓢ€145~   Ⓣ€230~   套间€290~
早餐另收费 💳 ADJMV

吕德斯海姆城堡酒店
Rüdesheimer Schloss

◆这间酒店是利用建于 1729 年的税务所改建而成的高级酒店·餐厅。客房内饰十分时尚。12 月中旬~1 月上旬期间休业。有 Wi-Fi 设施。

Map p.80

🏠 Steingasse 10（Drosselgasse）
D-65385
☎（06722）90500 📠（06722）905050
🔗 www.ruedesheimer-schloss.com
💰 Ⓢ € 95~115　Ⓣ € 125~155
💳 A D J M V

组姆贝尔拉酒店
Flair Hotel zum Bären

◆家庭经营的酒店。共有 23 间客房。有免费 Wi-Fi。

Map p.80

🏠 Schmidtstr 31　D-65385
☎（06722）90250 📠（06722）902513
🔗 www.zumbaeren.de
💰 Ⓢ € 75~　Ⓣ € 110~
💳 M V

中央酒店
Central Hotel

◆兼营餐厅的酒店，共有 50 间客房。12 月中旬~次年 3 月中旬不营业。有 Wi-Fi 设施可供使用。

Map p.80

🏠 Kirchstr. 6　D-65385
☎（06722）9120 📠（06722）2807
🔗 www.centralhotel.net
💰 Ⓢ € 72~　Ⓣ € 99~
💳 A D M V

特拉普酒店
Trapp

◆酒店内饰深受女性客户的喜爱。还同时兼营名曰 Enten-Stube 的餐厅。鸭子的摆件随处可见。12 月中旬~次年 3 月中旬不营业。有 Wi-Fi 设施可供使用。

Map p.80

🏠 Kirchstr. 7　D-65385
☎（06722）91140 📠（06722）477457
🔗 www. hotcl-trapp.de
💰 Ⓢ € 75~95　Ⓣ € 95~160
💳 D M V

福森科勒酒店
Felsenkeller

◆拥有白色墙壁的木结构的美丽酒店。另外，拥有专门的素食菜单的餐厅也备受好评。夏季可以在屋外的桌子上品尝美酒，感觉好极了。12 月~次年 2 月休业。只有公共区域才有 Wi-Fi 设施。

Map p.80

🏠 Oberstr. 39/41　D-65385
☎（06722）94250
📠（06722）47202
🔗 www.felsenkeller-ruedesheim.de/
💰 Ⓢ € 60~90　Ⓣ € 84~140
💳 A J M V

林德沃特酒店
Hotel Lindenwirt

◆沿着吕德斯海姆车站后面的莱茵大街一直走，在与斑鸠小巷隔一条路的 Amselstr. 左转。酒店兼营餐厅，客房内夜间可能会听到餐厅传来的歌舞声。中庭有使用葡萄酒橡木桶改造而成的房间。只有公共区域才有 Wi-Fi 设施。

Map p.80

🏠 Amselstr. 4/Droeelgass　D-65385
☎（06722）9130 📠（06722）913294
🔗 www.lindenwirt.com
💰 Ⓢ € 69~99　Ⓣ € 89~139
💳 A J M

青年旅舍
Jugendherberge

◆位于距离车站 2 公里远的高地上，透过房间的窗子可以看见葡萄田和葡萄园里的教堂尖顶，而且可以一览无余地欣赏莱茵河景。建议在天色变暗之前到达旅舍。有 Wi-Fi 设施（付费）。办理入住时间为 7:00~10:00、17:00~23:30。12/24~26 不营业。

Map p.80 外

🏠 Jugendherberge 1　D-65385
☎（06722）2711
📠（06722）48284
🔗 www.ruedesheim.jugendherberge.de
💰 附带早餐€21　Ⓢ € 25~　Ⓣ € 46~

✉ 投稿　在这里著名的吕德斯海姆咖啡馆品尝了美酒。虽然自己能喝点酒，但是这里的酒度数比想象的要高一些。不过，咖啡馆里的舞蹈表演者还可以为酒客们倒酒，十分有趣。

R HEINTAL

莱茵河之旅

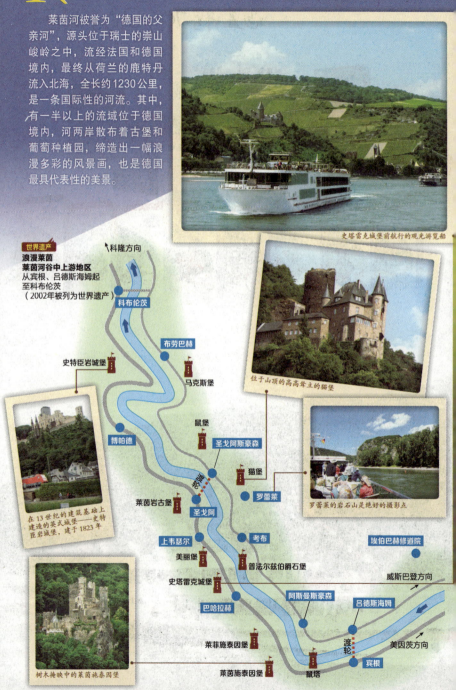

莱茵河被誉为"德国的父亲河",源头位于瑞士的崇山峻岭之中,流经法国和德国境内,最终从荷兰的鹿特丹流入北海,全长约1230公里,是一条国际性的河流。其中,有一半以上的流域位于德国境内,河两岸散布着古堡和葡萄种植园,缔造出一幅浪漫多彩的风景画,也是德国最具代表性的美景。

史塔雷克城堡前航行的观光游览船

世界遗产
浪漫莱茵
莱茵河谷中上游地区
从宾根、吕德斯海姆起至科布伦茨
(2002年被列为世界遗产)

↗科隆方向

科布伦茨

布劳巴赫

史特臣岩城堡

马克斯堡

鼠堡

博帕德

圣戈阿斯豪森

猫堡

位于山顶的高高耸立的猫堡

莱茵岩古堡

渡轮

圣戈阿

罗蕾莱

罗蕾莱的岩石山是绝好的摄影点

上韦瑟尔

考布

埃伯巴赫修道院

美丽堡

普法尔兹伯爵石堡

史塔雷克城堡

威斯巴登方向

阿斯曼斯豪森

吕德斯海姆

在13世纪的建筑基础上建造的英式城堡——史特臣岩城堡,建于1823年

巴哈拉赫

渡轮

美因茨方向

莱菲施泰因堡

宾根

树木掩映中的莱茵施泰因堡

莱茵施泰因堡

鼠塔

乘坐观光船游览

　　游览莱茵河的大多数观光船线路是往返于美因茨～科布伦茨之间的，如果你的行程比较紧可以选择吕德斯海姆～圣戈阿斯豪森之间，或者选择对岸的宾根～圣戈阿之间的游船线路。所需时间为 1 小时 30 分钟～2 小时，沿途可以欣赏到著名的古堡和罗蕾莱岩石山等景观。这一区间团体旅游的游客较多。

受欢迎的歌德号外轮蒸汽船

　　观光船的运行时间是 3 月下旬～10 月下旬每天 4 个班次（4 月下旬～10 月上旬是每天 5 个班次）。冬季分区间或者限时开航，可以通过官网查询。

乘坐列车游览

　　美因茨～科布伦茨之间行驶的列车，是从法兰克福出发前往科隆方向的线路，其中既有莱茵河左岸线路又有右岸线路。左岸的线路主要是 IC、ICE、EC 特快等主线路，如果你是去往科隆方向可以选择坐在列车右侧的座位，这样沿途可以透过车窗欣赏到美丽的莱茵河景。普通列车则可以乘坐左岸的私营铁路 MRB，或者右岸的私营铁路 VIA（两者都可以使用铁路通票）。对于没有时间乘坐观光船的游客来说，乘坐列车欣赏莱茵美景也是不错的选择。

铁路线路也有不少路段是沿河岸边前进的

● 购买船票
　　在码头附近的售票窗口可以购买船票。持有欧洲铁路通票或者德国铁路通票的游客，乘坐 KD 公司的科隆～美因茨之间的定期游览船可以享受 20% 的优惠，购票时需要出示通票。

● 莱茵河渡轮
　　虽然莱茵河右岸多行驶的是普通列车和货运列车，但是前往吕德斯海姆、布劳巴赫等地时可以选择乘坐右岸的列车。有从吕德斯海姆～宾根、圣戈阿斯豪森～圣戈阿的摆渡船 Fähre，虽然只有几分钟的乘船时间，但也足够有趣。

可以载人、载汽车的渡轮

● 河岸边的标识是记号
　　莱茵河岸边有标示从康斯坦丁的博登湖流到此处的距离的数字（也被称为莱茵公里表）。以此为标记前行，在 554 与 555 之间的岸边标有 LORELEY 的位置可以看到岩石山。

圣戈阿斯豪森的岸边写有 556

KD莱茵观光游览船主要码头的时刻表　　本书调查时信息，仅供参考

每天	★每天	每天	每天	每天	出发	每天	每天	每天	每天	★每天
	9:00		14:00		科布伦茨 Koblenz	13:10			18:10	20:10
	10:05			15:05	布劳巴赫 Braubach	12:20			17:20	19:20
9:00	11:00	13:00	14:00	16:00	博帕德 Boppard	11:50	12:50	13:50	16:50	18:50
10:10	12:10	14:10	15:10	17:10	圣戈阿斯豪森 St.Goarshausen	11:05	12:05	13:05	16:05	18:05
10:20	12:20	14:20	15:20	17:20	圣戈阿 St.Goar	10:55	11:55	12:55	15:55	17:55
10:50	12:50	14:50	15:50	17:50	上韦瑟尔 Oberwesel	10:35	11:35	12:35	15:35	17:35
11:05	13:05	15:05	16:05	18:05	考布 Kaub	10:25	11:25	12:25	15:25	17:25
11:30	13:30	15:30	16:30	18:30	巴哈拉赫 Bacharach	10:15	11:15	12:15	15:15	17:15
12:30	14:30	16:30	17:30	19:30	阿斯曼斯豪森 Assmannshausen	9:45	10:45	11:45	14:45	16:45
13:00	15:00	17:00	18:00	20:00	宾根 Bingen	9:30	10:30	11:30	14:30	16:30
13:15	15:15	17:15	18:15	20:15	吕德斯海姆 Rüdesheim	9:15	10:15	11:15	14:15	16:15
			18:25（1925）		埃尔特维勒 Eltville			9:15（10:15）		
			19:00（2000）		威斯巴登 Wiesbaden			8:45（945）		
			19:30（2030）		美因茨 Mainz　发			8:30（930）		

（　）内班次时间是 7～8 月的每天和 9/1～10/3 的周四～周日（美因茨出发是 9/1～10/3 的周五至下周一）运航。5 月、7 月、8 月、9 月中举行庆典的日子，时刻表会有相应的变更。
★标志的时间段是外轮蒸汽船歌德号的航运时间。KD 莱茵观光游览船的官网为 🌐 www.k-d.com

在甲板上欣赏风景

投稿

　　KD 莱茵观光游览船公司设有老年人优惠 30% 的福利。我是从宾根乘船去往圣戈阿，便宜了好多呢。编辑部
　　注：需要出示护照证明年龄。

RHEINTAL
畅游莱茵

莱茵河值得观赏的景点真是不少。本篇小编为你介绍多种畅游莱茵的方法，既可以下船上岸到感兴趣的小镇或者古堡上走一走，又可以登上观景台欣赏莱茵河澎湃汹涌的激流。

被列为世界遗产的景观接连不断

矗立于河中的瘦高的白塔便是鼠塔了

城镇

莱茵河泛舟之旅由此开始

宾根
BINGEN AM RHEIN

Map ◆ p.43-B3

　　纳厄河与莱茵河汇流的小镇宾根，因其独特的地理位置有许多从美因茨顺流而下的游客会来此地观光游览。游船码头位于Bingen Stadt站的北侧。

　　建于城外莱茵河中的小岛上的鼠塔Mäuseturm，中世纪时作为税收关卡修建，后来作为来往船只的信号塔使用。内部不可参观。

交通通　宾根有2个车站，从美因茨方向到这里是按照Bingen Stadt、Bingen Hbf.的先后顺序停车的。距离莱茵河游船码头较近的车站是Bingen Stadt站，从美因茨乘坐私铁MRB（Mittelrheinbahn中部莱茵铁路的简称。铁路通票有效）所需时间大约是30分钟，值得注意的是DB的RE（快速）和IC特快是不在这里停车的。

城堡

宛如浮于河中的巨轮般的城堡

普法尔兹伯爵石堡
PFALZGRAFENSTEIN

Map ◆ p.84

　　为了收取莱茵河通航的税金于1327年建造的城堡，内部可供参观。从吕德斯海姆乘坐私营铁路VIA（属于RMV交通联合，铁路通票有效）在考布Kaub下车大约需要15分钟。从考布可以乘坐摆渡船（€2.50）前往城堡，旅游旺季每30分钟一班船（周一停运）。

🔗 www.burg-pfalzgrafenstein.de
囲 3月　周二～周日 10:00～17:00　4～10月　周二～周日 10:00～18:00
　　11・1・2月　周六・周日 10:00～17:00（闭馆前1小时停止入馆）
困 周一、11・1・2月的周一～周五、12月　圏 €3

建于莱茵河中的岛上的普法尔兹伯爵石堡

城堡

可以作为青年旅舍提供住宿

史塔雷克城堡
BURG STAHLECK

Map ◆ p.84

　　这座古堡的历史可以追溯到12世纪。对于没有足够旅费住宿古堡酒店的学生游客来说，住宿于该座城堡是最好的选择，夏季一定要提前预约。从美因茨乘坐RE（快速）大约30分钟，在巴哈拉赫Bacharach站下车，从小镇沿着山路走15~20分钟便可到达，虽然山路难走但是从城堡处瞭望的莱茵河景绝美至极。

🏠 **史塔雷克城堡青年旅舍** Jugendherberge Burg Stahleck

推荐的青年旅舍

囲 Burg Stahleck D-55422 Bacharach
☎ (06743) 1266
📠 (06743) 2684
🔗 www.diejugendherbergen.de
圏 附带早餐 € 28.50　Ⓣ € 44
12/24~26 期间休业。部分房间可以使用 Wi-Fi。

从巴哈拉赫的游船码头远观的史塔雷克城堡

传说中的舞台　　　　　　　　　Map ◆ p. 42-A2

罗蕾莱　　　　　　　　　LORELEY

罗蕾莱是莱茵河沿岸凸起的岩石山的名字，意思是"妖精的岩石"。传说水里的妖精在这座岩山上用美丽动听的歌声迷惑过往的船只，导致沉船事故发生。其实是由于这里地理位置特殊，才会有此传说，莱茵河的河道到了这里以后突然变窄，而且前方有急转弯，河的底部更是礁石丛生，迎面扑来的还有130米高的岩壁等，是这些诸多不利因素导致事故多发。

位于河心岛前端的罗蕾莱少女雕像

这一传说和莱茵河岸边的风景，被19世纪浪漫派的诗人和画家们所喜爱，也成了他们作品灵感的来源之一。尤其是海涅的诗歌经齐尔歇谱曲而成的歌曲非常著名，罗蕾莱也因此广为人知。

如果时间允许不妨登上这座岩石山，在传说中的舞台上走走看。乘坐由圣戈阿斯豪森 St.Goarshausen 前往罗蕾莱的巴士，在巴士的终点站下车后，眼前是辽阔的莱茵河水和葡萄种植园。距离巴士站500米的地方是罗蕾莱中心 Besucherzentrum Loreley，这里展示着关于莱茵河流域的自然、文化生活等展品。

在海涅的诗中唱到的罗蕾莱岩壁

交通线路 乘坐莱茵河观光游览船在圣戈阿斯豪森 St.Goarshausen 下船，然后换乘位于码头附近前往罗蕾莱方向的595路巴士大约12分钟，在终点站 Loreley Parkplatz 站下车。平时每1~2小时1趟车，冬季停运。乘坐火车前往圣戈阿斯豪森时，从威斯巴登乘坐私铁 VIA 大约需要1小时。或者从美因茨乘坐 MRB 大约需要1小时，在圣戈阿 St. Goar 下车，然后乘坐莱茵河渡轮前往位于对岸的圣戈阿斯豪森。
- 罗蕾莱中心 Beaucherzentrum Loreley
- Auf der Loreley
- www.besucherzentrum-loreley.de
- 4~10月的11:00~17:00
- 11月~次年3月　€ 2.50

从格登斯角 Gedeonseck 看到的莱茵河蛇形大转弯

城镇　观景台

莱茵河大拐弯　　　　　　Map ◆ p.42-A2

博帕德　　　　　　　BOPPARD

莱茵河沿岸的步道旁灰白色的酒店林立，呈现一种高雅舒适的气氛。

从小镇外乘坐缆车上山，下车后沿着标识步行5分钟，便可以到达格登斯角 Gedeonseck 观景台。从这里可以一览无余地眺望莱茵河景，这里的大拐弯酷似一条大蛇在盘旋，其气势之磅礴非常值得一看。

乘坐缆车登山大约需要20分钟，根据天气有时候需要准备御寒的服装，或者采取防晒措施

交通线路 从科布伦茨乘坐 RE（快速）或者普通列车（MRB）大约15分钟。
- 登山缆车
- www.sesselbahn-boppard.de
- 运行：4~10月 10:00~17:00（5~9月 ~18:00）
- 11月~次年3月、恶劣天气时　往返 € 7.50

推荐酒店

贝尔福莱茵酒店 Bellevue Rheinhotel
- Rheinallee 41　D-56154 Boppard
- ☎（06742）1020　FAX（06742）102602
- www.bellevue-boppard.de　€ 59.50~　 € 77~
- 冬季有优惠。早餐需要另外支付费用，每人 € 11
- 虽然这里是小镇最好的酒店，但价格却十分亲民。有免费 Wi-Fi。

投稿　圣戈阿斯豪森的游船码头斜对面有一家餐厅叫作 Rheingold（ www.rheingold-kaiser.de），餐厅的建筑物是外面有红色遮阳伞的3层楼。主菜中肉类 € 13，葡萄酒非常好喝。

百攻不破的坚固城堡——马克斯堡，如今依然挺拔威严

城堡
耸立于山顶的历史名城　　　**Map ◆ p. 42-A2**

马克斯堡
MARKSBURG

　　城堡耸立于山顶，起源可以追溯到13世纪前半叶。这座城堡也是莱茵河中部地区唯一一座免遭战乱破坏的城堡，至今仍完整地保留着中世纪时的风采，也因此而知名。

🚌 从科布伦茨中央车站乘坐普通列车（RE、VIA、MRB）大约10分钟在布劳巴赫 Braubach 下车。从布劳巴赫城区步行爬到城堡需要20~30分钟。夏季旅游旺季时会有一趟叫作马克斯堡穿梭巴士的SL型游览巴士每隔30分钟运行一趟（7人以上发车）
🏠 Marksburg　D-56338 Braubach　🌐 www.marksburg.de
🕐 10:00~17:00（冬季为 11:00~16:00）
🚫 12/24·25　💰 €7、学生€6
　　城内由导游带领的导览团（德语或者英语）需要50分钟。冬季每隔1小时一团，夏季根据人数随时出发。

修道院
因葡萄酒而知名　　**Map ◆ p.43-B3**

埃伯巴赫修道院
KLOSTER EBERBACH

　　这是一间建于1136年的旧西多派修道院，地处埃尔特维勒 Eltville 小镇的郊外。建筑样式是罗马式和初期哥特式相结合的。回廊、礼拜堂、冥想堂、修道僧寝室、葡萄酒酿造间、盛放葡萄酒橡木桶的酒窖等内部设施可供参观。有超过300公顷的附属葡萄种植园，现在这里也作为黑森州立的葡萄酒销售机构在运营。另外，这间修道院还是肖恩·康纳利主演的影片《玫瑰之名》的取景地，也因此被人们所熟知。

因生产和销售红酒而闻名的埃伯巴赫修道院

🚌 从威斯巴登乘坐普通列车（VIA）约15分钟到埃尔特维勒 Eltville 下车，然后换乘172路巴士约20分钟，在终点站 Hattenheim Kloster Eberbach 下车即是。
🏠 Kloster Eberbach D-65346 Eltville
🌐 www.kloster-eberbach.de
🕐 4~10月　　10:00~18:00
　　11月~次年3月　11:00~17:00（入馆截至闭馆前30分钟）
🚫 狂欢节的周一、12/24·25·31
💰 €8.50（出示公共交通 RMV 或者 RTB 的票据可以优惠为€7.50）
　　售票处旁边有葡萄酒商店。

左上／位于回廊中的喷泉　左／二层还有展示修道院历史的博物馆　上／历史悠久的酒窖和葡萄榨汁机

科布伦茨 *Koblenz*

莱茵河与摩泽尔河交汇的城市

在科布伦茨索道上俯瞰莱茵河与摩泽尔河

位于莱茵河与摩泽尔河交汇处的科布伦茨，自古以来就是欧洲重要的水上交通枢纽并且因此获得发展。

2000年前开始建设此地的罗马人，把这里称作"Confluence（河流交汇处）"。这是科布伦茨名称的由来。

这里自古就是军事重镇，所以城市周围建有坚固的要塞。登上当地最大的埃伦布赖特施泰因要塞，可以远眺壮丽的莱茵河。

柏林
科布伦茨 ★ 法兰克福
慕尼黑

MAP ◆ p.42-A2

人 口	110600人
长途区号	0261

ACCESS

铁 路：乘坐IC、ICE特快，从法兰克福中央车站出发约25分钟，从美因茨出发约50分钟，从科隆出发约55分钟。

❶ 科布伦茨的旅游服务中心

Zentralpl. 1
D-56068 Koblenz
（Forum Confeluentes购物中心内）
Map p.90-A1
☎（0261）19433
FAX（0261）1291620
www.koblenz-touristik.de
10:00~18:00
（12/24・31~13:00）
11/1・20、12/25、1/1

● 市内交通

乘坐巴士时，单次车票 Einzelfahrschein（1 Zone）€1.85，1日通票 Tageskarte €4.20~。从中央车站前往游船码头、德国之角、科布伦茨索道，可在中央车站前对面的巴士枢纽站乘坐开往Altstadt方向的1路巴士，在Deutsches Eck/Seilbahn下车。

科布伦茨 漫 步

科布伦茨是莱茵河与摩泽尔河游览船的起点（终点），可以乘船前往（离开）这里。码头与中央车站之间距离较远，步行需40分钟左右，所以前往火车站的话，乘坐1路巴士会更加方便。

乘火车到达时，走出科布伦茨中央车站后沿向北延伸的勒尔街 Löhrstr. 前行。走过赫兹耶稣教堂，就是勒尔购物中心和Forum Mitterlrhein购物中心等大型购物设施的所在区域，❶ 位于Forum Confluentes大楼内，这座大楼内还有中部莱茵博物馆 Mittelrhein Museum。

科布伦茨的老城区，有普兰广场 Am Plan，广场后面是圣母教堂 Liebfrauenkirche，还有在中世纪曾建有货币铸造作坊的明茨广场 Münzplatz，热闹的购物中心和安静的小巷就分布其间。穿过市政厅 Rathaus 的拱门走进里面，有与德国之角齐名的科布伦茨名胜小男孩喷泉 Schängelbrunnen，水会突然喷出，需要注意。

作为两河交汇点的德国之角周边有散步小路和植被繁茂的公园，可以从那里乘坐科布伦茨索道跨过莱茵河，前往耸立于对岸的埃伦布赖特施泰因要塞远眺科布伦茨。

沿莱茵河岸南下，可以到达被花园环绕的选帝侯宫 Kurfürstliches Schloss，不过那里现在已成为政府办公地点，所以不能进入内部参观。

莱茵河与摩泽尔河的交汇点——德国之角

在安静的老城区闲逛

选帝侯宫前面的花园

从普兰广场可以看见圣母教堂的双塔

在小男孩喷泉玩耍的儿童

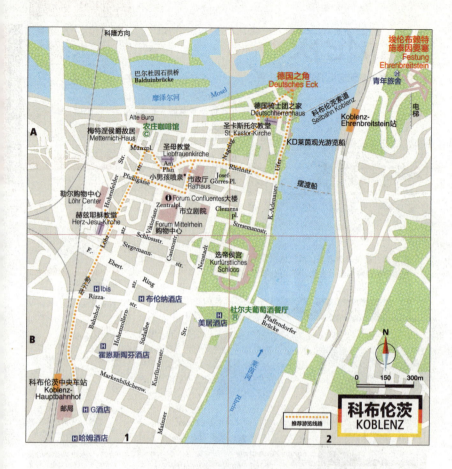

科隆方向

巴尔杜因石拱桥
Balduinbrücke

摩泽尔河

Mosel

德国之角
Deutsches Eck

埃伦布赖特施泰因要塞
Festung Ehrenbreitstein

青年旅舍

德国骑士团之家
Deutschherrenhaus

科布伦茨索道
Seilbahn Koblenz

电梯

Alte Burg

农庄咖啡馆

梅特涅侯爵故居
Metternich-Haus

圣卡斯托尔教堂
St. Kastor-Kirche

Koblenz-Ehrenbreitstein站

A

Münzpl.

圣母教堂
Liebfrauenkirche

KD莱茵观光游览船

Str.

Am Plan

Nagelst.

勒尔购物中心
Löhr Center

小男孩喷泉

市政厅
Rathaus

Josef-Görres-Pl.

Rheinstr.

Pfuhlgasse

摆渡船

Hohenfelder

Forum Confluentes大楼
Zentralpl.

Clemens pl.

赫兹耶稣教堂
Herz-Jesu-Kirche

市立剧院

Victoriastr.

Viktorstr.

Forum Mittelrhein
购物中心

K. Adenauer

Stresemannstr.

Schlossstr.

Casinostr.

Neustadt

选帝侯宫
Kurfürstliches Schloss

F. Ebert

Löhr

Stegemann-str.

Ring

勒尔

Ibis

Rizza-

布伦纳酒店

杜尔夫葡萄酒餐厅

美居酒店

Pfaffendorfer Brücke

B

Bahnhof

Hohenzollern

Südallee

Str.

霍恩斯陶芬酒店

莱茵河

Rhein

科布伦茨中央车站
Koblenz-Hauptbahnhof

Markenbildchenw.

Kurfürstenstr.

邮局

G酒店

Mainzer

推荐游览线路

N

0 150 300m

科布伦茨
KOBLENZ

哈姆酒店

1

2

● 德国之角
◯ Map p.90-A2

人可以登上基座部分

● 科布伦茨索道
乘降地点位于德国之角
附近，可以乘索道横跨莱茵
河并登上埃伦布赖特施泰因
要塞。
🕐 4~10月 9:00~19:00
11月~次年3月
周六·周日·节日
9:30~17:30
💰 单程€6.50，往返€9
与埃伦布赖特施泰因要塞
的联票€11.80

科布伦茨 主要景点

莱茵河与摩泽尔河的交汇点德国之角

Deutsches Eck ★★

德国人把莱茵河与摩泽尔河这两条德国代表性大河分别比喻为"父亲河"与"母亲河"。这两条河流相交形成一个三角形，三角形的顶端部分便被称为"德国之角"。在23米高的高台（107级台阶）上，有高达14米的德国皇帝威廉一世骑马像。"二战"中，雕像曾毁于轰炸，1993年重新修建。作为德国再次统一以及世界和平的纪念碑，雕像旁边还保存有一部分柏林墙。

站在威廉一世骑马像的位置俯瞰德国之角

Information 德国最具代表性的赛车道——纽博格林赛道

位于科布伦茨以西约 60 公里处的纽博格林赛道是德国最具代表性的赛道，有 F1 车赛在此举行。除了现在的 F1 赛道，还有修建于 1927 年并作为 F1 赛道一直使用到 1976 年的北赛道 Nordschleife。北赛道全长 21 公里，属于有上下坡的长距离赛道，除了被租借用于比赛的日子，都正常对外开放。在纽博格林赛道的网站上预约后，可以在这里驾车，1 周 € 29（包括保险费等费用）。如果对自己的驾驶技术不太有信心，可以乘坐被称为"世界最快出租车"的 BMW-Ring-Taxi（只在 4~10 月营业。🖳 www.bmw-

motorsport.com），体验高速行驶的感觉。不过，该体验项目太受欢迎，开始售票后，票立即就会卖光。

F1 大奖赛的赛道

F1 德国大奖赛在纽博格林赛道（🖳 www.nuerburgring.de）或霍根海姆赛道（🖳 hockenheimring.net）举行。可以在网上查询比赛日程安排。

雄伟的埃伦布赖特施泰因要塞
Festung Ehrenbreitstein ★★

埃伦布赖特施泰因要塞与科布伦茨隔莱茵河相望。

耸立于小山之上的城堡，在 11 世纪时归大主教所有，经过反复的改建与扩建，到了 16 世纪，这成了坚固的要塞。1801 年遭到破坏，之后重建。站在要塞的院子里，能够远眺科布伦茨市区以及莱茵河、摩泽尔河。要塞建筑的一部分现为州立博物馆 Landesmuseum 和青年旅舍。

耸立于莱茵河河岸上的要塞

可以清楚地看到河流的交汇点

● 埃伦布赖特施泰因要塞
➲ Map p.90–A2
🖳 www.festungehrenbreit
　stein.de
从中央车站乘 9 路巴士约 15 分钟，在 Obertal/Schrägaufzug 下车，有倾斜上升的一直通往要塞的滚动电梯 Schrägaufzug（往返€ 5）。
⏰ 10:00~17:00
　（4~10 月 ~18:00）
💰 € 6

看上去像是缆索铁路，但实际上是电梯

科布伦茨 近郊景点

寂静山中的埃尔茨城堡
Burg Eltz　　　　　　　　　　Map p.42–A2

沿摩泽尔河支流埃尔茨河逆流而上稍走一段距离，在茂密的森林中就能见到建于 12 世纪的埃尔茨城堡。与马克斯堡一样，这座城堡在历史上从未被攻陷过，至今仍保留着后期罗马式建筑风格的房间，中世纪古堡的风韵犹存。

像这座城堡这样，800 多年以来一直为同一家族所有的情况非常少见，现在的城堡主人是埃尔茨家族的第 33 代子孙。

● 埃尔茨城堡
🚆 从科布伦茨中央车站乘坐开往 Cochem、Trier 方面的 RB（普通列车）约 35 分钟在 Moselkern 站下车。距离火车站约 500 米远的摩泽尔河岸边有名为 Moselstr.29 的道路，在那里的 Moselanlage，5~10 月的周六、周日以及法定节日有 Burgenbus（330 路）开往埃尔茨城堡下面的停车场。从停车场还需步行 20~30 分钟才能到达城堡，也可以乘坐接送巴士 Pendelbus。
🏠 D-56294 Wierschem
🖳 www.burg-eltz.de
⏰ 3/20~11/1（本书调查时）
　每天　9:30~17:30
💰 城堡与珍宝馆 € 10

罗马式建筑风格的玛利亚·拉赫修道院
Kloster Maria Laach　　　　　Map p.42–A2

艾费尔地区有一个名为拉赫湖的火山湖 Laacher See，湖边有建于 1093 年的玛利亚·拉赫修道院。修道院为罗马式建筑，隶属于本笃会，

城堡里有团体游可以参加，每 10~15 分钟一个组，用时约 40 分钟，珍宝馆另需 30 分钟左右。即便选择在科布伦茨或科赫姆住宿，游览这里也至少需要半天时间。

现在有大约 60 名修道士每天在此祈祷和劳动。有播放介绍修道院历史影片的大厅，影片长度为 20 分钟左右。还有修道院的附属教堂可以参观。玛利亚·拉赫修道院还以园艺著称，修道院直营的园艺商店仿佛温室一般，里面出售各种观赏植物。

● 玛利亚·拉赫修道院

🚌 从科布伦茨乘 RE 快车或私营铁路 MRB 约 15 分钟，前往 Andernach。在火车站前的巴士站（Breite Str.）乘 310 路巴士约 40 分钟，在终点站 Maria Laach Parkplatz，Glees 下车。车次较少。修道院入口附近有酒店。

🏠 D-56653 Maria Laach
☎（02652）59350
🖥 www.maria-laach.de
🕐 复活节~11/1
周二~周六　10:00~17:00
周日·周一·节日
　　　　　13:00~17:00
11/2~复活节
周一~周六　10:30~16:30
周日·节日　13:00~16:30

罗马式建筑风格的修道院

Information　艾费尔地区的小镇

艾费尔（●Map p.42-A1~A2）地区是指科布伦茨西部至亚琛、特里尔一带，那里有起伏较大的艾费尔山地以及茂密的森林、火山湖等自然景观，静谧山谷里的小镇更是充满了魅力。公共交通不太方便，所以在中国还不太被人所知。

从科布伦茨乘火车约 50 分钟（需要换乘）可到达巴特诺因阿尔 - 阿尔韦勒 Bad Neuenahr-Ahrweiler，巴特诺因阿尔是温泉疗养胜地，阿尔韦勒是保存着中世纪面貌的小镇。那里也是德国著名含气矿泉水 "Apolinaris" 的产地。另一种名为盖罗尔施泰因 Gerrolstein 的矿泉水的水源地

也在水质优良的艾费尔。

艾费尔地区最著名的旅游城市就是以美丽的银色屋檐著称的蒙绍 Monschau。只有从亚琛（→ p.124）开往那里的巴士，而且途中还要换乘，非常不方便，但是那里确实有艾费尔地区首屈一指的美景。

● 巴特诺因阿尔的旅游信息
🖥 www.bad-neuenahr-ahrweiler.de
● 蒙绍的旅游信息
🖥 www.monschau.de

科布伦茨的餐馆
Restaurant

杜尔夫葡萄酒餐厅
Weindorf

◆ 位于选帝侯宫南侧桥头的一家大型葡萄酒餐厅。莱茵河谷和摩泽尔河谷的葡萄酒是每杯 € 3.75~。一种被称作 Flammkuchen 的德式比萨特别适合做葡萄酒或者啤酒的配菜，加火腿的 € 9.90、加长葱的 € 9.90。该店的招牌菜是 Weindorf-Teller，这是使用猪里脊小排跟土豆一起翻炒，并且用香菇做配菜的美味菜肴，还附赠沙拉，仅需 € 14.90。

Map p.90-B2

🏠 Julius-wegeler-Str. 2
☎（0261）1337190
📠（0261）13371919
🖥 www.weindorf-koblen.de
🕐 5~10 月　　　11:00~23:00
11 月~次年 4 月　16:00~23:00
🚫 夏季的周二、冬季的周一和周二
🅰

农庄咖啡馆
Kaffeewirtschaft GmbH

◆创办于 1911 年，是维也纳风格的咖啡馆。这里环境幽雅、格调舒适，而且餐食菜谱选项也比较丰富，除了午餐，晚餐也可以选择在这里就餐。照片中的菜肴是加入菠菜和乳酪的松饼 Pfankuchen。

- 🏠 Münzplatz 14 / Paradies 1
- ☎ (0261) 9144702
- 🌐 www.kaffeewirtschaft.de
- 🕐 9:00~24:00（周五·周六~次日 2:00）
- 💳 不可使用

科布伦茨的酒店
Hotel

G 酒店
G Hotel

◆面朝站前广场的酒店。德国各地都有这一集团的连锁酒店。该酒店共有 120 间客房。房间内有空调、Wi-Fi（付费）。没有迷你酒水吧。

- 🏠 Bahnhofplatz / Neverstr.15　D-56068
- ☎ (0261) 2002450
- 📠 (0261) 200245555
- 🌐 www.ghotel.de
- 💰 Ⓢ € 79~　Ⓣ € 99~　💳 ⒶⒹⓂⓋ

美居酒店
Mercure

◆靠近莱茵河、选帝侯宫的四星级连锁酒店。共有 168 间客房，现代化设施齐全。有 Wi-Fi（付费）。

- 🏠 Julius-Wegeler-Str.6　D-56068
- ☎ (0261) 1360　📠 (0261) 1361199
- 🌐 www.hotel-mercure-koblenz.de
- 💰 Ⓢ € 98~203　Ⓣ € 132~237
- 💳 ⒶⒹⒿⓂⓋ

布伦纳酒店
Brenner

◆从车站向北往老城区方向走大约需要 10 分钟。共有 24 间客房，中档酒店。有周末折扣。有免费 Wi-Fi。

- 🏠 Rizzastr. 20-22　D-56068
- ☎ (0261) 915780　📠 (0261) 9157878
- 🌐 www.hotel-brenner.de
- 💰 Ⓢ € 75~　Ⓣ € 95~　💳 ⒶⒹⓂⓋ

霍恩斯陶芬酒店
Hohenstaufen

◆距离车站仅需步行 5 分钟，周边环境安静。共有 50 间客房，中档酒店。客房内的设备简单朴素。有免费 Wi-Fi。

- 🏠 Emil-Schüller-Str. 41-43　D-56068
- ☎ (0261) 30140　📠 (0261) 3014444
- 🌐 www.hohenstaufen.de
- 💰 Ⓢ € 75.90~　Ⓣ € 95.80~
- 💳 ⒶⒹⓂⓋ

哈姆酒店
Hamm

◆距离车站仅需步行 5 分钟。虽然价格便宜但是房间却干净整洁。共有 60 个床位。有 Wi-Fi（付费）。

- 🏠 St.-Josef-Str. 32-34　D-56068
- ☎ (0261) 303210　📠 (0261) 3032160
- 🌐 www.cityhotel-hamm.de
- 💰 Ⓢ € 62~　Ⓣ € 87~　💳 ⒶⓂⓋ

青年旅舍
Jugendherberge

◆位于埃伦布赖特施泰因要塞的辖地之内，从这里眺望的莱茵河景十分漂亮。从中央车站前往距离该青年旅舍最近的车站埃伦布赖特施泰因（Koblenz-Ehrenbreitstein）的列车每小时只有 1 趟，所以推荐乘坐巴士（9 路车）。在 Obertal/Schrägaufzug 巴士站下车，附近有前往要塞的特型电梯（往返 €5）可以在青年旅舍前下电梯。

　　所有房间都有淋浴、厕所。有 Wi-Fi。12/24~26 期间不营业。

- 🏠 Auf der Festung Ehrenbreitstein　D-56077
- ☎ (0261) 972870　📠 (0261) 9728730
- 🌐 www.djejugendherbergen.de
- 💰 附带早餐 1 人 € 23、Ⓢ € 35　Ⓣ € 57

林堡 *Limburg an der Lahn*

拥有王冠般美丽的大教堂的城市

林堡位于莱茵河的支流兰河从韦茨拉尔到科布伦茨之间形成的兰河河谷中间，是一座非常美丽的城市。

从车站出来之后沿着步行街班霍夫大道 Bahnhofstr. 一直走到道路尽头，然后从这里右转（从左侧也能去）进入一条狭窄的小路，爬一段坡路，再上几级台阶就可以到达大教堂了。

林堡大教堂高高耸立在小山丘上，仿佛山丘戴着一顶王冠一般。这座建筑是在 13 世纪初期罗马式建筑风格向哥特式建筑风格过渡时期建造的。外观是典型的莱茵河流域罗马式教堂风格，颜色鲜艳；内部则在 19 世纪时被改造过。大教堂珍藏的宝物是 10 世纪拜占庭风格的作品——林堡十字架箱 Limburger Staurothek 和一些雕塑作品，目前这些珍宝都在位于 Domstr. 的司教区博物馆 Diözesanmuseum 内进行展示。老城区至今仍有许多保存状态良好的具有中德地区特色的木结构建筑。

MAP ◆ p.43-A3

人 口	33800 人
长途区号	06431

ACCESS

铁路：从科布伦茨乘坐 RE（快速）约需 50 分钟。从法兰克福乘坐普通列车约需 1 小时 10 分钟。

ℹ️ **林堡的旅游服务中心**
🏠 Bahnohofsolatz 2　D-65549 Limburg an der Lahn
☎ （06431）6166
📠 （06431）3293
🔗 www.linburg.de
🕐 11 月～次年 3 月
　周一～周五　9:00~17:00
　4~10 月
　周一～周五　9:00~18:00
　周六　10:00~14:00
从车站步行约需 10 分钟

● **大教堂**
🕐 4~10 月　8:00~19:00
　11 月～次年 3 月
　　　　　9:00~17:00

大教堂正面大门

林堡的酒店
Hotel

多姆酒店
DOM Hotel

◆位于老城区的入口处，是一家装修豪华的高档酒店。位于一层的餐厅每周日晚上和周一休业。有免费 Wi-Fi 设施。

🏠 Grabenstr. 57　D-65549
☎ （06431）9010
📠 （06431）6856
🔗 www.domhotellimburg.de
💰 ⑤ € 88~　ⓣ € 109~　早餐另收费

青年旅舍
Jugendherberge

◆位于城镇以南一个叫作 Eduard-Home-Park 的公园内，建议在天黑前抵达。从中央车站出来以后乘坐 LM 巴士在 Am Hammersberg/DJH 站下车。有 Wi-Fi 设施（付费）。12/24~26 期间休业。

🏠 Auf dem Guckuckberg　D-65549
☎ （06431）41493
📠 （06431）43873
🔗 www.limburg.jugendherberge.de
💰 附带早餐 € 21.50 　 不可使用

从国内拨打电话　00 ＋ 49（德国国家代码）＋ 当地区号（不拨开头的 0）＋ 电话号码

沃尔姆斯 *Worms*

一座与马丁·路德有渊源的宗教城市

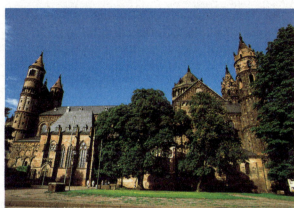

沃尔姆斯大教堂

沿着背对中央车站的东南向步行街 Wilhelm-Leuschner-Str. 走 200 米左右，便可以看到一座建在被填埋的旧水渠上的公园，园内有 16 世纪宗教改革者路德的纪念雕像 Lutherdenkmal。雕像建造于 1868 年，是为了纪念马丁·路德应查理五世大帝之邀参加沃尔姆斯宗教会议而建的。

从路德的纪念雕像往南走，有一座德国为数不多的罗马式大教堂 Dom St. Peter，这座教堂从 12 世纪开始建造至 13 世纪才完工。南侧入口是哥特式建筑，上部有圣母玛利亚戴王冠的浮雕，这一入口的里侧雕有"最后的审批"的场景。由于沃尔姆斯是召开宗教会议的城市，所以这里除了大教堂之外，还有许多教堂。除此之外，这里还有欧洲最古老的犹太人墓地 Judenfriedhof，其中最古老的墓建于 1076 年。

Frankfurt /Rheintal / Moseltal

法兰克福与莱茵河、摩泽尔河周边

●林堡／沃尔姆斯

MAP ◆ p.43-B3

人 口	80300 人
长途区号	06241

ACCESS

铁路： 从曼海姆乘坐普通列车需要 25 分钟。从美因茨乘坐 RE（快速）约需 25 分钟。

❶ **沃尔姆斯的旅游服务中心**
Neumarkt 14
D-67547 Worms
☎（06241）8537306
（06241）8537399
www.worms.de
4~10 月
周一~周五　9:00~18:00
周六·周日·节日
　　　　　10:00~14:00
11 月~次年 3 月
周一~周五　9:00~17:00

● **大教堂**
www.wormser-dom.de
4~10 月　　9:00~18:00
11 月~次年 3 月
　　　　　10:00~17:00
周日上午做礼拜的时间谢绝参观。
虽然免费，但是为了保护文物，可以象征性也捐赠一些（€0.50~1）。

推荐酒店

多姆酒店 Dom-Hotel
Obermarkt 10　D-67547
☎（06241）9070
（06241）23515
www.dom-hotel.de
Ⓢ€77~　Ⓣ€105~
ⒶⒹⓂⓋ
位于城镇中心，是一间十分方便的中档酒店。有 Wi-Fi 设施（付费）。

人　口	5200 人
长途区号	02671

ACCESS

铁路： 从科布伦茨乘坐 RE 快速约需 35 分钟。

● 科赫姆的旅游服务中心
囲 Endertplatz 1　D-56812 Cochem
☎ (02671) 60040
FAX (02671) 600444
URL www.cochem.de
URL www.ferienland-cochem.de
団 周一～周五　9:00~17:00
　　11 月～次年 3 月有变化，营业时间会缩短。夏季有时周六・周日也会开放。

● 赖希斯堡 Reichsburg
（科赫姆城堡）
URL www.burg-cochem.de
団 3~11 月　9:00~17:00
冬季出游需要参考上述网址。
圏 € 6
❶ 前的巴士站是穿梭巴士站，往返需要 € 4

科赫姆 *Cochem*

古堡和葡萄种植园环绕下的小镇

　　科赫姆是著名的葡萄酒产区，周围有不少葡萄种植园。列车到站之后，可以沿着摩泽尔河旁边的小路，背对着车站向右（南）走，大概 10 分钟便可以到达位于桥头的 ❶。❶ 的前方是广场，这里也是小镇的中心地段，道路两旁有餐厅和葡萄酒商店。沿着铺着细石子的伯尔尼街 Bernstr. 往上走便可到达小镇中心的集市广场 Markt。

　　游览矗立在高地之上的赖希斯堡 Reichsburg，可以参加历时 40 分钟的有导游讲解的观光团。但是解说是德语的。

坚固的赖希斯堡。站在城上俯瞰风景也是相当不错的

集市广场周边有葡萄酒非常好喝的餐厅和咖啡馆

人　口	6900 人
长途区号	06531

ACCESS

铁路： 从科布伦茨乘坐 RE 快速约需 1 小时到维特利希 Wittlich 下车。然后从这里换乘去往 Bernkastel-Kues 的巴士，大约 30 分钟车程。

● 贝恩卡斯特尔－屈斯的旅游服务中心
囲 Gestade 6　D-54470 Bernkastel-Kuse
☎ (06531) 500190
FAX (06531) 5001919
URL www.bernkastel.de
団 复活节～10 月
　　周一～周五　9:00~17:00
　　周六　　　 10:00~17:00
　　周日　　　 10:00~13:00
　　11 月～复活节
　　周一～周五　9:30~16:00

贝恩卡斯特尔－屈斯

Bernkastel-Kuse 出产美味摩泽尔葡萄酒的中世纪古城

　　这座城市由分别位于摩泽尔河左右两岸的贝恩卡斯特尔和屈斯两个镇子组成。贝恩卡斯特尔一侧有面向集市广场 Marktplatz 而建的罗马式建筑——市政厅 Rathaus，这座建筑建于 1608 年，另外建于 1606 年的米歇尔喷泉 Michaelsbrunnen 也是历史悠久的古建之一。以这座

摩泽尔河两岸延绵的葡萄种植园

广场为中心，在四周狭窄的路面两旁排列有木结构的建筑群，其中不乏当地盛产的美味葡萄酒的餐厅，不妨进去坐下来喝上一杯。城南的葡萄种植园内有建于 13 世纪的古堡——兰茨胡特城堡 Burg Landshut，这里还是绝好的观景点。

　　屈斯一侧是拥有美丽祭坛画教堂的圣尼古拉斯养老院 St. Nikolaus-Hospital，与其相邻而建的葡萄酒博物馆 Weinmuseum 也是不可错过的景点。

特里尔 *Trier*

罗马时代的遗址随处可见

黑门（Porta Nigra）

特里尔是德国最古老的城镇，拥有 2000 年的历史。德国现存古罗马遗迹最多的城市就是特里尔，黑门就是保存完整的遗迹之一，另外还有罗马时代的大浴场遗址、古代圆形剧场等，众多具有珍贵价值的罗马遗迹遍布城区。

特里尔 漫 步

特里尔是一座不大的小镇，主要景点大都集中在中央车站与摩泽尔河之间的老城区附近，步行完全可以满足游览需求。

在美丽建筑物包围下的中央广场

沿着中央车站前的 Theodor-Heuss-Allee 的绿化带直行，大约 10 分钟便可以看到位于左侧的巨大黑石门 Porta Nigra。这座门便是老城区的入口。登上黑门之后还可以俯瞰摩泽尔河和整座城的风景。

沿着从黑门向南延伸的步行街 Simeonstr. 走 300 米左右，便可到达中央广场 Hauptmark，广场的中央矗立着建于 958 年的市场十字架 Marktkreuz。

雄伟的罗马建筑风格的大教堂

从中央广场沿着 Sternstr. 向东走，正前方耸立的是早期罗马式的大教堂 Dom，其右侧是建于 13 世纪中叶的哥特式建筑风格的圣母教堂 Liebfrauenkrirche。沿着面向两座教堂的道路 Liebfrauenstr. 向南前行，可以见到路的左侧是有树有水并且十分美丽的宫殿公园 Palastgarten。公园的旁边是收集了许多古罗马艺

柏林

特里尔 ★ 法兰克福

慕尼黑

MAP ◆ p.42-B1

人 口	107200 人
长途区号	0651

ACCESS

铁路：从科隆乘坐 RE 快速约需 2 小时 30 分钟（中途需在科布伦茨换乘）。从科布伦茨乘坐 RE 快速需要 1 小时 30 分钟。

❶ **特里尔的旅游服务中心**

An der Porta Nigra
D-54290 Trier
☎（0651）978080
📠（0651）9780888
🖳 www.trier-info.de
🕐 周一～周六　9:00～18:00
　周日・节日　10:00～17:00
🚫 圣诞节、1/1

世界遗产

特里尔黑门／大教堂／
圣母教堂
（1986 年被列为世界遗产）

● **市内交通**
市内交通（巴士）最低费用€ 2。

● **大教堂**
🕐 4~10 月　　6:30~18:00
11 月~次年 3 月
　　　　　　6:30~17:30
※ 做礼拜时谢绝参观。

● **Antiken Card**
共有两种，一种是 Antiken Card Basic，可以参观莱茵州州立博物馆和 2 处古罗马遗址（黑门、凯撒浴场遗址、古代圆形剧场等），票价是€ 12。另一种是 Antiken Card Premium，可以参观莱茵州州立博物馆和 4 处古罗马遗址，票价是€ 18。

凯撒浴场遗址

术品的莱茵州州立博物馆 Rheinisches Landesmuseum。公园的前面是建于4世纪的皇帝的大浴场遗址——凯撒浴场遗址 Kaiserthermen。从这里向西行沿着 Kaiserstr.（Südallee）的绿化带前行600米左右还有一个大浴场遗址——芭芭拉浴场遗址 Barbarethermen。

　　另外还可以去更远一点的古代圆形剧场 Amphitheater。虽然没有罗马角斗场那么宏大的规模，但是在绿荫覆盖下的剧场，仿佛依稀可以听到当年观众的欢呼声。

古代圆形剧场

特里尔　主要景点

特里尔的黑色标志黑门
Prota Nigra
世界遗产
★★★

　　建造于2世纪后半叶的城门。与此同时还修建了围墙，但是现存的只有黑门了。正如"黑门"其名所表达的意思一样，这座城门是使用黑色岩石建造而成的。

　　走过❶门前的道路，然后穿过黑门西侧的门，与之相邻的便是市立博物馆 Stadtmuseum Simeonstift 了。这座博物馆的罗马风格走廊据说是德国最古老的走廊。

特里尔
TRIER

推荐游览路线

卡尔·马克思故居
Karl-Marx-Haus
★

1818年5月5日出生于此

因著作《资本论》而知名的经济学家、思想家、哲学家马克思（1818~1883年）诞生的地方。这里展示了他年轻时代的照片以及书信。关于马克思理论对世界的影响也有相应的解说。

● **市立博物馆**
田 Simeonstr. 60
URL www.museum-trier.de
圈 周二～周日　10:00~17:00
圈 周一、1/1、12/24・25・31
圖 € 5.50

● **卡尔·马克思故居**
田 Brückenstr. 10
URL www.fes.de/karl-marx-haus
圈 4~10月
　　每天　　　　10:00~18:00
　　11月～次年3月
　　周二～周日　11:00~17:00
　　周一　　　　14:00~17:00
圈 1/1、12/23~26・31、狂欢节的周一
圖 € 4、学生 € 2.50

特里尔的酒店
Hotel

大黑门美居酒店
Mercure-Porta Nigra

◆建于黑门正前方的近代高档酒店。有 Wi-Fi 设施（付费）。

Map p.98
田 Porta-Nigra-Platz 1　D-54292
☎ (0651) 27010　FAX (0651) 2701170
URL www.mercure.com
圖 Ⓢ € 72~135　Ⓣ € 88~156
早餐需单独支付 € 16　田 Ⓐ Ⓓ Ⓙ Ⓜ Ⓥ

凯塞罗米斯赫尔酒店
Römischer Kaiser

◆位于黑门附近，地理位置优越。对面的 Altstadt Hotel 与其是同一经营者。有免费 Wi-Fi。

Map p.98
田 Am Porta-Nigra-Platz 6　D-54292
☎ (0651) 9770100　FAX (0651) 97701999
URL www.friedrich-hotels.de
圖 Ⓢ € 75~105　Ⓣ € 105~150
田 Ⓐ Ⓓ Ⓙ Ⓜ Ⓥ

卡萨齐亚酒店
Hotel Casa Chiara

◆沿中央车站正面的大道前行，通过黑门之后向右转，大约走 50 米路的右侧便是该酒店了。有免费 Wi-Fi。

Map 地图外
田 Engelstr. 8　D-54292
☎ (0651) 270730　FAX (0651) 27881
URL www.casa-chiara.de
圖 Ⓢ € 55~100　Ⓣ € 85~140
三人间 € 140~170　田 Ⓐ Ⓓ Ⓙ Ⓜ Ⓥ

波林酒店
Paulin

◆位于黑门附近的路口处，是一家有着 24 间客房的中档酒店。房间内的设施比较齐全，有免费 Wi-Fi。早餐厅明亮舒适。

Map p.98
田 Paulinstr. 13　D-54292
☎ (0651) 147400　FAX (0651) 1474010
URL www.hotel-paulin-trier.de
圖 Ⓢ € 63~85　Ⓣ € 85~109
早餐需单独支付 € 9.50　田 Ⓐ Ⓓ Ⓜ Ⓥ

青年旅舍
Jugendherberge

◆沿着中央车站正面的大道 Theodor-Heuss-Allee 一直走，走到与摩泽尔河交汇处向右转。沿着河边的小路步行 20 分钟，右侧的树林里便是青年旅舍了。基本上是 4~6 人间，如果空房比较多的话也可以按照单人间和双人间使用。适合家庭旅行住宿。所有房型都带有淋浴、厕所。共有 228 个床位。有 Wi-Fi 设施（付费）。夏季这里还有啤酒花园。12/24~26 期间不营业。

Map 地图外
田 An der Jugendherberge 4　D-54292
☎ (0651) 146620
FAX (0651) 1466230
URL www.diejugendherbergen.de
圖 Ⓢ € 23　Ⓣ € 57
田 Ⓜ Ⓥ

柏林

法兰克福

★ 萨尔布吕肯

慕尼黑

萨尔布吕肯 *Saarbrücken*

拥有法式风情的巴洛克文化以及作为工业遗产的钢铁厂

世界遗产弗尔克林根钢铁厂

MAP ◆ p.200-A1

人 口　177200 人

长途区号　0681

ACCESS

铁路：从法兰克福中央车站乘坐 RE 快速约需 2 小时 45 分钟。从曼海姆需要 1 小时 35 分钟。

ℹ️ **萨尔布吕肯的旅游服务中心**

🏠 Rathaus St. Johann
　　Haupteingang
　　D-66111 Saarbrücken

☎ （0681）95909200

📠 （0681）95909201

🔗 www.die-region-saar
　　bruecken.de

🕐 周一～周五　9:00~18:00
　　周六　　　10:00~16:30

世界遗产

弗尔克林根钢铁厂
（1994 年被列为世界遗产）

● **弗尔克林根钢铁厂**

🏠 D-66302 Völklingen

🔗 www.voelklinger-huette.org

🕐 10:00~18:00
　　（4~10月~19:00）

🚫 12/24 · 25 · 31

💶 € 15

德国最小的州——萨尔州，19 世纪就实现了以煤矿和钢铁厂为代表的近代工业化。第二次世界大战之后这里长年归法国管辖，直到 1957 年经过当地居民投票才重新回归德国。

这座城市的名字直译过来是"萨尔河的桥"，正如这名字一般，萨尔布吕肯整座城市是沿着摩泽尔河的支流萨尔河而建的。由于在第二次世界大战中这里受到了重创，所以老城风貌几乎没有遗留下来，漫步于城市中多少会感觉到有些法国的氛围。

沿着中央车站前的步行街直行 600 米左右，左侧是盖得非常气派的市政厅，里面有 ℹ️。然后继续前行是 St.Johanner Markt，这条街两旁的建筑是巴洛克风格的，大多数是咖啡馆和快餐店。

从萨尔布吕肯乘坐地方列车前往弗尔克林根 Völklingen 只需 10 分钟，这里有被称为"工业文化教堂"的弗尔克林根钢铁厂 Völklinger Hütte。1994 年被联合国教科文组织指定为世界遗产，成为第一个世界工业纪念物，代表的是钢铁工业的黄金时期。

1873 年钢铁厂开始正式投入生产，之后曾不断扩大规模，1986 年停止生产之后供游客参观。从弗尔克林站就可以看到工厂，步行大约需要 5 分钟。

萨尔布吕肯的酒店
Hotel

公寓酒店
La Résidence

◆位于中央车站以南约 300 米处，是一间四星级的酒店。健身区有桑拿和按摩浴缸可供使用。有免费 Wi-Fi。

🏠 Fakoreistr. 2　D-66111
☎ （0681）38820　📠（0681）3882185
🔗 www.la-residence.de
💶 Ⓢ € 95~165　Ⓣ € 125~195
💳 ⒶⒹⒿⓂⓋ

B&B 萨尔布吕肯车站酒店
B&B Hotel Saarbrücken-Hbf

◆酒店位于中央车站北口一侧。周六、周日、节日的下午前台无人，需要使用信用卡在自动办理入住机器上办理入住手续。有免费 Wi-Fi。

🏠 Europaallee 14　D-66113
☎ （0681）793080　📠（0681）79308444
🔗 www.hotelbb.de/de/saarbruecken
💶 Ⓢ € 56.50　Ⓣ € 74　💳 ⒶⓂⓋ

投稿　日本料理店 Hashimoto 是萨尔布吕肯人尽皆知的名店。厨师是日本人，在这里可以品尝到地道寿司、天妇罗。🏠 Cecilienstr. 7　✉ restaurant.hashimoto-saar.de　🕐 周一、周六白天

1 在科隆大教堂的咖啡馆前小憩一会儿
2 科隆的霍亨索伦桥，为爱发誓的情侣们将同心锁锁于桥上！
3 来一杯杜塞尔多夫当地的老啤酒如何？
4 科隆大教堂前的广场

科隆与鲁尔地区
Köln /Ruhrgebiet

Viel Glück!

小猪与三叶草
和扫烟囱的小
人，德国的吉
祥物

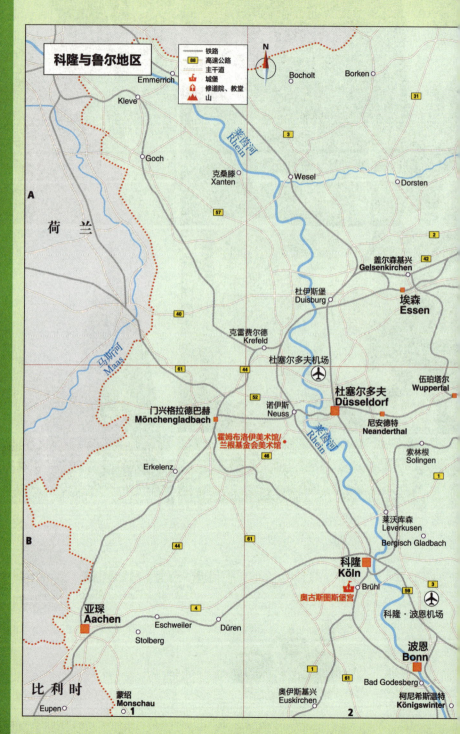

科隆与鲁尔地区

铁路
88 高速公路
主干道
城堡
修道院、教堂
山

N

Bocholt   Borken

31

Emmerrich

Kleve

莱茵河
Rhein

3

A   荷 兰

Goch

克桑滕
Xanten   Wesel   Dorsten

57

2

盖尔森基兴
Gelsenkirchen   42

杜伊斯堡
Duisburg   埃森
Essen

40

克雷费尔德
Krefeld

马斯河
Maas

61   44   杜塞尔多夫机场

伍珀塔尔
Wuppertal

52   诺伊斯
Neuss   杜塞尔多夫
Düsseldorf

门兴格拉德巴赫
Mönchengladbach   尼安德特
Neanderthal

霍姆布洛伊美术馆/
兰根基金会美术馆   索林根
Solingen

46   1

Erkelenz

莱沃库森
Leverkusen

61   Bergisch Gladbach

B   44

61   科隆
Köln

亚琛
Aachen   Brühl

4   59   奥古斯图斯堡宫   3

Eschweiler   Düren   科隆·波恩机场

Stolberg   波恩
Bonn

1   61   Bad Godesberg

比 利 时

蒙绍
Monschau   奥伊斯基兴
Euskirchen   柯尼希斯温特
Königswinter

Eupen   1   2

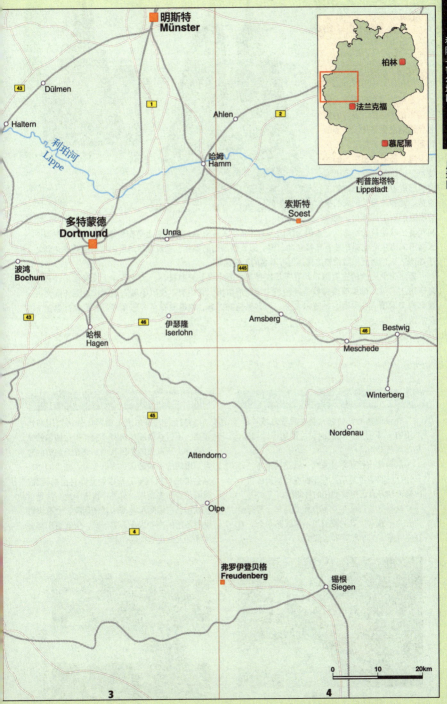

明斯特
Münster

43 Dülmen

1

Ahlen

2

Haltern

利珀河
Lippe

哈姆
Hamm

利普施塔特
Lippstadt

索斯特
Soest

多特蒙德
Dortmund

Unna

波鸿
Bochum

445

43

哈根
Hagen

46 伊瑟隆
Iserlohn

Arnsberg

46 Bestwig

Meschede

Winterberg

45

Nordenau

Attendorn

Olpe

4

弗罗伊登贝格
Freudenberg

锡根
Siegen

柏林

法兰克福

慕尼黑

0 10 20km

3

4

科隆与鲁尔
地区

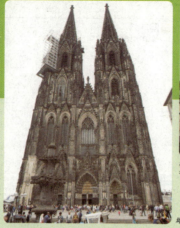

雄伟的科隆大教堂

德国首个世界遗产——亚琛大教堂

　　沿莱茵河顺流而下，经过科布伦茨之后，河边的景色会逐渐发生变化。恬静的葡萄园与古堡不见了，工厂和发电厂开始出现在人们的视野里，这意味着已经进入了德国的重工业中心鲁尔工业区。说到工业区，人们很容易联想到工厂林立、周围充斥着乏味景象的地方。但是因为德国人的环保意识非常强，所以即便是在科隆、杜塞尔多夫等大城市的市中心也遍布着充满绿色的公园。郊外是茂密的森林，据说鲁尔地区的森林覆盖率达到了60%。人们可能很难相信这里是世界著名的工业地带。

　　鲁尔工业区内的主要城市均在第二次世界大战中受到严重破坏，因此基本上没有留下什么老建筑。不过，这里有很多非常好的美术馆及博物馆。其中有不少以收藏有近现代重要作品而著称的美术馆。在科隆、杜塞尔多夫、门兴格拉德巴赫、埃森有很多令艺术爱好者们感兴趣的美术馆。

游览提示

　　在该地区游览的起点是大教堂之城科隆。那里有开往荷兰、比利时、法国的国际列车，是德国西部的门户。

　　从科隆一带到多特蒙德，铁路网密布，列车运行线路非常复杂，乘车前应仔细确认该车次是否经停自己想要前往的目的地。

　　从科隆开往法兰克福方面的列车，开行线路分为可观赏风景的莱茵河沿岸线路与全新的高速线路，上车前要确认清楚。

从法国来的大力士高速列车进入科隆站

住宿指南

　　科隆与杜塞尔多夫的酒店住宿费用都比较高，不过这两座城市都是前往周边城镇的交通要冲，所以只能选择其中一座作为旅游的起点。市区的一些酒店，在商务客人减少的周末也会推出打折服务，所以调整好自己的行程，能够节省很多费用。另外，这两个地方都是示范城市，在国际示范城市活动期间，会有来自世界各国的商业人士云集于此，所有酒店都会住满客人，住宿费也会上涨。

科隆市莱茵河东岸地区为示范区

特产与美食

这一地区是地方啤酒的天堂。科隆有淡色啤酒科尔施Kölsch、杜塞尔多夫有琥珀色的老啤Altbier，这些都是只有在当地才能品尝到的地道的地方啤酒。容器都是使用圆筒形的小号玻璃杯。另外，多特蒙德的比尔森啤酒也很好喝。

这里的美食最为著名的是莱茵醋焖牛肉Rheinischer Sauerbraten，将使用红酒和醋腌制的牛肉烤制之后，再进行炖煮，味道好极了。

亚琛烤饼Aachener Printen是亚琛的名产，是一种曲奇风格的甜点。在大教堂周围的面包房可以买到。

左／多特蒙德的比尔森啤酒
下／喝科尔施啤酒时需要使用细长的玻璃杯

科隆的名特产要数被称为4711的古龙水了。虽然在德国全境的药妆店内都可以买到，但还是有必要到这里高格调的总店看一看的。

海涅曼咖啡馆（→p.122）的香槟特拉伏勒巧克力是人气最高的甜品！

上／莱茵醋焖牛肉中略带酸味的酱汁大大促进了胃口
右／巧克力外皮的亚琛烤饼

古龙水的代表品牌4711

阿姆斯特丹方向

距离汉堡中央车站2°15′

明斯特

比勒费尔德方向

哈姆

盖尔森基兴 40′　25′　20′　15′

杜伊斯堡　10′　哈森　波鸿　多特蒙德　40′　索斯特
　10′　10′　10′　30′

门兴格拉德巴赫　10′　45′　哈根　1°10′　贝斯特维希
杜塞尔多夫　25′　20′　伍珀塔尔　15′　35′
　55′　10′　温特贝格
　索林根　20′

亚琛　35′　科隆　1°35′　锡根

布鲁塞尔、巴黎方向

波恩　20′

距离法兰克福中央车站2°

距离法兰克福中央车站1°05′

距离法兰克福中央车站1°40′

干线铁路
地方铁路
图中所标示的数字是两地之间乘坐最快列车时所需的时间。不包含停车以及换乘的时间。
例：1°30′＝1小时30分钟

交通图

柏林
科隆
法兰克福
慕尼黑

科隆 *Köln*

享誉世界的大教堂令人折服

从科隆中央车站前便可看到大教堂

MAP◆p.102-B2

人　口	1034200 人
长途区号	0221

ACCESS

铁路： 从法兰克福出发乘坐不经过莱茵河沿岸的新线区间 ICE 需要 1 小时 5 分钟；如果选择经由莱茵河畔的科布伦茨，乘坐 ICE 特快需要 2 小时 20 分钟。从波恩乘坐 ICE 特快需要 20 分钟。如果从柏林出发则需要 4 小时 20 分钟。

科隆是一座历史悠久的文化古城，从古罗马时代开始就逐渐形成了自己独特的文化氛围，城市中至今仍保留着不少文化遗产。其中最具代表性的要数这座城市的标志——大教堂。近几年来，科隆大教堂在德国游客中也是人气最高的景点，还是德国教堂中参观人数最多的。除此之外品尝美味的科尔施啤酒、购买适合做伴手礼的古龙水也是科隆观光的一大乐趣。

红框内的区域请参考下一页

✉ 投稿　发现了大教堂形状的软糖！在大教堂南侧的出入口附近有一家小商店（圆顶商店）。价格和大小都很适中，十分值得推荐。

科隆杜姆宜必思酒店 H

科隆中央车站
Hauptbahnhof

恩斯特怡东酒店 H

大教堂
Dom

路德维希美术馆
Museum Ludwig

科隆爱乐乐团音乐厅
Philharmonie

罗马－日耳曼博物馆
Römisch-Germanisches Museum

An der Rechtschule

赖夏德咖啡馆 C
Burgmauer.

大教堂朝阳餐厅 R
Am Hof

爱姆克吕弛餐厅 R

Minoritenstr.

西昂酿酒厂餐厅 R

彼得斯啤酒屋 R

圣马丁教堂
Groß St Martin

柯伦巴艺术博物馆
Kolumba

Farina-Haus
（科隆香水博物馆）S

阿尔特广场
Alter Markt

旧市政厅
Altes Rathaus

鱼市广场
Fisch-Markt

Lintgasse

Buttermarkt

Brückenstr.

Hohe Str.

Obermars-pforten

Salzgasse

霍伊市场
Heu-
Markt

科隆中心地区
KÖLN

瓦尔拉夫·里夏茨博物馆
Wallraf-Richartz-Museum

莱茵河
Rhein

科隆 漫 步

科隆的主要景点大都集中在大教堂耸立的莱茵河左岸。科隆中央车站就位于大教堂的附近。

走到站前广场上，眼前是令人难以想象的高耸的大教堂。从正下方往上仰望，教堂之巨大会给人一种十分震撼的感觉。

购物客繁多而热闹的霍赫街

大教堂南侧的广场附近，靠近莱茵河一侧有一座大型建筑，这便是罗马－日耳曼博物馆 Römisch-Germanisches Musem 了。其东侧是路德维希美术馆 Musem Ludwig，美术馆旁边的波浪形屋顶的建筑给人留下了深刻的印象，这里便是科隆爱乐乐团音乐厅 Philharmonie。

霍赫街 Hohe Str. 是这座城市最主要的街道，这是一条从大教堂前一直向南延伸的步行街，道路两边是精品店、百货商场等商业设施。位于霍赫街东侧的阿尔特广场 Alter Markt 周边是老集市，沿着窄巷子一直向东走便可以到达莱茵河岸边。这里有一个面向莱茵河的小广场，名字叫鱼市广场 Fischmarkt，广场的周围有许多柔和色调的建筑群，景色美得可以构成一幅图画。沿着莱茵河岸边的步道散步，可以穿过霍亨索伦桥到对岸的科隆三角大楼 TrianglePanorama 去，站在大楼顶层的观景台可以瞭望科隆全景。

科隆三角大楼是科隆最新的全景观景点

科隆与鲁尔地区

●科隆

机场与市内的交通

科隆·波恩机场（ www.airport-cgn.de）位于科隆市区东南方17公里处，开车约需15分钟。乘坐从科隆·波恩机场到科隆中央车站的 S 13号线约需要15分钟。另外，还有部分长途列车也会经停这里。

ℹ **科隆的旅游服务中心**
🏠 Kardinal-Höffner-Platz 1
D-50667 Köln
➲ Map p.107
☎ (0221) 346430
📠 (0221) 3464359429
🖥 www.koelntourismus.de
🕐 周一～周六　　9:00~20:00
周日·节日　 10:00~17:00

世界遗产

科隆大教堂
（1996年被列为世界遗产）

●市内交通的费用
4站之内有效的短途乘车票 Kurzstrecke，€1.90。乘坐5站地以上则需要购买1次乘车票 Einzelticket，€2.80。1日乘车票 Tagesticket 是€8.50。

●科隆卡
Köln Card
凭借此卡可以随意乘坐市内的公共交通工具，主要博物馆、大教堂的塔楼、珍宝馆等地的入场券，以及剧院的入场券等都有相应的优惠。24小时内有效，价格是€9。

阿尔特广场周围有许多可以喝到科尔施啤酒的小酒馆

●科隆三角大楼
➲ Map p.106-A2
🏠 Ottoplatz 1
🖥 www.koelntrianglepanorama.de
🕐 5～9月　　　11:00~23:00
（周六·周日·节日是10:00~）
10月～次年4月
12:00~20:00
（周六·周日·节日是10:00~）
遇恶劣天气时关闭。
💶 €3

✉ 投稿　大教堂周围有不少专门拉游客拍照的模特，如果不小心跟他们拍上一张合影，之后会被收取高额的费用，一定要小心！

●大教堂
➡ Map p.107
📶 www.koelner-dom.de
🕐 周一～周六　6:00~19:30
　（5~10月 ~21:00）
　周日·节日　13:00~16:30
　祭坛周围区域是
　周一～周五　10:00~11:30
　　　　　　　12:30~17:00
　周六　　　　10:00~11:30
　周日　　　　13:00~16:00
　南塔
　3·4·10月　　9:00~17:00
　5~9月　　　　9:00~18:00
　11月～次年2月 9:00~16:00
　（闭馆前1小时停止入
　塔）。狂欢节期间会有时
　间变更或者闭馆。
　珍宝馆
　10:00~18:00
💰 塔的门票€4、学生€2
　珍宝馆€6、学生€3
　塔和珍宝馆通票€8，学
　生票€4

●罗马－日耳曼博物馆
📍 Roncalliplatz 4
➡ Map p.107
📶 www.museenkoeln.de
🕐 10:00~17:00
　（周四~22:00）
🚫 周一、狂欢节期间、11/1、
　12/24、25·31、1/1
💰 €9、学生€5

以酒神传说为题材的狄俄尼
索斯马赛克镶嵌地板画

科隆的标志性建筑大教堂
Dom　　　　　　　　　　　　　　　　　世界遗产　★★★

南塔可以利用楼梯上去

大教堂高达157米，进深144米，宽86米，十分有震撼力。自1248年开始修建，截止到1880年才正式完工，是一座哥特式的教堂，教堂内部值得鉴赏的文物也有不少。从位于2座高塔正下方的西侧入口进入大教堂内部以后，高达43.5米的大厅回廊让人叹为观止。交叉走廊左前方（南侧）是色彩鲜艳的彩绘玻璃，由于这些玻璃是由巴伐利亚大公路德维希一世捐赠的，所以又被称为巴伐利亚窗。位于中央祭坛周围区域的《大教堂之画 Dombild》是由斯特凡·罗纳所创作的（完成于1440年左右），非常值得一看。祭坛里侧是镀金的圣龛，内存放有东方三博士的圣遗物，这座圣龛也是世界上最大的用黄金雕琢的圣龛。

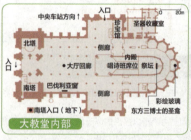
中央车站方向↑　　入口　　0　　20m
北塔　　　　珍宝馆　圣器收藏室
入口　　　　　　　　内殿
　　　　　大厅回廊　唱诗班席位　祭坛
南塔　　巴伐利亚窗　　　侧廊
　南塔入口（地下）
大教堂内部　　　彩绘玻璃　东方三博士的圣龛

存放有东方三博士圣遗物的圣龛

罗马－日耳曼博物馆
Römisch-Germanisches Musum　　　　　　★★★

造于2世纪时期的"狄俄尼索斯马赛克镶嵌地板画（Dionysus Mosaic）"就是在这里被挖掘出土的，这幅镶嵌画是古罗马家庭住居装饰

𝓢pecialty　　**古龙水起源于科隆**

　　古龙水在法语里的意思是"科隆之水"，是18世纪起源于科隆的一种香水。之后科隆进入了拿破仑军占领时期，许多士兵将这种香水带回给故乡的恋人或妻子，从此这款香水备受欢迎。

左／以柑橘系香味为特点的4711
右／红色康乃馨标志的 Farina 古龙水

● **4711（总店）**
　　"4711"是德国的古龙水品牌。这一品牌将拿破仑占领时期的地址编号作为店名延续至今。

📍 Glockengasse 4　➡ Map p.106-B1
☎（0221）270099910　📶 www.4711.com
🕐 周一～周五 9:30-18:30、周六~18:00
🚫 周日·节日　💳 MV

● **Farina-Haus（科隆香水博物馆）**
　　古龙水是1709年由法利纳（Farina）先生发明的。这里曾经是香水工厂，现改为博物馆兼香水商店。

📍 Oernmarspforten 21　➡ Map p.107
☎（0221）3998994　📶 www.farina-haus.de
🕐 周一～周六 10:00-19:00、周日 11:00~16:00
🚫 无　💰 €5　💳 AMV

如果准备登上大教堂的塔，推荐早上的时间段。因为中午时这里已经排起了购买门票的长队，上下都会十分拥挤，移动起来十分浪费时间。

的一部分，也是博物馆的镇馆之宝。除此之外还珍藏有 1~5 世纪古罗马遗址出土的艺术品和文物。

瓦尔拉夫·里夏茨博物馆
Wallraf-Richartz-Museum　　　　　　　★★★

　　这座博物馆的藏品主要以 14~16 世纪科隆派画家的宗教题材画作为主，另外还有克拉纳赫、丢勒、鲁本斯、梵高、雷诺阿等著名画家的作品，以及欧洲各个时期的名画。

展示近现代艺术的路德维希美术馆
Musum Ludwig　　　　　　　　　　　★★

　　馆内收藏的艺术品囊括从德国表现主义作品到毕加索、沃霍尔以及以利希滕施泰因为代表的美国流行艺术的作品等 20 世纪的艺术精品。

美术馆位于一座拥有个性的浪尖形屋顶的复合建筑物内

遗址和现代艺术的结合柯伦巴艺术博物馆
Kolumba　　　　　　　　　　　　　★★

　　这座博物馆是由瑞士著名建筑大师彼得·卒姆托设计建造的。整栋建筑将在第二次世界大战中遭受破坏的柯伦巴大教堂遗址和位于其下的古罗马遗址囊括在内。展品囊括了古代宗教艺术和现代艺术等多种艺术作品。

弥漫着香甜味道的巧克力博物馆
Schokoladenmuseum（Imhoff-Stollwerk-Museum）　★★

　　这里是科隆著名的巧克力制造商 Imhoff-Stollwerk 的工厂兼博物馆。外观建筑仿佛一艘在莱茵河上行驶的玻璃船，给人留下了深刻的印象。从大教堂前广场到工厂之间有一种叫作 Schokoexpress 的 SL 型游览车来回穿梭行驶，费用是€ 7。如果步行的话需要沿莱茵河畔步行 30 分钟。

克劳狄斯温泉馆 莱茵河岸的水疗温泉
Claudius Therme　　　　　　　　　　　★

　　位于莱茵河对岸的莱茵公园内的水疗及温泉设施。内有各种温泉池、克奈圃设施、桑拿等。
　　乘坐位于温泉馆下一个车站处的科隆缆车 Kölner Seibahn（3~11 月期间运行），便可以渡过莱茵河到达对岸的动物园。

●瓦尔拉夫·里夏茨博物馆
🏠 Obenmarspforten
➡ Map p.107
🖥 www.wallraf.museum
🕐 周二～周日　10:00~18:00
　（周四~21:00）
🚫 周一、狂欢节期间、11/1、
　12/24·25·31、1/1
💰 € 9、学生€ 6

●路德维希美术馆
🏠 Heinrich-Böll-Platz
➡ Map p.107
🖥 www.museum-ludwig.de
🕐 周二～周日　10:00~18:00
🚫 周一、狂欢节期间、1/1、
　12/24·25·31、1/1
💰 € 11、学生€ 7.50（举办
　特展时费用有变化）

●柯伦巴艺术博物馆
🏠 Kolumbastr. 4
➡ Map p.107
🖥 www.kolumba.de
🕐 周三～下周一
　　　　　　　12:00~17:00
🚫 周二、狂欢节期间、
　12/24·25·31、1/1、因展
　品更替会有休业期
💰 € 5

●巧克力博物馆
🏠 Am Schokoladenmuseum 1a
➡ Map p.106-B2
🖥 www.schokoladenmuseum.
　de
🕐 周二～周五　10:00~18:00
　周六·周日　　11:00~19:00
　（闭馆前 1 小时停止入馆）
🚫 周一、狂欢节期间、1/1、
　12/24·25·31、1/1
💰 € 9、学生€ 6.50

●克劳狄斯温泉馆
交通线路 从中央车站下一站的科隆德国车站 Köln Deutz 乘坐 150、250、260 路巴士大约 5 分钟，在 Thermalbad 站下车即是。
🏠 Sachsenbergstr. 1
🖥 www.claudius-therme.de
🕐 每天 9:00~24:00
💰 2 小时€ 15.50（€ 17.50）
　4 小时€ 23.50（€ 25.50）
　（ ）内是周六·周日·节日
　的费用，包含毛巾等物品
　的租借费用

　⚽ 足球体育场信息

●莱茵能源体育场
ReinEnergieStadion
🖥 fc-koeln.de
　　1.FC 科隆的主场。位于中央车站以西 6 公里处，是一座所有看台都有屋顶遮盖的体育场。
交通线路 从中央车站地下的乘车站，乘坐 16 路或者 18 路有轨电车（线路图上用 Ⓤ 表示），然后在第二站 Neumarkt 站下车（需要 3 分钟），上到地面车站换乘 1 号的去往 Weiden West 方向的有轨电车，大约 10 分钟后在 Rheinenergie-Stadion 站下车。比赛日会增加车次，如果持有比赛当天的入场券可免费乘车。

✉ 投稿　如果准备去克劳狄斯温泉馆，推荐乘坐可以眺望莱茵河景的缆车去！从中央车站乘坐18路有轨电车在Zoo/Flora站下车，就是缆车的乘车站。往返需要€6.50。

● 施纽特根美术馆

🏠 Cäcllienstr. 29-33

🔵 Map p.106-B1

🕐 周二～周日 10:00～18:00
（周四～20:00）

🚫 周一、狂欢节期间、
12/24 · 25 · 31、1/1

💶 €6、学生€3.50
不包含特展费用

看一看教堂中的麦当娜——施纽特根美术馆

Museum Schnütgen ★★

　　这是由西西莉亚修道院的教堂改建而成的美术馆，内藏中世纪的宗教艺术品。其中莱茵地区质朴的圣母子像和天使像很是引人入胜。

科隆 近郊景点

布吕尔的奥古斯图斯堡宫

Schloss Augustusburg 世界遗产

MAP p.102-B2

　　位于科隆以南13公里的一个叫作布吕尔 Brühl 的小镇上。是科隆的大主教奥古斯都避暑的城堡，后经18世纪建筑家基维里埃改建成华丽的洛可可风格。由曾经修建过维尔茨堡大主教官的巴洛克风格建筑大师巴尔塔扎·诺伊曼设计的通风阶梯是必看的景观。

　　城堡南部是法国巴洛克风格的城堡花园 Schlosspark，沿着花园向南走500米左右，然后顺着标识进入向左（东南）延伸的一条叫作狩猎大道 Falkenluster Allee 的宽敞林荫道前行1公里，便可以见到为了狩猎而修建的小城堡——法尔肯拉斯特城堡 Schloss Falkenlust。

奥古斯图斯堡宫

拥有黑白灰色调的木结构建筑群的小镇弗罗伊登贝格

Freudenberg

MAP p.103-B4

　　拥有灰色屋顶、白色墙壁的板木结构的房屋数量如此之多，排列得如此之庞大，宛如童话世界般的景象非常值得一看。

　　而且，小镇上有一处欣赏这一美妙景象的绝佳观景点。这一地点位于小镇东北方向小山丘上的疗养公园 Kurppark 内，来到弗罗伊登贝格首先要到这里俯瞰小镇全貌。在绿植茂盛的疗养公园内，尽情地欣赏完小镇全貌之后再进入镇子的内部是再好不过的。

　　木造建筑大都集中在3条互相平行的街道上（Markstr、Mittelstr、Unterstr），呈200米见方排列。

世界遗产

布吕尔的奥古斯图斯堡宫与法尔肯拉斯特城堡

（1984年被列为世界遗产）

● 奥古斯图斯堡宫

🚆 从科隆中央车站乘坐前往 Bonn 或 Koblenz 方向的 RE 快速、RB（普通列车）、私铁 MRB 在 Brühl 下车（需要15分钟）。在车站前便可以看到城堡。

🏠 Schlossstr. 6
D-50321 Brühl

☎ （02232）44000

🌐 www.schlossbruehl.de

🕐 只在2~11月对外开放
周二～周五　9:00～12:00
　　　　　　13:30～16:00
周六·周日　10:00～17:00
奥古斯图斯堡宫内只可以跟随导游参观，法尔肯拉斯特城堡可以跟着语音向导自由参观。

🚫 周一、12月～次年1月

💶 €8、学生€7，与法尔肯拉斯特城堡的联票是€12、学生€7

ℹ 弗罗伊登贝格的旅游服务中心

🏠 Kölner Str. 1
D-57258 Freudenberg

☎ （02734）43164

📠 （02734）43122

🌐 www.freudenberg-tourist.de

🕐 周一～周五 10:00～16:00

🚆 从科隆中央车站出发用时1小时40分钟（途中需要在 Siegburg/Bonn 换乘）在锡根 Siegen 下车。从法兰克福到锡根大约需要1小时50分钟。然后从锡根车站前的巴士中心乘坐 R38 路巴士，需要25~35分钟车程。Freudenberg Bahnhofstr. 站是距离疗养公园最近的巴士站，下车之后继续沿着通向右前方小丘的 Zum Kurpark 小路往上走（停车场也位于这条小路的沿线），便可以见到通往疗养公园的阶梯了。

科隆的餐馆
Restaurant

科隆有一种名曰"科尔施酒 Kölsch"的地方啤酒。味道略苦的科尔施啤酒德语的意思是"科隆的",饮用时一般是倒入细长的玻璃杯中。大教堂周边有不少店铺都可以品尝到美味的科尔施啤酒。另外,科隆还有名吃"莱茵醋焖牛肉 Rheinischer Sauerbraten"。将使用葡萄酒和醋混合的酱汁腌制了数日的牛肉烤制之后,再进行炖煮。以前还有店铺使用的是马肉 vom Pferd。

西昂酿酒厂餐厅
Brauhaus Sion

◆创办于 1318 年的科隆名店

自制的科尔施啤酒(0.2 升€1.70)是这家店的招牌。除此之外,还有多种口味的烤香肠 Bratwurst,非常适合做啤酒的下酒菜。圆白菜卷培根 Kohlroulade mit Speckstreifen(€11.20),菜量大得惊人。

德国菜	Map p.107
🏠 Unter Taschenmacher 5-7
☎ (0221) 2578540
🖳 www.brauhaus-sion.de
🕐 10:30~24:00
(周五・周六~次日 1:30)
💳 J M V

大教堂朝阳餐厅
Früh am Dom

◆新鲜的科尔施啤酒之典范

店铺距离中央车站步行仅需 3 分钟,位于大教堂的附近。以刚刚酿造的新鲜科尔施啤酒(€1.80)而闻名。店铺的内部分为好几个独立的房间。在这里还能品尝到汉堡肉饼 Hacksteak(€10.30)、莱茵醋焖牛肉(€14.20)、烤鸡 Hähnchen(€12.60)等美味的菜肴。

德国菜	Map p.107
🏠 Am Hof 12-18
☎ (0221) 2613215
🖳 www.frueh-am-dom.de
🕐 8:00~24:00
(食物供应是 11:00~23:30)
💳 12/24
💳 不可使用

彼得斯啤酒屋
Peters Brauhaus

◆店内的德式家具给人一种舒适感

鲜榨的科尔施啤酒,每杯只要€1.80,使得顾客不断续杯。店内十分宽敞,分成好几个房间,其中不乏德式民族风的房间。右图照片中的菜肴是当地的名特产莱茵醋焖牛肉(€15.90)。

德国菜	Map p.107
🏠 Mühlengasse 1
☎ (0221) 2573950
🖳 www.peters-brauhaus.de
🕐 11:00~次日 0:30
(食物供应是 11:30~24:00)
💳 圣诞节期间
💳 不可使用

爱姆克吕驰餐厅
Em Krützche

◆想要品尝美味的德国菜非此店莫属!

这是一家面朝莱茵河滨河大道而建的、始于 16 世纪的百年老店。这里的啤酒不是科尔施啤酒而是比尔森啤酒 Pils。春季使用芦笋制成的各种菜肴和冬季用鹅烹制而成的应季美食备受食客的好评。主菜的肉类料理价格是€22.50~,在这里就餐消费稍微有些高。

德国菜	Map p.107
🏠 Am Frankenturm 1-3
☎ (0221) 2580839
🖳 www.emkruetzche.de
🕐 10:00~24:00
(食物供应是 11:30~24:00)
💳 周一、冬季有休业期
💳 A M V

赖夏德咖啡馆
Café Reichard

◆位于大教堂正前方的老字号咖啡馆

天气好的时候坐在店外的露台坐席上一边欣赏科隆大教堂的景色,一边喝上一杯咖啡或者吃上一顿早餐,简直是再享受不过了。这家咖啡馆始创于 1855 年,自制蛋糕、年轮蛋糕和巧克力也十分受欢迎。

咖啡馆	Map p.107
🏠 Unter Fettenhennen 11
☎ (0221) 2578542
🖳 www.cafe-reichard.de
🕐 8:30~20:00
💳 M V(消费€30 以上)

 大教堂前的咖啡馆Cafe Reichard内的厕所特别棒!单间厕所使用的窗子是一种特殊的玻璃,无人使用的时候是普通透明玻璃,一旦有人使用里面被锁上之后,玻璃中会有影像播放,从外部就看不到内部的样子了。

科隆的酒店
Hotel

科隆是一座经常举办各种展会的城市，在展会期间住宿费用会上涨（大多数时候与标示的上限价格相同）。举办展会的具体时间可以参考🖥www.koelnmesse.de。展会的会场位于右岸（与大教堂相反的方向），这一侧也有许多大规模的酒店，还有青年旅舍。右岸还有莱茵公园、克劳狄斯温泉馆等休闲娱乐设施，所以在选择住宿时不妨考虑一下右岸。

恩斯特怡东酒店
Excelsior Hotel Ernst

◆位于中央车站附近的传统酒店

这间酒店是科隆最高级的酒店，地点位于大教堂附近，从中央车站出来向左走便可以看到。无论是客房设施还是服务都非常到位。酒店内还有一家现代时尚风格的餐厅名字叫"TAKU"，在这里可以品尝到中国菜、东南亚菜和寿司等亚洲系菜肴。有免费 Wi-Fi。

高档酒店　　　　Map p.107
🏠 Trankgasse 1-5/Domplatz D-50667
☎（0221）2701
📠（0221）2703333
🖥 www.excelsior-hotel-ernst.de
💰 Ⓢ € 220~410　Ⓣ € 260~450
　早餐另收费
🔲 ADJMV

希尔顿酒店
Hilton Cologne Hotel

◆距离中央车站较近，设施齐全的酒店

距离中央车站步行仅需 3 分钟。距离大教堂也比较近，方便游览。酒店内还有 24 小时开放的健身房、芬兰浴等设施。客房宽敞，布局合理，入住体验十分舒适。有 Wi-Fi 设施（付费）。

高档酒店　　　　Map p.106-A1
🏠 Marzellenstr. 13-17 D-50668
☎（0221）130710
📠（0221）130720
🖥 www.hilton.de/koeln
💰 Ⓢ € 109~300　Ⓣ € 119~300
　早餐另收费
🔲 ADJMV

科隆杜姆宜必思酒店
Ibis Köln am Dom

◆与车站同属一栋大厦，距离大教堂较近

位于中央车站大楼内，特别适合乘坐火车旅行的游客入住。安全设施也十分到位，如果没有房间钥匙是不能通过通往车站的出入口的。酒店的隔音设施也非常不错。客房设备简洁朴素。部分客房透过房间的窗子可以望见大教堂。有 Wi-Fi 设施（免费）。

中档酒店　　　　Map p.107
🏠 Bahnhofsvorplatz D-50667
☎（0221）9128580
📠（0221）91285890
🖥 www.ibishotel.com
💰 Ⓢ € 88~177　Ⓣ € 103~197
　早餐另收费
🔲 ADMV

加奈维格考姆兹酒店
Günnewig Kommerzhotel

◆商旅住客较多的中档酒店

地理位置十分方便，位于中央车站大教堂反方向的出口一侧，出车站后右侧即是。客房虽然简单，但是设施比较齐全。早餐厅可以看到科隆中央车站的候车大厅，对于铁道粉来说是再好不过的了。有 Wi-Fi 设施（付费）。

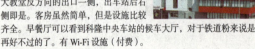

中档酒店　　　　Map p.106-A1
🏠 Johannisstr. 30-34 D-50668
☎（0221）16100
📠（0221）1610122
🖥 www.guennewig.de/Kommerzh
💰 Ⓢ € 99~299　Ⓣ € 189~349
　周末打折（展会期间除外）
🔲 JMV

青年旅舍
Jugendherberge Köln Deutz

◆德国屈指可数的青年旅舍

乘坐电车在科隆中央车站前的一站——Köln Deutz 站下车，旅舍距离车站只有 100 米，地理位置十分方便。共有 157 个客房，506 张床位，是一家大型的青年旅舍。因为这里十分紧俏，建议提前预订。只限公共区域可以使用 Wi-Fi。

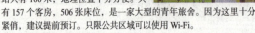

中档酒店　　　　Map p.106-A2
🏠 Siegesstr. 5 D-50679
☎（0221）814711
📠（0221）884425
🖥 www.koeln-deutz.jugendherberge.de
💰 含床单和早餐 € 24.90~
　Ⓢ € 53.40~　Ⓣ € 76.80~ 展会期间价格上涨
🔲 MV

波恩 *Bonn*

造访贝多芬的故乡

矗立于大教堂广场上的贝多芬像

柏林
波恩 ★ 法兰克福
慕尼黑

MAP◆p.102-B2

人　口	311300人
长途区号	0228

ACCESS

铁路：从科隆乘坐IC、ICE特快约需20分钟。从法兰克福出发约需2小时。

● 波恩的旅游服务中心
⊠ Windeckstr. 1 am Münsterplatz
D-53111 Bonn
➡ Map p.114-B1
☎（0228）775000
📠（0228）775077
🖥 www.bonn.de
🖥 www.bonn-region.de
🕐 周一～周五　10:00~18:00
　　周六　　　　10:00~16:00
　　周日·节日　10:00~14:00

●市内交通
　市内交通的最低费用是€1.90，1日乘车票 Tageskarte 是€7。

●波恩城市卡
Bonn Regio Welcome Card
　持此卡可以免费进入市内多家博物馆，可以24小时免费乘坐市内公共交通设施。可以在 ● 花€10购买到。

●博物馆大街上的博物馆
从中央车站乘坐16、63、66路有轨电车（图中用🆄表示）在 Heussallee/Museumsmeile 下车，或者是乘坐610、611路巴士在BundesKanzler-platz/Heussallee 下车。

波恩是坐落于莱茵河畔的一座开阔安逸的大学城市。虽然是一座小城，但是自第二次世界大战以来直到1999年，这里一直作为联邦议会的所在地，从而得到了不断的发展和建设。对于音乐迷来说，拜访这座城市还是相当有意义的，因为这里是贝多芬和舒曼的故乡。

波恩 漫 步

● 距离中央车站步行需要3分钟，从车站出来之后沿邮局大街 Poststr. 直行，然后在大教堂广场 Münsterplatz 向左转，店铺就位于中央邮局大楼的一角处。

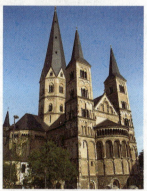
罗马式建筑的明斯特大教堂

大教堂广场上有手持五线谱和笔的贝多芬铜像。广场的南侧则是建于11世纪的明斯特大教堂 Münster，也是莱茵河流域罗马式教堂中重要的建筑物。

上午市政厅 Rathaus 前的集市广场 Markt 上会有售卖蔬菜、鲜花等商品的集市，通过集市可以更加直观地了解德国人的日常生活。

明斯特大教堂后面的巨型建筑是波恩大学，马克思和海涅都曾经就读于此。大学中心的校舍，曾经是科隆选帝侯的宫殿。后面还有植被茂盛的宫廷花园 Hofgarten。

老城外南面的一条叫作 Adenauerallee 的林荫大道，还有另外一个名字叫作博物馆大街。这条街道上有波恩市立博物馆 Städtisches Kunstmuseum、波恩德国联邦艺术展览馆 Kunst-und Ausstellungshalle、德意志联邦共和国历史博物馆 Haus der Geschichte der BRD 等博物馆。

波恩 主要景点

贝多芬故居

- 贝多芬故居
- Bonngasse 18-26
- Map p.114-A2
- www.beethoven-haus-bonn.de
- 4~10月
  周一~周日 10:00~18:00
  11月~次年3月
  周一~周六 10:00~17:00
  周日·节日 11:00~16:00
  （闭馆前30分钟停止入场）
- 部分节日 €6

- 德意志联邦共和国历史博物馆
- Willy-Brandt-Allee 14
- 地图外
  从中央车站地下站台乘坐16、63路去往Bad Godesberg方向的有轨电车，或者乘坐66路去往Bad Honnef方向的电车，在Heussallee/Museumsmeile站下车。也可以乘坐610、611路巴士，在Bundeskan zlerplatz/Heussallee站下车。
- www.hdg.de
- 周二~周五 9:00~19:00
  周六·周日·节日 10:00~18:00
- 周一 免费

展示有乐谱和遗物的贝多芬故居

Beethoven-Haus ★★★

路德维希·范·贝多芬（1770~1827年）出生于此处，并且在22岁去维也纳之前一直生活在这里。故居的内部现在是博物馆，展示有贝多芬曾经使用过的乐器、曾经谱写过的乐谱、助听器、家具等展品。位于三层的贝多芬诞生的房间内有一座贝多芬的大理石雕像。

入口面朝街道

德意志联邦共和国历史博物馆

Haus der Geschichte der BRD ★★

这座博物馆使用简单易懂的方式展示了从纳粹德国到第二次世界大战战败、受东西方冷战后分裂成东西两个德国、柏林墙被推倒、东西德统一等一系列德国历史的变迁。不过展示说明使用的全部是德语。

舒曼故居和老墓地

Schumannhaus & Alter Friedhof ★

与波恩有着深厚渊源的音乐家还有舒曼。由于受到精神疾病的摧残，

舒曼人生最后的 2 年是在疗养院中度过的。现在将舒曼当年居住过的房间作为展示间面向公众开放。

另外，舒曼和妻子克拉拉长眠的老墓地 Alter Friedhof 也在波恩，位于中央火车站西北方 500 米处。这座墓地埋葬着许多著名艺术家、学者等，有专门的参观团可以参加，届时会有导游做详细的解说。

波恩 近郊景点

传说中龙居住的岩山柯尼希斯温特

Königswinter Map p.102-B2

莱茵河右岸有 7 座圆锥形的山峰，被人们称为七峰山 Siebengebirge。这里也是德国最北端的葡萄种植园，著名的葡萄酒 "龙血酒 Drachenblut" 便产于此地。

可以乘坐从七峰山脚下的小城柯尼希斯温特发车的登山电车，登上龙岩山 Drachenfels。中世纪的叙事诗《尼贝龙根之歌》中的英雄西格弗里德就是在这里击败了龙，之后被龙血沾染的身体成为不死之身。

站在山顶上，俯瞰莱茵河的景色，视野十分开阔。建议回程步行，可以在半山腰远眺龙堡 Schloss Drachenburg 全景。

●舒曼故居
[址] Sebastianstr. 182
➡ 地图外
　乘坐 604、605、606、607 路巴士，在 Alfred-Bucherer-Str. 站下车。
[网] www.schumannhaus-bonn.de
[时] 11:00~12:30　15:00~18:00
[休] 周二·周六·周日 [费] 免费
●老墓地
[址] Bornheimer Str.
➡ Map p.114-B1
[时] 夏季　　　　 7:00~20:00
　　 冬季　　　　 8:00~17:00
●龙岩山
[交通方式] 从波恩中央火车站地下站台乘坐 66 路有轨电车（经过波恩市中心地铁站），大约 30 分钟在 Königswinter Fähre 站下车。然后步行 5 分钟便可到达登山电车站 Drachenfelsbahn Talstation。
●龙堡
[址] Drachenfelsstr. 118
　　 D-53639 Königswinter
[网] www.schloss-drachenburg.de
[时] 4~10 月 每天 11:00~18:00
[休] 11 月~次年 3 月 [费] €6

波恩的餐馆
Restaurant

波恩啤酒屋
Brauhaus Bönnsch

◆这是一家以自酿啤酒而知名的啤酒餐厅。店名中 Bönnsch 的意思是 "波恩的啤酒"。这里装啤酒的杯子也十分有趣，是按照手握杯子的弧度而设计的。1 杯啤酒 €1.70~。

Map p.114-A1

[址] Sterntorbrücke 4 [电] (0228) 650610
[网] www.boennsch.de
[时] 周一~周四 11:00~次日 1:00、周五·周六 11:00~次日 3:00、周日 12:00~次日 1:00 [卡] 不可使用

波恩的酒店
Hotel

多米希尔酒店
Domicil

◆距离中央火车站约 5 分钟的路程。有许多风格各异的客房。12 月中旬~次年 1 月上旬休业。有免费 Wi-Fi。

Map p.114-B1

[址] Thomas-Mann-Str. 24-26 D-53111
[电] (0228) 729090 [传] (0228) 7290999
[网] www.domicil-bonn.bestwestern.de
[费] Ⓢ €125~ Ⓣ €165~ [卡] ＡＤＭＶ

基尼为公寓酒店
Günnewig Hotel Residence

◆酒店的地理位置优越，距离中央火车站和主要景点都很近。客房虽然不算宽敞，但是功能很齐全，利用起来很方便。夏季这里还会有啤酒花园。有免费 Wi-Fi。
读者优惠 10%（预约时提出申请，→文前 "本书的使用方法"）

Map p.114-B2

[址] Kaiserplatz 11 D-53113
[电] (0228) 26970 [传] (0228) 2697777
[网] www.guennewig.de
[费] Ⓢ €89~179 Ⓣ €109~209
[卡] ＡＤＪＭＶ

德意志之家
Deutsches Haus

◆一层是餐厅，前台 23:00 就会关闭。有 Wi-Fi 设施（付费）。

Map p.114-A1

[址] Kasernenstr. 19-21 D-53111
[电] (0228) 63777 [传] (0228) 659055
[网] www.deutscheshaus-bonn.de
[费] Ⓢ €79~125 Ⓣ €95~155 [卡] ＭＶ

杜塞尔多夫 *Düsseldorf*

海涅的故乡、植被茂盛的大型商业城市

莱茵河沿岸的杜塞尔多夫是北莱茵－威斯特法伦州的首府。这里因为是鲁尔工业区的重要交通枢纽，所以在第二次世界大战中遭受了惨重的炮火轰炸，整个城市有一半以上的建筑物都被炸毁。战后，这里作为国际性的工商业城市迅猛发展起来。

许多外企的欧洲总部都设在了这座城市。如果在外国超市、外国餐厅较为集中的依姆曼大街周围走上一圈，一定会见到外国商人的身影。

城市中心建有许多最尖端的时尚大厦和顶级品牌的精品店，这里也是一座可以尽情享受购物乐趣的城市。

MAP◆p.102-B2

人 口	598700 人
长途区号	0211

ACCESS

铁路： 从科隆乘坐 ICE、IC、EC 特快约需 25 分钟，从法兰克福出发需要 1 小时 40 分钟，从汉堡出发需要 3 小时 40 分钟。从这里还可以乘坐 S-Bahn 去往埃森、波鸿、多特蒙德、门兴格拉德巴赫等地。

❶ 杜塞尔多夫的旅游服务中心

⌂ Immermannste. 65b
D-40210 Düsseldorf
位于中央车站对面
🔗 Map◆p.119-B4
☎（0211）17202844
📠（0211）172029210
🖥 www.visitduesseldorf.de
🕐 周一～周五　9:30~19:00
　　周六　　　9:30~17:00

●杜塞尔多夫旅游卡
Düsseldorf Card

持此卡可以免费或者以折扣价格乘坐市内交通工具，参观博物馆、美术馆等公共设施。1 日券€ 9、2 日券€ 14、3 日券€ 19。也有家庭和团体用的。可以在 ❶ 或者大型酒店内购买。
※不是所有的博物馆和美术馆都可以享受折扣价格。

⚽ 足球场信息

●思捷环球体育场
ESPRIT arena

⌂ Arena Str.1
🖥 www.Espritarena.de
是杜塞尔多夫和谐足球俱乐部的主赛场。
🚇从中央车站乘坐 Ⓤ78 号线在 ESPRIT arena/Messe-Nord 站下车，约需 20 分钟。

机场与市内的交通

杜塞尔多夫的机场位于城市的北部地区，距离市中心大约 10 公里。从机场乘坐出租车前往市中心一般需要 10～15 分钟，费用为€ 30~35。机场有两个车站请一定要注意不要搞错。位于机场候机楼地下的杜塞尔多夫机场候机楼站 Düsseldorf Flughafen Terminal 是 S-Bahn 的Ⓢ11 路的车站，从这里到达市区的中央车站约需 15 分钟，费用是€ 2.60。另一个车站是杜塞尔多夫机场站 Bahnhof Düsseldorf Flughafen，从候机楼到这里需要乘坐机场穿梭车，用时 5 分钟，是Ⓢ1 路以及 ICE、EC、IC 等部分长途列车停靠和出发的车站。

杜塞尔多夫的市内交通

杜塞尔多夫市内除了 S-Bahn 之外，还有 4 条地铁线路、巴士和有轨电车，如果只是游览市中心的话，步行也完全是可以的。如果准备从中央车站直接去老城区，可以乘坐地铁在第二站 Steinstr. 站或者第三站 Heinriche-Heine-Allee 站下车。

还有面向观光客的市内 1 日游车票 Tages Ticket，价格是€ 6.70，还有可供 5 人同时使用的团体票 Gruppen Ticket，价格是€ 19.50。

杜塞尔多夫 漫 步

从中央车站步行前往市中心需要 10～15 分钟。中央车站右后方，❶ 所在的大厦西北侧的一条宽敞的大道叫作依姆曼大街 Immermannstr.。沿着这条大街前行，通过食品店、餐厅等地之后，再继续走一阵子是与柏林大道 Berliner Allee 相交会的十字路口，过了路口之后便是莎多长廊 Schadow Arcaden 和 K-中心 Kö-Center 所在的购物街区。

大型购物商厦莎多长廊

 ✉ 投稿 · 如果准备从杜塞尔多夫机场转机回国，入关之后没有免税店等商店，只有一间咖啡馆。

K-中心正对面的一条南北向的道路名字叫国王大道 Königsallee，也有人昵称其为"K-Kö"。这条大道宽82米，中间是一条水渠，两旁是茂密的植被。大道的东侧是购物街——国王大道长廊 Kö-Galerie 和高档品牌的精品店，西侧是银行和写字楼。

国王大道两旁的树木

国王大道的西侧是老城区 Altstadt，这里汇集了古老的啤酒餐厅和酒吧等。莱茵河附近的市政厅 Rathaus 前，矗立着一座普法尔兹选帝侯约翰·威廉二世（俗称小威廉）的骑马铜像 Jan-Wellem-Reiterstandbild。

从市政厅向南步行5分钟便是杜塞尔多夫电影博物馆 Filmmuseum Düsseldorf。

市政厅前小威廉的骑马铜像

●中国驻杜塞尔多夫总领馆
Generalkonsulat der VR China in Düsseldorf
🏠 Schanzenstraße 131 40549 Düsseldorf
☎ 礼宾部（0211）9099 6331
领事部（0211）9099 6390
📠（0211）9099 6366
🖥 dusseldorf.china-consulate.org/chn

●购物街巡游
国王大道长廊 Kö-Galerie（⊖Map p.118-B2）内，有许多在德国也很受欢迎的店铺，例如 MUJI（无印良品）、爱格纳、巴利等品牌。施塔尔·威尔克 Stilwerk（⊖Map p.119-B3）是德国顶级的家居购物广场，这里有许多高品位的家居用品。

●杜塞尔多夫电影博物馆
🏠 Schlstr. 4 D-40213
⊖ Map p.118-B1~B2
🖥 www.filmmuseum-duesseldorf.de
🕐 周二～周日 11:00～17:00（周三至21:00）
📅 周一、5/1、12/24·25·31、狂欢节的周日
💰 € 5，学生 € 2.50、特展单收费

Art 新景点——媒体港

莱茵塔南侧有一片曾经是莱茵河港的区域，经过再开发之后这片地区变为了媒体云集的区域。作为杜塞尔多夫的新景点备受人们的瞩目。

以建筑大师弗兰克·O.盖里为首的世界著名建筑家们在这里大展拳脚，设计了不少崭新的建筑物。另外这个区域还有许多时尚的餐厅和咖啡厅，在这些地方就餐除了享受美食之外还能享受到河畔独有的风景和惬意。假日时这一区域十分热闹。

交通方法是，从中央车站乘坐709路或者719路有轨电车，在 Stadttor 站下车，步行5分钟即到。

还可以乘坐725路或者732路巴士在 Rheinturm 站下车，步行5分钟即到。

莱茵塔（左）与新兴的建筑群

编外话 莱茵塔高238米（⊖Map p.118-B1），可以乘坐直梯到达168米处的观景台（💰 € 9）。观景台和自助餐厅的上面还有旋转餐厅（高档，建议提前预约），在这里可以吃到美味的食物。

杜塞尔多夫
DÜSSELDORF

N

0   100   200m

歌德博物馆
（耶格霍夫城堡）
Goethe-Museum Düsseldorf
(Schloss Jägerhof)

Vagedesstr.

Gartenstr.

Jägerhofstr.

宫廷花园
Hofgarten

Hofgartenstr.

Jacobistr.

Pempelforter Str.

D.Wehrhahn Ⓢ

市立剧场
Schauspielhaus

Schadowstr.

Tonhallenstr.

Kölner

Ⓗ Majestic

Leopoldstr.

KIKAKU

Klosterstr.

浪速拉面店
Ⓡ

Hohenzollernstr.

莎多长廊
Ⓢ

M.-
Luther-Pl.

Ⓡ YABASE

Café
Heinemann
Ⓒ

Königstr.

约翰内斯教堂
Johanneskirche

Klosterstr.

Str.

K-中心
Ⓢ

Ⓡ
Victorian

玛利亚大街
Marienstr.

依姆曼大街

Ⓗ Asahi

Immermannstr.

Pl. d.
Deutschen
Einheit

Weidenhof Ⓗ

日航酒店 Ⓗ

Steinstr.

Steinstr.

Oststr.

Ⓤ

Karl.

str.

Wortinger   Str.

中央邮局

Bismarckstr.

Kreuz.

Schumacher
Ⓡ

Oststr.

Bismarckstr.

Stresemannstr.

Friedrich-Ebert-Str.

ⓘ

Grünstr.

Ⓢ 施塔尔威尔克

Grupellostr.

柏林大道
Berliner Allee

Alexanderstr.

杜塞尔多夫
布恩斯艺术酒店

Oststr.

Charlottenstr.

Konrad-
Adenauer
Platz

Ⓗ Ibis

Ⓤ Ⓢ

海涅曼咖啡馆

Bahnstr.

Bahnstr.

Karlstr.

Ⓗ CVJM

杜塞尔多夫中央车站
Düsseldorf-
Hauptbahnhof

Ⓢ 卡霍夫百货商场

Ⓗ Madison I

Stresemann-
platz

Ⓗ InterCityHotel

Graf-Adolf-Str.

阿道夫伯爵大街

3

4

以保罗克利的藏品而著称的 K20 州立博物馆

K20 Grabbeplatz Kunstsammlung Nordrhein-Westfalen am ★★

　　这座美术馆由汉斯·霍莱茵设计，展品中以 1930~1933 年曾经在杜塞尔多夫美术学院担任教授的保罗·克利的藏品最为丰富。除此之外还有毕加索、夏加尔、沃霍尔等 20 世纪巨匠们的作品。

以保罗克利的藏品而著称的 K20 州立博物馆

　　分馆 K21 州立博物馆位于凯撒池的南侧，主要展出 20 世纪 80 年代以后的现代艺术作品，并且是各种企划展的会场。

艺术宫殿博物馆

Museum Kunstpalast ★★

　　建立于 1846 年的大型美术馆，馆内展示有克拉纳赫、鲁本斯、康定斯基、克利、基希纳、诺尔德、约瑟夫·博伊斯等画家们的作品。馆内还有一个玻璃美术馆也非常值得一看。

歌德博物馆（耶格霍夫城堡）

Goethe-Museum Düsseldorf（Schloss Jägerhof） ★★

　　建在广阔的市民公园 Hofgarten（宫廷花园）中的耶格霍夫城堡，如今被改建成了歌德博物馆，这里展出有歌德亲笔写的《浮士德》原稿和书信等珍贵的展品。

1772 年建成的耶格霍夫城堡

尼安德特　　发现尼安德特人之地

Neatherthal
Neanderthal MAP p.102-B2

　　1856 年的夏天，一位石匠在这片土地上无意间发现了尼安德特人的遗骨。尼安德特博物馆 Neanderthal Museum 建在一条小河的旁边，从杜塞尔多夫中央车站乘坐 Ⓢ28 约需 15 分钟，在尼安德特站下车后向西南方向步行 15 分钟便可到达。博物馆的旁边，小河沿岸有一条散步的小路，可以一直通到发现遗骨的现场和石器时代工房 Steinzeitwerkstatt。

✉ 尼安德特人的遗骨并没有在尼安德特博物馆展示，而是在波恩的莱茵州立博物馆内展示（🔴 Map p.114-B1
🌐 www.landesmuseum-bonn.lvr.de）。

悬挂式轻轨的发源地伍珀塔尔
Wuppertal　　　　　　　　　　　　　　　　　MAP p.102-B2

　　从杜塞尔多夫中央车站乘坐 RE 快速只需 20 分钟便可到达这里。1900 年世界上第一台悬挂式（箱体式）轻轨在此诞生。线路基本上是设在伍珀河上方的，所以沿途的风景十分美丽。另外，这座城市还是皮娜·鲍什（Pina Bausch）所带领的伍珀塔尔舞蹈团的大本营。海德博物馆 Von-der-Heydt-Museum 内的藏品也十分丰富，很值得一看。

霍姆布洛伊美术馆 / 兰根基金会美术馆
Stiftung Insel Hombroich & Langen Foundation　　MAP p.102-B2

　　诺伊斯 Neuss 位于杜塞尔多夫的附近，在这座城市郊外的森林中有一个美术馆建筑群，这便是霍姆布洛伊美术馆。这里也是世界上比较稀有的"公园"美术馆，十几栋展示室就像融入在树丛中一样散落布局。一栋栋个性十足的展示室本身也是作品，游客们可以拿着地图在林间漫步寻找

由安藤忠雄设计的兰根基金会美术馆

各种作品。如果从杜塞尔多夫出发，可以乘坐 Ⓢ11 路在 Neuss Süd 站下车，然后换乘去往 Grevenbroich 方向的 869 路或者 877 路巴士，在 Insel Hombroich 站下车，步行 3 分钟即到。

　　按照霍姆布洛伊美术馆的指示牌向西北方向步行大约 1 公里，便是兰根基金会美术馆 Langen Foundation 了。直到 20 世纪 90 年代这周围一直都是 NATO 的导弹发射基地，现在被改建成了艺术与自然相结合的场所。

绿树丛中的乐园——霍姆布洛伊美术馆

足球与现代艺术之城门兴格拉德巴赫
Mönchengladbach　　　　　　　　　　　　　MAP p.102-B1

　　从杜塞尔多夫乘坐 RE 快速大约 25 分钟便可到达这座城市，这里因老牌的德甲劲旅门兴格拉德巴赫普鲁士体育锻炼俱乐部（普鲁士 MG）被大众所熟知，另外这里还拥有不少现代美术的爱好者必看的美术馆。

　　中央车站前西南向的步行街兴登堡街 Hindenburgstr. 是这座城市最主要的大街。

　　从中央车站步行约 15 分钟便可到达这座城市引以为豪的阿布泰贝格博物馆 Museum Abteiberg。这座博物馆因建筑大师汉斯·霍莱恩创新的设计而闻名。馆内珍藏有 20 世纪 60~90 年代约瑟夫·博伊斯的装置艺术和行为艺术作品，以及曼·雷的摄影作品等。

●海德博物馆
　Turmhof 8
　www.von-der-heydt-museum.de
　周二~周日　11:00~18:00
　（周四至 20:00）
　周一
　€ 12~、特展单收费

●霍姆布洛伊美术馆
　Minkel 2　D-41472 Neuss-Holzheim
　inselhombroich.de
　4~9 月　　10:00~19:00
　10 月　　　10:00~18:00
　11 月~次年 3 月10:00~17:00
　12/24·25·31、1/1
　附带咖啡馆简餐券（11:00~闭馆前 1 小时营业）€ 15，学生 € 7

●兰根基金会美术馆
　Raketenstation Hombroich 1　D-41472 Neuss
　www.langenfoundation.de
　10:00~18:00
　冬季休业，馆内更换作品时会不定期休业，请通过上述官网查询具体时间
　€ 7.50、学生 € 5，与霍姆布洛伊美术馆的联票价格是 € 20，学生 € 11

●阿布泰贝格博物馆
　Abteistr. 27
　www.museum-abteiberg.de
　周二~周五　11:00~17:00
　周六·周日　11:00~18:00
　周一
　€ 7

⚽ 足球场信息

●普鲁士公园体育场
Borussia-Park
　www.borussia.de
　普鲁士 MG 的主场。位于城市南部郊外的普鲁士公园内。
　距离这里最近的火车站是赖特站 Rheydt Hbf，比赛日可以在 4 号线前乘坐穿梭巴士前往赛场。比赛前 3 小时有从门兴格拉德巴赫中央车站前的广场 Europaplatz 巴士中心发车的 017 路巴士，可以直通赛场。持有比赛门票者均可以免费乘坐上述两趟巴士。

✉ 投稿　去往霍姆布洛伊美术馆，可以在 Neuss 站换乘 RB（平日每小时 2 趟车左右），坐一站地在 Holzheim 站下车，步行 2 公里也可以到达。周边没有商店和餐饮店。

杜塞尔多夫的餐馆
Restaurant

说到杜塞尔多夫的地方啤酒，不能不提的当数老啤酒 Altbier。发酵的啤酒用 200mL 或 250mL 的小玻璃杯饮用，别有一番情趣。名料理是莱茵醋焖牛肉 Rheinischer Sauerbraten（→ p.105）。沿着依姆曼大街 Immermann 和 Klosterstr. 漫步，已经完全融入当地氛围中的日本料理店数量之多让人有点吃惊。另外，还有店外排起长龙队的拉面店，许多德国人都在这里吃拉面。甜品的话一定要试试海涅曼咖啡馆的蛋糕和巧克力。

帆船啤酒餐厅
Brauerei Zum Schiffchen
◆自 1628 年开始营业的老铺

据说 1811 年拿破仑曾经到访过这间店铺。在这里你可以品尝到菜量十足的德国传统料理。自制的啤酒也受到食客们的好评，价格是€ 2.10~。名料理莱茵醋焖牛肉的价格是€ 17.80。还设有啤酒花园。

啤酒餐厅	Map p.118-B2
🏠 Hafenstr. 5	
☎ (0211) 132422	
🌐 www.brauerei-zum-schiffchen.de	
🕐 11:30~24:00	
休 部分周日、节日、年末年初	
💳 A D J M V	

阿加塔餐厅
Restaurant Agata's
◆米其林一星的美食餐厅

2015 年荣获米其林一星餐厅称号。菜谱上的主菜价格为€ 30~，午餐套餐价格很实惠为€ 25.50~。在这里可以品尝到新鲜的肉类和鱼类料理，以及时令鲜蔬制成的色彩鲜艳的美食。

高级餐厅	Map 地图外
🏠 Münsterstr. 22	
☎ (0211) 20030616	
🌐 www.agatas.de	
🕐 周二 ~ 周六	12:00~14:30
	18:00~22:00
节日	19:00~21:00
休 周日·周一 💳 A M V	

安娜阿姨红酒餐厅
Weinhaus Tante Anna
◆名为"安娜阿姨"的高级餐厅

这间餐厅是由建于 16 世纪的礼拜堂而改建的。建议去的时候提前预约。主菜是€ 25~，有点高端。另外还有素食和鱼类料理的菜谱。葡萄酒的种类也相对比较齐全。

德国菜	Map p.118-A2
🏠 Andreastr. 2	
☎ (0211) 131163	
🌐 www.tanteanna.de	
🕐 周二 ~ 周六 18:00~23:30	
休 周日·周一·节日（会展期间除外） 💳 A J M V	

海涅曼咖啡馆
Café Heinemann
◆绝品的香槟特拉伏勒巧克力

开业于 1932 年的、以经营自制蛋糕和巧克力而闻名的老铺。香槟特拉伏勒巧克力 Champagne Trüffel 是这里的明星产品。虽然市内有多家分店，但是这家店铺位于购物街内，二层是比较宽敞的咖啡厅空间，可以在购物途中到这里歇歇脚。这里也可以用餐。

咖啡馆	Map p.118-B3
🏠 Martin-Luther-Platz 32, Vereinsbank Passage	
☎ (0211) 132535	
🌐 www.konditorei-heinemann.de	
🕐 周一 ~ 周五	9:00~19:00
周六	9:00~18:30
周日	10:00~18:00
💳 A D M V	

浪速拉面店
Naniwa
◆德国人也经常在这里排队的拉面店

开店前就开始有食客在店外排队等候的人气拉面店。德国当地的客人也有不少。右图是拉面和煎饺子套餐€ 11（平时的午餐时间是€ 9.50）。

日本料理	Map p.119-B3
🏠 Oststr. 55	
☎ (0211) 161799	
🌐 www.naniwa.de	
🕐 周三 ~ 下周一 11:30~22:30	
休 周二	
💳 M V	

去 KIKAKU（✉ Map p.119-B3）吃了平时的午餐套餐。每天更替定食一共有 3 种，米饭很好吃，还附赠小菜和甜品只需€10，还是相对较为便宜的。平日午餐只限周一、周四、周五。详细请参考 www.kikaku.de

122

杜塞尔多夫的酒店
Hotel

这里是一座商业城市，几乎很少有便宜的酒店，尤其是展会期间（可以通过官网查询 🔳 www.messe-duesselodrf.de）住宿价格会上涨。届时各个酒店的住宿金额几乎都是按照上限金额计算的，所以不如选择住宿在周边的城市，然后来杜塞尔多夫一日游。

从中央车站老城城区一侧的出口出来以后，左侧的一条斜着的道路是 Graf-Adolf-Str.，这条道路周边以及与之交会的 Oststr. 周边有几家中档酒店。

施泰根博阁公园酒店
Steigenberger Parkhotel
◆一家传统的酒店，服务十分到位

位于宫廷花园的南侧，莱茵德意志歌剧院附近，是一家既高档又有格调的酒店。地理位置对于旅游和购物来说都十分方便。有 Wi-Fi 设施（公共区域免费，客房内使用需要单独付费）。

高级酒店　Map p.118-B2
- Königsallee 1a D-40212
- ☎（0211）13810
- FAX（0211）1381592
- URL www.duesseldorf.steigenberger.de
- Ⓢ€275~ Ⓣ€315~ 早餐另收费
- ADJMV

日航酒店
Nikko
◆深受商务人士喜爱的酒店

建于依姆曼大街 Immermann 上的高级酒店。11 层有室内游泳池和健身房、SPA 等设施，可以在这里放松一下。酒店内还有日本料理店"弁庆"，寿司和铁板烧的味道都很不错。有 Wi-Fi 设施。

高级酒店　Map p.119-B3
- Immermannstr. 41 D-40210
- ☎（0211）8340
- FAX（0211）161216
- URL www.nikko-hotel.de
- Ⓢ€115~ Ⓣ€145~ 早餐另收费
- ADJMV

杜塞尔多夫布恩斯艺术酒店
Burns Art Hotel Düsseldorf
◆高品位的艺术酒店

整个酒店被时尚的设计和众多艺术作品包围着。距离中央车站步行仅需 6 分钟，步行就可到达购物的区域。一层有一间泰国餐厅（比较高级）。酒店和餐厅都会在每年的 12 月下旬至次年 1 月上旬不休业。有免费 Wi-Fi 设施。

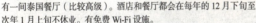

中档酒店　Map p.119-B3
- Bahnstr. 76 D-40210
- ☎（0211）7792910
- FAX（0211）77929177
- URL www.hotel-burns.de
- Ⓢ€83~ Ⓣ€108~ 早餐另收费，有周末折扣
- ADJMV

杜塞尔多夫背包客旅馆
Backpackers Düsseldorf
◆如果想找便宜的住宿设施，就选这里！

距离中央车站步行需 15 分钟。或者可以从中央车站乘坐前往 Hafen/Lausward 方向的巴士 725 路，大约乘坐 6 分钟，在 Corneliusstr. 站下车。有公用的厨房可供使用，还有免费的网络可用。早餐是很简单的食物。

青年旅舍　Map p.118-B2 外
- Fürstenwall 180 D-40215
- ☎（0211）3020848
- FAX（0211）3020858
- URL www.backpackers-duesseldorf.de
- 附带早餐大房间（4~10 人间）
- €18.50~ 床单费€3
- 不可使用

青年旅舍
Jugendherberge & Gästehaus
◆莱茵河附近的青年旅舍

从中央车站乘坐 Ⓤ70、74、75、76、77 路中的任意一趟，在第五站 Luegplatz 站下车，步行 10 分钟即到。也可以乘坐从中央车站前往 Hafen 方向的 725 路巴士，在 Kirchplatz 站下车，然后换乘前方 Seetern 方向的 835 路或者 836 路巴士到 Jugendherberge 站下车。旅舍离莱茵河很近，而且外观建筑十分漂亮。前台接待是 24 小时的，有 Wi-Fi 设施可供使用。

青年旅舍　Map p.118-B1 外
- Düsseldorfer Str. 1 D-40545
- ☎（0211）557310
- FAX（0211）572513
- URL www.duesseldorf.jugendherberge.de
- 附带早餐€24.90、Ⓢ€53.40~
- Ⓣ€76.80~（展会期间费用上调）
- 不可使用

投稿　CVJM（🔳 Map p.119-B4 　www.cvjm-duesseldorf-hotel.de ）位于中央车站附近，附带早餐，有免费Wi-Fi，附带市内交通通票，住宿费用是€55。→CVJM是德国的YMCA

MAP ◆ p.102-B1

人　口　241700人

长途区号　0241

ACCESS

铁路：从科隆发车的班次最多，乘坐 ICE 约需 35 分钟，RE 约需 1 小时。去往巴黎、布鲁塞尔方向的国际快速列车也在这里停靠。

ⓘ 亚琛的旅游服务中心

🏠 Friedrich-Wilhelm-Platz
D-52062 Aachen
☎ （0241）1802950
📠 （0241）1802930
🖥 www.aachen-tourist.de
🕐 周一～周五　10:00~18:00
　　周六　　　　10:00~14:00
4/1~12/24 的周六 · 周日 · 节日期间 10:00~15:00 也会开放。

世界遗产

亚琛大教堂
（1978 年被列为世界遗产）

●大教堂
🏠 Domhof 1
🖥 www.aachendom.de
🕐 7:00~19:00（1~3 月 ~18:00）
※ 但是 7:00~11:00（周六 · 周日~12:30）的礼拜中谢绝参观。
🎫 € 1。由导游带领的解说团是 € 4（报名地点在珍宝馆前的信息中心）

●珍宝馆
🏠 Johannes-Paul-II-Str.
🖥 www.aachendom.de
🕐 1~3 月
　　周一　　　　10:00~13:00
　　周二～周日　10:00~17:00
　　4~12 月
　　周一　　　　10:00~13:00
　　周二～周日　10:00~18:00
🎫 1/1、狂欢节期间、耶稣受难日、12/24 · 25、31
🎫 € 5

●索尔蒙特·路德维希博物馆
🏠 Wilhemstr. 18
🖥 www.suermondt-ludwig-museum.de
🕐 周二～周五　12:00~18:00
　　（周三 ~20:00）
　　周六 · 周日　11:00~18:00
🕐 周一　🎫 € 5

亚琛 *Aachen*

深受查理大帝喜爱的古老的温泉之乡

亚琛是德国最西部的城市，从公元前 3 世纪开始便被古罗马人作为温泉地使用。随后，日耳曼民族的一支法兰克人迁移并定居于此，给它命名为亚琛（Ahha），在他们的语言中，Ahha 是水的意思。

世界遗产大教堂周围是古香古色十分有韵味的地区

法兰克族的国王查理大帝十分喜爱亚琛，并把这里定为了法兰克王国的首都，他晚年的大部分时光都是在这里度过的。

亚琛　漫　步

景点大都集中在老城区，步行就完全可以转完。虽然有通往老城区的巴士，但是从中央车站步行前往只需要 10 分钟左右。背对车站沿着伸向斜右方的班霍夫大道 Bahnhofstr. 前行，在剧院街 Theaterstr. 左转。走过耸立于道路尽头的市立剧院 Stadttheater，向右前行会到达 ⓘ 所在的腓特烈·威廉广场 Friedrich-Wilhelm-Platz。在 ⓘ 的转角处转弯便可看到大教堂 Dom 的尖塔了，主要景点都位于这一区域附近。

亚琛　主要景点

美丽无比的大教堂　　　　世界遗产
Dom　　　★★

9 世纪初期建造的八角形穹隆屋顶的大教堂，曾经是查理大帝的礼拜堂。建筑外观样式是罗马式和哥特式的混合体。

大教堂的西侧是珍宝馆 Domschatzkammer，内有查理大帝的金色半身像，以及代表着查理大帝及其帝国辉煌的各式展品。

金碧辉煌的圣坛

索尔蒙特·路德维希博物馆
Suermondt-Ludwig-Museum　　　★★

虽然外观并不起眼，但是馆内的藏品内容相当丰富。有油画、版画、素描以及中世纪末期德国以及蒂罗尔地区的木雕圣像等精美的展品。

拥有优雅氛围的温泉设施 卡洛斯温泉

Carolus Thermen　　　　　　　　　　★★

　　位于市立公园一角处的大型温泉设施。温泉水中富含有钠、镁、碳酸氢铵等矿物质，对风湿、妇科疾病以术后康复都有一定的辅助效果。设施内有水温33℃的大型温泉池和冲浪浴池、桑拿、按摩、美体等设施，即便是旅行者也可以来这里放松一下。

● 卡洛斯温泉
- ⊞ Stadtgarten/Passstr. 79
- ☎ （0241）182740
- ⊞ www.carolus-thermen.de
- 圏 每天 9:00~23:00（入场截至 21:30，洗浴截至 22:40）
- 圏 2 小时 30 分钟 € 12（包含桑拿 € 26）、周六·周日·节日是 € 13（€ 28）。儿童需满 6 岁以上方可入场。

亚琛烤饼

　　亚琛烤饼 Aachener Printen 是亚琛的名特产，是一种曲奇风格的甜点，有点类似于蜜饯姜饼（→ p.133）。在大教堂周围有好几家面包房都有销售，尤其是开创于 1858 年的老铺 Nobis（⊞ Münsterplatz 3　⊞ www.nobis-printen.de），口味比较多。店内附设有咖啡厅。

根据店铺的不同，亚琛烤饼也有许多种类

亚琛的酒店
Hotel

比荷卢酒店
Hotel Benelux

◆出了中央车站向西北方向步行约 10 分钟可到，从酒店去往大教堂等主要景点步行 10 分钟之内均可到达。共有 33 间客房，是一家中档酒店。圣诞节至新年期间休业。只能在酒店大堂使用 Wi-Fi。

　　　　　　　　　　　　　　　　　Map p.125
- ⊞ Franzstr. 21-23 D-52064
- ☎（0241）400030　FAX（0241）40003500
- ⊞ www.hotel-benelux.de
- 圏 Ⓢ € 80~115　Ⓣ € 110~179
- 🈀 A D J M V

青年旅舍
Jugendgätehaus

◆从距离中央车站 200 米的巴士站 Misereor 乘坐 2 号去往 Preuswald 方向的巴士，在 Ronheide 站下车。可以在公共区域使用 Wi-Fi（付费）。12/24~26 期间不营业。

　　　　　　　　　　　　　　　　　Map 地图外
- ⊞ Maria-Theresia-Allee 260 D-52074
- ☎（0241）711010　FAX（0241）7110120
- ⊞ www.aachen.jugendherberge.de
- 圏 带早餐 € 22.40　Ⓢ € 47.40　Ⓣ € 72.80

编外话　科文博物馆（⊞ Hühnermarkt 17　⊞ www.couven-musrum.de）。主要收藏了科文兄弟收集的洛可可风格的家具、陈设等物品。在此可以了解18~19世纪的文化生活。⊞ 10:00~18:00（每月第一个周六是13:00~）圏周一

柏林
埃森
法兰克福
慕尼黑

埃森 *Essen*

鲁尔地区的中心城市，这里有被列为世界遗产的煤矿遗址

包豪斯风格的关税同盟煤矿的建筑物，号称是世界上最美的煤矿

MAP◆p.102-A2

人　口	569900 人
长途区号	0201

ACCESS

铁路：从科隆乘坐 IC 或者
ICE 特快约需 50 分钟，从多
特蒙德大约需要 20 分钟。

❶ 埃森的旅游服务中心

🏠 Im Handelshof Am Hauptbahnhof
2 D-45127 Essen
中央车站北侧对面。

☎ (0201) 19433

🌐 essen.de

🕐 周一～周五　　9:00~17:00
周六　　10:00~13:00

世界遗产

埃森郊外
关税同盟煤矿
（2001 年被列为世界遗产）

● 弗柯望博物馆

🏠 Museumsplatz 1

🌐 www.museum-folkwang.de

🕐 周二～周日　10:00~18:00
（周五 ~22:30）

💰 常设展免费。特展另行收费

● 关税同盟煤矿

🏠 Gelsenkirchener Str. 181

交通线路 从埃森中央车站地下
乘坐开往 Gelsenkirchen 方向的
107 路路面电车，大约需
要 20 分钟，在 Zollverein 站
下车即到。

🌐 www.zollverein.de

　　埃森是钢铁财阀集团的大本营，从第二次世界大战前便是鲁尔地区的中心城市，十分繁荣。主要景点都集中在中央车站的南北两侧。

　　从中央车站向南步行 15~20 分钟便可到达弗柯望博物馆 Museum Folkwang，这里的法国印象派和德国表现主义的名画展非常值得一看。

　　距离市中心西北约 4 公里处是关税同盟煤矿 Zollverein，这座煤矿是埃森最后的煤矿，一直经营到 1986 年。矿区拥有广阔的占地面积，现在已经成了一座综合文化设施，有焦炭工厂 Kokelei、博物馆、画廊、设计中心等。

　　最主要的参观景点是位于正面前方里侧的巨大建筑——鲁尔博物馆 Ruhr Museum，这里展示了鲁尔地区的产业、自然、历史、文化等相关内容。

　　如果你比较喜欢设计方面的内容，不妨参观一下这里的红点设计博物馆 red dot design museum。

鲁尔博物馆外墙上装置了长 58 米的扶梯。最顶层是售票处、商店和咖啡馆

⚽ 足球场信息

● 维尔廷斯球场 VELTINS-Arena

🌐 www.veltins-arena.de（德）

　　位于埃森的郊外，是盖尔森基兴队、FC 沙尔克 04 的主场。

交通线路 从埃森中央车站乘坐 RE 快速或者 RB（普通）需要 8 分钟，乘坐开往多特蒙德方向的 Ⓢ2 需要 11 分钟到达盖尔森中央车站。然后换乘从中央车站地下站台发往 Buer Rathaus 方向的302 路地面有轨电车，大约 15 分钟在 VELTINS-Arena 站下车。步行 3 分钟便可到达足球场。

● 雷维尔电力体育场 Rewirpower STADION
（原名鲁尔球场 Ruhr Stadion）

🌐 www.vfl-bochum.de（VfL 波鸿队的官网）

　　位于埃森郊城的全部观众席都带有顶篷的足球专用体育场，观赛舒适度很高。体育场的周围有售票处 & 粉丝商店、练习场、酒店等。

交通线路 从波鸿中央车站乘坐 306、308 或者 318 路路面电车，然后在第二站 RewirpowerSTADION 站下车。

投稿 为了看沙尔克的比赛，去了雷维尔电力体育场。球票是在球队的官网上购买的，可以邮寄到国内。而且，球票还可以作为从杜塞尔多夫至球场的公共交通车票。

多特蒙德 *Dortmund*

热爱足球和啤酒的城市

坎普大街上川流不息的购物人群

Köln /Ruhrgebiet

柏林
★多特蒙德
·法兰克福
·慕尼黑

科隆与鲁尔地区

埃森／多特蒙德

MAP◆p.103-A3

人　口	575900人
长途区号	0231

ACCESS

铁路：乘坐IC、ICE从科隆出发大约需要1小时10分钟，从埃森出发需要20分钟。如果从法兰克福出发大约需2小时30分钟（有时需要换乘），从杜塞尔多夫出发需要大约50分钟。

❶ 多特蒙德的旅游服务中心
⊞ Max-von-der-Grün-Platz 5-6
　 D-44137 Dortmund（中央车站南侧出口的对面）
☎（0231）189990
📠（0231）18999333
🌐 www.dortmund-tourismus.de
🕐 周一～周五　10:00~18:00
　 周六　　　　10:00~15:00

推荐酒店

🏨 NH 多特蒙德酒店
NH Dortmund
⊞ Königswall 1 D-44137
☎（0231）90550
📠（0231）9055900
🌐 www.nh-hotels.com
💶 1人€80~160

距离中央车站步行约3分钟即到的四星级酒店。所有房间都是宽敞的套间房型。有免费Wi-Fi。球赛日准备人住的话，建议提早预订。

曾经是汉萨同盟最重要城市的多特蒙德虽然拥有古老的历史，但如今已经发展为现代化的近代工商业城市。另外，还是与慕尼黑齐名的啤酒城市，来到这座城市一定要尝尝刚刚酿造的鲜啤酒。

从中央车站的南出口出来之后，沿着站前广场一直走，沿步行者专用的宽敞阶梯朝着彼得教堂的塔楼方向走，可以到达商业步行街坎普大街Kampstr.。这条大街是东西向延伸的，老集市广场Alter Markt的周围是整座城市的中心，有不少百货商场、购物廊、餐厅等。另外，普鲁士多特蒙德队的市内球迷商店也位于老集市广场上。

位于中央车站附近的艺术文化博物馆Museum für Kunst und Kulturgeschichte内有各时代的绘画、雕像、家具等展示品。

老集市广场上的啤酒餐厅

高45米，世界上最大的圣诞树矗立于圣诞市场上

 足球场信息

●西格纳伊度纳公园
Signal Iduna Park
（原名"威斯法伦体育场"）
🌐 www.bvb.de（普鲁士多特蒙德队的官网）
交通线路 从中央车站乘坐去往Westfalenhallen方向的Ⓤ45，在终点下车，步行8分钟。列车在比赛当天，会一直延长运行到离体育场更近的Stadion站。如果准备乘坐DB的话，可以选择RB（普通列车），5分钟后在Dortmund Signal Iduna Park站下车，步行5分钟。

欧洲可容纳人数最多的球门后看台，观看比赛十分有震撼力

柏林
明斯特
法兰克福
慕尼黑

MAP◆p.103-A3

人　口　299700
长途区号　0251

ACCESS

铁路：从汉堡出发乘坐 IC 特快大约需要 2 小时 15 分钟，从科隆出发约需 1 小时 45 分钟。

❶ 明斯特的旅游服务中心
🏠 Prinzipalmarkt 10 D-48143 Münster
☎（0251）4922724
🖥 www.tourismus.muenster.de
🕐 周二～周五　10:00~17:00
　　周六·周日·节日　10:00~16:00
●市政厅 和平大厅
🏠 Prinzipalmarkt
🕐 周二～周五　10:00~17:00
　　周六·周日·节日　10:00~16:00
※ 举办官方活动时不可参观
💶 €2、学生€1.50

大教堂内部的天文时钟附带钟琴，平时 12:00 开始演奏，周日和节日是 12:30 开始演奏

推荐酒店

🏨 凯撒霍夫大酒店 Kaiserhof
🏠 Bahnhofstr.14 D-48143
☎（0251）41780
📠（0251）4178666
🖥 www.Kaiserhof-muenster.de
💶 Ⓢ€99~204 Ⓣ€119~224 早餐另收费
💳 ADMV
　建于中央车站的斜对面。整体风格偏古典。设备良好，有空调。有免费 Wi-Fi。

明斯特 *Münster*

中世纪气息犹存的历史舞台城市

历史气息浓厚的市政厅（照片中央的建筑物）

　　想必各位读者在世界史的教科书中读到过《威斯特伐利亚和约》，这一结束了三十年战争的和平条约就是在威斯特伐利亚地区的明斯特（奥斯纳布吕克）发布的。

　　沿着背对着中央车站的温特霍斯特大街 Windthorststr. 前行 500 米左右，便是热闹的步行街 Ludgeristr.，再往北走便是市政厅 Rathaus。缔结了上述合约的和平大厅 Friedenssaal 就位于市政厅内，除此之外 ❶ 也在里面。建有市政厅的普林齐帕尔集市广场 Prinzipalmarkt 的北侧是伯根街 Bogenstr.，这条街上有不少北方文艺复兴时期风格的优雅建筑。

　　建于 13 世纪的大教堂 Dom，是德国具有代表性的哥特式建筑之一。教堂前的广场在每周三和周六会举办售卖蔬菜和水果的市场。

　　明斯特西南部的阿湖（Aasee）湖畔有一座磨坊农庄露天博物馆 Mühlenhof-Freilichtmuseum。

　紧邻中央车站的一座玻璃外墙的停车场可以容纳3300辆自行车（🖥 www.radstation-ms.de），是德国最大的自行车停车场。明斯特市内的自行车道十分发达，还有4.5公里的自行车环城骑行线路。有空的话不妨租辆自行车（租借点位于停车场内）试试看。

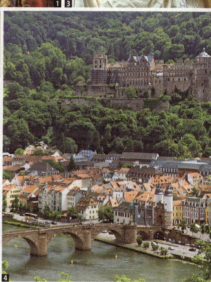

1. 每年都会十分热闹的纽伦堡圣诞市场
2. 啤酒非常好喝的拜罗伊特的餐厅
3. 纽伦堡的圣诞天使
4. 非常美丽的海德堡的古堡和内卡尔河河景

Du bist schön. ♥

海德堡与古堡之路
Heidelberg / Die Burgenstraße

海德堡与古堡之路

铁路
88 高速公路
主干道
城堡
修道院、教堂
山

45

法兰克福
Frankfurt am Main

哈瑙
Hanau

奥芬巴赫
Offenbach

法兰克福国际机场

阿沙芬堡
Aschaffenburg

5

67

A

达姆施塔特
Darmstadt

3

美因河
Main

维尔茨堡
Würzburg

洛尔施
Lorsch

Bensheim

米歇尔施塔特
Michelstadt

米尔滕贝格
Miltenberg

陶伯河
Tauber

67

5

奥登林山
Odenwald

Tauberbischofsheim

Lauda

莱茵河 Rhein

凯撒斯劳滕方向

曼海姆
Mannheim

海德堡
Heidelberg

希尔施霍仑古堡酒店

埃伯巴赫
Eberbach am Neckar

巴特梅根特海姆
Bad Mergentheim

魏克斯海姆
Weikersheim

81

Neckarsteinach

Neckargemünd

Mosbach

Schrozberg

亚格斯特河 Jagst

施派尔
Speyer

霍根海姆
Hockenheim

Sinsheim

辛斯海姆交通
技术博物馆

巴特温普芬
Bad Wimpfen

霍恩伯格古堡酒店

Jagsthausen

Langenburg

6

Bad Friedrichshall

5

布鲁赫萨尔
Bruchsal

海尔布隆
Heilbronn am Neckar

Weinsberg

Öhringen

霍恩洛厄
户外博物馆

施韦比施哈尔
Schwäbisch Hall

孔堡修道院教堂

Vellberg

B

81

内卡河
Neckar

Bietigheim Bissingen

普福尔茨海姆
Pforzheim

8

N

0   10   20km

斯图加特
Stuttgart

Schwäbisch Gmünd

1   2

科堡
Coburg

Kronach

巴特基辛根
Bad Kissingen

Küps

Lichtenfels

库尔姆巴赫
Kulmbach

美因河 Main

Schweinfurt

拜罗伊特
Bayreuth

班贝格
Bamberg

Ebermannstadt

Gößweinstein

Pottenstein

Forchheim

赫佐格奥拉赫
Herzogenaurach

埃朗根
Erlangen

克雷格林根
Creglingen

Fürth

纽伦堡
Nürnberg

罗滕堡
Rothenburg ob der Tauber

Colmberg

古堡之路

安斯巴赫
Ansbach

Lichtenau

Neumarkt

Schillingsfürst

Abenberg

Roth

Wolframs Eschenbach

Feuchtwangen

Crailsheim

丁克尔斯比尔
Dinkelsbühl

柏林

法兰克福

讷德林根
Nördlingen

Aalen

慕尼黑

Harburg

多瑙河 Donau

Donauwörth

3

4

海德堡与古堡之路

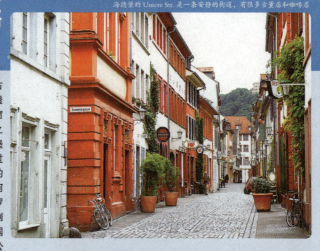
海德堡的 Untere Str. 是一条安静的街道，有很多古董店和咖啡店

德国是一个多古堡的国家。旅途中透过汽车或火车的车窗可以看到位于山丘之上的美丽古堡。古堡之路是从曼海姆经过以大学及古堡著称的海德堡、内卡尔河河谷的乡村小镇，到罗滕堡、纽伦堡，再到捷克布拉格的一条国际旅游线路。虽然公共交通非常便利，但至今还尚未成为旅游区。所以游客能够在这里见到日常生活中的德国。道路两边有 70 多座城堡及宫殿，可以听到浪漫的中世纪传说和故事。

游览提示

从海德堡一直延伸至海尔布隆的内卡尔河河谷沿途，有很多美丽的城堡，与莱茵河畔的古堡地带相比有着不同的韵味，但美丽程度毫不逊色。这一段路可以说是古堡之路的亮点，可以从海德堡出发游览城堡及城堡周边的小镇。前往这里介绍的小镇都有从海德堡发车的直达或中途换乘的列车可以乘坐，不过车次不多。

在夏季的内卡尔河河谷，游客可以从海德堡乘船前往希尔施霍仑古堡、埃伯巴赫（仅限周日开行）。

最方便的游览方式还是租车自驾。从海德堡沿内卡尔河畔的 37 号国道前行，可以欣赏到美丽的风光。一路上还可以游览许多古堡以及去餐厅品尝美食。

住宿指南

除了海德堡和纽伦堡，沿途很少有大型酒店，基本上都是小旅馆。沿古堡之路游览，建议一定要住一次古堡酒店（→ p.40）。夏季要提早预约。在冬季有的古堡酒店会停业，需注意。

被葡萄种植园围绕的霍恩古堡

乘坐从海德堡经埃伯巴赫开往海尔布隆的列车可以远眺巴特温普芬的街景

特产与美食

东西向的古堡之路上，根据沿途的地域不同可以品尝到多种类型的酒。内卡尔河河谷沿岸有许多葡萄种植园，这里也是葡萄酒的名产地。在古堡酒店或者有些餐厅内，还可以品尝到自制的葡萄酒。尤其是霍恩伯格古堡酒店Burghotel Hornberg（→p.40）的葡萄酒最为著名。

喜欢喝啤酒的游客，不妨在地方啤酒十分著名的纽伦堡、班贝格、库尔姆巴赫等地，品

名曰"海德堡学生之吻"的巧克力外观设计是复古风格的

尝一下刚刚酿造出来的新鲜啤酒。另外，中指大小的纽伦堡香肠也是必尝美食。一种叫作蜜饯姜饼 Lebkuchen 的硬曲奇是纽伦堡的名点。

海德堡的名特产是"海德堡学生之吻"（→p.140）果仁巧克力。

上／面包夹纽伦堡香肠味道不错，值得推荐
右／使用炭火烤的脆脆的纽伦堡香肠

上／班贝格的地方啤酒，烟熏啤酒
右／蜜饯姜饼是一种加入香辛料的曲奇

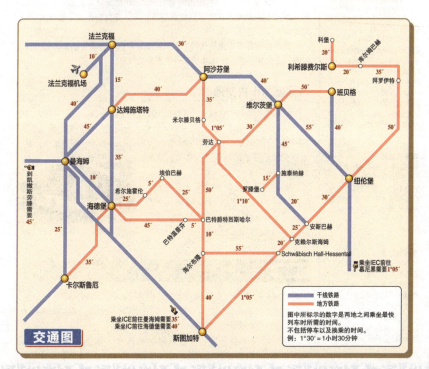

交通图

法兰克福
法兰克福机场
达姆施塔特
米尔滕贝格
阿沙芬堡
劳达
曼海姆
埃伯巴赫
希尔施霍伦
巴特温普芬
海德堡
巴特腊普茨芬
巴特腊特烈斯哈尔
海尔布龙
卡尔斯鲁厄
维尔茨堡
施泰纳赫
罗滕堡
克赖尔斯海姆
Schwäbisch Hall-Hessental
安斯巴赫
纽伦堡
科堡
利希滕费尔斯
库尔姆巴赫
拜罗伊特
班贝格
斯图加特

到凯撒斯劳滕需要45′
乘坐ICE前往慕尼黑需要1°05′
乘坐ICE前往曼海姆需要35′
乘坐IC前往海德堡需要40′

干线铁路
地方铁路
图中所标示的数字是两地之间乘坐最快列车时所需的时间。
不包括停车以及换乘的时间。
例：1°30′＝1小时30分钟

30′ 10′ 15′ 40′ 40′ 45′ 35′ 10′ 25′ 25′ 45′ 35′ 25′ 10′ 55′ 40′ 1°05′ 20′ 20′ 35′ 50′ 40′ 50′ 55′ 45′ 30′ 25′ 20′ 15′ 1°10′ 30′ 1°05′

133

海德堡 *Heidelberg*

充满情趣的风景，让每个人都成为诗人

从哲学家之路远眺海德堡城堡及老城区

MAP◆p.130-B1

人 口	152100 人
长途区号	06221

ACCESS

铁路：乘 IC 特快从法兰克福中央车站出发约 50 分钟，乘 RE 快车从曼海姆出发约 10 分钟。

巴士：从法兰克福机场（1 号航站楼 B 厅）乘坐汉莎航空机场巴士（→p.49）前往海德堡的皇冠假日酒店（→p.141），约 1 小时可到达。

ℹ️ **海德堡的旅游服务中心**

🏢 Willy-Brandt-Platz 1（am Hauptbahnhof）D-69115 Heidelberg 中央车站前广场
🗺️ Map p.135-A1
☎️ （06221）5844444
📠 （06221）584644444
🖥️ www.heidelberg-marketing. de
📅 4~10月
　周一～周六　　9:00~19:00
　周日·节日　10:00~18:00
　11月～次年 3月
　周一～周六　　9:00~18:00

● **市内交通**
　从中央车站驶往老城区（至卡尔斯门）的有轨电车、巴士票价€1.60。上车后，应将车票插入位于车门附近的橙色检票机内，并打上时刻。

● **海德堡卡**
　凭 Heidelberg CARD 可在有效期限内随意乘坐市内的公共交通工具，该卡还包括城堡门票及索道缆车往返车票，1 日卡€15，2 日卡€17。还有 4 日卡与家庭卡（2 日）。在中央车站前的旅游服务中心有售。

海德堡位于莱茵河支流内卡尔河河畔，有德国最古老的大学，还有山上的古堡及巴洛克风格的市内建筑。从 18 世纪开始，歌德、荷尔德林、肖邦等许多诗人及艺术家都曾造访此地，并且创作出了歌颂这座城市的作品。

市中心有许多历史悠久的学生酒吧及古董店等充满怀旧情调的店铺。走在街上的学生们，给这座城市带来青春的气息。

海德堡的市内交通

从中央车站前往老城区的入口俾斯麦广场 Bismarckplatz，可乘坐 32、33、34 路巴士，全程 1.5 公里左右。32 路巴士，经过俾斯麦广场后，还将驶往位于老城区中心地带的大学广场 Universitätsplatz，那里是终点站。从中央车站前往俾斯麦广场还可以乘坐 5、21 路有轨电车。

去往可到达城堡的缆索登山火车乘车站，可以乘坐 33 路（Köpfel 方向）巴士，在 Rathaus/Bergbahn 下车即到，步行 5 分钟可到达集市广场。

从中央车站旁的巴士站发车

海德堡 漫 步

从俾斯麦广场向东延伸的豪普特街 Hauptstr. 是老城区的主要街道。这条热闹的步行街两侧是百货商场、纪念品店、服饰店、餐馆。步行 10 分钟左右，可到达大学广场。

继续沿豪普特街前行，就是建有圣灵教堂 Heiliggeistkirche 及市政厅 Rathaus 的集市广场 Marktplatz。再往前走，右侧就是谷物广场

投稿 花€2可以登上圣灵教堂的塔，从那里能看到美丽的海德堡街景。开放时间为11:00~17:00（周日12:30~），冬季仅在周五·周六·周日开放。

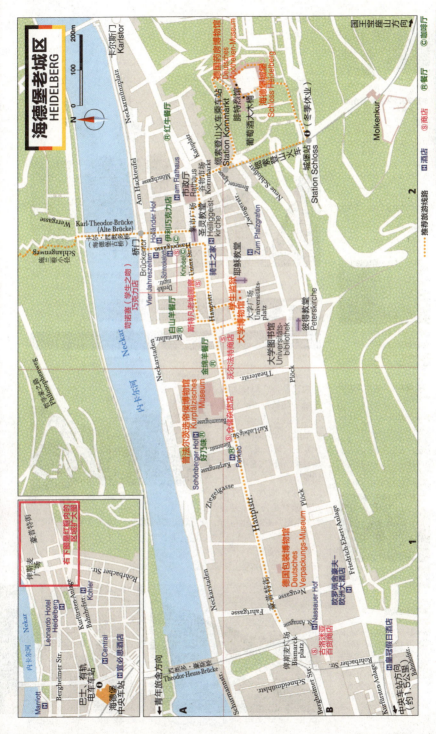

海德堡老城区
HEIDELBERG

N 0 100 200m

卡尔斯门 Karlstor

国王宝座山方向

© 咖啡厅
海德堡古堡与之路

Neckarmünzplatz

海德堡火车乘车站 Station Kornmarkt

德国药房博物馆 Deutsches Apotheken-Museum

胖特烈堡 海德堡古堡 Schloss Heidelberg

葡萄酒大木桶

城堡站（冬季休业）S Station Schloss

Am Hackteufel

Mönchgasse

红牛餐厅

Molkenkur

R 餐厅 S 商店

海德堡

Karl-Theodor-Brücke (Alte Brücke)

海德堡古桥（古桥门）Brückentor

Ham Rathaus 市政厅
谷物市场 Kornmarkt

圣灵教堂 Heiliggeist-kirche

Hauptstr.

Neue Schlossstr.

Zum Platzgrafen

骑士之家 S

耶稣监狱

Wertgasse

Schlangenweg 德根小径

德根小径

荷兰宅店 Hollander Hof

伊利巧克力店
Vier Jahreszeiten

斯特凡老城画廊 S Haspelgasse

Steingasse

荀洁赛（学生之吻）巧克力店

白山丰餐厅 R

金绵丰餐厅 R

斯特凡老城画廊

Untere Str.

Knösel C

Neckarstaden

内卡尔河 Neckar

Marstallstr.

学生监狱 S

大学博物馆 S
Universitäts-museum

大学广场 Universitäts-platz

彼得教堂 Peterskirche

大学图书馆 Universitäts-bibliothek

Theaterstr.

Plöck

Grabengasse

Seminarstr.

Akademiestr.

哲学家之路 Philosophenweg

内卡尔河

普法尔茨选帝侯博物馆 Kurpfälzisches Museum

好巧城 S 沃尔法特商店 Weihnachtsdorf

合博动物店

Schönberger Hof S R

Ziegelgasse

Plöck

Karl Ludwig Str.

Friedrich-Ebert-Anlage

Hauptstr.

德国包装博物馆 Deutsches Verpackungs-Museum Plöck

欧罗佩鱼赛夫 欧洲大酒店 Nassauer Hof

古洛迷亚 百货商店

Bismarck platz

伸斯麦广场

Bergheimer Str.

Rohrbacher Str.

Sophienstr.

Akademiestr.

Annagasse

Fahrtgasse

Neugasse

Neckarstaden

中央车站方向

Theodor-Heuss-Brücke

青年旅舍方向

A

B

中央车站方向（约 1.5 公里）Hauptbahnhof.

Kurfürsten-Anlage

Schurmannstr.

Schneidmühlstr.

左下图是红框内的区域的放大图

伸斯麦广场

豪普特街

Rohrbacher Str.

伸斯麦麦

Nekar 内卡尔河

Leonardo Hotel Heidelberg

Kurfürsten-Anlage Bahnhofstr. Kohler

Central

S 宜家必思酒店

巴士、有轨电车车站

海德堡 中央车站

Marriott

Bergheimer Str.

Bismarck platz

Theodor-Heuss-Brücke

推荐旅游线路

S 商店 R 餐厅 H 酒店

● 海德堡

2

1

135

谷物广场与海德堡城堡

● **哲学家之路的游览方法**
　　起始于卡尔·西奥多桥的施兰根小径是一段坡度较大的路。如果体力不好可以不从这里上山，而是从俾斯麦广场附近的西奥多·豪斯桥进入哲学家之路，然后沿施兰根小径下山回到老城区，沿途可以眺望河对岸的城堡，这样会更轻松一些。如果要给城堡拍照，建议选择不会逆光的下午。另外，在天气较差的日子以及傍晚时，路上行人较少，最好不要独自行走。

漫步于寂静的哲学家之路

● **缆索登山火车**
　 Map p.135-B2
　 www.bergbahn-heidelberg.de
前往缆索登山火车乘车地点的方法
　　从中央车站前乘 33 路巴士（Köpfel 方面）约 15 分钟 在 Rathaus/Bergbahn 下车即至。或从中央车站乘 S-Bahn 在第二站 Heidelberg Altstadt 下车，步行 10 分钟左右。
　 城堡往返车票加门票€ 7

缆索登山火车到达城堡站后还将继续前行至 Königsstuhl 的观景台

● **海德堡城堡**
　 Map p.135-B2
　 www.schloss-heidelberg.de
　 8:00～18:00（入场～17:30）
　　参观建筑内部需参加每天举行 4～6 次的团体游。
　 € 7，学生€ 4（包括参观城堡中庭、大葡萄酒桶以及德国药房博物馆）
　※ 城堡内部团体游另行收费，€ 5，学生€ 2.50

Kornmarkt，从那里可以清楚地看到海德堡城堡。前往城堡，可乘坐缆索登山火车。

　　游览完老城区，可以走过内卡尔河上的卡尔·西奥多桥 Karl-Theodor-Brücke，在对岸远眺海德堡的古老街区。沿坡度较大的施兰根小径 Schlangenweg 前行约 15 分钟便会进入哲学家之路 Philosophenweg，那里是一处极好的观景地点。在歌德等诗人及哲学家们曾经漫步并思考问题的地方，欣赏令人赞叹的美景吧。

老城区的中心集市广场与圣灵教堂

卡尔·西奥多桥也被称为 Alte 桥（古桥）

海德堡　主要景点

可以俯瞰市区的海德堡城堡
Schloss Heidelberg　　　　　★★★

　　从市政厅以南的谷物广场南侧、附建有停车场的建筑物中可以乘坐缆索登山火车。在第一站城堡站 Schloss 下车，向右走就是城堡售票处。步行 15 分钟左右可以到达城堡。

　　这座城堡从 13 世纪开始就是普法尔茨伯

海德堡城堡的中庭

爵的居所并不断得到扩建，因此可以看到哥特式、文艺复兴式、巴洛克式等各种风格的建筑。不过，经过三十年战争、普法尔茨爵位继承战争以及火灾，建筑遭到严重破坏，现在基本上已是废墟。可以从腓特烈馆 Friedrichsbau 的露台上眺望老城区，景色非常美丽，不容错过。另外，城

在城堡的露台上观赏老城区全景

立于大葡萄酒桶旁的宫廷弄臣佩克欧像

　前往建有观景台的 Königsstuhl，也可从俾斯麦广场乘 39 路巴士，用时约 30 分钟。在山顶能够俯瞰海德堡市区。

堡地下的大葡萄酒桶在全世界也屈指可数，有很强的震撼力，游客可以登上酒桶。在那里还可以试饮葡萄酒。

城堡内有德国药房博物馆 Deutsches Apotheken-Museum，介绍从中世纪到近代的药物历史。

可以了解王侯贵族生活的普法尔茨选帝侯博物馆　★★
Kurpfälzisches Museum

设立在建于 18 世纪初的巴洛克式宫殿中，主要展出 15~18 世纪的美术作品。其中，雷姆施奈德的木雕作品十二门徒祭坛（1509 年）非常值得一看。还有在海德堡近郊挖掘出的大约 50 万年前的"海德堡人"人骨以及与当地历史有关的各种展品。

海德堡大学与学生监狱
Universität und Studentenkarzer　★

海德堡大学创立于 1386 年，是德国最古老的大学。产生了 8 名诺贝尔奖获得者。大学广场周边，集中了许多古老的大学建筑。大学博物馆 Universitätmuseum 所在的建筑也是大学校舍，在这一地区能见到很多学生。大学博物馆后面的小路里有学生监狱 Studentenkarzer，从 1712 年一直使用到 1914 年，现在对游客开放。

学生牢房的涂鸦中最能引人注意的就是剪影画

过去大学曾拥有治外法权，所以即便大学生引起骚乱，警察也不能介入。因此大学当局建造了这所监狱。墙壁上、屋顶上的涂鸦，画着入狱学生自己的剪影画，记录了他们的罪名以及被关押时间等内容。甚至还写下了年轻人极富幽默感与机智的理想感言以及座右铭。

面对着大学广场的校舍，同时也是大学博物馆

德国包装博物馆
Deutsches Verpackungs-Museum　★

欧洲唯一一家以包装为主题的博物馆。介绍各种德国常见的罐、瓶、箱包装，涉及的商品包括饼干、巧克力、洗涤剂等。对包装设计有兴趣的游客一定不能错过。从豪普特街 22 号建筑中的通道前行，走上楼梯就是博物馆的入口。

● **德国药房博物馆**
⊖ Map p.135-B2
🖳 www.deutsches-apotheken-museum.de
🕐 11 月~次年 3 月 10:00~17:30
　　4~10 月 　　10:00~18:00
　　（入场截止到闭馆 30 分钟前）
💰 包含在城堡门票中

博物馆内再现了 18 世纪初期修道院内附设的药房等古代药房

● **普法尔茨选帝侯博物馆**
⊞ Hauptstr. 97
⊖ Map p.135-A1
🖳 www.museum-heidelberg.de
🕐 周二~周日 10:00~18:00
🚫 周一、12/24·25·31、1/1、5/1、狂欢节的周二
💰 €3，学生 €1.80
　　周日 €1.80，学生 €1.20
　　入口位于中庭（有餐厅）前。

● **学生监狱 / 大学博物馆**
⊞ Augustinergasse 2（学生监狱），Grabengasse 1（大学博物馆）
⊖ Map p.135-B2
🕐 **学生监狱**
　　4~10 月 　　10:00~18:00
　　11 月~次年 3 月 10:00~16:00
　　博物馆
　　4~10 月
　　周二~周日 10:00~18:00
　　11 月~次年 3 月
　　周二~周六 10:00~16:00
💰 €3，学生 €2.50（与讲堂、大学博物馆通用）

学生监狱与大学纪念品店 Uni-Shop 使用同一入口

● **德国包装博物馆**
⊞ Hauptstr.22（im Innenhof）
⊖ Map p.135-B1
🖳 www.verpackungsmuseum.de
🕐 周三~周五 13:00~18:00
　　周六·周日·节日
　　　　　11:00~18:00
🚫 周一·周二
💰 €5

从海德堡前往埃伯巴赫可以乘船。站在甲板上，清风拂面，非常惬意。可以在网上查询运行班次以及运行区间。🖳 www.weisse-flotte-heidelberg.de

137

世界遗产
施派尔大教堂
（1981 年被列为世界遗产）

● **施派尔大教堂**
🌐 www.dom-speyer.de
🕐 4~10 月 9:00~19:00
　11 月~次年 3 月 9:00~17:00
💰 大教堂免费，地下墓室
　€ 3.50

世界遗产
洛尔施修道院
（1991 年被列为世界遗产）

● **博物馆中心（洛尔施）**
🏠 Nibelungenstr. 35
🌐 www.kloster-lorsch.de
🕐 周二~周日·节日
　　　　10:00~17:00
🚫 周一、一部分节日
💰 € 3，学生€ 2

前罗马式的国王之门

● **辛斯海姆交通技术博物馆**
🏠 Museumsplatz D-74889
　Sinsheim
🌐 www.museum-sinsheim.de/
🕐 9:00~18:00
　（周六·周日·节日至
　　19:00）
💰 博物馆€ 14、IMAX（3D
影院）€ 10、通票€ 19
　在施派尔有同一经营
主体开设的技术博物馆
Technikmuseum（🌐 speyer.
technik-museum.de），展品有
宇宙飞船及 U 型潜艇等。

⚽ **足球场信息**

● **维尔索尔莱茵－内卡体育场**
WIRSOL Rhein-Neckar-
Arena
🏠 Dietmar-Hopp-Str. 1
　D-74889 Sinsheim
🌐 www.achtzehn99.de
　TSG1899 霍芬海姆（🌐
www.tsg-hoffenheim.de）的主
场。有 21000 个座位，另外
可容纳 9150 人站立观赛。
🚉 最近车站与辛斯海姆
交通技术博物馆相同，从
Sinsheim-Museum/Arena 步行
15~20 分钟。比赛日在
相邻车站 Sinsheim（Elsenz）
Hauptbahnhof 站前的巴士枢
纽站有开往球场的接送巴士。

右侧主栏

世界遗产施派尔大教堂　**世界遗产**

Speyer　　　　　　　　MAP p.130-B1

　　从海德堡乘Ⓢ3、4
约 45 分钟。沿 Speyer
火车站前的 Bahnhofstr.
南行 600 米左右后，在
与向东延伸的步行街
玛克西米利安大街
Maximilianstr. 的 交 会
处，耸立着建于 1030 年
的大教堂 Dom。在被誉
为德国最美的地下墓室
（Crypt）中，长眠着 4 位皇帝以及 4 位德国国王。

罗马式建筑

保留着卡洛林王朝遗迹的洛尔施　**世界遗产**

Lorsch　　　　　　　　MAP p.130-A1

　　从海德堡乘特快列车约 20 分钟，乘普通列车 30~40 分钟在本斯海姆
Bensheim 换乘开往沃尔姆斯 Worms 方面的普通列车，5 分钟左右便可到
达洛尔施。

　　从火车站步行约 10 分钟，就能到达已被列为世界遗产的创建于
8 世纪的洛尔施修道院 Abbey and Altenm Ster of Lorsch。现存的建筑
只有国王之门 Königshalle（也被称为 Torhalle），旁边是博物馆中心
Museumszentrum。

广阔的辛斯海姆交通技术博物馆

Auto & Technik MUSEUM SINSHEIM　　MAP p.130-B1

　　辛斯海姆位于海德
堡东南方向，距离海德
堡 20 公里。

　　辛斯海姆交通技术
博物馆 Auto & Technik
MUSEUM SINSHEIM，
占地面积很大，有包括
协和式飞机在内的 50
多架飞机、300 多辆老
式汽车、F1 赛车、军用

可以前往参观协和式飞机与图波列夫飞机的内部

车辆、火车机车等各种交通工具。还有 IMAX 影院，完全像是一个主
题公园。

许多军用车辆和飞机的展品

　　前往博物馆，可从海德堡中央
车站乘Ⓢ5 约 40 分钟在 Sinsheim-
Museum/Arena 下车，然后步行 10 分
钟左右即到。从博物馆步行 10 分钟
左右就能到达 TSG1899 霍芬海姆足
球俱乐部的主场莱茵－内卡体育场。

📧 投稿　辛斯海姆交通技术博物馆入口右侧的纪念品自动售货机"Roboter-Shop"非常有趣。选择好想要购买的商品
后，开始播放音量很大的音乐，机器人会把商品放在托盘上送出。

海德堡的餐馆
Restaurant

豪普特街与集市广场周围有许多餐厅。历史悠久的红牛餐厅不仅是餐厅也是深受游客喜爱的景点，有许多团体游客在此就餐，所以店内总是特别热闹。如果想要安静地就餐享受品酒的乐趣的话，建议考虑去其他餐厅。

老城区也有不少餐厅，周末（周五～周日）的时候特别热闹，建议提早去或者提前预约。

白山羊餐厅
Restaurant Weißer Bock
◆可以深度了解德国菜的餐厅

位于老城区一家酒店的一层，轻奢的餐厅。家具内饰给人感觉十分舒适，食客们对这里菜肴的评价也非常高。主菜肉类是€26.50~、鱼类是€27.50~。

德国菜　　　　Map p.135-A2
囲 Große Mantelgasse 24
☎（06221）90000
圏 周一～周四　　　18:00~22:00
　　周五～周日　　11:00~22:00
　　（依季节会有变化）
困 有冬季休业　 A J M V

红牛餐厅
Zum Roten Ochsen
◆城市观光名胜

开业于1703年的该餐厅，曾经是戏剧《老海德堡》的舞台。俾斯麦、马克·吐温都曾经在这里就餐，是一家典型的学生聚餐的餐厅。只需花€11.50便可以品尝到传统的德式主菜。不少旅游团都喜欢在这里就餐。

德国菜　　　　Map p.135-A2
囲 Hauptstr. 217 ☎（06221）20977
URL www.roterochsen.de
圏 周一～周六　11:30~14:00、17:00~24:00（10月～次年4月期间只在周一～周六的晚间营业。但是，圣诞市场期间中午照常营业）
困 周日·节日、冬季休业
田 不可使用

金绵羊餐厅
Zum Güldenen Schaf
◆可以品尝乡土料理的好地方

这间餐厅拥有250年的历史，是一家海德堡、普法尔茨地区的乡土菜馆。有英语菜单。洋葱与葱的汤Pfälzer "Zwiwwel-Lauch-Supp" 是€5.20、香肠与肉的拼盘 Unsere rustikale Variations-platte是€13.50。

德国菜　　　　Map p.135-A2
囲 Hauptstr. 115
☎（06221）20879
URL www.schaf-heidelberg.de
圏 11:00~23:00
田 A D J M V

好乃味
KONOMI
◆可以坐下来好好休息的日本料理餐厅

寿司和日料价格实惠，在德国人中深受好评。午餐有每天更替定食€10.80、彩虹盖饭€10.70、炸豆腐定食€10.70。晚餐有刺身拼盘€18.20~、天妇罗€19.50~，另外还有各种套餐。

日本料理　　　Map p.135-A1
囲 Untere Neckarstr. 54
☎（06221）167516
URL www.konomi.de
圏 12:00~14:15
　　18:00~22:30（LO21:45）
困 周日·周一·节日的中午
田 A M V

伊利巧克力店
Chocolaterie Yilliy
◆手工制作的蛋糕非常美味

位于苟诺赛（学生之吻）巧克力店Knösel(→p.140)对面的一家小咖啡馆，手工制作的蛋糕十分美味。右图中是未使用面粉制作的杏仁＆橙子蛋糕€2.80。将固体巧克力融化后制成的热巧克力也有不少口味。

咖啡馆　　　　Map p.135-A2
囲 Haspelgasse 7
☎（06221）6599364
URL www.yilliy.de
圏 周日～下周四　　10:00~20:00
　　周五·周六　　　10:00~21:00
田 不可使用

海德堡的商店
Shopping

购物区域主要集中在从俾斯麦广场到集市广场之间的豪普特街一带。从集市广场向东延伸的 Untere Str. 上有许多非常有个性的咖啡馆、商店和画廊，在这里散步也是不错的选择。

古洛迷亚百货商店
Galeria Kaufhof
◆在这里购买伴手礼十分方便

这家百货商店位于俾斯麦广场的对面。除了服装鞋帽、箱包等产品之外，还有巧克力、史泰福的毛绒玩具、文具、家居杂货等商品。在此购物之后还能享受退税。商场的顶层还有自助餐厅。

百货商场	Map p.135-B1
🏠 Hauptstr.30	
☎ (06221) 5040	
URL www.galeria-kaufhof.de	
🕐 周一～周六	9:30~20:00
✕ 周日·节日	
💳 A D J M V	

沃尔法特商店
Köthe Wohlfahrt
◆用圣诞商品装点自己的房间吧

店内全年销售德国传统圣诞用品和装饰用品。如桌布、设计新颖的吐烟人偶等，也有不少在圣诞期间装饰房间的家居用品。

杂货	Map p.135-B2
🏠 Hauptstr.124 ☎ (06221) 4090	
URL www.wohlfahrt.com	
🕐 周一～周五	10:00~19:00
周六	11:00~18:00
4～12月的周日	11:00~18:00
✕ 节日、1～3月的周日	
💳 A D J M V	

仓储杂货店
Depot
◆从厨房用品到室外家庭花园杂货

在德国各地拥有大约70家连锁店的杂货商店。商品种类繁多，有化妆用品、厨房用具等。还有圣诞节、复活节等季节性的装饰品区域，即便是不买东西逛逛也是蛮开心的。

杂货	Map p.135-B1
🏠 Hauptstr.79	
☎ (06221) 8936479	
URL www.depot-online.com	
🕐 周一～周五	10:00~20:00
周六	10:00~21:00
✕ 周日·节日	
💳 M V	

斯特凡老城画廊
Altstadt Galerie Stefan
◆画有猫的小版画真是太可爱了！

位于小巷子里的一家专营版画的画廊。5厘米见方的迷你版画，附带画框，价格十分亲民。海德堡的风景等作品特别适合作为旅行的纪念品，这里专门画猫的版画数量也不少，可以尽情地挑选。

杂货	Map p.135-A2
🏠 Untere Str. 18	
☎ (06221) 28737	
URL www.altstadtgalerie-stefan.de	
🕐 周一～周五	11:00~19:00
周六	11:00~15:00
✕ 周日·节日	
💳 A J M V	

苛诺赛（学生之吻）巧克力店
Knösel
◆说到海德堡的名特产不得不提这家的巧克力！

创业于1863年的老店，这里制作的硬币形状的果仁巧克力"海德堡学生之吻 Heidelberger Studentenkuß"，特别适合作为伴手礼。盒装1个€2.65，另外还有罐装等各种型号。

食品	Map p.135-A2
🏠 Haspelgasse 16	
☎ (06221) 22345	
URL www.studentenkuss.com	
🕐 周一～周日	11:00~18:00
💳 不可使用	

海德堡的酒店
Hotel

这里是德国屈指可数的国际旅游观光胜地，酒店数量众多。既有面向大型团体的高级酒店，又有价格便宜的小型酒店。因为车站与观光城区之间有一段距离，所以准备第二天一早出发的客人可以选择入住位于中央车站附近的酒店；如果想要游览方便、深夜还可以喝酒散步，那么不妨选择位于老城区内的酒店。

中档酒店和价格实惠的酒店大都集中在俾斯麦广场周围和老城区的圣灵教堂周围。临街的房间，可能到了晚上会听到醉酒客人的喊叫声，有时会影响睡眠。

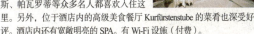

欧罗佩舍豪夫－欧洲大酒店
Der Europäische Hof-Hotel Europa
◆ 优雅的欧式风格酒店

这家五星级酒店拥有美丽的中庭，是海德堡最高级的酒店。玛利亚·卡拉斯、帕瓦罗蒂等众多名人都喜欢入住这里。另外，位于酒店内的高级美食餐厅 Kurfürstenstube 的菜肴也深受好评。酒店内还有宽敞明亮的 SPA。有 Wi-Fi 设施（付费）。

高档酒店	Map p.135-B1
⊞ Friedrich-Ebert-Anlage 1　D-69117
☎（06221）5150
FAX（06221）515506
URL www.europaeischerhof.com
圏 Ⓢ € 179~309　Ⓣ € 218~384
早餐另付费
Ⓕ Ⓐ Ⓓ Ⓙ Ⓜ Ⓥ

皇冠假日酒店
Crowne Plaza
◆ 设施齐全的城市酒店

俾斯麦广场南侧的一家豪华酒店，共有 232 间客房。客房的舒适程度很高，主要面向团体客人和商务人士。从法兰克福机场出发的汉莎航空大巴会在酒店前停车。有 Wi-Fi 设施（付费）。

高档酒店	Map p.135-B1
⊞ Kurfürsten Anlage 1　D-69115
☎（06221）9170
FAX（06221）21007
URL www.crowneplaza-heidelberg.de
圏 Ⓢ Ⓣ € 109~　早餐另付费
Ⓕ Ⓐ Ⓓ Ⓙ Ⓜ Ⓥ

骑士之家
Romantik-Hotel Zum Ritter St. Georg
◆ 创办于 1705 年的著名酒店

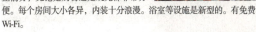

建于 1592 年的"骑士之家"现在被改用作酒店和餐厅。地点位于圣灵教堂正前方，无论是购物还是观光都非常方便。每个房间大小各异，内装十分浪漫。浴室等设施是新型的。有免费 Wi-Fi。

中档酒店	Map p.135-A2
⊞ Hauptstr. 178　D-69117
☎（06221）1350
FAX（06221）135230
URL www.ritter-Heidelberg.de
圏 Ⓢ € 99~　Ⓣ € 129~
早餐另付费€ 12
Ⓕ Ⓐ Ⓓ Ⓙ Ⓜ Ⓥ

宜必思酒店
Ibis
◆ 适合准备一早乘火车离开的客人

位于中央车站前的连锁酒店。两人入住（双人床）有优惠。房间内有空调，对于夏季怕热的游客来说简直是福音。不过，客房内没有冰箱，浴室只有淋浴没有浴缸。有免费 Wi-Fi。

中档酒店	Map p.135-A1
⊞ Willy-Brandt-Platz 3　D-69115
☎（06221）9130
FAX（06221）913300
URL www.ibis-hotel.com
圏 Ⓢ € 73~　Ⓣ € 83~ 早餐另付费
Ⓕ Ⓐ Ⓓ Ⓙ Ⓜ Ⓥ

青年旅舍
Jugendherberge
◆ 动物园旁边的青年旅舍

从中央车站乘坐开往 Neuenheim Kopfklinik 方向的 32 路巴士大约 10 分钟，在 Zoo 动物园的下一站 Jugendherberge 站下车。旅舍周围树木葱郁，环境极好。这家青年旅舍规模比较大，共有 127 间客房，485 张床位，几乎每个房间都有独立的浴室和卫生间。有洗衣机和烘干机。附带早晚餐是€ 31.40、如果附带三餐就是€ 35.50（27 岁以上各追加€ 6）。只有一层可以使用 Wi-Fi。

青年旅舍	Map 地图外
⊞ Tiergartenstr. 5　D-69120
☎（06221）651190
FAX（06221）6511928
URL www.heidelberg.jugendherberge-bw.de
圏 附带早餐€ 26.20、27 岁以上是
€ 32.20
Ⓕ Ⓙ Ⓜ Ⓥ

Ⓢ单人间　Ⓣ双人间
Ⓕ Ⓐ Ⓓ Ⓙ Ⓜ Ⓥ ：只显示可以使用的信用卡（Ⓐ美国运通卡　Ⓓ大来卡　Ⓙ JCB　Ⓜ万事达卡　Ⓥ Visa卡）

柏林
法兰克福
★曼海姆
慕尼黑

曼海姆 *Mannheim*

巴洛克风格的宫殿和井然有序的街道是这座城市的魅力所在

城市的标志性建筑——水塔

MAP◆p.130-A1

人　口	296700人
长途区号	0621

ACCESS

铁路: 从法兰克福乘坐 ICE
特快约需 40 分钟,从斯图
加特约需 40 分钟。

❶ 曼海姆的旅游服务中心

🏠 Willy-Brandt-Platz 5
　　D-68161 Mannheim
☎ (0621) 2938700
📠 (0621) 2938701
🖥 www.tourist-mannheim.de
🕐 周一～周五　　9:00~19:00
　　周六　　10:00~13:00

● 市内交通

　　乘坐有轨电车 3、4 路
可以去往中央车站～水塔～
阅兵广场～集市广场。
单次车票 €2.50
1 日 乘 车 券 Tagesticket 是
€6.50

低底板式有轨电车

● 选帝侯宫殿

🏠 Bismarckstr.
🖥 www.schloss-mannheim.de
🕐 周二～周日　10:00~17:00
　　(闭馆前 30 分钟停止入馆)
🔒 周一
🎫 €7、学生 €3.50

只用字母和数字标示的地址
十分罕见

　　曼海姆的市中心位于圆形环状道路的内侧,中心区域的道路网酷似
棋盘,交错有序。一看便知是 17~18 世纪按照规划建造的城市模样。

　　沿着正对车站的凯撒大街 Kaiserring 直行可以到达腓特烈广场
Friedrichplatz,广场的中央有一座建于 19 世纪末的水塔 Wasserturm,
是这座城市的标志性建筑。水塔是
新艺术风格的建筑,周围是公园。
从这里延伸的普朗肯·海德堡大街
Planken Heidelberger Str. 是这座城
市的主要街道。

　　主要景点是建于 18 世纪的德
国最大的巴洛克风格的选帝侯宫殿
Barockschloss Mannheim,虽然大

水塔周围的公园

曼海姆
MANNHEIM

0　150　300m

※曼海姆的中心城区使用
数字和字母来表示街区
地址。

┄┄┄ 推荐游览线路

市政厅 Rathaus
集市广场 Marktplatz
赖斯-恩格尔霍恩博物馆 Reiss-Engelhorn-Museen
阅兵广场 Paradeplatz
Jesuiten-Kirche
冯塔内拉冰激凌店
Dorint Kongress Hotel
水塔 Wasserturm
腓特烈广场 Friedrichplatz
选帝侯宫殿 Barockschloss Mannheim
Maritim Parkhotel
Steigenberger Mannheimer Hof
曼海姆美术馆 Kunsthalle Mannheim
Kurpfalzstuben
曼海姆中央车站
魏格纳酒店
宫殿花园

✉ 投稿　曼海姆是意面冰激凌的发源地。在换乘十分方便的曼海姆中央车站的地上建筑内,有一家咖啡厅可以吃到,
这里的菜单配有照片,点菜十分简单。一定尝一尝哦!

部分作为曼海姆大学的校舍被使用，但中央栋的一部分做了整修和再现，可以参观这些豪华的房间和厅舍。

另外，曼海姆美术馆 Kunsthalle Mannheim 内珍藏有莫奈、塞尚、梵高等巨匠的画作，非常值得一看。还有，由世界文化博物馆、考古学展厅、摄影展厅等组成的综合型博物馆——赖斯－恩格尔霍恩博物馆 Reiss-Engelhorn-Museen 也一定要去看看。

● 曼海姆美术馆
🏠 Friedrichsplatz 4
🌐 www.kunsthalle-mannheim.de
📅 周二~周日　11:00~18:00
📅 周一、12/24·25
💰 € 9

● 赖斯－恩格尔霍恩博物馆
🗺 C5+D5
🌐 www.rem-mannheim.de
📅 周二~周日　11:00~18:00
📅 周一、12/24·31
💰 € 12.50~（依博物馆而异，也有各种组合联票）

选帝侯宫殿的中央栋。入口位于左侧一角处

拥有个性外观的赖斯－恩格尔霍恩博物馆

曼海姆的酒店
Hotel

魏格纳酒店
Hotel Wegener

◆这是一家由家族经营的中档酒店，距离车站步行 3 分钟即到。虽然单人间很狭窄，而且设备简陋，但是对于想要以便宜的价格住宿在车站附近的游客来说非常合适。有免费 Wi-Fi。客房分为吸烟房间和禁烟房间。所有房间都使用有隔音玻璃，所以即便是位于车站附近也十分安静。共有 41 间客房。

Map p.142
🏠 Tattersallstr. 16　D-68165
☎ (0621) 44090
FAX (0621) 406948
🌐 www.hotel-wegener.de
💰 ⑤ € 78~152　Ⓣ € 92~170
💳 Ⓙ Ⓜ Ⓥ

青年旅舍
Jugendherberge

◆不是从车站的主要出口 City 口（市中心）出，而是从 Lindenhof 出口出，沿着 VICTORIA TURM 的标识登上台阶，然后沿着 JUGENDHERBERGE 的看板前行，穿过有轨电车通行道路之后便可以看到青年旅舍白色外墙的建筑了。从车站步行到这里大约需要 10 分钟。有 Wi-Fi 设施。入住手续从 14:00 开始办理。圣诞期间休业。

Map 地图外
🏠 Rheinpromenade 21　D-68163
☎ (0621) 822718
FAX (0621) 824073
🌐 www.jugendherberge-mannheim.de
💰 附带早餐 € 26.20、27 岁以上是 € 32.20
💳 不可使用

𝒮pecialty　隐藏的德国名物——意面冰激凌

从外观上看酷似番茄酱意面，其实是浇盖了一层草莓酱的香草冰激凌。冰激凌的下方还有甜度适中的鲜奶油，所以分量比实际看上去的要少，比较容易吃，一口气吃完感觉特别棒。这家有趣的冰激凌店叫做冯塔内拉冰激凌店 Eis Fontanella，创办于 1969 年。目前这家"怪味"冰激凌店已经在德国各地风靡，对于喜欢吃冰激凌的德国人来说简直是一道福音。

● 冯塔内拉冰激凌店
🗺 O4, 5
🚋 乘坐有轨电车在 Strohmarkt 站下车
🌐 eisfontanella.de
🕙 10:00~23:00（周日·节日 13:00~）
📅 冬季（1~2 月）

加入香草豆的意面冰激凌　€ 6.50

中间有大量鲜奶油

编外话　从曼海姆乘坐 IC 特快大约 45 分钟便可到达凯撒斯劳滕，这里因著名的德甲球队凯撒斯劳滕队（2015/16 降级）而闻名。旅游服务中心 🌐 www.kaiserslautern.de/tourismus

143

埃伯巴赫 *Eberbach am Neckar*

内卡尔河河畔闲静的疗养胜地

建于 13 世纪的普法尔塔。塔下有野猪雕塑

MAP◆p.130-B1

人　口	14500 人
长途区号	06271

ACCESS

铁路：从海德堡乘坐 RE 快速大约需要 25 分钟。

❶ 埃伯巴赫的旅游服务中心

Ⓜ Leopoldsplatz 1, Rathaus D-69412 Eberbach am Neckar
☎（06271）87242
FAX（06271）87254
URL www.eberbach.de
🗓 5~10 月
　周一～周五　　9:00~17:00
　（周三~18:00）
　周六　　　　10:00~12:00
　11 月～次年 4 月
　周一～周四　9:30~17:00
　（周三~18:00）
　周五　　　　9:30~12:00

● 埃伯巴赫市博物馆

Ⓜ Alter Markt
URL www.museum-eberbach.de
🗓 周二・周五　15:00~17:00
　周六・周日　14:00~17:00
休 周一・周三・周四
💰 免费

从海德堡乘坐火车沿着内卡尔河前行大约 25 分钟便可到达埃伯巴赫，这里是一座拥有古老木结构房屋和塔楼的闲静小镇。

小镇的名字是"野猪"的意思，所以理所当然野猪是这里的吉祥物。在小镇各处都可以看到野猪的雕塑和与野猪有关的商品。

从车站出来之后沿着向左侧延伸的班霍夫大街 Bahnhofstr. 一直走，然后在 Friedrichstr. 向右转。道路的尽头便是内卡尔河，前方是普法尔塔、普法尔茨选帝侯泉和小野猪雕塑。
❶ 位于市政厅内。

另外，埃伯巴赫市博物馆 Museum der Stadt Eberbach 和锡模型博物馆 Zinnfiguren Kabinett 也是值得看的地方。建于 12 世纪的埃伯巴赫城遗址在小镇背后的山上，如果步行前往需要花一些时间。

位于老集市广场的卡尔普芬酒店，这里的壁画非常漂亮

埃伯巴赫的酒店
Hotel

克朗帕斯特酒店
Hotel Krone-Post

◆ 面朝内卡尔河的家庭酒店，属于中档。在酒店餐厅"Kutscherstube"内可以品尝到地方菜（11 月～次年 3 月的周五和周六白天营业）。有 Wi-Fi 设施（付费）。

Ⓜ Hauptstr. 1　D-69412
☎（06271）806620　FAX（06271）80662299
URL www.hotel-krone.post.de
💰 Ⓢ € 69~95　Ⓣ € 98~140　卡 M V

卡尔普芬酒店
Karpfen

◆ 每人追加 € 22 便可以享受附带早晚餐的服务。餐厅周二休业。有 Wi-Fi 设施（付费）。1~3 月休业。

Ⓜ Alter Markt 1　D-69412
☎（06271）806600　FAX（06271）80660500
URL www.hotel-karpfen.com
💰 Ⓢ € 66~96　Ⓣ € 106~144　卡 A M V

巴特温普芬 *Bad Wimpfen*

中世纪塔楼林立的小型疗养胜地

从内卡尔河仰望的上镇风景。最高的塔楼是蓝塔

MAP ◆ p.130-B1

人　口	6800人
长途区号	07063

ACCESS

铁路：从海德堡乘坐RE大约需要45分钟。

❶ 巴特温普芬的旅游服务中心
⌂ Hauptstr. 45　D-74206 Bad Wimpfen（车站内也有）
☎（07063）97200
FAX（07063）972020
URL www.badwimpfen.de
E-mail info@badwimpfen.org
週 周一～周五　10:00~12:00
　　　　　　　　14:00~17:00
复活节至10月只有周六的10:00~12:00期间才开放。

● 蓝塔
週 10:00~18:00
※ 冬季时根据天气等原因不定期停业
圏 €1.50

老城区的街道两旁木结构建筑鳞次栉比

这座小镇被分为下镇 Wimpfen in Tal 和上镇 Wimpfen am Berg 两个部分，剪影非常漂亮、中世纪风貌尚存的是上镇。位于下镇的古罗马时代的城塞是这座小镇的基础，由于在14世纪时整个小镇遭受了一次火灾，因此镇子的中心搬到了施陶芬王朝宫殿的所在地上镇。位于上镇的施陶芬王朝宫殿建于12世纪。

蓝塔 Blauer Turm 是小镇的标志性建筑。另外使用这一地区特有的红色砂岩建造而成的红塔 Roter Turm、属于宫殿一部分的宫廷教堂、霍亨施陶芬塔 Hohenstaufentor 等是上镇具有历史意义的建筑物，全都是12世纪后半期施陶芬王朝时代建造而成的。

沿着车站斜右方的道路前行100米左右便可到达老城区的一端、红塔下方。从这里开始街道的名字变为豪普特街 Hauptstr.，是专用的步行街，继续前行100米左右便是小镇的中心了。

主街豪普特街、小路克罗斯塔卡斯 Klostergasse 和萨尔斯卡色 Salzgasse 一带至今仍留有中世纪的古建筑。

巴特温普芬的酒店
Hotel

※ 如果在巴特温普芬住宿，需要收取每人€1.80的疗养税。

罗森葛登酒店
Hotel am Rosengarten
◆现代化的四星级酒店。隔壁是盐温水游泳池 Solebad，有许多疗养客人。有免费 Wi-Fi。

⌂ Osterbergerstr. 16　D-74206
☎（07063）9910
FAX（07063）9918008
URL www.hotel-rosengarten.net
圏 Ⓢ€86~　Ⓣ€116~　⌂ ADMV

万曼酒店
Hotel Weinmann
◆位于小镇中心集市广场的木结构建筑。从部分客房的窗子可以看到蓝塔。没有无线网络设施。

⌂ Marktplatz 3　D-74206
☎（07063）8582　FAX（07063）1390
URL www.hotelweinmann.de
圏 Ⓢ€79~　Ⓣ€99~　⌂ 不可使用

施韦比施哈尔

Schwäbisch Hall 中世纪木结构建筑群至今仍保存完好

高高耸立的圣米歇尔教堂仿佛在俯视着整个城市

MAP ▶ p.130-B2

| 人　口 | 37500 人 |
| 长途区号 | 0791 |

ACCESS

铁路： 从斯图加特乘坐 RE 快速大约需要 1 小时 5 分钟，从纽伦堡出发约需 1 小时 25 分钟。距离城市中心较近的车站是施韦比施哈尔车站 Schwäbisch Hall，但是乘坐 RE 快速只能在 Schwäbisch Hall-Hessental 站停车，所以需要换乘普通列车或者乘坐巴士前往市中心。

ⓘ 施韦比施哈尔的旅游服务中心

- Am Markt 9　D-74523 Schwäbisch Hall
- ☎ (0791) 751246
- FAX (0791) 751397
- ⌨ www.schwaebischhall.de
- 🗓 10 月～次年 4 月
  - 周一～周五　9:00~17:00
  - 5～9 月
  - 周一～周五　9:00~18:00
  - 周六·周日　10:00~15:00

● 从车站到市区

　Schwäbisch Hall-Hessentall 站与施韦比施哈尔市的中心城区（在 Spitalbach 站下车）之间有 1 号巴士连接。

FESTIVAL

室外剧与"蛋糕和泉水节"

　夏季时圣米歇尔教堂正前方的台阶就会变为室外剧 Freilichtspiele 的舞台。另外，每年圣灵降临日期间还会举办蛋糕和泉水节"Kuchen-und Brunnenfest"。

　从德国原住民凯尔特人时代开始，这里便是知名的盐产地。从 12 世纪神圣罗马帝国的皇帝腓特烈·巴巴萨时代，这座城市开始铸造一种叫作 Häller（哈尔的钱币的意思）的银币。所以施韦比施哈尔因产盐和铸造银币而繁荣一时。

编外话　城市的郊外有一座收集了 15 世纪以后农耕用具的海尔布隆室外博物馆（⌨ www.wackershofen.de），周围是一片闲适的田园风光。冬季休业。博物馆前有 Wackershofen/Hohenloher Freilandmuseum 车站，交通十分便利。

施韦比施哈尔 漫步

出站之后，便是一座横跨道路的天桥，与前方大厦的室外电梯相连。乘坐电梯下来之后，再沿着下坡路走上一段，便到达了与之相交会的班霍夫大街。然后向北继续前行，沿着位于科赫尔河畔的 Mauerstr. 走，过桥之后便是市中心了。

木结构建筑并排而立，十分美丽

市中心残留有不少文化古迹。集市广场 Marktplatz 是城市最热闹的地方。广场的正对面是这座城市的标志性建筑圣米歇尔教堂 Stadtkirche St. Michael，这座教堂建于 15 世纪至 16 世纪，周围还有建于 16 世纪初的集市喷泉 Marktbrunnen、建于 18 世纪初期的市政厅 Rathaus。

在这座因盐业而繁荣的城市，直到现在还有盐水不断涌出。盐水浴场 Solebad 共有 5 种浴池和 8 种桑拿，浓度为 3.5%~4% 的盐水可以消除旅途中的疲劳。

城市以南 3 公里处的小山丘上建有孔堡修道院教堂 Kloster Großcomburg，教堂罗马风格的塔楼、内部的黄金吊灯等都是重要的文化遗产，非常值得一看。

矗立于山丘之上的修道院教堂

●圣米歇尔教堂
3/1~11/14
周一	12:00~17:00
周二~周六	10:00~17:00
周日	11:30~17:00

11/15~次年 2/28
周一	12:00~14:00
周二~周六	11:00~15:00
周日	11:30~15:00（做弥撒期间谢绝参观）

塔楼入场费€ 2

●盐水浴场
Weilewises 7
www.solebad-hall.de
周一~周五	8:30~21:00
周六・周日	8:30~20:00

盐水池 3 小时€ 10.50、桑拿需要单独付费

●孔堡修道院教堂
从施韦比施哈尔步行约需 40 分钟
参观教堂内部只能参加导游导览团
4~10 月
周二~周五	11:00、13:00、14:00、15:00、16:00
周六・周日・节日	14:00、15:00、16:00

11 月~次年 3 月期间需要提前预约
€ 5、学生€ 2.50

施韦比施哈尔的酒店
Hotel

霍恩洛厄酒店
Hohenlohe

◆拥有 114 间客房的大型四星级酒店。紧邻盐水浴场，可以免费享受 SPA、桑拿和 4 种盐水浴池等设施。特别适合眺望科赫尔河和老城区的街景的餐厅 Jenseits Kochers（高级）也备受好评。部分区域内有 Wi-Fi 设施（付费）。

Map p.146
Weilertor 14　D-74523
☎（0791）75870
FAX（0791）758784
URL www.hotel-hohenlohe.de
S € 116~　T € 154~　M V

卡隆普林兹酒店
Kronprinz

◆位于施韦比施哈尔车站附近，共有 46 间客房。这座酒店是利用一栋建于 17 世纪的建筑改造而成的，因为是家庭酒店所以感觉特别温馨。酒店内同时设有做鱼非常拿手的餐厅。有免费 Wi-Fi。

Map p.146
Bahnhofstr. 17　D-74523
☎（0791）97700　FAX（0791）9770100
URL www.kronprinz-hall.de
S € 82~　T € 111~　A D M V

德尔阿德舒夫酒店
Der Adelshof

◆这是一间具有历史意义的餐厅兼酒店，1541 年和 1546 年查理五世曾经在这里下榻。有免费 Wi-Fi。

Map p.146
Am Markt 12-13　D-74523
☎（0791）75890
FAX（0791）7589890
URL www.hotel-adelshof.de
S € 95~　T € 130~　A D M V

青年旅舍
Jugendherberge

◆从 Schwäbisch Hall-Hessentall 站乘坐 1 号巴士在 Bausparkasse 站下车后前行 800 米即到。接待时间 9:00~13:00、16:30~19:00。没有无线网络。

Map p.146 外
Langenfelder Weg 5　D-74523
☎（0791）41050　FAX（0791）47998
URL www.jugendherberge-schwaebisch-hall.de

海尔布隆 *Heilbronn am Neckar*

可以品尝到美味料理和葡萄酒的城市

市政厅的天文时钟非常漂亮

人　　口	118100 人
长途区号	07131

ACCESS

铁路：从海德堡乘坐 RE 快速约需 1 小时。

❶ 海尔布隆的旅游服务中心
- Kaiserstr. 17　D-74072
- ☎（07131）562270
- ⅢＸ（07131）563349
- ⓌＷＷＷ www.heilbronn-tourist.de
- 周一～周五　10:00~18:00
- 周六　　　　10:00~16:00

出了海尔布隆车站之后，沿着站前的班霍夫大街 Bahnhofstr. 向左前行。过了内卡尔河之后再走过 2 个街区，道路的左侧便是建于 16 世纪的市政厅 Rathaus，大楼的正面外墙上有一座非常漂亮的天文时钟。一层是可以品尝到地方菜的餐厅 Ratskeller。

市政厅的南侧有一座教堂，这便是这座城市的主教堂吉利安教堂 Kilianskirche。教堂的外观在第二次世界大战中遭到了损坏，但是内部有 15 世纪末期的雕刻家汉斯·札伊法 Hans Seyfer 创作的献给圣母玛利亚的精致木雕主祭坛。

整座城市在第二次世界大战中遭受了空袭的重创，现存的古迹几乎都是战后修复的，不过德国骑士团建造的德意志宫（只有正面的巴洛克风格建筑是原有建筑）、作为老城区的城墙瞭望塔——戈兹塔 Götzenturm 等至今仍保存完好。市政厅附近的老城区十分热闹，每周二、周四、周六的早上至中午期间还会举办集市，可以在这里体验当地人的生活。

吉利安教堂的塔楼

推荐酒店

❼ 英赛尔酒店
Insel-Hotel
- Willy-Mayer-Brücke D-74072
- ☎（07131）6300
- ⅢＸ（07131）626060
- ⓌＷＷＷ www.insel-hotel.de
- Ⓢ€ 129~260
- Ⓣ€ 179~440
- ＡＤＪＭＶ

酒店的外观酷似一条浮在内卡尔河上的大船。酒店内还有一家专营施瓦本菜的餐厅。有免费 Wi-Fi。

纽伦堡 *Nürnberg*

仿佛红砖色玩具箱的城市

中央广场上有各种市场

纽伦堡是玩具之城，也是丢勒的出生地，在巴伐利亚州是仅次于慕尼黑的第二大城市。

如果对音乐有兴趣，应该马上就能想到瓦格纳的歌剧《纽伦堡的名歌手》。另外，第二次世界大战后在此进行的针对纳粹战犯的"纽伦堡审判"经常见于历史教科书中，是人们耳熟能详的历史事件。1933年，在这里召开了第一届纳粹党大会，市内还建有纳粹纪念物，所以战犯审判的地点被定在了这里。

在第二次世界大战中，这座城市中将近90%的部分被战火摧毁，战后按照原貌进行了重建，现在这座城市依旧有砖红色的街道及石子铺设的蜿蜒小路，城堡和教堂等也都复原成中世纪时期的样子，整体散发出一种浪漫的气息。

纽伦堡 漫步

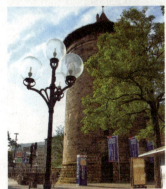

仿佛是在欢迎游客到来的圣母塔

在纽伦堡，有一条穿过市中心的佩格尼茨河，南北是并不陡峭的山丘。市中心（老街区）由总长为5公里的城墙环绕。从位于南城墙外侧的中央车站到北边的凯撒堡，步行约20分钟。主要景点都集中在城墙内侧，所以完全可以步行游览。在中央车站前的柯尼希大道和中央广场有 ❶。

走出中央车站的地下通道，眼前便是城墙。圣母塔是一座圆柱形的大型瞭望塔，从瞭望塔的旁边可以进入老城

MAP◆p.131-B4

人　口	498900人
长途区号	0911

ACCESS

铁路： 乘坐ICE特快从慕尼黑出发约1小时5分钟，从法兰克福出发约2小时5分钟，从维尔茨堡出发约55分钟。

机场与市内的交通： 从机场站前往纽伦堡中央车站可乘坐地铁U2，大概需要13分钟。

❶ **纽伦堡的旅游服务中心**
● 中央车站前的 ❶
☒ Königstr. 93 D-90402
◻ Map p.150-B2
☎ (0911) 2336131
🖷 (0911) 2336127
🖳 www.tourismus.nuernberg.de
☷ 周一～周六　9:00~19:00
　　周日　　　10:00~16:00
● 中央广场的 ❶
☒ Hauptmarkt 18 D-90403
◻ Map p.150-A2
☎ (0911) 2336135
☷ 周一～周六　9:00~18:00
　　周日　　　10:00~16:00
　（圣诞市场举办期间周一～周六9:00~19:00，周日10:00~19:00）

● **纽伦堡卡**
Nürnberg Card + Fürth
　2天之内可以任意乘坐纽伦堡及菲尔特 Fürth 的市内交通工具。还包含大约40家美术馆或博物馆的门票。可在 ❶ 或主要酒店购买，€ 25。

工匠广场仿佛是中世纪的世界

149

● 工匠广场
◑ Map p.150-B2
🌐 www.handwerkerhof.de
🕐 3月中旬~12月下旬
周一～周五　10:00~18:30
周六　10:00~16:00
餐馆周一～周五10:30~
22:00
圣诞市场举办期间，周
一～周六10:00~18:30，周
日10:00~16:00
🚫 周日·节日、12/25~次年
3月中旬

区。瞭望塔下，沿城墙重建了工匠广场 Handwerkerhof，可以买到纽伦堡的著名礼品。

柯尼希大道 Königstr. 是当地的主街道，有一段为步行街。沿这条道路直行，就能看到哥特式建筑风格的圣劳伦茨教堂 St. Lorenz-Kirche。从这座教堂向右转，出现在北面高地上的就是凯撒堡 Kaiserburg。向着这座城堡前行，走下一段坡度不大的坡路，就会来到东西向贯穿市内的佩格尼茨河的河畔。建在河中沙洲之上的圣灵医院 Heilig-Geist-Spital，以前是一家救济院，现在是餐厅。

过河后继续前行，就来到了中央广场 Hauptmarkt。广场东侧的圣母教堂 Frauenkirche 是建于 14 世纪中期的建筑。建筑正面有机械时钟，安装着卡尔四世及 7 位选帝侯的人像，每天中午 12:00 时人像会动起来，很值得观赏。

从皇帝堡俯瞰市区

绕过中央广场一角的美泉 Schöner Brunnen 继续前行，右侧是旧市政厅 Altes Rathaus，左侧是圣塞巴尔德大教堂 St.-Sebaldus-Kirche。从这里开始上坡路变得更陡。走完坡路，来到一座岩石小山的顶部，那里耸立着皇帝堡。

参观完城堡，可以不按原路返回，而是从西侧的坡路下山。来到画家丢勒故居 Dürer Haus 所在的丢勒广场，沿丢勒故居旁向南延伸的 Albrecht-Dürer-Str. 前行，然后沿卡尔街 Karlstr. 直行，右侧会出现一座非常可爱的建筑。那就是在全世界也非常少见的玩具博物馆 Spielzeugmuseum。

佩格尼茨河中的沙洲上有一个名为 Trödelmarkt 的小广场，从那里西行，游客人数开始减少，景色变得更加有情趣。Henkersteg 是一座带屋顶的木桥，被称为刽子手桥。站在其对面的马克思桥的桥头回望，可以看到以木结构楼房、塔为背景的秀丽景色，仿佛自己穿越到了中世纪的纽伦堡。

上／中央广场的美泉
下／金色圆环（参见下方的"编外语"）的位置较高，往往不踮脚就够不到

⚽ 足球场信息

● 根德球场
Grundig Stadion
🏠 Max-Morlock-Platz 1
🔴 Map 地图外
🖥 www.grundig-stadion.de
📍 1.FC 纽伦堡足球俱乐部主场。
🚃 位于市中心西南 5 公里处，从纽伦堡中央车站乘 Ⓢ 2 约 8 分钟，在 Frankenstadion 下车。比赛日车次增加。下车后，步行 10 分钟左右即到。

大人与孩子都可乐在其中的玩具博物馆

从马克思桥附近远眺刽子手桥（右边部分）

🎺 **FESTIVAL**　　**纽伦堡的圣诞市场**

这里的圣诞市场历史悠久，始于 17 世纪早期，而且光顾者众多，规模之大在德国屈指可数。市场举办时，中央广场上会排满出售小饰品以及甜点的摊位。要购买伴手礼的话，可以选择香料酒的酒杯。2017 年举办时间为 12/1~12/23。
🖥 www.christkindlesmarkt.de
🕐 一般为 10:00~21:00

超有人气的圣诞市场

市场的偶像——圣诞天使

 位于中央市场的美泉的铁栅栏上有金色圆环。据说旋转圆环3次并许愿，只要不告诉别人，愿望就能实现，所以很多人都会去转圆环。

纽伦堡 主要景点

可以看到圣母领报浮雕的圣劳伦茨教堂
St. Lorenz-Kirche ★★★

建于 1270 年至 1477 年的哥特式大型教堂。屋顶上有维特·史托斯创作的浮雕作品《圣母领报》，十分精美。

《圣母领报》浮雕高悬的圣坛

城堡与景色俱佳的凯撒堡
Kaiserburg ★★★

神圣罗马皇帝的城堡，12 世纪开始兴建，15~16 世纪成为现在的样子。这里的看点是深达 60 米的水井与双重结构的教堂。不要忘记去观景台远眺市区，可以看到难以用语言形容的美景。

由几座塔与建筑物组成的凯撒堡

文艺复兴时期大画家的家丢勒故居
Dürer Haus ★★

建于 1420 年，德国文艺复兴时期的大画家丢勒从 1509 年直到 1528 年去世一直居住于此。参观故居内部，可以了解当时的生活，还可以欣赏丢勒画作的临摹作品。

可以了解丢勒的时代

藏品种类丰富的日耳曼国立博物馆
Germanisches Nationalmuseum ★★

位于工匠广场西侧的大型博物馆。有丢勒及史托斯等艺术家的作品。还展出马丁·贝海姆制造的世界上第一台地球仪以及古代乐器等展品。

展品种类跨度很大

大人也能乐在其中的玩具博物馆
Spielzeugmuseum ★

世界最大的玩具制造商开办的，与当地玩具流通地地位相符的博物馆。除了木质、锡质、铁质的玩具，宛如艺术品的玩偶房也非常值得一看。

圣劳伦茨教堂
- Map p.150-B2
- www.lorenzkirche.de
- 周一~周六　9:00~17:00
  周日　13:00~16:00
  圣诞节期间
  周一~周六　9:00~18:00
  周日　13:00~18:00
  节日时可能有调整
- €1

用半蹲的姿势支撑起"圣体安置塔"基座的男子就是塔的建造者

凯撒堡
- Auf der Burg 13
- Map p.150-A1
- www.kaiserburg-nuernberg.de
- 4~9月　9:00~18:00
  10月~次年3月 10:00~16:00
- 1/1、12/24·25·31、狂欢节的周二
- €7，学生€6
- ※ 城堡与教堂、博物馆€5.50，深井（只能跟团参观）与辛威尔塔€3.50，以上景点的通票€7

丢勒故居
- Albrecht-Dürer-Str. 39
- Map p.150-A1
- www.museen.nuernberg.de/duererhaus
- 周二·周三·周五　10:00~17:00
  周四　10:00~20:00
  周六·周日　10:00~18:00
- 周一（7~9月与圣诞市场举办期间开放）
- €8，学生€5

日耳曼国立博物馆
- Kartäusergasse 1
- Map p.150-B1
- www.gnm.de
- 周二~周日　10:00~18:00
  （周三~21:00）
- 周一、12/24·25·31
- €5，学生€3

玩具博物馆
- Karlstr. 13-15
- Map p.150-A1
- spielzeugmuseum-nuernberg.de
- 周二~周五　10:00~17:00
  周六·周日　10:00~18:00
- €5，儿童€3
- 周一（圣诞市场举办期间开馆）

编外话 参观纽伦堡市立的博物馆与美术馆（丢勒故居、玩具博物馆、芬博故居、图榭宫博物馆、纳粹党大会会场遗址等）时，多加€2.50可买够进入各馆的1日通票。

铁路爱好者不容错过的 DB 博物馆（交通博物馆）

DB Museum（Verkehrsmuseum） ★★

纽伦堡于 1835 年铺设铁路，是德国首个铺设铁路的城市。

一层有值得纪念的纽伦堡第一辆蒸汽机车"亚特拉"号以及其他的古老火车。二层有立体铁路模型及模拟火车驾驶设备。

巴伐利亚国王路德维希二世的豪华车厢

纽伦堡 近郊景点

巴赫音乐节与洛可可戏剧节的举办地安斯巴赫

Ansbach MAP p.131-B3

霍亨索伦王朝的中心城市。从火车站沿卡尔街 Karlstr. 直行，中途横穿一条名为 Promenade 的宽阔道路就能来到市中心。可以参加团体游，参观马克格拉芬城堡 Markgrafliche Residenz 内的豪华房间以及瓷器收藏品。另外，以城堡为舞台，每隔 1 年的 7 月会在这里举办巴赫音乐节，每年 7 月都会举办洛可可戏剧节，两个活动在世界上都很有影响力。

位于老城区北部外围的马克格拉芬博物馆 Markgrafen-Museum 内，有被称为 19 世纪最神秘人物卡斯帕尔·豪泽尔的相关资料。

● DB 博物馆
🏠 Lessingstr.6
🔲 Map p.150-B1
🖥 www.dbmuseum.de
🕐 周二～周五　9:00~17:00
　　周六·周日　10:00~18:00
🚫 周一、部分节日
💰 € 5、学生 € 4

● 安斯巴赫
🚃 从纽伦堡中央车站乘 IC 特快约 30 分钟。
ⓘ 安斯巴赫的旅游服务中心
🏠 Johann-Sebastian-Bach-
　　Platz 1　D-91522 Ansbach
☎ （0981）51243
📠 （0981）51365
🖥 www.ansbach.de
🕐 周一～周五　9:00~17:00
　　周六　　　　10:00~14:00

● 马克格拉芬城堡
🏠 Promenade 27
🕐 周二～周日　9:00~17:00
　　（10 月～次年 3 月 10:00~
　　15:00）每到整点团体游出发
🚫 周一、部分节日
💰 € 4.50、学生 € 3.50

● 马克格拉芬博物馆
🏠 Kasper-Hauser-Platz 1
🕐 10:00~17:00
🚫 10 月～次年 4 月的周一
💰 € 3.50

𝐇𝐈𝐒𝐓𝐎𝐑𝐘 参观纳粹党大会会场遗址与纽伦堡审判法庭

● 纳粹党大会会场遗址 Doku-Zentrum

🚃 从纽伦堡中央车站前乘坐开往 Doku-Zentrum 方面的 9 路有轨电车约 10 分钟，在终点站下车。
🏠 Bayernstr. 110　🔲 Map p.150-B2 外
🖥 www.museen.nuernberg.de/dokuzentrum
🕐 周一～周五 9:00~18:00，周六、周日 10:00~18:00
　　（入场截至闭馆前 30 分钟）
💰 € 5、学生 € 3

1933 年以后，纳粹党大会都在此召开，臭名昭著的《纽伦堡法典》也是在这里制定的。大会堂内部设有展厅。

大型展览馆 Doku-Zentrum

仿照神殿而建的纳粹党大会会场

Doku-Zentrum 附近的池水东侧，有大型野外集会广场 Zeppelinfeld，还有用石材建成的名为 Zeppelintribühne 的舞台。

● 纽伦堡审判法庭

Memorium Nurnberger Prozesse

🚃 从纽伦堡中央车站前乘地铁 Ⓤ 1 在 Bärenschanze 下车。
🏠 Bärenschanzstr. 72
🔲 Map p.150-B1 外
🖥 www.museen.nuernberg.de/prozesse
🕐 周三～下周一 10:00~18:00（入场截至闭馆前 1 小时）
周六（英语）、周日（德语）14:00 有团体游。
※ 现在仍被作为法院使用，所以有时可能无法参观。
🚫 周二
💰 € 5、学生 € 3

1945 年 11 月 20 日至 1947 年 10 月 1 日，对赫尔曼·戈林、鲁道夫·赫斯等纳粹主要战犯进行审理的纽伦堡军事审判在此进行。

✉ 投稿　皇帝堡的参观时间从 10:00（夏季 9:00）开始，但是如果提前 30 分钟左右到达，游客还比较少，可以轻松自如地拍摄一些建筑外观的照片。开馆后，巴士一辆接一辆地到达，整个场地变得非常拥挤。

纽伦堡的餐馆
Restaurant

来到这座城市，一定要尝尝这里的纽伦堡香肠 Nürnberger Rostbratwurst。市中心有几家烤香肠的专卖店。几乎所有的地方菜名字前都会有一个前缀词"Fränkische"，所以比较容易辨识。

地方啤酒中图赫啤酒 Tucher 比较知名。弗兰肯葡萄酒 Franken 味道也很不错。

香肠之家
Bratwursthäusle

◆ 使用山毛榉木炭烤制而成的正宗香肠

备受好评的纽伦堡香肠专卖店。因为店铺本身不是很大，所以经常客满。香肠 6 根以上起售，10 根装的是 € 11.50。还有专门供外卖的面包夹香肠 Wurstbrötchen 3 im Weckla（€ 2.50）。

德国菜	Map p.150-A1
囲 Rathauspl. 1　☎（0911）227695	
网 www.bratwursthaeusle.de	
圀 周一～周六　10:00~22:00	
（点单~21:30）	
困 圣诞市场期间以外的周日·节日	
回 M	

圣灵医院餐厅
Heilig-Geist-Spital

◆ 地方菜非常好吃的一家店

位于佩格尼茨河中岛上的一座老救济院内的餐厅。这里烹制的弗兰肯地方菜非常美味，葡萄酒的味道也很不错。维也纳风味的炸猪排 Wiener Schnitzel 是 € 16.90、纽伦堡香肠 6 根装 € 7.40。

德国菜	Map p.150-A2
囲 Spitalgasse 16	
☎（0911）221761	
网 www.heilig-geist-spital.de	
圀 11:30~24:00（点菜 ~23:00）	
困 冬季休业	
回 A D J M V	

纽伦堡的商店
Shopping

纽伦堡的购物区位于中央车站以北的步行街柯尼希大道和圣劳伦茨教堂前向西延伸的卡罗丽娜大街周边。这里热闹而繁华，汇聚了不少百货商场和精品店。从刽子手桥到玩具博物馆、丢勒故居一带的小巷子，还有一些十分有特色的商店。

施密特蜜饯姜饼
Lebkuchen Schmidt

◆ 加入香料的著名曲奇

纽伦堡的名特产蜜饯姜饼是加入了可可粉等各式香料的类似曲奇的点心。画有德国风情图案的铁罐装姜饼特别适合当作伴手礼。站前的工匠广场内设有分店。

食品	Map p.150-A2
囲 Plobenhofstr. 6	
网 www.lebkuchen-schmidt.de	
圀 周一～周五　　9:00~18:30	
周六　　　　9:00~16:00	
圣诞市场期间是周一～周六 ~20:00，	
周日 10:30~18:30	
困 周日·节日　回 M V	

沃尔法特商店
Käthe Wohlfahrt

◆ 可爱的木质玩具

这是一间圣诞用品商店，总店位于罗滕堡。店内的商品大都是品质优良的木质玩具，胡桃夹子木偶、娃娃香炉等摆列有序。光是看看也十分开心。

玩具	Map p.150-A2
囲 Königstr. 8　☎（09861）4090	
圀 周一～周六　　　　10:00~17:30	
（依季节有相应变化。圣诞节前四	
周 ~20:00）	
困 周日·节日、1 月下旬至 2 月上旬	
冬季不营业	
回 A D J M V	

 在 Bratwursthäusle 餐厅点 10 根以上的香肠，会用桃心形的盘子上菜，看上去十分可爱。同时还可以从德式泡菜和土豆沙拉中挑选一款配菜。啤酒一定要选择图赫啤酒。

纽伦堡的酒店
Hotel

　　中央车站周边和柯尼希大道南侧酒店比较集中，这个区域对于购物和观光来说交通都十分方便。老城区的北部还有一些中档酒店，由于地点位于山坡之上，所以对于拿着旅行箱和大包行李的游客来说步行到达是非常困难的。在圣诞市场和 2 月份召开的国际展览会期间应该提早预约，在此期间住宿费用也会提高。

艾美大酒店
Le Méridien Grand Hotel

◆格调优雅的古典风格酒店

　　这是一家创业于 1896 年的历史悠久的酒店，整个酒店的风格充满了欧洲古典气息。青年风格的酒店餐厅"法式小酒馆 Brasserie"内充满了 19 世纪的氛围。酒店就位于中央车站的对面，特别适合观光游览。有 Wi-Fi 设施（付费）。

高档酒店	Map p.150-B2
㘽 Bahnhofstr.1-3　D-90402	
☎（0911）23220	
FAX（0911）2322444	
URL www.lemeridiennuernberg.com	
圈 Ⓢ € 110~529　Ⓣ € 125~554	
囝 ⒶⒹⒿⓂⓋ	

玛丽蒂姆酒店
Maritim

◆设施齐全的大型酒店

　　经常接待商务人士和团体旅游的大型高档酒店。距离中央车站步行需要 6 分钟。有室内游泳池可以适当放松一下。酒店内的餐厅装饰多用木质材料，给人感觉十分舒服。有 Wi-Fi 设施（付费）。

高档酒店	Map p.150-B2
㘽 Frauentorgraben 11　D-90443	
☎（0911）23630	
FAX（0911）2363823	
URL www.maritim.de	
圈 Ⓢ € 117~367　Ⓣ € 149~399	
囝 ⒶⒹⒿⓂⓋ	

德尔瑞本酒店
Drei Raben

◆时尚的主题酒店

　　酒店名字的意思是三只乌鸦，所以酒店的 LOGO 也是如此。房间内饰很浪漫，给人一种温暖的感觉，是一家不错的古城酒店。位于一层的早餐区和酒吧设计得很时尚，不失主题酒店的风格。有免费 Wi-Fi。

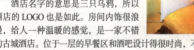

中档酒店	Map p.150-B2
㘽 Königstr. 63　D-90402	
☎（0911）274380	
FAX（0911）232611	
URL www.hoteldreiraben.de	
圈 Ⓢ € 130~195　Ⓣ € 150~260	
囝 ⒶⒹⒿⓂⓋ	

维多利亚酒店
Victoria

◆位于工匠市场旁，交通方便

　　从中央车站进入柯尼希大道后马上就可以看到位于道路左侧的维多利亚酒店，这是一家中档酒店。酒店内的设施十分舒适简洁，即便是临街的房间也很安静。店员的服务员态度也很不错。在部分客房内使用 Wi-Fi 是需要单独付费的，不过一层大厅有免费 Wi-Fi 可以使用。

中档酒店	Map p.150-B2
㘽 Königstr. 80　D-90402	
☎（0911）24050	
FAX（0911）227432	
URL www.hotelvictoria.de	
圈 Ⓢ € 78~228　Ⓣ € 98~248	
囝 ⒶⒹⒿⓂⓋ	

青年旅舍
Jugendherberge

◆拥有古堡感觉的十分有人气的青年旅舍

　　位于凯撒堡的一处角落，充满古堡氛围，在 2013 年刚刚重新装修过。房型主要以 4 人间为主，还有单人间和大宿舍房型，除了年轻人之外也有不少以家庭为单位的游客喜欢入住这里。在公共区域有免费的 Wi-Fi 设施。

青年旅舍	Map p.150-A2
㘽 Burg 2　D-90403	
☎（0911）2309360	
FAX（0911）23093611	
URL www.nuernberg.jugendherberge.de	
圈 € 32.90~　Ⓣ € 87~	
27 岁以上需要额外支付 € 4	
囝 ⓂⓋ	

投稿　位于圣塞巴尔德大教堂附近的咖啡馆 Café Neef（㘽 Winklerstr. 29　confiserie-neef.de）做的蛋糕非常美味。另外，店门口售卖的生日蛋糕也非常可爱！

柏林
法兰克福
班贝格
慕尼黑

MAP◆p.131-A4

人 口	71200 人
长途区号	0951

ACCESS

铁路：从纽伦堡乘坐 ICE 特快或者 RE 快速需要 40~45 分钟，从慕尼黑出发约需 2 小时（需要换乘）。

ⓘ **班贝格的旅游服务中心**
⌂ Geyerswörthstr. 5 D-96047 Bamberg
○ Map p.157-B2
☎ (0951) 2976200
FAX (0951) 2976222
🖥 www.bamberg.info
📅 周一~周五　9:30~18.00
　　周六　　　9:30~16:00
　　周日·节日　9:30~14:30

世界遗产
班贝格的老城区
（1993 年列为世界遗产）

● **班贝格卡**
BAMBERGcard
　3 天内有效，可以任意乘坐市内巴士，参加市内团体游和博物馆都可以免费，另外参观新王宫还可以享受折扣优惠。€14.90。

建于雷格尼茨河中岛上的老市政厅

雷格尼茨河沿岸的"小威尼斯"地区

● **班贝格交响乐团**
🖥 www.bamberger-symphoniker.de

班贝格 *Bamberg*

可以眺望雷格尼茨河畔风景的美丽古都

建于雷格尼茨河中岛上的老市政厅和拥有 4 座塔楼的大教堂

　　这座城市是神圣罗马帝国皇帝亨利二世（1002~1024 年在位）时代的宫廷所在地，同时也是主教城市。在被列为世界遗产的老城区一带散步是一件非常有趣的事情。另外，这座城市也因啤酒而知名，使用烟熏过的麦芽制成的烟熏啤酒 Rauchbier 有着较浓郁的香气和较高的度数。

班贝格 漫步

　　主要景点都位于距离中央车站 1 公里处、老市政厅 Altes Rathaus 所在地雷格尼茨河中岛附近。

　　穿过雷格尼茨河后登上前往大教堂的上坡路，便可以看到教堂广场 Dompl.。拥有 4 座塔楼的大教堂 Dom 就矗立在这里。

以基督教美术宝库而知名的大教堂

　　教堂广场的对面是过去的主教宫殿——新王宫 Neue Residenz，从这里的玫瑰园 Rosengarten 眺望到的班贝格街景十分美丽。

　　穿过玫瑰园后，沿着圣米迦勒教堂旁的小路向下走，可以到达雷格尼茨河河畔，河对岸曾经是渔夫们聚居的地方，一栋栋小房子错落有序地排列，因此这一地区也被称为"小威尼斯"。

　　喜欢古典音乐的游客，一定要去听一场班贝格交响乐团 Bamberger Symphoniker 的音乐会。可以通过官网确认具体演出时间。

主要景点

被称为 "皇帝圣堂" 的庄严肃穆的**大教堂**

Dom ★★★

　　竣工于 1237 年的大教堂，无论是建筑本身还是雕刻艺术都可以称得上是德国顶级的文化遗产。尤其是《班贝格骑士》（*Bamberger Reiter*）（1230 年前后的作品）不容错过。另外，在建立该教堂的亨利二世及库尼贡德皇后的巨大墓石之上，有出自雷姆施奈德之手的精美雕刻作品。

装饰于教堂内的《班贝格骑士》

拥有玫瑰庭园的新王宫

Neue Residenz ★

　　这座宫殿是于 1703 年由王公主教申博尔恩建造完成的。皇帝的房间等区域可供参观游览。还有专门展示德国巴洛克绘画的楼层。玫瑰园入园免费。

开满玫瑰花的花园

皇帝与皇后的墓石

●**大教堂**
　Map p.157-B1
　Domplatz 5
　周一～周六　9:00～17:00
　　周日　　　13:00～17:00
　　（5～10 月 ~18:00）
　　弥撒及管风琴演奏期间谢绝参观。

●**新王宫**
　Map p.157-B1
　Domplatz 8
　4～9 月　　9:00～18:00
　10 月～次年 3 月
　　　　　　10:00～16:00
　12/24·25·31、1/1、狂欢节的周二
　€ 4.50

海德堡与古堡之路

▶班贝格

班贝格
BAMBERG

┈┈ 推荐游览线路

0　100　200m

A

Konzert- und
Kongreßhalle

Residenz
schloß

弗兰肯啤酒
酿酒博物馆
Fränkisches
Brauereimuseum

圣米迦勒教堂
St. Michael

Michelsberg

Aufseßstr.

B

Jakobsbg.

Obere Karolinenstr.

老官殿
（历史博物馆）
Alte Hofhaltung

青年旅舍

卡尔美利肯教会修道院
Karmelitenkirche

Unter Sandstr.

Regnitz

Obere Sandstr.

Markusstr.

小威尼斯地区

Otto
Pl.

新王宫
Neue
Residenz

Dompl.

Unt. Königstr.

Kleberstr.

新市政厅
Neues Rathaus

Heumarkt Maximil.
Pl.

Kapuzinerstr.

施伦克拉啤啤酒餐厅
老市政厅
Altes Rathaus

Alt Ringlein

Grüner Markt

Karolinenstr.

大教堂（主教教区博物馆）
Dom
Diözesanmuseum

Unterer Kaulberg

Judenstr.

Nepomuk

肯考迪亚城堡
Concordia

班贝格车站

Mittelstr.

Heiliggrabstr.

Luitpohlstr.

Ludwigstr.

National

中央邮局
Hauptpost

Josefstr.

Letzengasse

Obere Königstr.

Ketten Hauptwache
Brücke

Promenadestr.

ZOB
(巴士中心)

Keßlerstr.

Franz-Ludwig-Str.

Lange Str.

Zum Sternla
Alt Bamberg

Schloß Gayersworth

Bischofs-
mühlbr.

Geyerswörthstr.

Luitpold-
brücke

W.-Lessing-Str.

Kunigundendamm

Main-Donau-Kanal

梅塞施米特罗曼蒂克酒店

Schönleins-
Platz

Friedrichstr.

霍夫贝尔维尤酒店

剧场

霍夫曼故居
E.T.A.
Hoffmann-Haus

1

2

这里的戏剧导演、浪漫派作家、《胡桃夹子》木偶剧作者 E.T.A 霍夫曼故居 E.T.A Hoffman-Haus 现在已成为纪念馆。　Schillerplatz 26　5/1～11/1 的周二～周五 15:00～17:00 以及周六·周日·节日 10:00～12:00　€2

157

交通路线 乘 RE 快车从纽伦堡出发约 1 小时 30 分钟，从拜罗伊特出发约 35 分钟。

ℹ 库尔姆巴赫的旅游服务中心

🏠 Buchbindergasse 5
    D-95326 Kulmbach
☎ (0981) 95880
📠 (0981) 958844
🌐 www.kulmbach.de
🕐 4~10月
    周一～周五　9:00~18:00
    周六　　　 10:00~13:00
    11月～次年 3 月
    周一～周五　10:00~17:00

● 普拉森城堡

🌐 plassenburg.de
🕐 4~10月　　　 9:00~18:00
    11月～次年 3 月 10:00~16:00
❌ 1/1、狂欢节的周二、
    12/24·25·31
💶 €7（为 4 家博物馆通票）

班贝格 近郊景点

古堡与啤酒之乡库尔姆巴赫
Kulmbach　　　　　　　　　　　　　　**MAP p.131-A4**

位于拜罗伊特以北约 25 公里处，是著名的啤酒产地。走出火车站，沿正前方的 Fritz-Hornschuch-Str. 前行，在 Kressenstein 左转，再走一段便进入步行街 Langgasse。到市中心的集市广场 Marktplatz 则还需要 2~3 分钟。这一带有好几家可以品尝到当地美味啤酒的餐馆。

从集市广场可以清楚地看到屹立于山丘之上的普拉森城堡 Plassenburg。前往城堡，可以选择沿坡路上山。或者可以从市中心的集市广场向西北方向的 Spitalgasse 前行，在中央停车场 Zentralparkplatz 前乘坐巴士 Plaseenburg Express。城堡中庭的四周有文艺复兴风格的石柱以及精美的浮雕，建筑内设有霍亨索伦博物馆、锡人像博物馆等 4 家博物馆。

班贝格的餐馆
Restaurant

施伦克拉熏啤啤酒餐厅
Schlenkerla　　　　　　　　　　　　　　Map p.157-B1

◆这家店在当地非常受欢迎。使用烟熏麦芽酿制而成的熏啤，颜色与黑啤非常接近，拥有独特的香味。Bamberger Zwiebel（酱汁使用洋葱和肉泥制成）的价格是€7.90，也是这家店铺的招牌菜。

🏠 Dominikanerstr.
☎ (0951) 56050
🌐 www.schlenkerla.de
🕐 9:30~23:30（点餐 12:00~22:00）
❌ 不可使用

班贝格的酒店
Hotel

霍夫贝尔维尤酒店
Bamberger Hof Bellevue　　　　　　　　Map p.157-B2

◆共有 50 间客房的高级酒店。便于游览。有 Wi-Fi 设施（免费）。

🏠 Schönleinsplatz 4　D-96047
☎ (0951) 9850　📠 (0951) 985562
🌐 www.bambergerhof.de
💶 Ⓢ €115~　Ⓣ €165~　🅿 ⒶⒹⓂⓋ

梅塞施米特罗曼蒂克酒店
Romantik Hotel Weinhaus Messerschmitt　Map p.157-B2

◆共有 67 间客房。1832 年创立。使用古董家具，是极具浪漫氛围的小型酒店。有多种葡萄酒的餐厅也很值得一去。有免费 Wi-Fi。

🏠 Lange Str. 41　D-96047
☎ (0951) 297800　📠 (0951) 2978029
🌐 www.hotel-messerschmitt.de
💶 Ⓢ €90~125　Ⓣ €130~195
🅿 ⒶⒹⓂⓋ

青年旅舍
Jugendgastehause am Kaulberg　　　　　Map p.157-B1

◆离老城区较近，便于游览。在餐厅能看到大教堂。客房基本上为 2~6 人间，带淋浴及厕所。有 Wi-Fi。

🏠 Unterer Kaulberg 30　D-96049
☎ (0951) 29952890
📠 (0951) 299528920
🌐 www.flakesmedia.com/djh-bayern/
    jugendgaestehaus-am-kaulberg/
💶 含早餐 €30.90~　🅿 ⓂⓋ

拜罗伊特 *Bayreuth*

举办与瓦格纳有关的音乐节的地方

瓦格纳迷们的圣地——理查德·瓦格纳节日剧院

柏林
法兰克福
拜罗伊特
慕尼黑

MAP ◆ p.131-A4

人 口	71600 人
长途区号	0921

ACCESS

铁路：从纽伦堡乘 RE 快车约 50 分钟。

❶ **拜罗伊特的旅游服务中心**
　Opernstr. 22
　D-95444 Bayreuth
☎（0921）88588
📠（0921）885755
🖥 www.bayreuth-tourismus.de
🗓 周一～周五　9:00～19:00
　周六　　　　9:00～16:00
　5～10月的周日
　　　　　　　　10:00～14:00

● **理查德·瓦格纳节日剧院**
　Am Festspielhügel 1-2
☎（0921）78780
🖥 www.bayreuther-festspiele.de
🗓 内部团体游
　11月～次年4月　14:00
　5·9·10月　10:00、11:00、
　14:00、15:00
※ 有时会因彩排的原因暂停参观。6～8月无团体游
🎫 €7，学生€5

立于节日剧院门前花园的瓦格纳头像

● **拜罗伊特音乐节**
　购票需向音乐节票务部门 Bayreuther Festspiele Kartenbüro 提出书面申请（详情可查询🖥 www.bayreuther-festspiele.de）。但是，由于来自世界各地的购票者过多，购票异常困难，据说最少需要连续申请8年。

拜罗伊特 BAYREUTH

N　0　100　200m

理查德·瓦格纳节日剧院
Richard-Wagner-Festspielhaus

Gontardstr.
Siegfr.-Wagner-str.
Meistersingerstr.
Feustelstr.
Nibelungen-str.
Bürgerreuther Str.
Friedr.-v.-Schiller-str.
Wilhelms-platz
Carl-Schüller-Str.
拜罗伊特中央车站 Hauptbahnhof
邮局
Wiesenstr.
巴伐利亚州霍夫酒店 H
Tunnelstr.
Bahnhofstr.
Hohenzollern-ring
Annecy-pl.
Leopoldstr.
市政厅 Rathaus
Josephs-platz
Spitalkirche
Markt 市场
城堡 Schloss
边疆伯爵歌剧院 Markgräfliches Opernhaus
Badstr.
Lohmühle
Maximilianstr.
Sophienstr.
Wolfstr.
奥斯卡餐厅
Kanzleistr.
安克尔黄金酒店
新王宫 Neues Schloss
布朗茨·李斯特博物馆
Richard-Wagner-Str.
瓦格纳博物馆 Richard Wagner Museum
市立大厅 Stadthalle
宫廷花园 Hofgarten
Wittelsbacherring
Friedrichstr.
Lindnaustr.
Hohenzollernring

在这座城市，每到7月25日~8月28日举行拜罗伊特音乐节时，都会有10万多名歌剧迷从世界各地前来观看，整个城市会因此完全变成另外的模样。

音乐节会场理查德·瓦格纳节日剧院 Richard-Wagner-Festspielhaus 建于拜罗伊特火车站正北方向的 Bürgerreuther Str. 上。该剧院是1876年由瓦格纳在充分考虑音响效果的基础上亲自设计的，属于世界顶级剧院。

从火车站沿班班霍夫大道 Bahnhofstr. 南行，经过设有 ❶ 的 Kanalstr. 后便可来到市中心。

拜罗伊特建有勃兰登堡边疆伯爵的宫殿，至今还保留着巴洛克及洛可可式的建筑。

嫁给边疆伯爵的普鲁士公主威廉明娜是腓特烈国王的妹妹，对诸多艺术都有很深的造

📖 **编外话**　瓦格纳于1813年5月22日出生在德国莱比锡，曾担任德累斯顿的宫廷剧院（森珀剧院）的指挥。1883年2月13日在威尼斯去世。

与整个城市的景观完美融合在一起的歌剧院

世界遗产

边疆伯爵歌剧院
（2012年被列为世界遗产）

● 边疆伯爵歌剧院
田 Opernstr. 14
田 4~9月　　　9:00~18:00
　10月~次年3月
　　　　　　　10:00~16:00
圆 € 2.50

● 瓦格纳博物馆
田 Wahnfriedgasse 2
圆 www.wagnermuseum.de
田 周二~周日　10:00~18:00
　（7~8月周一也开馆）
田 12/24·25　圆 € 8

● 新王宫
田 Ludwigstr. 21
田 4~9月　　　9:00~18:00
　10月~次年3月 10:00~16:00
田 1/1、12/24·25·31
圆 € 5.50、学生 € 4.50

诣，1748年决定建造了边疆伯爵歌剧院 Markgräfliches Opernhaus。剧院内部为华丽的巴洛克式装修，被誉为欧洲最美的巴洛克式剧场之一，并被列为世界遗产。

　　位于理查德·瓦格纳大街 Richard-Wagner-Museum 48号的 Haus Wahnfried 是瓦格纳曾经居住的地方。入口处有瓦格纳的赞助人路德维希二世的半身像，内部为瓦格纳博物馆 Richard-Wagner-Museum，展示有跟瓦格纳有关的物品以及他创作的乐谱等。

边疆伯爵歌剧院内的柱子看上去像是用大理石建造的，但实际上是木质的

东侧与此相连的建筑里有瓦格纳妻子柯西玛的父亲、天才钢琴家弗朗茨·李斯特的博物馆。

　　建于1753年的新王宫 Neues Schloss 里有威廉明娜喜爱的洛可可式华丽卧室。还可以参观一层的瓷器展厅、楼上的卧室以及花园。

瓦格纳1874年以后居住的 Haus Wahnfried

李斯特、圣·桑、布鲁克纳等许多音乐家都曾造访过 Haus Wahnfried

拜罗伊特的餐馆
Restaurant

奥斯卡餐厅
Oskar

◆ 位于历史超过600年的古建筑内，提供弗兰肯地区的菜肴以及啤酒。店内氛围轻松，而且价格便宜。照片中的弗兰肯香肠与德国酸菜3 Grobe fränkische Bratwürscht（€ 7.60）味道浓厚，适合跟啤酒一块品尝。

Map p.159

田 Maximilianstr. 33
☎ (0921) 5160553
圆 www.oskar-bayreuth.de
圆 8:00~次日 1:00（周日 9:00~）
田 无　田 M V

拜罗伊特的酒店
Hotel

巴伐利亚州霍夫酒店
Bayerischer Hof

◆ 紧邻中央车站的中档酒店。一层是小饭馆。有免费 Wi-Fi。

Map p.159

田 Bahnhofstr. 14　D-95444
☎ (0921) 78600　图 (0921) 7860560
圆 www.bayerischer-hof.de
圆 Ⓢ € 69~149　Ⓣ € 99~169 不包含早餐费用　田 A M V

安克尔黄金酒店
Goldener Anker

◆ 市中心一家具有古典气息的酒店。各房间的内部装饰风格不一，有浪漫风格、现代风格等。有 Wi-Fi（免费）。

Map p.159

田 Opernstr. 6　D-95444
☎ (0921) 7877740　图 (0921) 65500
圆 www.anker-bayreuth.de
圆 Ⓢ € 108~135　Ⓣ € 178~235
田 A M V

 投稿　如果Oskar客满，推荐去旁边十字路口处的Eule。在那里也能品尝到弗兰肯菜及当地啤酒。田 Kirchgasse 8
圆 www.eule-bayreuth.de

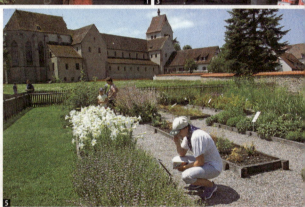

1　4 月上旬～6 月中旬是芦笋丰收的季节
2　弗赖堡老城区的侧街内流淌着清澈的水流
3　斯图加特的圣诞市场
4　乌尔姆市政厅的天文时钟
5　世界遗产赖谢瑙岛上的圣玛利亚马尔库斯教堂附属的玫瑰园

仙踪之路与黑森林
Die Fantastische Straße / Der Schwarzwald

Ulmer Spatz

乌尔姆的麻雀

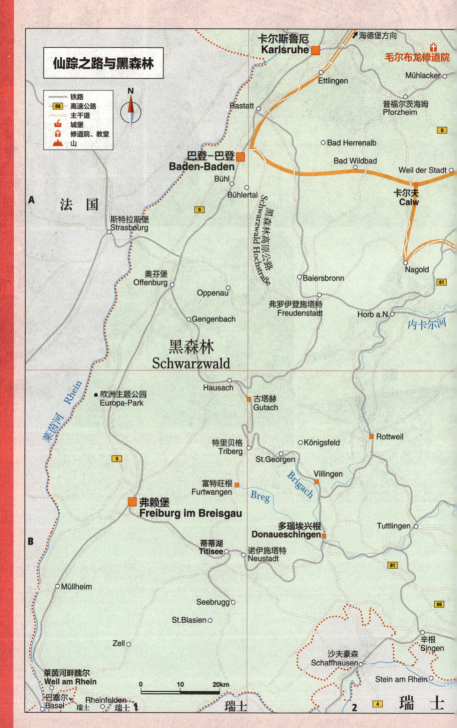

仙踪之路与黑森林

铁路
88 高速公路
主干道
城堡
修道院、教堂
山

N

卡尔斯鲁厄
Karlsruhe

海德堡方向

毛尔布龙修道院

Mühlacker

Ettlingen

普福尔茨海姆
Pforzheim

Rastatt

8

巴登–巴登
Baden-Baden

Bad Herrenalb

Bad Wildbad

Weil der Stadt

Bühl

卡尔夫
Calw

Bühlertal

A 法 国

斯特拉斯堡
Strasbourg

黑森林高原公路
Schwarzwald Hochstraße

Nagold

奥芬堡
Offenburg

Baiersbronn

81

Oppenau

弗罗伊登施塔特
Freudenstadt

Horb a.N.

Gengenbach

内卡尔河

黑森林
Schwarzwald

Rhein

莱茵河

Hausach

欧洲主题公园
Europa-Park

古塔赫
Gutach

特里贝格
Triberg

Königsfeld

Rottweil

5

St.Georgen

Villingen

富特旺根
Furtwangen

Breg

Brigach

弗赖堡
Freiburg im Breisgau

多瑙埃兴根
Donaueschingen

Tuttlingen

B

蒂蒂湖
Titisee

诺伊施塔特
Neustadt

81

Müllheim

Seebrugg

96

St.Blasien

辛根
Singen

Zell

沙夫豪森
Schaffhausen

0   10   20km

莱茵河畔魏尔
Weil am Rhein

Stein am Rhein

巴塞尔
Basel

Rheinfelden

瑞士   瑞士   1

瑞 士   2

瑞 士

4

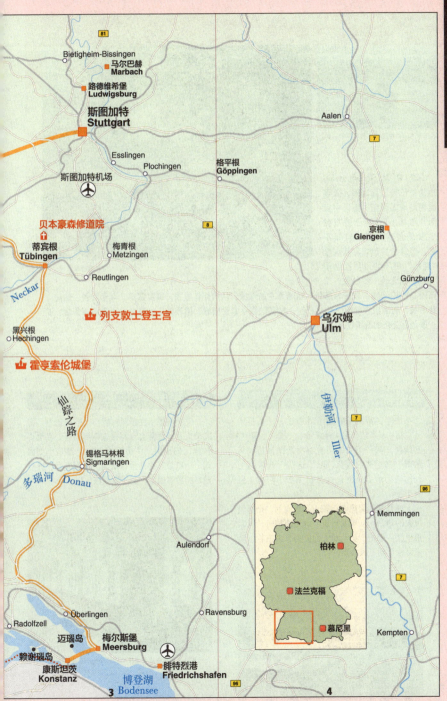

81

Bietigheim-Bissingen

马尔巴赫
Marbach

路德维希堡
Ludwigsburg

斯图加特
Stuttgart

Aalen

7

Esslingen

Plochingen

格平根
Göppingen

斯图加特机场

贝本豪森修道院

京根
Giengen

蒂宾根
Tübingen

梅青根
Metzingen

8

Reutlingen

Günzburg

Neckar

列支敦士登王宫

乌尔姆
Ulm

黑兴根
Hechingen

霍亨索伦城堡

伊勒河 Iller

7

仙踪之路

锡格马林根
Sigmaringen

多瑙河 Donau

96

Memmingen

Aulendorf

柏林

法兰克福

Ravensburg

慕尼黑

Kempten

7

Überlingen

Radolfzell

迈瑙岛

梅尔斯堡
Meersburg

赖谢瑙岛

腓特烈港
Friedrichshafen

康斯坦茨
Konstanz

博登湖
Bodensee

3

96

4

仙踪之路与黑森林

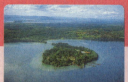

德国最大湖泊博登湖中的迈瑙岛

带给人乡愁之感的黑森林之秋

黑森林 Schwarzwald 地区位于德国西南部，隔莱茵河与法国相望，德语中意为"黑林山"，听上去充满了浪漫色彩。海拔虽然不高，但这里的地貌与其说是"森林"倒不如说更接近于"山"。南北长 160 公里，东西长 20~60 公里，以冷杉等针叶植物为主的森林，从远处看过去，确实感觉近似于黑色。仙踪之路沿线，有温泉疗养地巴登－巴登、雄伟的霍亨索伦城堡、博登湖中的花之岛迈瑙岛等景观，是一条极富变化的游览线路。

游览提示

该地区有两条铁路干线通过。一条是法兰克福~卡尔斯鲁厄~弗赖堡~巴塞尔（瑞士）的线路。另一条是法兰克福~斯图加特~乌尔姆~慕尼黑的线路。除了这些干线铁路之外，还有地方铁路，通常每 1~2 小时有 1 班火车。

博登湖地跨德国、瑞士、奥地利，是德国最大的湖泊，从康斯坦茨、林道前往时，可以乘坐驶往瑞士、奥地利方面的列车或渡轮，沿途可欣赏到三国的景色。

开行于腓特烈港与康斯坦茨之间的高速双体船

住宿指南

需要注意，在斯图加特与巴登－巴登，有时会因召开国际会议而很难订到酒店。在黑森林地区的小镇，住宿设施基本上都是小型旅馆，所以最好提前预订房间。暑假期间，博登湖畔的游客很多，应尽早预订住宿。

飞艇发明者齐柏林伯爵曾经住过的 Steigenberger Inselhotel 的回廊

特产与美食

由于这一地区紧邻法国，所以地方菜的味道好极了，受到了各界人士的一致好评。其中值得推荐的是德风意面的一种 Spätzle 和德式饺子 Maultaschen。Spätzle 也叫德式削面，是使用面粉、水、鸡蛋和在一起制成小拇指尖般粗细的面条，然后水煮，一般会跟肉菜搭配，或者在表面撒上乳酪烤着吃。Maultaschen 是使用一种类似饺子皮的面皮将肉馅和菠菜等包在一起卷成卷，一般会裹着鸡蛋烤着吃，或者用浓汤煮着吃。

黑森林蛋糕 Schwarzwälder Kirschtorte 是"黑森林中的樱桃蛋糕"的意思，也是德国最受欢迎的蛋糕。虽然在德国各地都可以品尝到，但总还是想在黑森林地区尝一尝。

巴登葡萄酒产区是德国比较罕见的红葡萄酒产区。

黑森林蛋糕

Maultaschen 是使用面皮将菠菜和肉馅包裹在一起的食物

将浓浓的乳酪盖在 Spätzle 上也是一种吃法

柏林
法兰克福
斯图加特
慕尼黑

斯图加特 *Stuttgart*

"黑森林"里的文化之都

悠闲地待在王宫广场上的人们

MAP ◆ p.163-A3

人　口	604300人
长途区号	0711

ACCESS

铁路：乘 ICE 特快从法兰克福出发约 1 小时 20 分钟，从慕尼黑出发约 2 小时 15 分钟。

机场与市内的交通：从机场乘 S-Bahn 2 或 3 至中央车站约 27 分钟。

● **斯图加特的旅游服务中心**
🏢 Königstr. 1A
　　D-70173 Stuttgart
➤ Map p.167-A2
☎ (0711) 2228100
📠 (0711) 2228253
🖥 www.stuttgart-tourist.de
🗓 周一～周五　　9:00~20:00
　　周六　　　　9:00~18:00
　　周日·节日　10:00~18:00

● **市内交通**
　　可以乘坐 U-Bahn（地铁）、S-Bahn、有轨电车、巴士。短区间车票 KurzstreckenTicket（不能乘坐 S-Bahn。不能换乘，3 站内有效）€ 1.30，市内单次乘车票 Einzel Ticket € 2.40。市内（1~2 个区域）1 日通票 EinzelTagesTicket € 6.80。

● **斯图加特卡**
Stutt CARD
　　在有效期内可随意乘坐市内公共交通工具，免费进入various 博物馆，并可享受其他优惠。24 小时卡 € 25、48 小时卡 € 35、72 小时卡 € 45。

● **州立博物馆（旧王宫）**
🏢 Schillerplatz 6
➤ Map p.167-B1
Ⓤ 在 Schlossplatz 下车
🖥 www.landesmuseum-stuttgart.de
🗓 周二～周日　10:00~17:00
🚫 周一
💰 € 5.50，学生 € 3.50（特别展费用另计）

　　中央车站的建筑上立有值得骄傲的奔驰标志。巴登－符腾堡州的首府斯图加特是德国西南部的经济中心。这里位于葡萄园与森林环绕的盆地之中，也是前往黑森林地区各城镇的起点。

斯图加特 漫 步

　　正对中央车站的柯尼希大道 Königstr. 是这里的主街道，ⓘ 也位于这条街上。现在这条街道已成为步行街，街边有很多餐馆、咖啡馆、商场、服装店。沿街前行 500 米左右就是王宫广场 Schlossplatz。左边是 U 字形的巴洛克式新王宫 Neues Schloss，现在作为政府办公大

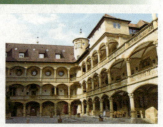

在拱门围绕下的旧王宫的中庭

楼继续使用。南侧有圆柱形塔的石结构旧王宫 Altes Schloss 是建于 16 世纪的文艺复兴风格建筑，内部有州立博物馆 Landesmuseum Württemberg，展出有史前时代的文物、中世纪的宗教雕刻、民俗收藏品等。

　　新王宫后面的公园内有州立剧院，隔着其东侧的 K-阿登纳大街 K.-Adenauer-Str. 是现代建筑风格的州立绘画馆 Staatsgalerie。那里的藏品非常值得一看。

修道院教堂前的席勒广场和集市广场，周二、周四、周六有早市一直持续到中午

近代美术作品藏品丰富的州立绘画馆

Staatsgalerie　★★★

建于 1843 年的州立绘画馆旧馆内展示着许多欧洲名画。1984 年由英国建筑家詹姆斯·斯特林设计的新州立绘画馆开幕，新馆的外观色彩丰富，内部主要展示以德国表现主义为中心的近代绘画作品和雕像。其中以出生于这座城市的奥斯卡·施莱默和包豪斯风格的艺术家的作品为中心。

●州立绘画馆
囲 Konrad-Adenauer-Str.30-32
❺ Map p.167-A2
Ⓤ Staatsgalerie 站下车
www.staatsgalerie.de
团 周二～周日　10:00～18:00
（周四～20:00）
困 周一
圉 常设展 €8、学生€6；特展€12、学生€10
常设展周三免费

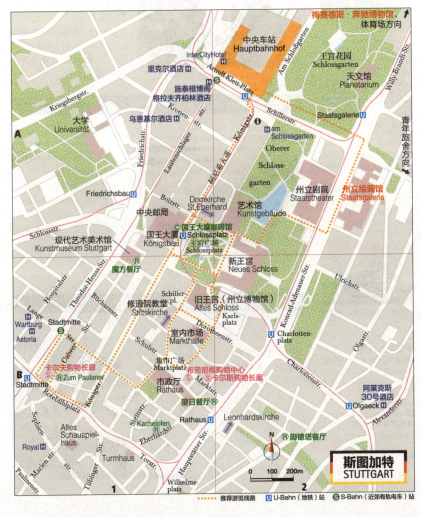

● 梅赛德斯·奔驰博物馆
🏛 Mercedesstr. 100 D-70372
Stuttgart-Bad Cannstatt
🔴 Map p.167-A2 外
🌐 www.mercedes-benz-
classic.de
🕐 周二～周日 9:00～18:00
（入场截至17:00）
🚫 周一、12/24·25·31、1/1
💶 €8、学生€4

馆内提供语音导游

⚽ 足球场信息

● 梅赛德斯·奔驰体育场
Mercedes-Benz-Arena
🌐 www.mercedes-benz-arena.de
VfB斯图加特俱乐部的主场。
交通路线 从斯图加特中央车
站乘 Ⓢ1 在第二站 Neckar-
park（Mercedes-Benz）下车。
或者乘 Ⓤ11（只在比赛日
开行）在终点站 NeckarPark
（Station）下车。步行10分
钟左右。梅赛德斯·奔驰博
物馆旁。

● 保时捷博物馆
🏛 Porscheplatz 1
🔴 Map 地图外
🌐 www.porsche.com/museum
🕐 周二～周日 9:00～18:00
（入场截至17:30）
🚫 周一、12/24·25·31、1/1
💶 €8、学生€4

仿佛悬浮在保时捷广场上的
博物馆

● 魏森霍夫住宅区
交通路线 从中央车站乘 Ⓤ5 在
Killesberg下车，步行10分
钟左右。或者乘44路巴士
（开往 Killesberg）在 Kunsta-
kademie 下车即至。
🌐 www.weissenhofsiedlung.de
● 魏森霍夫博物馆
🏛 Rathenaustr. 1-3
🔴 Map 地图外
🌐 www.weissenhofmuseum.de
🕐 周二～周五 11:00～18:00
周六·周日·节日
10:00～18:00
🚫 周一、12/24、1/1 💶 €5

汽车迷们喜爱的梅赛德斯·奔驰博物馆

Mercedes-Benz Museum ★★★

引人注目的全新概念建筑

德国皇帝威廉二世使用过的汽车

从中央车站乘开往 Kircheim（Teck）方面的 Ⓢ1 在 Neckarpark（Mercedes-Benz）站下车，按标识指示步行约10分钟。

新颖的双重螺旋结构建筑，颇具未来气息。展示区共有9层，展品从历史上的名车到最新的F1赛车都有。其中包括德国皇帝威廉二世使用过的梅赛德斯·奔驰770、戴安娜王妃曾乘坐过的红色SL。

一层为新车展厅及奔驰的服务中心。另设有商店、咖啡厅、儿童区，很适合家庭旅游。

展示跑车魅力的保时捷博物馆

Porsche Museum ★★

展示着许多历史上的名车

馆内还设有商店、咖啡吧、高级餐厅。

从中央车站乘 Ⓢ6 约10分钟，在 Neuwirtshaus（Porscheplatz）站下车，博物馆就在车站旁边。馆内有保时捷最初的跑车、1948年款356 RoadSter 等历史上著名的跑车。藏品多达400辆，展示车经常更换，所以多次到访也不会觉得无趣。另外，

由欧洲顶级建筑师们设计的魏森霍夫住宅区

Weissenhof-Siedlung ★

1927年，德意志制造同盟博览会举行之际，贝伦斯、夏隆、凡德罗等参与设计的建筑群。对建筑感兴趣的游客一定要去参观一下。勒·柯布西耶设计的住宅，现在是服务台及魏森霍夫博物馆。该建筑群的所在地地势较高，可以观赏街景。

具有代表性的现代建筑

168

斯图加特 近郊景点

黑塞名作中的毛尔布龙修道院
Kloster Maulbronn　　世界遗产　　**MAP p.162-A2**

赫尔曼·黑塞的小说《纳尔齐斯与歌尔德蒙》中的玛利亚布隆附属神学院就是以这里为背景写的。除了黑塞以外，还有天文学家开普勒、诗人荷尔德林也曾在这里学习。1147~1537年这里是西多派修道院，周围也曾形成了村落。据说这里是德国目前保存最好的中世纪修道院，可以看到罗马式及后期哥特式等各种样式的建筑。

呈现出中世纪面貌的回廊（上）与喷泉（右）

形似凡尔赛宫的路德维希堡王宫
Schloss Ludwigsburg　　**MAP p.163-A3**

从斯图加特中央车站乘Ⓢ4、5或普通列车15分钟在路德维希堡王宫Ludwigsburg站下车。从车站步行约15分钟可到达路德维希堡王宫，也可乘坐巴士。

王宫建于18世纪，为符腾堡大公的居城，是欧洲屈指可数的大规模巴洛克式宫殿。现在王宫内为陶瓷博物馆、模特博物馆、巴洛克艺术馆。

王宫的花园也非常有名

席勒出生的小镇马尔巴赫
Marbach am Neckar　　**MAP p.163-A3**

位于内卡尔河沿岸的高地之上，老街区有很多木结构的住宅。保存有德国著名剧作家席勒的故居Schiller Geburtshaus。小镇南边的国立席勒博物馆Schiller-Nationalmuseum与紧邻而建的德国文学资料馆Deutsches Literaturarchiv是记录德国文学历史的宝库。

铁路迷的圣地梅尔克林博物馆
Märklin Erlebniswelt　　**MAP p.163-A4**

在格平根Göppingen，有世界著名的铁路模型生产厂家梅尔克林公司开办的博物馆。馆内展示有存世数量稀少的珍贵模型以及巨大的3D模型。馆内商店出售各种铁路模型。

世界遗产
毛尔布龙修道院
（1993年列为世界遗产）

●毛尔布龙修道院
交通线路 从斯图加特中央车站乘RE快车约40分钟至Mühlacker，然后换乘开往Bretten的700路巴士，在Altes Stadtbad, Maulbronn下车。步行10分钟左右可到达修道院。
　　5/1~10/16的周日·法定节日开行列车Klosterstadt-Express。从Mühlacker至毛尔布龙站1日6个车次。车站距修道院约700米。
🔲 www.kloster-maulbronn.de
🕐 3~10月　　　9:00~17:30
　　11月~次年2月9:30~17:00
🚫 周一
💶 €7.50，学生€5.80

●路德维希堡王宫
🔲 www.schloss-ludwigsburg.de
🕐 只有参加10:00~17:00团体游才能参观王宫内部。英语导游的团体游在3/15~11/15期间的周一~周五的13:30以及周六·周日·节日的11:00、13:30、15:15举行（11/16~次年3/14的周六·周日·节日不举行）。用时约1小时30分钟。
💶 €7，学生€3.50

●席勒故居
交通线路 从斯图加特乘Ⓢ4约25分钟在Marbach（Neckar）下车。从车站步行10~15分钟可到达席勒故居。
🔲 Niklastorstr. 31
🕐 9:00~17:00（冬季至16:00）
🚫 12/24~26·31　💶 €3

●国立席勒博物馆
🔲 Schillerhöhe 8-10
🌐 www.dla-marbach.de
🕐 周二~周日　10:00~18:00
🚫 周一、12/24·25·31
💶 €9

●梅尔克林博物馆
交通线路 从斯图加特乘开往乌尔姆方面的IRE快车约25分钟可到达格平根。从格平根站前乘1路或6路巴士在Ulmer Str./Reutlinger Str.下车。从火车站步行前往需要20~25分钟。
🔲 Reutlinger Str. 2
　　D-73037 Göppingen
🌐 www.maerklin.de/museum
🕐 周一~周六　10:00~18:00
　　周日　　　11:00~18:00
🚫 部分节日。另有不定期休馆，需查询博物馆网站的日历。
💶 免费

斯图加特的餐馆
Restaurant

斯图加特的乡土料理是施瓦本菜系，其代表是德式饺子和德式削面等德国风味的意面。这种菜肴的口味特别适合亚洲人，有机会一定尝尝看。另外，内容丰富的汤以及蔬菜牛肉汤面 Gaisburger Marsch 等也很值得推荐。

可以品尝到施瓦本地区葡萄酒的葡萄酒屋在市内也有不少家，可以毫无顾忌地畅饮美味的葡萄酒。

魔方餐厅
Cube

◆可以眺望皇宫广场风景的景观餐厅

这家当代感十足的餐厅位于现代艺术美术馆的最顶层，因为美术馆是魔方型玻璃外观，所以在这里就餐视野特别开阔。菜肴多数为地中海菜系和亚洲菜系相融合创作的菜式。虽然晚餐有些高端，但是平时每天更替午餐套餐是€8.90~，价格还是很亲民的。推荐尝尝这里的鱼类菜肴。

多国料理	Map p.167-B1
⌂ Kleiner Schlossplatz 1	
☎ (0711) 2804441	
url www.cube-restaurant.de	
🕐 11:30~24:00	
💳 A D M V	
🚃 从 U Schlossplatz 站步行约需 2 分钟	

脚镣塔餐厅
Weinstube Schellenturm

◆当地人经常聚餐的热闹的葡萄酒酒馆

残留于城墙上的建于 16 世纪的塔楼，现在被改建成了酒馆。在这里可以品尝到巴登－符腾堡地区的各种葡萄酒，单杯€5.90~。猪肉卷、方饺子和土豆沙拉的拼盘 Schwabenteller 是€16.90。

德国菜	Map p.167-B2
⌂ Weberstr.72	
☎ (0711) 2364888	
url www.weinstube-schellenturm.de	
🕐 周一～周六　17:00~24:00	
🚫 周日·节日	
💳 V	
🚃 从 U Olgaeck 站步行约需 5 分钟	

望日餐厅
SB-Restaurant Iden

◆补充旅途中的蔬菜不足可以来这里试试看

这是一间素食自助餐厅。可以尽情地挑选自己喜爱的沙拉、蒸蔬菜等，然后装入盘中在收银台统一结算。还可以打包带走，对于在旅途中经常会出现的蔬菜不足，这间餐厅是最好的补给站。店铺的入口位于 Eberhardstr. 一侧的购物长廊里侧。

多国料理	Map p.167-B1
⌂ Eberhardstr. 1	
☎ (0711) 235989	
url www.iden-stuttgart.de	
🕐 周一～周五　11:00~18:00	
周六　11:00~17:00	
🚫 周日·节日	
💳 不可使用	
🚃 从 U Rathaus 站步行约需 1 分钟	

Information　可以在购物长廊内选购商品

卡尔夫购物长廊

斯图加特的中心城区有一种叫作购物长廊 Passage 的非常时尚的商业街。因为购物长廊带有玻璃圆拱形屋顶，所以即便是下雨天也可以安心购物。推荐拥有许多品牌专卖店的卡尔夫购物长廊 Calwer Passage（●Map p.167-B1）、位于集市广场上的百货商店布劳尼根购物中心 Breuninger（●Map p.167-B1）以及卡尔斯购物长廊 Karls-Passage（●Map p.167-B1）。

如果比起流行时尚元素你更喜欢融入到当地人的生活中，那么不妨去旧王宫附近的室内市场 Markthalle（⌂ Dorotheenstr. 4 ●Map p.167-B1）。这里汇集了售卖新鲜蔬菜、水果、面包和肉类、鲜花等的商店。周一～周五是 7:30~18:30 营业，周六是 7:00~17:00 营业。另外还有土耳其等民族料理的食材店，只是在市场内转上一圈也是一件十分有趣的事情。

右上／室内市场的二层有许多杂货店
右下／一层还有部分食品店

国王大厦咖啡馆 Cafe Königsbau（⌂ Königsbau ●Map p.167-A1）是面朝王宫广场的一家咖啡厅。夏季的时候屋外的露台座席特别舒服，二层座席风景也是不错的哦。在这里还可以吃到比萨、汉堡等简餐。

斯图加特的酒店
Hotel

因奔驰、保时捷等公司的总部都位于这座城市，而且这里还是德国屈指可数的工业城市，所以面向商务人士的酒店居多。另外，这里还经常举办各种展会，在展会期间住宿费用也会相应上涨（展会日程安排请参考 🖳 www.messe-stuttgart.de）。

施泰根博阁格拉夫齐柏林酒店
Steigenberger Graf Zeppelin

◆古典的欧式酒店

建于中央车站对面的酒店。客房的风格有古典、优雅、前卫等各种类型。另外这里还可以品尝到米其林一星餐厅"OLIVO"和施瓦本地方菜餐厅"Zeppelin Stüble"的美味佳肴。有免费 Wi-Fi 设施。

高档酒店	Map p.167-A1
🏠 Arnulf-Klett-Platz 7　D-70173
☎ (0711) 20480
🖷 (0711) 2048542
🖳 de.steigenberger.com/stuttgart
🛏 ⑤① € 169~400　早餐另收费
🈺 A D J M V

乌恩基尔酒店
Hotel Unger

◆虽然距离车站很近但地处幽静的地段

酒店位于距离中央车站步行 3 分钟范围内。虽然酒店设施属于中档酒店，但早餐种类丰富可以与高档酒店媲美。统一使用了天然木质家具。除展会期间以外，周末有折扣。有 Wi-Fi 设施（付费）。

中档酒店	Map p.167-A1
🏠 Kronenstr.17　D-70173
☎ (0711) 20990
🖷 (0711) 299100
🖳 www.hotel-unger.de
🛏 ⑤ € 86~164　① € 122~243
🈺 A D J M V

里克尔酒店
Hotel Rieker am Hauptbahnhof

◆交通便利，距离车站较近

距离中央车站十分近的一间中档酒店。共有 65 间客房，其中 40 间是禁烟客房。虽然酒店面朝站前的大马路，但房间都装备了隔音玻璃所以很是安静。有周末折扣（展会期间除外）。有免费 Wi-Fi。

中档酒店	Map p.167-A1
🏠 Friedrichstr.3　D-70174
☎ (0711) 2296580
🖷 (0711) 293894
🖳 www.hotel-rieker.de
🛏 ⑤ € 45~289　① € 60~304
🈺 A J M V

阿莱克斯 30 号酒店
ALEX 30 Hostel

◆比青年旅舍更便利的私人旅馆

从 Ⓤ Olgaeck 站出来之后马上就可以看到这家私人旅馆。设施比青年旅舍要好，而且地理位置也较好。房间装饰温馨可爱，深受女生们的喜爱。有免费 Wi-Fi 设施。斯图加特啤酒节期间（9 月下旬~10 月上旬）将比右记价格上涨 2 倍。

旅馆	Map p.167-B2
🏠 Alexanderstr. 30　D-70184
☎ (0711) 8388950
🖷 (0711) 83889520
🖳 www.alex30-hostel.de
🛏 淋浴、卫生间共用 ⑤ € 43~
① € 64~，3~5 人间 1 人 € 25~29，早餐 € 8，另外还有附带厨房、卫生间、淋浴房的公寓房型　🈺 J M V

青年旅舍
Jugendherberge

◆地处高地，是个眺望风景的好地方

背对中央车站向左前行，先下到公园的道路上再继续前行，然后走出公园沿着大道继续走，通过一个交叉路口后沿着细窄的台阶向上攀爬，正上方便是青年旅舍了，需要 15~20 分钟。从中央车站乘坐 Ⓤ15 在 Eugensplatz 站下车，只需步行 5 分钟。旅舍的出入口位于 Werastr. 和 Kernerstr. 的一角处。办理入住手续是从 13:00 开始的。如果提前预约，请于 18:00 以前到达。有 Wi-Fi 设施（付费）。

青年旅舍	Map p.167-A2 外
🏠 Haußmannstr.27　D-70188
☎ (0711) 6647470
🖷 (0711) 66474710
🖳 www.jugendherberge-stuttgart.de
🛏 附带早餐 € 26.20~、27 岁以上是 € 32.20~
🈺 J M V

卡尔斯鲁厄 *Karlsruhe*

以城堡为圆心呈扇形展开的城市

象牙色的卡尔斯鲁厄城堡

MAP◆p.162-A2

人　　口	299100 人
长途区号	0721

ACCESS

铁路：从法兰克福中央车站乘坐 ICE 特快约需 1 小时，从曼海姆出发约需 25 分钟。从斯图加特乘坐 IC 特快约需 40 分钟。

❶ 卡尔斯鲁厄的旅游信息中心

● 中央车站前的 ❶

🏠 Bahnhofplatz 6
D-76137 Karlsruhe
☎（0721）37205383
📠（0721）37205385
🌐 www.karlsruhe-tourismus.de
🕐 周一～周五　8:30~18:00
　周六　　　　9:00~13:00
（4-10 月期间周日的 10:00~13:00 期间也开放）

● 市内交通

卡尔斯鲁厄市区的单次车票 Einzelfahrkarten 是 €2.40

● 卡尔斯鲁厄卡

Karlsruhe Card

凭借此卡可以在有效期内任意乘坐卡尔斯鲁厄市内的公共交通，另外博物馆等地的门票也可以免费，此卡还可以作为剧院门票的优惠券使用。24 小时卡 €18.50。另外还可以在旅游服务中心购买到 48 小时卡和 72 小时卡。

⚽ 足球场信息

● 维尔德公园球场

Wildparkstadion

🏠 Adenauerring 17
🌐 www.ksc.de/stadion/
交通位于卡尔斯鲁厄城堡的东北侧，从集市广场经过城堡和公园步行约 20 分钟。比赛当日从卡尔斯鲁厄中央车站出发乘坐有轨电车在 Durlacher Tor 站下车后，可以乘坐去往体育场的穿梭巴士。

　　位于黑森林北部的卡尔斯鲁厄是德国最高法院及原子能研究所所在地。近些年来，作为最先进的数码技术研究、开发基地开始广受关注。音乐爱好者，可以前往巴登州立剧院参观。

卡尔斯鲁厄　漫步

　　从中央车站出来，眼前就是动物园 Zoo 和市立公园 Stadtgarten 的入口。从车站前往市中心所在的集市广场 Marktplatz 可沿艾特林嘉大道向北步行，需要 20 多分钟。从火车站前乘坐 6、Ⓢ1、Ⓢ4 路有轨电车会更快捷。

　　卡尔斯鲁厄意为"卡尔的平安"，是 18 世纪按照边疆伯爵卡尔·威廉的规划建成的城市。所有道路以他居住的卡尔斯鲁厄城堡 Schloss Karlsruhe 中的塔为中心，向周围呈放射状分布。

　　沿东西方向贯穿集市广场的皇帝大道 Kaiserstr. 两边有很多百货商场、服装店、餐厅，是当地最繁华的街道。集市广场北面，可以看

到象牙色的卡尔斯鲁厄城堡，外观非常优雅。城堡内是州立博物馆 Badisches Landesmuseum，展出有古埃及、古罗马、中世纪、19 世纪的艺术品。从设有植物园 Botanischer Garten 的大花园西行，有州立美术馆 Staatliche Kunsthalle 以及分馆 Orangerie，藏有德国、法兰德斯地区、法国的绘画等珍贵艺术品。

由媒体博物馆 Medienmuseum 与当代美术馆 Museum für Neue Kunst 组成的艺术与媒体技术中心 Zentrum für Kunst und Medientechnologie（简称 ZKM）位于城市的西部，可从中央车站乘开往 Siemensallee 的 2 路有轨电车，在 ZKM 下车。在媒体博物馆，可以体验各种通过电脑制作的媒体艺术，这里作为一家未来型的美术馆开始广受关注。

●州立博物馆
囲 Schlossbezirk 10
URL www.landesmuseum.de
囲 周二～周四 10:00~17:00
　周五～周日 10:00~18:00
囲 周一
圏 €4、学生€3（只限常设展）

●植物园
囲 Hans-Thoma-Str. 6
囲 周二～周五 10:00~16:45
　周六・周日・节日
　　　　　10:00~17:45
囲 周一
圏 €2、学生€1

●州立美术馆
囲 Hans-Thoma-Str. 2-6
囲 周二～周日 10:00~18:00
囲 周一
圏 根据展览而定

●媒体博物馆
囲 Lorenzstr. 19
URL www.zkm.de
囲 周三～周五 10:00~18:00
　周六・周日 11:00~18:00
囲 周一・周二
圏 €6

在这里你可以体验最先进的媒体艺术　　　　　　　ZKM 的建筑外观

卡尔斯鲁厄的酒店
Hotel

卡尔斯鲁厄广场酒店
ACHAT Plaza Karlsruhe

◆共有 207 间客房的大型酒店。从中央车站乘坐 3 号有轨电车在 Mendelssohnplatz 站下车即到。有免费 Wi-Fi 设施。

Map p.172
囲 Mendelssohnplatz　D-76131
☎（0721）37170　FAX（0721）3717156
URL www.achat-hotels.com
圏 Ⓢ€89~　Ⓣ€99~　早餐需单独支付€17　ADMV

A&O 卡尔斯鲁厄中央火车站酒店
A&O Karlsruhe

◆以酒店和青年招待所共有的形式经营的连锁酒店，开业于 2012 年 8 月。外观建筑是古典风格的。位于中央车站的斜对面，青年招待所深受背包客、学校等团体的喜爱，酒店方面的住客多为商务人士。右述费用是官网公布的最低费用，一般来说酒店是 Ⓢ€41.60~、Ⓣ€92.80~。房间内的设施整洁干净。公共区域有免费 Wi-Fi，房间内需要单独收费。

Map p.172
囲 Bahnhofplatz 14-16　D-76137
☎（0721）37154100
URL www.aohotels.com
圏 酒店 1 人€17~、青年招待所€10~早餐另收费
AJMV

阿姆集市酒店
Hotel Am Markt

◆面对集市广场的功能性酒店，特别适合观光游览。一层有咖啡厅。有免费 Wi-Fi。前台于 7:00~22:00（周六・周日是 8:00~）期间提供服务。如果准备早上很早出发，请于前一天结算房费。8 月份有休业期。

Map p.172
囲 Kaiserstr. 76　D-76133
☎（0721）919980　FAX（0721）9199899
URL www.hotelammarkt.de
圏 Ⓢ€69~99　Ⓣ€89~119　早餐另收费　AMV

青年旅舍
Jugendherberge

◆从中央车站乘坐 2、3、4 号有轨电车在 Europaplatz 站下车，步行 10 分钟即到。附带早餐和晚餐的费用是€27.40（27 岁以上是€33.40）。共有 42 间客房，是上下铺形式的 2~6 人间。有 Wi-Fi 设施。

Map p.172
囲 Moltkstr.24　D-76133
☎（0721）28248　FAX（0721）27647
URL karlsruhe.jugendherberge-bw.de
圏 附带早餐€21.80、27 岁以上是€27.80　囲 不可使用

投稿　在卡尔斯鲁厄城堡内的州立博物馆参观时，可以从位于最后一间展厅前的楼梯向上爬到位于中央的塔楼上。站在塔楼上眺望卡尔斯鲁厄市内的风景很不错。

柏林

法兰克福

巴登-巴登 ● 慕尼黑

巴登-巴登 *Baden-Baden*

源于罗马时代的温泉之乡

MAP ▶ p.162-A1

人 口	53000 人
长途区号	07221

ACCESS

铁路: 从法兰克福乘坐 ICE
约需 1 小时 20 分钟。途中
可能会在曼海姆或者卡尔斯
鲁厄换乘 RE 快速。

❶ **巴登-巴登的旅游服务
中心**

🏠 Trinkhalle 内 D-76530

🔜 Map p.175-A1

☎ (07221) 275200

📠 (07221) 275202

🖥 www.baden-baden.de

🕐 周一～周六　10.00～17.00
　周日・节日　14.00～17.00

● **市内交通（巴士）**

· 单次车票
Einzelfahrschein € 2.30

· 24 小时车票
24 Stunden Karte € 6.20

● **节日歌剧院**

🏠 Beim Alten Bahnhof 2

☎ (07221) 3013101（预约）

📠 (07221) 3013211

🖥 www.festspielhaus.de
欧洲第二大歌剧院。在
❶ 可以购票。

设有赌场的疗养院，环境十分优美

　　这座城市是欧洲屈指可数的温泉疗养地。公元 80 年前后，占领此
地的罗马人陆续建造了许多温泉浴场。巴登在德语中意为"洗澡"，两
个"巴登"连读，表示"巴登地区的巴登"，也是为了与奥地利及瑞士的
"巴登"相区别。

　　19 世纪，俾斯麦、维多利亚女王、拿破仑三世、陀思妥耶夫斯基、
巴尔扎克、勃拉姆斯等王侯贵族及作家、音乐家都曾造访此地。可以在
优雅的氛围中体验温泉的乐趣。

巴登-巴登　漫 步

　　火车站距市中心约 5 公里，可以从站前广场乘 201 路巴士（白天基
本上每 10 分钟有 1 班车），在里奥波特广场 Leopoldsplatz 下车。

　　里奥波特广场连接着长街 Lange Str.、路易森大街 Luisenstr.、索芬大
街 Sophienstr. 等主要商业街。卡拉卡拉浴场等洗浴设施在里奥波特广场
的东北方。

　　在德国的温泉进行疗养，一般需要 2~3 周时间，这里有剧院、美
术馆、赌场 Casino，娱乐设施完备。其中，节日歌剧院的演出水平相
当高。

　　奥斯河沿岸的林荫道
利希腾塔勒大道 Lichtentaler
Allee 非常适合散步。

奥斯河沿岸的散步小径

市内保持着温泉旅游地区特有的安静

古罗马的卡拉卡拉皇帝也曾入浴的 **卡拉卡拉浴场**

Caracalla Therme ★★★

卡拉卡拉浴场是一个能让人轻松愉悦的温泉浴场，入浴需穿泳衣。有室内、室外温度不同的7种浴场。馆内有出售泳衣、毛巾的商店，还有可品尝健康美食的餐厅。

在桑拿房内，必须脱去泳衣，把浴巾铺在地上以防止汗水打湿地板。最新推出的芳香桑拿浴，会让人感到非常舒适，值得推荐。

酷似南国度假地的卡拉卡拉浴场

● 卡拉卡拉浴场
囲 Römerplatz
➜ Map p.175-A2
URL www.caracalla.de
時 8:00～22:00
12/31～20:00 闭馆
※ 闭馆前2小时停止入馆
休 12/24、25
料 2小时€16、3小时€19
超时按每10分钟€0.50
收取追加费用。7岁以下儿童不可进场。

夜间的卡拉卡拉浴场

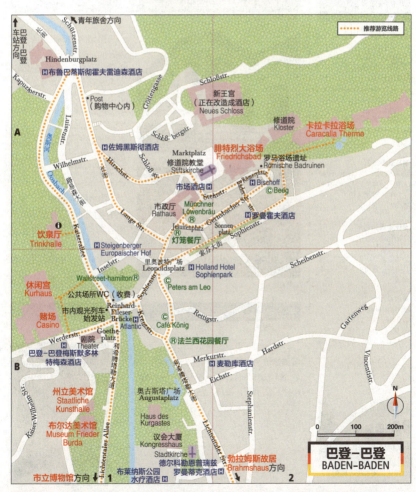

巴登－巴登
BADEN-BADEN

需要穿着泳装进入的古罗马公共浴场。室外的流水泳池深受小朋友的喜爱。芳香桑拿内充溢着香草的味道，瞬间感觉身心愉悦。※7岁以下儿童不可进场。

●腓特烈大浴场
　Römerplatz
MAP p.175-A2
　www.carasana.de
　9:00～22:00
　12/31~20:00闭馆
※闭馆前2小时停止入场。
不需要穿着泳装，可提供
毛巾。
　€25（3小时）、附带肥皂
刷身按摩是€37（3小时30
分钟）、肥皂刷按摩和乳
霜按摩€49（4小时）
※周二、周三、周五、周日
是男女混浴，周一、周四、
周六是男女分开洗浴。14岁
以下不可入场。

腓特烈大浴场的外观建筑仿
佛就是一座宫殿

●休闲宫（赌场）
　Kaiserallee 1
Map p.175-B1
　www.casino-baden-baden.de
　轮盘赌是14:00～次日2:00
（周五、周六至次日3:00）、
扑克游戏等从傍晚开始
　节日（部分除外）
　€5

●赌场导游团
　4~10月　　9:30~11:45
　11月~次年3月10:00~11:30
（11:30停止入场）
　€7

●迷你观光列车
City-Bahn
　巡游休闲宫、卡拉卡拉
浴场等景点。车票是€7，当
日有效，自由上下车。冬季
停运。

●饮泉厅
　Kaiserallee 3
Map p.175-A1
　周一～周六　10:00~17:00
　周日·节日　14:00~17:00

四周被植被围绕的饮泉厅内
的泉水是可以饮用的

文艺复兴风格的大浴场腓特烈大浴场
Friedrichsbad ★★★

　　竣工于1877年的欧洲顶级豪华浴场。在
更衣室脱掉所有衣服，在工作人员的引导下，
先用淋浴冲洗身体，然后按照引导顺序体验
温度不同的蒸汽浴及水浴。如果选择带刷子
按摩的洗浴项目，工作人员会用刷子给客人
清洗全身。洗浴后，可以裹上毛毯在休息室
内的床上休息30分钟。另外，建筑中央有带
天井的大浴池，每天都是实行混浴的，需注
意。这里是放松身心的场所，不能大声喧哗，
要遵守浴场的规定。

有大天井的大浴池每天都实行混浴

娱乐的殿堂休闲宫与赌场
Kurhaus und Casino ★★

疗养院的汉白玉石柱

豪华的赌场

　　德语Kurhaus意为"疗
养院"。在德国多指一种有音
乐厅、读书室、餐厅等设施，
供温泉疗养客人娱乐、社交
之用的建筑。
　　巴登－巴登的休闲宫完
工于1823年，内部有德国
最美的赌场Casino。陀思
妥耶夫斯基、托尔斯泰、勃
拉姆斯、李斯特都曾来此
疗养。
　　赌资最少需€2。入场必
须携带护照（不满21岁者不
能入场），穿正装（男性穿
西装上衣，系领带。有服装
租赁服务）。有轮盘赌以及
老虎机。

去品尝温泉水！饮泉厅
Trinkhalle ★★

　　这里的温泉可以饮用。在休闲宫北侧的
希腊建筑风格的饮泉厅，泉水可供疗养客人
饮用（饮水免费，杯子收费）。内有❶、咖
啡厅、洗手间。墙壁上画有以黑森林地区的
传说为主题的湿壁画。

5~10月，每月举办两次古玩市场

勃拉姆斯故居
Brahmshaus ★

作曲家勃拉姆斯从 1863 年开始，夏季都在巴登－巴登度过，与克拉拉·舒曼等许多音乐家都有交往。最初的两年，他住在酒店，1865~1874 年，都在这个居所居住。故居里保存着他使用过的家具、亲笔写下的乐谱、书信以及他的照片。

州立美术馆
Staatliche Kunsthalle ★

沿绿树丛中的散步小道，可以来到面对着利希腾塔勒大道 Lichtentaler Allee 的美术馆。这座美术馆外观看上去具有古典气息，但馆内经常举办现代、当代作品的展览。很多著名画家、雕刻家、摄影家、装置艺术家都在这里举办展览。

布尔达美术馆
Museum Frieder Burda ★

与州立美术馆的南侧相连，有玻璃通道连接两座建筑。收藏着毕加索晚期的精品以及德国表现主义的现当代绘画。

市立博物馆
Stadtmuseum im Alleehaus ★

该博物馆介绍这座城市从古罗马时代至今作为温泉疗养地的发展历史。有从古罗马浴场遗址 Römische Badruinen 出土的文物以及 19 世纪这里成为欧洲上流社会社交场所的相关藏品，非常有趣。

●勃拉姆斯故居
🏠 Lichtental, Maximilianstr. 85
乘坐 201 路巴士在 Brahmsplatz 站下车。
🔴 Map p.175-B2 外
🕐 周一·周三·周五
    15:00~17:00
    周日　　10:00~13:00
🚫 周二·周四·周六
💰 €3、学生€1.50

●州立美术馆
🏠 Lichtentaler Allee 8a
🔴 Map p.175-B1
🌐 www.kunsthalle-baden-baden.de
🕐 周二～周日　10:00~18:00
🚫 周一　💰 €7、学生€5

●布尔达美术馆
🏠 Lichtentaler Allee 8b
🔴 Map p.175-B1
🌐 www.museum-frieder-burda.de
🕐 周二～周日　10:00~18:00
🚫 周一、12/24·31
💰 €12、学生€10，还有与州立美术馆的联票

布尔达美术馆（左）与州立美术馆（右）

●市立博物馆
🏠 Lichtentaler Allee 10
🔴 Map p.175-B1 外
🕐 周二～周日　11:00~18:00
🚫 周一
💰 €5（游客卡有折扣）

Information　乘热气球俯瞰黑森林

位于巴登－巴登的 Ballooning 2000 是拥有 25 个热气球的热气球飞行公司。在大气状况较好的早晨，可以体验乘热气球翱翔天空的梦幻感觉。

从组装气球开始，游客可以跟操作师一起参与飞行的全过程。巨大的热气球鼓起并升空的瞬间是最激动人心的。像鸟一样飞翔在天空，可以俯瞰黑森林、莱茵河以及法国的阿尔萨斯地区。飞行结束后，大家用香槟干杯庆祝。游客还可以得到具有纪念意义的证明书。

预约及问询方法可参考右边内容。

朝阳映照下的热气球

Ballooning 2000 Baden-Baden GmbH
🏠 Dr. Rudolf-Eberle-Str. 5　D-76534
☎（07223）60002
📠（07223）60005
🌐 www.ballooning2000.de

有的飞行线路可能会进入法国境内，所以乘客一定要随身携带护照。即便在盛夏也要穿着保暖的服装，鞋也应该具有防滑功能。费用为每人€295（只能使用现金支付）。可到入住的酒店接送。

根据天气状况，起降地点及飞行时间可能会有调整。一般情况下，包括准备时间，用时5-6 小时。

📮 投稿　我认为€295的巴登－巴登的热气球飞行费用是比较便宜的。工作人员都很和善，而且提供香槟、早餐，还有一些仪式性的活动，总之玩得很开心。

巴登－巴登的餐馆
Restaurant

地处德法边境的巴登－巴登地区有许多法餐餐厅，菜肴的味道在德国全国也是水平相对较高的地区。

城市周边还有不少葡萄酒庄，近年来在巴登－巴登郊外的酒庄酿造的葡萄酒受到了很高的评价，说不定还有机会品尝一下只有在当地才能喝到的稀有葡萄酒呢。

法兰西花园餐厅
Le Jardin de France

◆现代法式料理的名店

采光极好的玻璃天井给人留下了深刻的印象。主厨独创的法餐味道好极了，被评为米其林一星餐厅。商务午餐（周二、周三、周四、周五）包含 3 款菜式是€ 35。晚餐有可挑选菜式的套餐€ 50~。建议提前预约。

法国菜	Map p.175-B1
⌂ Lichtentaler Str. 13	
☎（07221）3007860	
FAX（07221）3007870	
URL www.lejardindefrance.de	
🕐 12:00~14:00、19:00~21:30	
休 周日・周一・寒暑假、年末年初	
💳 A D J M V	

灯笼餐厅
Laterne

◆小酒馆风格的餐厅价格实惠

每天推荐菜式和乡土料理是用英文表示的。菜肴的价格是€ 8~，十分亲民。店员的服务也很热情周到。可以舒适地在这里吃上一顿饱饭。

德国菜	Map p.175-A1
⌂ Gernsbacher Str. 10-12	
☎（07221）3060	
FAX（07221）38308	
🕐 11:00~15:00、17:30~24:00	
💳 A D J M V	

巴登－巴登的酒店
Hotel

作为德国屈指可数的温泉度假胜地，住宿设施十分完善。既有大型酒店，又有适合长期居留的公寓酒店。欧美人进行温泉疗养一般是需要花费 2~3 周时间的。高档酒店的内部都设有 SPA 和美容沙龙等设施，你可以在这里度过轻奢的时光。到了晚上可以换上晚礼服去听听音乐会或者去赌场走上一圈，这些都是比较传统的温泉疗养地的度假方法。如果你没有足够的时间，最少也要住上 2~3 天好好体验一下当地的氛围。

布莱纳斯公园水疗酒店
Brenner's Park-Hotel SPA

◆可以体验豪华享受的酒店

市内最高级的酒店。酒店内拥有美容沙龙、健身中心、室内游泳池、桑拿等设施，是该地区首屈一指的高档酒店。"Park-Restaurant 公园餐厅"擅长烹饪鹅肝类菜肴，被评为米其林二星餐厅。有免费 Wi-Fi 设施。

高档酒店	Map p.175-B1
⌂ Schillerstr. 4-6 D-76530	
☎（07221）9000	
FAX（07221）38772	
URL www.brenners.com	
🕐 Ⓢ€ 230~440　Ⓣ€ 320~660	
早餐另收费每人€ 34	
💳 A D J M V	

巴登－巴登梅斯默多林特梅森酒店
Dorint Maison Messmer Baden-Baden

◆ SPA 种类丰富的五星级酒店

酒店位于赌场的隔壁，观光游览也很方便。酒店内有格调高雅的 SPA 区域，内有室内游泳池、桑拿间、冲浪池、按摩室等设施，你可以在这里度过悠闲的时光。有免费 Wi-Fi。

高档酒店	Map p.175-B1
⌂ Werderstr. 1　D-76530	
☎（07221）30120	
FAX（07221）3012100	
URL www.hotel-baden-baden.dorint.com	
🕐 Ⓢ€ 169~349　Ⓣ€ 219~399	
早餐需单独支付€ 26	
💳 A J M V	

 Wallstreet-hamilton 餐厅是一家当地人和游客都很喜爱的便餐餐厅（⌂ Sophienstr. 1　URL www.wallstreet-hamilton.de　Map p.175-B1）。餐厅是开放式的氛围，使用应季时蔬烹制的菜肴十分受欢迎。

布鲁巴蒂斯彻霍夫雷迪森酒店
Radisson Blu Badischer Hof

◆拥有可以涌出温泉水的浴室

　　酒店面朝绿植茂盛的公园，是由过去的修道院改建而成的，尤其是楼梯大厅给人一种中世纪奢华的感觉。室内外的温水泳池、按摩室、桑拿房和理疗中心等设施十分完善。老馆（Klosterbau）内还有带温泉浴室的客房。有免费 Wi-Fi。

高档酒店	Map p.175-A1

⌂ Lange Str. 47　D-76530
☎（07221）9340
FAX（07221）934470
URL www.hotel-badischerhof-badenbaden.com
圆 Ⓢ € 110~190　Ⓣ € 136~226
A D J M V

德尔科勒恩兹普瑞兹罗曼蒂克酒店
Romantik-Hotel Der Kleine Prinz

◆沉浸在《小王子》的世界中

　　这是一家十分可爱的酒店，圣 - 埃克苏佩里笔下的《小王子》中的造型随处可见。每个房间的风格都各有不同，深受女性住客的喜爱。右记的费用包含早餐和下午茶。有免费 Wi-Fi。

高档酒店	Map p.175-B2

⌂ Lichtentaler Str. 36　D-76530
☎（07221）346600
FAX（07221）3466059
URL www.DerKleinePrinz.de
圆 Ⓢ € 130~160　Ⓣ € 185~275
A J M V

佐姆黑斯彻酒店
Bad Hotel zum Hirsch

◆带有 SPA 的古典酒店

　　住客多为温泉疗养的客人，是一家装饰古典的酒店。SPA 区域内的设施齐全，有桑拿房和冲浪池。整个酒店除了在 "Davidoff lounge" 可以吸烟以外，其他区域禁烟。有免费 Wi-Fi 设施。

高档酒店	Map p.175-A1

⌂ Hirschstr. 1　D-76530
☎（07221）9390　FAX（07221）939111
URL heliopark-hirsch.de
圆 Ⓢ € 98~175　Ⓣ € 160~300
A M V

麦勒库酒店
Hotel Merkur

◆商务 & 温泉疗养人士的御用酒店

　　面向参加国际会议的商务人士修建的酒店。客房内拥有超薄电视、DVD 机等设备，十分完善。Wi-Fi 免费。还有一间叫作 "Sterntaler" 的餐厅。

中档酒店	Map p.175-B1

⌂ Merkurstr. 8　D-76530
☎（07221）3030　FAX（07221）303333
URL www.hotel-merkur.com
圆 Ⓢ € 79~159　Ⓣ € 109~259
A D J M V

罗曼霍夫酒店
Römerhof

◆距离温泉浴场较近的酒店

　　从火车站乘坐 201 路巴士，在里奥波特广场站下车。从广场步行 5 分钟即到，酒店就位于 Sophienstr. 和 Bader Str. 的一角处。酒店距离腓特烈大浴场和卡拉卡拉大浴都很近。年初年末休业。有免费 Wi-Fi。

中档酒店	Map p.175-A2

⌂ Sophienstr. 25　D-76530
☎（07221）23415　FAX（07221）391707
URL www.roemerhof-baden-baden.de
圆 Ⓢ € 69~75　Ⓣ € 99~117
A M V

市场酒店
Hotel Am Markt

◆有浓郁家庭氛围的家庭酒店

　　从巴登 - 巴登火车站乘坐巴士在里奥波特广场站下车，步行 5 分钟。虽然需要登上一段石头阶梯就吃力，但是地处市中心，无论是就餐还是购物都十分方便。酒店是利用建于 1716 年的古老建筑改装而成的，共有 23 间客房。只有公共区域才有 Wi-Fi（付费）。

中档酒店	Map p.175-A1

⌂ Marktplatz 18　D-76530
☎（07221）27040
FAX（07221）270444
URL www.hotel-am-markt-baden.de
圆 Ⓢ € 50~80　Ⓣ € 90~100
M V

青年旅舍
Jugendherberge Werner-Dietz-JH

◆绿色包围下的青年旅舍

　　从火车站乘坐 201 路巴士车，在 Große Dollenstraße 站下车。然后继续步行 10 分钟可达。从青年旅舍乘坐巴士去往里奥波特广场大约需要 10 分钟。圣诞节前后有休业。没有无线网络。

青年旅舍	Map 地图外

⌂ Hardbergstr. 34　D-76532
☎（07221）52223
FAX（07221）60012
URL baden-baden.jugendherberge-bw.de
圆 附带早餐 € 21.80、27 岁以上 € 27.80
M V

编外话 在巴登 - 巴登住宿每天需要支付 € 3.50 的疗养税（18 岁以下免收），支付税金后，将会发一张游客卡给你，通过这张卡可以在赌场、美术馆等地享受门票折扣等优惠政策。

卡尔夫 *Calw*

赫尔曼·黑塞的故乡

MAP◆p.162-A2

人口	22400人
长途区号	07051

ACCESS

铁路: 从斯图加特中央车站乘坐 Ⓢ6 号,大约行驶 40 分钟后在 Weil der Stadt 下车,在站前巴士站乘坐 670 路巴士大约 30 分钟后在 Calw Bahnhof 站下车。或者乘坐 Ⓢ1 号在 Böblingen 站下车,约需 25 分钟,然后再换乘巴士(763路)约 45 分钟后在卡尔夫中央巴士总站 ZOB/Bahnhof、Calw 站下车。另外,虽然车次较少,还可以选择从斯图加特乘坐 IRE 特快大约 30 分钟后在 Pforzheim 站换乘普通列车,然后继续行驶 30 分钟后便可到达卡尔夫车站。

❶ 卡尔夫的旅游服务中心
🏠 Sparkassenplatz 2 D-75365 Calw
☎ (07051) 167399
📠 (07051) 167398
🖥 www.calw.de
🗓 5~9月
　　周一~周五　　9:30~16:30
　　周六　　　　　9:30~12:30
　　10月~次年4月
　　周一~周五　　9:30~13:00
　　　　　　　　　14:00~16:30

● 赫尔曼·黑塞博物馆
🏠 Marktplatz 30
🗓 4~10月
　　周二~周日　11:00~17:00
　　11月~次年3月
　　周二~周四·周六·周日
　　　　　　　　11:00~16:00
🚫 周一、11月~次年3月的周五、部分节日
💰 €5、学生€3
　　有语音导游装置

● 关于黑塞的《纳尔齐斯和歌尔德蒙》中提到的世界遗产毛尔布龙修道院请参考 p.169。

黑塞出生在这座美丽的木造建筑内

　　卡尔夫是位于黑森林的边缘地带的疗养地,四周都是冷杉林,空气清新。走过纳戈尔德河上的桥,就来到了集市广场 Marktplatz,市政厅前的木结构房屋的墙壁上有"黑塞故居"的标识。广场里侧的白色建筑中有赫尔曼·黑塞博物馆 Hermann-Hesse-Museum,展示着从世界各地收集来的有关黑塞的资料及物品。在赫尔曼·黑塞广场,喷水池

上刻着他的肖像。
　　纳戈尔德河上的尼古拉斯桥是卡尔夫最古老的桥,桥中间处设有尼古拉斯教堂 Nikolauskapelle。该教堂建于 1400 年前后。在黑塞的《在轮下》中这座桥也多次出现,很值得一看。

架在纳戈尔德河上的尼古拉斯桥

蒂宾根 *Tübingen*

黑塞度过青春岁月的大学城

内卡尔河沿岸颜色各异的住宅

柏林

法兰克福

蒂宾根
慕尼黑

MAP◆p.163-A3

人　口	85400人
长途区号	07071

ACCESS

铁路：从斯图加特乘 IRE 快车约 45 分钟，乘 RE 快车约 1 小时。

❶ **蒂宾根的旅游服务中心**
- An der Neckarbrücke D-72072 Tübingen
- ☎（07071）91360
- ＦＡＸ（07071）35070
- www.tuebingen-info.de
- 周一～周五　9:00～19:00
- 周六　　　　9:00～16:00
- 5～9月的周日 11:00～16:00

● **荷尔德林塔**
- Bursagasse 6
- ☎（07071）22040
- www.hoelderlin-gesellschaft.de
- 周二～周五　10:00～12:00
- 　　　　　　15:00～17:00
- 周六·周日·节日 14:00～17:00
- 周一
- €2.50，学生€1.50

● **蒂宾根城堡（博物馆）**
- Burgsteige 11
- www.uni-tuebingen.de/museum-schloss
- 周三～周日　10:00～17:00
- （周四～19:00）
- 周一·周二
- €5，学生€3

　城堡内是蒂宾根大学的设施，其中一部分作为博物馆对外开放。展示有古城及文物及中世纪雕刻，还有公布大学各部门研究成果的区域。

　蒂宾根是一座 40% 的人口为大学生及大学教职员的大学城，橘红色的屋顶加上色调柔和的墙壁构成了一栋栋美丽的住宅。大学创立于 1477 年，历史非常悠久。赫尔曼·黑塞、荷尔德林、黑格尔、开普勒等诸多作家、思想家、学者都曾在这里度过青春岁月。

蒂宾根 漫步

　　火车站距市中心有一段距离。出了车站后，沿卡尔街 Karlstr. 向内卡尔河前行。艾伯哈德桥 Eberhardsbrücke 前有 ❶。过了桥，走下左侧的台阶，

内卡尔河岸边的荷尔德林塔

沿河岸道路前行就能看见尖屋顶的圆形建筑，这就是荷尔德林塔 Hölderlinturm。诗人荷尔德林在这里居住了 36 年。建筑前有船码头，可乘坐由学生掌舵的名为 Stocherkahn 的木船沿内卡尔河游览（仅在 5～9 月开行）。

　　离开沿岸道路，经过布尔萨小巷 Bursagasse，便来到了从前是修道院、宗教改革后成为神学院的福音修道院 Ev.Stift。哲学家黑格尔与天文学家开普勒都曾在此学习，黑塞的《在轮下》描写了进入这所学校的学生学习如何辛苦、学生生活如何严酷。

　　沿石板道路继续向上走，走过 Burgsteige 后，就能到达耸立于高地之上的蒂宾根城堡 Schloss Hohentübingen。那里也是一个绝佳的观景点。城堡最古老的部分可以追溯到 11～12 世纪，现在的整个城堡建于 16 世纪。城堡内部主要供大学使用，部分空间作为博物馆对外开放。从城堡沿坡路下来，可前往城市中心的集市广场 Am Markt。周一、周三、周五的上

集市广场前的喷泉

 每年12月举办的巧克力市场"Schokoladenfestival ChokolART"是德国及各邻国的巧克力店在老城区中心设摊的露天市场。

MAP p.163-A3

修道院教堂
圏 9:00~16:00，夏季9:00~17:00
　　参观塔，夏季的周二~
　　周五 13:00~17:00（圏€1）

海肯哈沃书店所在的建筑。
前往黑塞纪念厅需从建筑左
侧的入口进入并往里走

除了精美的旧书，还有与黑
塞这位在蒂宾根生活过的诗
人有关的展品

赫尔曼·黑塞纪念厅
圏 Holzmarkt 5
圏 周五·周六　12:00~17:00
　　周日　　　 14:00~17:00
圏 免费

贝本豪森修道院
圏 D-72074
　　Tübingen-Bebenhausen
圏 www.kloster-bebenhausen.de
圏 4~10 月　　　 9:00~18:00
　　11 月~次年 3 月
　　周二~周日　 10:00~17:00
圏 11 月~次年 3 月的周一、
　　12/24·25·31、1/1
圏 €4.50，加导游€6

霍亨索伦城堡
大测路 从蒂宾根乘 IRE 快车约
20 分钟或乘 HZL（私营铁路
的普通列车）约 25 分钟在黑
兴根 Hechingen 下车。火车站
前有开往城堡停车场的巴士，
每天两次往返（11 月~次年
3 月每天一次往返）。站前发
车时间为 11:25、13:25（4~10
月），城堡停车场发车时间为
16:05、18:30（4~10 月）。用

午有早市，市场里非常热闹，北侧是市政厅 Rathaus，安装有 1511 年制造的天文时钟。

面对市场街 Holzmarkt 的哥特式的修道院教堂 Stiftskirche 是这座城市最重要的教堂。大学创立者埃伯哈特·巴特 Eberhard im Bart 建造了该教堂，他也长眠于此。

修道院教堂的对面是海肯哈沃书店 Heckenhauer，黑塞年轻的时候自 1895 年至 1899 曾在这里当过学徒，建筑物的里侧还有再现当时情景的赫尔曼·黑塞纪念厅 Hermann Hesse Gedenkstätte（Hesse-Kabinett）。

蒂宾根　漫　步

贝本豪森修道院
Kloster Bebenhausen　　　　　　　　　　MAP p.163-A3

　　建于 1190 年的旧西多派修道院。美丽的回廊 Kreuzgang 是主要看点，建筑样式为罗马式向哥特式过渡时期的风格。从蒂宾根中央车站乘 826 路或 828 路巴士在 Waldhorn, Tübingen-Bebenhausen 下车，用约 15 分钟。

德国的著名城堡 霍亨索伦城堡
Burg Hohenzollern　　　　　　　　　　MAP p.163-B3

　　蒂宾根以南约 20 公里的施瓦本地区的山上，有德国非常著名的霍亨索伦城堡。

　　普鲁士王室的霍亨索伦家族发祥于此地，城堡的历史可以追溯到 11 世纪。曾完全毁坏，1867 年腓特烈·威廉四世下令重建，之后被完好保留

至今。与著名的新天鹅堡（1869年开工建设）为同时期的建筑，所以两个城堡经常被拿来进行比较。在建筑样式上，两个城堡有很大的不同，霍亨索伦城堡看上去要更加厚重。

美丽如画的城堡

现在这座城堡仍为最后的皇帝威廉二世的后代所有，不过游客可以通过参加团体游的方式参观城堡内部。从画有家谱壁画的房间开始，逐个参观书房、办公室、卧室、沙龙。最值得一看的是珍宝馆中腓特烈大帝的遗物及普鲁士国王的王冠等普鲁士王室的宝物。

边疆伯爵厅

镶嵌着钻石与蓝宝石的普鲁士国王王冠，极尽奢华

时约20分钟。其他时间可乘出租车，约10分钟，€14左右。站前没有出租车时，可以打电话叫车（☎ 07471-960000）。回程时最好也要考虑火车发车时间，预订出租车到城堡来接。从城堡停车场有专门的接送巴士Pendelbusse（单程€1.90，往返€3.10）开往城堡入口。下车后沿石板路前行，可到达城堡的中庭。

●城堡内部参观
田 Burg Hohenzollern
D-72379 Hechingen
☎（07471）2428
FAX（07471）6812
URL www.burg-hohenzollern.com
圆 3/16~10/31　10:00~17:00
　11/1~次年 3/15 10:00~16:30
　（12/31、1/1 时间缩短）
困 12/24
圈 城堡室外区域€7，城堡室外区域与城堡内部（参观城堡内部为团体游。有游览手册）€12

蒂宾根的餐馆
Restaurant

博物馆餐厅
Restaurant Museum
◆晚餐菜品比较高级，每种€21~，不过午餐价格还是比较便宜的。周二~周五（12:00~14:00）的商务午餐€9.20~，非常划算。这里的鱼也很好吃。

Map p.182
田 Wilhelmstr. 3　☎（07071）22828
URL www.restaurant-museum.de
圆 周　二~周　六　11:30~15:00（LO 14:00）18:00~24:00（LO 21:30）周日 12:00~15:00（LO 14:00）
困 周一　困 A M V

蒂宾根的酒店
Hotel

克朗酒店
Hotel Krone
◆室内家具及日常用品都很美观的四星级酒店。共44间客房。有Wi-Fi上网信号。

Map p.182
田 Uhlandstr.1　D-72072
☎（07071）13310　FAX（07071）133132
URL www.krone-tuebingen.de
圈 Ⓢ€105~　Ⓣ€135~　困 A J M V

杜米兹尔酒店
Domizil
◆从火车站步行约3分钟，有面对内卡尔河的房间。酒店内有极具浪漫气息的餐厅。共79间客房。有Wi-Fi。

Map p.182
田 Wöhrdstr. 5-9　D-72072
☎（07071）1390　FAX（07071）139250
URL www.hotel-domizil.de　圈 Ⓢ€95~115
Ⓣ€125~179　困 A D M V

豪斯匹兹酒店
Hotel Hospiz
◆从火车站步行约15分钟。位于前往城堡途中的老城区，是拥有粉色外墙的三星级酒店。自助早餐种类丰富，很受欢迎。有Wi-Fi。

Map p.182
田 Neckarhalde 2　D-72070
☎（07071）9240　FAX（07071）924200
URL www.hotel-hospiz.de　圈 Ⓢ€76~88
Ⓣ€110~118　困 A J M V

编外话　从蒂宾根乘RE快车向东行驶约20分钟可至的梅青根Metzingen（URL www.metzingen.de）是HUGO BOSS公司总部所在地，还有德国规模最大的奥特莱斯。奥特莱斯距火车站步行约10分钟。

柏林
法兰克福
乌尔姆
慕尼黑

乌尔姆 *Ulm*

从世界最高的大教堂塔顶俯瞰多瑙河

从新乌尔姆一侧远眺大教堂及多瑙河

MAP◆p.163-A4

人　口　119200 人

长途区号　0731

ACCESS

铁路： 乘 ICE 特快从法兰克福出发约 2 小时 15 分钟，从斯图加特出发约 55 分钟，从慕尼黑出发约 1 小时 20 分钟。

ℹ 乌尔姆的旅游服务中心

住 Münsterplatz 50
D-89073 Ulm

☎（0731）1612830

FAX（0731）1611641

URL www.tourismus.ulm.de

开 周一～周五　9:00~18:00
周六　9:00~16:00
（4~12 月的周日 11:00~15:00 也工作）
有旅游手册。

乌尔姆的大教堂拥有世界上最高的教堂塔，这座城市自中世纪以来因多瑙河水运而繁荣。从色彩鲜艳的壁画装饰的市政厅也可以一窥这里昔日的繁荣。物理学家阿尔伯特·爱因斯坦（1879~1955 年）就出生在乌尔姆。起始于中央车站的班霍夫大街的入口处有他的纪念碑，城市东部的旧军械库前有“爱因斯坦喷泉”，雕像采用了著名的爱因斯坦伸舌头的形象。

乌尔姆 漫 步

从中央车站出来，沿通往市中心明斯特广场的步行街班霍夫大街 Bahnhofstr. 前行。街道两侧是百货商场及各类商铺，非常繁华，10 分钟

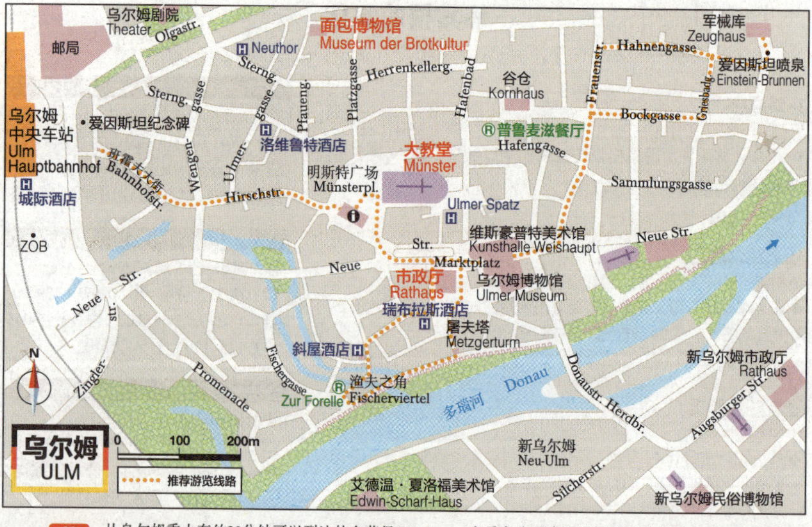
乌尔姆剧院
Theater
Olgastr.
邮局
Neuthor
面包博物馆
Museum der Brotkultur
Sterng.
Herrenkellerg.
Platzgasse
Pfaueng.
Hafenbad
谷仓
Kornhaus
Frauenstr.
Hahnengasse
军械库
Zeughaus
爱因斯坦喷泉
Einstein-Brunnen
Griesbadg.
Bockgasse
乌尔姆
中央车站
Ulm
Hauptbahnhof
爱因斯坦纪念碑
Sterng.
Wengen-gasse
Ulmer-gasse
洛维鲁特酒店
大教堂
Münster
普鲁麦滋餐厅
Hafengasse
班霍夫大街
Bahnhofstr.
明斯特广场
Münsterpl.
Hirschstr.
城际酒店
Ulmer Spatz
Sammlungsgasse
ZOB
维斯豪普特美术馆
Kunsthalle Weishaupt
Neue Str.
Str.
Marktplatz
Neue
Str.
市政厅
Rathaus
乌尔姆博物馆
Ulmer Museum
Neue
Str.
瑞布拉斯酒店
屠夫塔
Metzgerturm
斜屋酒店
Fischergasse
Zingler-
Promenade
渔夫之角
Fischerviertel
Zur Forelle
Donau
多瑙河
Donaustr.
Herdbr.
新乌尔姆市政厅
Rathaus
Augsburger Str.
乌尔姆
ULM
0
100
200m
推荐游览线路
新乌尔姆
Neu-Ulm
艾德温·夏洛福美术馆
Edwin-Scharf-Haus
Silcherstr.
新乌尔姆民俗博物馆

编外话　从乌尔姆乘火车约20分钟可以到达的金茨堡Günzburg，有乐高公司建造的乐高乐园（URL www.legoland.de）。费 €42。冬季休业。金茨堡火车站前有接送巴士。

左右可以到达大教堂
Münster。

穿过 Neue Str. 来到
大教堂的南侧，可以看
到市政厅 Rathaus，建筑
上有色彩鲜艳的壁画及
华丽的天文时钟。

有颜色鲜艳的壁画装饰的市政厅。左边的玻璃金字塔是市立图书馆

市政厅东邻乌尔姆
博物馆 Ulmer Museum，
展示着施瓦本地区中世
纪的宗教美术品及工艺
品。相邻的维斯豪普特美术馆 Kunsthalle Weishaupt，是一座新建的现代
美术馆，收藏有沃霍尔、利希滕斯坦等现代艺术家的作品。

从市政厅向南前行就是多瑙河。途中穿过屠夫塔 Metzgerturm 就能
来到沿河而建的城墙之上。可以在观赏多瑙河风景的同时，向曾经是
渔民及渔具手工业者居住的渔夫之角 Fischerviertel 前进。那里有纵横交
错的水路及保持着中世纪气息的木结构建筑。现在已成为餐馆或古玩商
店，很适合去闲逛。该地区最著名的建筑是建于 1433 年的斜屋 Schiefes
Haus。这座建筑倾斜角度很大，看上去似乎马上就要倒塌，但内部是设
备先进的酒店。

多瑙河对岸是新乌尔姆 Neu-Ulm。虽然像是一座城市，但乌尔姆属于
巴登 - 符腾堡州，而新乌尔姆则属于巴伐利亚州，多瑙河将两个州分开。

乌尔姆　主要景点

有世界最高教堂塔的大教堂
Münster ★★★

1377 年开始建设；经过 500 多年，直到 1890 年才完工的哥特式建筑。
教堂塔高 161.53 米，可以走过 768 级台阶登上 141 米的观景台。教堂内
的花窗玻璃及浮雕都非常值得一看。

色彩鲜艳的壁画装饰的市政厅
Rathaus ★★

建于 1370 年的哥特式贸易会馆，1419 年开始成为了市政厅。建筑
内的阶梯大厅里有乌尔姆的裁缝贝尔伯林格于 1811 年进行人类首次飞行
（试图飞跃多瑙河，但中途坠落）时所使用飞机的模型。

面包博物馆
Museum der Brotkultur ★

有从小麦的栽培到面包的
制作工具、制作过程、面包的
历史等与面包文化相关的各种
展品。

由建于 16 世纪的盐库改建而成的博物馆

●乌尔姆博物馆
🏠 Marktplatz 9
🖥 www.museum.ulm.de
🕐 周二～周日　11:00~17:00
🚫 周一、部分节日
💴 €5（特别展单独售票）

●维斯豪普特美术馆
🏠 Hans-und-Sophie-Scholl-Pl.1
🖥 www.kunsthalle-weishaupt.de
🕐 周二～周日　11:00~17:00
　（周四～20:00）
🚫 周一
💴 €6，与乌尔姆博物馆的
　通票€10

●大教堂
🏠 Münsterplatz
🕐 9:00~16:45（夏季延长）
💴 塔€5，17 岁以下的学生
　€3.50

游览世界最高的教堂塔

●市政厅
🏠 Marktplatz 1
🕐 周一～周三　7:00~16:30
　周四　　　　7:00~18:00
　周五　　　　7:00~12:00
🚫 周六·周日
💴 免费

●面包博物馆
🏠 Salzstadelgasse 10
🖥 www.museum-brotkultur.de
🕐 10:00~17:00
🚫 复活节的周五、12/24·25·31
💴 €4、学生€3

从谷物到面包的制作过程都
有展示

投稿　上下教堂塔的楼梯分开设置，所以即便登塔途中对高度产生恐惧也无法返回。塔顶与地面间设有两个观景台，
只有到达观景台才能返回。螺旋形楼梯很窄，会感到有些头晕。

●维布林根修道院
◯ Map 地图外

维布林根修道院
Kloster Wiblingen
★

交通资讯 从位于乌尔姆中央车站南侧的中央巴士枢纽站 ZOB 乘 3 路巴士约 15 分钟在 Pranger, Ulm-Wiblingen 下车。
囲 Schlossstr. 38
囲 3~10 月
　周二～周日　10:00~17:00
　11 月～次年 2 月
　周六·周日·节日
　　　　　　13:00~17:00
困 周一、11 月～次年 2 月的周一～周五、12/24·25·31、1/1
圏 教堂免费，图书馆与博物馆€ 5，拍照费€ 3

创建于 11 世纪的旧本笃会修道院，位于乌尔姆市中心以南约 5 公里处。有博物馆及附属教堂，建于 18 世纪中叶的图书馆被誉为德国南部最美的建筑。

修道院附属教堂的内部

乌尔姆的餐馆
Restaurant

普鲁麦滋餐厅
Pflugmerzler

◆位于小巷里的小店，主要提供施瓦本菜与牛排，搭配有大量蔬菜，菜品都很有益健康。有多种葡萄酒可供客人挑选。座位数很少，就餐需要预订。

Map p.184
☎ (0731) 6027044
URL www.pflugmerzler.de
圏 周一～周六　18:00~23:00
困 周日
囲 Ａ Ｄ Ｊ Ｍ Ｖ

乌尔姆的酒店
Hotel

斜屋酒店
Schiefes Haus
◆当地景点之一的"斜屋"可以住宿。建筑外观看起来并不起眼，但客房内配备了最先进的设备。有 11 间客房。有 Wi-Fi。

Map p.184
囲 Schwörhausgasse 6　　D-89073
☎ (0731) 967930　ＦＡＸ (0731) 96679333
URL www.hotelschiefeshausulm.de
圏 Ⓢ € 125　　Ⓣ € 148~160
囲 Ａ Ｍ Ｖ

城际酒店
InterCityHotel
◆与中央车站相邻的现代酒店。办理入住手续时，可申请办理入住期间的市内公共交通乘车券。有免费 Wi-Fi。

Map p.184
囲 Bahnhofplatz 1　　D-89073
☎ (0731) 96550，订房 9655999
ＦＡＸ (0731) 9655999
URL www.de.intercityhotel/ulm
圏 Ⓢ € 60~145　　Ⓣ € 70~145
囲 Ａ Ｄ Ｊ Ｍ Ｖ

瑞布拉斯酒店
Reblaus
◆位于市政厅背后。与旁边的 Hotel am Rathaus 为同一经营主体。有 Wi-Fi。

Map p.184
囲 Kronengasse 8-10　　D-89073
☎ (0731) 968490　ＦＡＸ (0731) 9684949
URL www.reblausulm.de
圏 Ⓢ € 62~130　　Ⓣ € 74~150　囲 Ａ Ｄ

洛维鲁特酒店
Roter Löwe
◆距离大教堂步行 3 分钟左右的三星级酒店。以施瓦本菜为特色的餐厅很受欢迎。夏季开设啤酒花园。酒店内有游泳池及桑拿洗浴设施。有 Wi-Fi。

Map p.184
囲 Ulmer Gasse 8　　D-89073
☎ (0731) 140890
ＦＡＸ (0731) 14089200
URL www.hotel-roter-loewe.de
圏 Ⓢ € 90~　　Ⓣ € 115~　囲 Ａ Ｄ Ｍ Ｖ

 投稿　维布林根修道院，博物馆展品不多，如果对图书馆的内部装饰也没有什么兴趣的话，只参观附属教堂即可。教堂内的华丽装饰足以满足游客的观赏需求。教堂内可免费拍照。

京根 *Giengen an der Brenz*

在泰迪熊的故乡度过梦幻般的一天

仿佛梦幻世界般的史泰福博物馆

京根是乌尔姆东北约 30 公里、多瑙河支流布伦茨河畔的小城。1902 年居住在这座小城的玛格丽特·史泰福女士与她弟弟一家联手制作出了一种熊的毛绒玩具，之后远销美国，从而掀起了泰迪熊热潮。史泰福的毛绒玩具，耳朵上都有一个用扣子固定的布条，上面写着 "Button in ear"。这是可以跟类似商品相区别的品牌标志。玛格丽特始终坚持的精神是 "为孩子们提供最好的东西"，这种精神在史泰福公司得以保持。

从京根火车站步行约 10 分钟就可到达体验式的史泰福博物馆 Steiff Museum。在博物馆可以了解到泰迪熊如何诞生以及如何成为全世界范围内被喜爱的玩具。有制造过程展示区、游乐区、世界上最大的史泰福商店、餐馆。附近还有面向收藏爱好者的泰迪熊商店 Bärenburg Wolff。市中心位于市政厅前面的集市街 Marktstr. 周边，那里有许多木结构住宅。

柏林
法兰克福
★京根
慕尼黑

MAP ◆ p.163-A4

人 口	19000 人
长途区号	07322

ACCESS

铁路：从乌尔姆中央车站乘坐去往阿伦 Aalen 方向的 IRE 快速列车约需 25 分钟，RE 快速列车约需 35 分钟。列车时刻表中标示的车站名称是 Giengen an der Brenz 或者 Giengen（Brenz）。

❶ 京根的旅游服务中心

- Marktstr. 9 D-89537 Giengen an der Brenz
- ☎ (07322) 9522920
- FAX (07322) 9521111
- www.baerenland.de
- 🕐 周一～周四 10:00~12:30
  　　　　　　　13:30~15:30
  　周五　　　 10:00~13:00
  　4~10 月的周六 10:00~13:00
- 🚫 周日·节日、11 月～次年 3 月的周六

● 史泰福博物馆

- Margarete-Steiff-Platz 1 D-98537
- www.steiff.com
- 🕐 10:00~18:00
  （12/24、31 至 13:00）
  ※ 闭馆前 1 小时停止入场
- 🚫 复活节前的周五、1/1、12/25·26

S 史泰福工厂奥特莱斯

- Margarete-Steiff-Platz 1
- 🕐 10:30~18:00
- 🚫 1/1、12/25·26、复活节前的周五
  售卖非标产品的奥特莱斯。位于史泰福工厂属地内。

集市街与市政厅（照片中间）

[地图]
N
Beethovenstr.
Goethestr.
Burgstr.
Obertorstr.
Langestr.
Bärenburg Wolff
史泰福总厂
史泰福博物馆 Steiff Museum
市政厅 Rathaus
Marktstr.
京根车站 Bahnhof
布伦茨河
Steiffstr.
Brenz
Bahnhofstr.
乌尔姆方向

京根 GIENGEN
·······推荐游览线路
0 100 200m

柏林

法兰克福

多瑙埃兴根

慕尼黑

人　口	21200 人
长途区号	0771

ACCESS

铁路：从法兰克福出发乘坐
IC 特快、IRE 快速、RE 快
速等列车约需 3 小时 10 分钟
（在奥芬堡或者巴登 - 巴登换
乘），从卡尔斯鲁厄出发大
约需要 2 小时 5 分钟，从康
斯坦茨出发约 1 小时。从弗
赖堡出发乘坐 RE 快速和普
通列车中途在诺伊施塔特换
乘共需 1 小时 30 分钟。

**ℹ 多瑙埃兴根的旅游服务
中心**

🏠 Karlstr. 58　D-78166
　　Donaueschingen
☎（0771）857221
📠（0771）857228
💻 www.donaueschingen.de
📅 5~9月
　　周一~周五　9:00~18:00
　　周六　　　10:00~14:00
　　周日　　　10:00~12:00
　　10 月~次年 4 月
　　周一~周五　9:00~17:00

多瑙埃兴根 *Donaueschingen*

多瑙河的漫长之旅始于这涓涓细流的泉水

泉水喷涌而出的多瑙源泉

　　德语中称为 "Donau"、英语中称为 "Danube" 的大河，其源泉位
于黑森林高原地带的多瑙埃兴根。从源泉汩汩涌出的泉水形成河流，向
东流经德国、奥地利、匈牙利等国，全长 2840 公里，最终注入黑海。

多瑙埃兴根　漫　步

　　走出车站后沿约瑟夫大道 Josefstr. 前行，走过布里加赫河上的大桥，
就能看见巴洛克式建筑风格的城市教堂 Stadt Kirche。教堂的右侧是菲尔
斯滕贝格侯爵的城堡 Schloss，在城堡的花园里有当地最大的景点多瑙源
泉 Donauquelle。

　　从城市教堂向左转，进入市中心的卡尔街 Karlstr.。街边有餐馆及
商店，ℹ 也在那里。沿卡尔街向西前行，就是市政厅 Rathaus。莫扎特
曾经造访过这座城市，现在这
里还会定期举办著名的现代音
乐节，为了表示纪念，市政厅
前的喷泉周围立有音乐家们
的雕像。

　　多瑙源泉流出的水会注入
布里加赫河，游客可以在布里
加赫河边悠闲地漫步。沿着周
围植被繁茂的散步路向东步行
30 分钟左右，就能到达城市边
缘的高速公路附近，那里是布
里加赫河与布雷克河的交汇处。
过了交汇点以后，这条河流便
开始被正式称为多瑙河。

推荐游览线路

市政厅 Rathaus

祖姆赫斯辰酒店

多瑙音乐厅 Donauhalle

菲尔斯滕贝格美术馆 Fürstenberg-Sammlungen

林德酒店

市教堂 Stadt Kirche

多瑙源泉 Donauquelle

城堡 Schloss

多瑙埃兴根车站 Bahnhof

Brigach

Brigachweg

布里加赫河

多瑙河方向

多瑙埃兴根
DONAUESCHINGEN

0　100　200m

从市教堂眺望的多瑙源泉

多瑙源泉
Donauquelle ★★★

从城市教堂沿通往城堡的下山道路前行，在一个公园角落里有一处泉眼，仔细观察水面就会发现有清澈的泉水不断向外涌出。

城堡
Schloss ★

建于 1723 年，为菲尔斯滕贝格侯爵的居城，19 世纪进行过改建，里面有华丽的家具及装饰物。有戈布兰挂毯、金器、瓷器、绘画等。到了开花季节花园里会开满玫瑰花。

菲尔斯滕贝格美术馆
Fürstenberg-Sammlungen ★

有菲尔斯滕贝格侯爵收集的绘画以及与动物、矿物、地质科学等自然科学相关的展品。

摆放着动物标本及贝壳的展厅

●城堡
www.fuerstenberg-kultur.de
只有在 4~9 月中旬的周日（每月只开放 2~3 次，具体开放日期请参考上述官网）才面向个人开放，并且需要参加 14:00 开始的由导游带领的导览团。
€ 10

●菲尔斯滕贝格美术馆
Karlsplatz 7
www.fuerstenberg-kultur.de
4~11 月
周二~周六　10:00~13:00
　　　　　14:00~17:00
周日·节日　10:00~17:00
周一、12 月~次年 3 月
€ 5、学生 € 4

多瑙埃兴根的酒店
Hotel

林德酒店
Linde

◆面朝城市中心主街——卡尔街的中档酒店。有 Wi-Fi 设施。一层有施瓦本菜系的餐厅，可以品尝到产自黑森林地区的鳟鱼 Schwarzwaldforelle。

Map p.188
Karlstr. 18　D-78166
☎（0771）83180　FAX（0771）831840
www.hotel-linde-ds.de　Ⓢ € 74.50
Ⓣ € 110~155　MV

祖姆赫斯辰酒店
Zum Hirschen

◆从车站步行约需 10 分钟。是一家传承了三代的家庭旅馆。骑车旅行的客人多喜欢入住这里，酒店的摩托车和自行车存放设施也很完善。另外，还有租借自行车的服务（1 天 € 12）。有免费 Wi-Fi 设施。

Map p.188
Herdstr. 5　D-78166　☎（0771）8985580　FAX（0771）89855817
www.hotel-zum-hirschen.de
Ⓢ € 59~　Ⓣ € 78~　AMV

HISTORY 多瑙河源头之争

布里加赫河与布雷克河在多瑙埃兴根合流之后才被称为多瑙河。但是那里却不是真正的"源头"。合流形成多瑙河的两条河流中，布雷克河的源头位于合流点上游 48 公里处的富特旺根（有著名的钟表博物馆）郊外。源头旁边的大石头上写着"多瑙河源头、多瑙河主要源流布雷克河的水从此涌出。……入黑海，全长 2888 公里。距此泉眼 100 米处是多瑙河与莱茵河以及黑海水系与

北海水系的分水岭……"多瑙埃兴根与富特旺根两地都认为"我们这里才是多瑙河源头"，并多次展开争论，无法达成一致意见。

多瑙源泉的水注入了布里加赫河

189

柏林
法兰克福
弗赖堡 ★ 慕尼黑

弗赖堡 *Freiburg im Breisgau*

清流与森林围绕下的大学城市

游客众多的新市政厅前的广场上有旅游服务中心

MAP ◆ p.162-B1

人　口	220300 人
长途区号	0761

ACCESS

铁路： 从法兰克福乘坐 ICE
特快大约需要 2 小时 5 分钟，
从曼海姆约需 1 小时 25 分
钟。从瑞士的巴塞尔出发约
需 45 分钟。

● **弗赖堡的旅游咨询中心**
⊠ Rathausplatz 2-4
　D-79098 Freiburg
☎（0761）3881880
FAX（0761）38811498
🖥 www.freiburg.de
🗓 6-9 月
　周一～周五　　8:00~20:00
　周六　　　　　9:30~17:00
　周日·节日　10:30~15:30
　10 月～次年 5 月
　周一～周五　　8:00~18:00
　周六　　　　　9:30~14:30
　周日·节日　10:00~12:00

从黑森林地区流下来的清冷
的溪水，可以洗去你旅途中
的疲劳，使心情舒畅

● **市内交通**
　普通车票是 1 次 €2.20，
24 小时乘车券 REGIO24 的
价格是每人 €5.60~，团体票
5 人以内是 €11~。
　旅游观光步行就可以，
当然也可以利用有轨电车。
去大教堂需要从中央车站乘
坐 1、3、5 路有轨电车，在
教堂前的 Bertoldsbrunnen 站
下车。

　　这座位于黑森林西南部的城市，正式名称为 Freiburg im Breisgau。
这里是大学城，马赛克图案的石板路以及旁边水渠中流淌的清澈河水让
人感到非常轻松舒适。

　　1805 年以前，这座城市一直受哈布斯堡家族统治，环境非常安静幽
雅。另外，该家族的玛丽·安托瓦内特就是从这里出发前往法国与路易
十六成婚的。

弗赖堡　漫　步

　　❶ 位于景点集中的老城区入口处。从中央车站出来，沿向东延伸的
埃森巴恩大街 Eisenbahnstr. 直行便可到达。跨过与埃森巴恩大街相交的
Rotteckring 后继续向东前行进入路面较窄的 Rathausgasse。在这条路上前
行 200 米左右，就可以来到中央建有喷水池的市政厅广场 Rathausplatz。
广场对面是装有大时钟的新市政厅 Neues Rathaus，旁边隔着一条道路是
旧市政厅 Altes Rathaus，里面有 ❶。

　　老城区的街道旁有名为 Bächle 的小河，流淌着清澈的河水。商
店前的石板路，图案根据商店所卖商品设计，用马赛克铺成，非常
有趣。

　　　　　　　　　　继续东行，可以看
到这座城市里最大的景
点大教堂 Münster。南
侧红褐色的建筑物是建
成于 16 世纪的哥特式
贸易会馆 Historisches
kaufhaus，一层为拱廊。

内有大厅的贸易会馆

境外话 欧洲主题公园 Europa-Park（■ Map p.162-B1　🌐 www.europapark.de）是德国最大的主题公园。是德国旅游局
进行的受欢迎旅游地问卷调查（2015 年）中位列第一的著名景点。冬季停业。

拥有基督教世界里最美教堂塔的大教堂
Münster ★★★

这是一座罗马风格与哥特风格混合的建筑，是德国屈指可数的大教堂。1200 年前后开工建设，1512 年竣工。

沿楼梯登上高达 116 米的塔顶，可以俯瞰老城区及黑森林。教堂内的主祭坛、花窗玻璃、雕刻、绘画都是中世纪的艺术瑰宝。

金字塔形的高塔是教堂的标志

奥古斯汀博物馆
Augustinermuseum ★★★

以收藏莱茵河上游地区的艺术品而闻名。有格吕内瓦尔德和卢卡斯·克拉纳赫的绘画、法兰克福大教堂的雕刻以及花窗玻璃、黑森林地区的钟表、民族服装、民间艺术品等大量藏品。

黄色的外墙是这里的标志

黑森林地区最大的湖泊蒂蒂湖
Titisee MAP p.162-B1

黑森林地区最著名的湖滨疗养地。从蒂蒂湖－新城 Titisee-Neustadt

● 大教堂
⊕ www.freiburgermuenster.info
🕐 周一～周六 10:00～17:00
　 周日 13:00～19:30
　（依季节变化）
　 塔楼的入场时间
　 周二～周六 10:00～16:45
　 周日·节日 13:00～17:00
💰 € 2、学生 € 1.50

● 大教堂前的早市
大教堂前的广场上每周一～周六的 7:30～13:30 都会有早市。主要是周边的一些农家会将自家种植的新鲜蔬菜、鲜花、水果等色彩各异的果实拿到早市上来售卖，游客们只是在这里逛一圈也会觉得非常有意思。

● 奥古斯汀博物馆
🏠 Gerberau 15
⊕ www.freiburg.de/museen
🕐 周二～周日 10:00～17:00
✖ 周一、部分节日
💰 € 7

⚽ 足球场信息
● 黑森林球场
Schwarzwald Stadion
🏠 Schwarzwaldstr. 193
⊕ www.scfreiburg.com
是弗赖堡 SC 队的主球场。
🚃 从弗赖堡中央车站乘坐 1 号有轨电车在 Römerhof 站下车。

● 蒂蒂湖
🚃 从弗赖堡乘坐 RB（普通列车）在 Titisee-Neustadt 站下车，约 45 分钟。

❶ 蒂蒂湖的旅游服务中心
⊠ Sebastian-Kneipp-Anlage 2
D-79822 Titisee-Neustadt
▣ www.titisee-neustadt.de

的火车站步行 5 分钟左右可以到达湖畔。湖北岸是度假区，十分热闹，有出售黑森林地区生产的布谷鸟钟的纪念品店、咖啡馆、餐馆。可以乘船游览被森林环绕的寂静湖泊。

弗赖堡的餐馆
Restaurant

德雷克斯勒餐厅
Drexlers

Map 191

◆这是一间用葡萄酒瓶装饰的葡萄酒餐厅。晚餐有 3 道菜的套餐 € 42 和 4 道菜的套餐 € 52；虽然晚餐价格有点轻奢，但是平日（周一~周五）里午餐的价格很亲民，一般是 € 9.50~12.50。

⊠ Rosastr. 9　☎（0761）5957203
▣ www.drexlers-restaurant.de
🕐 周一~周五 11:30~14:30（点菜~14:00）、18:00~24:00（点菜~22:30）、周六 18:00~24:00
✖ 周日・节日　💳 不可使用

𝒜rt　维特拉设计博物馆与椅子之乡莱茵河畔魏尔

维特拉设计博物馆富有挑战性的建筑外形由弗兰克·盖里设计

与瑞士和法国接壤的莱茵河畔魏尔 Weil am Rhein（◗ Map p.162-B1）是对建筑及设计感兴趣的人们所向往的一座城市。那里有维特拉设计博物馆，是欧洲著名的现代设计美术馆，在街道上行走能看到一把巨大的椅子作为艺术品被安放在街头，仿佛整个城市就是一座美术馆。

安藤忠雄设计的展览馆与周围的风景融为一体，现在为培训设施

维特拉公司是创始于瑞士、世界顶级规模的家具生产企业。收藏有伊姆斯、普鲁韦、潘通等现代设计大师设计的椅子及其他家具，其中不乏名品。为了展示这些藏品，该公司在自己的工厂内设立了维特拉设计博物馆。厂区里有许多由扎哈·哈迪德、安藤忠雄等世界级建筑设计大师设计的建筑。

莱茵河畔魏尔的居民们引以为豪的也是那些

跟人比较后就能清楚地知道椅子有多大

著名的椅子。城市中安放着许多著名椅子的大型复制品，目前已有 21 把。❶ 有为在街头参观椅子而准备的地图，可以去拿一份，然后开始游览。这座城市很大，市中心的豪普特街周边可以步行游览，但其他地方则需要乘坐出租车。

交通 从法兰克福乘开往巴塞尔的 RE 快车约 50 分钟在 Weil am Rhein 下车。前往博物馆，可从火车站步行 8 分钟，在市政厅前的 Weil am Rhein Rathaus 站乘 55 路巴士在 Vitra, Weil am Rhein 下车。

❶ 莱茵河畔魏尔的旅游服务中心
⊠ Hauptstr. 290/1 D-79576
☎（07621）4220440
▣ www.w-wt.de

❶ 维特拉设计博物馆
Vitra Design Museum
⊠ Charles-Eamers-Str. 2 D-79576
▣ www.design-museum.de
🕐 周一~周日 10:00~18:00
💰 € 11

名为 "Nagasaki" 的椅子

参观建筑家扎哈·哈迪德设计的消防署、安藤忠雄设计的展览馆等博物馆区域内的建筑可参加 11:00、13:00（英语导游 12:00、14:00）的团体游，€ 13。团体游与博物馆的通票 € 18。

2010 年建成的 Vitra Haus 由赫尔佐格和德梅隆设计。有家具展厅及咖啡厅、商店

芭蕉庵
Basho-An

◆在这里你可以品尝到寿司和铁板烧等正宗的日本料理。高级餐厅。周末需要预约。

⊞ Merianstr. 10 ☎ (0761) 2853405
FAX (0761) 2853406 URL www.bashoan.com
⊠ 周 二 ~ 周 六 12:00~15:00、18:00~
23:00；节日 18:00~23:00（LO 22:00）
休 周日·周一 ⊞ A V M

弗赖堡的酒店
Hotel

库洛姆宾酒店
Colombi-Hotel

◆弗赖堡最高级的酒店。地理位置十分便利。酒店内的餐厅 Zirbelstube 还是米其林星级餐厅。有免费 Wi-Fi。

⊞ Am Colombi Park　D-79098
☎ (0761) 21060
URL www.colombi.de
⊠ Ⓢ € 186~252　Ⓣ € 264~288
⊞ A D J M V

弗赖堡红熊酒店
Ringhotel Zum Roten Bären

◆建于 1120 年的古老建筑，于 1311 年被改用为酒店兼餐厅。也是德国最古老的酒店之一。共有 25 间客房。酒店大厅有 Wi-Fi 设施可供使用（付费）。

⊞ Oberlinden 12　D-79098
☎ (0761) 387870
FAX (0761) 3878717
URL www.roter-baeren.de
⊠ Ⓢ € 95~　Ⓣ € 135~　⊞ A D M V

波斯特公园酒店
Park Hotel Post

◆距离中央车站步行仅需 3 分钟。这里是利用建于 1884 年的老房子改建而成的四星级酒店。有免费 Wi-Fi。

⊞ Eisenbahnstr. 35/37　D-79098
☎ (0761) 385480 FAX (0761) 31680
URL www.park-hotel-post.de
⊠ Ⓢ € 109~　Ⓣ € 139~　⊞ A M V

莱茵黄金酒店
Rheingold

◆商务人士利用较多的酒店。有 Wi-Fi（付费）。

⊞ Eisenbahnstr. 47　D-79098
☎ (0761) 28210 FAX (0761) 2821111
URL www.rheingold-freiburg.de
⊠ Ⓢ € 99~139　Ⓣ € 139~189
⊞ A D J M V

城际酒店
InterCity Hotel

◆紧邻中央车站的连锁酒店。如果你是乘坐火车旅行的游客这里比较值得推荐。共有 152 间客房。有免费 Wi-Fi。

⊞ Bismarckallee 3　D-79098
☎ (0761) 38000 FAX (0761) 3800999
URL www.intercityhotel.com ⊞ A D J M V
⊠ Ⓢ € 108~218　Ⓣ € 117~22

施瓦兹瓦尔德霍夫酒店
Schwarzwälder Hof

◆位于老城区的价格实惠的住宿设施。共有 47 间客房。有免费 Wi-Fi。

⊞ Herrenstr. 43　D-79098
☎ (0761) 38030 FAX (0761) 3803135
URL www.shof.de ⊠ Ⓢ € 70~　Ⓣ € 99~
⊞ A D M V

青年旅舍
Jugendherberge

◆沿站台的楼梯向上走到有轨电车车站。从这里乘坐去往 Littenweiler 方向的 1 号有轨电车，在终点前一站的 Römerhof 站下车。下车可以看到绿色的青年旅舍看板，沿着标识进入 Fritz-Geiges-Str. 上，直行 400 米左右，过河后向右转，再沿河步行 5 分钟左右便可到达。一层有可以使用 Wi-Fi 的区域。

⊞ Kartäuserstr. 151　D-79098
☎ (0761) 67565
FAX (0761) 60367
URL jugendherberge-freiburg.de
⊠ 附带早餐€ 26.20、27 岁以上€
32.20~　⊞ J M V

投稿 TACHELES 餐厅（⊞ Grünwälderstr. 17　●Map p.191　URL tacheles-frciburg.de）的炸猪排既好吃又便宜！工作日的 11:00~18:00 套餐€ 8.90~。

康斯坦茨 *Konstanz*

温暖博登湖畔的古老都市

博登湖畔的古城

MAP◆163-B3

人 口	81100人
长途区号	07531

ACCESS

铁路：从多瑙埃兴根乘坐 RE
快速约需 1 小时。从慕尼黑
出发需要换乘 1~3 次，用时
4 小时可达。
船：从腓特烈港乘坐高速双
体船 Katamaran（URL www.der-
katamaran.de）约需 50 分钟，
单程票价 € 10.20。

ⓘ **康斯坦茨的旅游服务中心**
⌂ Bahnhofplatz 43
　D-78462　Konstanz
☎（07531）133030
FAX（07531）133060
URL www.konstanz-tourismus.de
🗓 4~10月
　周一～周五　　9:00~18:30
　周六　　　　　9:00~16:00
　周日　　　　 10:00~13:00
　11月～次年3月
　周一～周五　　9:30~18:00

博登湖是德国与瑞士的界湖，康斯坦茨位于湖的西端，是博登湖畔最大的城市。乘德铁的火车前往康斯坦茨，列车到达临近港口的车站。车站南半部为瑞士国家铁路的车站，开往瑞士以及从瑞士到达的列车在此停车。

据说，康斯坦茨是 4 世纪中叶由罗马帝国皇帝康斯坦提乌斯下令修建的。中世纪以来康斯坦茨一直是德国南部的宗教城市，从 1414 年开始的 4 年时间，为了解决教会分裂的问题，在这里召开了统一选举教皇以及针对扬·胡斯进行异端审判的宗教会议，这里也因此成为历史上著名的城市。

与腓特烈港之间运航的高速双体船 Katamara

在码头防浪堤上不停旋转的妖艳的因佩利亚塑像

康斯坦茨 漫 步

从康斯坦茨火车站出来，旁边就是游览船及驶往腓特烈港的高速双体船停泊的港口，一派度假胜地的景象。

从火车站或港口向北走，就能看见曾经召开过宗教会议的宗教会议大楼 Konzilgebäude。内部现作为举办各种活动的大厅使用。市民公园北面的高级酒店施泰根博阁度假酒店（→ p.196），原为 13 世纪时修建的修道院，后归齐柏林伯爵家族所有。发明飞艇的齐柏林于 1838 年出生在这里。可以在面朝湖水的露天茶座喝上一杯茶或鸡尾酒，享受度假地的悠闲自在。

屹立于老城区的大教堂 Münster 也是与宗教会议有关的一个重要场所。1415 年，在这里对宗教改革家扬·胡斯作出了有罪判决，把他定为异端。可沿楼梯登上高达 76 米的塔顶，在晴朗的日子能远眺博登湖，景色非常美丽。

大教堂北侧一带，是幸免于战火的老城区。走进狭窄的小巷，有很多利用老房子开设的餐厅或葡萄酒吧，很适合闲逛。大教堂南侧是商业区，有许多百货商场和服装店。

漫步于老城区的小巷，非常有趣

康斯坦茨 近郊景点

博登湖上的花之岛迈瑙岛

Mainau   **MAP p.163-B3**

康斯坦茨以北约 5 公里，有虽然地处德国但却生长着热带植物的迈瑙岛。从中世纪开始长期归弗顿骑士团所有，19 世纪中叶巴登大公腓特烈一世将该岛买下并种植橘子、柠檬、香蕉，这里也因此成了热带植物之岛。现在的所有者是与瑞典王室有着姻亲关系的腓特烈一世的重孙，他扩建了花园，让这座岛一年四季都鲜花盛开。

华丽的玫瑰花园

● **大教堂**
囲 8:00~17:00（做弥撒时不可参观）

● **大教堂之塔**
囲 周一~周六　10:00~17:30
　周日　　　　12:30~18:00
圀 11 月~次年 3 月
圆 € 2

从大教堂的塔楼上可以俯览整个城市和博登湖的美景

岛上的酒店与齐柏林颇有渊源，照片拍自酒店的阳台上

● **迈瑙岛**
🔗 www.mainau.de
🚌 从康斯坦茨站前乘坐前往 Dettingen 方向的 4 路或者 13 路巴士，大约 20 分钟，在 Mainau 站下车。陆地和岛屿之间有桥连接，所以不需要坐船。
囲 日出至日落
圆 € 19
　10 月中旬~3 月中旬有冬季折扣

建于岛东侧的优雅的巴洛克风格王宫

在博登湖周边旅游，建议购买名为EUREGIO的车票。可凭票在1日之内任意乘坐规定的轻轨列车及巴士。有3个乘车区域可供选择。€18~。可在火车站购买。

赖谢瑙岛 博登湖上的修道院之岛
（2000 年列为世界遗产）

可游览修道院与教堂的赖谢瑙岛

Insel Reichenau

MAP p.163-B3

●赖谢瑙岛

交通指南 从康斯坦茨乘坐私铁 SBB（铁路通票有效）约需 10 分钟，在 Reichenau（Baden）站下车。车站前有去往岛内的 7372 路巴士。如果去圣乔治教堂就在 Reichenau-Oberzell Kreuz 站下车。圣玛利亚－马尔库斯教堂离 ⓘ 比较近，可以在终点站 Reichenau-Mittelzell Museum 站下车（民俗博物馆前）。

ⓘ 赖谢瑙岛的旅游服务中心

🏠 Pirminstr. 145 D-78479
☎ (07534) 92070
📠 (07534) 920777
🌐 www.reichenau-tourismus.de
🕐 5~9 月
　周一～周五　　9:00~18:00
　周六　　　　10:00~14:00
　10 月·4 月
　周一～周五　　9:00~12:30
　　　　　　　13:30~17:00
　11 月～次年 3 月
　周一～周五　　9:00~12:30
　　　　　　　13:30~16:00

花丛中的圣乔治教堂

圣乔治教堂内描绘着基督教奇迹的壁画，其中有些是利用特殊技术修复的

圣玛利亚－马尔库斯教堂的附属玫瑰园

有着幽静的自然环境以及文化遗产的赖谢瑙岛，位于康斯坦茨以西约 7 公里处，是博登湖上最大的岛屿。有道路与湖岸相连，所以不用乘船就可登岛，交通非常便利。

赖谢瑙岛从 9 世纪开始就有修道院，是欧洲修道院历史上一个非常重要的修道之地。

距湖岸较近的 Oberzell 建有圣乔治教堂 St. Georg，创立于 9 世纪，整个建筑完好地保存至今。教堂内有 10 世纪奥托王朝时期的壁画，色彩绚丽。

可以从那里沿着岸边道路步行至位于岛中央 Mittelzell 的圣玛利亚－马尔库斯教堂 Münster St. Maria und Markus，整个行程十分惬意。赖谢瑙的称谓源自 Reichen Au（意为富饶之岛），自古以来渔业和农业都很兴盛。现在也盛产农产品，路边经常能看到无人看管的摊位上摆放着蔬菜和花。步行游遍全岛可能会比较累，不过 4 月下旬~10 月下旬岛内并行有 Insel Bus，可供游客乘坐。

康斯坦茨的酒店
Hotel

施泰根博阁度假酒店
Steigenberger Inselhotel

◆位于面朝博登湖的岛屿上。是全康斯坦茨最高级别的酒店。这里原本是 13 世纪时建造的多米尼卡修道院，后来在 1875 年时由齐柏林伯爵改建为酒店。至今酒店的长廊仍保留有修道院时代的印记，十分美丽。如果要入住这里一定要预订湖景房。有 Wi-Fi（付费）。

Map p.194

🏠 Auf der Insel 1 D-78462
☎ (07531) 1250
📠 (07531) 26402
🌐 www.steigenberger.com
🏨 Ⓢ € 139~ Ⓣ € 219~
💳 Ⓐ Ⓓ Ⓙ Ⓜ Ⓥ

齐柏林伯爵酒店
Graf Zeppelin

◆从康斯坦茨车站步行约需 10 分钟。酒店建筑十分醒目，外墙上有非常壮丽的壁画。房间内使用的是木造家具，颇有品位。在酒店一层的餐厅内还可以品尝到产自博登湖的鱼类菜肴。只有酒店大堂才有 Wi-Fi 设施（付费）。

Map p.194

🏠 St. Stephansplatz 15 D-78462
☎ (07531) 6913690
📠 (07531) 69136970
🌐 www.hotel-graf-zeppelin.de
🏨 Ⓢ € 70~ Ⓣ € 90~
💳 Ⓐ Ⓓ Ⓜ Ⓥ

梅尔斯堡 *Meersburg*

拥有古堡和葡萄美酒的浪漫湖畔小城

博登湖边的小镇

Die Fantastische Straße / Der Schwarzwald

柏林
法兰克福
梅尔斯堡 ★ ·慕尼黑

MAP◆163-B3

人　口	5600 人
长途区号	07532

ACCESS

梅尔斯堡没有通铁路。从康斯坦茨站前乘坐前往 Staad/Fähre 方向的 1 路巴士，约需 10 分钟，在终点下车后从码头乘坐渡轮约需 15 分钟。

ℹ 梅尔斯堡的旅游服务中心
🏠 Kirchstr. 4
　　D-88709 Meersburg
☎ (07532) 440400
FAX (07532) 4404040
🖥 www.meersburg.de
🗓 10 月～次年 4 月
　　周一～周五　9:00～12:00
　　　　　　　　14:00～16:30
　　5～9 月
　　周一～周五　9:00～12:30
　　　　　　　　14:00～18:00
　　周六·周日　10:00～13:00

● 新城堡
🏠 Schlossplatz 12
🖥 www.neues-schloss-meer-sberg.de
🗓 复活节～11/1
　　周一～周日　9:00～18:30
　　11/2～复活节
　　周六·周日·节日
　　　　　　　　12:00～17:00
💰 €5

● 老城堡
🏠 Schlossplatz 10
🖥 www.burg-meersburg.de
🗓 9:30～18:30 (闭馆前 1 小时停止入场)
💰 €9.50

● 齐柏林博物馆
🏠 Schlossplatz 8
🖥 www.zeppelinmuseum.eu
🗓 4 月上旬～11 月中旬
　　　　　　　　10:00～18:00
💰 €4

梅尔斯堡是一座建在山坡之上的小镇，面朝着博登湖。城堡及葡萄酒庄等景点都集中在山坡之上的集市广场 Marktplatz 附近。从康斯坦茨乘渡轮到达岛上的码头后，在俾斯麦广场 Bismarck Platz 进入左侧的名为 Steigstr. 的坡路，向上可行至集市广场。一栋栋浅色系的住宅，让游客感觉如同置身仙境一般。

梅尔斯堡的老城堡

康斯坦茨大主教于 18 世纪建造的华丽的巴洛克式新城堡 Neues Schloss，现在内部为绘画展厅。新城堡的里侧还有州立葡萄酒庄 Staatsweingut Meersburg，以低廉的价格出售著名的葡萄酒。

梅尔斯堡还有一座建于 7 世纪的老城堡 Altes Schloss，城堡内部可以参观，会让人感到仿佛来到了骑士故事里的城堡。城堡里保留着德国浪漫派女诗人安内特·冯·徽尔斯霍夫曾经住过的房间。

另外，这里还设有齐柏林博物馆 Zeppelin-museum。博物馆不大，但有关于飞艇的各种有趣藏品，而且还准备有参观手册。

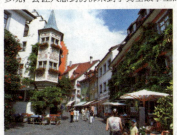
集市广场附近宛如童话世界

197

柏林

法兰克福

腓特烈港　慕尼黑

腓特烈港 *Friedrichshafen*

起源于博登湖畔的飞艇

柏林博物馆前面的广场

MAP ◆ 163-B3

人　口	58000 人
长途区号	07541

ACCESS

铁路：从乌尔姆乘坐 IRE 特
快约需 1 小时。
船：从康斯坦茨乘坐高速双体
船（→ p.194）约需 50 分钟。

❶ 腓特烈港的旅游服务中心

🏠 Bahnhofplatz　D-88045
☎ (07541) 30010
📠 (07541) 72588
🖥 www.friedrichshafen.info
🕐 5~9 月
　周一～周五　　9:00~18:00
　周六　　　　　9:00~13:00
　10 月～次年 4 月
　周一～周四　　9:00~16:00
　周五　　　　　9:00~12:00

● 齐柏林博物馆

🏠 Seestr. 22
🖥 www.zeppelin-museum.de
🕐 周二～周日　10:00~17:00
　（5~10 月是 9:00~）
　闭馆前 30 分钟停止入场
　周一（5~10 月期间无休）、
　12/24·25
💰 € 8、学生 € 4

● 道尼尔博物馆

🏠 Claude-Dornier-Platz 1
🖥 www.dorniermuseum.de
🕐 5~10 月
　每天　　　　　9:00~17:00
　11 月～次年 4 月
　周二～周日　10:00~17:00
💰 11 月～次年 4 月的周一、
　12/24·25·31、冬季有不
　定期休业
💰 € 9、与飞艇博物馆的联
　票是 € 15

● 乘坐飞艇 NT 号游览飞行

　预约、详情信息请参考
下页网址。
🖥 www.zeppelinflug.de
💰 30 分钟游览飞行费用是
　€ 220

● 博登湖渡轮、观光船

🖥 www.bsb-online.com

每个德国人都非常向往的德国南部高级疗养地博登湖，地跨德国、瑞士、奥地利三国，气候温暖，每年都会有大量游客造访。

齐柏林在这里研制出了飞艇，依靠飞行器制造业、工业零部件制造业，这里发展成了先进的工业地区。

腓特烈港　漫　步

从 Stadtbahnhof 火车站出来，左侧的现代化 Seehotel 内设有 ❶。前往齐柏林博物馆 Zeppelin Museum 的话，在 Hafenbahnhof 站下车。从站台走下阶梯就是博物馆的大门。馆内有关于飞艇诞生的经过、"兴登堡"号飞艇失事以及新式的齐柏林 NT 飞艇的研发的解说和展品。还有得到复原的"兴登堡"号飞艇的客舱、娱乐室、厕所。

齐柏林博物馆前面的广场上，有银色的纪念碑。周围是商业区。

可以乘坐最新的齐柏林 NT 号飞艇进行 30 分钟左右的游览飞行（需要预约，冬季停飞）。腓特烈港的机场南侧，有道尼尔博物馆 Dornier-Museum。曾为齐柏林公司设计师的克劳德·道尼尔后来从事水上飞机的研制，设计了许多具有独创性的飞行器。馆内展示着道尼尔设计的著名飞机。

博登湖的码头位于齐柏林博物馆的背后。防波堤的前端是高 22 米的观景塔，天气好的时候可以看到位于瑞士的阿尔卑斯山。

防波堤上的观景塔

1 菲森郊外，建于丛林中的树顶栈道 Baumkronenweg
2 丁克尔斯比尔的儿童节庆典活动
3 菲森的主街道——雷锡恩街
4 中世纪气氛较浓的马库斯塔周围（罗滕堡）

我可以拍照时看镜头哦！

Lecker!

罗滕堡的圣诞市场

浪漫之路
Die Romantische Straße

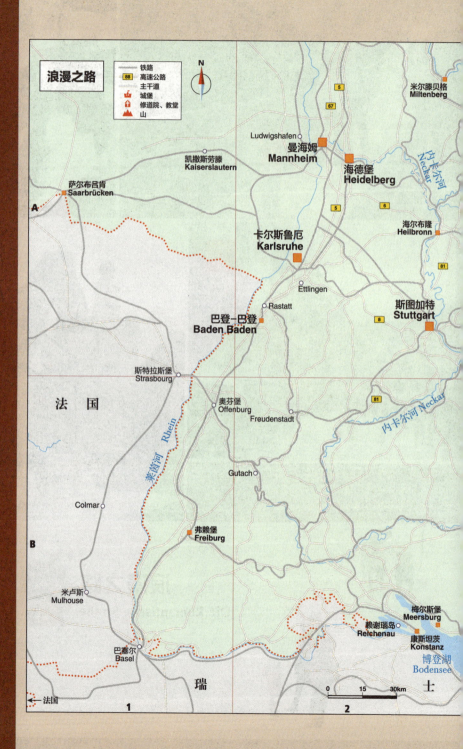

浪漫之路

铁路
88 高速公路
主干道
城堡
修道院、教堂
山

N

米尔滕贝格
Miltenberg

内卡河 Neckar

5

67

凯撒斯劳滕
Kaiserslautern

Ludwigshafen

曼海姆
Mannheim

海德堡
Heidelberg

萨尔布吕肯
Saarbrücken

A

5

6

卡尔斯鲁厄
Karlsruhe

海尔布隆
Heilbronn

81

Ettlingen

斯图加特
Stuttgart

Rastatt

巴登-巴登
Baden Baden

8

斯特拉斯堡
Strasbourg

法 国

奥芬堡
Offenburg

Freudenstadt

81

内卡尔河 Neckar

莱茵河 Rhein

Gutach

Colmar

B

弗赖堡
Freiburg

米卢斯
Mulhouse

梅尔斯堡
Meersburg

赖谢瑙岛
Reichenau

康斯坦茨
Konstanz

巴塞尔
Basel

博登湖
Bodensee

瑞

士

0   15   30km

法国

1

2

200

美因河
Main

陶伯河
Tauber

维尔茨堡
Würzburg

陶贝尔比绍夫斯海姆
Tauberbischofsheim

Lauda Königshofen

巴特梅根特海姆
Bad Mergentheim

魏克斯海姆
Weikersheim

克雷格林根
Creglingen

Steinach

罗滕堡
Rothenburg ob der Tauber

Jagst

Kocher

施韦比施哈尔
Schwäbisch Hall

Crailsheim

Feuchtwangen

丁克尔斯比尔
Dinkelsbühl

安斯巴赫
Ansbach

纽伦堡
Nürnberg

Treuchtlingen

Aalen

讷德林根
Nördlingen

Harburg

因戈尔施塔特
Ingolstadt

Donauwörth

京根
Giengen

多瑙河 Donau

莱布河 Lech

浪

漫

之

路

Freising

乌尔姆
Ulm

奥格斯堡
Augsburg

慕尼黑机场

Dachau

伊勒河 Iller

慕尼黑
München

Buchloe

Landsberg

Starnberg

Berg

施塔恩贝格湖
Starnberger See

Memmingen

Pfaffenwinkel

Kaufbeuren

Weilheim

伊萨尔河 Isar

Schongau

Kempten

Bad Tölz

腓特烈港
Friedrichshafen

林德霍夫宫

维斯教堂

林道
Lindau

菲森
Füssen

Murnau

上阿默高
Oberammergau

布雷根茨
Bregenz

新天鹅堡

Reutte

加米施-帕滕基兴
Garmisch-Partenkirchen

奥地利

奥地利 Zugspitze

米滕瓦尔德
Mittenwald

奥地利

3

4

浪
漫
之
路

广域图

柏林

法兰克福

慕尼黑

201

浪漫之路

面朝罗滕堡集市广场的色彩绚丽的木结构房屋

新天鹅堡

Tip!

巡游巴伐利亚城堡的通票

　　持此通票（Mehrtagestickets der Bayerischen Schlösserverwaltung）可以游览包括维尔茨堡的主教宫、菲森郊外的新天鹅堡、慕尼黑的主教宫等在内的巴伐利亚州的40多座城堡。14天有效通票（Mehrtagesticket）的票价是€24。1年有效通票（Jahreskarte）的票价是€45。可以在加盟城堡的售票窗口购买。包含的城堡可以参考🖳 www.bsv-shop.bayern.de 。

　　浪漫之路是德国最著名的旅游线路。全程约有350公里长，起点位于古都维尔茨堡，途经拥有中世纪街景的罗滕堡、老城墙给人留下深刻印象的丁克尔斯比尔、拥有2000年历史的奥格斯堡，还有阿尔卑斯山脚下的菲森等众多景点城市。

　　如果没有到新天鹅堡走上一番，那么这趟德国之旅就不算完美。让我们乘坐在崎岖山路中穿行的巴士或者地方铁路，探访中世纪风情的浪漫之路吧。

舒适便捷的浪漫之路巴士

游览提示

▶ **观光巴士游**　浪漫之路的主要交通工具是浪漫之路巴士。1天便可游览沿途街道的主要景点。持有欧洲铁路通票、德国铁路通票的游客可以享受8折优惠。

　　7~8月是旅游旺季，提前预约比较稳妥。预约请参考下记网址。当然，只要有座位不预约也是可以乘车的，在旺季像这样没有预约的乘客有很多。

　　菲森方向的巴士在4/10~10/16期间运行，法兰克福方向的巴士在4/11~10/17期间运行（本书调查时的时间）。

▶ **铁路游**　浪漫之路上的城市之间大都可以通过地方铁路和区间巴士相互换乘实现互通。不过这些车辆班次较少，需要参考发车时刻表来制订合理的旅行计划。

▶ **租车自驾游**　浪漫之路沿途是一片悠闲的田园风光，春季的蔬菜花田、秋季的葡萄种植园给人一种舒适的感觉。街道的沿途有"Romantische Straße"的标识。

浪漫之路巴士时刻表（本书调查时）

时刻表每年都会有变化（省去部分车站名称）。
依据实际的路况，有时会出现不按照时刻表运行的情况。

		城市名（乘车地点）		
08:00	出发	↓法兰克福 Frankfurt（中央车站前 A1-3 号站台）	到达	20:30
09:40	到达	维尔茨堡 Würzburg	出发	18:50
10:10	出发	（宫殿广场 Residenzplatz）	到达	18:35
12:35	到达	罗滕堡 Rothenburg	出发	16:50
13:05	出发	（施朗能广场 Schrannenplatz）	到达	16:05
14:20	到达	丁克尔斯比尔 Dinkelsbühl	出发	15:05
14:50	出发	（猪肉市场 Schweinemarkt）	到达	14:35
15:25	到达	讷德林根 Nördlingen	出发	14:05
15:55	出发	（⇓ Brettermarkt ⇑ Schäfflermarkt）	到达	13:35
17:10	到达	奥格斯堡 Augsburg	出发	12:30
17:40	出发	（市政厅 Rathaus）	到达	11:45
经过		慕尼黑 München（⇓巴士站 ZOB 17 号站台）		10:40
19:35	到达	维斯教堂 Wieskirche	出发	08:55
19:50	出发		到达	08:35
20:20	出发	施万高（新天鹅堡）Schwangau（旅游咨询中心 Tourist-Info）	出发	08:10
20:25	出发	霍恩施万高（旧天鹅堡）Hohenschwangau（旅游咨询中心 Info Point）	出发	08:05
20:30	到达	菲森 Füssen（车站 Bahnhof）	出发	08:00

●浪漫之路巴士预约与咨询方法

Touring Tours GmbH, Service-Center
🖃 Am Römerhof 17　D-60486 Frankfurt am Main
☎（069）719126141（预约）🖳 www.romanticroadcoach.de
请严格遵守集合、出发时刻表。迟到不等，所以请遵守时间。

住宿指南

配合节庆活动的旅行会更加愉快。例如著名的罗滕堡"海量酒客节"和"帝国自由城市节"、丁克尔斯比尔的"儿童表演节"等。节庆活动期间一定要提早预订酒店。虽然有不少是小城镇，但是包含小木屋、小旅馆等民宿设施在内，住宿的床位还是比较多的。

位于丁克尔斯比尔小城的历史悠久的酒店——德意志豪斯酒店 Deutsches Haus

特产与美食

维尔茨堡是弗兰肯葡萄酒的名产地，一定要尝尝这里口味较重的干白。

各式各样的雪球糕

罗滕堡的特产是——雪球糕 Schneeball。在白色糖粉包裹下的面包，真是名副其实的雪球。当然还有用巧克力或者杏仁包裹的雪球。

弗兰肯葡萄酒

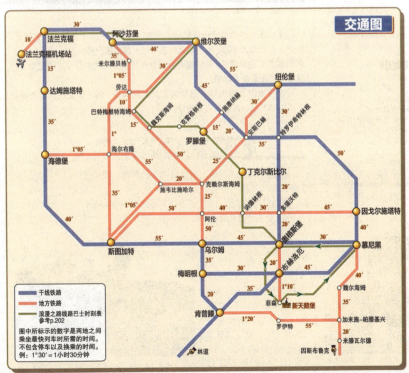

交通图

图例：
- 干线铁路
- 地方铁路
- 浪漫之路线路巴士时刻表参考p.202

图中所标示的数字是两地之间乘坐最快列车时所需的时间。不包含停车以及换乘的时间。
例：1°30′＝1小时30分钟

维尔茨堡 *Würzburg*

美因河畔美丽的古都

MAP◆p.201-A3

人　口	124700 人
长途区号	0931

ACCESS

铁路： 从法兰克福乘坐 ICE
特快约需 1 小时 10 分钟，从
慕尼黑约需 2 小时。

🛈 **维尔茨堡的旅游服务中心**
▣ Falkenhaus, Marktplatz
　D-97070 Würzburg
▬ Map p.205-A2
☎ (0931) 372398
🖷 (0931) 373952
🖳 www.wuerzburg.de
🗓 1~3 月
　周一～周五　10:00~17:00
　周六　　　　10:00~14:00
　4~12 月
　周一～周五　10:00~18:00
　周六　　　　10:00~14:00
　（5-10 月期间的周日、节日
　10:00~14:00 也会开放）

世界遗产

主教宫
（1981 年列为世界遗产）

● **市内交通**
　　短途乘车票 Kurzstrecke
Eins+4 的价格是€1.25，可以乘
坐有轨电车、巴士，4 站地之
内有效。4 站以下需要购买区
间单程乘车票 Einzelfahrschein，
价格是€2.50。1 日乘车票
Tageskarte Solo 的价格是€4.90
（购入之日起～次日 3:00 前
有效）。

从玛利恩堡要塞俯瞰大教堂（中央的白色双塔）及主教宫（右侧远处）

　　维尔茨堡是弗兰肯地区的中心城市，是浪漫之路北侧起点。这里历
史悠久，公元前 1000 年左右就有凯尔特人在美因河畔修筑城池。7 世纪
时圣基里安在此殉教，8 世纪时设主教座堂，在历代主教领主的统治下，
这座城市逐渐发展起来。

　　曾在维尔茨堡大学从事研究工作的伦琴于 1895 年发现了 X 射线，
之后获得了第一届诺贝尔物理学奖。

维尔茨堡　漫　步

　　中央车站前的广场上有有轨电车的车站。前往市中心，可以乘坐
1 路、3 路、5 路，在第二站 Dom 站下车即可。步行大约需要 15 分钟。
　　来到这座城市，一定要参观的是主教宫 Residen、大教堂 Dom 以
及玛利恩堡要塞 Festung Marienberg。可以从距离火车站最远的玛利恩

从市政厅（左侧）通往大教
堂的道路

堡要塞开始游览，从火
车站乘有轨电车在第三
站 Rathaus（市政厅）下
车。走过立有 12 座圣
人雕像的老美因桥 Alte
Mainbrücke，按照标识
指示沿上坡路继续前行
20~30 分钟，便可以到达
玛利恩堡要塞。
　　从老美因桥返回

老美因桥上的圣墓里安雕像和远处的玛利恩堡要塞

  题外话　站在老美因桥上向河的下游（北方）望去，可以看到右岸放置着一辆古老的吊车。吊车制造于 1772~1773 年，
长年用于为来往的船只装卸货物。旁边的建筑是原来的海关，现为葡萄酒商店。

老城区，一直前行就能看见罗马式
建筑风格的大教堂。大教堂的左侧
是建在维尔茨堡的守护圣人圣基
里安的坟墓之上的新明斯特教堂
Neumünster。由参与建造现为世界
遗产的维斯教堂（→ p.232）的齐默
尔曼兄弟设计的室内装饰及雷姆施
奈德创作的美丽的玛丽亚像 Schöne
Madonna 都非常值得一看。另外，从
祭坛侧面的小门可以来到教堂的中
庭 Lusamgärtlein。那里保存着部分
建于 12 世纪的回廊，还有中世纪抒
情诗人瓦尔特·冯·德尔·福格尔韦
德的坟墓。

新明斯特教堂

已被列为世界遗产并享有"德
国最美巴洛克建筑"之誉的主教宫 Residenz，位于大教堂以东步行 5 分
钟的地方。从主教宫步行 10~15 分钟可到达中央车站。去往火车站的中
途，有以弗兰肯葡萄酒而闻名的餐厅 Bürgerspital zum Hl.Geist。

● 莫扎特音乐节
　主教宫每年春季至夏季
期间都会举办"莫扎特音乐
节"。届时将会在"皇帝大
厅""白色大厅"等拥有华
丽装饰和耀眼水晶灯的室
内，或是拥有美丽景致和皎
洁月光的庭园举办音乐会。
氛围相当迷人，非常有人
气，需要提前预订。
Mozartfest Würzburg
🏠 Rückermainstr. 2
　D-97070　Würzburg
🔗 www.mozarfest.de

被列为世界遗产的主教宫的
正面入口

浪漫之路

维尔茨堡

维尔茨堡
WÜRZBURG

0　100　200m

H 酒店　　R 餐厅　　C 咖啡馆　　⋯⋯ 推荐游览线路

- 玛利恩堡要塞
- Map p.205-B1

www.schloesser.bayern.de

有导游讲览的参观团是3/16~10/31期间的周二~周五11:00、14:00、15:00、16:00；周六、周日、节日10:00、11:00、13:00、14:00、15:00、16:00开始。英语导览团只在每周六·周日的15:00开团。11/1~次年3/15期间的周六·周日是11:00、14:00、15:00（只限德语）。所需时间为50分钟。可以在博物馆商店Museumsladen购买门票。

€3.50、学生€2.50

- 美因弗兰肯博物馆
- Map p.205-B1

www.mainfraenkisches-museum.de

4~10月
　周二~周日　10:00~17:00
11月~次年3月
　周二~周日　10:00~16:00
　（闭馆前30分钟停止入场）

周一、12/24·25·31、狂欢节期间的周一·周二

€4、学生€2、与主教博物馆的联票票价是€6

- 主教博物馆
- Map p.205-B1

3/16~10/31
　周二~周日9:00~18:00
　（闭馆前30分钟停止入场）
周一、11/1~次年3/15

€4.50、学生€3.50。美因弗兰肯博物馆和主教博物馆的联票是€6

去玛利恩堡要塞时可以从主教宫前的广场上的Residenzplatz站乘坐9路巴士，在终点站Schönborntor下车。不过这条线路只在4~10月间运行，1小时1趟车。

- 大教堂
- Map p.205-B2

www.dom-wuerzburg.de

周一·周六　10:00~17:00
周日·节日　13:00~18:00

大教堂正门和罗马式塔楼

- 圣母小教堂
- Map p.205-B1

维尔茨堡　主要景点

象征大主教权力的玛利恩堡要塞
Festung Marienberg ★★★

可俯瞰美因河的坚固要塞

1253~1719年，这里一直是历代大主教的居城兼要塞。集宗教权力与政治权力于一身的主教领主用城墙和壕沟来拱卫其城堡。整个建筑结构十分复杂。

宽阔的中庭里建有玛利恩教堂 Marienkirche 和塔 Bergfried。要塞的内部现为博物馆，有展出德国天才雕刻家蒂尔曼·雷姆施奈德作品的美因弗兰肯博物馆 Mainfränkisches Museum 以及可一睹大主教居室的主教博物馆 Fürstenbaumuseum。

德国具有代表性的罗马式建筑大教堂
Dom ★★

建于11~12世纪的德国具有代表性的罗马式大教堂。在曾毁于第二次世界大战、在战后又得以重建的廊柱上刻有历代大主教的墓碑。其中，特别值得一看的是出自雷姆施奈德之手的舍伦贝格大主教雕像。

舍伦贝格大主教的身姿被精细地雕刻在墓碑上

有亚当和夏娃雕像的圣母小教堂
Marienkapelle ★

位于集市广场北侧的晚期哥特式教堂。入口处有雷姆施奈德的杰作亚当和夏娃雕像（为仿品。原雕像藏于美因弗兰肯博物馆）。教堂内有雷姆施奈德雕刻的骑士康拉德·冯·萧姆伯格的墓碑，非常值得一看。

圣母小教堂（左）与设有❶的猎鹰之屋（右）

德国南部巴洛克式建筑的代表作 主教宫

Residenz

被列为世界遗产的主教宫建于 1720~1744 年，是大主教居住的宫殿。到了 18 世纪，随着政局趋于安定，大主教已经没有必要再居住在建于山上的坚固要塞之中，因此新建了主教宫。设计者为被称为巴洛克天才建筑师的巴塔萨·纽曼。

宽敞的建筑物内部，有主教宫里最著名的阶梯之厅 Treppenhaus。除了阶梯，二层部分的屋顶壁画也是主要看点。这幅壁画是世界上最大的湿壁画，为威尼斯画家提埃坡罗所作。

登上二层后，第一个房间是白色大厅 Weisser Saal，宛如白色蕾丝的灰泥粉刷非常精美。旁边的皇帝大厅 Kaisersaal 是主教宫中最豪华的房间。厅内大量黄金装饰、仿大理石的柱子、品位高雅的屋顶壁画营造出了洛可可风格的空间。

另外，从其他的入口还可以去往霍夫教堂和霍夫花园，也很值得一看。

●主教宫
➡ Map p.205-B2
🖥 www.residenz-wuerzburg.de
🕐 4~10 月　　　9:00~18:00
11月~次年3月10:00~16:30
（闭馆前30分钟停止入场）
🚫 1/1、狂欢节的周二、12/24·25·31
💰 € 7.50、学生 € 6.50
※ 参观宫殿内部时无论是个人自由参观还是参加导览团（所需时间 45~50 分钟）费用是相同的。不过，有些房间是不允许个人参观的。英语导览团是在 11:00 和 15:00 出发。

从花园侧看到的主教宫也非常漂亮

正面入口前的弗兰肯喷泉。中间矗立的是弗兰肯女神

皇家花园（免费参观）的入口处写有关门的时间，一定要在关门之前出来。

Information 位于郊外的奥特莱斯——威尔特海姆购物村

威尔特海姆购物村是位于 Wertheim 小城郊外的大型奥特莱斯，距离维尔茨堡以西约 30 公里。除了各种时尚品牌、皮革制品之外，还有酷彩、罗森塔尔等厨房用品，以及史泰福的毛绒玩具、运动用品等约 100 间店铺。

●威尔特海姆购物村
Wertheim Village
🏠 Almosenberg　D-97877 Wertheim

🖥 www.wertheimvillage.com
🕐 周一～周六 10:00~20:00
🚫 周日
🚌 以自驾客人为主，如果没有车前往这里是比较困难的，有从法兰克福中央车站前（巴士站台 7-9 号）出发的购物穿梭巴士。周一～周六 10:00、13:00 发车，奥莱发车时间是 14:15、16:15、19:00。往返费用€ 10。另外，浪漫之路巴士也会在此停车（→ p.202），但是在巴士出发前需要提出停车申请。

🦊 国外话　伦琴曾经工作过的大学实验室，如今作为伦琴博物馆Röntgen-Gedächtnisstätte面向大众开放。🏠 Röntgenring 8（MAP p.205-A2）　🖥 www.wilhelmconradroentgen.de　周日、节日时闭馆，免费参观。

维尔茨堡的餐馆
Restaurant

来到维尔茨堡就一定要品尝一下这里的弗兰葡萄酒和弗兰肯菜肴。街市上既有可以品尝到自酿弗兰肯葡萄酒的餐厅（被当地人称为葡萄酒屋 Weinstube），又有葡萄酒专卖店。即便是一人出行也可以品尝到价格实惠的杯装葡萄酒。

菜肴多为适合搭配葡萄酒的德国菜。因为维尔茨堡是大学城市，所以在中心城区有不少价格实惠的咖啡馆和酒吧。

维尔茨堡市政厅地窖餐厅
Würzburger Ratskeller

◆价格实惠的乡土料理菜馆

位于市政厅地下的弗兰肯乡土菜馆。菜品种类丰富，有沙拉、香肠、肉类、鱼类等，价格也是中等消费水平。另外，这里的弗兰肯葡萄酒的种类也比较齐全。座位也比较充足，有好几个就餐大厅。

德国菜	Map p.205-B1
⊞ Langgasse 1	
☎（0931）13021	
🖥 www.wuerzburger-ratskeller.de	
🕐 10:00～24:00（料理是 11:00～22:00）	
💳 A D J M V	
🚃 从有轨电车站 Rathaus 站步行约需 1 分钟	

尤利乌斯葡萄酒屋
Juliusspital-Weinstuben

◆自制葡萄酒的老铺

餐厅位于一座建于 1576 年的医院内。可以单杯点葡萄酒，0.1 升的价格是 € 2.30～、0.25 升是 € 3.80～。加入乳酪和火腿的炸猪排 Schweineschnitzel Cordon Bleu 是 € 14.90，除此之外还有肉类菜肴和鱼类菜肴。

德国菜	Map p.205-A2
⊞ Juliuspromenade 19	
☎（0931）54080	
🖥 www.juliusspital-weinstuben.de	
🕐 11:00～24:00	
💳 M V	
🚃 从有轨电车站 Juliuspromenade 站步行约需 1 分钟	

市民福利院酒庄餐厅
Bürgerspital zum Hl. Geist + Weinstuben

◆可以体验传统德国葡萄酒的一间老铺子

在约有 700 年历史的福利院附属酒庄内，品尝美味的弗兰肯葡萄酒和乡土菜。没有喝完的酒可以连同酒瓶带走，记得一定要在开酒后保存好瓶塞。单杯的葡萄酒价格是 0.25 升 € 3.60～。弗兰肯烤香肠 Fränkische Bratwürste 的价格是 € 7.90。在隔壁的葡萄酒商店 Ladenverkauf（Semmelstr. 和 Theaterstr. 的街角处是入口），可以挑选适合自己口味的葡萄酒。

德国菜	Map p.205-A2
⊞ Theaterstr. 19　☎（0931）352880	
🕐 餐厅是 10:00～24:00	
葡萄酒商店是周一 9:00～18:00、周二～周六 9:00～24:00、周日 11:00～24:00	
💳 M V	
🚃 从有轨电车站 Juliuspromenade 站步行约需 5 分钟	

老磨坊餐厅
Alte Mainmühle

◆位于桥头的一间有情调的餐厅！

餐厅位于旧美因桥的桥头处，是利用一间建于 17 世纪的水车小屋改造而成的。一半悬于河上的露台座席是最受欢迎的位子，热闹的气氛一直持续到深夜。使用香草和醋蒸制的鳟鱼 Forelleblau 的价格是 € 16.80、其他鱼类菜肴也备受好评。葡萄酒的味道也是很值得称赞的。

德国菜	Map p.205-B1
⊞ Mainkai 1	
🖥 www.alte-mainmuehle.de	
☎（0931）16777	
🕐 9:30～24:00（料理是 11:00～22:30）	
💳 A J M V	
🚃 从有轨电车站 Rathaus 站步行约需 3 分钟	

𝒮pecialty 集市广场上的人气香肠店！

面向圣母小教堂偏右前方的位置，有一家叫作 Bratwurst Knüpfing 的烤香肠店，弗兰肯烤香肠 Original Fränkische Würzburger Bratwurst 只需 € 2.10，由于这里的香肠味美价廉，所以店外经常排起长长的等待队伍。
🕐 周一～周五 9:30～18:00；周六 10:00～17:00

 编外话　芭比菲舍尔旅舍Babelfish-Hostel（🖥 www.babelfish-hostel.de　⊞ Haugerring 2　●MAP p.205-A2）距离中央车站步行仅需2分钟。有1～10人的房间，住宿1晚的价格是€17。有公用厨房、洗衣机、烘干机等设施。

维尔茨堡的酒店
Hotel

这座城市可供住宿的酒店较多，既有高档酒店也有经济实惠的旅馆，可以根据自己的行程预算选择适合自己的住宿设施。

酒店大都集中在中央车站南侧至市中心的集市广场沿线，没有特殊的酒店街等区域。集市广场附近交通比较便利，不过维尔茨堡的景点相对比较集中，无须在选择住宿地点上过分纠结。

维尔茨堡玛丽蒂姆酒店
Maritim Hotel Würzburg

◆市内规模最大的高档酒店

这家酒店位于美因河畔，是维尔茨堡最高档的酒店。由于紧邻国际会议中心，所以深受商业人士的喜爱。在客房可以使用有线网络（付费），公共区域有免费 Wi-Fi。

最高档酒店	Map p.205-A1
🏠 Pleichertorstr. 5　D-97070	
☎（0931）30530　FAX（0931）3053900	
URL www.maritim-wuerzburg.de	
Ⓢ€118~162　Ⓣ€157~221	
A D J M V	

雷布斯托克酒店
Rebstock

◆古典与时尚相结合的酒店

这是一家高档酒店，外观是1737年的洛可可风格，十分漂亮。内饰和家具都非常有格调，深受女性客人的喜爱。酒店餐厅虽然消费稍微高一些，但是味道备受好评。有免费 Wi-Fi。

高档酒店	Map p.205-B2
🏠 Neubaustr. 7　D-97070	
☎（0931）30930　FAX（0931）3093100	
URL www.rebstock.com	
Ⓢ€127　Ⓣ€216~266	
A D M V	

施坦伯格古堡酒店
Schlosshotel Steinburg

◆可以俯瞰城区的古堡酒店

这是一家位于葡萄种植园之上的古堡酒店。从中央车站乘坐出租车约需15分钟可到达。酒店的地理位置非常适合俯瞰整座城市。有室内游泳池和桑拿房。同时酒店内还设有葡萄酒餐厅。部分客房可以使用 Wi-Fi（免费）。

高档酒店	Map p. 地图外
🏠 Mittlerer Steinburgweg 100　D-97080	
☎（0931）97020	
FAX（0931）97121	
URL www.steinburg.com	
Ⓢ€123~140　Ⓣ€176~266	
A D J M V	

佐姆温泽曼雷酒店
Hotel Zum Winzermännle

◆地理位置优越，适合观光和购物

三星级的中档酒店。距离有轨电车站（Dom）不远，所以即便是行李较重的客人也可以轻松抵达。酒店一层有一间咖啡店 Tchibo。没有 Wi-Fi。

中档酒店	Map p.205-B2
🏠 Domstr. 32　D-97070	
☎（0931）54156	
FAX（0931）58228	
URL www.winzermaennle.de	
Ⓢ€65~79　Ⓣ€90~110	
M V	

维尔茨堡霍夫酒店
Hotel Würzburger Hof

◆拥有醒目黄色外墙的酒店

位于中央车站与集市广场的中间位置，穿过国王大街不规则十字路口后，在路的右侧就可以看到这家醒目的酒店了。共有34间客房。每间客房风格不同，十分特别。有免费 Wi-Fi。

中档酒店	Map p.205-A2
🏠 Barbarossaplatz 2　D-97070	
☎（0931）53814　FAX（0931）58324	
URL www.hotel-wuerzburgerhof.de	
Ⓢ€90~105　Ⓣ€168~186	
A D M V	

里贾纳酒店
Hotel Regina

◆快捷的站前酒店

酒店面朝站前广场，从中央车站出站之后马上就可以看到。对于夜间抵达或者早晨出发的客人来说入住这里比较方便。客房并不算宽敞。有电梯。有免费 Wi-Fi。

中档酒店	Map p.205-A2
🏠 Bahnhofplatz/Haugerring 1 D-97070	
☎（0931）322390　FAX（0931）32239113	
URL www.hotel-regina-wuerzburg.de	
Ⓢ€59~67　Ⓣ€80~115	
3人间€111~135	
A M V	

青年旅舍
Jugendherberge

◆一家位于要塞城堡之下十分受欢迎的青年旅舍

从中央车站乘坐有轨电车3号（Athener Ring 方向）或者5号（Rottenbauer 方向）大约10分钟，在 Löwenbrücke 站下车，步行10分钟即到。地处玛利恩堡要塞的正下方，环境优美。12月中旬~下旬休业。公共区域有 Wi-Fi（付费）。

青年旅舍	Map p.205-B1
🏠 Fred-Joseph-Platz 2　D-97082	
☎（0931）4677860　FAX（0931）46778620	
URL www.wuerzburg.jugendherberge.de	
Ⓢ1人€25.40~　Ⓣ€54.80~	
27岁以上增收€4	
J M V	

人　口	22500 人
长途区号	07931

ACCESS

铁路：从维尔茨堡乘坐 RE
快速约需 50 分钟（中途在
Lauda 换乘）。

ℹ️ **巴特梅根特海姆的旅游
服务中心**

✉️ Marktplatz 1　D-97980
Bad Mergentheim

☎️ （07931）574815

📠 （07931）574901

🌐 www.bad-mergentheim.de

🕐 4~10 月
　　周一~周五　　9:00~18:00
　　周六　　　　　9:30~12:30
　　　　　　　　13:00~17:30
　　周日·节日　10:00~15:00
　　11 月~次年 3 月
　　周一~周五　　9:00~13:00
　　　　　　　　14:00~17:00
　　周六·周日·节日
　　　　　　　　10:00~14:00

巴特梅根特海姆

Bad Mergentheim

恬静舒适的温泉疗养地，一座历史悠久的城镇

从巴特梅根特海姆这个地名中的巴特就可以知道，这座城市是一处温泉疗养地。在历史上这里也非常著名，从 13 世纪开始作为骑士团的所在地而发展起来。德国骑士团城堡 Deutschordensschloss 的一部分现为德国骑士团博物馆 Deutschordensmuseum

从集市广场上看到的伯格街

对外开放。连接骑士团城堡与市政厅所在的集市广场 Marktplatz 的伯格街 Burgstr. 是市中心。这里显示出了疗养地的特点，行人悠闲地漫步于街头，街道两旁多是甜品店与咖啡馆。集市广场的中央是有骑士团团长米尔希林 Milchling 的雕像喷水池。

人　口	7300 人
长途区号	07934

ACCESS

浪漫之路巴士（→p.202）
在集市广场停车。

铁路：从巴特梅根特海姆乘
坐 RE 快速约需 15 分钟。

魏克斯海姆 *Weikersheim*

在美丽的城堡回归骑士时代

从魏克斯海姆火车站步行前往市中心的集市广场大约需要 15 分钟。

这座城市最重要的景点——魏克斯海姆城堡 Schloss Weikersheim 的入口就位于集市广场的里侧。城堡的历史可以追溯到霍恩洛

集市广场与魏克斯海姆城堡

厄家族统治该地区的 12 世纪。16 世纪末以后，城堡经历了一系列改建，现在可以见到文艺复兴、巴洛克、洛可可等多种风格的建筑。城堡保存状态良好，尤其是骑士厅 Rittersaal，看上去仍然富丽堂皇。巴洛克式的花园也很美丽。

ℹ️ **魏克斯海姆的旅游服务中心**

✉️ Marktplatz 2　D-97990
Weikersheim

☎️ （07934）10255

📠 （07934）10258

🌐 www.weikersheim.de

🕐 5~9 月
　　周一~周五　9:00~13:00
　　　　　　　　14:00~17:00
　　10 月~次年 4 月
　　周一~周五　9:00~13:00

骑士厅

罗滕堡 *Rothenburg ob der Tauber*

中世纪的童话世界

马库斯塔附近的中世纪街景

MAP◆p.201-A3

人 口	10900 人
长途区号	09861

ACCESS

浪漫之路巴士（→p.202）在老城区北侧的施朗能广场 Schrannenplatz 和火车站前停车。

铁路： 从维尔茨堡乘坐去往安斯巴赫方向的 RB（普通列车）约需 45 分钟，在施泰纳赫 Steinach（bei Rothenburg）站下车，然后换乘去往罗滕堡方向的地方线路继续乘车 15 分钟。

●巴特梅根特海姆／魏克斯海姆／罗滕堡

城市的正式名称为 Rothenburg ob der Tauber（意为陶伯河上方的罗滕堡）。因为从流淌于山谷中的陶伯河望去，城市位于地势非常高的地方，所以才有了这个名字。

城市发源于 9 世纪左右，最早的城墙建于 12 世纪。直到 17 世纪的三十年战争之前，作为一个自由城邦，这里一直保持着繁荣。现在，这里的街市基本上保持着中世纪时的原貌，这里也因此广为人知。

罗滕堡 漫 步

罗滕堡的火车站位于城墙之外。从火车站出来，向左沿班霍夫大街 Bahnhofstr. 前行一段，右转进入 Ansbacher Str.，继续走 3 分钟左右就能看见罗德门 Rödertor。穿过城门便进入老城区，沿石板道路前行就能来到集市广场 Marktplatz。

市中心的集市广场。左侧为市政厅，右侧为市议会宴会厅

从市政厅的塔上俯瞰集市广场

在集市广场首先会注意到广场旁边的市政厅 Rathaus，高 60 米的白色钟楼非常显眼。与市政厅相邻的市议会宴会厅 Ratstrinkstube 的悬山式墙壁上安装着以海量酒客节 Meistertrunk 的传说（→p.213）为故事题材的机械时钟。10:00~22:00 的整点，时钟两侧的窗口都会打开，蒂利将军和卢修市长形象的玩偶从窗口里出来，手里拿着酒杯的市长将杯里的葡萄酒一饮而

❶ 罗滕堡的旅游服务中心
🏠 Marktplatz 2　D-91541 Rothenburg ob der Tauber
🔲 Map p.212-A1
☎ (09861) 404800
📠 (09861) 404529
🌐 www.tourismus.rothenburg.de
📅 11 月~次年 4 月
　周一~周五　　9:00~17:00
　周六　　　　10:00~13:00
　5~10 月
　周一~周五　　9:00~18:00
　周六·周日·节日
　　　　　　　10:00~17:00

市议会宴会厅墙壁上高挂的时钟。左侧是蒂利将军（Tilly），右侧是卢修市长（Nusch）

城市的正式名称为 Rothenburg ob der Tauber，查询站名及时刻表时应注意。以 Rothenburg o. d. Tauber 形式简称的情况也很常见。

距达旺村方向
约1.2公里

圣沃尔夫冈教堂
St. Wolfgangskirche

克林根城门 WC
Klingenbastei

Bezoldweg

Klingenschütt

米达麦亚酒店
蓝色豪猪餐厅 R

绞架门
Galgentor

林德酒店
Vorm Würzburger
Zum
Rappen

Klingengasse

Freudeng.

Krebeng.

浪漫之路
巴士车站
施朗能广场
Schrannenplatz WC

斯查拉酒店 H

Schmidsgasse

Hirtengasse

Förstergäßchen

Hornburg

Klosterweth

Judengasse

Schranneng.

Galgengasse

潘森霍夫曼旅馆 H

P

霍恩伯格
无烟酒店

卢浮宫餐厅 R

Altfränkische
Weinstuben

Küblergäßchen

Zum Ochsen H

Rosengasse

Weißer Turm

Pension Becker

民俗博物馆
Reichsstadt-
museum

圣雅各布教堂
St. -Jakobs-
Kirche

蒂尔曼·雷姆施奈德酒店 H

施梅尔茨旅馆 H

A

Burg H

Klostergasse

Kirchg.

Georgeng.

莱克斯-库克斯梅特酒店 H
Am Weißen Turm
Kapellen-pl.

Stollengasse

施皮茨韦格酒店 H

Prinzhotel
Hofstatt

木偶剧院
Figurentheater

Bürgerkeller

Marktplatz

市政厅
Rathaus
沃尔法特商店
（圣诞博物馆）

市议会宴会厅
Ratstrinkstube
集市广场
Marktplatz

马库斯特姆浪漫酒店 H

罗德门
Rödertor

泰迪熊
博物馆 S

Herrngasse

Pfaffeng.

Pardeisgasse

马库斯塔
Markusturm

Rödergasse

Burggartenpalais

艾森赫特酒店 H

Franziskaner-
kirche

Pfalfhinng.

Alter Stadtgraben

Erbsengäßchen

法兰克陶瓷店 R

Baumeisterhaus C
面包时刻

罗滕堡
土豆菜馆

克劳斯叶恩图布尔
酒店及餐厅 R WC

Obere
Schmiedgasse

Zur Sonne H

Hafeng.

旧铁匠铺
Gerlachschmiede

WC

布尔克公园
Burggarten

布尔克门
Burgtor

Burggasse

地狱餐厅 R

Alter Keller

Gold.Ring

Wenggasse

Roter
Hahn

中世纪犯罪博物馆
Mittelalterliches
Kriminalmuseum

圣约翰尼斯教堂
St. -Johannis-
Kirche

Untere Schmiedgasse

Neugasse

Röderschütt

陶伯河畔观光步道

Pension
Raidel

Altes
Brauhaus H

Topplerweg

Pension Pöschel

贝尔酒铺

Plönlein

Glocke S

考泊尔策勒门
Kobolzeller Tor

步云莱
Plönlein

双桥
Doppelbrücke

考泊尔策勒
Kobolzeller
Kirche

Gerberhaus
C

Sterngasse

城墙

WC

P

B

陶
伯
河

Tauber

Mühlacker

Roßmühlg.

青年旅舍

Spitalgasse

Bensenstr.

布尔克
公园

帝国都市大厅
Reichsstadthalle

救济院门
Spitalbastei

P

0   100   200m

N

罗滕堡
ROTHENBURG

1   2

H 酒店   R 餐厅   C 咖啡馆   S 商店   青年旅舍   WC 公共厕所   ▶ 登城墙入口

3

尽。建筑的一层有 **❶**。

装有机械时钟的建筑后面是圣雅各布教堂 Jakobs-Kirche。教堂建于 13 世纪，里面的圣血祭坛 Heilig-Blut-Altar 被誉为雷姆施奈德的杰作，非常值得一看。

从位于老城区西端的布尔克门 Burgtor 出来，是残存着 12 世纪城堡遗址的公园，从那里可以看到绿色山谷对面的老城区南部。从集市广场向南，有一个名为步云莱 Plönlein 的小广场，木结构的住宅以及高塔构成了美丽的画面，那里也因此成了著名的拍照地点。

游客可以登上环绕老城区而建的城墙步行一周（只有极短的一部分需要在城墙下行走），时间充裕的游客不妨体验一下。

步云莱的冬季街景

● 圣雅各布教堂
🏠 Klostergasse 15
🔴 Map p.212-A1
🖥 www.rothenburgtauber-evangelisch.de/tourismus
🕐 4~10 月　　 9:00~17:00
　 11 月·次年 1~3 月
　　　　　　 10:00~12:00
　　　　　　 14:00~16:00
　 12 月　　　 10:00~16:45
💶 € 2.50、学生 € 1.50

位于教堂入口处左内侧（后方）台阶二层的圣血祭坛。中间的雕刻是《最后的晚餐》的场面

罗滕堡的主要游览线路

 编外话

FESTIVAL　海量酒客的传说与节日

海量酒客的历史剧

1631 年，正值三十年战争期间。占领罗滕堡的皇帝军队的将军决定把当地的市政委员会委员们悉数斩首。当有人向将军推荐当地的葡萄酒时，将军突发奇想，声称如果有人能够一口气把大酒杯里的酒喝光，那么他就可以下令解除斩首。于是，市长挺身而出，真的一口气喝光了酒杯里的酒，解救了众人的生命。海量酒客的机械时钟再现了这段故事。人们用历史剧、古装游行、古装舞蹈等形式对海量酒客进行纪念就形成了现在的"海量酒客节"。节日期间的周六 12:00~18:00 与周日 9:00~15:30 收取 € 3 的入城费。
🖥 www.meistertrunk.de

"海量酒客节"庆典上的牧羊舞

身着中世纪维护城市安全的巡夜警察制服的导游，带领游客夜游罗滕堡的团体游项目十分受游客喜爱。英语团是 20:00 出发，德语团是 21:30 出发，集合地点在集市广场。冬季休业。详情请参考 🖥 www.nightwatchman.de 。

● 中世纪犯罪博物馆
- Burggasse 3-5
- Map p.212-A1
- www.kriminalmuseum.eu
- 5~10月　10:00~18:00
- 11月・1月・2月　14:00~16:00
- 12月・次年3月　13:00~16:00
- 4月　11:00~17:00
（闭馆前45分钟停止入场）
- €5、学生€3.50

关押品行不良女性的刑具
"铁娘子"

● 市政厅塔
- Map p.212-A1
入口位于集市广场一侧。
- 4~10月
每天　9:30~12:30
　13:00~17:00
- 11月・次年1~3月
周六・周日　12:00~15:00
- 2017年 12/1~12/23
每天　10:30~14:00
　14:30~18:00
- €2

登塔的入口位于集市广场一侧

● 圣父教堂
浪漫之路巴士不在教堂前停车，只在克雷格林根旅游局前停车。旅游局离教堂还有1公里左右的距离。没有从罗滕堡直通这里的巴士，必要在途中换乘，需要花费一些时间，所以推荐乘坐出租车前往（大约30分钟）。
- www.herrgottskirche.de
- 4~10月　9:15~18:00
（8/15~31至18:30）
- 2月・3月・11月・12月
周二～周日　13:00~16:00
- 12/24~31、2・3月和11・12月的周一～1月
- €2、学生€1.50

罗滕堡　主要景点

有些阴森的中世纪犯罪博物馆
Mittelalterliches Kriminalmuseum ★★★

　　从集市广场南行一段，在圣约翰尼斯教堂 St.-Johannis-Kirche 的西侧，有德国唯一一家有关法律与刑罚的历史博物馆。展示有中世纪以来的法律制度、警察制度的相关史料以及罕见的恐怖刑具，参观者可以借此从一个侧面了解到中世纪时人们的真实生活，而这些知识仅仅靠游览街区、参观建筑是无法获得的。有导游手册。

囚禁犯人的刑具

可以从塔上俯瞰老城区的市政厅
Rathaus ★★

　　这是集市广场旁边的坚固的哥特式建筑以及建有白塔的16世纪建筑。参观高达60米的塔时，需要沿坡度很陡的木质楼梯以及垂直而立的梯子向上攀登，所以应选择适合的服装和鞋。游客过于拥挤时，会通过信号灯来限制参观人数。

从塔上看到的街景非常壮观

罗滕堡　近郊景点

克雷格林根的圣父教堂
Herrgottskirche Creglingen　Map p.201-A3

　　圣父教堂位于克雷格林根以南约1公里的州公路旁，教堂内的圣母玛利亚祭坛 Marienaltar 被誉为最精美的中世纪木雕祭坛之一，因此有很多人来此参观。雕刻极为精细的祭坛，是由维尔茨堡的雕刻家雷姆施奈德及其弟子们在1505~1510年间创作的。中央部分雕刻着在天使们的簇拥下升天的圣母玛利亚，下面是目送圣母升天的十二使徒。据说，右下角戴着贝雷帽、倾听耶稣圣言的法学家的面部是雷姆施奈德自己的形象。

圣母玛利亚祭坛

  地狱餐厅 Zur Höll（ Burggasse 8　 Map p.212-A1　 www.hoell.rothenburg.de　 周一～周六 17:00~24:00左右）是利用整个城市中最古老的建筑改造而成的餐厅。杯装葡萄酒是€6~。烤土豆是这里的名菜。

罗滕堡的餐馆
Restaurant

　　大多数酒店的一层都设有餐厅，虽然城市本身不是很大，但餐厅的数量还真是不少。德国特色的肉类菜肴、香肠和土豆菜都比较值得推荐。另外，在施瓦本地区和弗兰肯地区都比较有名的面食类——德式饺子和德式削面也比较常见。

　　由于罗滕堡位于葡萄酒名产区——弗兰肯，所以在这里可以品尝到美味的葡萄酒。弗兰肯产区基本上都是白葡萄酒，一杯大概€3~4，不妨试试看哦。

蓝色豪猪餐厅
Die Blaue Sau

◆烧烤类和葡萄酒

　　以充分发挥食材味道的烧烤类菜肴为主的高级餐厅。肉眼牛排 Rib Eye（200g）€29.50，白身鱼鱼排 Gebratenes Zanderfilet 是€32.50，羊羔肉 Rosa gebratener Lammhüfte 是€28。建议提前预约。

多国料理　　Map p.212-A2

🏠 Vorm Würzburger Tor 7
☎（09861）945430
📠（09861）945494
🌐 www.blauesau.eu
🕐 周一~周六　　18:00~22:30
❌ 周日、1~3月和8月有休业
💳 ADMV

克劳斯叶思图布尔酒店餐厅
Klosterstüble

◆美味的地方特色菜

　　位于克劳斯叶思图布尔酒店的一层，当地人经常出入的一家餐厅。招牌菜是右图中的自制德式饺子 Maultaschen，附带沙拉价格是€12.90。店内座位不是很多，建议提前预约。

德国菜　　Map p.212-A1

🏠 Herrngasse 21
　（入口位于 Herings bronnengasse 5）
☎（09861）938890　📠（09861）6474
🌐 www.klosterstueble.de
🕐 周四~下周二 11:30~14:00、18:00~21:00　❌ 周三、1月中旬~2月中旬
💳 JMV

卢浮宫餐厅
LOUVRE

◆罗滕堡唯一一家日料餐厅

　　店内给人感觉十分舒适，店主是一对日本夫妇，他们用心经营小店，价格也十分亲民。天妇罗盖饭是€13.50，照烧鸡套餐€7.80，拉面€9.30，另外还有寿司等套餐。外卖的寿司和便当也有很多种选择。

日本料理　　Map p.212-A1

🏠 Klingengasse 15
☎（09861）8755125
📠（09861）8755126
🌐 www.rothenburg-japan.de
🕐 11:30~14:00、18:00~21:30
❌ 周二、冬季休业
💳 MV

罗滕堡土豆菜馆
Rothenburger Kartoffelstube

◆土豆家常菜比较出名！

　　入口处虽然狭小，但店铺的内部空间很宽敞。奶油酱土豆面疙瘩 Kartoffelnocken 价格是€8.80，天冷的时候特别推荐品尝加入菠菜的焗烤土豆酪 Kartoffelgratin mit Spinat €9.80。

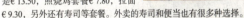

德国菜　　Map p.212-A2

🏠 Ansbacher Str.7
☎（09861）2022
🌐 www.roederertor.com
🕐 11:30~14:00、17:30~21:30
　（周日 ~21:00）
❌ 周一、冬季休业
💳 ADMV

面包时刻
Brot & Zeit

◆周日也照常营业的面包房＆咖啡馆

　　店铺的入口处整齐地摆放着刚出炉的面包，里侧是自助式咖啡馆。饮料需要在柜台点餐的时候一起下单，会有专门的服务人员配送到你的座位。在这里可以品尝到新鲜出炉的面包，早餐套餐的种类也很丰富。右图中是带有鸡蛋的早餐套餐€2.95和卡布奇诺€2.80。

咖啡馆　　Map p.212-A2

🏠 Hafengasse 24
☎（09861）9368701
🌐 www.brot-haus.de
🕐 周一~周六　　6:00~18:30
　周日・节日　　7:30~18:00
❌ 不可

罗滕堡土豆菜馆Rothenburger Kartoffelstube在夏季的时候后院会有啤酒花园，客人多为当地的家庭。我在这里品尝了啤酒和美味的焗烤土豆酪。

这里有当地知名的圣诞用品商店——沃尔法特商店，还有许多出售可爱小商品的店铺。

另外，这里的葡萄酒也很值得推荐，有专营当地葡萄酒——弗兰肯葡萄酒的商铺。需要注意的是，虽然有专门出售可作为礼品的香肠和萨拉米肉肠的店铺，但除非这里出售的香肠、火腿、萨拉米肉肠是有检验合格证书的，否则将无法带回国内。

沃尔法特商店
Käthe Wohlfahrt

◆ **全年都可以买到圣诞用品**

这家商店是罗滕堡最受欢迎的景点之一，也是世界上第一家全年都销售圣诞用品的专卖店。产品的种类十分丰富，即便是不准备购买，逛一逛也是很养眼的。店内同时设有圣诞博物馆（入场费€4）。

玩具·杂货	Map p.212-A1

- 🏠 Herrngasse 1 ☎ （09861）4090
- 🌐 www.wohlfahrt.com
- 🕐 周一～周五　　　　　　10:00~18:00
  周六 10:00~16:00※5月中旬~12/24
  期间周日也营业，具体时间待定
  ※ 营业时间和休息日依季节变化
- 🚫 1月上旬~5月中旬期间的周日·节日、1/6、复活节期间的圣周五
- 💳 A D J M V

泰迪熊博物馆
Teddyland

◆ **满是可爱小熊的童话世界**

德国最大级别的泰迪熊专卖店。入口处有一只真人大小的泰迪熊吉祥物。店内的商品除了泰迪熊毛绒玩具之类，还有绘本、文具、餐具等与泰迪熊相关的产品共3000多种。可以使用欧元、美元、人民币信用卡支付。

玩具·杂货	Map p.212-A1

- 🏠 Herrngasse 10
- ☎ （09861）8904
- 🌐 www.teddyland.de
- 🕐 周一～周六　　　　　　10:00~18:00
  （4~12月期间的周日 10:00~18:00
  也照常营业）
- 🚫 节日、1~3月的周日
- 💳 A D J M V

法兰克陶瓷店
Fränkische Töpferkunst

◆ **可爱的纯手工陶器店**

店内摆放着使用当地传统技法和样式的纯手工陶器。马克杯、小花瓶等都是作为旅行纪念品的最佳选择。如果店面关门时，不妨走到店后面的工作室去看一看。小号的水罐是€5.20。

陶器	Map p.212-A2

- 🏠 Wenggasse47/Rödergasse 32
- ☎ （09861）3889
- 🕐 周一～周五　　　　　　10:00~18:00
  周六　　　　　　　　　 9:30~16:00
  4~12月的周日　　　　 11:00~17:00
- 🚫 1~3月的周日
- 💳 A D J M V

贝尔酒铺
Glocke Weinladen

◆ **如果准备购买当地产的葡萄酒可以到这里来看看**

弗兰葡萄酒专营店。位于步云莱喷泉附近。虽然店铺并不宽敞，但是拥有自家的酒窖和橡木桶，将窖藏的葡萄酒装入大肚瓶（Bocksbeutel）后便成为了标准的弗兰肯葡萄酒了。如果不知道如何挑选，可以询问店员。

葡萄酒	Map p.212-B2

- 🏠 Plönlein 1
- ☎ （09861）958990
- 📠 （09861）9589922
- 🕐 4~12月　　周一～周日 9:00~18:00
  1~3月　　　周一～周六 10:00~18:00
- 🚫 冬季的周日、12月下旬～次年1月中旬
- 💳 A D J M V （需消费€20以上）

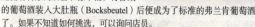

罗滕堡名物——雪球糕

因外形酷似雪球而得名的糕点——雪球糕，在罗滕堡的面包房内随处可见。将面条状的材料卷成球形放入油锅内煎炸，口感酥脆，非常可口。根据口味的不同可以撒上霜糖、巧克力粉、花生碎等调味品，球体大约有10厘米，一个的价格是€3上下。迷你雪球糕的价格是€1.50左右。

推荐购买迷你雪球糕

罗滕堡的名物雪球糕有拳头大小，吃一个就非常有饱腹感了。如果你想要品尝各种口味，不妨购买只有乒乓球大小的迷你雪球糕，价格也相对便宜一些。

罗滕堡的酒店
Hotel

近现代的大型酒店几乎没有，以家庭经营的酒店和民宿旅馆为主。价格十分亲民，如果是卫生间和浴室共用价格是 Ⓢ € 25~30、Ⓣ € 35~45。独立卫生间和浴室的房间是 Ⓢ € 30~、Ⓣ € 45 左右。从车站步行到市中心的集市广场大约需要 10 分钟。沿途有用石子铺就的道路，如果你携带的是带滑轮的旅行箱，步行走到集市广场有点困难。如果是集市广场外围的酒店还有可能提着箱子走过去。建议在节庆期间（→ p.213）提早预订酒店。

艾森赫特酒店
Eisenhut

◆ 历史久远的高档酒店

酒店内摆设的装饰品件件都充满了历史感。客房有多种风格。旅行团住客较多。酒店餐厅的壁画是一幅《海量酒客》，非常值得一看。有免费 Wi-Fi。

高档酒店	Map p.212-A1
🏠 Herrngasse 3-5/7　D-91541	
☎ (09861) 7050	
FAX (09861) 70545	
URL www.eisenhut.com	
💰 Ⓢ € 92~172　Ⓣ € 124~232	
早餐另收费	
💳 Ａ Ｄ Ｊ Ｍ Ｖ	

蒂尔曼·雷姆施奈德酒店
Tilman Riemenschneider

◆ 德国风格的内饰充满魅力

位于集市广场附近，团体游客经常入住的一间酒店。用彩色油漆涂装的床和椅子等家具，以及房间内饰给人一种非常浪漫的感觉，深受女性住客的喜爱。酒店内还设有健身房。有免费 Wi-Fi。

高档酒店	Map p.212-A1
🏠 Georgengasse 11/13　D-91541	
☎ (09861) 9790	
FAX (09861) 2979	
URL www.tilman-riemenschneider.de	
💰 Ⓢ € 90~180　Ⓣ € 125~270	
三人间 € 180~330	
💳 Ａ Ｄ Ｊ Ｍ Ｖ	

马库斯特姆浪漫酒店
Romantik Hotel Markusturm

◆ 深受女性喜爱的浪漫酒店

紧邻如画般美丽的马库斯塔的一家浪漫酒店。共有 25 间客房，每间客房的内饰各有千秋，家具全部选用古典风格。没有电梯。有免费 Wi-Fi。

高档酒店	Map p.212-A2
🏠 Rödergasse 1　D-91541	
☎ (09861) 94280	
FAX (09861) 9428113	
URL www.markusturm.de	
💰 Ⓢ € 81~130　Ⓣ € 130~170	
💳 Ａ Ｄ Ｊ Ｍ Ｖ	

霍恩伯格无烟酒店
Hornburg

◆ 老板的品位较高

位于老城区外围的一家非常有韵味的酒店。共有 10 间客房，房间内的家具都非常富有浪漫色彩。全酒店禁烟。没有电梯。酒店前是城市停车场，特别适合开车自驾的游客。有免费 Wi-Fi。

中档酒店	Map p.212-A2
🏠 Hornburgweg 28　D-91541	
☎ (09861) 8480	
FAX (09861) 5570	
URL www.hotel-hornburg.de	
💰 Ⓢ € 70~115　Ⓣ € 80~130	
三人间 € 135~150	
💳 Ｍ Ｖ	

莱克斯－库克斯梅斯特酒店
Reichsküchenmeister

◆ 地理位置优越的酒店

位于罗滕堡的中心地段，集市广场以北过了 ❶ 的第一个街区的十字路口处。一层有餐厅。团体住客较多。部分区域有免费 Wi-Fi。

中档酒店	Map p.212-A1
🏠 Kirchplatz 8　D-91541	
☎ (09861) 9700	
FAX (09861) 970409	
URL www.reichskuechenmeister.com	
💰 Ⓢ € 57~129　Ⓣ € 87~159	
💳 Ａ Ｊ Ｍ Ｖ	

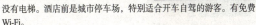

 罗滕堡火车站的对面，有一家大型的购物中心叫作岑特罗ZentRO，里面有超市、药妆店、邮局等设施。超市内的商品品种齐全，巧克力等非常便宜。

克劳斯叶思图布尔酒店
Klosterstüble

◆房费和餐费价格都很实惠的酒店

　　酒店是利用建于 1556 年和 1736 年的老房子改建而成的，目前已经延续了3 代。有 3~5 人用的房间和家庭房，还有专门面向长期滞留的旅客的房间。位于布尔克公园附近，周围环境僻静，清晨和黄昏在这周边散步非常惬意。酒店大厅有免费 Wi-Fi。

中档酒店　　　　　　Map p.212-A1
- Heringsbronnengasse 5　D-91541
- ☎（09861）938890
- FAX（09861）9388929
- URL www.klosterstueble.de
- 💰 Ⓢ € 50~85　Ⓣ € 65~130
- 💳 J M V

施皮茨韦格酒店
Spitzweg

◆只有 9 间客房的小旅馆

　　利用建于 1536 年的老房子改建而成的小旅馆。屋内陈设的装饰品和家具都充满了历史感。没有电梯。客房内的家具和装饰非常有格调，深受女性住客的好评。全馆禁烟。没有互联网设施。

中档酒店　　　　　　Map p.212-A2
- Paradeisgasse 2　D-91541
- ☎（09861）94290
- FAX（09861）86235
- URL www.hotel-spitzweg.de
- 💰 Ⓢ € 70　Ⓣ € 90~105
- 💳 M V

斯查拉酒店
Schranne

◆价格实惠的酒店

　　浪漫之路巴士在此停车，酒店对面便是大型停车场施朗能广场。房间虽然不大，但是非常干净整洁。有免费 Wi-Fi。

读者优惠 10%（→文前"本书的使用方法"）

中档酒店　　　　　　Map p.212-A2
- Schrannenplatz 6　D-91541
- ☎（09861）95500
- FAX（09861）9550150
- URL www.hotel-schranne.de
- 💰 Ⓢ € 50~80　Ⓣ € 75~120
- 💳 A D J M V

林德酒店
Linde

◆老城区外的中档酒店

　　无论是从集市广场还是火车站步行到达这里都需要 7~8 分钟。酒店紧邻停车场，是开车自驾、骑摩托或者自行车出行游客的最佳选择。有新型的电梯。一层有一家可以品尝到美味德国菜肴的餐厅。2 月有休业。有免费 Wi-Fi。

中档酒店　　　　　　Map p.212-A2
- Vorm Würzburger Tor 12　D-91541
- ☎（09861）94690
- FAX（09861）9469690
- URL www.hotel-linde-rothenburg.de
- 💰 Ⓢ € 42　Ⓣ € 52~85
- 💳 A D M V

施梅尔茨旅馆
Gasthaus Schmölzer

◆家庭经营的小旅馆

　　一层是可以品尝到地道弗兰肯地方菜的餐厅。旅馆附近还有同一家经营的霍夫曼公寓 Pension Hofmann。所有房间都非常整洁干净。没有互联网。12 月中旬~1 月中旬期间休业。

经济型酒店　　　　　　Map p.212-A2
- Rosengasse 21　D-91541
- ☎（09861）3371
- FAX（09861）7204
- URL www.hofmann-schmoelzer.de
- 💰 Ⓢ € 35~50　Ⓣ € 50~75
- 💳 M V

青年旅舍
Jugendherberge

◆古色古香的人气青年旅舍

　　外观极具罗滕堡特色，内部是现代化风格（不过没有电梯）。这家旅舍非常受欢迎，所以最好提前预约。可以选择附带晚餐和午餐的住宿形式。只有大堂可以使用 Wi-Fi。12/31~1/30 期间休业。

青年旅舍　　　　　　Map p.212-B1
- Mühlacker 1　D-91541
- ☎（09861）94160
- FAX（09861）941620
- URL www.rothenburg.jugendherberge.de
- 💰 附带早餐 € 25.40~、Ⓣ € 60.80~、27 岁以上加收€ 4
- 💳 J M V

丁克尔斯比尔 *Dinkelsbühl*

充满欢笑的儿童节

集市广场周围的建筑

依靠手工业和贸易而繁荣起来的帝国自由城市丁克尔斯比尔，为了防御外敌，不断修筑城墙，直至15世纪。这里躲过了从农民战争、三十年战争到第二次世界大战的历次战争的破坏，中世纪城市之美得以保存至今。除了7月中旬的儿童节庆典活动 Kinderzeche 期间，这里的游客数量要比相距不远的罗滕堡少很多，是一座非常安静的城市。

从韦尔尼茨门进入老城区

MAP◆p.201-A3

人　口	11300 人
长途区号	09851

ACCESS

巴士： 从罗滕堡乘坐浪漫之路巴士约需 1 小时 10 分钟。从安斯巴赫乘坐 805 路巴士约需 1 小时，在 Am Stauferwall, Dinkelsbühl 站下车。

❶ **丁克尔斯比尔的旅游服务中心**

🏠 Altrathausplatz 14 D-91550
☎（09851）902440
📠（09851）902419
🌐 www.tourismus-dinkelsbuehl.de
🗓 5~10月
　　周一～周五　9:00~18:00
　　周六・周日・节日
　　　　　　　10:00~17:00
　　11月～次年 4月
　　周一～周日　10:00~17:00

丁克尔斯比尔
DINKELSBÜHL

219

与夜巡人同行的小巷

● 披着斗篷、手持号角和油灯的夜巡人，在5~10月期间每天（11月~次年4月仅限周五、周六）一到21:00就会出现在圣乔治教堂前。在中世纪，夜巡人的职责是保卫城市的安全，不过现在的夜巡人则主要是为了给游客增添乐趣，他们在酒馆前与游客一同唱歌、饮酒并讲述过去的故事。该项旅游活动并不收费，但许多游客会给夜巡人一些小费。

● 3D博物馆
- Nördlinger Tor
- www.3d-museum.de
- 4~10月 11:00~17:00
  （7~8月是 10:00~18:00）
  11月~次年3月只限周六、周日 11:00~17:00
  12/26~次年1/8 每天 11:00~17:00
- € 10、学生 € 8、儿童 € 6

● 圣乔治教堂
- Marktplatz
- 9:00~12:00
  14:00~17:00（夏季~19:00）
- 教堂免费，塔楼需要门票（只限5~10月的周五、周六、周日 14:00~17:00。天气恶劣时关闭），费用是€1.50、学生€1，周日上午做弥撒时谢绝参观。

● 历史博物馆
- Altrathausplatz 14
- 5~10月
  周一~周五　9:00~18:00
  周六·周日·节日　10:00~17:00
  11月~次年4月
  周一~周日　10:00~17:00
- € 4、学生 € 3

丁克尔斯比尔　漫　步

没有客运火车开往这座城市，所以旅行中基本上都要乘坐浪漫之路巴士。浪漫之路巴士通常情况下都在市政厅 Rathaus 北面的猪肉市场 Schweinemarkt 停车（※参见本页最下面的编外话）。从那里步行前往市中心的集市广场也只需5分钟左右。ℹ 位于历史博物馆的入口处。

集市广场旁边有圣乔治教堂 St.Georgkirche，教堂建有罗马式建筑风格的塔。

教堂前面是建于1440年前后的木结构建筑，名为德意志豪斯 Deutsches Haus。现在已被改建为酒店餐厅，也是游客纷至沓来的著名景点。

城市很小，所以随意在木结构建筑的街区里步行游览也不会迷路。走到城外，远眺城内一片片的橘红色屋顶，也十分有趣。讷德林格门外，有依城墙而建的 3D 博物馆 Museum 3. Dimension。

可体验视觉错觉的博物馆

丁克尔斯比尔　主要景点

以厅堂式教堂而闻名的圣乔治教堂
St. Georkirche　　　　★★★

在参与修建罗滕堡及讷德林根教堂的著名教堂建筑师 Nicolaus Eseler 父子的主持下于1448~1499年建成。内部为 Hallenkirche（厅堂式教堂）建筑形式，窗户很大，光线极佳。可沿楼梯登上教堂的塔顶（收费）。

画有日晷的塔

可以了解城市历史的历史博物馆
Haus der Geschichte

博物馆内展示着美术品、手工艺品等，通过这些展品可以了解作为帝国自由都市而繁荣一时的丁克尔斯比尔500年来的历史与文化。需要在博物馆一层的 ℹ 购买门票后进场。

FESTIVAL　游行于街头的孩子们非常可爱！丁克尔斯比尔的儿童节

三十年战争（1618~1648年）期间，瑞典军队包围了这座城市。当瑞典军队就要把这座城市毁掉时，当地的孩子们来到瑞典将军的面前，乞求不要毁掉城市。瑞典将军在这群孩子中仿佛看到了自己孩子的面孔，于是下令停止对这里的破坏和掠夺。城中居民为了感谢这些勇敢的孩子，纷纷拿出好吃的来送给他们品尝。从那以后，每年7月都要庆祝名为 Kinderzeche（给孩子们的款待）的节日。主要庆祝活动是当地居民装扮成古代士兵和百姓在街上游行以及上演历史剧。

详情可查询 www.kinderzeche.de。节日期间，进入老城区需要缴纳€4的入城费。

一定要看看孩子们可爱的游行队伍

丁克尔斯比尔的餐馆
Restaurant

Map p.219

梅萨思咖啡餐厅
Meiser's Café – Restaurant

◆虽然给人感觉是一家十分高级的餐厅，但是价格非常实惠。菜单主要以德国菜为主。同时设有酒吧。照片中是夏季的特色菜，煎蘑菇沙拉 Salatellermit gebratenen Pfiffer-lingen。

- Weinmarkt 10
- ☎ (09851) 582900
- www.meisers-cafe.de
- 周一～周六 8:00~24:00、周日 8:30~24:00、食物提供时间是 11:30~22:30
- A J M V

丁克尔斯比尔的酒店
Hotel

Map p.219

金玫瑰酒店
Goldene Rose

◆是由位于集市广场旁的一间拥有 500 年历史的老房子改建而成的餐厅兼酒店。虽然是一家三星级、共有 33 间客房的小酒店，但是维多利亚女王曾经在 1891 年下榻于此。有免费 Wi-Fi。

- Marktplatz 4 D-91550
- ☎ (09851) 57750
- FAX (09851) 577575
- www.hotel-goldene-rose.com
- Ⓢ € 65~85 Ⓣ € 84~138
- J M V

Map p.219

德意志豪斯酒店
Deutsches Haus

◆酒店利用了保存完好的 15 世纪 40 年代的古老建筑。正面入口处是被打磨得油光黑亮的楼梯，可直达客房。有免费 Wi-Fi。有出租自行车业务。1~2 月期间休业。

- Weinmarkt 3 D-91550
- ☎ (09851) 6058
- FAX (09851) 7911
- www.deutsches-haus.net
- Ⓢ € 79~139 Ⓣ € 109~149
- A M V

Map p.219

韦瑟斯罗斯英才酒店
Weisses Ross

◆酒店内古老的家具和内饰特别有德国的韵味。酒店餐厅的价格也非常实惠，味道备受好评。1月中旬~2月中旬休业。有免费 Wi-Fi。
读者优惠 10%（→文前"本书的使用方法"）

- Steingasse 12 D-91550
- ☎ (09851) 579890
- FAX (09851) 6770
- www.hotel-weisses-ross.de
- Ⓢ € 59~ Ⓣ € 90~ 三人间 € 105~
- A D J M V

Map p.219

伊斯恩鲁格酒店
Eisenkrug

◆红褐色的外墙非常醒目。酒店是利用建于 16 世纪的贵族之家改建而成的。酒店内同时设有餐厅。有免费 Wi-Fi。

- Dr-Martin-Luther-Str. 1 D-91550
- ☎ (09851) 57700 FAX (09851) 577070
- www.hotel-eisenkrug.de
- Ⓢ € 44~54 Ⓣ € 65~90
- A J M V

Map p.219

布劳尔赫克特浪漫酒店
Blauer Hecht

◆建筑外观古香古色，拥有现代化的室内游泳池和桑拿设施。餐厅的招牌菜是鱼类菜肴。每周一餐厅歇业，有冬季休业。1月有全馆休业。有 Wi-Fi（付费）。

- Schweinemarkt 1 D-91550
- ☎ (09851) 589980
- FAX (09851) 5899829
- www.blauer-hecht.de
- Ⓢ € 44~79 Ⓣ € 69~109
- A D M V

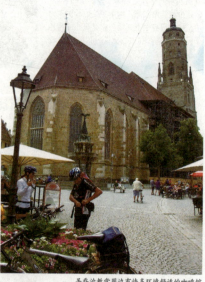

圣乔治教堂周边有许多环境舒适的咖啡馆

讷德林根 *Nördlingen*

宛如珍珠的中世纪之城

MAP◆p.201-A3

人 口	19400 人
长途区号	09081

ACCESS

乘坐浪漫之路巴士（→p.202）十分方便。从丁克尔斯比尔乘坐 501 路巴士约需 50 分钟，巴士的班次非常少。
铁路：从多瑙沃尔特 Donau-wörth 乘坐 RB（普通列车）约需 30 分钟。

ⓘ 讷德林根的旅游服务中心

🏠 Marktplatz 2 D-86720
Nördlingen im Ries
☎ (09081) 84116
💻 www.noerdlingen.de
🕐 周一~周四　9:00~18:00
　周五　　　 9:00~16:30
　周六·周日　10:00~14:00
　(7~8 月期间周日也开业
　10:00~14:00)
　冬季 (11/1~复活节)
　周一~周四　9:00~17:00
　周五　　　 9:00~15:30

● 圣乔治教堂的塔楼

🕐 1·2·11 月　10:00~16:00
　3·4·10 月　10:00~17:00
　5·6·9 月　 9:00~18:00
　7·8 月　　 9:00~19:00
　12 月　　　9:00~17:00
💰 € 3.50（上塔后收费）

● 里斯陨石坑博物馆

🏠 Eugene-Shoemaker-Platz 1
💻 www.rieskrater-museum.de
🕐 5~10 月
　周二~周日　10:00~16:30
　11 月~次年 4 月
　周二~周日　10:00~12:00
　　　　　　 13:30~16:30
🚫 周一·部分节日
💰 € 4.50、学生 2.50

博物馆是由以前的木材仓库改建而成的

浪漫之路沿线有很多建有城墙、保存着中世纪风貌的城市，其中，讷德林根更是完整地保存了中世纪的城墙及城内建筑。环绕老城区的城墙上有几座塔以及城门，屋顶也完全保持着过去的样子。可从城门登上城墙。

讷德林根位于 1500 万年前因陨石坠落而形成的里斯盆地。保存如此完好的陨石坑，在世界上也属罕见，阿波罗 14 号与 17 号的宇航员曾经到此进行野外训练。要想了解陨石撞击时的情况以及之后的地质变化，可以去参观位于巴尔廷格门附近的里斯陨石坑博物馆 Rieskrater Museum。因与 NASA 有特殊关系，所以展出着月球岩石。市中心集市广场旁边的圣乔治教堂 St. Georgskirche 内也有陨石撞击地面后形成的岩石。这座建于 15 世纪晚期的哥特式教堂有高达 89.9 米的塔楼。塔楼是整个城市的标志，人们给塔楼起了一个亲切的名字，叫达尼埃尔。登上塔楼，可以一览直径达 25 公里的里斯盆地的壮丽景色。

在达尼埃尔塔上俯瞰被橘红色屋顶覆盖的街区

📖 编外话　圣乔治教堂旁边的咖啡馆Café Altreuter（🏠 Marktplatz 11），二层也有座位，可以悠闲地在那里休息。还提供餐食，种类齐全，价格便宜。黑森林蛋糕非常值得推荐。

奥格斯堡 *Augsburg*

有着 2000 年历史的帝国城市

佩拉赫塔（左）与市政厅

柏林
法兰克福
奥格斯堡
慕尼黑

MAP◆p.201-B4

人　口	276500 人
长途区号	0821

ACCESS

浪漫之路巴士（→p.202）会在市政厅广场停车。
铁路: 从慕尼黑乘坐 ICE 特快约需 30 分钟。其他列车可选车次也比较多，非常方便。

ℹ 奥格斯堡的旅游服务中心
🏠 Rathausplatz　D-86150
🗺 Map p.224-A2
☎ (0821) 502070
📠 (0821) 5020745
🌐 www.augsburg-tourismus.de
🗓 4~10 月

周一～周五	9:00~18:00
周六	10:00~17:00
周日	10:00~15:00

11 月～次年 3 月

周一～周五	9:00~17:00
周六	10:00~17:00
周日	10:00~15:00

● 市内交通
巴士和有轨电车在市区中心地带有效的乘车费用是，单次乘车票 Einzel-fahrschein € 1.35、1 日乘车券 Tageskarte € 6.10。

　　奥格斯堡的地名因罗马皇帝奥古斯都在位时的公元前 15 年罗马人在此建城而来。中世纪时，有连接着相当于今天的意大利与德国的道路从此地经过，这里也因贸易往来而繁荣。15~16 世纪，富格尔家族与韦尔瑟家族等富商、银行家们掌握着可以左右历史发展的巨大财富与权力。他们为保护艺术，建造了许多雄伟的建筑，让文艺复兴之花在奥格斯堡开放。

　　天才音乐家莫扎特之父列奥波尔德·莫扎特、画家小汉斯·荷尔拜因、剧作家贝尔托特·布莱希特都出生在这座城市。工业方面，鲁道夫·狄塞尔在奥格斯堡的大型企业 MAN 公司研制出了柴油机（1893 年）。

奥格斯堡　漫 步

　　这座城市很大，景点也很多。虽然步行也能游遍整个城市，但如果在一些线路上选择乘坐有轨电车则可以节省不少时间。从中央车站前往市中心，可以乘坐开往 Haunstetten 方向的 3 路或者开往 Friedberg P+R West 方向的 6 路有轨电车，在第一站国王广场 Königsplatz 下

马克西米利安街两旁尽是豪华建筑

车，然后换乘开往 Augsburg West 的 2 路。2 路有轨电车会先后在莫里茨广场 Moritzplatz、市中心的市政厅广场 Rathausplatz、大教堂旁边的 Dom/Stadtwerke、莫扎特故居 Mozarthaus 等主要景点附近停车。乘有轨电车前往莫扎特故居，然后步行向南游览各个景点是效率最高的游览方法。

　　纵贯市区的马克西米利安街 Maximilianstr.，有富格尔家族的宅邸兼会所富格尔旧居 Fuggerhaus 以及谢茨勒宫 Schaezlerpalais。

如今改建成美术馆的谢茨勒宫

奥格斯堡　主要景点

被誉为德国文艺复兴时期杰作的市政厅
Rathaus　　　　　　　　　　　　　　　　　　★★★

　　建于1615~1620年的奥格斯堡市政厅，白色的外墙上有一排排窗户，窗户很大，整个建筑看上去十分庄严肃穆。建筑正面的顶端镶嵌有作为帝国城市标志的双头鹰，屋顶还有松塔形状的青铜标志。

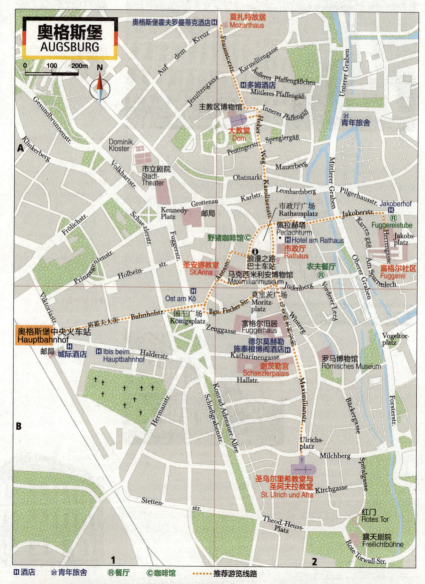

| H酒店　　⛺青年旅舍　　Ⓡ餐厅　　Ⓒ咖啡馆　　••••推荐游览线路 |

沿着从莫里茨广场向东延伸的碎石铺成的下城路Judenberg前行，就能来到中世纪曾为手工业者们居住的区域，那里的环境充满了平民气息。小巷里、水路边有许多咖啡馆、杂货铺，很适合闲逛。

市政厅被誉为德国文艺复兴时期的杰作，来到市政厅后可以登上四层（德语中以 3. Stock 表示），进入极尽奢华的黄金大厅 Goldenersaal，屋顶上的黄金装饰以及湿壁画令人惊叹。

位于市政厅旁边的佩拉赫塔 Perlachturm 建于 1182 年，后由 Elias Holl 主持改建。可以沿楼梯登上高约 70 米的塔顶。

在市政厅广场上开设的圣诞市场

市政厅内的黄金大厅

●佩拉赫塔
⊖Map p.224-A2
围 复活节的周五～11 月上旬期间是 10:00~18:00，圣诞市场期间的周五～周日 13:00~19:00
圏 €1.50

●莫扎特故居
围 Frauentorstr. 30
⊖Map p.224-A2
乘坐 2 路有轨电车在 Mozarthaus 站下车。
围 周二～周日 10:00~17:00
困 周一
圏 €3.50、学生 €2
有语音导览（免费）

莫扎特之父列奥波尔德的出生之地 莫扎特故居
Mozarthaus ★

作曲家沃尔夫冈·阿玛多伊斯·莫扎特的父亲列奥波尔德（1719~1787 年）降生的地方。列奥波尔德是一名书籍装订匠的儿子，长大后进入萨尔茨堡大学学习，毕业后成了专为萨尔茨堡大主教服务的宫廷音乐家。天才沃尔夫冈出生后，列奥波尔德为了把儿子培养成音乐家而倾注了大量心血。沃尔夫冈在旅行中，也曾造访此地。

位于建筑正面顶端的半圆形窗户被称为"上帝之眼"。

室内有施泰因制作的 Hammerflugel（古时候的钢琴），莫扎特曾经弹奏过这架琴。除此之外，还展示有莫扎特家族的家谱以及历史文献、乐谱、家具等藏品。

红色的外墙是这座建筑的标志

有 Hammerflugel（古时候的钢琴）的大厅

14 世纪的雄伟的大教堂
Dom ★★★

大教堂是奥格斯堡最重要的一座教堂。建筑的西侧部分留有 10~11 世纪罗马式建筑的痕迹，东侧部分则为 14 世纪扩建的哥特式建筑。

正厅内的花窗玻璃描绘着预言者，创作于 11 世纪后半叶，据说是现存最古老的完整花窗玻璃。建造于 11 世纪的青铜大门上，刻有以《圣经·旧约全书》中的内容为题材的浮雕。现在，这扇大门藏于大教堂北面的主教区博物馆 Diözesanmuseum St. Afra。

●大教堂
⊖Map p.224-A2
乘坐 2 路有轨电车在 Stadtwerke 站下车。
围 7:00~18:00（周日上午等做弥撒期间谢绝参观）
圏 免费

●主教区博物馆
⊖Map p.224-A2
围 Kornhausgasse 3-5
🌐 www.bistum-augsburg.de
围 周二～周六 10:00~17:00
　　周日·节日 12:00~18:00
困 周一
圏 €4、学生 €3

始建于 904 年的大教堂

摆设有从前的家具的房间

豪华的宴会厅

世界上最古老的社会福利住宅 富格尔社区
Fuggerei ★★

拥有巨额财富的富格尔家族于1521年设立的世界上首个社会福利住宅区。经济贫困、信仰天主教的奥格斯堡市民只需支付极少的年租金（相当于现在的€0.88）就可入住。院子里有67栋住宅，可容纳140户家庭居住。其中一栋住宅（入口位于 Mittelere Gasse 14号）现为博物馆。莫扎特的曾祖父曾经居住在博物馆旁边的住宅里。

现在仍有老人居住的富格尔社区

谢茨勒宫（州立绘画馆 / 德国巴洛克美术馆）
Schaezlerpalais (Staatsgalerie/Deutsche Barockgalerie) ★★

建于1770年的洛可可风格的宫殿，里面的庆典大厅 Festsaal 极为奢华。宫殿的一部分现为主要展出16~18世纪德国绘画的德国巴洛克美术馆以及收藏有丢勒、克拉纳赫、荷尔拜因等大师的作品的州立绘画馆。

新教与旧教同处一地的 圣乌尔里希教堂与圣阿夫拉教堂
Ulrich & Afra ★

马克西米利安街的南端，有两座相邻而建的教堂。街道旁边的是基督新教教堂，里侧的是天主教教堂。两座不同教派的教堂能够相邻而建，是因为这里在历史上是宗教改革的重要舞台，而且著名的《奥格斯堡宗教和约》也在这里签署。

雄伟的圣乌尔里希教堂与圣阿夫拉教堂

304年殉教的圣阿夫拉与10世纪的圣人乌尔里希葬于此地，两座教堂因此得名。

路德曾造访过的 圣安娜教堂
Anna ★

曾为加尔默罗会的修道院及附属教堂。1509年在原有建筑的西侧修建了富格尔家族的墓地礼拜堂。

1518年宗教改革家马丁·路德曾造访了这座修道院。路德住过的房间现为宗教改革纪念馆 Lutherstiege。

圣安娜教堂的内部

奥格斯堡的餐馆
Restaurant

农夫餐厅
Bauerntanz

◆在这里你可以用很实惠的价格品尝到地道的施瓦本地方菜。奶酪面条 Schwäbische Käsespätzle 的价格是 € 8.60（小份 klein 是 € 7.60），施瓦本风味德式饺子 Schwäbisches Maultaschen 的价格是 € 7.90（左侧照片）。从有轨电车站 Moritzplatz 站步行约需 5 分钟。

Map p.224-A2
- ⌂ Bauerntanzgässchen 1
- ☎ (0821) 153644
- 🕐 周二～周日　　　　　　　11:00～23:00
  周一　11:30~23:30（食物~22:00）
- 💳 A M V

野猪咖啡馆
Café Eber

◆面对市政厅广场的一间咖啡馆。一层与蛋糕房相连，二层是宽敞的咖啡区域，风景也不错。平时的 11:00~14:00 还提供每天更替午餐，可以很实惠的价格品尝到德国菜。另外，还有适合做伴手礼的年轮蛋糕对外出售。左侧的照片是用西洋梨制成的蛋糕 Birne-Sahne Torte 和卡布奇诺。

Map p.224-A2
- ⌂ Philippine-Welser-Str.6
- ☎ (0821) 36847
- 🔗 www.cafe-eber.de
- 🕐 周一～周六　　　　　　　8:00~18:00
- 休 周日

奥格斯堡的酒店
Hotel

奥格斯堡霍夫罗曼蒂克酒店
Romantik Hotel Augsburger Hof

◆乘坐 2 路有轨电车在 Mozarthaus 站下车，然后步行约 2 分钟。无论是餐厅还是客房内装都十分富有浪漫色彩。有免费 Wi-Fi。

Map p.224-A1
- ⌂ Auf dem Kreuz 2　D-86152
- ☎ (0821) 343050　📠 (0821) 3430555
- 🔗 www.augsburger-hof.de
- 💰 Ⓢ € 95~　Ⓣ € 110~
- 💳 A D J M V

多姆酒店
Dom-Hotel

◆这家酒店曾经是大教堂大祭司的住所。客房内冰箱里的饮料免费。早餐的味道备受食客们的好评。有室内游泳池。有免费 Wi-Fi。

Map p.224-A2
- ⌂ Frauentorstr. 8　D-86152
- ☎ (0821) 343930　📠 (0821) 34393200
- 🔗 www.domhotel-augsburg.de
- 💰 Ⓢ € 76~　Ⓣ € 96~
- 💳 A D J M V

城际酒店
InterCityHotel

◆位于中央火车站附近，对于乘坐火车旅行的游客来说地理位置十分优越。如果申请，酒店还可以为您准备停留中可以自由使用的市内交通卡。有免费 Wi-Fi。

Map p.224-B1
- ⌂ Halderstr. 29　D-86150
- ☎ (0821) 50390　📠 (0821) 5039999
- 🔗 www.intercityhotel.com
- 💰 Ⓢ € 89~　Ⓣ € 113~
- 💳 A D J M V

德尔莫赫勒施泰根博阁酒店
Steigenberger Drei Mohren

◆奥格斯堡最高级的酒店。地理位置优越。有免费 Wi-Fi。

Map p.224-B2
- ⌂ Maximilianstr. 40　D-86150
- ☎ (0821) 50360　📠 (0821) 5036888
- 🔗 www.augsburg.steigenberger.de
- 💰 Ⓢ € 155~　Ⓣ € 194~　💳 A D J M V

青年旅舍
Jugendherberge

◆从中央火车站乘坐 3 路或者 6 路有轨电车在 Königsplatz 站下车，然后从这里换乘 1 路有轨电车在 Barfüßerbrüke 站下车，沿着水路步行 5 分钟即可。距离观光中心市政厅广场步行只需 10 分钟，地理位置十分优越。前台大厅和部分公共区域有免费 Wi-Fi。冬季有休业。

Map p.224-A2
- ⌂ Unterer Graben 6　D-86152
- ☎ (0821) 7808890
- 📠 (0821) 78088929
- 🔗 www.augsburg-jugendherberge.de
- 💰 附带早餐 € 21~，27 岁以上加收 € 4
- 💳 J M V

菲森 *Füssen*

绿树掩映下的新天鹅堡宛如梦幻般美丽

从玛丽安桥上看到的白垩色的新天鹅堡

MAP◆p.201-B3

人　口	14600 人
长途区号	08362

ACCESS

铁路: 从慕尼黑乘坐 RE 快速约需 2 小时。包含途中需要在布赫洛厄 Buchloe 换乘的列车,每小时有 1 班车运行。乘坐从奥古斯堡出发的直通列车 RB 约需 1 小时 55 分钟,RE 快速在布赫洛厄换乘约需 1 小时 40 分钟。另外,还有从慕尼黑出发前往新天鹅堡的 1 日游观光巴士。

❶ 菲森的旅游服务中心
囲 Kaiser-Maximillian-Platz 1
D-87629 Füssen
➡ Map p.229-A2
☎ (08362) 93850
🖷 (08362) 938520
🌐 www.fuessen.de
囲 8~9 月
　周一~周五　9:00~18:00
　周六　　　　9:30~13:30
　周日　　　　9:30~12:30
　10 月~次年 6 月
　周一~周五　9:00~17:00
　周六　　　　9:30~13:30
　7 月
　　　　　　　9:00~18:00

● 菲森卡
只有在菲森住宿的游客才能使用的电子卡片,可以向下榻的酒店借用。持此卡者可以在停留期间免费利用菲森的公共交通工具,另外博物馆、缆车等也可享受优惠。退房的时候需要归还此卡。

● 菲森市博物馆
囲 Lechhalde 3
➡ Map p.229-B1
囲 4~10 月
　周二~周日　11:00~17:00
　11 月~次年 3 月
　周五~周日　13:00~16:00
囲 周一、11 月~次年 3 月的周二~周四、12/24
囲 €6,与主教宫的联票是 €7

　为德国浪漫之路的旅程画上圆满句号的景点,就是位于菲森郊外的新天鹅堡 Schloss Neuschwanstein。乘巴士蜂拥而至的随团游客,径直前往城堡,参观、拍照,两三个小时以后又匆匆忙忙地奔向下一个景点。但是,这里其实是一个可供人们悠闲度假的地方。在这里能看到美丽的巴伐利亚·阿尔卑斯山群峰以及森林、湖泊等一年四季美不胜收的景点。还可以参加长走、自行车骑行、滑雪、滑翔等户外运动。

菲森 漫 步

　火车站前有巴士枢纽站,可以在那里乘坐开往新天鹅堡及近郊城镇的巴士。火车站旁边有邮局,沿班霍夫街 Bahnhofstr. 前行约 3 分钟,过了十字路口就是 ❶。沿街边有许多礼品店的步行街雷锡恩街 Reichenstr. 南行,几分钟后就能到达莱希河畔

雷锡恩街 Reichenstr. 的南端,可以看到主教宫上的钟表

一定要去参观的菲森市博物馆

Lech。途中有菲森市博物馆 **Museum der Stadt Füssen**。有以安娜卡佩雷的《死亡舞蹈》为题材的壁画,还有鲁特琴等古乐器以及装饰精美的图书馆、庆典大厅等,都很值得一看。

　主教夏宫 Hohes Schloss

投稿　在菲森市中心有3家店铺的Meister Eder's Backstuben面包店(总店 囲 Franziskanergasse 9 ➡ Map p.229-B2)非常值得推荐。传统烤箱烤制的有机面包、三明治、每天更换种类的蛋糕都很好吃。店内有就餐座位。

建于14~15世纪，是奥格斯堡大主教的离宫，今天仍保持着美丽的身姿。内部现为州立绘画馆Staatsgalerie。中庭外墙的窗户上装饰着错视画，十分有趣。

　　走过翡翠色的莱希河大桥，左转前行（东行），然后右转（向西）进入通往天鹅堡的道路，继续前行就能到达德国与奥地利的边境。

●主教夏宫（州立绘画馆）
⊞ Magnusplatz 10
➤ Map p.229-B1
⊞ 4~10月
　　周二~周日　11:00~17:00
　　11月~次年3月
　　周五~周日　13:00~16:00
⊞ 周一、11月~次年3月
　　的周二~周四、12/24
⊞ €6、与菲森市博物馆的
　　联票价格是€7

主教夏宫的中庭

莱希河边的圣芒市教区教堂与菲森市博物馆

写有"浪漫之路终点"的大门位于圣史蒂芬教堂西侧

编外话

2014年，THERESIENHOF购物中心（⊞ Kaiser-Maximilian-Platz 5 ➤ Map p.229-A2）开业。里面有大型超市、药妆店、杂货店、精品服饰店。周日、节日休息。

● 新天鹅堡

前往位于新天鹅堡脚下的村庄，可从菲森火车站前乘坐 73、78、9606、9651 路巴士，约 10 分钟，在霍恩施万高 Hohenschwangau 站下车，车票单程 € 2.25。大概 1 小时有 1 班车。从村庄前往城堡有 3 种方式。

马车：Hotel Mueller 前有马车可行至距离城堡 300 米处。然后步行 5 分钟左右可到城门。

圈 上山 € 6，下山 € 3

接送巴士：从 Schlosshotel Lisl 旁边发车的接送巴士（冬季停运），行至玛丽安桥前约需要 5 分钟。从玛丽安桥沿山路步行约 15 分钟可到达城堡。

圈 上山 € 1.80，下山 € 1，往返 € 2.60

步行：以长走锻炼的心态前行，30～40 分钟可到达。

从 Hotel Mueller 到城堡的马车

菲森 近郊景点

路德维希二世的梦中城堡 新天鹅堡

Schloss Neuschwanstein

Map p.230

即位成为巴伐利亚国王时的路德维希二世

巴伐利亚国王路德维希二世（1845～1886 年），为了实现自己的梦想，花费了 17 年的时间，投入巨资，精心建造着白垩色的美丽城堡。建筑样式虽为中世纪风格，但实际上城堡建于 19 世纪后半叶。从不同的角度看过去，城堡的外形会有很大变化，甚至让人觉得看到的是不同的城堡。路德维希二世性情夸张，终生未娶，最后谜一样地命丧施坦贝尔格湖，他极富传奇色彩的一生至今仍为人们所关心，有很多电影和书籍都在不断地讲述着他的故事。

作为作曲家理查德·瓦格纳的赞助人，路德维希二世对歌剧近乎痴狂，甚至让画家把《罗恩格林》《帕西法尔》等剧目中的著名场面画在城堡的墙壁上。城堡的名字也是取自让路德维希二世与瓦格纳的歌剧结缘的《罗恩格林》中的

城堡的中庭（团体游的集合地点）

施万高和菲森 SCHWANGAU & FÜSSEN

庆典剧院 Festspielhaus
雄高、奥格斯堡方向
圣克罗曼教堂 St. Coloman
福尔根湖 Forggensee
菲森
祖尔帕斯特兰德酒店
市政厅 Rathaus
温泉疗养公园 Kurpark
文宝尔酒店
国王水晶温泉 Kristall-Therme
温泉疗养馆 Kurhaus
H Christine
菲森站 Bahnhof
施万高
去往泰格尔山登山缆车方向
菲教皇宫 Hohes Schloß
菲森中心城区请参考 p.229 地图
去往树顶栈道
新天鹅堡 Schloss Neuschwanstein
加尔尼施罗斯·布里克酒店
霍恩施万高
售票中心
霍恩施万高城堡（旧天鹅堡）Schloss Hohenschwangau
巴士站
阿尔彭斯图本酒店
莉莎古堡酒店
玛丽安桥 Marien-brücke
天鹅湖 Schwansee
阿尔普湖 Alpsee
巴伐利亚国王博物馆

沿山路步行前往新天鹅堡时，水分消耗很大，应带上充足的饮用水。冬季会出现积雪和路面结冰的情况，要注意防滑。

天鹅传说。

可以参加有固定入场时间的团体游参观城堡内部。门票可以提前预订，也可以参观当天在城堡脚下的售票处购买。从霍恩施万高的巴士车站步行5分钟左右就可以到达售票处。买好票后，按照票面上所写的团体游开始时间，到城堡的中庭集合，注意不要迟到。

玛丽安桥 Marienbrücke 是这里著名的观景点。站在这座吊桥上，可以拍出最美丽的城堡。

前往城堡之前一定不要忘记去售票处

霍恩施万高城堡（旧天鹅堡）
Schloss Hohenschwangau
Map p.230

原为建于12世纪的荒废城堡，路德维希二世的父亲马克西米利安二世于1832~1836年将原来的建筑改建成哥特复兴式的城堡，用于夏季狩猎时居住。路德维希二世和他的弟弟

规模不大但造型匀称的旧天鹅堡

奥托在这座城堡里度过了他们幸福的童年时代。据说，路德维希二世曾在这里观察新天鹅堡建设的进展情况。城堡虽说不大，但对于了解路德维希二世却有着重要的意义。

城堡内部的参观从台球室开始。路德维希二世的母亲玛丽的卧室和起居室的上一层是庆典大厅 Festsaal。长长的桌子上摆放着专门为路德维希二世制作的形制很大的镀金装饰物，还有用大理石雕刻的路德维希二世的半身像。

音乐室 Musik-Zimmer 里摆放着瓦格纳曾弹奏过的钢琴，非常值得一看。

巴伐利亚国王博物馆
Museum der bayerischen Könige
Map p.230

建于阿尔普湖畔的博物馆，2011年9月开馆。介绍路德维希二世等出身于维特尔斯巴赫家族的历代巴伐利亚国王的历史。收藏有路德维希二世的斗篷以及装饰品等文物。有语音导游设备（免费）。

位于阿尔普湖畔的博物馆，设有咖啡厅

●新天鹅堡
☎ （08362）939880
🖥 www.neuschwanstein.de
🕐 3/19~10/15　9:00~18:00
　10/16~次年 3/18 10:00~16:00
可参加团体游参观，用时30~40分钟，有语音导游设备。
🚫 12/24·25·31、1/1
💰 € 12、学生€ 11
　与旧天鹅堡的联票（当天有效）Königsticket € 23，学生21。
※ 在霍恩施万高 Hotel Muller 旁的售票处购票。

售票处
🕐 3/19~10/15　8:00~17:00
　10/16~次年 3/18
　　　　　　9:00~15:30
票面注有指定的参观时间，应按时前往城堡。到达城堡后不能再行购票，也不能更改参观时间。可以通过传真、电子邮件或网站订票（订票手续费为€ 1.80，预订两城堡通票的手续费为€ 3.60）。
订票专用 📠（08362）9308320
🖥 www.ticket-center-hohens
　chwangau.de

●霍恩施万高城堡（旧天鹅堡）
🚶 从菲森出发前往的话，线路与前往新天鹅堡一致。沿Hotel Muller 前面的道路步行上山，约20分钟可到达。
有马车（上山€ 6，下山€ 3），乘车地点与去往新天鹅堡的马车不同，位于霍恩施万高巴士车站附近，需注意。
🕐 3/19~10/15 9:00~18:00
　10/16~次年 3/18
　　　　　　10:00~16:00
🚫 12/24
💰 € 12、学生€ 11
📠 订票方法与新天鹅堡相同。

✉ 应预留充足的参观时间
在售票窗口购票时，显示两座城堡的参观时间分别为11:15 和13:15，询问"时间上是否会有些紧张？能来得及吗"，得到的回答是"没问题"，于是购票。但结果是没有赶上参观第二座城堡的时间。冬季巴士停运，只有3辆马车往返接送游客，等车的时间很长。即便决定步行，如果不是速度非常快也肯定来不及。建议购票时一定给自己预留充足的参观时间。冬季游客也非常多。

●巴伐利亚国王博物馆
📍 Alpseestr. 27
🕐 10:00~18:00
💰 € 9.50、与两城堡的通票
　€ 29.50

● 泰格尔山登山缆车
📷 www.tegelbergbahn.de
🕐 夏季　　　9:00~17:00
　　冬季　　　9:00~16:30
💰 单程€ 12.70，往返€ 19.80，
　　Key Card € 2

　　前往缆车乘坐地点，可以从菲森火车站前乘坐 73、78 路巴士 15~30 分钟，也可从霍恩施万高乘车，均在 Tegelbergbahn 下（也有不在该站停车的车次，需要确认）。

下山去往霍恩施万高的线路全长 7 公里，步行需 3 小时 30 分钟左右，适合脚力较好的游客，其他游客如果想体验步行游览的话最好不要远离缆车乘坐地点。

● 树顶栈道
🚌 从菲森火车站开往 Reutte 方面的 74 路巴士在 Ziegelwies Walderlebniszentrum 下车。从菲森步行前往的话，大概需要 30 分钟。
📍 Tiroler Str. 10
📷 www.baumkronenweg.eu
🕐 4 月中旬~11 月上旬的 10:00~18:00（4 月、11 月 16:00。根据天气情况可能会有变化）
🕐 11 月上旬~次年 4 月中旬
💰 € 9.50

🏛 世界遗产
维斯教堂
（1983 年被列为世界遗产）

● 维斯教堂
📍 Wies 12　D-86989 Steingaden-Wies
📷 www.wieskirche.de
🕐 8:00~20:00
　（冬季 ~17:00）
　周日上午等做礼拜的时间谢绝参观。
🚌 从菲森乘 73、9606、9651 路巴士在 Wieskirche, Steingaden 下车。用时约 45 分钟。也可中途在施泰因加登 Steingaden 换乘其他巴士。应在当地查询最新的巴士时刻表，确认归程巴士的发车时间。

乘缆车登上泰格尔山
Tegelberg
Map p.230

从缆车中看到的城堡

　　新天鹅堡脚下的霍恩施万高村以北约 1 公里的泰格尔山海拔 1720 米。有缆车可直达山顶。

　　在缆车中俯瞰到的新天鹅堡格外美丽。山顶有可观赏美景的餐厅以及滑翔运动的起飞地点。

可观赏森林的步行桥树顶栈道
Baumkronenweg
Map p.230 外

Baumkronenweg 意为"树冠上的道路"。图中的彩色线条就是德奥两国的国界线

　　全长 480 米、高 20 米的树顶栈道是森林体验中心 Walderlebniszentrum Ziegelwies 内的一座木桥。每隔 100 米左右有 4 根支柱支撑桥面，结构类似于吊桥，是不错的远足线路。行走于桥上，中途会跨越德国与奥地利的国界线，为旅途增添了许多情趣。

因传说中的奇迹而建的维斯教堂
Wieskirche
🏛 世界遗产　**Map p.201-B4**

华丽的教堂内部

　　建于草原之上的维斯教堂被誉为欧洲最美的洛可可式教堂，还被联合国教科文组织列为世界遗产。从外观上看，这座教堂并不大，但进入教堂内部，就会发现其装饰极为奢华，宛如色彩的交响乐。

　　1738 年，施泰因加登修道院内的"受鞭打的耶稣像"出现了流泪的现象。之后，修建了维斯教堂，这尊耶稣像被安放于教堂的祭坛上。

草原上的维斯教堂

📧 投稿　从菲森火车站步行约 3 分钟，有一家名为 Metzgerei Kleiber 的香肠店（📍 Reichenstr. 40　◐ Map p.229-A1），里面的烤香肠及面包非常好吃。很适合在稍微饿到有些馋的时候品尝。

菲森的酒店
Hotel

　　几乎没有大型的酒店，在旅游旺季各个酒店经常客满，建议提早预订这里的房间。另外，单人间的房型较少。可以在 ❶ 请工作人员为你推荐一种叫作 Privatzimmer "私宅"的民宿，类似 AirB&B 中的将一般民宅中空闲的房间出租的方式，浴室和卫生间共用的情况比较多。当然，很多房东可能不会说英语，但这是一种了解德国人普通生活的最好机会。在菲森住宿结算房费时需要收取每晚€ 2.20 的疗养税。

路易波德公园酒店
Luitpoldpark
◆菲森最大的酒店

　　酒店距离火车站步行仅需 1~2 分钟，也是菲森规模最大的酒店（131 间客房），内部设施比较现代化。旅游团的住客比较多，如果退房或者办理入住时刚赶上旅游团一起进来，需要花费一些时间。酒店大楼的地下有一间超市，购物十分方便。有免费 Wi-Fi。

高档酒店	Map p.229-A1

⊞ Bahnhofstr. 1-3　D-87629
☎ (08362) 9040
FAX (08362) 904678
URL www.luitpoldpark-hotel.de
圆 Ⓢ € 89~　Ⓣ € 119~
⊞ Ⓐ Ⓓ Ⓙ Ⓜ Ⓥ

赫希酒店
Hirsch
◆充满巴伐利亚地方特色的酒店

　　酒店位于 ❶ 的东侧，外观十分漂亮，共有 53 间客房。内部使用的家具以及装饰品多为古典风格，另有木质风格的巴伐利亚风情餐厅也备受好评。有免费 Wi-Fi。

中档酒店	Map p.229-A2

⊞ Kaiser-Maiximilian-Platz　D-87629
☎ (08362) 93980
FAX (08362) 939877
URL www.hotelfuessen.de
圆 Ⓢ € 75~95　Ⓣ € 120~160
⊞ Ⓐ Ⓓ Ⓜ Ⓥ

索内酒店
Via Hotel Sonne
◆位于步行街入口处的酒店

　　酒店的一层是土特产店，二层是餐厅，三层以上是客房。最高档的双人间是以"幻想曲""路德维希""瓦格纳"为主题装修设计的。住客可以免费使用酒店的桑拿房和健身房。有免费 Wi-Fi。

中档酒店	Map p.229-A1

⊞ Prinzregentenplatz 1　D-87629
☎ (08362) 8000
FAX (08362) 908100
URL www.hotel-sonne.de
圆 Ⓢ € 89~121　Ⓣ € 109~179
⊞ Ⓐ Ⓓ Ⓜ Ⓥ

施洛斯科隆酒店
Schlosskrone
◆充满蛋糕香味的酒店

　　这是一间中档酒店，从菲森车站到这里步行约需 5 分钟。2011 年酒店扩大（以前是疗养咖啡馆）。酒店的一层是创业于 1896 年的蛋糕店兼咖啡馆，店内还有简餐。有免费 Wi-Fi。

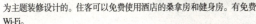

中档酒店	Map p.229-A1

⊞ Prinzregentenplatz 2-4　D-87629
☎ (08362) 930180
FAX (08362) 9301850
URL www.schlosskrone.de
圆 Ⓢ € 79~119　Ⓣ € 99~259
⊞ Ⓐ Ⓜ Ⓥ

青年旅舍
Jugendherberge
◆人气较高的青年旅舍

　　从菲森站出来之后，沿着火车道一直向西走 15~20 分钟即到。沿途有路标指示牌。学生团体客人比较喜欢在这里入住，因为比较受欢迎，所以如果选择在这里入住建议提早订房。公共区域有免费 Wi-Fi。11 月中旬~次年 1 月上旬休业。

青年旅舍	Map p.229-A1 外

⊞ Mariahilferstr. 5　D-87629
☎ (08362) 7754
FAX (08362) 2770
URL www.fuessen.jugendherberge.de
圆 附带早餐€ 23.40~25.90
Ⓣ € 54.80~59.80，27 岁以上加收€ 4
⊞ Ⓐ Ⓓ Ⓙ Ⓜ Ⓥ

编外话　在菲森就餐十分方便，位于雷锡恩街入口右侧的一家叫作Vinzenzmurr的熟食店，既可以外卖也可以在店内站着就餐。Stadtcafe内也有简餐菜单。

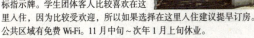

新天鹅堡脚下的村子——霍恩施万高的住宿

如果从菲森乘坐巴士或者出租车到霍恩施万高住宿的话，便于在新天鹅堡人流量较少的早晨和傍晚四处游览，还能看到夜晚的灯火。建议去阿尔普湖等地去转一转。这里的房屋宽敞、设备齐全、费用便宜。在住宿费用中要加收疗养税 Kurtaxe1 人 1 晚 €1.90~。

穆勒酒店
Müller

◆餐厅备受好评的高档酒店

酒店的一层是纪念品商店和餐厅。餐厅拥有可以远眺新天鹅堡的露台座席，味道也备受食客们的好评。如果想要坐在能看到新天鹅堡的座位，需要在预约的时候说明。酒店前有前往城堡的马车。大堂可以使用 Wi-Fi。1月上旬~2月下旬期间休业。

高档酒店	Map p.230
⊞ Alpseestr. 16 D-87645	
☎ (08362) 81990	
FAX (08362) 819913	
URL www.hotel-mueller.de	
🛏 € 145~	
A D J M V	

阿尔彭斯图本酒店
Alpenstuben

◆酷似阿尔卑斯山间小屋

从霍恩施万高的巴士站沿着缓慢的上坡向城堡方向步行约 2 分钟便可到达酒店。一层是餐厅和纪念品商店。客房内多用木质家具装饰，给人感觉非常舒适。有 3 人间，也有 4 人间。有免费 Wi-Fi。

中档酒店	Map p.230
⊞ Alpseestr. 8 D-87645	
☎ (08362) 98240	
FAX (08362) 81798	
URL www.alpenstuben.de	
🛏 ⓣ € 92~145	
J M V	

文宝尔酒店
Weinbauer

◆适合自驾游游客的便利酒店

位于施万高的主干道上，酒店的隔壁是 ❶。朝向道路一侧的房间价格比较便宜，但是汽车的噪声多少都会有一些。还有可以望见城堡的房间。酒店的餐厅也是备受好评。酒店的一侧是停车场，特别适合开车自驾的游客。有免费 Wi-Fi。**读者优惠 10%**（→文前"本书的使用方法"）（只限从酒店的官网预订者）

中档酒店	Map p.230
⊞ Füssener Str. 3 D-87645	
☎ (08362) 9860	
FAX (08362) 986113	
URL www.hotel-weinbauer.de	
🛏 Ⓢ € 46~59 ⓣ € 80~94	
周末、节日、1~2 天的短期滞留均	
需要收取€ 3~5 的追加费用	
M V	

祖尔帕斯特兰德酒店
Landgasthof Zur Post

◆村子主干道沿线的酒店

酒店位于施万高村的中心地段，一层是餐厅。多用木质家具做内饰。有付费 Wi-Fi。10 月~次年 4 月的周一、周二休息，如果只是住宿，可以提前告知到达时间。

中档酒店	Map p.230
⊞ Münchener Str. 5 D-87645	
☎ (08362) 98210	
FAX (08362) 982155	
URL www.postschwangau.de	
🛏 Ⓢ € 49~55 ⓣ € 82~110	
A D J M V	

加尔尼施罗斯布里克酒店
Hotel Garni Schlossblick

◆可以看到城堡的价格便宜的酒店

从 Hohenschwangau 的巴士站步行 3 分钟便可到达该酒店。从早餐餐厅可以望见新天鹅堡。没有带浴缸的房间，只有淋浴。客房内没有电视和电话，比较素朴。冬季休业。全馆禁烟。没有互联网。

经济型酒店	Map p.230
⊞ Schwangauer Str. 7	
☎ (08362) 81649	
FAX (08362) 81259	
URL www.schlossblick-neuschwanstein.de	
🛏 Ⓢ € 35~45 ⓣ € 58~68	
A D M V	

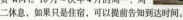

1 位于雷根斯堡的历史悠久的香肠店
2 位于雷根斯堡画有墨兰顿的壁画
3 在慕尼黑的宫廷啤酒屋干杯！
4 在米滕瓦尔德的卡文德尔山
5 慕尼黑的露天市场——谷物市场

足球少年向往的地方——拜仁慕尼黑

慕尼黑与阿尔卑斯山之路

München / Deutsche Alpenstraße

Prost!

啤酒花园多为自助式的

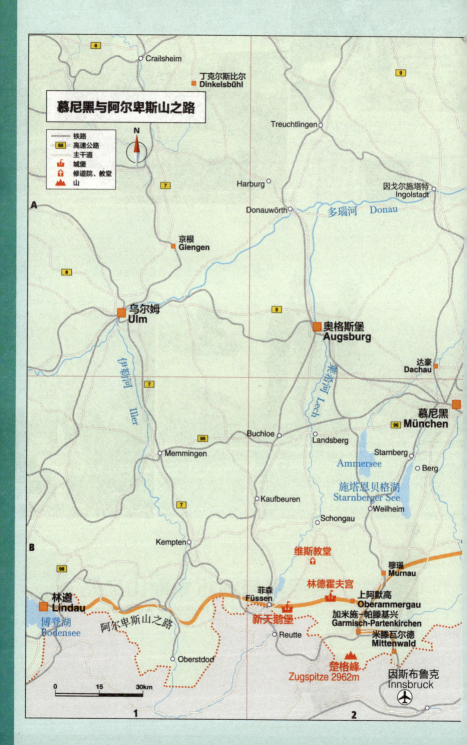

慕尼黑与阿尔卑斯山之路

铁路
88 高速公路
主干道
城堡
修道院、教堂
山

N

A

Crailsheim

丁克尔斯比尔
Dinkelsbühl

Treuchtlingen

因戈尔施塔特
Ingolstadt

9

6

7

Harburg

多瑙河 Donau

Donauwörth

京根
Giengen

8

乌尔姆
Ulm

伊勒河 Iller

7

8

奥格斯堡
Augsburg

莱希河 Lech

达豪
Dachau

慕尼黑
München

96

Buchloe

Landsberg

Starnberg

Berg

96

Memmingen

Ammersee

施塔恩贝格湖
Starnberger See

7

Kaufbeuren

Weilheim

Schongau

Kempten

维斯教堂

B

林道
Lindau

博登湖
Bodensee

96

阿尔卑斯山之路

菲森
Füssen

新天鹅堡

Reutte

Oberstdorf

林德霍夫宫

上阿默高
Oberammergau

加米施-帕滕基兴
Garmisch-Partenkirchen

穆瑙
Murnau

米滕瓦尔德
Mittenwald

楚格峰
Zugspitze 2962m

因斯布鲁克
Innsbruck

0   15   30km

1   2

236

捷克

雷根斯堡
Regensburg

●瓦尔哈拉神庙

解放纪念馆

○凯尔海姆
Kelheim

维尔腾堡修道院

○ Deggendorf

`93`

`92`

伊萨尔河 Isar

帕绍
Passau

○兰茨胡特
Landshut

Freising ○

✈ 慕尼黑机场
Flughafen München

柏林

法兰克福

慕尼黑

`94`

因河 Inn

○ Oberndorf

基姆湖
Chiemsee

`A1`

普林
Prien am Chiemsee

海伦基姆湖宫

Freilassing

萨尔茨堡
Salzburg

St.Gilgen ○

Rosenheim ○

`8`

`8`

阿尔卑斯山之路

○ Bad Tölz

巴特赖兴哈尔
Bad Reichenhall

贝希特斯加登盐矿
Salzbergwerk

○ Kufstein

贝希特斯加登
Berchtesgaden

瓦茨曼峰 ▲▲
Watzmann
2713米

国王湖
Königssee

圣巴特洛梅修道院

○ Kitzbühel

`93`

奥 地 利

○ Zell am See

`A10`

3

4

237

慕尼黑与阿尔卑斯山之路

楚格峰上的观景台

　　巴伐利亚州（拜恩州）是德国面积最大的一个州。巴伐利亚人至今仍称这里为"巴伐利亚自由邦 Freistaat Bayern"，而不是"州"。虽然被认为是比较保守的地区，但跟德国北部人相比，这里的人性格往往都比较开朗。州首府慕尼黑是世界著名的啤酒产地，同时作为一个工业城市，也是西门子、BMW 等知名企业的总部所在地。

　　阿尔卑斯山之路是一条连接德国南部风景秀丽的山岳度假地的道路。道路绵延于阿尔卑斯山脉之中，东到与奥地利比邻的贝希特斯加登，西至博登湖畔的林道。在全长 500 公里的道路沿线，有加米施 – 帕滕基兴、米滕瓦尔德等许多阿尔卑斯山体育运动的基地城市。

游览提示

　　在阿尔卑斯山之路，没有连接所有沿线城镇的公共交通工具。乘坐火车的话，慕尼黑是起点。公交巴士可从一个城镇开往另一个城镇，是当地人的重要代步工具，对游客来说也是一种出行的选择。不过，在周六、周日车次会变得非常少，需注意。

上／慕尼黑中央车站是德国南部的铁路枢纽　下／阿尔卑斯山地区的地方铁路沿线的田园风光

住宿指南

　　德国人一般都以自驾的方式来这里旅游，所以外国游客最好也选择租车自驾。一边观赏阿尔卑斯山的美景，一边享受驾驶的乐趣，将会是一次令人难以忘怀的美好旅程。

　　阿尔卑斯山之路沿线，有提供早餐和晚餐（德语称为 Halbpension）的旅馆。这种旅馆的晚餐，开饭时间一般都比较固定，通常也不能点菜，但是比到外边的餐馆用餐要便宜许多，所以在长期停留游客较多的欧洲山岳度假地，这种旅馆是很常见的。

在加米施 – 帕滕基兴，一层为餐厅、二层以上为客房的旅馆非常多

特产与美食

来到啤酒之都慕尼黑，当然最先想到的就是啤酒。市中心还有酿酒厂直营的啤酒城和啤酒餐厅，每天都很热闹。而且，这里的啤酒种类繁多，不妨试着多品尝几种，找到最适合自己口味的啤酒（点啤酒的方法详见→p.30）。

巴伐利亚地方菜，以烤猪肘 Schweinehaxe 等量非常足的肉类为主。

小编推荐着煮着吃的白香肠 Weißwurst（→p.254）。

口感糯软的白香肠是慕尼黑的名特产

白香肠、布雷结和啤酒是最好的组合

使用转炉烤制的德国大肘子

抹在蛋糕上的奥巴茨挞 Obazter

交通图

柏林
法兰克福
慕尼黑

慕尼黑 *München*

巴伐利亚州的首府、正宗的啤酒之乡

MAP ◆ p.236-B2

人　口	1407800 人
长途区号	089

ACCESS

铁路：从法兰克福乘坐 ICE 特快约需 3 小时 10 分钟。从奥地利的萨尔茨堡乘坐 RJ 特快约需 1 小时 30 分钟。从瑞士的苏黎世乘坐 EC 特快约需 4 小时 20 分钟。

❶ 慕尼黑的旅游服务中心
●中央火车站的
☒ am Hauptbahnhof, Bahnhofplatz 2　D-80335 München
⊟ Map p.244-A1
☎ (089) 23396500
📠 (089) 23330233
🖥 www.muenchen-tourist.de
🕐 周一～周六　　9:00~20:00
　　周日·节日　　10:00~18:00
　　12/24·31　　10:00~14:00
🚫 12/25、1/1

●新市政厅内的 ❶
☒ Am Marienplatz, Neues Rathaus
⊟ Map p.245-B3
🕐 周一～周五　　9:30~19:30
　　周六　　　　　9:00~16:00
　　周日·节日　　10:00~14:00
🚫 1/1、1/6、狂欢节的周二、5/1、12/25·26

●中国驻慕尼黑总领事馆
☒ Romanstrasse 107, München D-80639
☎ (089) 17301618
📠 (089) 17301619
☎ 01755452913
🖥 munich.china-consulate.org
🕐 周一～周五　9:00~12:00
交通路线从慕尼黑火车总站乘 16 路或 17 路有轨电车 (Tram) 至罗曼广场 (Romanplatz)，下车后可沿 Romanstraße 或 Gaßner Straße 步行约 500 米。

新市政厅所在的玛丽安广场是慕尼黑的市中心

位于德国南部的巴伐利亚州首府慕尼黑是仅次于柏林、汉堡的德国第三大城市，但是在这里却能感受到乡村般的热情。这里的人非常喜爱热闹，市内有好多家啤酒城，里面的客人手拿啤酒杯聊个不停。最热闹的要数每年 9 月下旬举办的全世界最大的啤酒节 Oktoberfest。

这座城市的发展始于 12 世纪。位于连接萨尔茨堡等盐产地与德国北部的交通要道之上，因商业贸易而繁荣。维特尔斯巴赫王朝的王宫 Residenz 就建在这里，高贵的宫廷文化对这里产生了很大的影响。非常喜爱古希腊、古罗马的古典艺术的巴伐利亚国王路德维希一世（1825~1848 年在位）在这里建立了多所博物馆及大学，把慕尼黑打造成了"伊萨尔河畔的雅典"。

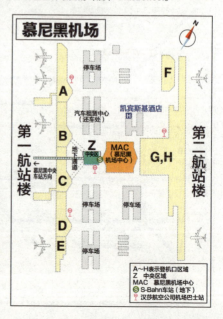

慕尼黑机场

停车场
F
汽车租赁中心（还车处）
凯宾斯基酒店 H
第一航站楼
A
B
Z 中央区 🅢
MAC（慕尼黑机场中心）
地下通道
慕尼黑中央车站方向
C
G,H
第二航站楼
D
E
停车场
停车场

A～H 表示登机口区域
Z　中央区域
MAC　慕尼黑机场中心
🅢 S-Bahn 车站（地下）
🚌 汉莎航空公司机场巴士站

到达慕尼黑

乘飞机抵达

慕尼黑机场 Flughafen München 位于慕尼黑东北方向，距市中心28.5公里。到达机场后，按照英语标识指示，出示护照接受入境检查 Passkontrolle，到行李领取处 Gepäckausgabe 取回登机时随机托运的行李，然后接受海关检查 Zollkontrolle。

在1号航站楼与2号航站楼之间的中央区 Zentralbereich（有时以 Z 表示）的地下，有 S-Bahn 车站。

机场与市内的交通

有两条 S-Bahn 线路（Ⓢ1、Ⓢ8）以及机场巴士可以乘坐。票价等信息可参考下表。

乘出租车到市中心需要35~45分钟，费用为€70~75。

租车的话，可以去1号航站楼A区对面的汽车租赁中心。不过，市中心禁止普通车辆通行，驾车前往酒店可能需要绕行很远，对当地不熟悉的话会比较麻烦。

乘火车或巴士抵达

慕尼黑中央车站 München Hbf. 有去往德国国内的列车及欧洲各地的国际列车，是一个港湾式的大型枢纽站。

机场的 S-Bahn 站位于地下。

乘坐浪漫之路巴士的话，需要从中央车站乘向西行驶的 S-Bahn，在下一站的 Hackerbrücke 下车，然后前往与 S-Bahn 车站相邻的中央巴士枢纽站 ZOB。

从中央车站正面（东侧）出口出来，右侧就是旅游服务中心 ❶。

与中国有直飞航班的慕尼黑机场

● 换乘航班的入境检查
经由其他签署了申根协定的欧盟国家（→p.508）转机飞往德国时，在转机地接受入境检查，进入德国时则不需要接受入境检查。

● 慕尼黑机场
➜ Map p.242-B1
🖼 www.munich-airport.de

机场地下的 S-Bahn 车站

慕尼黑中央车站

慕尼黑机场~慕尼黑市中心（中央车站、玛丽安广场站等地）的交通线路

（本书调查时）

		机场车站	市内车站	运行时间	用时	费用
S-Bahn	Ⓢ1	机场站地下站台	S-Bahn 中央车站地下站台、玛丽安广场站等	机场站发车 周一~周五431始发 周六、周日531始发 5:51~次日0:11 每隔20分钟发车	至中央车站约45分钟，至玛丽安广场约50分钟	单程€10.80 Airport-City-Day-Ticket 从购入时起至次日6:00可不限次数乘坐Gesamtnetz，€12.40。2~5人的话可购买 Partner 票€23.20。可在机场站的自动售票机上购买。开始使用时不需刻印时间。
				中央车站发车（※参见页脚编外话）3:40、4:20、5:00~23:20 每隔20分钟发车（周六、周日、节日可能有变更）	从中央车站到机场约45分钟	
	Ⓢ8	机场站地下站台	S-Bahn 中央车站地下站台、玛丽安广场站等	机场发车 4:04~次日1:24 每隔20分钟（深夜每隔40分钟）发车	至中央车站约41分钟，至玛丽安广场约40分钟	
				中央车站发车 3:19~23:59 每隔20分钟发车（之后时间段一周内每天可能不同）	从中央车站到机场约45分钟	
汉莎航空机场巴士		2号航站楼、1号航站楼（A区）、中央区、1号航站楼（D区）	中央车站北侧的Arnulfstr.（中途在Schwabing也会停车）	机车发车 2号航站楼6:25~22:25 每隔20分钟 中央车站发车 5:15~19:55 每隔20分钟	约45分钟	单程€10.50 往返€17

慕尼黑全图
MÜNCHEN

U—— U-Bahn（地铁）
S—— S-Bahn（城市轻轨）
Ⓗ 酒店
⛺ 青年旅舍
Ⓢ 商店
Ⓡ 餐厅（包含啤酒城）
Ⓒ 咖啡馆
ⓘ 旅游服务中心

慕尼黑的交通线路图见文前图③

0 500 1km

A

奥林匹克塔
Olympiaturm

奥林匹克体育场
Olympia-Stadion

Olympia
see

Ⓤ Westfriedhof

Landshuter Allee

(Mittlerer Ring)

Wasenhaus

Ⓤ Gern

Kolpinghaus Ⓗ
St. Theresia
München

Dom Pedro-
Platz

Dom Pedro-Str.

Dachauer Str.

Leonrodstr.

Porz. Manuf.
Nymphenburg
（陶瓷）

Nymphenburger Kanal

宁芬堡宫
Schloss Nymphenburg

Roman-   str.

Arnulfstr.

Nibelungenstr.

Rondell
Neuwittelsbach

Nymphenburger Str.

Ⓤ Rotkreuzpl.

慕尼黑城市青年旅舍 ⛺

Maillingerstr.

Marsplatz

Arnulf.   str.

Augustiner-
Keller Ⓡ

ZOB
（中央巴士中心）•

Hackerbrücke

Hacker-
brücke

慕尼黑以及周边

Freising
11

13   9

慕尼黑机场
Flughafen
München

92

92

388

达豪集中营遗址
KZ-Gedenkstätte
Dachau

Unter-
Schleißheim

Ober-
Schleiß-
heim

施莱斯海姆宫
Schloss Schleißheim

Ismaning

8   达豪
Dachau

471

Dachau

99

安联体育场
Allianz Arena

11   471

Fürstenfeldbruck

2

宁芬堡宫

慕尼黑
中央车站

Riem

94

**红色框内是
本图的部分**

96

99

罗森海姆萨尔茨堡方向

11

巴伐利亚电影城
Bavaria Filmstadt

8

95

施塔恩贝格
Starnberg

Schloss Berg
贝格堡
贝格
Berg

13

Isar

伊萨尔河

8

Votiv-Kp.

施塔恩贝格湖

Wolfratshausen

N

8

• Ammerland

高速公路
其他主要道路
S-Bahn
城堡
教堂·修道院

8

• Ambach

Bad Tölz

Donnersberger-
brücke

Ⓢ Donnersberger-
brücke

Landsberger Str.

Westend-   str

Ganghofer-str.

Schießstättstr.

Schiebstättstr.

Martin-Greif-Str.

Heimeran-
pl. Ⓤ

Ⓢ Heimeranpl.

Ridlerstr.

Schwanthalerhöhe Ⓤ

Schwanthalerhöhe

Hansastr.

特蕾西亚草坪
（十月节会场）
Theresienwiese

巴伐利亚女神像
Bavaria

Theresienhöhe

1   **2**

B

242

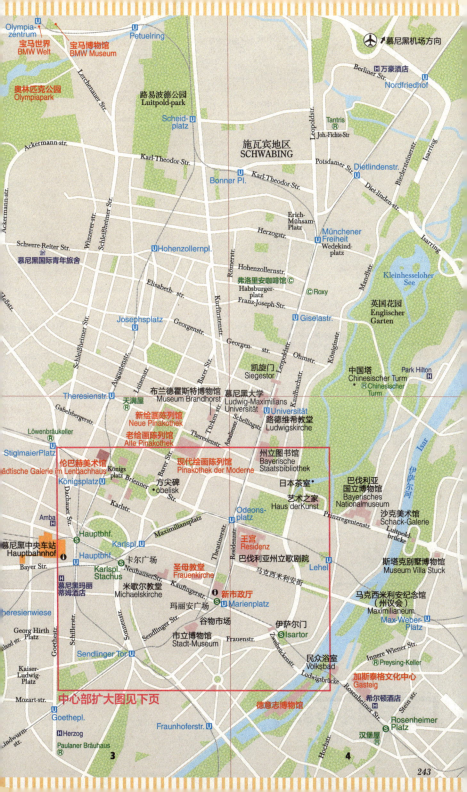

伦巴赫美术馆
Städtische Galerie
im Lenbachhaus

多利安柱式长廊
Propyläen

古代雕塑展览馆
Glyptothek

老绘画陈列馆、
新绘画陈列馆

现代绘画陈列馆
Pinakothek der Moderne

U Königspl.
（伦巴赫美术馆的特展会场）

国王广场

慕尼黑纳粹文献中心
NS-Dokumentations
zentrum München

Karolinenplatz

方尖碑
Obelisk

古代美术博物馆
Antiken-Sammlungen

Brienner Str.

德国国家版画收藏馆
Staatliche
Graphische Sammlung

Karolinen-
platz

Brienner Str.

Sophienstr.

旧植物园
Alter Botan.
Garten

Arcostr.

Maximiliansplatz

Ottostr.

Prannerst

沃尔夫
伊甸酒店

慕尼黑NH德国皇帝酒店

Arnulfstr.

Haupt-bhf.

市内观光
巴士站

慕尼黑中央车站
Hauptbahnhof

Prielmayer

卡尔施泰特
百货商场

路易波德酒店

梅尔城市酒店

卡尔施泰特
百货商场

Karlspl.

Lenbachplatz

Lenbachpl.

Pacellistr.

巴伐利亚酒店

InterCity
Hotel

邮局

Schützenstr.

Königshof

Karlspl.

卡尔门
Karlstor

Karstadt Sport

奥巴波林高
百货商场

米歇尔教堂
Michaelskirche

Hartmann

圣母教堂
Frauenkirche

Haupt-bhf.

慕尼黑霍夫欧洲酒店

Excelsior

Bayerstr.

卡尔广场
（施塔胡斯）

Neuhauser Str. 纽豪森尔街

拜仁俱乐部
球迷商店

S1-8

Hirmer

袋熊城市旅馆

欧洲青年旅馆

艾德酒店

古洛迷ац
百货商店

Karlsplatz

McDonald's

Daniel

Augustiner

Kaufingerstr.

德国狩猎和捕鱼博物馆
Deutsches Jagd-und
Fischereimuseum

Drei Löwen

慕尼黑市中心
美居酒店

Adolf-Kolping-Str.

Weinhaus
Neuner

Eisenmannstr.

Altheimer Eck

古洛迷ا百货商场店

考特·布林格文具店

皇家酒店

Schwanthalerstr.

贝利布鲁酒店

德意志剧院
Deutsches Theater

Altes Hackerhaus

Landwehrstr.

Schiller-

CVJM
青年旅馆

N

阿萨姆教堂
Asamkirche

Sendlinger Str.

慕尼黑市立博物馆
Münchner Stadtmuseum

施塔特咖啡馆

0   100   200m

Sonnenstr.

Oberanger

犹太博物馆
Jüdisches Museum
München

U-Bahn（地铁）
S-Bahn（城市轻轨）
有轨电车

酒店
青年旅舍
商店
餐厅（包含啤酒城）
咖啡馆
旅游服务中心

U1 · U2

Sendlinger Tor

Acanthus

Blumen str.

Unterer Anger

Blumen-str.

慕尼黑中心部
MÜNCHEN

Matthäus-
kirche

Sendlinger-
Tor

U3 · U6

Thalkirchner Str.

慕尼黑木偶剧场
Das Münchner
Marionetten
Theater

Müllerstr.

1   2

施瓦宾地区方向↑

英国花园
Englischer Garten

Schönfeld str.

●日本茶室

Ludwigstr.

Von-der-Tann-Str.

Königinstr.

艺术之家
Haus der Kunst

U3·U6

Galerie str.

Prinzregentenstr.

Oskar-von-Miller-Ring

欧迪翁广场
Odeons-
platz

Wittels-
bacherpl.

皇家花园
Hofgarten

路易波德
Brienner Str.

Nymphenburg

Franz-Josef-Strauß-R.

Ⓤ Odeonspl.

Hofgartenstr.

特埃蒂那教堂
Theatinerkirche

将军堂
Feldherrn-
halle

伦巴赫美术馆
Staatliche Sammlung
● Ägyptischer Kunst

Ⓢ斯卡·玛利亚
咖啡馆

Bree Ⓢ

Salvatorstr.

U4·U5

St.-Anna-
Str.

王宫（博物馆、珍宝馆）
Residenz

慕尼黑艺术馆
Kunsthalle

Theatinerstr.

Hag

Residenzstr.

Marstallplatz

Ⓢ无印良品

Karl-Scharnagl-Ring

五宫廷 Ⓢ

斯巴登
歌剧院餐厅Ⓡ

博拉利 Ⓢ 蒂凡尼

巴伐利亚州立歌剧院
Bayerische Staatsoper
(Nationaltheater)

Kreuzkamm Ⓒ

Nationaltheater

方济会餐厅Ⓡ

普拉达Ⓢ

巴伐利亚
州立歌剧院
售票窗口
● Ⓡ布伦纳餐厅

Theatinerstr.

Weinstr.

艾格纳Ⓢ

路易·威登Ⓢ

马克西米利安街

Maximilianstr.

Ⓗ凯宾斯基四季酒店

Kammerspiele

Schäflerstr.

Residenzstr.

Hofgraben

香奈儿Ⓢ

Ⓢ菲拉格慕 古驰Ⓢ

手工制造
达鲁玛雅Ⓢ

Münzhof
an der OperⒽ

爱马仕Ⓢ

Ⓢ吉尔·桑达

Bauer & Hieber

Dienerstr.

皇家花园
Alter Hof

普拉茨尔酒店

Am
Kosttor

Hildegardstr.

有轨电车19路

新市政厅
Neues Rathaus

Ⓘ

HaxnbauerⓇ

Platzl

Ⓡ宫廷啤酒屋

玛丽安广场
Marienpl.

Ⓡ市政厅餐厅

拜仁俱乐部
球迷商店Ⓢ

文华东方酒店

markt.

Ⓢ路德维希贝克商场

Ledererstr.

Rosenstr.

Ⓤ Marienplatz

理查德
咖啡馆Ⓒ

旧市政厅（玩具博物馆）
Altes Rathaus
(Spielzeugmuseum)

Ⓢ

Sporthaus
Schuster Ⓢ

彼得教堂
Peterskirche

Ⓡ白啤餐厅

Tal

伊萨尔门
Isartor
（幽默博物馆）
Valentin-Musäum）

Rinder-

Ⓢ塔尔街普拉娜餐厅

Rosental

圣灵教堂
Heiliggeist-
kirche

Thomas-Wimmer-Ring

Kanalstr.

谷物市场
Viktualienmarkt

riva barⓇ

Thiersch str.

ⒸFrischhut

Westenriederstr.

ⓇⓈ百斯客商店

Ⓢ Isartor

伊萨尔河

施兰购物广场
Schrannenhalle

Frauenstr.

Thierschstr.

S1-8

Isar

Corneliusstr.

Klenzestr.

Baaderstr.

Zweibrückenstr.

德意志博物馆
Deutsches Museum

Ludwigsbrücke

Gärtner-
platz

3

Eckartstr.

4

进入站台前有检票机，印有
"HIER ENTWERTEN"的车
票都需检票

● **慕尼黑交通联合体**

🖳 www.mvv-muenchen.de

车票的有效乘车时间，短程车票为检票后1小时以内，1个区间内的单次有效车票为检票后3小时以内。

短程车票　　€ 1.40
单次有效车票（1个区间）
　　　　　　　 € 2.70
10张一组的套票　€ 13
（不要剪断套票，检票时将票折起）
1日通票
市内通用　　　€ 6.40
全MVV通用　 € 12.40
有6~14岁孩子使用的1日通票
1日团体票
市内通用　　 € 12.20
全MVV通用　 € 23.20
3日通票
单人市内通用　 € 16
双人市内通用　€ 28.20

Ⓗ标识为有轨电车及巴士车站的站牌

● **城市旅游卡**

市内用 Innenraum
　1日用　　 € 10.90
　3日用　　 € 21.90
全MVV用 Gesamtnetz
　3日用　　 € 33.90
还有市内用及全MVV用的可供5人在4日以内乘车的Partnerkarte。

◎ 慕尼黑的市内交通

※ 慕尼黑市内交通线路图见文前图③。

S-Bahn（轻轨列车，以下用 Ⓢ 标记。可使用铁路通票）、U-Bahn（地铁，以下用 Ⓤ 标记）、有轨电车、巴士的运行体系构成了慕尼黑交通联合体MVV。

左侧为旧式（按键式）售票机，右侧为新式（触屏式）售票机

车票实行MVV共通的区间票价，每个车站都设有线路导览图。乘车前在自动售票机上购买车票。乘坐 Ⓤ 的话，在下到地下站台前到设置的检票机上打印乘车时刻。乘坐巴士或有轨电车的话，上车后应立即在车内的检票机上给车票打上乘车时刻。忘记检票则会被视为违反乘车规定。在有效的时间及有效的区间内，可不限次数乘坐MVV的所有交通工具。

短程车票 Kurzstrecke Ⓢ、Ⓤ 为2站有效，有轨电车、巴士为4站有效。如果乘车距离超出以上范围，可购买在1个区间内使用的单次有效车票 Einzelfahrkarte，几乎慕尼黑整个市区都有效（慕尼黑机场属于4个区间，达豪属于2个区间）。

慕尼黑有轨电车的车身是蓝色的

还有10张一组的套票 Streifenkarte。乘车区间与短程车票乘车区间相同的话，使用1张即可，超过此距离时，市内的话使用2张，市外的话根据乘车区间来决定所用票的张数。

也有1日通票 Tageskarte 与3日通票 3-Tage-Karte，分为可在市内通用的 Innenraum 与可在整个MVV系统内通用的 Gesamtnetz。

另外，有可供5个大人（6~14岁的孩子，两个人相当于一个大人）同时使用的团体票 Gruppen-Tageskarte。

除此之外，还有适合游客的城市旅游卡 City Tour Card，可以根据个人的旅行日程及移动范围选择。

城市旅游卡 City Tour Card München

在有效期内，可随意乘坐市内的公共交通工具，购买市内部分博物馆、美术馆的门票时可享受8折优惠。在 🖳 www.citytourcard-muenchen.com 能查询可凭卡打折的设施，购卡前最好先行确认。在 ❶、玛丽安广场地下的MVV服务中心以及自动售票机上都能购卡。开始使用时，应在检票机上给卡打印上时刻。

投稿　慕尼黑的巴士及有轨电车内设有售票机。乘车时应准备一些零钱。
编辑部提示：车内售票机只能使用硬币，无法使用纸币。

慕尼黑　漫　步

从中央车站面向施采恩街 Schützenstr. 的正面出口或者拜埃尔街 Bayerstr. 一侧的出口出来，步行5分钟左右即可到达建有喷泉的卡尔广场 Karlsplatz。穿过卡尔门就是步行街纽豪萨尔街 Neuhauser Str.。那里是建有许多百货商场及餐馆的慕尼黑主要街道。

过了卡尔门就是步行街

白色墙壁的米歇尔教堂

米歇尔教堂 Michaelskirche 的地下是包括路德维希二世在内的维特尔斯巴赫王室成员的墓室。走过这座教堂，便会来到建有新市政厅 Neues Rathaus 的玛丽安广场 Marienplatz。从广场向北延伸的特埃蒂那大街 Theatinerstr. 到王宫大街 Residenzstr. 之间也是步行街。中途能看到雄伟的巴伐利亚王宫 Residenz 和巴伐利亚州立歌剧院 Bayerische Staatsoper。从那里向东延伸的马克西米利安街 Maximilianstr. 是高级品牌店林立的商业区。

从玛丽安广场沿塔尔街 Tal 继续向东，穿过伊萨尔门 Isartor 后前行一段，就来到位于伊萨尔河洲小岛上的德意志博物馆。另外，从玛丽安广场向北经过欧迪翁广场，继续沿路德维希街 Ludwigstr. 北行就是建有大学而且深受学生们喜爱的施瓦宾地区 Schwabing。那里有很多非常时尚的咖啡吧和价格便宜的 Kneipe（德国特色的小酒馆），每天晚上都聚集很多年轻人，十分热闹。

卡尔广场以北约1公里处，是博物馆、美术馆比较集中的地区。其中，老绘画陈列馆、新绘画陈列馆、现代绘画陈列馆是来到慕尼黑必去的美术馆。

左侧为王宫，右侧为巴伐利亚州立歌剧院

● 观光巴士
SIGHTseeing Gray Line 公司
🚻 www.sightseeing-munich.com

从位于中央车站对面的 Karstadt 百货商场前出发。

Hop-On-Hop-Off Express Circle（车票1日有效，€15.50）与 Grand Circle（车票1日有效，€20）会在各主要景点停车，游客可自由上下车。市内环游＋参观安联体育场＋拜仁慕尼黑足球俱乐部训练场的游览项目（€26），4~10月的周四、周五10:00出发。新天鹅堡与林德霍夫宫的1日游项目（€54，门票另计）全年运营（周去部分节日），8:30出发，用时约10小时30分钟。

● 米歇尔教堂
🏠 Neuhauser Str. 52
➡ Map p.244-A2
🕐 周二·周四·周六
　　　　　　8:00~19:00
　周一·周五　10:00~19:00
　周日　　　 7:00~22:00
弥撒中谢绝参观。

维特尔斯巴赫家族的墓地
🕐 周一~周四　9:30~16:30
　周五　　　　9:30~16:30
　周六　　　　9:30~14:30
🚫 周日·节日
💰 教堂免费、地下墓室收费€2

位于地下墓室内的路德维希二世的棺椁

● 施瓦宾地区
➡ Map p.243-A3~A4

19世纪末期克利、康定斯基、里尔克、卡罗萨、托马斯·曼等众多艺术家和作家曾经在这一地区活动。虽然现如今的施瓦宾地区已经没有了那个时期的影子，但是时尚文艺的小咖啡馆、酒吧、迪斯科舞厅、小剧场等还留有不少，这一地区也成为了年轻人最喜爱的区域，成了艺术孵化基地。

时尚咖啡馆繁多的施瓦宾地区

编外话　乘坐19路有轨电车的人很多。从中央车站前（❶附近）的乘车地点乘开往St.-Veit-Str.的车次，在新市政厅附近的特埃蒂那大街Theatinerstr.或巴伐利亚州立歌剧院前的Nationaltheater下车，可以前往商业区购物。

● 新市政厅

囲 Marienplatz 8

➡ Map p.245-B3

乘 ⓊⓈ 在 Marienplatz 下车。

登塔楼

囲 10月~次年4月
周一~周五 10:00~17:00
5~9月
周一~周五 10:00~19:00

囲 周六·周日·法定节日、12/24~1/1

囲 €2.50

机械时钟里的马上持枪比武场面

● 王宫博物馆

囲 Residenzstr. 1
（入口在 Max-Joseph-Platz）

➡ Map p.245-A3

乘 ⓈⓊ 在 Marienplatz 下车，步行约5分钟，或乘19路有轨电车在 Nationaltheater 下车即至。

🌐 www.residenz-muenchen.de

囲 3/25~10/16　9:00~18:00
10/17~次年3/24
10:00~17:00
（入馆截至闭馆前1小时）

囲 1/1、狂欢节的周二、12/24·25·31

囲 王宫博物馆€7、学生€6、珍宝馆€7、学生€6、博物馆与珍宝馆的套票€13、学生€10.50

有语音导游（免费）

在王宫大街 Residenzstr. 旁边的王宫入口处（进入中庭的入口），立有一座拿着盾牌的狮子铜像。传说触摸这个盾牌可以给人带来好运，能够看到不少行人停下脚步伸手抚摸盾牌。

装有有趣的机械时钟的新市政厅

Neues Rathaus ★★★

玛丽安广场旁边的新市政厅

　　建于1867~1909年的哥特复兴式新市政厅，安装有德国最大的机械时钟 Glockenspiel，该建筑也因此而闻名。除了耶稣受难日及诸圣日，每天11:00与12:00（3~10月还有17:00）都会有32个人偶从时钟里现身，持续10分钟左右。这些人偶与真人等大。表现的内容为1568年巴伐利亚大公的结婚庆典，有马上持枪比武的骑士（蓝白旗一方的巴伐利亚骑士获胜），还有跳舞的啤酒桶工匠。到了21:00，夜巡人、天使、慕尼黑小孩 Münchener Kindl 会出来跟大家道晚安。可乘电梯登上高85米的市政厅塔楼。

维特尔斯巴赫王室的王宫

Residenz ★★★

曾统治巴伐利亚的维特尔斯巴赫家族的王宫

　　始建于14世纪，之后经过多次扩建，结构极为复杂。核心建筑为内有豪华房间及大厅的王宫博物馆 Residenzmuseum。尤其是挂有121幅维特尔斯巴赫王室成员肖像的艺术长廊 Ahnengalerie 及装饰着华丽的天花板的古物陈列馆 Antiquarium 非常引人注目。

　　展示着王冠及金饰等王室宝物的珍宝馆 Schatzkammer，入口与王宫博物馆相同，但门票需另行购买。

上／金碧辉煌的艺术长廊
右／天花板上画有美丽湿壁画的古物陈列馆

圣母教堂与彼得教堂
Frauenkirche und Peterskirche ★

　　圣母教堂的两座建有洋葱头式塔顶的塔楼是慕尼黑的标志性建筑。北塔高99米，南塔高100米。南塔走过86级台阶后有电梯可至塔顶。教堂内有46位维特尔斯巴赫王室成员的墓葬。

从新市政厅的塔楼远眺圣母教堂

一定要登上彼得教堂塔顶远眺美景

　　从玛丽安广场进入名为Rindermarkt的小巷，有历史可追溯到13世纪的最古老的教区教堂——彼得教堂。不进入教堂，沿教堂外侧向南迂回，就是塔楼的入口。塔楼高91米，登上塔顶需攀爬300级台阶，不过看到的景象比在圣母教堂看到的更加壮观。站在塔顶可以清楚地看到玛丽安广场以及新市政厅上的机械时钟。

可以领略绘画精髓的老绘画陈列馆
Alte Pinakothek ★★★

　　展出维特尔斯巴赫王室收集的15~18世纪的名画。由曾说过"所有艺术作品都应该被展示于大众面前"的路德维希一世在1836年下令创建。德国画家丢勒的《四使徒》《自画像》，阿尔特多费尔的《亚历山大之战》以及勃鲁盖尔父子的作品都非常值得一看。

欧洲具有代表性的博物馆

※ 整修工程持续至2018年，因此可能出现馆内部分区域关闭及展览变更等情况。

有时能看到老师在名画前给学生讲课的情景

看着四周的名画，度过愉快的时光

一层的咖啡厅环境非常舒适，蛋糕也很好吃

● 圣母教堂
🏠 Frauenplatz 1
🔗 Map p.244-B2~p.245-B3
　　乘 U S 在 Marienplatz 下车。
🕐 7:30~20:30
　　进行礼拜时谢绝参观。

● 彼得教堂
🏠 Rindermarkt 1
🔗 Map p.245-B3
🕐 教堂 7:30-19:00（只在周三上午开放）
　　参观塔楼
　　周一～周五　　9:00~18:30
　　（冬季~17:30）
　　周六·周日·节日
　　　　　　　10:00~18:30
　　（冬季~17:30）
※ 天气状况不佳时，有可能无法登塔。
💰 参观塔楼€2、学生€1

● 老绘画陈列馆
🏠 Barer Str. 27
🔗 Map p.243-B3
　　乘 U 2 在 Theresienstr. 下车，步行约10分钟。也可乘27路有轨电车或100路巴士在 Pinakotheken 下车，步行约2分钟。
🌐 www.pinakothek.de/alte-pinakothek
🕐 周二～周日　10:00~18:00
　　（周二~20:00）
📅 周一、1/6、5/1、12/24·25·31、狂欢节的周二
💰 €4、学生€2
　　周日€1
※ 特别展另行收费。
　　老绘画陈列馆、新绘画陈列馆、现代绘画陈列馆3个陈列馆有1日通票 Tageskarte €12（不包括特别展）

缩外话 进入美术馆后，工作人员会提醒游客将背包及中等大小以上的手提包寄存到衣帽间或寄物柜。使用寄物柜时需投入€1或€2的硬币，取回寄存物品时硬币一并返还。游客轻装进入馆内可以更加轻松愉快地欣赏美术作品。

● 新绘画陈列馆
Ⓗ Barer Str. 29
➡ Map p.243-B3
　乘 Ⓤ2 在 Theresienstr. 下车，步行约 10 分钟。也可乘 27 路有轨电车或 100 路巴士在 Pinakotheken 下车，步行约 2 分钟。
🖥 www.pinakothek.de/neue-pinakothek
Ⓣ 周三~下周一
　　　　　10:00~18:00
（周三 ~20:00）
Ⓒ 周 二、1/6、5/1、12/24·25·31、狂欢节的周二
Ⓟ € 7、学生 € 5
　周日 € 1（特别展另行收费）
　老绘画陈列馆、新绘画陈列馆、现代绘画陈列馆 3 个陈列馆的 1 日通票 Tageskarte € 12（不包括特别展）

● 现代绘画陈列馆
Ⓗ Barer Str. 40
➡ Map p.243-B3
　交通方式与上述新绘画陈列馆相同。
🖥 www.pinakothek.de/pinakothek-der-moderne
Ⓣ 周二~周日　10:00~18:00
（周四 ~20:00）
Ⓒ 周一、狂欢节的周二、5/1、12/24·25·31
Ⓟ € 10、学生 € 7
　周日 € 1（特别展另行收费）
　老绘画陈列馆、新绘画陈列馆、现代绘画陈列馆 3 个陈列馆的 1 日通票 Tageskarte € 12（不包括特别展）

● 伦巴赫美术馆
Ⓗ Luisenstr. 33
➡ Map p.244-A1
　乘 Ⓤ2 Königsplatz 下车。
🖥 www.lenbachhaus.de
Ⓣ 周二　　　10:00~20:00
　周三~周日　10:00~18:00
Ⓒ 周一
Ⓟ € 10

收藏着 19 世纪以后近代绘画作品的 **新绘画陈列馆**
Neue Pinakothek ★★★

　与"老绘画陈列馆"相对而建的"新绘画陈列馆"展出 19 世纪至 20 世纪初的绘画作品。有克利姆特、塞冈蒂尼、梵高、高更、塞尚、雷诺阿、莫奈等德国新艺术派及法国印象派名家的作品。

新绘画陈列馆

现代艺术的综合美术馆 **现代绘画陈列馆**
Pinakothek der Moderne ★★★

　主要展出 20 世纪的绘画作品，也有图像艺术、现代雕刻、装置艺术、新混合艺术的作品。建筑展厅有慕尼黑工业大学收藏的建筑模型、照片、图纸。这里是德国规模最大的现代艺术综合美术馆。

各展厅以巨大的天井式中央大厅为中心分布

展出现当代美术作品的 **伦巴赫美术馆**
Städtische Galerie im Lenbachhaus ★★

　慕尼黑的"侯爵画家"弗朗茨·冯·伦巴赫的宅邸，现为美术馆，展出曾活跃在慕尼黑的新艺术派及表现主义画家的名作。康定斯基的作品更是值得一看，可以通过其各个时期的作品观察其画风的变化。马尔克、蒙特、亚夫伦斯基、马克、克利等在 20 世纪前半叶活跃于慕尼黑的"青骑士"成员们的作品也很多。

　另外，地铁国王广场站 Königsplatz 的一部分是伦巴赫美术馆的特别展厅 Lenbachhaus Kunstbau。

入口在新馆一侧

伦巴赫侯爵的宅邸与庭园

✉ 投稿　没有充裕的时间参观德意志博物馆时，或者不知道从何看起时，可以寻找写有"masterpiece"的提示板。在历史上具有重要意义的实物展品旁都会摆放这个提示板。例如，奥托·哈恩取得首次核裂变实验成功时使用 ↵

对科学技术感兴趣的人喜欢的 **德意志博物馆**

Deutsches Museum　　　★★★

　　这里是世界上展览面积最大的自然科学与工程技术类的博物馆，其规模会让参观者惊叹。有许多体验型展示，例如可进入客机和火车机车内部参观。还有按实际比例再现的煤矿巷道以及为参观者做演示的实验区。另外，因改装工程，2019年之前馆内部分区域不能参观。

博物馆的外观看上去非常庄严肃穆

有齐柏林飞艇浮在空中的巨大展厅

有美人画廊的 **宁芬堡宫**

Schloss Nymphenburg　　　★★

美丽的离宫宁芬堡宫

　　修建于17世纪至19世纪中叶，是维特尔斯巴赫王室的夏宫。整个建筑不曾遭受战争的破坏，看上去非常美艳，被称为"妖精之城"。天鹅浮在运河上，河对面是建筑样式左右对称的主宫殿Hauptschloss，里面有洛可可风格的庆典大厅Festsaal以及路德维希二世降生的房间。最大的看点

一定要参观的美人画廊

是美人画廊Schönheitengalerie，墙壁上挂着备受路德维希一世宠爱的36名美女的肖像画，其中包括因丑闻导致路德维希一世被迫退位的舞女劳拉·蒙特斯，参观时不妨找一找。

　　主宫殿的南侧有马车博物馆Marstallmuseum，展出路德维希二世的金饰豪华马车和雪橇。

　　宽阔的庭园里建有供狩猎时使用的小城堡阿玛琳堡Amalienburg等建筑。

路德维希二世的奢华雪橇

●德意志博物馆
Museumsinsel 1
Map p.243-B4
　　乘Ⓢ在Isartor下车，步行约10分钟。也可乘16路有轨电车在Duetsches Museum下车，步行约5分钟。
www.deutsches-museum.de
9:00~17:00
1/1、狂欢节的周二、圣周五、5/1、11/1、12/24·25·31
€11、学生€4

●宁芬堡宫
Map p.242-A1
　　乘17路有轨电车在Schloss Nymphenburg下车，步行约5分钟。
www.schloss-nymphenburg.de
4/1~10/15　9:00~18:00
10/16~次年3/31
10:00~16:00（入场截至闭馆前20分钟）
1/1、狂欢节的周二、12/24·25·31
主宫殿€6、学生€5
　　与马车博物馆及阿玛琳堡等景点的通票Gesamtkarte €11.50、学生€9（10月中旬~次年3月31日部分景点关闭，票价调整至€8.50、学生€6.50）
　　可以使用巴伐利亚城堡巡游通票（→p.202）

大理石与水晶吊灯交相辉映的庆典大厅

路德维希二世降生的房间

▲的实验台、莱特兄弟的飞机、早期望远镜等。可以在自己感兴趣的领域寻找想看的展品。

● 宝马博物馆
囲 Am Olympiapark 2
➡ Map p.243-A3
乘 U 3 in Olympiazentrum
站下车。
◲ www.bmw-welt.com
囲 周二～周日 10:00~18:00
（闭馆前 30 分钟停止入场）
圀 周一、12/24~26・31、1/1
圓 €8、学生 €5、语音导游
€2

● 参观宝马工厂
☎ （089）125016001
FAX（089）125016009
E-mail infowelt@bmw-welt.com
可以参加工厂内的由导
游导览的参观团（有英语和
德语两种）。每个团 30 人左
右）。通过上述电话、FAX、
E-mail 等方式预约。所需时
间为 2 小时 30 分钟。周一～
周五 9:00~16:30。1 人 €8。

● 宝马世界
囲 am Olympiapark 1
➡ Map p.243-A3
◲ www.bmw-welt.com
囲 9:00~18:00
圀 12/24~26・31、1/1
圓 免费
这里是宝马新车展示大
厅兼车场。同时设有商店
（圓 周一～周六 9:00~18:00、
周日・节日 10:00~18:00）和
餐厅。

● 奥林匹克公园
➡ Map p.242-A2~p.243-A3
◲ www.olympiapark.de

● 奥林匹克塔
➡ Map p.242-A2
乘 U 3 在 Olympiazentrum
站下车，步行约 5 分钟。
囲 9:00~24:00（入场截至
23:30）
圓 €7

尤其适合汽车爱好者参观的 宝马博物馆
BMW Museum ★★

奥林匹克公园旁边外观呈 4 个
圆柱体的大楼就是宝马汽车公司的
总部。圆柱体代表汽车发动机的气
缸，被称为"4 气缸大楼"。紧邻
大楼而建的碗形建筑就是博物馆。

从博物馆经过空中通道就可以
来到名为宝马世界 BMW Welt 的建
筑。那里是展出最先进技术的大规
模展厅，同时也是向客户交车的场
所，入场免费。里面还设有商店及
餐厅。

BMW 总部大楼与博物馆

了解高级汽车的发展历程

在地铁站入口附近进入 BMW Welt，穿过空中
通道可前往博物馆

奥林匹克公园
Olympiapark ★

由 1972 年慕尼黑奥运会的场馆改建而成
的公园，包括体育设施及活动会场。奥林匹克
塔 Olympiaturm 高 290 米，为德国第一高塔。
在大约 180 米处有观景台和高级餐厅。

天气晴朗时能看到阿尔卑斯山

HISTORY 达豪集中营遗址 KZ-Gedenkstätte Dachau

达豪是位于慕尼黑西北的一座寂静小城。纳
粹统治下的 1933 年，这里修建了德国第一座集中
营。集中营内关押着犹太人、反对纳粹的德国人、
波兰人，有 3 万多人在这里丧生。集中营遗址内，
复建了两栋被关押者的宿舍，还有可供参观的毒
气室和焚尸炉。为了铭记历史，德国各地都保留
了纳粹集中营供人们参观。
图 从中央车站（地下）乘 S 2 约 20 分钟在
Dachau 站下车。在站前乘开往 Saubachsiedlung 的
726 路巴士，在 KZ-Gedenkstätte 下车。从中央车
站乘车的话，需要两个区间的车票（€5.40）。

囲 Pater-Roth-Str. 2a D-85221 Dachau
➡ Map p.242-B1 ☎（08131）669970
◲ www.kz-gedenkstaette-dachau.de
囲 9:00~17:00 圀 12/24
圓 免费 9:30、11:00、13:30、14:30、15:30 有
德语纪录片上映，10:00、11:30、12:30、14:00、
15:00 有英语纪录片
上映。

了解德国惨痛历史教训的
场所

慕尼黑 娱乐 & 夜生活

在慕尼黑，巴伐利亚州立歌剧院等场所会上演世界著名的歌剧、音乐会以及芭蕾舞剧。

火车站及 ❶ 可买到名为"Monatsprogramm"的小册子，里面刊载当月的歌剧、音乐会、展览会、市内游览项目等信息（€ 2.60，德语）。

巴伐利亚州立歌剧院
Bayerische Staatsoper

古希腊神殿风格的歌剧院与马克西米利安一世雕像

德国著名歌剧院。每年9月中旬至次年6月为演出季节，基本上每天都会有歌剧或芭蕾舞剧上演。另外，每年7月还会举办慕尼黑歌剧节 Münchner Opern-Festspiel。

是马克西米利安一世于19世纪前半叶兴建的一座王室剧院。现在的建筑为1963年重建的。有参观剧院内部的团体游项目，可以参观巴伐利亚王室专用的座席以及后台。但举办日期不定，详细情况可在边栏所列网址中查询。

● 巴伐利亚州立歌剧院
🏠 Max-Joseph-Platz 2
➡ Map p.245-A3
Ⓢ Marienplatz 站、Ⓤ Odeons-platz 站下车，或者乘坐 19 路有轨电车在 National-theater 站下车。
☎ (089) 21851920（预约）
📠 (089) 21851903
🖳 www.staatsoper.de
提前售票窗口
🏠 Marstallplatz 5
🕐 周一～周六 10:00~19:00
※ 信函方式购票在公演前3个月（通过提前售票窗口、网络预约、电话预约的是提前2个月）开始受理（每张票需要收取手续费1.50）。
※ 公演当天提前1小时也可以在窗口购票。

使用红色和金色为主色调的豪华歌剧大厅

加斯泰格文化中心
Gasteig

公开排练的情形

是慕尼黑具有代表性的综合文化设施。在爱乐音乐厅，会举办慕尼黑爱乐管弦乐团及其他团体的演出。

● 加斯泰格文化中心
🏠 Rosenheimer Str. 5
➡ Map p.243-B4
Ⓢ Rosenheimer Platz 站下车，或者乘坐 16 路有轨电车在 Am Gasteig 站下车即到。
🖳 www.gasteig.de
提前售票窗口
🕐 周一～周五 10:00~20:00
　 周六 10:00~16:00

 足球场信息

● 安联体育场Allianz Arena
🖳 www.allianz-arena.de ➡ Map p.242-B1

拜仁队比赛时点亮红灯，1860 队比赛时点亮蓝灯

拥有先进的设备，在德国属于一流水准。可容纳 66000 名观众。是拜仁慕尼黑与 TSV1860 足球俱乐部的主场。

除比赛日之外，每天 11:00、13:00、15:00、16:30 有参观球场的团体游项目，13:00 时有英语导游。用时 60 分钟，1 人€ 10。在位于 Ebene 三层的拜仁球迷世界 FC-Bayern-Erlebniswelt 报名。
图 从慕尼黑中央车站出发的话，乘Ⓢ1~8 去往市内的 Marienplatz，然后乘Ⓤ6约 16 分钟在 Fröttmaning 下车，步行约 15 分钟即到。
● 拜仁慕尼黑足球俱乐部
🖳 www.fcbayern.de

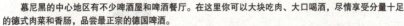

慕尼黑的餐馆
Restaurant

　　慕尼黑的中心地区有不少啤酒屋和啤酒餐厅。在这里你可以大块吃肉、大口喝酒，尽情享受分量十足的德式肉菜和香肠，品尝最正宗的德国啤酒。

　　巴伐利亚人喜欢在天气好的时候坐在有树荫的啤酒花园悠闲地喝小酒。另外，在德国的啤酒屋或者啤酒花园内大都是比较宽大的桌子，所以经常会出现与不认识的客人拼桌的情况。但这也是不同文化交流的好机会，不妨坐下来和身旁的各国朋友聊聊天。

宫廷啤酒屋
Hofbräuhaus

◆德国最有名的啤酒屋！

　　Hofbräu 在德语里是宫廷啤酒酿造所的意思，过去这里是王公所属领地，在 1589 年作为维特尔斯巴赫家族的酿酒厂而被建造。莫扎特、奥地利王妃（我们熟知的茜茜公主）、列宁都曾经造访过这里，1920年希特勒在这里召开了纳粹党成立会议，而后发动了啤酒馆事件。如今这里已经成了可以容纳 3000 人的、德国最著名的啤酒屋。夏季有啤酒花园。晚间楼上还有表演秀（需要门票）。1 升装啤酒 €8，白香肠（2根）€4.90。客人混杂，请注意保管好自己的贵重物品。

德国菜·啤酒餐厅　　Map p.245-B3
🏠 Platzl 9
☎ (089) 290136100
🔗 www.hofbraeuhaus.de
🕐 9:00~23:30
🈲 J M V
🚇 从 U S Marienplatz 站步行约需 5 分钟

方济会餐厅
Zum Franziskaner

◆自制白香肠绝赞！

　　啤酒和菜肴都很美味的餐厅！还有鱼类料理。店铺的内部被分成了多个房间，一共有 2 个入口。招牌菜是分量十足的肉类菜肴德国猪肘 Schweinebraten，价格是 €18.40；煎肉饼 Eine Scheibe Leberkäse 的价格是 €6.80；白香肠的价格是 2 根 €6.80。

德国菜·啤酒餐厅　　Map p.245-A3
🏠 Residenzstr.9/ Perusastr. 5
☎ (089) 23118120
🔗 www.zum-franziskaner.de
🕐 9:30~24:00（LO~23:00）
🈲 A D M V
🚇 从 U S Marienplatz 站步行约需 5 分钟

白啤餐厅
Weisses Bräuhaus

◆环境优雅的啤酒餐厅

　　以使用施耐德黑小麦 Schneider Weisse 而闻名的酿酒厂直营的啤酒餐厅。食客多为家族聚会和团体聚餐的客人，就餐环境比较轻松愉快。白香肠（2根是 €5.40）供应 ~12:00。

德国菜·啤酒餐厅　　Map p.245-B3
🏠 Tal 7　☎ (089) 2901380
🔗 www.weisses-brauhaus.de
🕐 8:00~ 次日 0:30（LO~23:00）
🈲 J M V（消费满 €20 以上）
🚇 从 U S Marienplatz 站步行约需 5 分钟

慕尼黑名物白香肠是什么？

　　提起慕尼黑的名小吃不得不说的就是白香肠 Weißwurst。使用牛犊肉、欧芹以及各种香辛料调和而成的肉泥，用白色的肠衣包裹起来，之后用水煮着吃。2 根以上起订。

　　将香肠在盘子中切开，剥去外皮，蘸着一种叫作 Süßer Senf 的甜芥末酱一起食用。

　　因为这种香肠不容易保存，所以在过去人们有一种只在上午吃最新鲜的白香肠的习惯。至今仍有不少店铺保留着这一传统。

也可以不剥皮吃

投稿　宫廷啤酒屋非常大，值得亲眼看一看。下单点1升啤酒（大杯装）时会附带白香肠和布雷结。服务生推销的布雷结是巨大号的，价格是 €1.50。购买后还能合影留念。

塔尔街普拉娜餐厅
Paulaner im Tal

◆啤酒味道超群！午餐也非常美味

从玛丽安广场向东延伸的一条大路塔尔街 Tal 沿线的餐厅。入口处虽然不是十分醒目，但是店内空间非常宽敞，还有中庭。由于这里是一家柏龙啤酒的直营店，所以啤酒的味道是不容分说的好。除此之外，周一～周五的 10:00~12:00 期间，还提供白香肠、布雷结、啤酒的套餐，价格是€9.30。

- Tal 12
- ☎（089）2199400
- ⊕ www.paulaner-im-tal.de
- ⏰ 10:00~24:00（LO=22:00）
- 💳 A M V
- 🚶 从 U S Marienplatz 站步行约需 5 分钟

斯巴登歌剧院餐厅
Spatenhaus an der Oper

◆看歌剧表演之前不妨来这里坐一坐

这家餐厅主要经营巴伐利亚风味的鸭肉和猪肉类菜肴，味道还不错。如果想要坐二楼面朝王宫和州立歌剧院的位子，建议提前预约。另外，一楼和二楼的菜谱是不同的，二楼的菜谱比较高档。猪排 Schweinabraten 价格是€17.90（一楼）。

- Residenzstr. 12　☎（089）2907060
- ⊕ www.kuffler.de/spatenhaus
- ⏰ 一楼　　　　　9:30～次日 0:30
　　 二楼　　　 11:30～次日 1:00
- 💳 A M V
- 🚶 从 U S Marienplatz 站步行约需 7 分钟

市政厅餐厅
Ratskeller

◆位于市政厅地下的地道本地菜馆

主要经营巴伐利亚菜肴，有自制香肠拼盘 Ratskeller Grillwürstlschmankerl（€18）、白香肠 Weisswurst（1 根€2.90/2 根起订）。店内十分敞亮，家具内饰也很舒服。属于中高档餐厅。

- Marienplatz 8
- ☎（089）2199890
- ⊕ www.raskeller.com
- ⏰ 10:00~24:00　💳 A M V
- 🚶 从 U S Marienplatz 站步行约需 1 分钟

布伦纳餐厅
Brenner

◆时尚的烤肉餐厅

穿过临街建筑之间的缝隙，来到一个仿佛小花园般开阔的广场，餐厅就建在这里。餐厅整体给人一种很高档的感觉，不过午餐的价格十分亲民（右图中的每天更替午餐套餐，价格是€10.90）。意面的种类也不少。入口是酒吧形式的，里面是烤肉用的开放式厨房形式的餐厅。

- Maximilianstr. 15
- ☎（089）4522880
- ⊕ www.brennergrill.de
- ⏰ 周一～周四　　8:30～次日 1:00
　　 周五·周六　　8:30～次日 2:00
　　 周日·节日　　9:30～次日 1:00
- 💳 A J M V　🚃 乘坐 19 路有轨电车 在 Nationaltheater 站下车步行约需 2 分钟

天满屋
TEMMAYA

◆尝尝预约爆满的人气餐厅

慕尼黑地区由日本人经营的唯一一家旋转寿司餐厅。晚餐一定要预约，午餐有时候不提前预约都没有位子。店内还设有榻榻米式座席的单间。除了寿司之外，还有面食类等各式日料。午餐的炸鸡便当价格是€13，寿司便当是€15.80。

- Theresienstr. 43　☎（089）57933130
- ⊕ www.tenmaya.de
- ⏰ 周二～周日　　　　11:30~15:00
　　　　　　　　　　　17:30~23:30
- ❌ 周一　💳 J M V
- 🚶 从 U Theresienstr. 站步行约需 3 分钟

弗洛里安咖啡馆
Caffe Florian

◆位于学生街上的复古咖啡馆

这家咖啡馆位于深受年轻人喜爱的施瓦宾地区。早餐食谱提供至 13:00，种类多样。主食有意面、鱼类菜肴等意大利菜，也有部分德国菜。另外，葡萄酒、鸡尾酒等酒精类饮品的种类也很丰富。

- Hehenzollernstr. 11
- ☎（089）336639　💳 A D J M V
- ⊕ www.caffe-florian.de
- ⏰ 9:00~24:00（周日 ~19:00）
- 🚶 从 U S Giselastr. 站或者 Münchner Freiheit 站步行约需 7 分钟

投稿　宫廷啤酒屋三楼的表演秀经常因团体预约而爆满。如果想要确保有座位，建议提前一天预约。如果一楼大厅有位子的话就可以坐下，但如果时机掌握得不好很可能就会没有座位！

奥斯卡·玛利亚咖啡馆
Oskar Maria

◆ 在静谧的空间里享受咖啡时间

　　位于慕尼黑文学馆（Literaturhaus）一楼的一间咖啡馆。天井很高，法式咖啡屋风格，整体空间给人一种很舒适的感觉。另外还有沙拉、浓汤等简餐，值得一提的是这里的蛋糕味道非常不错。加入培根的法式咸派 Quiche, Speckchip und Salat 价格是 € 8.90。

咖啡馆	Map p.245-A3
⊞ Salvatorplatz 1 　☎（089）29196029	
URL www.oskarmaria.com	
🕐 周一～周六　　　　　10:00~24:00	
周日·节日　　　　　10:00~19:00	
🅿 不可使用	
🚇 从 Ⓤ Ⓢ Marienplatz 站步行约7分钟	

施塔特咖啡馆
Stadtcafé

◆ 感受地道当地人的生活

　　位于市立博物馆入口处的咖啡馆。橱窗里有手工蛋糕、三明治等食品，菜单上还有浓汤、沙拉等简餐，可以作为就餐＋吃茶的好去处。夏季博物馆的中庭内也会摆放餐桌。

咖啡馆	Map p.244-B2
⊞ St. Jakobs-Platz 1 　☎（089）266949	
URL www.stadtcafe-muenchen.de	
🕐 10:00~24:00（周五、六～次日 1:00）	
🅿 不可使用	
🚇 从 Ⓤ Ⓢ Marienplatz 站步行约10分钟	

理查德咖啡馆
Café Rischart

◆ 深受慕尼黑人喜爱的人气店铺

　　烘焙店直营的亲民咖啡屋。地处新市政厅对面，观光游览之余还可以享受惬意的悠闲时光。一楼是商店，二楼是咖啡馆。右图中的照片是早餐套餐，理查德经典 Richart-Klassiker 的价格是 € 4.95，牛奶咖啡是 € 4.10。

咖啡馆	Map p.245-B3
⊞ Marienplatz 18 　☎（089）231700320	
URL www.rischart.de 　🅿 不可使用	
🕐 周一～周五　　　　　6:30~20:00	
周六　　　　　　　　7:00~20:00	
周日·节日　　　　　8:00~19:00	
🚇 从 Ⓤ Ⓢ Marienplatz 站步行约1分钟	

Ⓘnformation　在闲适的露天市场逛一逛

　　从玛丽安广场出发走过皮特教堂，向南会有一个叫作 谷物市场 Viktualienmarkt（⬤ Map p.245-B3）的露天市场。营业时间是从早上开始至 18:00（周六~16:00）（🈳 周日·节日），主要售卖一些新鲜的蔬菜、水果等。另外还有啤酒花园、烤香肠店、可以喝到鲜榨果汁的水果店等，逛一逛也是蛮开心的。

左上／使用松枝、麦穗等制成的圣诞小装饰品
上／出售各种口味蜂蜜的店铺
左／画有谷物市场的环保袋（€ 2.50），超人气商品

中间矗立着巴伐利亚的标志——五月树（五月柱）

自助式啤酒花园客人爆满

  投稿　汉堡屋 Burger House（⊞ Rablstr. 37 　⬤ Map p.243-B4 　URL theburgerhouse.com）是深受当地人喜爱的一家汉堡店。这里的汉堡肉汁鲜美。

慕尼黑的商店
Shopping

从卡尔门向东延伸的步行街——纽豪萨尔街 Neuhauser Str. 周边有百货商场和价格实惠的精品店。高端品牌的店铺大都在马克西米利安街 Maximilianstr. 附近，可以根据需求合理安排自己的购物时间。

新市政厅南侧有一个占地面积广阔的露天市场——谷物市场，这里是慕尼黑人民的菜篮子。以销售蔬菜、水果、乳酪等为主，另外还有葡萄酒、蜂蜜等，你还可以在这里寻找一些适合做伴手礼的商品。

奥巴波林高百货商场
Oberpollinger

◆众多品牌云集的高档百货商场

路易·威登、古驰、迪奥、菲拉格慕、普拉达、芬迪等人气品牌专卖店云集的高档百货商场。另外还设有家庭用品卖场和自助餐厅 Le Buffet。

百货商场　Map p.244-A2

Neuhauser Str. 18 ☎（089）290230
www.oberpollinger.de
周一～周六　10:00~20:00
周日·节日
ADJMV（依店铺而异）
从 U S Karlsplatz 站步行约 1 分钟

五宫廷
Fünf Höfe

◆时尚精品店和咖啡屋云集的地方！

位于从玛丽安广场向北延伸的特埃蒂那大街 Theatinerstr. 西侧的一座购物长廊。以大型书店福根德贝尔、麦丝玛拉等店铺为首的时尚品牌店铺汇集于此，还有 MUJI（无印良品）专卖店。

购物广场　Map p.245-A3

Theatinerstr. 15
☎ 依店铺而异
www.fuenfhoefe.de
从 U S Marienplatz 站步行约 5 分钟

古洛迷亚百货商店
Galeria Kaufhof

◆食品区种类丰富！

建于玛丽安广场前的大型百货商场。以时尚商品为主，家庭用品等日用百货类的商品也很齐全，还可以作为选购伴手礼的好去处。尤其是位于商场地下的食品专卖区域，品种十分丰富。

百货商场　Map p.245-B3

Kaufingerstr. 1-5
☎（089）231851
www.galeria-kaufhof.de
周一～周六　9:00~20:00
周日·节日
ADJMV
从 U S Marienplatz 站步行约 1 分钟

卡尔施泰特百货商场
Karstadt

◆地理位置优越的站前商场！

这是一家大型百货商场，从时装到玩具，商品种类丰富齐全。位于商场地下的食品区有香肠、乳酪、葡萄酒、熟食等柜台，还有寿司专柜。商场还与慕尼黑中央车站地下商业街相连。

百货商场　Map p.244-A1

Bahnhofplatz 7
☎（089）55120
www.karstadt.de
周一～周六　9:30~20:00
周日·节日
AJMV
从中央车站步行约需 1 分钟

路德维希贝克商场
Ludwig Beck

◆位于玛丽安广场上的大众百货公司

给人感觉非常亲民的一家百货公司。古典音乐和爵士乐 CD 的卖场备受好评。2.Stock（中国的三层）设有以香槟特拉伏勒巧克力而闻名的杜塞尔多夫海涅曼咖啡馆。

百货商场　Map p.245-B3

Marienplatz 11 ☎（089）236910
www.ludwigbeck.de
周一～周六　9:30~20:00
周日·节日
ADMV
从 U S Marienplatz 站步行约 1 分钟

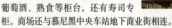

达鲁玛雅
Alois Dallmayr

◆ 高档熟食店

商品展示柜内摆放着各式各样的肉类、蔬菜类、沙拉等菜肴，令人目不暇接。另外，该公司旗下的咖啡豆、巧克力、红茶等商品也特别适合当作伴手礼来送人。二楼设有咖啡厅和高档餐厅。

食品	Map p.245-B3

- 🏠 Dienerstr. 14-15　☎（089）21350
- 🌐 www.dallmayr.de
- 🕐 周一～周六　　　　　　　9:30~19:00
　　圣诞节前 ~20:00
- 🚫 周日·节日
- 💳 M V
- 🚇 从 U S Marienplatz 站步行约 5 分钟

手工制造
Manufactum

◆ 日用百货精品店

考究的高档日用杂货商店。无论是法国、意大利的食材，还是钓具、厨具、家用工具、香熏用品、文具、木质玩具等都是质量上乘的精品。

杂货·其他	Map p.245-B3

- 🏠 Dienerstr. 12　☎（089）23545900
- 🌐 www.manufactum.de
- 🕐 周一～周六　9:30~19:00
- 🚫 周日·节日
- 💳 A D M V
- 🚇 从 U S Marienplatz 站步行约 5 分钟

考特·布林格文具店
Kaut Bullinger

◆ 文具界的百货公司

慕尼黑最大规模的文具店。主要销售德国的办公用品、学生们非常喜爱的文具等商品。笔记本和信纸等非常适合作为旅行的伴手礼送给朋友。

杂货·其他	Map p.245-B3

- 🏠 Rosenstr. 8　☎（089）238000
- 🌐 www.kaut-bullinger.de
- 🕐 周一～周六　9:30~20:00
- 🚫 周日·节日
- 💳 A D J M V
- 🚇 从 U S Marienplatz 站步行约 3 分钟

拜仁俱乐部球迷商店
FC Bayern Fan-Shop

◆ 明星球队的周边产品十分齐全

德甲的顶级队伍——拜仁慕尼黑队的周边产品十分齐全。比赛当天这里非常热闹。除此之外，在中央车站地下（有旅游咨询处的出口附近的电梯下）、宫廷啤酒屋附近、安联体育场内也都设有分店。

体育	Map p.244-B2

- 🏠 Neuhauser Str. 2
- ☎（089）699310
- 🕐 周一～周六　　　　　　10:00~20:00
- 🚫 周日·节日
- 💳 J M V
- 🚇 从 U S Marienplatz 站或者 Karlsplatz
　　站步行约 5 分钟

🛒 在慕尼黑可购买到的著名品牌

从巴伐利亚州立歌剧院前向东延伸的马克西米利安街是慕尼黑著名的名店街。另外，南北向的王宫大街 Residenzstr. 和特埃蒂那大街 Theatinerstr. 上也有不少高档精品店。

店　名	地图／地址	店　名	地图／地址
艾格纳 AIGNER	MAP ◆ p.245-A3 🏠 Theatinerstr.45	爱马仕 HERMES	MAP ◆ p.245-B4 🏠 Maximilianstr.22
博柏利（巴宝莉） Burberrys	MAP ◆ p.245-A3 🏠 Perusastr.1	吉尔·桑达 JIL SANDER	MAP ◆ p.245-B4 🏠 Maximilianstr.30
香奈儿 CHANEL	MAP ◆ p.245-B4 🏠 Maximilianstr.20	路易·威登 LOUIS VUITTON	MAP ◆ p.245-A3 🏠 Residenzstr.2
古驰 GUCCI	MAP ◆ p.245-B4 🏠 Maximilianstr.31	普拉达 PRADA	MAP ◆ p.245-A3 🏠 Residenzstr.10
菲拉格慕 Salvatore Ferragamo	MAP ◆ p.245-B4 🏠 Maximilianstr.29	蒂凡尼 TIFFANY & Co.	MAP ◆ p.245-A3 🏠 Residenzstr.11

✉ 投稿　从慕尼黑中央车站东侧中央出口下来之后右侧（拜仁俱乐部球迷商店券）有一家药妆店，周日也是开业的。
　　在这里可以购买到适合做伴手礼的糖果、护手霜等，还可以买到饮料。

慕尼黑的酒店
Hotel

中央车站周边有酒店相对集中的酒店一条街。车站南侧从 Bayerstr. 到 Schillerstr. 是中档酒店和经济型酒店较为集中的区域。车站北侧、有浪漫之路巴士站等巴士停靠站的 Arnulfstr. 一侧也有几家中档酒店。高档酒店大都在市中心。如果是 27 岁以上的住客入住青年旅舍每晚需要追加 €4 的住宿费。每年 9 月中下旬～10 月初的十月节和展会期间（可以通过 🖳 www.messe-muenchen.de 进行查询）是慕尼黑最热闹的时候，届时酒店比较难订到房间，价格也会上涨。

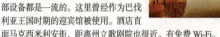

凯宾斯基四季酒店
Kempinski Hotel Vier Jahreszeiten

◆慕尼黑具有代表性的高档酒店

创立于 1858 年，采用至今仍旧可以感觉到那个时代气息的复古内装，内部设备都是一流的。这里曾经作为巴伐利亚王国时期的迎宾馆被使用。酒店直面马克西米利安街，距离州立歌剧院也很近。有免费 Wi-Fi。

最高档酒店　Map p.245-A4
- 🏠 Maximilianstr.17　D-80539
- ☎ (089) 21250　FAX (089) 21252000
- 🖳 www.kempinski.com/de/munich
- 💰 Ⓢ € 297~632　Ⓣ € 414~1249
- 💳 ADJMV
- 🚋 乘坐 19 路有轨电车在 Kammerspiele 站下车，步行约需 1 分钟

文华东方酒店
Hotel Mandarin Oriental

◆世界富豪御用的超豪华酒店

麦当娜、德国王子、埃尔顿·约翰等都曾经下榻于此。酒店内还设有以日本料理和秘鲁菜为代表的高档餐厅"Mark's"。天气好的日子里在位于楼顶的游泳池还可以远眺巴伐利亚阿尔卑斯。有 Wi-Fi（付费）。

最高档酒店　Map p.245-B4
- 🏠 Neuturmstr. 1　D-80331
- ☎ (089) 290980　FAX (089) 222539
- 🖳 www.mandarinoriental.com
- 💰 ⓈⓉ € 525~905
- 💳 ADJMV
- 🚋 从 Ⓤ/Ⓢ 在 Marienplatz 站步行约 5 分钟

巴伐利亚酒店
Bayerischer Hof

◆由宫殿改建而成的高格调酒店

创立于 1852 年，是慕尼黑具有代表性的酒店之一。酒店是由孟格拉宫殿等几座建筑联合组成的，客房风格多种多样，既有古典范儿的又有现代派的。有 Wi-Fi（付费）。

最高档酒店　Map p.244-A2
- 🏠 Promenadeplatz 2-6　D-80333
- ☎ (089) 21200　FAX (089) 2120906
- 🖳 www.bayerischerhof.de
- 💰 Ⓢ € 270~390　Ⓣ € 380~650
- 💳 ADJMV
- 🚋 乘坐 19 路有轨电车在 Theatinerstr. 站下车，步行约需 3 分钟

慕尼黑玛丽蒂姆酒店
Maritim Hotel München

◆位于中央车站旁的现代化高档酒店

建于中央车站南侧，共拥有 339 间客房的大型高档酒店。是一间在大都会打拼多年的精练的城市酒店。有温水游泳池和桑拿房。酒店餐厅可以品尝到各国料理，小酒吧也很不错。有 Wi-Fi（付费）。

高档酒店　Map p.243-B3
- 🏠 Goethestr. 7　D-80336
- ☎ (089) 552350
- FAX (089) 55235900
- 🖳 www.maritim.de
- 💰 Ⓢ € 129~299　Ⓣ € 178~348
- 💳 ADJMV
- 🚋 从中央车站步行约需 2 分钟

万豪酒店
Marriott

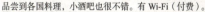

◆位于城市北部的大型酒店

位于施瓦本地区北部的现代化高档酒店。旅游团住客较多。有室内游泳池和桑拿房。有 Wi-Fi（商务中心免费使用，客房内需要付费）。

高档酒店　Map p.243-A4
- 🏠 Berliner Str. 93 D-80805
- ☎ (089) 360020　FAX (089) 36002200
- 🖳 www.marriott-muenchen.de
- 💰 ⓈⓉ € 129~399　💳 ADJMV
- 🚋 从 Ⓤ6 Nordfriedhof 站步行约需 5 分钟

慕尼黑与阿尔卑斯山之路

●慕尼黑

259

希尔顿酒店
Hilton City

◆现代化的设施快捷舒适

　　是一间现代化的大型酒店，旅游团客人较多。从中央车站乘坐 S-Bahn 在第四站 Rosenheimer Platz 站下车，从车站有直达酒店的入口。步行可达德意志博物馆。有 Wi-Fi（酒店大堂免费使用、客房内另付费）。

高档酒店　　Map p.243-B4

- Rosenheimer Str. 15　D-81667
- ☎ (089) 48040　FAX (089) 48044804
- URL www.hilton.de/muenchencity
- ⓢ € 141~571　Ⓣ € 153~583
- A D J M V
- 从 U Rosenheimer Platz 站步行约需 1 分钟

普拉茨尔酒店
Platzl

◆充满巴伐利亚地方气息的魅力酒店

　　距离宫廷啤酒屋和巴伐利亚州立歌剧院步行只需要 2~3 分钟，即便是独自一人也很安全。酒店整体是巴伐利亚风格。早餐是自助式的，有时还会提供白香肠。有免费 Wi-Fi。

高档酒店　　Map p.245-B3

- Sparkassenstr. 10　D-80331
- ☎ (089) 237030　FAX (089) 23703800
- URL www.platzl.de
- ⓢ € 145~325　Ⓣ € 215~395
- A D M V
- 从 U S Marienplatz 站步行约 5 分钟

沃尔夫伊甸酒店
Eden-Hotel-Wolff

◆巴伐利亚风格的酒店

　　位于中央车站北口的对面。距离机场巴士车站也很近，交通非常方便。客房内使用了非常优雅的色调，给人感觉很舒服。位于一楼的餐厅提供巴伐利亚地方特色菜，评价非常好。有免费 Wi-Fi。

高档酒店　　Map p.244-A1

- Arnulfstr. 4　D-80335
- ☎ (089) 551150　FAX (089) 55115555
- URL www.ehw.de
- ⓢ € 153~245　Ⓣ € 198~350
- A D J M V
- 从中央车站步行约需 1 分钟

慕尼黑 NH 德国皇帝酒店
NH Deutscher Kaiser

◆位于车站北侧的快捷酒店

　　位于中央车站北出口前马路正对面的一间酒店。距离机场巴士站也非常近。虽然单人间的面积不算很宽敞，但是床非常舒适，可以睡个好觉。有免费 Wi-Fi。

中档酒店　　Map p.244-A1

- Arnulfstr. 2　D-80335
- ☎ (089) 54530
- FAX (089) 54532255
- URL www.nh-hotels.com/NHDeutscherkaiser
- ⓢ € 93~　Ⓣ € 102~
- A D J M V
- 从中央车站步行约需 1 分钟

慕尼黑霍夫欧洲酒店
Europäischer Hof München

◆距离中央车站步行仅需 1 分钟，适合乘坐火车出行的游客

　　位于中央车站南出口的对面。共有 3 种房型，分别是标准型、舒适型房间和商务型房间。通过网络直接预订有优惠。有免费 Wi-Fi。

中档酒店　　Map p.244-A1

- Bayerstr. 31　D-80335
- ☎ (089) 551510
- FAX (089) 551511444
- URL www.heh.de
- ⓢ € 84~264　Ⓣ € 99~332
- A D J M V
- 从中央车站步行约需 1 分钟

梅尔城市酒店
Meier

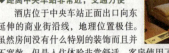

◆距离中央车站非常近，交通方便

　　酒店位于中央车站正面出口向东延伸的商业街沿线，地理位置极佳。虽然房间没有什么特别的装饰而且并不宽敞，但是入住体验非常舒适。客房使用了隔音玻璃。虽然有无线 Wi-Fi，但是由于房屋构造问题没有信号。

中档酒店　　Map p.244-A1

- Schützenstr. 12　D-80335
- ☎ (089) 5490340
- FAX (089) 549034340
- URL www.hotel-meier.de
- ⓢ € 105~250　Ⓣ € 145~310
- A D M V
- 从中央车站步行约需 2 分钟

慕尼黑市中心美居酒店
Mercure München City Center

◆旅游团住客较多的酒店

距离车站非常近，十分方便。旅行社经常会为团体客人预订这家酒店。客房内禁烟，楼层分吸烟层和禁烟层。有 Wi-Fi（商务中心免费、客房内单独付费）。

中档酒店	Map p.244-B1
住 Senefelderstr. 9　D-80336	
☎（089）551320　FAX（089）596444	
URL www.mercure.com	
圆 ⑤① € 89~599	
田 A D J M V	
図 从中央车站步行约需 3 分钟	

路易波德酒店
Luitpold

◆非常舒适的小酒店

百货商场旁的一条小路便是这间酒店入口处。虽然前台比较窄小，但是服务人员都非常敬业，给人很安全的感觉。客房内巴伐利亚风格的家具和内饰也非常可爱。有免费 Wi-Fi。

中档酒店	Map p.244-A1
住 Schützenstr. 14　D-80335	
☎（089）594461　FAX（089）554520	
URL www.hotel-luitpold.de	
圆 ⑤ € 83~185　① € 108~280	
田 A J M V	
図 从中央车站步行约需 2 分钟	

贝利布鲁酒店
Belle Blue

◆重装后焕然一新

位于中央车站附近，主色调是蓝色的时尚酒店。虽然是中档酒店，但房间却带有空调。冬季浴室还有地暖。需要注意的是 0:00~6:00 期间前台关闭。有免费 Wi-Fi。

中档酒店	Map p.244-B1
住 Schillerstr. 21　D-80336	
☎（089）5506260	
FAX（089）55062699	
URL www.hotel-belleblue.com	
圆 ⑤ € 65~300　① € 80~320	
田 A D M V	
図 从中央车站步行约需 4 分钟	

皇家酒店
Royal

◆距离车站较近的中档酒店

从中央车站出来以后进入 Schillerstr.，左侧便是该酒店。所有楼层都有 Wi-Fi 覆盖，使用酒店的电脑上网也是免费的。虽然只是三星级酒店，算不上豪华，但是非常干净快捷。全馆禁烟。**读者优惠 10%**（→见文前"本书的使用方法"）

经济型酒店	Map p.244-B1
住 Schillerstr. 11A　D-80336	
☎（089）59988160	
FAX（089）599881616	
URL www.hotel-royal.de	
圆 ⑤ € 54~299　① € 74~399	
田 A J M V	
図 从中央车站步行约需 3 分钟	

艾德酒店
Eder

◆性价比极高的酒店

这是一家经济型酒店，位于中央车站与卡尔广场之间的地带。虽然房间不大，但是内部干净整洁。另外还有 3 人间和 4 人间。唯一的不足是没有电梯。只有公共区域才可以使用 Wi-Fi（免费）。

经济型酒店	Map p.244-B1
住 Zweigstr.8　D-80336	
☎（089）554660	
FAX（089）5503675	
URL www.hotel-eder.de	
圆 ⑤ € 45~180　① € 65~230	
田 A J M V	
図 从中央车站步行约需 3 分钟	

欧洲青年旅馆
Euro Youth Hotel

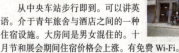

◆适合背包客入住的酒店

从中央车站步行即到。可以讲英语。介于青年旅舍与酒店之间的一种住宿设施。大房间是男女混住的。十月节和展会期间住宿价格会上涨。有免费 Wi-Fi。

青年旅馆	Map p.244-B1
住 Senefelderstr.5　D-80336	
☎（089）5990880	
FAX（089）59908877	
URL www.euro-youth-hotel.de	
圆 浴室、卫生间共用的 ⑤ € 55~240、① € 65~250，3 人间、3~5 人间的费用是每人 € 15~70　田 A M V	
図 从中央车站步行约需 3 分钟	

投稿　欧洲青年旅馆的5人间真的很不错，10人间有些窄小。无论是卫生间、浴室还是客房都很干净，前台的服务人员也非常热情。袋熊城市旅馆的浴室特别脏，感觉不是很好。

261

袋熊城市旅馆
wombat's the city hostel

◆车站附近的人气私人旅馆

前台 24 小时提供服务。房间内有保险柜。多人间有时会出现男女混住的情况。通过互联网预约时会提前从信用卡中扣除预约金，具体注意事项请熟读网站内容。只有公共区域才可以使用 Wi-Fi（免费）。

青年旅馆　　　　　　Map p.244-A1
- Senefelderstr.1　D-80336
- ☎（089）59989180
- FAX（089）599891810
- URL www.wombats-hostels.com
- 圏 ⑤①1 人€ 84~200 多人间€ 15~90（十月节期间价格上涨），早餐€ 4.50
- 図 从中央车站步行约需 3 分钟

CVJM 青年旅馆
CVJM Jugendgästehaus

◆德国的 YMCA

从中央车站出来之后沿着 Schillerstr. 步行 5 分钟左右，在与 Landwehrstr. 的十字路口处向左转，然后步行大约 3 分钟即到。CVJM 是德国的 YMCA（基督教青年会）。十月节期间每晚的住宿费上涨€ 10。部分区域有 Wi-Fi（付费）。

青年旅馆　　　　　　Map p.244-B1
- Landwehrstr. 13　D-80336
- ☎（089）5521410
- FAX（089）5504282
- URL www.cvjm-muenchen.org/hotel
- 圏 ⑤€ 37~　①€ 64~　27 岁以上追加€ 3
- ⊞ MV

慕尼黑公园青年旅舍
Jugendherberge München-Park

◆设施齐全的大型商务旅舍

位于慕尼黑植被丰富、安静舒适的南部地区。附近还有赫拉布伦动物公园。旅舍的内部设施既干净又整齐。部分区域有 Wi-Fi。27 岁以上追加€ 4。

青年旅舍　　　　　　Map 地图外
- Miesingstr. 4　D-81379
- ☎（089）78576770　FAX（089）785767766
- URL www.muenchen-park.jugendherberge.de
- 圏 1 人€ 24~49　⑤€ 39~69　①€ 108~198　展会和十月节期间价格上涨
- 図 从 Ⓤ3 Thalkirchen 站步行约需 10 分钟

施瓦尼科堡青年旅舍
Jugendherberge Burg Schwaneck

◆利用丛林中的城堡改建而成的青年旅舍

这家青年旅舍是利用古堡改建而成的，因为地处丛林之中，所以建议在天黑之前到达。办理入住手续的时间是 16:00~17:30、办理退房手续的时间是 7:30~10:00。有单人间、双人间和四人间。27 岁以上加收€ 4。12 月中旬~次年 1 月上旬休息。

青年旅舍　　　　　　Map 地图外
- Burgweg 4-6　D-82049 Pullach
- ☎（089）74486670
- FAX（089）74486680
- URL www.burgschwaneck.de
- 圏 附带早餐的多人间€ 27　⑤€ 42　①€ 70　⊞ MV
- 図 从 ⑤7 Pullach 站步行约需 15 分钟

慕尼黑城市青年旅舍
Jugendherberge München-City

◆方便购物的人气青年旅舍

从中央车站乘坐地铁 Ⓤ1 在 Rotkreuzplatz 站下车，然后步行约 5 分钟即到。旅舍附近也有超市，非常方便。可以使用互联网。十月节期间每人追加€ 4~8 的住宿费，27 岁以上住宿还需另外追加€ 4。有 Wi-Fi。12 月中旬~次年 1 月中旬休息。

青年旅舍　　　　　　Map p.242-A2
- Wendl-Dietrich-Str.20　D-80634
- ☎（089）20244490
- FAX（089）202444913
- URL www.muenchen-city.jugendherberge.de
- 圏 多人间€ 27~44　⑤€ 37~61　①€ 62~108
- ⊞ JMV

慕尼黑国际青年旅舍
Haus International

◆设施齐全的青年旅舍

建于慕尼黑奥运会那一年（1972 年）。比其他青年旅舍感觉稍微高一个档次，设施非常齐全，有餐厅，还有迪斯科吧。可以乘坐 12 路有轨电车在 Barbarastr. 站下车。有免费 Wi-Fi。

青年旅舍　　　　　　Map p.243-A3
- Elisabethstr. 87　D-80797
- ☎（089）120060　FAX（089）12006630
- URL www.haus-international.de
- 圏 ⑤€ 40~110　①€ 64~260　多人间€ 21~60
- 図 从 Ⓤ2 Hohenzollernplatz 站下车，换乘 53 路巴士在 Barbarastr. 站下车

雷根斯堡 *Regensburg*

2000 年不变的多瑙河畔之城

精美建筑环绕的海德广场

Map ◆ p.237-A3

人　口	14300 人
长途区号	0941

ACCESS

铁路：从纽伦堡乘坐 ICE 特快约需 55 分钟。从慕尼黑乘坐 RE 快速，或者乘坐私铁 Alex 约需 1 小时 30 分钟。

ℹ **雷根斯堡的旅游服务中心**
🏠 Rathausplatz 4　D-93047 Regensburg
➡ Map p.264-A1
☎ (0941) 5074410
📠 (0941) 5074419
🖥 www.tourismus.regensburg.de
📧 tourismus@regensburg.de
🕐 周一～周五　　9:00～18:00
　　周六　　　　9:00～16:00
　　周日·节日　　9:30～14:30
　　（4~10 月期间的周日和节日 ~16:00）

世界遗产
雷根斯堡老城区和施塔特阿姆霍夫地区（2006 年被列为世界遗产）

●**市内交通**
　在市内乘坐巴士单次车票价格是 € 2.30，1 日券 Tages-Ticket 的价格是周一～周五提前购买 € 5，在车内购买是 € 6.50，周六、周日和节日是 € 4.20（车内价格相同）。
　从中央车站出发的 Altsadtbus（时刻表和车站用 A 标示）途经马克西米利安街、大教堂旁的街道、老城区，不过这趟巴士只在周一～周五工作日期间运行。

雷根斯堡是多瑙河畔的美丽古城，位于慕尼黑以北约 140 公里处。历史悠久，从古罗马时期开始便作为多瑙河畔的军事要地而发挥着重要的作用。

狭窄而蜿蜒曲折的石板路、被列为世界遗产的老城区里的大教堂以及周围的红砖住宅，仍然保持着过去庄严肃穆的氛围，远眺多瑙河对岸的景色，也会令人惊叹。参观完老城区，可以乘游览船沿多瑙河顺流而下。向下游漂流 10 公里左右，可以看到位于山丘之上的希腊神庙风格的瓦尔哈拉神庙。

雷根斯堡 漫步

前往当地最重要的景点大教堂 Dom，可从中央车站前的马克西米利安街 Maximilianstr. 步行 10~15 分钟。马克西米利安街的中途一段为步行街，非常适合漫步游览。

走过大教堂正门继续向北，就能来到多瑙河岸边。那里有德国历史最久的香肠店香肠厨房 Historische Wurstkuchl，而且仍在营业。看着多瑙河上的美景，品尝美味的炭火烤香肠，再喝上一杯啤酒，那份惬意会让游客感到不虚此行。

香肠店旁边的石桥 Steinerne Brücke 的对岸是施塔特阿姆霍夫地区 Stadtamhof，与老城区一起被列为了世界遗产。

返回老城区后，可以前往位于市政厅广场 Rathausplatz 旁的旧市政厅。一层设有 ℹ。内部作为帝国议会博物馆 Reichstagsmuseum，可以通过参加团体游的形式参观。

时间充裕的话，还可以从海德广场 Haidplatz 步行前往 Hinter der Grieb 周边的小

大教堂的塔楼看上去非常漂亮

历史悠久的烤香肠店，从烟囱里飘出了香味

施塔特阿姆霍夫地区色调柔
和的住宅

从多瑙河石桥上看到的老城区

从施塔特阿姆霍夫地区远眺老城区

● **大教堂**
⊖ Map p.264-A2
🔗 www.domplatz-5.de
🕐 4～10月　　6:30～18:00
　 11月～次年3月 6:30～17:00
💰 免费

有导游讲解的大教堂和回
廊的导览价格为€6.50，每
天14:30（5～10月的周一～周
六10:30也有团）出发。可以
在位于大教堂南侧的被称为
DOMPLATZ 5的旅游中心申
请参加。

巷闲游。返回大教堂时，如果走名为 Kramgasse 的小巷，可以清楚地看
到路前方的大教堂塔楼，很有意思。

雷根斯堡　主要景点

建有双塔的大教堂
Dom　　　　　　　　　　　　　　　　　　　★★★

这座教堂是巴伐利亚最重要的哥特式建筑，里面有13～14世纪的花
窗玻璃，非常值得一看。名为 Domspatzen（意为大教堂的燕子们）的雷

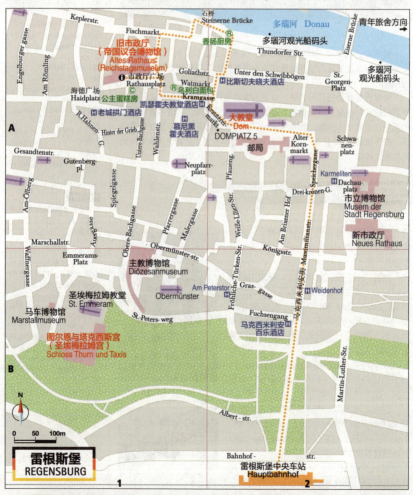

📧 投稿　中央车站南出口与购物中心直接相通，购物中心内有dm（药妆店）、Kaufland（超市）、快餐店，非常方便。
在老城区没有见到超市。

Domspatzen 把天使圣歌般的歌声带给整个教堂

根斯堡少年合唱团非常有名，如果在周日造访这里，可以参加从 10:00 开始的弥撒（提前 30 分钟左右到达的话，就能选择比较好的座位），能欣赏到合唱团的歌声。

雄伟的哥特式大教堂，塔高 105 米

这些孩子的歌声完全不逊色于著名的维也纳少年合唱团。

2009 年，大教堂内安装了一架世界上最大的挂壁式管风琴。这架管风琴重约 37 吨，由 4 根钢索吊在空中，演奏者需要乘电梯升到 15 米高的演奏台上才能演奏。

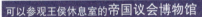

可以参观王侯休息室的帝国议会博物馆
Reichstagsmuseum ★★

整个建筑包括黄色的旧市政厅、市政厅塔以及宫殿 3 部分。1663~1806 年，这里是神圣罗马帝国议会开会的场所。可以参加团体游参观诸侯们的休息室、会议室以及位于地下的刑讯室和牢房。

在旧市政厅一层的 ❶ 报名参加团体游

图尔恩与塔克西斯宫（圣埃梅拉姆宫）
Schloss Thurn und Taxis (Schloss St. Emmeram) ★★

这座宫殿属于靠垄断神圣罗马帝国邮政事业而获得亿万财富的图尔恩与塔克西斯家族，这个家族拥有侯爵爵位，现在仍是德国屈指可数的富豪。该建筑原为圣埃梅拉姆修道院，1816 年经过改建成了华丽的宫殿。参加团体游可以参观宫殿内豪华的舞厅、觐见皇帝的大厅、卧室、附设的圣埃梅拉姆教堂的回廊。

侯爵家族现在仍居住在这里

雷根斯堡 近郊景点

酷似雅典帕特农神庙的瓦尔哈拉神庙
Walhalla MAP p.237-A3

巴伐利亚国王路德维希一世下令于 1830~1842 年修建的希腊风格的神庙。瓦尔哈拉意为"死者的殿堂"，源自日耳曼神话。神殿内有 130 尊德国历史上著名的皇帝、国王、政治家、艺术家、哲学家的半身像以及 65 块铭牌。由利奥·冯·克伦泽仿照希腊帕特农神庙设计。建于多瑙河边

非常稀少的壁挂式管风琴

●雷根斯堡少年合唱团主页
🖥 www.domspatzen.de

●帝国议会博物馆
🏠 Rathausplatz, Altes Rathaus
📍 Map p.264-A1
🖥 www.regensburg.de/museumsportal/museen
需要参加导览团，所需时间约 1 小时。
📅 12/24·25、1/1、狂欢节的周二
💰 € 7.50

●图尔恩与塔克西斯宫（圣埃梅拉姆宫）
🏠 Emmeramplatz 5
📍 Map p.264-B1
🖥 www.thurnundtaxis.de
📅 只能通过参加导览团参观
4~10 月 经典参观团所需时间 90 分钟（10:30、12:30、14:30、16:30）、主要景点参观团所需时间 60 分钟（11:30、13:30、15:30）
11 月~次年 3 月期间的导览团数和出发时间会有所调整。
📅 12/24·25·26
💰 经典参观团 € 13.50
主要景点参观团 € 10

●瓦尔哈拉神庙
🚋交通 乘坐多瑙河观光船（参考下述内容，冬季停运）或者巴士前往。从中央车站前的巴士站乘坐 5 路巴士大约需要 30 分钟，在 Donaustauf/ Walhallastr. 站下车。然后根据标识沿着山路步行约 15 分钟。周日巴士的班次较少，游客也较少。
🖥 www.walhalla-regensburg.de
📅 4~9 月　　9:00~17:45
10 月　　9:00~16:45
11 月~次年 3 月
　　　　　10:00~11:45
　　　　　13:00~15:45
📅 狂欢节的周二、12/24·25·31
💰 € 4、学生 € 3

●去往瓦尔哈拉神庙方向的多瑙河观光船（本书调查时）
共有两家公司通航，其中 Regensburger Personenschiffahrt Klinger 公司的 Walhalla-Schiffahrt 是 3/26~4/29 期间的周六、周日和 4/30~10/16 期间的每天运

海德广场（📍MAP p.264-A1）的一处建筑的外墙上有一个小老鼠的浮雕，传说只要抚摸过老鼠的尾巴就有机会再次来到雷根斯堡。不妨去寻找一下。
编外话

航（乘客未满 10 人时停运）。从雷根斯堡出发的时间是 10:30、14:00，大约需要 45 分钟。返程从神庙出发的时间是 12:30、16:00，所需时间约 1 小时。乘船地点位于石桥的东侧。

🖥 www.schifffahrtklinger.de
💰 单程€ 8.90、往返€ 13.80、学生和家庭有优惠

　　另外一家是 Donauschiffahrt Wurm+Köck 公司（🖥 www.donauschiffahrt.de），运航时间是 5/1~10/9 期间的每天，从雷根斯堡出发的时间是 11:00、13:00、15:00，从神庙返程的时间是 11:45、13:45、15:45。乘船地点在 Eiserne Brücke 的东侧。

💰 往返€ 14.80

● 凯尔海姆与维尔腾堡修道院
🚆🚌 从雷根斯堡的中央车站乘坐前往 Saal（Donau）方向的私铁 ag（火车通票可用）大约需要 30 分钟，下车后从站前直接乘坐巴士 15~20 分钟后，在 Kelheim, Wöhrdplatz/Zentrum 站下车，车站距离乘船的地点非常近。然后乘坐观光船前往维尔腾堡，大约 40 分钟（回程 20 分钟），下船后步行 400 米便可到达修道院。观光船（🖥 www.renate.de）只在每年的 3 月中旬~11 月上旬运航。往返€ 10.50。

● 解放纪念馆
🖥 www.schloesser.bayern.de
🕐 4~10 月　　　9:00~18:00
　　11 月~次年 3 月 9:00~16:00
💰 € 3.50

● 维尔腾堡修道院
📮 Asamstr. 32　D-93309
　　Kelheim/Donau
🖥 www.klosterschenke-weltenburg.de
🕐 4~10 月　　　9:00~19:00
🕐 11 月~次年 3 月

的小丘之上，距雷根斯堡 10 公里左右，在神殿的露台上可以远眺多瑙河的美景。

多瑙河岸的维尔腾堡修道院
Kloster Weltenburg

MAP p.237-A3

　　来到多瑙河畔的小城凯尔海姆 Kelheim，就能看到耸立于山丘之上的圆柱形建筑解放纪念馆 Befreiungshalle。为了纪念德国摆脱拿破仑的统治而于 1842~1863 年修建，大理石装饰的纪念馆内部立有女神像。

　　从凯尔海姆乘多瑙河游船，驶往维尔腾堡修道院 Kloster Weltenburg，途中会经过著名的多瑙河峡谷 Donaudurchbruch。修道院附属教堂由大师科斯马斯·达米安·阿萨姆设计，其利用独特采光技术营造出神奇氛围的祭坛非常有名。

设有啤酒厂的维尔腾堡修道院

建于山丘上的解放纪念馆

雷根斯堡的餐馆
Restaurant

香肠厨房
Historische Wurstkuchl

◆这是一家历史悠久的烤香肠店，早在 11 世纪建设石桥时，这里便是专门设立于多瑙河畔的就餐区域。味道质朴的炭火烤香肠和德式泡菜（6 根香肠€ 9）是这里的招牌菜。还可以坐在能够眺望多瑙河石桥的露台上就餐。

Map p.264-A2

📮 Thundorferstr. 3
☎ (0941) 466210
📠 (0941) 4662121
🖥 www.wurstkuchl.de
🕐 10:00~17:00

乌利白面包
Dampfnudel-Uli

◆白面包 Dampfnudel（€ 6.40）是使用牛奶和油加入酵母蒸制的一种松软的面包。浇上热乎乎的香草酱汁一起吃更加美味。每天更替的套餐种类也十分丰富。店内设有吧台座位，即便是独自旅行的游客也可以轻松就餐。位于红塔 Baumburger Turm 内的一家小餐厅。

Map p.264-A1

📮 Am Watmarkt 4
☎ (0941) 53297
🖥 www.dampfnudel-uli.de
🕐 周三~周五
　　　　　　10:00~17:00
　　周六　　 10:00~15:00
🕐 周日·节日·周一·周二·夏季休业

公主蛋糕房
Prinzeß

◆位于旧市政厅对面的可爱蛋糕咖啡屋。手工烘焙的蛋糕和巧克力非常美味。

⊞ Rathausplatz 2
☎（0941）595310　FAX（0941）5953129
URL www.cafe-prinzess.de　囲 12/25・26
営 周一～周六　　　　　　　　　　9:00~18:30
　 周日・节日　　　　　　　　　　10:00~18:30

雷根斯堡的酒店
Hotel

老城拱门酒店
Altstadthotel Arch

◆利用 18 世纪的贵族宅邸改建而成的酒店，内饰家具给人很浪漫的感觉。有免费 Wi-Fi。

⊞ Haidplatz 4　D-93047
☎（0941）58660　FAX（0941）5866168
URL www.altstadthotelarch.de
料 Ⓢ€89~　Ⓣ€122~　⊞ ADJMV

马克西米利安百乐酒店
Parkhotel Maximilian

◆洛可可风白色城堡般的酒店。共有 52 间客房。有 Wi-Fi。

⊞ Maximilianstr.28　D-93047
☎（0941）56850　FAX（0941）52942
URL www.eurostarsparkmaximililan.com
料 Ⓢ€79~　Ⓣ€99~　⊞ ADJMV

凯瑟霍夫教堂酒店
Kaiserhof am Dom

◆利用 14 世纪的教堂改建而成的酒店。位于大教堂的旁边。共有 30 间客房。有 Wi-Fi。

⊞ Kramgasse 10-12　D-93047
☎（0941）585350　FAX（0941）5853595
URL www.kaiserhof-am-dom.de
料 Ⓢ€75~　Ⓣ€99~　⊞ ADMV

比斯切夫晓夫酒店
Bischofshof

◆利用大教堂的主教馆改建而成的酒店。这里的餐厅备受好评。有免费 Wi-Fi。

⊞ Krautermarkt 3　D-93047
☎（0941）58460　FAX（0941）5846146
URL www.hotel-bischofshof.de
料 Ⓢ€90~　Ⓣ€155~　⊞ ADMV

慕尼黑霍夫酒店
Münchner Hof

◆位于老城区的一家中档酒店，距离大教堂步行仅需 2 分钟。酒店是由古老建筑改建而成，背后是中世纪城墙，多用木质家具的巴伐利亚风格的西餐厅备受食客们的好评。每间客房的风格都有所不同，有时尚风格、浪漫格调等。共有 53 间客房。有免费 Wi-Fi。

⊞ Tändlergasse 9　D-93047
☎（0941）58440
FAX（0941）561709
URL www.muenchner-hof.de
料 Ⓢ€92~　Ⓣ€112~
⊞ ADMV

青年旅舍
Jugendherberge

◆穿过中央车站前的广场，从位于 Alberstr. 上的巴士站乘坐 3、8、9、12 路巴士，然后在 Wöhrdstraße/Jugendherberge 站下车。如果从中央车站步行前往大约需要向北走 30 分钟。旅舍位于一处叫作 Unterer Wöhrd 的多瑙河中的小岛上。房间虽然旧了一些，但是很干净。12 月中旬～次年 1 月下旬休业。

⊞ Wöhrdstr. 60　D-93059
☎（0941）4662830
FAX（0941）46628320
URL www.regensburg.jugendherberge.de
料 附带早餐 Ⓢ€24.90、27 岁以上追加€4
⊞ MV

投稿　在 Historische Wurstkuchl 餐厅点了一份叫作 Bratwurstkipferl 的面包夹香肠外卖。现烤的香肠脆脆的，非常美味。

柏林

法兰克福

帕绍

慕尼黑

MAP◆p.237-A4

人　口	49500 人
长途区号	0851

ACCESS

铁路：从纽伦堡乘坐 ICE 特快约需 2 小时 5 分钟，从雷根斯堡约需 1 小时 5 分钟。

🅝 **帕绍的旅游服务中心（中央车站前）**

🏠 Bahnhofstr. 28　D-94032 Passau

☎ (0851) 955980

📠 (0851) 9559830

🌐 www.tourismus.passau.de

🗓 复活节～9 月
　周一～周五　　9:00~12:00
　　　　　　　12:30~17:00
　周六·周日·节日
　　　　　　　10:30~15:30
　10 月～复活节
　周一～周四　　9:00~12:00
　　　　　　　12:30~17:00
　周五　　　　9:00~12:00
　　　　　　　12:30~16:00
　周六　　　10:30~15:30

距离市政厅较近的 Rathausplatz 2 也设有 🅝。

● **大教堂**

🌐 www.bistum-passau.de/

🗓 6:30~18:00（夏季 ~19:00）

但是，5-10 除法定节日以外的周一～周六 10:45-12:30 和周四 18:00-20:30 管风琴谢绝参观，因为需要为管风琴音乐会做准备（音乐会的观众可以在指定时间内入场）。

● **管风琴音乐会**

5-10 月期间的平日和圣诞节期间的周三、周六 12:00~12:30，以及法定节日以外的周四 19:30~20:30 期间演奏。正面入口处可以购票，11:20 开始售票（€ 4、学生 € 2），晚间音乐会是 18:45 开始售票（€ 10、学生 € 5）。白天的音乐会人比较多，请提早购票。

● **玻璃博物馆**

🏠 Höllgasse 1

🌐 www.glasmuseum.de

🗓 9:00~18:00　💲 € 7

帕绍 *Passau*

多瑙河畔的边境城市

帕绍位于德国的东南部地区，紧邻奥地利、捷克。而且多瑙河 Donau、因河 Inn、伊尔茨河 ILz 这三条河流都流经这座城市，河畔的美景非常值得一看。

帕绍　漫　步

主要景点大都集中在中央车站东侧的老城区一带。城市不是很大，步行足以周游。从中央车站出来之后沿着班霍夫大街 Bahnhofstr. 一直向东前行，经过一个叫作 Ludwigsplatz 的十字路口后便是老城区的入口了。

沿着路德维希街 Ludwigstr. 一直

38 米高的塔楼耸立于市政厅

走，在道路尽头向右转便可以看到大教堂 Dom。建于多瑙河畔的市政厅 Rathaus 和隔壁的玻璃博物馆 Glasmuseum 是必看的景点。

帕绍　主要景点

拥有世界上最大级别管风琴的大教堂

Dom　　　　　　★★★

这座大教堂建于 17 世纪后半叶，是一栋巴洛克风格的建筑。中殿天井上的屋顶壁画和四周白色的装饰非常震撼。教堂内还拥有世界上最大的管风琴，音色相当优美。

青绿色洋葱头形状的屋顶是这座教堂的特点

玻璃博物馆

Glasmuseum　　　　　★

帕绍作为边境城市深受邻国捷克辽阔的波西米亚地区的影响，因此玻璃制造业成了这里的传统产业。这座玻璃博物馆与维尔德曼恩酒店位于同一栋建筑内，共收藏了 3 万多件珍贵的波西米亚玻璃藏品。

 编外话　面朝多瑙河而建的市政厅塔楼的外墙部分，残留有 1501 年以来历年多瑙河大洪水的最高水位，不妨试着找找看哦。相信你一定会为如此高的水位而震惊。

帕绍的酒店
Hotel

IBB 帕绍城市酒店
IBB Hotel Passau City Centre

◆面对中央车站而建，共拥有 129 间客房的大型高档酒店。背靠多瑙河，所以酒店的风景也是非常不错的。住客可以免费使用酒店的室内游泳池和桑拿房。有 Wi-Fi（付费）。

Map p.269

⌂ Bahnhofstr. 24　D-94032
☎（0851）9883000　FAX（0851）988300529
URL www.ibbhotelpassau.de
⦿ Ⓢ€ 59〜　Ⓣ€ 89〜　A D M V

老城区酒店
Altstadt-Hotel

◆有可以望见伊尔茨河、多瑙河、因河三河汇流之处的景观房。另外设有招待所，价格比右述的要便宜一些。部分房间有 Wi-Fi。

Map p.269

⌂ Bräugasse 23-29　D-94032
☎（0851）3370　FAX（0851）337100
URL www.altstadt-hotel.de
⦿ Ⓢ€ 55〜95　Ⓣ€ 85〜155　A D M V

维尔德曼恩酒店
Wilder Mann

◆由贵族的府邸改建而成，19 世纪开始作为酒店使用。1862 年奥地利皇妃伊丽莎白曾经下榻于此。作为如此重要的历史悠久的酒店，住宿价格却非常亲民。客房内多使用古典家具。全馆禁烟。有 Wi-Fi。

Map p.269

⌂ Am Rathausplatz　D-94032
☎（0851）35071　FAX（0851）31712
URL www.wilder-mann.com
⦿ Ⓢ€ 60〜70　Ⓣ€ 95〜220
A D J M V

帕绍沃弗酒店
Passauer Wolf

◆建于多瑙河畔的中档酒店。餐厅的评价极好。有免费 Wi-Fi。

Map p.269

⌂ Untere Donaulände 4　D-94032　☎（0851）931510
FAX（0851）9315150　URL www.hotel-passauer-wolf.de
⦿ Ⓢ€ 43〜　Ⓣ€ 57〜　A D J M V

国王酒店
König

◆位于大教堂广场附近的 Rindermarkt 上。一楼是经营德国菜和巴尔干菜的餐厅，味道不错。有免费 Wi-Fi。

Map p.269

⌂ Untere Donaulände 1　D-94032　☎（0851）3850
FAX（0851）385460　URL www.hotel-koenig.de
⦿ Ⓢ€ 69〜92　Ⓣ€ 89〜150　A D M V

青年旅舍
Jugendherberge Passau

◆酒店位于多瑙河对岸的一座小山丘上，距离主教领地城堡很近。从中央车站沿着指示标识步行大约需要 40 分钟。办理入住手续的时间是 16:00〜21:30。

Map p.269

⌂ Oberhaus 125　D-94034
☎（0851）493780　FAX（0851）4937820
URL www.passau.jugendherberge.de
⦿ 附带早餐€ 23.90〜、27 岁以上追加€ 4
J M V

贝希特斯加登

Berchtesgaden

群山包围下的风景胜地

四周是巴伐利亚风情建筑的集市广场

柏林
法兰克福
慕尼黑
贝希特斯加登

MAP ◆ p.237-B4

人口	7800人
长途区号	08652

ACCESS

铁路：从慕尼黑乘坐私铁 Meridian 大约需要 1 小时 40 分钟，然后在 Freilassing 换乘 BLB 再继续乘坐约 55 分钟。

ⓘ 贝希特斯加登的旅游服务中心

Königsseer Str. 2
☎ (08652) 9670
www.berchtesgaden.com

6 月中旬~10 月中旬	
周一~周五	8:30~18:00
周六	9:00~17:00
周日·节日	9:00~15:00
10 月中旬~次年 6 月中旬	
周一~周五	8:30~17:00
周六	9:00~12:00

贝希特斯加登是德国著名的风景胜地，希特勒曾经在这里建有自己的别墅。小城的周围被阿尔卑斯山脉的群山所环绕，清澈的贝希特斯加登河南北贯穿整个城市。

贝希特斯加登　漫步

从车站出来之后背对出口沿着位于左侧的班霍夫街 Bahnhofstr. 直行大约 15 分钟，便可到达中心地区。位于高台处的城堡 Schloss 周边是小城的中心，城堡内部有城堡博物馆。围绕城堡四周的是城堡广场 Schlossplatz。城堡广场的对面是罗马建筑风格的史蒂夫教堂 Stiftskirche，稍远处是市政厅 Rathaus。ⓘ 位于温泉疗养院 Kurhaus 内。

从贝希特斯加登车站前乘坐巴士大约 10 分钟便可到达国王湖 Königssee。因为国王湖的四周被瓦茨曼群山的悬崖峭壁所环绕，所以湖面平静如镜。乘坐观光船在细长的湖面上畅游，大约 1 小时可以在有着红色屋顶的圣巴特洛梅修道院 St. Bartholomä 处登陆。

国王湖畔的圣巴特洛梅修道院

 大约从 100 年前，国王湖就开始引入无噪声而环保的电动观光船。当船开到湖中心的时候会吹起汽笛，声音传导到四周围的岩壁上然后反弹回来，非常有趣。

贝希特斯加登的酒店
Hotel

※ 住宿时每人加收€ 2.30 的疗养税。

贝希特斯加登四季酒店
Vier Jahreszeiten

Map p.270

◆距离车站较近，共有 59 间客房。带有室内游泳池。有免费 Wi-Fi。

- ⊞ Maximilianstr.20　D-83471
- ☎（08652）9520　FAX（08652）5029
- URL www.hotel-vierjahreszeiten-berchtesgaden.de
- 圆 Ⓢ € 50~69　Ⓣ € 78~122　⊞ A D J M V

维特尔斯巴赫酒店
Wittelsbach

Map p.270

◆酒店位于临街的地段，巴伐利亚风格的建筑外观非常醒目。公共区域有 Wi-Fi（付费）。

- ⊞ Maximilianstr.16　D-83471
- ☎（08652）96380　FAX（08652）963899
- URL www.hotel-wittelsbach.com
- 圆 Ⓢ € 58~65　Ⓣ € 88~108　⊞ A D J M V

青年旅舍
Jugendherberge

Map 地图外

◆从火车站沿 Ramsauer Str. 向城市中心的反方向步行大约 25 分钟，途中有 10 分钟路程是上坡路。或者从贝希特斯加登火车站前乘坐 839 路巴士，在 Kaserne Strub 站下车。旅舍的山景非常不错。在公共区域有免费的 Wi-Fi 信号。12/15~12/26 期间休业。

- ⊞ Struberg 6　D-83483　Bischofswiesen
- ☎（08652）94370　FAX（08652）943737
- URL www.berchtesgaden.jugendherberge.de
- 圆 附带早餐 € 21.40~、27 岁以上加收€ 4

Information　地下盐矿探险

从贝希特斯加登火车站前乘坐开往萨尔茨堡 Salzburg 的 837、840、848 路巴士约 5 分钟在 Salzbergwerk 站下车。

来到盐矿入口后套上矿工的工作服，坐上小火车在隧道中行驶 600 米。然后沿滑梯滑下，还要乘船渡过地下湖，整个旅程充满了探险的气氛，非常有趣。盐矿内的温度常年保持在 12℃左右，游览时需穿着适合在该温度下活动的服装。

■贝希特斯加登盐矿
- ⊞ Bergwerkstr. 83　⬤ Map p.237-B4
- URL www.salzbergwerk.de
- ☎（08652）60020　FAX（08652）600260
- 圆5~10 月 为 9:00~17:00，11 月 ～次 年 4 月 为 11:00~15:00　圀 11/1、12/24・25・31、1/1、复活节的周五、部分其他的节日
- 圆 € 16.50 参观盐矿内部用时约 2 小时。

希特勒的"鹰巢"

从贝希特斯加登火车站旁的乘车处乘坐 838 路巴士前往上萨尔茨堡山 Obersalzberg，然后换乘开往鹰巢的 849 路巴士。沿着通过岩石爆破修建的盘山路行驶约 20 分钟，在终点站 Kehlstein-Parkplatz 下车（5 月中旬~10 月下旬期间开行。天气状况恶劣时停运）。步行进入隧道，会看见当年为希特勒建造的金色电梯。乘电梯上升 124 米，便可到达鹰巢 Kehlsteinhaus 内。这座别墅建在可远眺德国及奥地利的群山的山顶，所以被称为鹰巢 Eagles Nest。现在别墅内部为餐厅。里面有墨索里尼在希特勒 50 岁生日时赠送的大理石暖炉以及希特勒妻子爱娃·布劳恩的房间。

■鹰巢
- URL www.kehlsteinhaus.de
- 圀 8:00~17:00（仅 5 月中旬~10 月下旬可参观）
- 圆 € 16（包括乘电梯的费用以及从上萨尔茨堡山至鹰巢间的巴士车票费用）

上萨尔茨堡山的巴士车站附近，有上萨尔茨堡山档案馆 Dokumentation Obersalzberg（URL www.obersalzberg.de　圀 4~10 月 9:00~17:00，11 月～次年 3 月周二～周日 10:00~15:00，入场截至闭馆前 1 小时　圆 € 3）。深受希特勒喜爱的疗养胜地贝希特斯加登被认为是纳粹时期仅次于柏林的第二政治中心。档案馆内有关于"二战"时纳粹的暴行及针对纳粹的抵抗运动的史料以及模拟当年实况而建的防空洞等实物展示。

来到位于山顶的别墅可以看到绝世美景

在贝希特斯加登盐矿，一开始对距离很长的滑梯多少有些害怕，但坐下来后感觉还是比较安全的，算得上是非常有趣的游乐设施。商店里有许多种类的盐，让人大开眼界。

普林 *Prien am Chiemsee*

乘游船前往路德维希二世最后的城堡

有美丽花园的海伦基姆湖宫

柏林

法兰克福

慕尼黑　★ 普林

MAP ◆ p.237-B3

人　口	13000 人
长途区号	08501

ACCESS

铁路：从慕尼黑乘坐 EC 特快或者私铁 Meridian，大约需要 50 分钟。

❶ 普林的旅游服务中心

🏠 Alte Rathausstr. 11
　　D-83209 Prien
☎（08501）69050
📠（08501）690540
💻 www.tourismus.prien.de
🕐 5~9 月
　　周一～周五　　8:30~18:00
　　周六　　　　　8:30~16:00
　　10 月～次年 4 月
　　周一～周五　　8:30~17:00

● SL 和观光船

💻 www.chiemsee-schifffahrt.de
　　SL 只在 5 月中旬~9 月中旬期间运行。往返票是 € 3.80。
　　去往海伦岛的观光船大约需要 20 分钟，往返是 € 7.80。
　　SL 和观光船（海伦岛）的往返联票价格是 € 10.40。
　　观光船全年通航。请于上述官网中查询时刻表。

● 海伦基姆湖宫

💻 www.herrenchiemsee.de
　　🕐 4/1~10/23　　9:00~18:00
　　（最后一批参览团是 17:00 出发）
　　10/24~次年 3/31
　　　　　　　　9:40~16:15
　　（最后一批参览团是 15:50 出发）
　　🚫 12/24・25・31、1/1、狂欢节的周二
　　💰 € 8、巴伐利亚城堡巡游通票有效（→ p.202）
　　可以通过参加城堡内德语或者英语的导览团（大约需要 30 分钟）参观城堡。可以参加的导览团的出发时间，在购票时被印在了票的背面，城堡的入口处有进场时间的标识。

　　慕尼黑东南 90 公里的普林位于基姆湖畔。这里属于阿尔卑斯山地区，空气清新，是著名的疗养胜地，同时也是著名的夏季度假胜地，有很多游客来这里享受水上运动的乐趣，例如在湖上驾驶游艇以及玩帆板。

　　在普林火车站前，有 SL 运营的基姆铁路 Chiemsee-Bahn 的车站，从那里乘车约 8 分钟可到达基姆湖码头附近的 Stock（Hafen）。有巴士开行，但周日及法定节日下午只有两个车次。步行的话，可以走铁路旁的 Seestr.，大约 1.5 公里。

　　城中心在 SL 车站背面一侧，从站前沿 Bahnhofstr. 前行，马上就能到达集市广场 Marktplatz。广场旁有乡土博物馆 Heimatmuseum 和教堂，走过广场后直行，左侧有 ❶。

　　对于造访普林的游客来说，最大的目的地就是海伦基姆湖宫 Schloss Herrenchiemsee 和路德维希二世博物馆 König-Ludwig Ⅱ-Museum，这两个景点都位于海伦岛 Herreninsel 上，从湖岸码头乘船前往需要 20 分钟左右。岛上码头的对面就是海伦基姆湖宫的售票处，一定要在那里购票后再前往宫殿。5~10 月有马车可以乘坐，沿林中小道步行需要 20 分钟左右。

　　路德维希二世十分欣赏与他同名的路易十四（"路易"是"路德维希"的法语读音）。加入了法式花园并完全仿照凡尔赛宫而建的海伦基姆湖宫是路德维希二世建造的最后一座宫殿，几乎倾注了全国的财力。宫殿内部极尽奢华，镜廊比凡尔赛宫的镜廊还要长 20 米，十分令人惊叹。但是路德维希二世在这座宫殿只居住过短短的 9 天，之后便离奇死亡了，所以宫殿留有尚未完工的部分。

上阿默高 *Oberammergau*

用精美的湿壁画装点的村庄

节日时，村中心的多尔夫广场非常热闹

MAP◆p.236-B2

人　口　5100人

长途区号　08822

ACCESS

铁路：从慕尼黑乘坐 RB（普通列车）大约 55 分钟，在穆瑞 Murnau 换乘，继续乘坐约 40 分钟。

巴士：从菲森乘坐 73、9606 路巴士，大约需要 1 小时 30 分钟。班次较少。

　　在这座阿尔卑斯山脉中的小村庄，每 10 年，全村人就会一起演出一场《耶稣受难剧 Passionsspielen》，村庄也因此而闻名。1632 年，德国爆发鼠疫，但上阿默高却奇迹般地几乎没有遭受鼠疫的侵害。笃信基督教的村民们，为了感谢上帝，从 1634 年开始便坚持演出受难剧，至今已有 380 多年的历史。从演出到制作都由并非专业人士的村民们来承担，到了演出之年，很多人甚至会停下工作来全身心地投入到演出活动中。即便不是演出之年，游客也能欣赏到《耶稣受难剧》。另外，村庄里的木雕也很有名，耶稣诞生等宗教题材的作品居多。

❶ 上阿默高的旅游服务中心

Eugen-Papst-Str. 9a
D-82487 Oberammergau

☎（08822）922740

（08822）922745

www.oberammergau-alpen.de

周一～周五　　9:00~18:00
周六　　　　　9:00~13:00
（依季节而变化）

● 乡土博物馆

www.oberammergaumuseum.de

上阿默高　漫步

　　火车站处于铁路线的尽头，走出车站，沿眼前的班霍夫街 Bahnhofstr. 左行。走过主街道多尔夫街 Dorfstr. 上的乡土博物馆 Heimatmuseum 就是多尔夫广场 Dorfplatz（也可以说是一个十字路口），那附近是村子里最繁华的地方，有木雕人偶商店、酒店、餐馆等设施。

　　这座村庄的独特之处是很多住宅的外墙上都画有色彩鲜艳的湿壁画。画的题材很广泛，有关于儿童的，也有宗教主题的，漫步街头欣赏这些画也是很有乐趣的事情。尤其值得一看的是位于村庄边缘的 Ettalerstr. 上的 3 户人家的墙壁，分别画着《小红帽》《糖果屋》

画有《糖果屋》故事情节的房子

画有《小红帽》壁画的住宅距离车站步行约20分钟

《七只小羊》。这些建筑都是普通民居，所以观看壁画时一定要保持安静，而且不能进入院内打扰里面的主人。

上阿默高 近郊景点

神秘的林德霍夫宫

Schloss Linderhof MAP p.236-B2

从站前乘9622路巴士，用时30分钟左右。然后从巴士终点站步行2~3分钟，可到达售票处，买票后在宫殿前面的花园中走5分钟左右就能到达宫殿。非常崇拜法国国王路易十四的路德维希二世，采用法国的洛可可建筑风格于1874~1878年建造了这座宫殿。

维纳斯溶洞Venusgrotte中有金色贝壳小舟浮在水面，宛如瓦格纳歌剧《唐怀瑟》中描绘的世界。分散在花园中的景点也不容错过，例如摩尔人凉亭Maurischer Kiosk有绚丽的东方彩绘装饰，看上去仿佛是万花筒里面的彩色图形一样。可以参加团体游参观宫殿内部。冬季只开放宫殿主体建筑，其他设施关闭。

巴洛克式的艾塔修道院

Kloster Ettal MAP p.273 外

距离上阿默高以南约8公里，可以沿着河畔步道漫步，也可以选择乘坐巴士在 Ettal Klostergasthof 站下车。这座修道院是1330年巴伐利亚大公路德维希建造的。18世纪时改建为巴洛克风格。内部华丽的圆顶湿壁画出自画家采拉之手。

● 林德霍夫宫
🌐 www.linderhof.de
🕐 3/19~10/15　　9:00~18:00
　　10/16~次年 3/18
　　　　　　　10:00~16:00
🚫 12/24·25·31、1/1、狂欢节的周二
💶 € 8.50
（10 月~次年 3 月维纳斯溶洞与摩尔人凉亭均关闭，只有宫殿可参观，€ 7.50）
可以使用巴伐利亚城堡巡游通票（→ p.202）。
有语音导游设备可供游客租借。

● 艾塔修道院
🌐 abtei.kloster-ettal.de
🕐 8:00~19:00（冬季~18:00）

林德霍夫宫的花园非常美丽

宛如幻境般的维纳斯溶洞

上阿默高的酒店
Hotel

※ 住宿需要缴纳疗养税。根据季节和人数会有一定变化，每人每晚需要支付€ 1~2.20。

维特尔斯巴赫酒店
Hotel Wittelsbach

◆背对车站向左步行7~8分钟。酒店位于从主街右转处。这是一家比较大的酒店，房间相对来说比较宽敞，并且带有阳台。公共区域有 Wi-Fi，可以免费使用。11月中旬~12月中旬休业。

Map p.273

⊠ Dorfstr. 21　D-82487
☎（08822）92880　FAX（08822）9280100
URL www.hotelwittelsbach.de
圏 S € 69~109　T € 89~139　M V

阿尔特帕斯特酒店
Alte Post

◆酒店建筑物的外墙非常醒目地画有绿色的图案，是一间从17世纪就开始经营的历史悠久的住宿设施。还可以选择附带早餐、晚餐（3道菜）的膳宿公寓式住宿。有 Wi-Fi（付费）。

Map p.273

⊠ Dorfstr. 19　D-82487
☎（08822）9100　FAX（08822）910100
URL www.altepost.com
圏 S € 59~75　T € 78~135
A D J M V

希尔切霍夫酒店
Schilcherhof

◆位于连接火车站与市中心的主干道沿线，大约在中间位置。办理入住手续的时候前台会对酒店做一个说明。有免费Wi-Fi。

Map p.273

⊠ Bahnhofstr. 17　D-82487
☎（08822）4740　FAX（08822）3793
URL www.hotel-schilcherhof.de
圏 S € 42~　T € 80~　A M V

瑞希特尔旅馆
Gästehaus Richeter

◆背对车站稍微向左走一段，过河后在转角处向右转，第二个便是了。从车站步行大约需要 5 分钟。是一家家族经营的小旅馆。有 Wi-Fi 信号。

Map p.273

⊠ Welfengasse 2　D-82487
☎（08822）935765　FAX（08822）935764
URL www.gaestehaus-richter.de
圏 S € 35~　T € 68~　不可使用

青年旅舍
Jugendherberge

◆办理入住手续的时间从16:00 开始。背对车站向左走，然后在桥前方的道路向右转，沿着河畔小路继续前行，经过 2 座桥之后右侧便是旅舍了。从车站步行约需 15 分钟。部分区域可以使用 Wi-Fi。11月中旬~12月上旬休业。

Map p.273

⊠ Malensteinweg 10　D-82487
☎（08822）4114
FAX（08822）1695
URL www.oberammergau.jugendherberge.de
圏 附带早餐、床单 € 26.40~、27 岁以上加收 € 4
M V

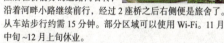

画家们钟爱的阿尔卑斯小村庄——穆瑙

从慕尼黑乘坐前往加米施－帕滕基兴的列车，到达这里大约需要 55 分钟。穆瑙田园牧歌式的风景和阿尔卑斯清爽宜人的空气使这里成为夏季的避暑胜地（●Map.236-B2），20 世纪初叶，康定斯基、雅兰斯基（Jawlensky）、维金（Werefkin）等众多画家都曾经驻足于此，创作作品。其中康定斯基和蒙特在 1909~1914 年间，每年夏天都会来这里避暑，他们居住的房子蒙特故居 Münter-Haus（⊠ Kottmüllerallee 6　圐 周二~周日 14:00~17:00）至今仍矗立在山丘上。小镇的城堡现在被改造成了美术馆 Schlossmuseum Murnau（⊠ Schlosshof 2-5　URL www.schlossmuseum-murnau.

de　圐 周二~周日 10:00~17:00；12/1~12/25 期间是周二~周五 13:00~17:00，周六、周日 10:00~17:00 圐 周一、12/24·31）。

去 ❶ 需要从车站前的 Bahnhofstr. 右转然后步行 5 分钟，❶ 就在一栋叫作 Kultur-und Tagungszentrum 的建筑物内。
⊠ Kohlgruber Str. 1　D-82418 Murnau
☎（08841）61410
FAX（08841）614121
URL www.murnau.de
圐 周一~周五 9:00~12:30、13:30~17:00
周六 10:00~13:00（10 月~次年 5 月 10:00~12:00）

柏林
法兰克福
慕尼黑
加米施-帕滕基兴 ★

加米施－帕滕基兴

Garmisch-Partenkirchen

德国最高峰——楚格峰的登山口

MAP ◆ p.236-B2

人 口	26200 人
长途区号	08821

ACCESS

铁路：从慕尼黑乘坐 RB（普通列车）大约需要 1 小时 25 分钟。

ⓘ **加米施-帕滕基兴的旅游服务中心**
🏠 Richard-Strauß-Platz 2
　 D-82467
☎ （08821）180700
📠 （08821）1807755
🖥 www.gapa.de
🕐 周一～周五　9:00~17:00
　 周六　　　 9:00~15:00

● **乡土博物馆**
🏠 Ludwigstr. 47
🕐 周二～周日　10:00~17:00
❌ 周一
💶 € 2.50，学生和持有旅行卡者 € 2

路德维希街两旁的建筑外墙上均绘有漂亮的壁画

　　加米施－帕滕基兴是德国阿尔卑斯的旅游基地。夏季可以徒步远足或者登山，冬季可以滑雪或者滑冰，一年四季游客络绎不绝，充满了旅游气氛。

　　这座城市是由位于帕特纳赫河西侧的加米施和东侧的帕滕基兴这两座相连的小镇联合组成的。

加米施－帕滕基兴　漫 步

　　出车站之后，沿着正前方的班霍夫街 Bahnhofstr. 步行约 10 分钟，在路德维希街 Ludwigstr. 右转，便可到达拥有美丽壁画建筑群的帕滕基兴的中心地带。如果你有行李，不妨从车站旁的巴士站乘坐巴士（1 或者

慕尼黑方向
国际会议厅
Kongresshaus
Hindenburgstr.
Wittelsbacher Hof
教堂
疗养院
麦克·安迪公园
理查德·施特劳斯广场
Dr.-R.-Strauß-Platz
市政厅
Rathaus
Ludwigstr. 路德维希街
赌场
伽密斯赫尔酒店
乡土博物馆
Werdenfelser Heimatmuseum
教堂
Marien-pl.
Atlas Posthotel
楚格峰酒店
加米施
GARMISCH
巴伐利亚楚格峰登山火车站
Zugspitze Bahnhof
加米施－帕滕基兴车站
Bahnhof
帕特基赫奈尔雷德尔酒店
帕滕基兴
PARTENKIRCHEN
Bad gasse
加米 2962 旅馆
Partnachauenstr.
帕特纳赫河 Partnach
N
加米施－帕滕基兴
GARMISCH-PARTENKIRCHEN
楚格峰方向
米滕瓦尔德方向
0　150　300m

编外话 著有《默默》《说不完的故事》等经典作品的麦克·安迪，1929年出生于加米施。疗养院内设有麦克·安迪展览室Michael-Ende-Ausstellung（🕐 周二～周日 14:00~18:00）。

周游加米施-帕滕基兴、楚格峰

楚格峰 Zugspitze ▲2962米
山顶缆车 Gletscherbahn
阿尔卑斯峰 Alpspitze ▲2628米
Zugspitz-Platt 2650米
阿尔卑斯天空漫步道 AlpspiX
艾比湖缆车 Eibseeseilbahn
高山牧场缆车 Hochalmbahn
Österfelderkopf 2050米
Hochalm
Kreuzeck
Riffelriss
阿尔卑斯峰缆车 Alpspitzbahn
艾比湖 Eibsee
十字角缆车 Kreuzeckbahn
艾比湖 Eibsee
格莱瑙 Grainau
埃尔瓦尔德方向
Kreuzeck-Alpspitzbahn
加米施
德铁车站
巴伐利亚楚格峰登山火车站

2 路）。在第三站 Historische Ludwigstr. 站下车，这站附近有乡土博物馆 Werdenfelser Heimatmuseum。内部展示区有阿尔卑斯地区民居再现模型、家具、农具、祭祀用的面具等展览品。

车站的反方向是加米施的中心地区，步行 10 分钟即到。首先从车站出来之后沿着左侧缓慢的下坡路一直走，在第二条街 Chamonixstr. 或者第三条街 Von-Brung-Str. 路口左转，无论从哪个路口转都可以到达理查德·施特劳斯广场 Dr.-R.-Strau β -Plaztz。广场的里侧是国际会议厅 Kongresshaus，会议厅前的一角处有 ❶。广场的一侧可以直通步行街，这条步行街是一条商店街，还设有赌场等设施。比起安静的帕滕基兴来说，加米施这一侧是一片热闹的气氛。

国际会议厅（左）和旅游局（右）

加米施-帕滕基兴 主要景点

登顶德国最高峰楚格峰

Zugspitze

可以乘坐登山火车或者缆车登上楚格峰 Zugspitze 的山顶。登山火车 Bayerische Zugspitzbahn 的车站就位于加米施-帕滕基兴车站的背后。

乘坐登山火车可以到达艾比湖 Eibsee（有些班次中途需要在格莱瑙换乘），距离艾比湖站站台 1~2 分钟的地方有艾比湖缆车 Eibseeseilbahn 的换乘站，乘坐缆车也可以到达山顶，或者继续乘坐登山火车到达海拔 2650 米的终点站，然后换乘山顶缆车 Gletscherbahn 继续向山顶方

登山火车是蓝白相间的车体

 投稿　楚格峰山顶站的构造稍微有些复杂，同时设有前往奥地利一侧（有TIROL的看板）的下山缆车，注意千万不要坐错车。

● 游客卡（旅行卡）

在加米施-帕滕基兴的酒店住宿时，可以向酒店的前台索取游客卡 GAPA Visitor's Card。每天需要加收 €2（个别酒店会直接加算到房费中）。在此城市住宿期间可以免费乘坐市内的巴士（上车时将游客卡出示给司机），凭此卡还可以享受各类景点门票的折扣。

● 体验冬季运动项目！

加米施是冬季运动的乐园，更是跳台滑雪的胜地。周边有不少出租滑雪板、雪橇等雪上用具的店铺，此外还有滑雪学校和运动品商店，详情可以咨询当地的 ❶。

绿色植被茂盛的麦克·安迪公园，疗养院就位于公园内，里面还有安迪的展览室

加米施一侧的壁画之家

● 巴伐利亚楚格峰登山铁路
☎ (08821) 7970
📠 (08821) 797900
🖥 www.zugspitze.de
🎫 通往楚格峰的往返车票 Zugspitz-Rundreise 夏季是 €53，冬季是 €43.50（登山铁路、山顶缆车、艾比湖缆车均有效）。

周游楚格峰和阿尔卑斯峰的组合套票（2-Gipfelpass）夏季是 €63，冬季是 €55.50。

单独周游阿尔卑斯峰的票 Garmisch Classic 价格是 €26。

滑雪用的套票是另一套价格体系。

楚格峰山顶的观景台

楚格峰山顶的十字架

向前行。如果当天游客较多，到达山顶之后建议尽快领取下山用的缆车券，以免造成时间上的延误。山顶有观景台和餐厅，可以360°地享受登高望远的感觉。另外，观景台还与奥地利一侧的登山缆车站相通，在那边可以望见蒂罗尔 Tirol 的高峰。

值得注意的是，天气好时无论是登山火车还是缆车都会非常拥挤。早晨提早出发会相对宽松一些。

加米施经典
Garmisch-Classic

这处叫作 Garmisch – Classic 的区域冬季是滑雪场，夏季非常适合徒步远足，在这里可以眺望阿尔卑斯峰。继续往上可以到达 Osterfelderkopt，这里有一个叫作阿尔卑斯天空漫步道的观景台，两座观景桥呈 X 形交叉，正下方是约 1000 米深的地狱谷 Höllental。推荐乘坐高山牧场缆车下行，然后走大约 30 分钟的缓坡下山步道，接着换乘十字角缆车返回登山火车站。

悬于半空中的阿尔卑斯天空漫步道

加米施 – 帕滕基兴的酒店
Hotel

※ 每人每天需要支付 €2 的疗养税。

帕特基赫奈尔雷德尔酒店
Reindl's Partenkirchner Hof

◆高档酒店，是由建于 1911 年历史感满满的本馆和明亮开阔的新馆两栋建筑所组成的。有免费 Wi-Fi。

Map p.276

🏠 Bahnhofstr. 15　D-82467
☎ (08821) 943870　FAX (08821) 94387250
URL www.reindls.de
Ⓢ € 95~185　Ⓣ € 140~540　🅰🅳🅹🅼🆅

楚格峰酒店
Zugspitze

◆这是一家四星级酒店，无论是从登山火车的车站，还是从加米施的中心地区赌场附近，步行都仅需 5 分钟便可到达。大多数房间都带有露台，可以眺望群山景。室内游泳池、桑拿房、健身馆等设施齐全。只有在酒店大堂才有 Wi-Fi（付费），客房有有线网络（免费）。

Map p.276

🏠 Klammstr. 19　D-82467
☎ (08821) 9010
FAX (08821) 901333
URL www.hotel-zugspitze.de
Ⓢ € 78~153　Ⓣ € 146~604
🅰🅼🆅

伽密斯赫尔酒店
Garmischer Hof

◆出了车站之后向左步行300 米，穿过护栏左侧便是这家中档酒店了。内部设施略显陈旧。有免费 Wi-Fi。

Map p.276

🏠 Chamonixstr.10　D-82467
☎ (08821) 9110
FAX (08821) 51440
URL www.garmischer-hof.de
Ⓢ € 65~　Ⓣ € 98~　🅼🆅

加米 2962 旅馆
Hostel 2962

◆距离车站较近的经济型旅馆。房间很整洁。旅馆的大堂和部分房间有 Wi-Fi（付费）。

Map p.276

🏠 Partnachauenstr. 3　D-82467
☎ (08821) 9092674　FAX (08821) 9092676
URL www.hostel2962-garmisch.com
🛏 多人间 1 人 € 22~　Ⓢ € 40~　Ⓣ € 60~
早餐是 € 6　🅼🆅

编外话　从车站乘坐前往Farchant方向的3路或者4路巴士，在Burgrain站下车，可以到达青年旅舍（🏠 Jochstr. 10 www.garmisch.jugendherberge.de）。滑雪季这里非常热闹。11/14~12/27期间休业。

米滕瓦尔德 *Mittenwald*

小提琴之乡

Obermarkt 的房屋

以制作小提琴而闻名的米滕瓦尔德是阿尔卑斯山脚下的一座乡村小镇。那里的房子外墙上都装饰着色彩鲜艳的湿壁画，空气也特别清新。

走出火车站，会发现背后耸立着巨大城墙般的卡文德尔山脉，小镇街区向它的西侧延展开去。

火车站前非常安静，但沿着班霍夫街 Bahnhofstr. 前行一段就能到达 Obermarkt，那里是小镇的主街道。街道两侧是以宗教题材的湿壁画作为外墙装饰的房屋。

小提琴博物馆，建筑本身也很漂亮

MAP◆p.236-B2

人　口　7300 人

长途区号　08823

ACCESS

铁路：是德国和奥地利的国境站。从慕尼黑乘坐 RB（普通列车）大约需要 1 小时 50 分钟。从奥地利的因斯布鲁克出发大约需要 55 分钟。

ⓘ **米滕瓦尔德的旅游服务中心**
Ⓑ Dammkarstr. 3
　 D-82481　Mittenwald
☎ (08823) 33981
✉ (08823) 2701
🖱 www.alpenwelt-karwendel.de
🕐 周一～周五　8:30~18:00
　 周六　　　　9:00~12:00
　（11 月上旬～12 月中旬和 4 月的周一～周五是开放~17:00，周六休息）1～3 月的周日也开放，时间是 10:00~12:00

● **小提琴博物馆**
Ⓑ Ballenhausgasse 3
🖱 www.geigenbaumuseum-mittenwald.de
🕐 2/1~3/15、5/15~10/14、12/16~次年 1/6
　　　　　　　　10:00~17:00
　 1/7~31、3/16~5/14、10/15~11/8　11:00~16:00
🈺 周一、11/9~12/15·24·31
💴 € 4.50、学生 € 3.50

去往克兰茨贝格的索道车站
Kranzberglift

小提琴博物馆
Geigenbaummuseum

教堂
Kathol.Kirche

疗养设施
Kuranlage

市政厅
Rathaus

邮局
Post

阿尔潘罗斯酒店
波斯特酒店

米滕瓦尔德车站
Bahnhof

Rieger

去往卡文德尔山的缆车乘坐处
Karwendelbahn

米滕瓦尔德
MITTENWALD

0　100　200m

教堂塔的前方有小提琴制作大师马蒂亚斯·克洛兹（Matthias Klotz）的雕像

小提琴作坊展示区

● 卡文德尔山缆车
🔗 www.karwendelbahn.de
🎫 往返€ 26.50
📅 5 月上旬~11 月中旬
　　8:30~17:00
　12 月中旬~次年 4 月中旬
　　10:00~15:45
　（滑雪季节 9:00~）
🚫 11 月中旬~12 月中旬、4
　月中旬~4 月下旬
※ 冬季会有变化，根据天气
情况，有时可能停运。

赶在开始营业就到达的话，乘坐卡文德尔山缆车的游客
会少一些

画有湿壁画的教堂旁边，立有小提琴制作大师马蒂亚斯·克洛兹的雕像。就是他把小提琴制作技术引入米滕瓦尔德的。对于依靠小提琴制作发展至今的米滕瓦尔德的人们来说，他的功绩永远值得铭记。教堂旁有小提琴博物馆 Geigenbau-Museum，是来到这座小镇旅游必去参观的地方。

与小镇隔火车站相望的卡文德尔山 Karwendel，海拔 2385 米。可乘缆车 Karwendelbahn 直接上到山顶，天气好时很值得坐一下。夏季游客较多时，这里会变得相当拥挤，乘缆车需要排队。山顶上的缆车乘坐地

进入巨型望远镜内俯瞰小镇

点旁，有直径达 7 米的巨型"望远镜"状设施 Riesenfernrohr 探出悬崖。"望远镜"内部是阿尔卑斯山的动物及高山植物的展览室。透过玻璃，可以清楚地看到远处的米滕瓦尔德小镇及蒂罗尔的群山，就好像是在用望远镜观赏风景。

山上有适合不同能力水平者的步行游览线路。名为 Passamani Panoramaweg 的线路适合初级游客，线路为环形，全程大约需要 1 小时，非常值得推荐。

米滕瓦尔德的酒店
Hotel

※ 每人每天需要支付€ 2 的疗养税 Kurtax。

由于米滕瓦尔德是旅游胜地，夏天可以徒步远足，冬季可以滑雪，因此这里有不少适合长期停留的民宿和公寓。在办理酒店入住手续的同时可以向前台索取一张游客卡 Gästekarte，持有此卡的游客可以享受缆车的优惠。

波斯特酒店（邮政酒店）
Post

◆ 自 1632 年开始这里便是穿越阿尔卑斯的邮政马车留宿之处，是一家历史相当悠久的酒店。从车站步行大约需要 5 分钟。有桑拿房和室内游泳池。酒店大堂有 Wi-Fi（付费）。

　　　　　　　　　　Map p.279
🏠 Obermarkt 9　D-82481
☎（08823）9382333
📠（08823）9382999
🔗 www.posthotel-mittenwald.de
💰 Ⓢ € 60~80　Ⓣ110~160　附带早餐和
晚餐（Halbpension）的情况需要加收€ 19
💳 M V

阿尔潘罗斯酒店
Alpenrose

◆ 面朝主街的、外墙有鲜艳壁画的酒店。客房内统一使用的是木质家具。位于一层的餐厅也很值得推荐。有免费 Wi-Fi。

　　　　　　　　　　Map p.279
🏠 Obermarkt 1　D-82481
☎（08823）92700
📠（08823）3720
🔗 www.alpenrose-mittenwald.de
💰 Ⓢ € 46~68　Ⓣ77~97
💳 A D J M V

林道 *Lindau*

博登湖上的小岛

出港的游船

MAP ◆ p.236-B1

人　　口	24200 人
长途区号	08382

ACCESS

铁路：从慕尼黑乘坐 EC 特快大约需要 2 小时 15 分钟。从奥地利的布雷根茨 Bregenz 乘坐普通列车大约需要 10 分钟。

　　林道是博登湖东部一个小岛上的小镇。有防波堤和桥与陆地相连。

　　小镇的历史可以追溯到 13 世纪。小镇上历史悠久的建筑很多，西部有火药库，东部有史蒂芬教堂。虽说没有什么特别著名的景点，但在石板小道上漫步也非常惬意。夏季，能看到游客在湖中游泳或划船。

　　另外，博登湖分属德国、瑞士、奥地利三国，所以可以从德国乘船跨越国境前往瑞士或奥地利。游船驶出港口时，不要忘记观看防波堤上的狮子雕像。

❶ 林道的旅游服务中心

Alfred-Nobel-Platz 1
D-88131 Lindau
☎（08382）260030
📠（08382）260055
🌐 www.lindau-tourismus.de
🕒 1~3 月
　周一～周五　10:00~12:00
　　　　　　　14:00~17:00
　3/25~10/14
　周一～周六　10:00~18:00
　周日　　　　10:00~13:00
　10 月中旬~12 月下旬
　周一～周五　10:00~12:00
　　　　　　　14:00~17:00

博登湖上的美丽小岛

林道 漫 步

　　火车在连接小岛与陆地的防波堤上行驶，仿佛是在湖上滑行，最后到达线路终端的车站。出了车站，正面偏左的地方就是 ❶，右边为港口。

　　在 ❶ 获取概略地图及当地酒店名簿，之后进入从巴士枢纽站前面向东延伸的马克西米利安街 Marximilianstr.。这条街是老城区的主街道。前行 200 米左右，右侧就是旧市政厅 Altes Rathaus。一直走到 Maximilianstr. 的尽头，左转进入 Cramergasse。道路马上变窄，再走一段距离就可以到达集市广场 Marktpl.。

　　广场旁边有史蒂芬教堂 St. Stephankirche，西侧是市立博物馆

旧市政厅前

●市立博物馆
⊞ Marktplatz 6
⊞ 3/19~8/28　　10:00~18:00
⊞ 8/29~ 次年 3/18
⊞ € 3、学生 € 1.50

Städtische Kunstsammlungen。博物馆内收藏着小镇的历史文献、有关古建筑的雕刻及绘画作品等。从集市广场向东，可以到达有着大片草坪的市立公园 Stadtgarten。

林道的酒店
Hotel

巴伐利亚酒店
Bayerischer Hof

◆位于中央车站旁，面朝湖面而建的最高档酒店。有 Wi-Fi（付费）。

Map p.282
⊞ Bahnhofsplatz 2　D-88131
☎ (08382) 9150　FAX (08382) 915591
URL www.bayerischerhof-lindau.de
⊞ Ⓢ € 99~254　Ⓣ € 142~362　⊞ A D M V

希尔花园鲁特曼酒店
Reutemann-Seegarten

◆高档酒店，从景观房的露台上远眺的景观简直是太美了。酒店内有温水游泳池。大堂可以使用 Wi-Fi（付费）。

Map p.282
⊞ Ludwigstr. 23　D-88131
☎ (08382) 9150　FAX (08382) 915591
URL www.reutemann-linday.de
⊞ Ⓢ € 99~254　Ⓣ € 142~362　⊞ A D M V

赫尔维蒂亚酒店
Helvetia

◆大多数客房都给人明快浪漫的舒适感觉。水疗中心非常棒。在酒店的商务中心可以免费使用 Wi-Fi。

Map p.282
⊞ Seepromenade　D-88131
☎ (08382) 9130　FAX (08382) 4004
URL www.Hotel-Helvetia.com
⊞ Ⓢ € 105~　Ⓣ € 260~　⊞ M V

英赛尔酒店
Insel-Hotel

◆共有 28 间客房。紧邻主干道，十分方便。只有前台附近有 Wi-Fi。

Map p.282
⊞ Maximilianstr. 42　D-88131
☎ (08382) 5017　FAX (08382) 6756
URL www.insel-hotel-lindau.de
⊞ Ⓢ € 62~80　Ⓣ € 105~138　⊞ A D M V

1 柏林的街角　2 守护柏林的金色胜利女神像，矗立于胜利纪念塔前
3 在柏林街头的咖啡馆享受旅行时光　4 歌德曾经造访过的餐厅——奥尔巴赫地窖餐厅 Auerbachs Keller　5 柏林墙的遗址

柏林与歌德之路·哈茨地区
Berlin / Goethestraße / Der Harz

Super!

柏林与歌德之路 · 哈茨地区

铁路
88 高速公路
主干道
城堡
修道院、教堂
山

N

阿勒河 Alle

汉诺威
Hannover

沃尔夫斯堡
Wolfsburg

2

不伦瑞克
Braunschweig

2

7

希尔德斯海姆
Hildesheim

A

395

戈斯拉尔
Goslar

哈尔伯施塔特
Halberstadt

韦尼格罗德
Wernigerode

Kreiensen

巴特哈尔茨堡
Bad Harzburg

奎德林堡
Quedlinburg

7

Northeim

布罗肯峰
Brocken
1142m

Drei Annen
Hohne

塔勒
Thale

富尔达河 Fulda

格丁根
Göttingen

Nordhausen

基辅霍伊萨山
Kyffhäusergebirge
477米

Mühlhausen

B

7

瓦尔特堡

爱森纳赫
Eisenach

爱尔福特
Erfurt

魏玛
Weimar

4

Arnstadt

图林根林山
Thüringerwald

伊尔姆河 Ilm

威拉河 Werra

歌德之路

Rudolstadt

Ilmenau

Saalfeld

富尔达
Fulda

1

2

泰格尔机场 ✈

柏林
Berlin

10

10

波茨坦
Potsdam

✈ 舍内费尔德机场
（柏林·勃兰登堡
国际机场即将启用）

Brandenburg

易北河 Elbe

2

13

马格德堡
Magdeburg

9

维滕贝格
Lutherstadt
Wittenberg

德绍
Dessau

沃利茨
Wörlitz

易北河 Elbe

Köthen

萨勒河 Saale

9

Bitterfeld

穆尔德河 Mulde

艾斯莱本
Eisleben

哈雷
Halle

✈ 莱比锡·哈雷机场

莱比锡
Leipzig

歌德之路

柏林

Weißenfels

法兰克福

瑙姆堡
Naumburg

慕尼黑

Dornburg

耶拿
Jena

4

格拉
Gera

开姆尼茨
Chemnitz

茨维考
Zwickau

9

72

0   15   30km

捷   克

3

4

柏林与歌德之路·哈茨地区

上／现代化建筑林立的波茨坦广场（柏林）
下／歌德曾造访过的瓦尔特堡

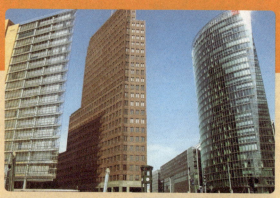

　　柏林总是给人充满活力的感觉。激荡的20世纪的历史，在这座城市的各个角落里都留下了印迹，行走在街道上，可以真切地感受到这里已成为来自世界各地的人们会集的国际大都市。

　　从歌德的出生地法兰克福到德累斯顿，许多与歌德有渊源的城市形成了歌德之路。歌德受到拿破仑接见的爱尔福特、有歌德创立的植物园及大学图书馆的耶拿、歌德居住了50年左右的魏玛，都是这条线路上的亮点。这里也是巴赫及路德曾经活跃的地方，是德国的精神文化中心。

　　哈茨地区位于原东西德的边境地带，两德统一前普通人不能擅自进入。有流传着魔女传说的山地。

游览提示

　　德国的铁路交通十分发达，柏林是全国铁路的中心。去往汉诺威和汉堡方向可以乘坐ICE特快，车次较多，非常方便。

　　去往哈茨地区的话，车次较少，有些不便，但有蒸汽火车开行。这里充满了浓厚的乡村风情。

住宿指南

　　柏林是一座会展城市。在大型展览会举办期间，酒店基本上都会客满，而且价格也会大幅度提高，需要注意。各展览会的日程安排可通过 URL www.messe-berlin.de 查询。柏林国际电影节举办期间情况大致相同。

蒸汽火车沿窄轨铁路驶往布罗肯峰

保留着美丽旧街区的戈斯拉尔

特产与美食

柏林的名特产是柏林白啤酒Berliner Weisse，这是一种在啤酒中加入糖汁的饮料，有点像鸡尾酒。夏季人们围坐在咖啡馆前尽情地开怀畅饮。

来到德国一定要去Imbiß。Imbiß有快餐车形式或者小吃摊形式等，主要出售烤香肠和饮料。起源于柏林的咖喱香肠Currywurst，是用咖喱粉和独特的番茄酱汁淋在香肠上的一种吃法，可以满足你在旅途中的能量补给。

萨克森风味的土豆汤，充分发挥了土豆的美味

具有代表性的地方菜是炖煮的带骨猪肘Eisbein（德国猪肘），还有淋上奶油沙司的肉丸子——柯尼希斯贝格肉丸Königsberger Klopse。图林根香肠也是德国全国各地都可以品尝到的人气小吃。可以在各地广场上的Imbiß和小吃摊吃到美味的烤香肠。

左／不能不吃的咖喱香肠（→p.320）
右上／图林根香肠。黄芥末酱可以根据个人喜好随意添加
右下／柏林周边的名特产奶油沙司肉丸，上面淋的酱汁是刺山柑风味的奶油沙司

交通图

图中所标示的数字是两地之间乘坐最快列车时所需的时间。
不包含停车以及换乘的时间。
例：1°30′＝1小时30分钟

干线铁路
地方铁路
登山铁路
巴士

柏林★
法兰克福●
●慕尼黑

柏林 *Berlin*

德国现代史上具有重要意义的大都市

人　口	3421800 人
长途区号	030

ACCESS

铁路：从汉诺威乘坐 ICE 特快大约需要 1 小时 40 分钟，从汉堡出发大约需要 1 小时 40 分钟，从法兰克福出发大约需要 4 小时 10 分钟，从科隆出发需要 4 小时 20 分钟。乘坐 EC 特快从德累斯顿出发约需 2 小时。

🅘 **柏林的旅游服务中心**
🖳 www.visitberlin.de
☎ （030）250025

● **中央车站内的** 🅘
🏠 Europaplatz 1
（中央车站一层北侧出口附近）
➡ Map p.294-B1
🕐 8:00~22:00
（12/24~1/1，节日有变更）

● **勃兰登堡门的** 🅘
🏠 im Brandenburger Tor, Pariser Platz
➡ Map p.294-B1
🕐 4~10 月　　9:30~19:00
　11 月~次年 3 月
　　　　　　9:30~18:00
（12/24~ 次年 1/1、节日有变更）

● **欧洲中心的** 🅘
🏠 Tauenzienstr. 9
➡ Map p.297-B3
🕐 周一~周六 10:00~20:00
（12/24~ 次年 1/1、节日有变更）
　另外，泰格尔机场内、电视塔（→ p.302）内等地也有旅游服务中心。

世界遗产
博物馆岛
（1999 年被列为世界遗产）

柏林现代住宅群落
（2008 年被列为世界遗产）

柏林的标志性建筑勃兰登堡门与巴黎广场

　　饱受动荡历史洗礼的柏林人非常顽强且非常热爱自由。虽然柏林是德国最大的城市，但是市中心有很多公园和人工河湖，所以没有拥挤杂乱之感，这一点与德国其他城市一样。

　　1871 年，普鲁士建立"德意志帝国"，柏林被定为首都。魏玛共和国时期，作为"黄金的 20 世纪 20 年代"的舞台，柏林迎来了最为繁荣的时代。当时，柏林是与巴黎齐名的艺术之都，尤其是表现主义绘画与德国电影颇受瞩目。随着纳粹政权的出现，艺术领域的繁荣也逐渐衰败，第二次世界大战结束后，这座城市被分割成东西两部分。

　　1961 年 8 月 13 日，柏林一夜之间出现了一道"高墙"，之后的 28 年里，人们一直认为高墙消失的日子可能永远都不会到来。但是，1989 年 11 月 9 日，柏林墙被开出了一个口子。第二年，东西德国实现了统一，柏林重新成为德国的首都。1999 年联邦议会迁至柏林，现在距离两德统一虽然已经过去了 20 多年，但柏林市内完善首都功能的建设仍在继续。

编外话 中央车站、东站、腓特烈大街站的超市，在周日及圣诞节至新年期间也营业。圣诞节时有可能会缩短营业时间，可以查看门口张贴的通知。

柏林概览

柏林的面积要比德国其他城市大得多。曾经历过分为东西柏林的历史，所以景点众多。

第二次世界大战之前为柏林市中心的米特区 Mitte 是最有人气的区域，集中了很多观光景点。曾为东西柏林分隔区的波茨坦广场，在两德统一后成了新的市中心，而且也是柏林的文化中心。位于原西柏林一侧的库达姆大街周边非常适合购物及闲逛。

1区 菩提树下大街与博物馆岛 →p.298

MAP◆p.294~295、p. 298

位于米特区 Mitte 的最中心位置，是可以了解柏林历史及游览世界著名文化遗产的地方。在从勃兰登堡门向东延伸的林荫大道菩提树下大街，有柏林国家歌剧院以及洪堡大学等具有厚重历史感的建筑。大街东端是博物馆岛，顾名思义，那里集中了 5 家博物馆，而且已被列为世界遗产。东北部的普伦茨劳贝格区，有很多个性商铺、咖啡馆、酒吧，属于时尚潮流区。

菩提树下大街东端的腓特烈大帝骑马像

2区 波茨坦广场周边 →p.306

MAP◆p.294、297、p. 306

东、西德统一后建设的柏林新市中心。这一区域娱乐及购物设施齐全，索尼中心内有大型购物中心及媒体设施，还有每年举办柏林国际电影节会使用的剧院、电影院。著名的爱乐音乐厅及收藏着众多名画的绘画馆所在的文化广场也在这一区域，是柏林的文化中心。

S-Bahn 波茨坦广场站前有柏林墙残垣供人参观

3区 库达姆大街周边 →p.309

MAP◆p.296~297

库达姆大街是原西柏林的主街道，有著名的百货商场卡迪威及很多商店、餐馆。

两德统一后 Mitte 地区的热闹程度似乎有些超过这里，但这里仍然是一个充满活力的商业区。柏林动物园东北方，有一个面积广阔的森林公园——蒂尔加藤，公园的中心处立有胜利纪念塔 Siegessäule。

绿树成荫的库达姆大街是柏林西部的著名商业区

●柏林的机场
🖳 www.berlin-airport.de

●泰格尔机场
➔ Map 文前图④-A2
　　外币兑换处是6:30～
21:00营业。另外还有大量24
小时服务的自动外币兑换机。

位于泰格尔机场的德国航空
柜台

飞往欧洲各国的航班从这里
起降

●舍内费尔德机场
➔ Map p.295- 小图

●柏林·勃兰登堡国际机
场（BER）
➔ Map p.295- 小图

●中国大使馆
Botschaft von China
🖳 www.china-botschaft.de
📍 Märkisches Ufer 54
　　D-10179 Berlin
☎ (030) 275880
📠 (030) 27588221
🕐 周一～周五　8:30～12:30
　　　　　　　13:30～17:00
🚫 周六·周日·法定节日
　　（中德节日）

到达柏林

乘飞机抵达

　　柏林有两个机场，德国国内航班及欧洲大部分地区与柏林之间的航班起降泰格尔机场 Flugafen Tegel（机场代码：TXL），俄罗斯航空与廉价航空公司的航班则起降舍内费尔德机场（机场代码：SXF）。

　　另外，本书调查时舍内费尔德机场南侧正在建造大型的柏林勃兰登堡机场（机场代码：BER）。新机场启用后，泰格尔机场就会关闭。

　　德国国内各主要城市及欧洲大部分地区都有飞往柏林的航班。

作为首都机场，泰格尔机场的规模不算大

前往机场时要留出充裕的时间

机场与市内的交通

从泰格尔机场乘车

　　前往柏林市中心的话，乘 TXL 快速巴士最方便，22 分钟可到达柏林中央车站，到达菩提树下大街与腓特烈大街的交会点需 30 分钟左右，去往亚历山大广场需 40 分钟左右。

泰格尔机场

　　前往柏林西部的商业街库达姆大街附近的柏林动物园站的话，可乘 X9 路巴士，用时约 20 分钟。Ａ Ｂ区车票价格（→ p.292）均为 € 2.70。

从舍内费尔德机场乘车

　　最快也最方便的乘车方式是从航站楼 A 出口步行 400 米左右前往柏林舍内费尔德机场站 Flughafen Berlin-Schönefeld，乘坐机场快速列车 Airport Express（RE 快车）或普通列车，21 分钟可到达亚历山大广场站，27 分钟可到达中央车站，33 分钟可到达柏林动物园站。也有公交巴士开行（注：新机场建成后，车次、线路安排会有所调整）。

　　每条线路的乘车票价都一样，去往市中心的单次车票 € 3.30（需在Ａ Ｂ Ｃ区中选择 1 区）。滞留天数较多时，购买 Berlin Welcome Card 或 1 日乘车券（→ p.292）可能会更划算。

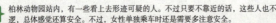
✉ 投稿　柏林动物园站内，有一些看上去形迹可疑的人。不过只要不靠近的话，这些人也不会侵害谁，而且有保安巡逻，总体感觉还算安全。不过，女性单独乘车时还是需要多注意安全。

乘火车抵达

柏林中央车站

ICE 等长途列车发车、到达的柏林中央车站 Berlin Hbf. 是德国最大的火车站之一。除了旅游服务中心，车站内还设有超市、药妆店、精品店等商业设施以及咖啡厅、餐厅、寿司店、亚洲菜馆等餐饮设施。

ICE 等长途列车及开往舍内费尔德机场的机场快速列车在地下站台或地上二层站台抵达。S-Bahn 在地上二层站台抵达。U-Bahn（地铁）与开往勃兰登堡站 Brandenburger 的 U55 列车在地下连接。

中央车站周边为重新开发地区，有多家酒店已经完工，但也有许多正在建设中的建筑。

柏林市内其他的火车站

ICE 等在柏林市内东西向开行的长途列车，有在柏林西部的斯潘道车站 Spandau 停车的车次。南北向开行的长途列车，会在柏林北部的健康泉车站 Gesundbrunnen 和南部的南十字车站 Südkreuz 停车。

另外，S-Bahn、U-Bahn 以及快速列车发抵的腓特烈大街站 Friedrichstr. 与亚历山大广场站 Alexanderplatz，站内设施完备，而且距离商业区及旅游景点也比较近，所以入住这两个车站附近的酒店的话，会非常便于出行。

柏林中央车站在二层和地下都有站台

停在柏林中央车站的 ICE 特快列车

S-Bahn 发抵的中央车站二层站台

Information 柏林的团体游

柏林这座城市很大，如果时间不算充裕的话，可以考虑乘坐游览巴士。有好几家公司都经营这种巴士，BBS Berliner Bären Stadtrundfahrt 公司（🖳 www.bbsberlin.de）的 City-Circle Tour 项目，游客可以在 18 个主要景点自由上下车，而且有语音导游设备，每隔 10 分钟发车，1 日票€ 20，2 日票€ 24。

也可以乘游船在施普雷河上欣赏柏林的美景。Reederei-Riede 公司（🖳 www.reederei-riedel.de）的 1 小时游览线路，乘船地点设在柏林中央车站南侧，费用为€ 13。乘船地点设在尼古拉地区的 Stern und Kreisschiffahrt 公司（🖳 www.sternundkreis.de）经营的 1 小时线路，费用为€ 14。

施普雷河上驶过博物馆岛的游船

✉ 投稿 由于旅途劳顿，而且时间也不充裕，所以选择乘坐游览巴士在市内转了 2 小时。游客可以在途中各个景点自由下车，而且还有导游解说（德语、英语），能够大致了解柏林这座城市。

车票的主要种类·名称	内容	有效区间	价格
短程车票 Kurzstrecke	Ⓢ Ⓤ 可乘3站，巴士、有轨电车可乘6站		€ 1.70
1次乘车券 Einzelfahrausweise	2小时有效，如果向同一方向乘车可以多次换乘	A B	€ 2.70
		B C	€ 3
		A B C	€ 3.30
4次乘车券 4-Fahrten-Karte	同上	A B	€ 9
1日乘车券 Tageskarte	1日之内有效（当天~次日3:00）	A B	€ 7
		B C	€ 7.30
		A B C	€ 7.60
小团队用1日乘车券 Kleingruppenkarte	1日之内有效。可供5人同时使用。	A B	€ 17.30
		B C	€ 17.60
		A B C	€ 17.80
7日有效乘车券 7-Tage-Karte	可在7天内连续使用（使用开始后~第七天的24:00结束）	A B	€ 30
		B C	€ 31.10
		A B C	€ 37.20

100路和200路的巴士线路图
（动物园站~亚历山大广场站）

● 柏林交通联盟 BVG
🖥 www.bvg.de

自动售票机的触屏界面。可以选择英语界面。选择区间、车票类型之后，投入所显示的金额即可

有效期间	费用	
	A B	A B C
● 柏林欢迎卡		
🖥 www.berlin-welcomecard.de		
48 小时	€ 19.50	€ 21.50
72 小时	€ 27.50	€ 29.50
4 天	€ 31.50	€ 34.50
5 天	€ 35.50	€ 40.50
6 天	€ 41.50	€ 45.50
● 城市观光卡		
🖥 www.citytourcard.com		
48 小时	€ 17.50	€ 19.50
72 小时	€ 25.50	€ 26.50
4 天	€ 29.50	€ 32.50
5 天	€ 33.50	€ 38.50
6 天	€ 39.50	€ 43.50

柏林的市内交通

柏林的公共交通工具包括 S-Bahn（城市轻轨列车，以下用 Ⓢ 表示）、U-Bahn（地铁，以下用 Ⓤ 表示）、巴士、有轨电车。交通网络密集，即使是游客，也会感到非常便捷。不过，行车线路经常会进行调整，也有因施工而停运的区间，所以务必在 ❶ 或者 BVG（柏林交通联盟）的问询处获取最新的交通图。

U-Bahn 的自动检票机。印有 "Bitte hier entwerten" 的车票（1日乘车券等）一定要在自动检票机上打上开始乘车的时刻

购买车票的方法

柏林市内的 Ⓢ、Ⓤ、巴士、有轨电车的票价体系全部共通。市区划分为 A、B 两个乘车区。

市中心的景点基本都在 A 区内。舍内费尔德机场位于 C 区。市区以外的地方都被划入 C 区，假如从柏林中央车站前往波茨坦，则 A B C 这3个乘车区的车票都需要购买。各乘车区的具体范围，参见文前图⑤。

可通过自动售票机或在车站售票处购买车票，乘车前需在站台入口处或设于巴士车内的自动检票机 Entwerter（S-Bahn 为红色，U-Bahn 为黄色）上检票。

面向游客的交通卡

在柏林，有柏林欢迎卡 Berlin Welcome Card 与城市观光卡 City Tour Card 两种可供游客使用的交通卡。持任意一种卡都可以随意乘坐柏林市内的公共交通工具，除此之外，参观一些美术馆、博物馆等景点以及乘

题外话 Berlin Welcome Card中可有凭卡免费参观（只限常设展览）博物馆岛上所有博物馆（→p.300~301）的类型Berlin WelcomeCard Museumsinsel。有效时间为72小时，可在 A B 区使用的为€42，可在 A B C 区使用的为€44。

地图标注：

哈克夏霍夫 Hackescher Markt
Memhardstr.
亚历山大广场站 Alexanderplatz
佩加蒙博物馆
柏林大教堂
电视塔
玛利亚教堂
Spandauer Str.
红色市政厅
Friedrichstr.
德国联邦议会大厦 Reichstag/Bundestag
Spree
Unter den Linden/Friedrichstr.
洪堡大学
Lustgarten
Klosterstr.
Haus der Kulturen der Welt
Platz der Republik
勃兰登堡门
Brandenburger Tor
菩提树下大街
Staatsoper 柏林国家歌剧院
Str. des 17. Juni
Behlenstr. Wilhelmstr.
Französische Str.
Friedrichstr.
Hausvogteiplatz
Tiergarten
Ebertstr.
Wilhelmstr.
Mohrenstr.
Stadtmitte
波茨坦广场
Philharmonie
爱乐音乐厅
Tiergartenstr.
Varian-Fry-Str.
Potsdamer Platz Bhf
Leipziger Str.

图例：
—— 100路的巴士线路
※勃兰登堡门周边的线路有时会有变化
—— 200路的巴士线路
Ⓢ S-Bahn（城市轻轨）
Ⓤ U-Bahn（地铁）

※本书调查时，从勃兰登堡门前往亚历山大广场站的菩提树下大街时乘坐的Ⓤ55，因线路延长工程，停车站有所调整。

坐市内游览巴士时，可以享受打折优惠票价。但各种卡的价格没有太大的差距，优惠内容也基本相同，所以游客可能会犹豫究竟该如何购买。可以上网查询，确认一下自己想去的景点是否包含在优惠范围之内。

可在❶以及售票窗口、售票机购票，开始使用时一定要在自动检票机（→p.292）上打上时刻。另外，以参观各主要博物馆为主的话，可以不考虑"打折优惠"的票，而是选择"无须再单独购票"的博物馆3日通票（→p.300），那样比较划算。

S-Bahn、U-Bahn 的乘坐方法

车站内有线路图，可以在图上找到自己所在车站至目的地车站的线路，然后记住线路的号码和终点站的站名。乘车站台标识、运行方向，都通过线路号及终点站站名表示。另外，下车时需要自己拉门上的把手或按下按钮来打开车门。

巴士的乘坐方法

巴士车站的站牌标记几路车会在此停车以及开往何站。乘坐巴士时，一定要从前门上车，上车后向司机出示车票。也可以上车后向司机购买车票。即将到达目的地车站时，按下按钮，待停车后从下车门（后门）下车。

双层巴士顶层最前排的座位最适合观赏风景

如果想游览市中心景点，可以乘坐双层公交巴士100路或200路（可参考上面的交通地图）。白天每隔5~10分钟发一班车。购买1日乘车券或 Berlin Welcome Card 的话，就可以在任意车站乘车或下车，非常方便。

U-Bahn 车厢内

下车时要按车门上的绿色按钮（新型车厢）

乘坐巴士时从前门上车

只在原东柏林地区才有无轨电车开行

投稿 如果使用1次乘车券次数较多，购买4张1组的次数券比较划算。另外，1次乘车券在两小时以内乘坐自由（但只限同一方向），所以很多情况下不买1日乘车券也可以。

A

N

0　500m　1000m

Wedding

Müller-str.

Heidestr.

Scharnhorststr.

Lehrter Str.

U Schwartzkopffstr.

S Humboldthain

U Voltastr.

Brunnenstr.

Gartenstr.

Chausseestr.

Bernauer Str.

U Bernauer Str.

Eberswalder Str.

Oberberger Str.

柏林墙公园
Mauerpark

幸福咖啡馆 C

柏林墙资料中心
Dokumentationszentrum
Berliner Mauer

Ackerstr.

Kastanienallee

Fehrbelliner Str.

弗勒里克咖啡馆 C

S Nordbahnhof

Invalidenstr.

U Naturkundemuseum

巴克斯帕西米特旅馆
自然科学博物馆
Museum für Naturkunde

Torstr.

Linienstr.

Rosen-
thaler Pl.

马戏团旅馆 C

Rosenthaler Str.

袋熊城市旅馆

Weinmeister-
str.

U

汉堡车站现代美术馆
Hamburger Bahnhof-
Museum für Gegenwart Berlin

Augustr.

菩提树下大街与博物馆岛（扩大图p.298）

cocolo R

海里特医院
（大学医院）
Charité

Oranienburger
Tor

Oranien-
burger Str. S

Heckmann Höfe
犹太教教堂
Hackesche Höfe

哈克什庭院

柏林哈克市场
一号汽车旅馆

中央火车站
青年旅舍 JH

柏林中央车站
Hauptbahnhof

i

U Hauptbahnhof

Invalidenstr.

Kapelle-Ufer

哈易斯艺术酒店
Reinhardtstr.

Luisenstr.

森鸥外纪念馆

佩加蒙博物馆
Pergamonmuseum

Hackescher Markt

玛利恩教堂
Marienkirche

柏林中央车站
梅宁格酒店

城际酒店

Kronprinzenufer

艾尔贝瑞彻特霍夫酒店

Schiffbauerdamm

腓特烈
大街站

S

U Friedrichstr.

博物馆岛
Museumsinsel

红色市政厅
Rotes Rathaus

首相府
Bundes Kanzleramt
Bundestag

B

Paul-Löbe-Allee

德国联邦议会大厦
Reichstag, Deutscher
Bundestag

Dorotheenstr.

洪堡大学
Humboldt-Universität

菩提树下大街

柏林大教堂
Berliner Dom

霍佩妈妈餐厅

尼古拉教堂
Nikolaikirche

世界文化馆
Haus der Kulturen
der Welt

John-Foster-Dulles-Allee

Scheidemannstr.

U Brandenburger
Tor H

Brandenburger
Tor

Unter den Linden

柏林国家歌剧院
Staatsoper

柏林人狗难者纪念馆

尼古拉地区
Nikolaiviertel

蒂尔加滕
Tiergarten

6月17日大街
Straße des 17. Juni

Ebertstr.

勃兰登堡门

凯策斯基柏林
歌剧院

Französische
Str.

柏林大酒店

柏林丽晶酒店

法兰西大教堂

Hausvogteipl.

以法莲宫
Ephraim Palais

犹太人殉难者纪念馆
Denkmal für die
ermordeten Juden Europas

Charlottenstr.

德意志大教堂

波茨坦广场周边
（扩大图p.306）

Stadtmitte U

希尔顿酒店

Mohrenstr. U

Leipziger Str.

U Spittel-
markt

爱乐音乐厅
Philharmonie

波茨坦
广场站

S

U Potsdamer Pl.

柏林购物中心

通信博物馆
Museum für
Kommunikation

咖喱香肠博物馆

Schützenstr.

Zimmerstr.

Axel-Springer-Str.

Alte Jakobstr.

绘画馆
Gemäldegalerie

Potsdamer Str.

波茨坦广场

联邦参议院
Bundesrat
柏林州议会

观光热气球
搭乘地

C

新国家艺术画廊
Neue Nationalgalerie

阿丹丹购物中心

马丁葛罗比乌斯博物馆
Martin-Gropius-Bau

恐怖地形博物馆

柏林墙博物馆
Museum Haus am
Checkpoint Charlie

U Kochstr.

柏林画廊
Berlinische Galerie

柏林国际
青年旅舍 JH

Lützowstr.

峡湾酒店

Mendelssohn-
Bartholdy-Park U

Schöneberger Str.

S Anhalter Bhf

Stresemannstr.

Friedrichstr.

犹太博物馆
Jüdisches Museum Berlin

Alexandrinenstr.

U Gleisdreieck

SPD总部 S

柏林全图

红框内为本图部分

泰格尔机场
Tegel (TXL) ✈
柏林中央车站
Hauptbahnhof
施潘道站
Spandau
亚历山大广场
Alexanderpl.
东站
Ostbahnhof
东德国家安全部博物馆
（史塔西博物馆）
Großer
Müggelsee
万湖会议纪念馆
p.296～297
本书卷前图④是此部分
波茨坦中央车站
Potsdam Hbf.
法尔肯贝格花园
舍内费尔德机场
Schönefeld (SXF)
（柏林·勃兰登堡
国际机场即将启用）

3 Pakolat
Lychener Str.
Raumerstr.
SASAYA
Pappelallee
陶谢
U Eberswalder Str.
康瑞普柯快餐 R
文化酿造厂
Danziger Str.
安娜·布隆咖啡馆 C
珂勒惠支广场
Kollwitz-Platz
Schönhauser Allee
Kollwitzstr.
犹太人墓地
Jüdischer Friedhof
水塔
Prenzlauer Allee
Schwedter Str.
LPG
环保超市 S
U Senefelderpl.

N Fleischerei
Ibis Berlin H Mitte
H Alex
Greifswalder Str.
Am Friedrichshain
腓特烈海茵人民公园
Volkspark Friedrichshain
Rosa-Luxemburg-Pl.
U
Mollstr.
Friedenstr.
Platz d. Vereinten Nationen
Landsberger Allee
B
雷迪森柏林
亚历山大广场酒店
H
S 古洛迷亚百货商店
世界时钟
亚历山大广场站
S
电视塔
Fernsehturm
Alexanderpl.
Alexa
U Schillingstr.
Grunerstr.
Karl-Marx-Allee
Komm.
Friedenstr.
U Klosterstr.
莱茨滕因斯坦餐厅 R
Stralauer Str.
Strausberger Pl.
Lichtenberger Str.
Andreasstr.
Weberwiese
U
Frankfurter Tor
U
U Jannowitzbr.
Holzmarktstr.
S
Wallstr.
Brückenstr.
Warschauer Str.
U Märk. Museum
Inselstr.
特雷索尔俱乐部 N
V辐射式表演
艺术中心
Ostbahnhof 东站
H InterCityHotel
C
U Heinrich-Heine-Str.
Annenstr.
H-H-Str.
柏林米特
A&O酒店
An der Schillingbrücke
Mühlenstr.
Spree 施普雷河
Warschauer Str. S
U Moritzpl.
Manteuffelstr.
Köpenicker Str.
Eisenbahnstr.
东区画廊
（柏林墙遗址）
柏林墙遗址
Oranienstr.
第九市场 S
奥博鲍姆桥
Oberbaumbrücke
3
U Kottbusser Tor
Görlitzer Bhf
Schlesisches Tor
U
4

铁路（干线）
S ········· S-Bahn（城市轻轨）
U ········· U-Bahn（地铁）
H ········· 巴士（只标注主要线路）
H ········· 酒店
JH ········· 青年旅舍
R ········· 餐厅、小吃摊
C ········· 咖啡馆
S ········· 商店
N ········· 酒吧、俱乐部等
········· 教堂
i ········· 旅游服务中心
········· 柏林墙遗址

295

柏林全图

0 500m 1000m
N

夏洛滕堡宫
Schloss Charlottenburg

Spandauer Damm

贝格鲁恩美术馆
Museum Berggruen

夏夫-格斯腾贝格收藏馆
Sammlung Scharf-Gerstenberg

珀鲁汉博物馆
Bröhan-Museum

Westend

Kaiserin-

Mierendorffpl.

Augusta-Allee

施普雷河 Spree

Helmholtzstr.

Frankinstr.

Richard-
Wagner-Pl.

Otto-Suhr-Allee

柏林工业大学

Ernst-Reuter-Pl.

柏林德意志歌剧院
Deutsche Oper
Berlin

席勒剧院
Schillertheater

Deutsche Oper

Schillerstr.

文艺复兴歌剧院

Kaiserdamm

Bismarckstr.

Sophie-Charlotte-Pl.

Bismarckstr.

Kaiserdamm

Goethestr.

Goethestr.

Pestalozzistr.

迪克·威尔汀餐厅
Stilwerk

Knesetbeckstr.

Messe
Nord/ICC

Kantstr.

Kantstr.

Wilmersdorfer Str.

康德大街

十二使徒餐厅

Savignyplatz

凯宾斯基柏林
布里斯托尔酒店

加州酒店

Uhlandstr.

Ampelmann

Charlottenburg

Levishamstr.

Leibnizstr.

Wielandstr.

Schlüterstr.

Gross

凯绥·珂勒惠支美术馆

Bleibtreu Str.

布雷特尔
柏林酒店

文学咖啡馆

铁路（干线）
S-Bahn（城市轻轨）
U-Bahn（地铁）
巴士（只标注主要线路）
酒店
青年旅舍
餐厅、小吃摊
咖啡馆
商店
酒吧、俱乐部等
教堂
旅游服务中心

Adenauer-
platz

库达姆大街

Lietzenburger Str.

Konstanzer Str.

库达姆
101酒店

柏林邸宾纳剧院
Schaubühne

Kurfürstendamm

Paulsborner Str.

Brandenburgische Str.

Düsseldorfer Str.

Hohenzollernpl.

Hohenzollerndamm

Günzelstr.

Halensee

艾丽西·哈蒙

Fehrbelliner Pl.

Brandenburgische Str.

Uhlandstr.

Holsteinische Str.

Blissestr.

泰格尔机场

施潘道站
Spandau

p.294-295

柏林中央车站
Hauptbahnhof

红框内为本图的部分

万湖会议
纪念馆

本书文前图④是此部分

Großer
Müggelsee

法尔肯贝格花园

舍内菲尔德机场
（柏林·勃兰登堡国际机场即将启用）

Berliner Str.

Turmstr.

Turmstr.

U Turmstr.

Turmstr.

Alt-Moabit

Stromstr.

Kirchstr.

Rathenower Str.

Alt-

Invalidenstr.

柏林中央车站
i S U
Hauptbahnhof

Moabit

Holsteiner Ufer

布赫瓦尔德蛋糕&
咖啡馆 C
Flensburger Str.

Levetzowstr.

Bochstr.

U Bellevue

格里普斯剧院
Grips Theater

U Hansapl.

Klopstockstr.

Paul-Str.

联邦总理府
Bundes Kanzleramt

Bundestag

A

世界文化馆
Haus der Kulturen
der Welt

德国联邦议会大厦
Reichstag, Deutscher
Bundestag

贝尔维尤宫
（总统官邸）
Schloß Bellevue

Allonaer Str.

6月17日大街的
跳蚤市场

G Tiergarten

6月17日大街
Straße des 17. Juni

胜利纪念塔
Siegessäule

Straße des 17. Juni

蒂尔加滕
Tiergarten

波茨坦广场周边
（扩大图见p.306）

动物园站
Bf. Zoologischer
Garten

Landwehrkanal

H 柏林达施图酒店

Hiroshimastr.

爱乐音乐厅
Philharmonie

波茨坦广场站
Potsdamer Platz

图片
美术馆

柏林动物园
Zoologischer
Garten

绘画馆
Gemäldegalerie

波茨坦广场 S

S
Zoolog. Garten

威廉皇帝纪念教堂
Kaiser-Wilhelm-
Gedächtnis-Kirche

InterContinental

柏林25
小时酒店

CDU总部

Budapester Str.

包豪斯博物馆
Bauhaus-Archiv-
Museum

新国家艺术画廊
Neue Nationalgalerie

国家图书馆
Staatsbibiliothek

柏林比基尼
购物中心
S H

i R 皇宫酒店

欧洲中心
Europa-Center

H 柏林海滨大道
喜来登大酒店

柏林
国际
青年
旅舍

B

U H Swissotel
S
Kurfürsten-
damm
H Steigen-
berger
Str.

大都会

Kurfürsten-

Blue Band Berlin

Lützowstr.

Joachimsthaler Str.

R Augsburger Str.

Nürnberger Str.

S 戴森曼鞋店

str.

Einemstr.

C Einstein

Gleisdreieck

U

凯恩
沃尔法特
圣诞装饰品店

索菲特柏林
库尔菲尔斯滕酒店

R 威蒂斯
Wittenbergpl.

卡迪威
百货商场

JH CVJM

U Nollendorfpl.

Kurfürstenstr.

德国科技博物馆
Deutsches Technikmuseum
Berlin

Spichernstr.

Augs-
burger
Str.

Kleiststr.

Motzstr.

Bülowstr.

Prasdamer Str.

U Bülowstr.

U Spichernstr.

Anabacher Str.

U Viktoria-Luise-Pl.

Hohenstaufenstr.

Pallasstr.

U Güntzelstr.

Bundesallee

Bamberger Str.

Luther Str.

Goltzstr.

Grunewaldstr.

Yorckstr.

U

Yorckstr.
S

Nachodstr.

Eisenacher Str.

Kleistpark
U

C

U Bayerischer Pl.

Berliner Str.

Badensche Str.

Martin-

J.F.Kennedy.-Platz

绘本咖啡馆
C

S Julius-Leber-Brücke

舍嫩贝格市政厅
Rathaus Schöneberg

Haupstr.

Raths.
Schöneberg
U
3

4

※ 本书调查时，从勃兰登堡门前往亚历山大广场站的菩提树下大街时乘坐的 Ⓤ 55，因线路延长工程，会有交通上的一些限制。

菩提树下大街周边　漫 步

从勃兰登堡门前向东、长约 1.4 公里的道路就是菩提树下大街 Unter den Linden。道路中央种植着菩提树。该条道路在中间路段与腓特烈大街相交，从那里继续向东走，就是洪堡大学、柏林国家歌剧院、德国历史博物馆等重要文化设施。走过施普雷河上的皇宫桥，便来到集中着 5 家博物馆的博物馆岛。在这里参观需要较多的时间。

走过雄伟的柏林大教堂，道路的名称变为卡尔·李扑克内西街，一直延伸至 S-Bahn 亚历山大广场站。中途有玛丽安教堂。教堂后面的红砖建筑为柏林市政府，俗称"红色市政厅"。亚历山大站前面耸立着电视塔。

菩提树下大街西端的勃兰登堡门前

玛丽安教堂

菩提树下大街周边　主要景点

德国联邦议会大厦（帝国议会大厦）

Reichstag Deutscher Bundestag　★★★

厚重庄严的帝国议会大厦建于 1884~1894 年，1933 年遭遇大火。该建筑位于原西德一侧，但第二次世界大战后一直没有作为原西德的议会

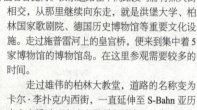

菩提树下大街与博物馆岛

0　200　400m

巴科米斯德里咖啡馆 Ⓒ
信号灯小人纪念品商店
哈克什庭院餐厅 Ⓡ
变色龙剧场
Heckmann Hofe
犹太教教堂
Oranienburger
Tor
哈克什庭院
Oranienburger Str.
Hackescher Markt
德国剧院
Deutsches Theater
施塔特拉斯特剧院
腓特烈
Ziegel str.
Strandbar Mitte
柏林中央车站方向
森鸥外纪念馆
博德博物馆
Bodemuseum
老国家艺术画廊
Alte Nationalgalerie
柏林剧团
Berliner Ensemble
Am Kupfergraben
柏林美利亚酒店
佩加蒙博物馆
Pergamonmuseum
新博物馆
Neues Museum
路易斯艺术酒店
腓特烈大街站
Friedrichstr.
柏林欧洲
丽笙布鲁酒店
旧博物馆
Altes Museum
柏林大教堂
Berliner Dom
柏林弗里德里希酒店
Maritim pro Arte
德国联邦议会大厦
Reichstag, Deutscher Bundestag
洪堡大学
Humboldt-Universität
德国历史博物馆
Deutsches Historisches Museum
亚历山大广场方向
DDR博物馆
DDR Museum
爱因斯坦咖啡馆
杜斯曼文化百货大楼
新岗哨
Neue Wache
皇宫桥
洪堡盒子
杜莎夫人蜡像馆
菩提树下大街
100·200·TXL
柏林国家歌剧院
Staatsoper
勃兰登堡门
Brandenburger Tor
凯宾斯基柏林阿德龙酒店
柏林喜剧歌剧院
Komische Oper
威斯汀柏林大酒店
圣彼得大教堂
犹太人殉难者纪念馆
Denkmal für die ermordeten Juden Europas
Französische Str.
多彩的巧克力世界
法兰西大教堂
Franz. Dom
御林广场
206区购物中心
柏林音乐厅
Konzerthaus Berlin
Hausvogteipl.
老佛爷百货
Stadtmitte
德意志大教堂
Deutscher Dom
波茨坦广场
Hilton
法国宾和莱斯巧克力店

铁路（干线）
S-Bahn（城市轻轨）
U-Bahn（地铁）
电车
巴士（只标注主要线路）
100·TXL

编外话　在游客集中的勃兰登堡门附近，经常发生偷窃事件。小偷会假借签名或做问卷调查，趁机偷盗钱包。当有人手拿着笔，微笑着向你走来时，一定要注意！

德国联邦议会大厦

●德国联邦议会大厦（帝国议会大厦）

📍 Platz der Republik 1
　 D-11011 Berlin

🔗 Map p.298

从 Ⓤ Bundestag 站步行约需 5 分钟。或者乘坐 100、M85 路巴士，在 Reichstag/Bundestag 站下车即到。

🌐 www.bundestag.de

☎ （030）22736436

🕐 8:00~24:00
　（22:00 停止入场）

✕ 12/24、固定期维护等原因有时会有不固定休业

💰 免费

请使用英语提前写好预约的人数、姓名、出生年月日、地址、电话号码等信息。

柏林与歌德之路·哈茨地区

●柏林

使用。东、西德统一后，用了 8 年时间完成了对该建筑的改建。现在游客可以进入楼顶的玻璃圆顶 Kuppel 内参观。参观需提前预约，可在边栏所载网站内 Besuchen Sie uns（德语）/Visit the Bundestag（英语）的 Online Anmeldung/Online registration 申请（也可以通过邮寄或传真的方式申请）。入场时须接受安检。

爬上圆顶中的斜坡

德国统一的象征 勃兰登堡门

Brandenburger Tor ★★★

　　1788~1791 年仿雅典神庙大门而建，是普鲁士国王的凯旋门，被誉为德国古典主义建筑的杰作。门上的胜利女神像及马车在 1806 年曾被占领普鲁士的拿破仑带到巴黎，1814年时又回到了柏林。

●勃兰登堡门

🔗 Map p.298

乘坐 Ⓢ Ⓤ 或者 100 路巴士在 Bran-denburger Tor 站下车，步行 1 分钟。

会集了大量游客的勃兰登堡门一带

　　两德时期，勃兰登堡门旁边筑起了高墙，因此无法走过大门，不过现在已经变得畅通无阻了。

勃兰登堡门上的雕像

犹太人殉难者纪念馆

Denkmal für die ermordeten Juden Europas ★

　　从勃兰登堡门向南 100 米左右，地面上有大量水泥方砖，共 2711 块。这些水泥方砖就是献给第二次世界大战中惨遭屠杀的犹太人的纪念碑，地下设有资料馆（展览室）。高矮不一的水泥方砖让这里变成了迷宫一样的地方，走在水泥方砖间的空隙中，感觉非常奇妙。

●犹太人殉难者纪念馆

📍 Cora-Berliner-Str. 1

🔗 Map p.298

乘坐 Ⓢ Ⓤ 从 Brandenburger Tor 站步行约需 3 分钟，从 Ⓢ Ⓤ 的 Potsdamer Platz 站步行约需 10 分钟。也可乘坐 100 路或者 M85 路巴士。

🌐 www.stiftung-denkmal.de

🕐 纪念碑区域 24 小时开放。
信息中心
4~9 月　　　10:00~20:00
10 月～次年 3 月
　　　　　　10:00~19:00
（闭馆前 45 分钟停止入场）

✕ 周一、1/1、12/24~26

💰 免费（进入信息中心时需要进行安保检查）

水泥方砖组成的迷宫

📖 编外话　在议会大厦对面的 Scheidemannstr. 的旅游服务中心（🕐 8:00~18:00、4~10月~20:00）可以预约当天、次日及两天后的参观。但是人数有限，建议提早预约。

只需要€24，便可以在3天之内任意参观（特别展除外）柏林国立博物馆群（参考下述）与市立、私立等大约50座美术馆、博物馆，学生票是€12。

●什么是SMB？
🔲 www.smb.museum
SMB是柏林国立博物馆群19座博物馆的简称，这19座博物馆拥有共通的官网和收费系统等。属于SMB的美术馆，博物馆在p.300~312的费用栏处附有SMB。全年通票请参考页脚部分。

●佩加蒙博物馆
📬 Bodestr. 1-3
○Map p.298
乘坐⑤⑩从Friedrichstr.站步行约需10分钟。乘坐巴士100路或者200路在Lustgarten站下车，乘坐有轨电车M1、12路需要在Am Kupfergraben站下车。
🕐 周一～周日 10:00~18:00（周四～20:00）
闭馆前30分钟停止入场。

博物馆岛

Museumsinsel

★★★

施普雷河的中心小岛上集中了p.300~301中介绍的5家博物馆，因此得名博物馆岛。将各博物馆连接在一起的地下通道正在建设中，预计2025年竣工。

被列为世界遗产的博物馆岛

展出古代遗迹的佩加蒙博物馆

Pergamonmuseum

★★★

将出土于古希腊佩加蒙（现为土耳其的贝尔加马Bergama）的"宙斯祭坛"（公元前180~159年）残片进行了复原并展出于此，祭坛高9.66米。还有"米利都市场大门"、使用青砖建造的巴比伦尼亚"伊施塔尔门"及"行进大道"（公元前560年左右）等古代遗迹的原尺寸展示，游客会被这里恢宏的气势所震撼。

另外，"宙斯祭坛"展厅目前处于关闭状态，将会持续至2019年。现在仅伊施塔尔门所在处的东侧展区可以参观。参观者很多，进入博物馆之前需要花很长时间排队等候。

佩加蒙博物馆

※ 由于修复文物等原因，可能会出现展厅变更及关闭等情况。

佩加蒙的宙斯祭坛

希腊风格的建筑

罗马

亚述有翼人首兽身像

希腊文化

关 闭
宙斯祭坛

关

闭

古希腊

亚述

米利都市场大门

入口

通道
米利都市场大门
伊施塔尔门
巴比伦尼亚

行进大道

叙利亚、小亚细亚

得到复原的巴比伦尼亚伊施塔尔门与行进大道

注意！
因改建工程，该博物馆的入口移至新博物馆与老国家艺术画廊之间的通道里闭。希腊文化、古希腊、罗马等展厅以及有宙斯祭坛的展厅都处于关闭状态。购买Classic Plus（€100）的话，常设展览与特别展览均可参观。

🗣 海外话 SMB所有展馆有效的年票分为3类。Basic（€25）只能在周一～周五16:00~18:00及周六·周日11:00~13:00参观常设展览。Classic（€50）可在开馆时间内随时参观常设展览。Classic Plus（€100）既可参观常设展览，也能参观特别展览。

新博物馆
Neues Museum ★★

新博物馆曾在战争中遭到严重破坏，2009年得到重建。里面以埃及博物馆和莎草纸文献收藏馆 Ägyptisches Museum und Papyrussammlung

为主。藏有柏林至宝"奈费尔提蒂王后半身像"等文物。

可以见到古代埃及的美丽王后奈费尔提蒂的雕像

博德博物馆
Bodemuseum ★★

位于博物馆岛的北端，紧邻佩加蒙博物馆。新巴洛克式的圆顶是这座建筑的标志。除了中世纪以来的宗教题材雕像、拜占庭艺术、钱币藏品，馆内还展出着克拉纳赫、提埃坡罗的绘画等艺术作品，馆藏数量很大。

圆顶之下的大厅内有腓特烈·威廉大选帝侯的骑马像

周末的时候博德博物馆前有跳蚤市场（→p.327）

老国家艺术画廊
Alte Nationalgalerie ★★

古希腊风格的建筑外观非常引人注目。主要收藏卡斯帕·大卫·弗里德里希、阿诺德·勃克林等18~20世纪德国浪漫主义、表现主义、象征主义画家的作品以及马奈、塞尚等印象派画家的作品。另外，还有许多著名的雕塑作品。

外观酷似希腊神庙的建筑

老博物馆
Altes Museum ★★

有18根立柱整齐排列的老博物馆是19世纪建筑家申克尔的作品。Antikensammlung（文物收藏馆）内是常设展品，主要展出古希腊、古罗马时期的雕刻作品等，二层是特展厅。

老博物馆的正面立有一排石柱

休12/24
费€12、学生€6、附带语音导览 SMB（→p.300）

●新博物馆
住 Bodestr. 1-3
Map p.298

乘坐Ⓢ在Friedrichstr.站或者Hackescher Mark站下车，步行10分钟可到达。也可乘坐100路或者200路巴士，在Lustgarten下车。有轨电车可乘坐M1、12在Am Kupfergraben站下车。
网 www.smb.museum
开 周一~周日 10:00~18:00（周四~20:00）
闭馆前1小时停止入场
休12/24 费€12、学生€6
售票处位于老国家艺术画廊和新博物馆之间的庭园处。SMB（→p.300）

●博德博物馆
住 Am Kupfergraben
Map p.298

乘坐Ⓢ在Friedrichstr.站或者Hackescher Markt站下车，步行10分钟可到达。也可乘坐100路或者200路巴士，在Lustgarten站下车。有轨电车可乘坐M1、12在Am Kupfergraben站下车。
开 周二~周日 10:00~18:00（周四~20:00）
闭馆前30分钟停止入场
休 周一、12/24·31
费€12、学生€6
SMB（→p.300）

●老国家艺术画廊
住 Museuminsel/Bodestr. 1-3
Map p.298

乘坐Ⓢ在Friedrichstr.站或者Hackescher Markt站下车，步行10分钟可到达。也可乘坐100路或者200路巴士，在Lustgarten站下车。
开 周二~周日 10:00~18:00（周四~20:00）
闭馆前30分钟停止入场
休 周一、12/24·31
费€10、学生€5
SMB（→p.300）

●老博物馆
住 Am Lustgarten
Map p.298

乘坐Ⓢ在Fridrichstr.站或者Hackescher Markt站下车，步行10分钟可到达。也可乘坐100路或者200路巴士，在Lustgarten站下车。
开 周一~周日 10:00~18:00（周四~20:00）
闭馆前30分钟停止入场
休12/24·31
费€10、学生€5
SMB（→p.300）

编外话 有可参观博物馆岛上所有博物馆（特别展览除外）的1日通票Bereichskarte。票价€18、学生€9。各博物馆售票窗口有售。

●柏林大教堂
田 Am Lustgarten
➡ Map p.298
乘坐 U S 在 Alexanderplatz 站下车，步行 10 分钟可达。或者乘坐 100 路、200 路巴士，在 Lustgarten 站下车即到。
田 www.berliner-dom.de
田 周一～周六　9:00~20:00
　　周日·节日　12:00~20:00
　　（11月～次年3月 ~19:00）
※ 做弥撒或者举办活动时谢绝参观。
圈 €7、学生 €5、语音导览（英语、德语）€3

●德国历史博物馆
田 Unter den Linden 2
➡ Map p.298
乘坐 100 路或 200 路巴士，在 Staats-oper 站下车。
田 www.dhm.de
田 10:00~18:00
困 12/24
圈 €8、学生 €4

●电视塔
田 Panoramastr. 1a
➡ Map p.295-B3
乘坐 U S 在 Alexanderplatz 站下车，步行 5 分钟可达。或者乘坐 100 路、200 路巴士等。
田 www.tv-turm.de
田 3~10月　　9:00~24:00
　　11月～次年2月
　　　　　　10:00~24:00
圈 €13
通过互联网购买的 VIP 票，可以在指定时间参观，并且确保餐厅的座位。每人 €23（通过信用卡扣款）。

●尼古拉教堂（市立博物馆）
田 Nikolaikirchplatz
➡ Map p.294-B2
乘坐 U S 在 Alexanderplatz 站下车，步行 15 分钟可达。或者乘坐 U 在 Klosterstr. 站下车，步行 10 分钟可达。
田 www.stadtmuseum.de
田 10:00~18:00
困 12/24·31
圈 €5、学生 €3、每月第一个周三免费

●以法莲宫
田 Poststr. 16
➡ Map p.294-B2
乘坐 U 在 Klosterstr. 站下车，步行 7 分钟可达。或者乘坐 M48、248 巴士。
田 www.stadtmuseum.de
田 周二·周四～周日
　　　　　　10:00~18:00
　　周三　　12:00~20:00
困 周一、12/24·31
圈 €6、学生 €4

柏林大教堂
Berliner Dom ★★

霍亨索伦王室墓葬所在地，可以参观安放着 94 个棺椁的 Gruft。走上圆顶建筑旁边的 270 级阶梯，就能来到可眺望柏林市中心的观景台。

高 114 米的大教堂

德国历史博物馆
Deutsches Historisches Museum ★★

建于 1706 年，当时为普鲁士军队的武器库。现在除了有德国历史的常设展览外，还会举办不同主题的特别展览。承办特别展览的分馆，由曾设计过卢浮宫博物馆前玻璃金字塔的美籍华裔建筑师贝聿铭设计。

菩提树下大街旁的总馆（右）与装有玻璃幕墙的分馆（左）

电视塔
Fernsehturm ★★

塔高 368 米，203 米处建有观景台，可乘电梯到达。观景台高 4 米，上面是旋转观景餐厅。

门票上印有 4 位数的号码及入场时间，当自己的号码显示在屏幕上时，就可以乘坐电梯了。在夏天的旅游季节，有时需要等候 1~2 小时。

电视塔（左）与亚历山大广场的世界时钟（右）

尼古拉地区
Nikolaiviertel ★

红色的市政厅与施普雷河之间的广阔区域是柏林的发祥地。柏林就是以这一区域为中心逐渐发展起来的。尼古拉教堂 Nikolaikirche 建于 1230 年，是柏林最古老的教区教堂，现为市立博物馆。教堂周围被称为尼古拉地区，有很多时尚的咖啡馆和餐厅。施普雷河岸边，有经过复建的洛可可风格的以法莲宫 Ephraim Palais，里面为美术馆。

柏林最古老的教堂

要想遍游柏林市，其实也可以选择骑自行车游览。电视塔的一层，有两家自行车租赁店，租金为 1 天 €14。骑自行车欣赏柏林的风景是一件非常惬意的事情。

汉堡车站现代美术馆

Hamburger Bahnhof-Museum für Gegenwart Berlin ★★

　　利用过去柏林与汉堡间铁路的车站改建而成的现代美术馆。馆内空间非常大，展出着安塞尔姆·基弗、约瑟夫·博伊斯、马里奥·梅尔茨、安迪·沃霍尔等现代艺术大师们的作品。

站内大厅现为展厅

●汉堡车站现代美术馆
⌂ Invalidenstr. 50-51
➲ Map p.294-B1
乘坐 Ⓢ 在 Hauptbahnhof 站或者 Ⓤ6 在 Naturkundemuseum 站下车，步行 10 分钟可达。
🖥 www.hamburgerbahnhof.de
🕐 周二·周三·周五
　　　　　　　　　10:00~18:00
　　周四　　　10:00~20:00
　　周六·周日　11:00~18:00
　　闭馆前 30 分钟停止入场
🚫 周一、12/24·25
€ 14、学生 €7（含特别展）
SMB（→ p.300）

自然科学博物馆

Museum für Naturkunde ★★

高 13 米的腕龙

　　为了展出世界上最大的腕龙骨骼化石，博物馆对展厅的屋顶进行了改建。该馆为洪堡大学附属博物馆，展出收集自世界各地的矿石、化石、动物标本、昆虫标本。自然科学领域的藏品总数达到 3000 万件。

●自然科学博物馆
⌂ Invalidenstr. 43
➲ Map p.294-A1~B1
乘坐 Ⓤ6 在 Naturkundemuseum 站下车，步行 5 分钟可达。
🖥 www.naturkundemuseum.berlin
🕐 周二～周五　9:40~18:00
　　周六·周日·节日
　　　　　　　　10:00~18:00
　　闭馆前 1 小时停止入场
🚫 周一、12/24·25·31
€ 8、学生 € 5

Information　洪堡盒子是什么？

　　2011 年，博物馆岛上出现了这个形状古怪的蓝色大盒子状建筑。那里曾为柏林的王宫，但第二次世界大战中王宫遭到破坏，1950 年东德政府将王宫全部拆除。东西德统一后，推出了重建王宫的计划，直到 2013 年才终于开工建设。预计在 2018~2019 年可完工，届时得以重建的王宫将作为综合文化设施对外开放。洪堡盒子 Humboldt-Box 就是为了宣传这项工程而建，同时也作为各种会展的场地使用。最大看点是位于顶层的可360°观景的观景台。里面还设有咖啡厅和餐厅。
⌂ Schlossplatz 5　➲ Map p.298
乘 100、200 路巴士在 Lustgarten 站下车。

🖥 www.humboldt-box.com
🕐 10:00~18:00（4~10 月 ~19:00）
　　入场截至闭馆前 30 分钟。

顶层的观景台极有人气

可以通过模型一睹王宫的昔日风采

● 胡格诺博物馆（法兰西
大教堂内）

🏠 Gendarmenmarkt 6

🔴 Map p.298

　乘坐 Ⓤ 在 Französische
Str. 站或者 Stadtmitte 下
车，步行 5 分钟可达。

💻 www.franzoesische-kirche.
de

🕐 周二～周日　12:00~17:00

🕐 周一

💰 €3.50、学生€2

法兰西教堂之塔

🕐 10:30~18:00

　（夏季~19:00。周三、周
五、周六会举行结婚仪
式等活动而闭馆）

💰 €3、学生€1

从法兰西教堂之塔上眺望圣
诞市场

● 德国科技博物馆

🏠 Trebbiner Str. 9

🔴 Map p.297-B4

　乘坐 Ⓤ1、2 在 Gleisdreieck 站
或者乘坐 Ⓤ1、7 在 Möckernbrücke
站下车，步行 7 分钟可达。

💻 www.sdtb.de

🕐 周二～周五　9:00~17:30
　周六·周日　10:00~18:00

🕐 周一、5/1、12/24·25·28·
31、1/4

💰 €8、学生€4

● 犹太博物馆

🏠 Lindenstr. 9-14

🔴 Map p.294-C2

　乘坐 Ⓤ1 或 6，在 Hallesches
Tor 站下车，步行 10 分钟
可达。

💻 www.jmberlin.de

🕐 10:00~20:00
　（周一~22:00）
　闭馆前 1 小时停止入场

🕐 10/3·4·12、12/24（每年
有变更）

💰 €8、学生€3，有语音导
览（€3+出示护照）

出入口在呈奶油色的老馆处

柏林最美的广场御林广场
Gendarmenmarkt
★★

具有古典气围的广场

　从腓特烈大街车站沿腓特烈大街南行，经过菩提树下大街时不转弯，继续前行，在前方第三条街道 Jagerstr. 左转，就来到了御林广场，隔着柏林音乐厅 Konzerthaus Berlin 建有两座外观非常相似的教堂。具有古典韵味的路灯仿佛可以把人们带到过去的柏林。两座教堂分别为法兰西大教堂 Französischer Dom 和德意志大教堂 Deutscher Dom，法兰西大教堂内设有胡格诺博物馆 Hugenottenmuseum。另外，还可以登上塔楼的观景台。

德国科技博物馆
Deutsches Technikmuseum Berlin

　位于第二次世界大战前柏林规模最大的火车站安哈尔特车站的编组场遗址处，铁路领域的展品尤其丰富。收藏有超过 40 节车厢的蒸汽机车车组以及德国皇帝专列等珍贵藏品。展出航空领域展品的新馆，也非常值得一看。还有电影、摄影、啤酒酿造、造纸、印刷、能源等领域的科技展品。

1948 年柏林封锁期间，不断向柏林运送物资的 C-47 运输机现被放置于博物馆楼顶

犹太博物馆
Jüdisches Museum Berlin
★★★

　丹尼尔·里伯斯金设计的犹太博物馆，1998 年竣工，这里举办的只参观建筑的团休游，引起了广泛的关注。呈锐角的展厅通道、窄得宛如缝隙的窗户，会让参观者感到仿佛置身于犹太人坎坷历史的迷宫之中。

　进入博物馆，接受完安检后，沿地下通道前行一段，登上里伯斯金楼的台阶，讲述犹太人 2000 年历史的展览便开始了。即使不太了解犹太人历史的参观者也能很容易地看懂展览的内容，解说牌上同时标有英语解说。

外墙上的窗户看上去仿佛伤疤

在希特勒的统治下，德国给欧洲各国造成了巨大伤害。第二次世界大战后，作为发动侵略的一方，德国一直承认自己的战争责任，而且为了牢记自己犯下的战争罪行并让年轻人了解战争的悲惨，德国还在全国各地修建了许多纪念馆。众所周知，在奥斯维辛集中营遗址、达豪集中营遗址等德国内外的集中营遗址内现在都建有纪念馆，而且在柏林也有很多纪念馆和纪念碑。这里介绍的只是其中的一部分。如果在参观之前对第二次世界大战的历史有一些了解的话，就能够更好地理解纪念馆中所讲述的内容。

■ 恐怖地形图博物馆
Topographie des Terrors

盖世太保及党卫军总部所在地，战争期间，这些机关进行着恐怖统治。当时，接到前往这里的命令就意味着"死亡"。战后，北侧的道路旁边建起了柏林墙。

囲 Niederkirchnerstr. 8 D-10963　● Map p.294-C1
Ⅷ www.topographie.de　囲 10:00~20:00
困 12/24・31、1/1　圐 免费

　　乘 ⓤⓢ 到 Potsdamer Platz 站下车，步行 10 分钟可达。

上 /2010 年建成的展览馆　下 / 尼德尔克尔新纳大街旁被保留下来的柏林墙。下层的砖结构部分是纳粹时期的地牢

■ 普勒岑塞纪念馆
Gedenkstätte Plötzensee

普勒岑塞监狱是 1933~1945 年间反希特勒抵抗运动参加者的囚禁之地，有 2000 多人在那里被处死。当时的处决室的一部分被保留了下来。

在纪念馆里，我们可以听到"希特勒独裁统治的牺牲者们"的忠告，决不能忘记那个残酷统治下的黑暗时代。

囲 Hüttigpfad D-13627　● 文前图④-A2
Ⅷ www.gedenkstaette-ploetzensee.de
囲 9:00~17:00（11 月~次年 2 月~16:00）
困 12/24~26・31、1/1　圐 免费

　　乘 ⓤ 9 到 Turmstr. 站下车，然后在车站旁换乘 123 路巴士，在 Gedenkstätte Plötzensee 或 Seestr./Beusselstr. 站下车。从巴士经过的道路步行 3 分钟。

■ 萨克森豪森集中营
Gedenkstätte und Museum Sachsenhausen

位于柏林以北约 30 公里的城市——奥拉宁堡。建于 1936 年，至 1945 年，有十多万犹太人在此遇难。集中营面积很大，大门上有"劳动使人自由"的标语。可以参观博物馆以及犹太人被迫从事劳动的场所、纳粹的活体实验室等被保留下来的建筑。

左上 / 复建的犹太人宿舍
上 / 病理楼内的停尸间
左 / 有"劳动使人自由"标语的大门

囲 Straße der Nationen 22 D-16515
● Map p.441-B4
Ⅷ www.stiftung-bg.de/gums
囲 3/15~10/14　　　　8:30~18:00
　　10/15~次年 3/14　　8:30~16:30
※ 入场截至闭馆前 30 分钟
困 博物馆为 10/15~次年 3/14 的周一（室外展区与游客中心开放）、12/24~26・31、1/1
圐 免费

　　乘 ⓢ1 从腓特烈大街车站出发约 45 分钟后，或从中央车站乘 RE 快车约 25 分钟后在 Oranienburg 站下车。按照设置于街道上各主要地点的 Sachsenhausen 标识牌的指示，步行 20 分钟左右，或乘 804 路巴士在第四站 Gedenkstätte 站下车（平时每 1 小时 1 班车，周六、周日每 2 小时 1 班车）。

■ 万湖会议纪念馆
Gedenkstätte Haus der Wannsee-Konferenz

1942 年 1 月 20 日，纳粹高层在万湖边的一栋别墅内召开了一次会议，讨论了将犹太人关进集中营以及强制劳动结束后予以杀害的行动计划。会址建筑现为纪念馆对外开放，馆内展出相关史料。有英语解说文字。周边有面对湖水的高级住宅区、别墅区。

　　前往该纪念馆，可乘 ⓢ1 或 7 在 Wannsee 站下车。之后换乘 114 路巴士，在第七站 Haus der Wannsee Konferenz 站下车即至。

囲 Am Grossen Wannsee 56-58 D-14109
● Map p.295- 小图　Ⅷ www.ghwk.de
囲 10:00~18:00　困 12/24~26・31、1/1、5/1、10/3 及其他部分法定节日　圐 免费

✉ 投稿　有可参观第二次世界大战期间的避难所及冷战时期地道的团体游 Berliner Unterwelten（Ⅷ berliner-unterwelten.de）。共有 7 个不同类型的游览项目，在 ⓤ Gesundbrunnen 站上面有售票处。

305

大屋顶之下的索尼中心夜景

● 科尔霍夫大厦观景台
panoramapunkt
🏠 Potsdamer Platz 1
🔶 Map p.306
🚇 乘 Ⓢ Ⓤ 在 Potsdamer Platz 站下车，步行2分钟可达。
🖥 www.panoramapunkt.de
🕐 10:00~18:00
入场截至关门前30分钟
夏季天气好时可能延长，天气不好时可能关门
❌ 12/24
🎫 €6.50、学生€5

科尔霍夫大厦

波茨坦广场地区最高的科尔霍夫大厦

波茨坦广场周边 漫步

从勃兰登堡门沿 Ebertstr. 南行 500 米左右就是波茨坦广场 Potsdamer Platz。广场周边曾筑有柏林墙，所以该地区在冷战期间一直没有得到开发。两德统一后，这里开始了迅猛的发展，现在遍地都是著名建筑师设计的高层建筑。

内有电影院及许多餐厅的索尼中心

绝对值得一看的是电影博物馆 Deutsche Kinemathek-Museum für Film und Fernsehen，馆内展出有玛琳·黛德丽的遗物，还有德国电影史及电影技术的相关介绍和展品。

可以乘欧洲速度最快的电梯登上科尔霍夫大厦观景台，从高处俯瞰波茨坦广场周边地区。乐高乐园探索中心 LEGOLAND Discovery Centre 是深受家庭旅游游客欢迎的户外活动场所。

波茨坦广场剧院（→ p.317）是一家专门举办音乐剧演出的大型剧院，每年 2 月，作为柏林国际电影节的一个主会场，会有许多电影人云集于此。

波茨坦广场周边
POTSDAMER PLATZ

🎬 编外话 柏林国际电影节Berlinale与戛纳国际电影节、威尼斯国际电影节并列世界三大电影节。自1988年张艺谋的《红高粱》获得柏林电影节金熊奖后，1993年谢飞的《香魂女》和李安的《喜宴》又同获金熊奖，1992年张曼玉 ▶

波茨坦广场周边 主要景点

绘画馆
Gemäldegalerie ★★★

　　文化广场 Kulturforum 是位于新国家艺术画廊与爱乐音乐厅后面的一座综合文化设施，里面有多个美术馆及艺术图书馆。其中，核心场馆就是绘画馆 Gemäldegalerie。白色大厅让人感觉仿佛置身于教堂，大厅周围是各个展厅，展出着 13~18 世纪的欧洲名画。有拉斐尔的《西斯廷圣母》、波提切利的《唱歌的天使与圣母子》以及勃鲁盖尔、维米尔的代表作等众多优秀作品，令人目不暇接。伦勃朗的作品也非常值得一看。

●绘画馆（文化广场内）
囲 Mathäikiechplatz 4/6
○ Map p.306
　　乘坐 ⑤Ⓤ 在 Potsdamer Platz 站下车，步行 15 分钟可达。巴士可乘坐 M29 路，在 Potsdamer Brücke 站下车步行 5 分钟可达。乘坐 200 路在 Philharmonie 站下车，步行约需 2 分钟。
囲 周二～周五　10:00~18:00
　　周六·周日　11:00~18:00
　　（周四~20:00）
　　入场截至闭馆前 30 分钟
囲 周一、12/24·31
圀 €10、学生€5（特展时有变化）

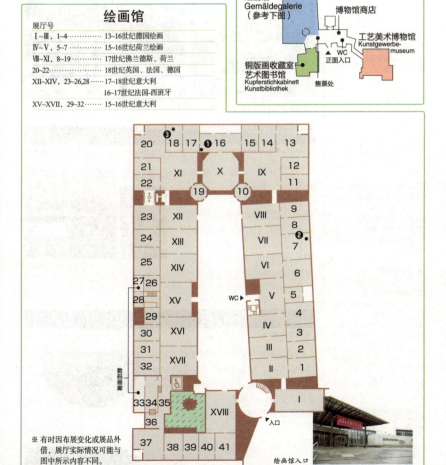

文化广场

- 绘画馆 Gemäldegalerie（参考下图）
- 博物馆商店
- 工艺美术博物馆 Kunstgewerbemuseum
- ▲ WC 正面入口
- 铜版画收藏室 艺术图书馆 Kupferstichkabinett Kunstbibliothek
- 售票处

绘画馆

展厅号	
Ⅰ~Ⅲ、1~4	13~16世纪德国绘画
Ⅳ~Ⅶ、5~7	15~16世纪荷兰绘画
Ⅷ~Ⅺ、8~19	17世纪佛兰德斯、荷兰
20~22	18世纪英国、法国、德国
Ⅻ~ⅩⅣ、23~26,28	17~18世纪意大利
	16~17世纪法国-西班牙
ⅩⅤ~ⅩⅦ、29~32	15~16世纪意大利

※ 有时因布展变化或展品外借，展厅实际情况可能与图中所示内容不同。

数码画廊

WC ▶

入口

绘画馆入口

↳ 凭借《阮玲玉》获得柏林电影节最佳女演员奖。

●新国家艺术画廊
田 Potsdamer Str. 50
➡ Map p.306
　　乘坐 M29 路巴士在 Potsdamer Brücke 站下车，或者乘坐 M48、M85 路在 Kultur Forum 站下车即到。乘坐 ⑤Ⓤ 在 Potsdamer Platz 站下车步行 15 分钟可达。
※ 由于改造工程至 2019 年闭馆。

●乐器博物馆
田 Tiergartenstr. 1（入口是 Ben-Gurion-Str. 侧）
➡ Map p.306
　　乘坐 ⑤Ⓤ 在 Potsdamer Platz 站下车，步行 5 分钟可达。乘坐 200 路巴士在 Varian-Fry-Str. 站下车，步行 3 分钟即到。
🌐 www.mim-berlin.de
🕐 周二~周三・周五
　　　　9:00~17:00
　　周四　　9:00~20:00
　　周六・周日　10:00~17:00
　　入场截至闭馆前 30 分钟
🚫 周一、部分节日
💴 €6、学生€3、团体游€3

●电影博物馆
田 Potsdamer Str. 2
➡ Map p.306
　　乘坐 ⑤Ⓤ 在 Potsdamer Platz 站下车步行 3 分钟即到。乘坐 200 路巴士在 Varian-Fry-Str. 站下车，步行 1 分钟即到。
🌐 www.deutsche-kinemathek.de
🕐 周二~周日　10:00~18:00
　　（周四~20:00）
🚫 周一、12/24・25
💴 €7、学生€4.50
　　周四的 16:00~20:00 期间免费

●观光热气球
田 Zimmerstr. 95-100
➡ Map p.294-C2
　　乘坐 Ⓤ 在 Kochstr. 站下车，步行 7 分钟。
🌐 www.air-service-berlin.de
🕐 4~10 月　　10:00~22:00
　　11 月~次年 3 月
　　　　　　11:00~18:00
🚫 强风天气、恶劣天气、包场等特殊情况时
💴 €19.90

从天空中俯瞰的波茨坦

新国家艺术画廊
Neue Nationalgalerie ★★

　　是由密斯·凡·德·罗设计的玻璃幕墙现代建筑，建于 1968 年。收藏有诺尔德、基尔希纳、格罗斯、迪克斯、蒙克等近代绘画名家的作品。

乐器博物馆
Musikinstrumenten-Museum ★

　　紧邻爱乐音乐厅。收藏着 3200 多件 16 世纪以来的各种欧洲乐器，展出藏品约 800 件。可以听着语音导游参观博物馆，参加周六 11:00~ 与周四 18:00~ 的团体游会更有趣。周六 11:00 的团体游结束后，12:00 时有电影管风琴 Mighty Wurlitzer-Orgel 的小型演奏会。还会定期举办古乐器的音乐会。

左／为无声电影伴奏的电影管风琴　右／摆放着许多珍贵的古乐器

电影博物馆
Deutsche Kinemathek-Museum für Film und Fernsehen ★★

　　位于索尼中心名为 Film Haus 的建筑内。售票处与商店在一层，乘电梯至三层，便可以看到常设展览。从对全世界的电影制作产生了巨大影响的《卡里加里博士的小屋》（1920 年）、《大都会》（1927 年），到出生在德国的世界著名女演员玛琳·黛德丽的从影经历，在

电影爱好者一定要参观

这里可以回顾德国电影的历史。还有介绍电视节目变迁的展区。

观光热气球
WELT-Balloon ★

　　可以乘热气球在距地面 150 米的高空俯瞰柏林。虽说是热气球，但甜甜圈形的载人部分通过缆绳与地面相连，所以非常安全。1 次乘坐时间为 15 分钟左右。有强风或阴雨天时，停止运营。

热气球离地升空的瞬间会让人产生一种难以形容的激动感

✉ 投稿　电影博物馆内展出着许多著名电影拍摄时曾使用过的道具，甚至有奥斯卡金像真品，着实令人吃惊。在这座博物馆里可以了解到德国以及世界的电影发展史。

库达姆大街周边　漫　步

動物園車站 Zoo. 是柏林的西大门，该站名源于车站对面有德国最古老的动物园。进入动物园南侧的布达佩斯街 Budapester Str.，不远处就是动物园外面名为柏林比基尼 BIKINI BERLIN 的购物中心。购物中心对面是威廉皇帝纪念教堂。继续前行，会看到楼顶安装有奔驰商标的高层建筑——欧洲中心 Europa Center。沿东西向延伸的库达姆大街 Kurfürstendamm 是柏林著名的繁华地段。

动物园车站附近集中了许多景点

从动物园车站乘 100 路巴士（→ p.293）向东北方向行驶，会经过曾为王室狩猎场的蒂尔加滕公园。公园中心的胜利纪念塔上，有电影《柏林苍穹下》中出现的金色天使像。从胜利纪念塔向东行，可以到达勃兰登堡门。

库达姆大街周边　主要景点

威廉皇帝纪念教堂
Kaiser-Wilhelm-Gedächtnis-Kirche　★★★

为纪念 1888 年逝世的威廉二世，于 19 世纪末建造的罗马复兴式教堂。1943 年在空袭中遭到破坏。为了让后人铭记战争的残酷，作为纪念性建筑，教堂残存的塔楼被原封不动地保留了下来。塔楼内的纪念堂 Gedenkhalle 里展出着"二战"的照片。塔楼旁边的八角形建筑是新教堂，里面有深蓝色的花窗玻璃，非常壮观。

威廉皇帝纪念教堂

古老塔楼中的纪念堂，经过修复的马赛克屋顶色彩鲜艳

德国历史最久的动物园 柏林动物园
Zoologischer Garten　★★

1844 年开园，是德国第一家动物园。现有 1500 种、14000 只动物。有水族馆、夜行动物馆以及德国最大的野生鸟类馆。

布达佩斯街的入口处有一座中国建筑风格的象门

●威廉皇帝纪念教堂
田 Breitscheidplatz
Ⓜ Map p.297-B3
　乘坐 ⑤Ⓤ 在 Zoologischer Garten 站下车，步行 5 分钟即到。或者乘坐 100、200 路巴士在 Breitscheidpl. 站下车即到。
ℳ www.gedaechtniskirche-berlin.de
囲 纪念堂
　周一～周五　10:00~18:30
　周六　　　　10:00~17:30
　周日　　　　12:00~17:30
　新教堂　　　9:00~19:00
※ 新教堂在做弥撒或者举办音乐会时谢绝参观。
圀 免费

2 万块彩绘玻璃装点下的梦幻般的新教堂

●柏林动物园
田 Hardenbergplatz 8（狮子门）和 Budapester Str. 34（大象门）的入口位于动物园站的对面。另外，从 Budapester Str. 32（经由水族馆）也可以进入动物园。
Ⓜ Map p.297-B3
　乘坐 ⑤Ⓤ 在 Zoologischer Garten 站下车，步行 1 分钟即到。
ℳ www.zoo-berlin.de
囲 10/30～次年 2/27
　　　　　　9:00~16:30
　　　（入场截至 16:00）
2/28~3/26、9/25~10/29
　　　　　　9:00~18:00
　　　（入场截至 17:30）
3/27~9/24　9:00~18:30
　　　（入场截至 18:00）
12/24　　　9:00~14:00
圀 € 14.50、与水族馆的套票是 € 20。有学生、儿童折扣

● 胜利纪念塔
囲 am Großer Stem
⮕ Map p.297-A3

　　乘坐 100 路巴士在 Großer Stem 站下车，步行 2 分钟即到。
囲 4~10 月　　　9:30~18:30
　11 月~次年 3 月
　　　　　　　10:00~17:00
降雪、冰冻期关闭。
圏 €3、学生 €2.50

女神像的下方是观景台

● 夏洛滕堡宫
囲 Spandauer Damm 10-22
⮕ Map p.296-A1

　　乘坐 U 在 Richard-Wagner-Platz 站下车，步行 15 分钟可达。或者乘坐 M45、309 路巴士在 Schloss Charlottenburg 站下车即到。
URL www.spsg.de
囲 4~10 月　　　10:00~18:00
　11 月~次年 3 月
　　　　　　　10:00~17:00
（入场截至各馆闭馆前 30 分钟）
囲 周一、12/24、圣诞节~新年期间会缩短开业时间
圏 宫殿主楼 €10、新翼 €8。
主楼与新翼、王室墓室、观景楼等的套票 Ticket Charlottenburg+ 的价格是 €13、€17
摄影费 €3（禁止使用闪光灯）
语音导览免费

胜利纪念塔
Siegessäule　　　　　　★

　　建于 1865~1873 年，塔高 67 米，塔顶屹立着金色的胜利女神维多利亚雕像。

　　为了纪念普鲁士在 1864 年的普丹战争、1866 年的普奥战争、1870~1871 年的普法战争中取得的胜利而建。纪念塔顶端为观景台，可沿 285 级台阶登上观景台，没有电梯。在电影《柏林苍穹下》中，纪念塔是一座具有象征意义的建筑。

立于道路环岛中央的纪念塔

夏洛滕堡宫
Schloss Charlottenburg　　　★★★

　　普鲁士第一代国王腓特烈一世的王后索菲·夏洛特的夏宫。从 1695 年开始分 3 期施工，现在我们看到的宫殿竣工于 1790 年。宫殿分为几个部分。

　　宫殿主楼 Altes Schloss 的历史厅 Historischen Räume 是腓特烈一世与王后的房间。尤其值得一看的是瓷器厅 Porzellankabinett，墙壁上装饰着许多中国及日本的瓷器。

　　宫殿东边部分的新翼 Neue Flügel 建于 1740~1747 年，腓特烈二世曾住在那里。

　　另外，花园里的观景楼 Belvedere 以及王室墓室 Mausoleum 等景点也都非常值得一看。

柏林市内最重要的一座宫殿

瓷器厅墙壁上的瓷器琳琅满目

贝格鲁恩美术馆
Museum Berggruen ★★

犹太裔德国人贝格鲁恩曾在巴黎经营绘画生意，也是毕加索的朋友。该美术馆是以贝格鲁恩借给柏林市的珍贵藏品为基础建立的。有毕加索、塞尚、马蒂斯、克利的作品。

以收藏法国绘画作品著称

夏夫 - 格斯腾贝格收藏馆
Sammlung Scharf-Gerstenberg ★

位于贝格鲁恩美术馆东面，与贝格鲁恩美术馆隔街相对。收藏有约 250 幅已被捐赠给柏林市的夏夫的藏品。以戈雅、雷东、达利、马格里特、马克斯·恩斯特等超现实主义与印象派画家的作品为主。

珀鲁汉美术馆
Bröhan-Museum ★

位于贝格鲁恩美术馆的南面，与贝格鲁恩美术馆相邻。馆内的"新艺术"风格家具及工艺品尤其值得一看。

精美工艺品的宝库

桥社美术馆
Brücke Museum ★

桥社是由基希纳、诺尔德等著名的德国表现主义艺术家组成的团体，该美术馆主要收藏桥社画家的作品。在桥社创始人之一罗特卢夫的倡议下，美术馆被建在了格鲁内瓦尔德的森林之中。

● 贝格鲁恩美术馆
🏠 Schlossstr. 1
🔴 Map p.296-A1
乘坐 Ⓤ 在 Richard-Wagner-Platz 站下车，步行 15 分钟可达。或者乘坐 M45、309 路巴士在 Schloss Scharlottenburg 站下车即到。
🌐 www.smb.museum
🕐 周二～周日　10:00～18:00（周六·周日 11:00～）入场截至闭馆前 30 分钟
🚫 周一、12/24·31
💰 €10、学生 €5（下记的夏夫 - 格斯腾贝格收藏馆也同时有效）

● 夏夫 - 格斯腾贝格收藏馆
🏠 Schlossstr. 70
🔴 Map p.296-A1
🌐、🕐、🚫、💰 均与上述的贝格鲁恩美术馆相同。

● 珀鲁汉美术馆
🏠 Schlossstr. 1a
🔴 Map p.296-A1
🌐 www.broehan-museum.de
🕐 周二～周日　10:00～18:00 入场截至闭馆前 30 分钟
🚫 周一、12/24·31、部分节日
💰 €8、学生 €5

● 桥社美术馆
🏠 Bussardsteig 9
🔴 文前图④ -C2
乘坐 Ⓢ 在 Hohenzollerndamm 站或 Zehlendorf 站下车，换乘 115 路巴士在 Clayallee/Pücklerstr. 站下车，步行 10 分钟可达。
🌐 www.bruecke-museum.de
🕐 周三～下周一　　11:00～17:00
🚫 周二、12/24·31
💰 €6、学生 €4

⚽ 足球场信息

● 奥林匹亚体育场
Olympiastadion
🌐 www.olympiastadion-berlin.de
🔴 文前图④-B1
德国足球甲级联赛球队柏林赫塔俱乐部的主场。
交通线图 乘 Ⓢ5 在 Olympiastadion 站下车，步行 3 分钟即到。或乘 Ⓤ2 在 Olympia-stadion 下车，步行约 5 分钟。游客中心位于中央入口东门 Haupteingang Osttor 旁。
● 游客中心
（可预约参观体育场及购买预售球票）
🕐 8 月 9:00～20:00，4～7 月、9 月、10 月

9:00～19:00，11 月～次年 3 月 9:00～16:00，但在比赛日和举办活动期间不能参观，具体情况可在左边的网站内查询。入场截至关门前的 30 分钟。
💰 €11、学生 €9.50

这里也是 1936 年柏林奥运会的主体育场

题外话　可通过参加柏林赫塔俱乐部团体游（只有德语导游）的方式参观球场及球员训练区。€12。不定期举办，需在网上确认时间。

● 包豪斯博物馆
㊍ Klingelhöferstr. 14
◯ Map p.297-B4
　　乘坐 100、187、M29 路巴士在 Lützowplatz 站下车，步行 5 分钟可达。
㊍ www.bauhaus.de
㊍ 周三～周一
　　　　　　　10:00～17:00
㊋ 周二、12/24
㊌ 周三～周五 €7、学生€4
　　周六～下周一€8、学生€5
　　有语音导览（借用时需要收取€20 或者护照作为抵押）

包豪斯博物馆
Bauhaus-Archiv-Museum
★★

　　德国近代设计史上著名的包豪斯学校，1919 年创立于魏玛，之后迁至德绍、柏林，纳粹上台后关闭。

　　该馆的建筑，根据包豪斯学校创立者沃尔特·格罗佩斯的设计，于 1979 年修建。馆内有包豪斯学校教师克利、康定斯基、施莱默、默霍利·纳吉等人的绘画、雕塑、建筑模型、广告画等作品。

对设计感兴趣的游客一定要去参观

● 达雷姆博物馆
㊍ Lansstr. 8/Arnimalle 25
（入口）
◯ 文前图④ -C2
　　乘坐 Ⓤ3 在 Dahlem-Dorf 站下车，步行 5 分钟可达。
㊍ www.smb.museum
㊍ 周二～周五　10:00～17:00
　　周六·周日　11:00～18:00
　　（入场截至闭馆前 30 分钟）
㊋ 周一、12/24·31
㊌ €8、学生€4（达雷姆内的各个博物馆通用）
　　SMB（→ p.300）

达雷姆博物馆
Museen Dahlem
★

　　位于市中心以外的住宅区。为综合博物馆，有 3 个部门，展品包括南北美洲、欧洲、大洋洲、亚洲、非洲的珍贵民族文化用品、艺术品，数量很多，在世界上属于顶级规模。

𝒜rt　世界遗产"柏林现代住宅群落"是什么？

　　2008 年被列为世界遗产的柏林现代住宅落，为市内 6 处大型住宅区，建于 1913~1934 年间。由布鲁诺·陶特、汉斯·夏隆、马丁·瓦格纳等建筑师设计，住宅内包含厨房、卫生间、阳台，以兼具住宅的功能性和实用性且尽量降低造价为理念，对之后的城市集中住宅区的建设产生了巨大影响。

　　可乘坐 U-Bahn 及 S-Bahn 前往各住宅区参观。每个住宅区都是地跨多条街道的大型住宅群落，经过改建后现在仍在使用。
· 法尔肯贝格花园 Gartenstadt Falkenberg（◯Map p.295-小图 在 Ⓢ Grünau 站下车）
· 席勒公园住宅群落 Siedlung Schillerpark（◯Map 文前图④ -A3 在 Ⓤ Rehberge 下车）
· 卡尔莱吉恩住宅城 Wohnstadt Carl Legien（◯Map 文前图④ -A4 在 Ⓢ Prenzlauer Allee 下车）
· 白城 Weiße Stadt（◯Map 文前图④ -A3 在 Ⓤ Paracelsus-Bad 下车）
· 西门子住宅群落 Großsiedlung Siemensstadt（◯Map

文前图④ -A2 在 Ⓤ Siemensdamm 下车）
· 布里茨大聚落群 Großsiedlung Britz-Hufeisensiedlung（◯Map 文前图④ -C4 在 Ⓤ Blaschkoallee 下车）布里茨大群落内有游客中心，内设画廊和咖啡馆。㊍ Fritz-Reuter-Allee 44 ㊍ 周五·周日 14:00~18:00（11 月～次年 3 月是 13:00~17:00）

建筑师布鲁诺·陶特的纪念碑（布里茨大聚落群）

编外语
有 U-Bahn-Cabrio 小火车载游客在柏林地下行驶的团体游项目 Tunnel-Tour Berlin。头戴安全帽，听着有关这条建于第　次世界大战前的铁路线及东西德分裂时期历史的介绍（只有德语导游），在黑暗的地下隧道中乘车行

柏林墙之旅

　　1989 年 11 月 9 日，将柏林分隔成东、西两部分的柏林墙终于倒塌了。经过了近三十年的岁月，现在柏林已经变成了欧洲最富活力的城市。参观已经成为历史遗迹的柏林墙，可以回顾柏林饱经沧桑的过去。

柏林墙把西柏林完全包围在东柏林里面。全长 155 公里，最高处为 4.10 米。

HISTORY

位于波茨坦广场旁边 Erna-Berger-Str. 的监视塔（●Map p.306）

柏林墙是什么？

第二次世界大战后的德国与柏林

　　联合国决定把战败国德国分成东、西两个国家。曾为德国首都的柏林位于东德境内，但是美、英、法占领了柏林的西部，苏联占领了柏林的东部，因此柏林也被分为了两部分。最初，人们可以在东西柏林自由往来，但因两边存在较大的经济差距以及对一些现象的不满，迁往西柏林的东柏林人不断增加。

一夜之间出现的围墙

　　东德方面认为如果长此以往，国家将陷入生死存亡的危机，于是在 1961 年 8 月 13 日封锁了东西柏林的边境线并开始筑墙。很多家庭因此被分隔两地。

长期的东西分治状态

　　东柏林的市民被禁止靠近围墙，但仍然有人违令，在森严的警备之下越过围墙。

柏林墙的倒塌

　　1989 年，在东德，谋求出国旅行的自由和政治民主化的呼声高涨，东德政府也于 11 月 9 日承认东德人拥有旅行的自由。随后，欣喜若狂的东柏林人便冲到边境哨所旁，将柏林墙推倒。

柏林墙遗址

　　作为柏林的纪念品，柏林墙的碎片十分受欢迎，但绝大部分的柏林墙碎片都被用于铺设道路了。现在，能看到柏林墙的地方已经越来越少，但部分围墙还是被当作纪念设施而保存下来。

柏林

东德

西德

东柏林（东德首都）

柏林墙资料中心

柏林墙博物馆

东区画廊

西柏林（西德的飞地）

—— 柏林墙

●⊂⊃ 柏林墙遗迹（部分）

1961～1989 年的柏林

🚃 驶2小时。4～10月隔周的周五、周六晚举行，参加需要预约。预约非常火爆，立即就会报满。详情 ●柏林交通局 🏢 www.bvg.de/de/Service。

313

1 顺着慕尼黑大街延伸的柏林墙　2 阐释了特殊年代里人们痛苦经历的勃列日涅夫与昂纳克的《兄弟之吻》被重新绘制在墙上

东区画廊
East Side Gallery

从东站出来，施普雷河畔 Mühlenstr. 沿线约 1.3 公里的柏林墙，现在已成为露天画廊，墙面上有德国以及外国的画家创作的壁画。

在 Ⓢ Ostbahnhof 站下车即至。或在 Warschauer Str. 站下车，步行走过奥博鲍姆桥 Oberbaumbrücke，约 5 分钟。
◯ Map p.295-C4
▦ www.eastsidegallery-berlin.de

柏林墙博物馆
Museum Haus am Checkpoint Charlie

通过展板和照片介绍 1961 年 8 月 13 日柏林遭封锁时的情形以及从东柏林去西柏林的各种线路和方法。

柏林墙博物馆希望能有更多的人来此参观。因为墙虽然已经消失了，但历史的记忆并未消失。

1 讲述柏林墙历史的博物馆
2 柏林墙博物馆旁边的边境检查站——查理哨所遗址
3 在过去的边境检查站附近，有许多出售苏联相关饰物的小摊

▦ Friedrichstr. 43-45
◯ Map p.294-C2
从 Ⓤ 6 Kochstr. 步行 1 分钟左右。或乘坐 M29 路巴士。
▦ www.mauermuseum.com
▦ 9:00~22:00
（入场截至闭馆前 1 小时）
▦ €12.50，学生 €9.50

位于菩提树下大街的新岗哨Neue Wache（◯MAP p.298）是战争与威权统治死难者的追悼设施。有凯绥·珂勒惠支创作的雕塑（复制品）《慈悲》（亦名《抱着死去儿子的母亲》。我第一眼看到这个作品时，马上想到了

柏林墙资料中心
Dokumentationszentrum Berliner Mauer

　　原东柏林的贝尔瑙尔大街，因许多人从这里的建筑上越过柏林墙而广为人知。现在，贝尔瑙尔大街沿线的部分柏林墙仍被保留，可以通过参观该段柏林墙清楚地了解到柏林墙的结构。大街的 119 号是游客中心，111 号是柏林墙资料中心，可以从那里了解到柏林墙建设的历史背景及当时的实际情况。旁边有重建的和解教堂 Kapelle der Versöhnung。

🏠 Bernauer Str. 119　●Map p.294-A2
乘Ⓢ1 或 2 在 Nordbahnhof 下车，步行 3 分钟左右。或乘Ⓤ8 在 Bernauer Str. 下车，步行 10 分钟左右。
🖥 www.berliner-mauer-gedenkstaette.de
🕐 周二~周日 10:00~18:00
🗓 周一、12/24·25·31　💰 免费

从资料中心的观景台上看到的柏林墙遗址。墙对面是缓冲地带，并建有瞭望塔

≫ 介绍柏林墙时代的博物馆 ≪

东德国家安全部博物馆（史塔西博物馆）
Stasimuseum

　　获得 2006 年奥斯卡最佳外语片奖的德国电影《窃听风暴》中曾出现的原东德国家安全部（简称史塔西）大楼，在两德统一后被改建成博物馆对外开放。

🏠 Ruschestr. 103，Haus 1　●Map p.295- 小图
从亚历山大广场站乘Ⓤ5 在第七站 Magdalenenstr. 站下车。从地铁出口来到法兰克福大道 Frankfurter Allee，然后进入有 DB 等大楼的区域，步行约 5 分钟。
🖥 www.stasi-museum.de
🕐 周一~周五 10:00~18:00
　周六、周日、节日 11:00~18:00
💰 €6，学生€4.50

史塔西总部大楼。解说文字只有德语

DDR博物馆
DDR Museum

　　DDR 是德语中东德的缩略语。有再现东德人居住房间的展区，把展现东德人日常生活用品作为重点是该博物馆的一大特色。参观者可以拉开抽屉，取出里面的物品仔细观看。能接触到很多设计上很有怀旧情趣的物品。还有可品尝到 DDR 时代菜肴的餐厅。

1 入口位于施普雷河岸边
2 可以参观东德时代的国民车"卫星牌"汽车
3 再现了东德时代典型的民众住房。可以触摸展示品

🏠 Karl-Liebknecht-Str. 1　●Map p.298
乘 100、200 路巴士在 Spandauer Str. 下车，步行 2 分钟。
🖥 www.ddr-museum.de　💰 €7，学生€4
🕐 每天 10:00~20:00（周六~22:00）

▲ 米开朗基罗在梵蒂冈创作的《慈悲》，与母亲思念死去儿子的悲伤表情完全一样。免费。

● Berlin Program
🖥 www.berlin-programm.de
　想要在柏林体验文艺娱乐活动的话，可以在书报亭或书店购买刊登歌剧、音乐会、演唱会以及剧场、美术馆相关信息的月刊杂志"BERLIN PRO-GRAMM"。€ 2.30。

● 柏林国家歌剧院
🏠 Unter den Linden 7
🚇 Map p.298
🚉 乘坐 U S 在 Friedrichstr. 站下车，步行 10 分钟可达。乘坐 100 路、200 路巴士在 Staatsoper 站下车即可。
🖥 www.staatsoper-berlin.de
售票窗口
🕐 每天　　　　12:00~19:00
🚫 12/24

● 席勒剧院
🏠 Bismarckstr. 110
🚇 Map p.298-B2
🚉 乘坐 U S 在 Ernst-Reuter-Platz 站下车，步行 3 分钟即可。乘坐 101 路巴士在 Bismarckstr./Leibnitzstr. 站下车即到。
售票窗口
🕐 每天　　　　12:00~19:00
　开演前 1 小时出售当天演出票的 Abendkasse 窗口也会开放。
🚫 12/24

● 柏林德意志歌剧院
🏠 Bismarckstr. 35
🚇 Map p.296-A2~B2
🚉 乘坐 U2 在 Deutsche Oper 站下车，步行 1 分钟即到。
🖥 www.deutscheoperberlin.de
　售票窗口（Götz-Friedrich-Pl.）是周一~周六的 11:00~开演前 1 个半小时（没有演出时~19:00），周日是 10:00~14:00 开放。当天演出票售票窗口在开演前 1 小时开始售票。

● 柏林喜剧歌剧院
🏠 Behrenstr. 55-57
🚇 Map p.298
🚉 乘坐 S U 在 Brandenburger Tor 站下车，步行 5 分钟即到。乘坐 100 路、200 路巴士在 U.d.Linden/Friedrichstr. 站下车。
🖥 www.komische-oper-berlin.de
　提前售票窗口位于 Unter den Linden 侧的 41 号，周一~周六 11:00~19:00，周日·节日 13:00~16:00 开放。当天演出票售票窗口（开演 1 小时前开放）与观众入口位于 Behrenstr. 一侧。

柏林　娱乐 & 夜生活

柏林国家歌剧院　　　　　　　　歌剧
Staatsoper

初为菩提树下大街皇家歌剧院，1742 年建成。第二次世界大战中遭到破坏，1955 年重建。丹尼尔·巴伦博伊姆曾担任音乐总监，剧院附属乐团是著名的柏林国家歌剧院管弦乐团（Staatsoper Berlin）。马拉霍夫担任艺术总监的柏林国家芭蕾舞团也在此演出，而且深受欢迎。

席勒剧院，国家歌剧院整修期间，演出都在此进行

但是，柏林国家歌剧院的剧场从 2010 年开始进行全面整修，施工期间演出改在席勒剧院 Schillerheater 进行。

柏林德意志歌剧院　　　　　　　歌剧
Deutsche Oper Berlin

与柏林国家歌剧院同为柏林最好的歌剧院。通过各种精彩的演出打造出剧院的品位。

观众席的设计非常利于观看演出

柏林喜剧歌剧院　　　　　　　　歌剧
Komische Oper

1947 年原东德修建的作为新时代象征的歌剧殿堂。外观看上去并不起眼，但内部装饰极为奢华，具有古典韵味。除了正统的歌剧，这里还上演轻歌剧以及举办音乐会。

豪华的观众席

题外话　柏林马拉松的比赛线路是全程高低落差只有 20 米的平坦线路，终点设在勃兰登堡门。🖥 www.bmw-berlin-marathon.com 有详情介绍。

爱乐音乐厅
Philharmonie

音乐会

1963 年建成的现代化音乐厅。由汉斯·夏隆设计。观众席围绕着舞台，音响效果非常好。因外观看上去像一顶大帐篷，所以根据在此担任指挥的卡拉扬的名字，这座音乐厅也被称为"卡拉扬马戏场"。举行音乐会的日子，开演前 90 分钟售票处开始售票。

结构独特的爱乐音乐厅

柏林音乐厅
Konzerthaus Berlin

音乐会

有历史积淀的剧院，瓦格纳曾在此指挥自己创作的《飞翔的荷兰人》。建筑师申克尔设计，建于 1818~1821 年，第二次世界大战中遭到破坏，1984 年经重建成为了有 3 个演出大厅的音乐厅。德国及世界上许多著名音乐家、管弦乐团都在此演出。

波茨坦广场剧院
Theater am Potsdamer Platz

音乐剧

极有人气的剧院，上演百老汇的著名音乐剧（德语版）以及德国自己的音乐剧。

本书调查时上演的《Hinterem Horizont》

变色龙剧场
Chamäleon Variete

综艺演出

一座小剧场，在此上演融杂技、魔术、舞蹈、小品等演出形式为一体的综艺演出（Variete）。可以一边喝饮料，一边观看精彩的节目。位于著名景点哈克什庭院（→ p.318）内。

有许多有趣的节目

●爱乐音乐厅
🏠 Herbert-Von-Karajan-Str. 1
🔵 Map p.306
🚇 乘坐 ⑤Ⓤ 在 Potsdamer Platz 站下车，步行 10 分钟即到。乘坐巴士 200 路在 Philharmonie 站下车即到。
售票窗口
🕐 周一～周五　15:00~18:00
　　周六·周日·节日
　　　　　　　　11:00~14:00
　　当天演出票售票窗口在开场 1 小时 30 分钟前售票。
🚫 12/24·25·26·31、1/1、5/1
※ 演出的票务电话预约 ☎ (030) 25488999、网络预约 🖥 www.berliner-philharmoniker.de。通过信用卡支付。

●爱乐音乐厅内部的导览团
　　爱乐音乐厅几乎从每天的 13:30 开始（有时会因为紧急排练而临时中止参观。12/24~26、12/31、1/1 休馆）都会有馆内的导览团。导览团主要使用德语或者英语，介绍关于馆内的设备、音响等。所需时间 1 小时。费用是 €5，学生 €3。集合地点是 Künstlereingang（演员出入口）。

●柏林音乐厅
🏠 Gendarmenmarkt 2
🔵 Map p.298
🚇 乘坐 Ⓤ 在 Stadtmitte 站下车，步行 5 分钟即到。
🖥 www.konzerthaus.de
售票窗口
🕐 周一～周六　12:00~19:00
　　周日·节日　12:00~16:00
　　当天演出票在开演前 1 小时开始发售。

●波茨坦广场剧院
🏠 Marlene-Dietrich-Platz 1
🔵 Map p.306
🚇 乘坐 ⓊⓈ 在 Potsdamer Platz 站下车，步行 7 分钟可达。
☎ (01805) 4444（付费电话）
🖥 www.stage-entertainment.de

●变色龙剧场
🏠 Hackesche Höfe, Rosenthaler Str. 40/41
🔵 Map p.298
🚇 乘坐 Ⓢ 在 Hackescher Markt 站下车，步行 3 分钟即到。
🖥 chamaeleonberlin.com

🔖 题外话　爱乐音乐厅，9月上旬~次年6月中旬的周二13:00，在入口大厅举办免费的午餐时间音乐会Lunchkonzerte。虽然是只有40~50分钟的小型音乐会（站立欣赏），但很有人气，最好12:00左右就前往。

文化中心之旅

在亚文化的发源地柏林，米特区和普伦茨劳贝格地区周边有许多画廊、酒吧、俱乐部。特别是柏林特有的 Hof，非常值得一去。所谓 Hof 就是多个建筑面向中庭的部分开设有时尚用品店、咖啡馆、画廊的综合文化设施。热闹的 Hof 总是有很多人造访。

另外，利用原已荒废的老建筑开设工作室、俱乐部的时尚文化区域，可以让游客感受到柏林的活力，是非常值得推荐的景点。

哈克什庭院
Hackesche Höfe

柏林最著名的庭园。由 8 个环境幽雅的中庭相连，有"信号灯小人纪念品商店"（→ p.325）、富有个性的时尚鞋店"Trippen"、咖啡馆、餐厅、电影院、综艺演出剧场"变色龙剧场"，极具人气，从早上至深夜都很热闹。

🏠 Sophienstr. 6/Rosenthalerstr. 40/41
🔴 MAP p.298
🚇 乘坐 ⑤ 从 Hackescher Markt 站下车，步行约 3 分钟。
🌐 www.hackesche-hoefe.com

1 墙面装饰精美的第一中庭。有餐厅与剧场的入口
2 Promobo（🌐 www.promobo.de）店内的首饰、杂货都是由柏林年轻设计师与艺术家手工制作
3 夜晚开启灯光的哈克什庭院更显华贵
4 通往下一个庭园的通道
5 具有柏林特色的精品店

V辐射式表演艺术中心
RADIALSYSTEM V

建于 20 世纪初的砖结构下水处理场与玻璃幕墙现代建筑相融合的综合文化设施。涉及的演出从古典音乐到当代舞，以"传统与革新"为运营理念，受到广泛关注。

🏠 Holzmarktstr. 33
🔴 MAP p.295-C3
🚇 乘坐 ⑤ 从 Ostbahnhof 站下车，步行约 5 分钟。
🌐 www.radialsystem.de

📷 编外话　Kulturbrauerei博物馆（Das Museum in der Kulturbrauerei）有以"东德的日常生活Alltag in der DDR"为主题的常设展览。通过东德时期的生活用品的实物展示与记录影像来介绍东德人的日常生活。🏠 Knaackstr. 97

柏林娱乐场
Arena Berlin

由大型音乐会演出大厅 Arena Halle 以及 Arena Club 和 Glasshaus 两家俱乐部、停在施普雷河上的船形 Badeschif 游泳池等设施组成。Badeschif 在冬季会架起圆筒形帐篷，变成桑拿泳池，非常有趣。夏季每天营业，其他季节根据天气情况可能会有变化，详情可到下面所载网站查询。

🏠 Eichenstr. 4　➡ 文前图④ -B4
🚇 从 Ⓢ Treptower Park 步行约 5 分钟。
🌐 www.arena-berlin.de

特雷索尔俱乐部
Club Tresor

引领世界电子乐潮流的著名俱乐部。现在也是一个旅游景点。由竖着两个大烟囱的废弃发电站改建而成，世界上许多顶级 DJ 都来此演出。一般 23:00 左右开始营业。

🏠 Köpenicker Str. 70　➡ MAP p.295-C3
🚇 从 Ⓤ8 Heinrich-Heine-Str. 步行约 2 分钟。
🌐 www.tresorberlin.de

文化酿造厂
Kultur Brauerei

由废弃的啤酒厂改建而成，所以取名"文化酿造厂"。内有俱乐部、演唱会大厅、电影院、博物馆（参见页脚的编外话），举办各种演出活动。

🏠 Schönbauser Allee 36（入口位于 Knaackstr. 97）
➡ MAP p.295-A3
🚇 从 Ⓤ2 Eberswalder Str. 步行约 2 分钟。
🌐 www.kulturbrauerei.de

俱乐部的面积非常大

曾为啤酒厂的红砖建筑

Information　由旧机场改造成的滕珀尔霍夫自由公园

柏林有一个一直使用到 2008 年的滕珀尔霍夫机场。东西冷战时代，这里因"柏林空运"而闻名。关闭后被改建为公园，跑道成为了对市民开放的慢跑、骑自行车、宠物狗活动、烧烤的场所。

纳粹时期的 1941 年建造的巨大航站楼，现在用来举办活动和团体游。在不久的将来，这座由旧机场改建成的滕珀尔霍夫自由公园还会被进一步开发。

➡ Map 文前图④ -C3~4
🚇 从 ⓊⓈ Tempelhof 步行约 3 分钟。
🌐 www.thf-berlin.de
🕐 从日出到日落（每个月与上个月差 30 分钟）

全长 1230 米的航站楼前，有很多享受烧烤及日光浴的人

可以在跑道上骑车、慢跑等

已经变成柏林市民的休闲场所

Specialty 柏林特产

咖喱香肠 Best 3

起源于柏林的咖喱香肠 Currywurst，是一种在快餐摊位旁站着吃的名小吃。虽然看上去只是在一般的烤香肠上淋上番茄酱和咖喱粉，但其中却隐藏着许多小秘密，有些是加入特殊调味料的秘制番茄酱，有些则是使用口味独特的独门香肠，总之每个小摊位都有自己神秘而独特的味道。小编在此为你介绍排名前三的咖喱香肠小吃摊位（对于服务态度不要有太高的期待）。

NO.1 康瑠普柯快餐
Konnopke's Imbiss

NO.2 咖喱36
Curry36

NO.3 威蒂斯
WITTY'S

创业于 1930 年始终保持传统味道的店铺。无皮咖喱香肠（ohne Darm 不带皮的香肠）€1.90

无皮的咖喱香肠 €1.60

无皮的咖喱香肠 €3.50、薯条 Pommes €2.90、蛋黄酱 €0.60

这是一家原东柏林的老字号，店员的服务态度虽然不是很热情，但是业务熟练程度却是从骨子里透着东德人的气质。而且这间店铺在德国举办的 Gastroawards 评选中，获得了快餐项目的金奖。口感绵软的无皮咖喱香肠（没有使用肠皮灌装的香肠）非常值得推荐。

原西柏林一侧人气首屈一指的快餐店，直至深夜购买的客人都络绎不绝。而且美味与实惠的价格并存。店内以汉堡为首的快餐类餐食的种类也十分丰富。另外，同时还出售 T恤和环保包。

以咖喱香肠的最佳伴侣炸薯条 Pommes 非常美味而闻名的店铺。这里所有食材都通过了 BIO 的认证，可以放心食用。因此，价格比普通的店铺要略高，不过质量非常有保障。

MAP ◆ p.295-A3
田 Schönhauser Allee 42（U Bahn 的护栏下）
www.konnopke-imbiss.de
周一～周五　　9:00~20:00
　周六　　　11:30~20:00
休 周日・节日
从 U Eberswalder Str. 站步行约需 1 分钟

MAP ◆ 文前图④-C3
田 Mehringdamm 36
www.curry36.de
每天 9:00～次日 5:00
从 U Mehringdamm 站步行约需 1 分钟

MAP ◆ p.297-B3
田 Wittenbergplatz 5
wittys-berlin.de
周一～周四　　11:00~21:30
　周五・周六　　11:00~20:30
　周日・节日　　12:00~20:30
从 U Wittenbergplatz 站步行约需 1 分钟

●咖喱香肠的下单方法

制作咖喱香肠使用的香肠共有两种，一种是带皮的 mit Darm，一种是不带皮的 ohne Dram，可以在点单时选择。无皮香肠是柏林的流行吃法，口感绵软可口。喜爱辣味的食客可以说 "scharf"，店员就会多撒一些咖喱粉在上面。

另外，将小面包 Brötchen 或者炸薯条 Pommes 一起下单的人也不少。薯条中的番茄酱或者蛋黄酱需要在操作台添加。举例来说，点一个无皮的咖喱香肠，辣味，附带一个蛋黄酱＋炸薯条，应该是这样说的 "Currywurst ohne Darm, scharf, mit Pommes mit Mayo, bitte"。

投稿　Curry 36 在东站前开有分店。客人不算特别多，可以不用排队马上买到。店员可以用 "With skin or without skin?" 等简单的英语接待客人。

柏林的餐馆
Restaurant

德国的首都柏林，汇集了来自世界各地的美食。柏林的名菜是盐水煮的带骨猪肘 Eisbein（德国猪肘）、大颗的奶油沙司炖肉丸——柯尼希斯贝格肉丸等。如果不想吃这么重口味的，可以去咖啡馆吃些简餐，有沙拉等比较清淡的食谱。天气好的时候，还可以坐在街边的座位上就餐，深度体验一把当地人的感觉。

霍佩妈妈餐厅
Mutter Hoppe

◆价格实惠的德国传统料理

　　这里是一家非常受欢迎的、菜量十足的德国传统料理店。右图中有许多蔬菜的料理是柏林风味汉堡肉饼 Riesen-Pfannenboulette € 10。店内有英语菜单。建议提前预约。

德国菜　　Map p.294-B2
- 🏠 Rathausstr. 21
- ☎ (030) 24720603
- 🌐 www.mutterhoppe.de
- 🕐 11:30~24:00
- 🚌 乘 坐 100 路 或 200 路 巴 士 在 Spandauerstr. 站下车，步行 10 分钟
- 💳 MV

迪克·威尔汀餐厅
Dicke Wirtin

◆有着旧时代柏林气息的珍贵店铺

　　店铺的入口处是居酒屋风格的装饰，但是内部却是很有感觉的西餐厅。在这里可品尝到柏林名物——柯尼希斯贝格肉丸 Königsberger Klopse，价格是 € 9.90。另外，啤酒的种类也很丰富。晚上这家餐馆十分热闹。有英语菜单。建议提前预约。

德国菜　　Map p.296-B2
- 🏠 Carmerstr. 9
- ☎ (030) 3124952
- 🌐 www.dicke-wirtin.de
- 🕐 11:00~23:00（L.O.）
- 💳 JMV
- 🚇 从 Ⓢ Savignyplatz 站步行 5 分钟

哈克什庭院餐厅
Hackescher Hof

◆时尚风格的餐厅

　　在年轻人当中相当有人气的一家店铺，位于哈克什庭院的入口处。店内空间由铺有白色桌布的略带高级感的就餐区和咖啡吧感觉的饮茶区两个部分构成。以德国菜和意大利菜为主。

德国菜　　Map p.298
- 🏠 Rosenthaler Str. 40/41, in den Hackeschen Höfen
- ☎ (030) 2835293
- 🌐 www.hackescher-hof.de
- 🕐 周一~周五　　　8:00~24:00
　　周六·周日　　 9:00~24:00
- 🚇 从 Ⓢ Hackescher Markt 站步行 1 分钟　💳 MV

林登布劳恩餐厅
Lindenbräu

◆巴伐利亚风格的啤酒餐厅

　　这家啤酒餐厅位于索尼中心广场的对面，内部共有 3 层。招牌菜是自制的啤酒和分量十足的肉类料理和香肠。右图中的料理是白香肠 Weißwurst（2 根，附带布雷结面包），价格只有 € 6.50，十分便宜。

德国菜　　Map p.306
- 🏠 Bellevuestr. 3-5　☎ (030) 25751280
- 🌐 www.bier-genuss.berlin/de/lindenbraeu-am-potsdamer-platz
- 🕐 11:00~次日 1:00
- 💳 AJMV
- 🚇 从 ⓈⓊ Potsdamer Platz 步行 3 分钟

莱茨滕因斯坦餐厅
Zur Letzten Instanz

◆柏林最古老的餐厅

　　这间餐厅创办于 1621 年，是柏林最古老的餐厅。据说拿破仑曾经在老式壁炉前的位子就餐。招牌菜是超大量的 Eisbein（德国猪肘）。因为这一带到了晚间行人会比较少，所以单独前往的女性游客一定要注意安全。

德国菜　　Map p.295-B3
- 🏠 Waisenstr. 14-16
- ☎ (030) 2425528
- 🌐 www.zurletzteninstanz.com
- 🕐 周一~周六 12:00~次日 1:00
- 🚫 周日　💳 AMV（消费满 € 50 以上）
- 🚇 从 Ⓤ Klosterstr. 站步行 3 分钟

✉ 投稿　Mustafas（🏠 Mehringdamm 32　🌐 www.mustafas.de）是一家位于 Ⓤ Mehringsamm 站出口附近的快餐店。菜肴如店名所写一般，蔬菜非常多，很健康。虽然店铺外总是排起长长的队伍，但这里的菜看值得等待。

法布鲁克餐厅
Le Faubourg

◆ 就餐环境轻松舒适的法国餐馆

餐厅位于五星级酒店索菲特柏林库尔菲尔斯滕酒店（→ p.328）的一层。晚餐主菜1道菜的价格为€24，虽然略显高档，但是工作日（周一～周五）的午餐2道菜套餐的价格为€17、3道菜套餐的价格是21。而且附带咖啡或者矿泉水。

德国菜　　　　　　　Map p.297-B3

- ⌂ Augaburger Str. 41
- ☎（030）8009997700
- URL www.sofitel-berlin-kurfuerstendamm.com/en/le-faubourg-restaurant.html
- 🕐 12:00～23:00
- 休 周日　card A D M V
- 🚇 从 Ⓢ Ⓤ Kurfürstendamm 站步行1分钟

十二使徒餐厅
Zwölf Apostel

◆ 柏林最正宗的意大利菜

位于 S-Bahn Savignyplatz 站北侧出口附近的一家意大利餐馆。这里的比萨非常美味，分量也很足。周一～周五的商务午餐是€7.95～，非常便宜。佩加蒙博物馆附近还有一家分店。

意大利菜　　　　　　Map p.296-B2

- ⌂ Bleibtreustr. 49
- ☎（030）3121433
- URL www.12-apostel.de
- 🕐 周日～下周四　　　　　1:00～24:00
  周五·周六　　　11:00～次日1:00
- 休 不可使用
- 🚇 从 Ⓢ Savignyplatz 站步行1分钟

大都会
Daitokai

◆ 在欧洲非常受欢迎的日料

位于欧洲中心二层的一家欧洲老牌高档日本料理店。刺身拼盘的价格是€25.80，铁板烧大虾和牛排的价格是€37。除此之外，还有天妇罗等各式居酒屋式下酒小菜。午间还有每周更替的午餐套餐，价格是€10.50～。

日本料理　　　　　　Map p.297-B3

- ⌂ Tauentzienstr. 9-12
- ☎（030）2618090
- URL www.daitokai.de
- 🕐 12:00～15:00（菜肴～14:00）
  18:00～24:00（菜肴～22:00）
- 休 4～8月的周一　card A D J M V
- 🚇 从 Ⓤ Zoologischer Garten 站步行7分钟

一心
Ishin

◆ 市内共有4间店铺的人气寿司店

价格实惠，味道好，就连柏林城内的日本人也非常喜欢来这里就餐。除了寿司之外，盖饭类的菜品种类也不少。周一、周二、周四、周五～16:00，周三、周六全天有 Happy Hour 活动，有些套餐的价格有优惠。

日本料理　　　　　　Map p.298

- ⌂ Mittelstr. 24
- ☎（030）20674829
- URL www.ishin.de
- 🕐 周一～周五　　　　11:00～22:00
  周六　12:00～22:00（点菜～21:30）
- 休 周日·节日　card 不可
- 🚇 从 Ⓢ Ⓤ Friedrichstr. 站步行5分钟

文学咖啡馆
Café im Literaturhaus

◆ 充满文学氛围的静怡咖啡馆

咖啡馆位于库达姆大街与法萨能大街的交会处附近。室内是文艺复兴时期的感觉，前院还有露天的座席，坐在这里就餐完全没有置身于大都会市中心的感觉，那份安逸舒适非常令人留恋。另外，无论是蛋糕还是简餐味道都很不错。有英文菜单。可以预约。

咖啡馆　　　　　　　Map p.296-B2

- ⌂ Fasanenstr. 23
- ☎（030）8825414
- URL www.literaturhaus-berlin.de
- 🕐 9:00～24:00（点菜～23:00）
- 休 不可使用
- 🚇 从 Ⓤ Uhlandstr. 站步行3分钟

布赫瓦尔德蛋糕 & 咖啡馆
Konditorei & Café Buchwald

◆ 年轮蛋糕十分受欢迎的老铺

这是一家位于安静住宅区一角处的小蛋糕店。1852年在科特布斯创业，之后于19世纪末搬至柏林。加入栗子粉的独门配方制成的年轮蛋糕拥有众多粉丝。就餐区的复古感仿佛让人回到过去，周围还坐满了这里的常客。

咖啡馆　　　　　　　Map p.297-A3

- ⌂ Bartningallee 29
- ☎（030）3915931
- URL www.Konditorei-buchwald.de
- 🕐 周一～周六　9:00～18:00
  周日·节日　10:00～18:00
- 休 不可使用
- 🚇 从 Ⓢ Bellevue 站步行5分钟

投稿　在 Konditorei & Café Buchwald 店内就餐时，推荐坐在位于店里侧的房间，因为这里比较安静。店内售卖的年轮蛋糕可以外卖，所以还单点了一份带走。

安娜·布隆咖啡馆
Anna Blume

◆超高人气的花式早餐

这家店铺的特点是店内同时设有花店。早餐是最有人气的，无论哪一品都是色彩斑斓，让人超有食欲。尤其是 Frühstücketagere（2 人份€22.50），使用 3 层盘装的各式各样的水果、火腿、乳酪等的大拼盘，看上去相当豪华。有英文餐单。

| | 咖啡馆 | Map p.295-A3 |

- ⊞ Kollwitzstr. 83 D-10405
- ☎（030）44048749
- 🌐 www.cafe-anna-blume.de
- 🕐 8:00~24:00
- 💳 Ⓐ Ⓜ Ⓥ
- 🚇 从 Ⓤ Eberswalder Str. 站步行 7 分钟

绘本咖啡馆
Café Bilderbuch

◆附英文食谱的咖啡馆

直至 23:00 都可以点早餐食谱，品种从价格只有€4.70 的法式早餐 French Breakfast 到€5.90 的素食早餐 Hase &Igel 多种多样。另外还有浓汤、松饼等每天更替的食谱，自制的蛋糕味道也很不错。食谱中附有英文。

| | 咖啡馆 | Map p.297-C4 |

- ⊞ Akazienstr. 28 D-10823
- ☎（030）78706057
- 🌐 www.cafe-bilderbuch.de
- 🕐 周一～周六 9:00~24:00、周日·节日 10:00~24:00（点菜~23:00）
- 💳 不可使用
- 🚇 从 Ⓤ Eisenacher Str. 站或者 Ⓢ Julius-Leber-Brücke 站步行 7 分钟

弗勒里咖啡馆
Café Fleury

◆充满巴黎风情的咖啡馆！

以淡蓝色为基调的法式咖啡馆。店内的下单流程是找到座位后去吧台点餐，结算付款后，回座位等待，有专门的服务员将菜品送到你的座位。店员大都会说英语，而且店内有英文菜谱。因为店内的座位比较少，所以经常满座。

| | 咖啡馆 | Map p.294-A2 |

- ⊞ Weinberg 20 D-10119
- ☎（030）44034144
- 🕐 周一～周五　　　　　8:00~22:00
  周六·周日　　　　　10:00~20:00
- 💳 不可使用
- 🚇 从 Ⓤ Rosenthler Pl. 站步行 2 分钟

幸福咖啡馆
Kauf dich glücklich

◆时尚的咖啡馆 & 杂货店

起初这里只是一家二手家具店，后来因为手工冰激凌十分受客人的喜爱便增设了茶座。店里刚刚出炉的华夫饼非常值得一试。另外，店内的商品也非常有趣，有许多怀旧风格的糖果、复古娃娃、首饰和旧家具等。整体感觉让人很舒服。

| | 咖啡馆 | Map p.294-A2 |

- ⊞ Oderberger Str. 44 D-10435
- ☎（030）48623292
- 🕐 周一～周五　　　　11:00~24:00
  周六·周日　　　　10:00~24:00
  （冬季将缩短营业时间）
- 💳 不可使用　🚇 从 Ⓤ Eberswalder Str. 站步行 5 分钟

巴科米斯德里咖啡馆
Barcomi's Deli

◆美式玛芬蛋糕非常美味

玛芬蛋糕等烘焙蛋糕类可以外卖。在柏林人中深受欢迎。右图中是胡萝卜蛋糕€3.50 和牛奶咖啡€3.40。冰咖啡的味道也不错哦。

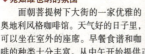

| | 咖啡馆 | Map p.298 |

- ⊞ Sophienstr. 21/Sophie-Gips-Höfe 2. Hof
- ☎（030）28598363
- 🌐 www.barcomis.de
- 🕐 周一～周六　　　　　9:00~21:00
  周日·节日　　　　　10:00~21:00
- 💳 Ⓐ Ⓜ Ⓥ　🚇 从 Ⓤ Weinmeisterstr. 站步行 5 分钟

爱因斯坦咖啡馆
Café Einstein

◆宛如维也纳的氛围

面朝菩提树下大街的一家优雅的奥地利风格咖啡馆。天气好的日子里，可以坐在室外的席座。早餐食谱和咖啡的种类十分丰富。从中午开始提供正餐。费用稍微贵一些。有英文菜谱。

| | 咖啡馆 | Map p.298 |

- ⊞ Unter den Linden 42
- ☎（030）2043632
- 🌐 www.einsteinudl.com
- 🕐 7:00~22:00
- 💳 Ⓜ Ⓥ
- 🚇 从 Ⓤ Ⓢ Brandenburger Tor 站步行 5 分钟

　　柏林最大的购物街区位于从动物园站向西延伸的库达姆大街与向东延伸的陶恩沁恩大街 Tauenzienstr 上。这两条大街其实只是在威廉皇帝纪念教堂前的拐角处更名而已，实际上是一条路。这里汇聚了世界著名品牌的专卖店、德国最大的百货商店——卡迪威百货等商业设施。东西德统一后，菩提树下大街的中心地带以及与其南北交会的腓特烈大街作为新的购物区也逐渐发展起来，沿街有不少高档百货公司和购物商厦。

卡迪威百货商场
KaDeWe

◆ 德国最大级别的百货公司

　　创业于1907年。名字稍微有些奇怪，因为截取了 Kaushaus des Westens（西部百货的意思）的开头字母。这家百货公司的食品卖场和厨具卖场是非常著名的，不容错过。顶层的自助餐厅也深受游客们的喜爱。

百货商店	Map p.297-B3
⊞ Tauenzienstr. 21-24	
☎（030）21210	🌐 www.kadewe.de
🕐 周一～周六	10:00~20:00
周五	10:00~21:00
周六	9:30~20:00
🚫 周日・节日　💳 ＡＤＪＭＶ	
🚇 从 Ⓤ Wittenbergpl. 站步行1分钟	

老佛爷百货
Galeries Lafayette

◆ 充满巴黎奢华感的百货商店

　　巴黎著名百货公司在柏林开的分店。这间店铺是由法国著名建筑师让·努维尔设计的，崭新的造型十分吸引人们的眼球。店内有不少法式化妆品和时装。地下有就餐区，可以品尝到巴黎的味道。

百货商店	Map p.298
⊞ Friedrichstr. 76-78	
☎（030）209480	
🌐 www.galerieslafayette.de	
🕐 周一～周六	10:00~20:00
🚫 周日・节日　💳 ＡＤＪＭＶ	
🚇 从 Ⓤ Französische Str. 站步行1分钟	

206区购物中心
Quartier 206（Q206）

◆ 高档精品店云集的购物中心

　　紧邻老佛爷，两者之间有地下通道可以互通。整个购物中心的装修风格是黑白色调的，给人一种十分高大上的感觉。路易·威登、古驰、艾特罗等知名品牌的专卖店均有入驻。另外还有格调优雅的咖啡馆、酒吧等。

购物中心	Map p.298
⊞ Friedrichstr. 71　☎（030）20946500	
🌐 www.quartier206.com	
🕐 周一～周五	10:30~19:30
周六　10:00~18:00（因商铺而异）	
🚫 周日・节日　💳 因店铺而异	
🚇 从 Ⓤ Französische Str. 站步行3分钟	

阿卡丹购物中心
Arkaden

◆ 十分方便的大型购物设施

　　位于波茨坦广场的中心部。一、二层有 H&M、ZARA、BREE 等快时尚品牌店，还有杂货店、鞋店、书店、电器店等，地下一层是价格实惠的餐饮店和超市、药妆店等。

购物中心	Map p.306
⊞ Alte Potsdamer Str. 7	
☎（030）25592766	
🌐 www.potsdamer-platz-arkaden.de	
🕐 周一～周六	10:00~21:00
（因商铺而异）	
🚫 周日・节日　💳 因店铺而异	
🚇 从 Ⓤ Ⓢ Potsdamer Platz 站步行3分钟	

古洛迷亚百货商店
Galeria Kaufhof

◆ 位于车站附近的大众百货商店

　　古洛迷亚百货商店是德国最具有代表性的连锁百货公司。店内宽敞舒适，购物体验极佳。商品既有时装鞋帽，又有玩具、文具等，另外这里的德国伴手礼也非常值得一看。地下食品区的商品种类也十分齐全。顶层有自助餐厅。

百货商店	Map p.295-B3
⊞ Alexanderplatz 9	
☎（030）247430	
🌐 www.galeria-kaufhof.de	
🕐 周一～周三	9:30~20:00
周四～周六	9:30~22:00
🚫 周日・节日　💳 ＡＤＪＭＶ	
🚇 从 Ⓢ Ⓤ Alexanderplatz 站下车即到。	

柏林比基尼购物中心
BIKINI BERLIN
◆有个性的购物中心

　　建于动物园外侧的购物中心。一层是柏林设计师经营的商店、小杂货店等。购物中心内设有超市和咖啡厅。屋顶处可以眺望动物园全貌。

| 购物中心 | Map p.297-B3 |

- 🏠 Budapester Str. 38-50　☎（030）55496454
- 🌐 www.bikiniberlin.de
- 🕐 商铺是周一～周六 10:00~22:00，只有餐饮店在周日时也会营业。屋顶花园于每天 9:00~22:00 开放
- 🚫 因店铺而异
- 🚇 乘坐 U S 或者巴士在 Zoologischer Garten 站下车，步行 2 分钟

柏林购物中心
MALL OF BERLIN
◆紧邻波茨坦广场的巨大型购物中心

　　2014 年 10 月开张，2015 年又继续扩大了规模。中心内有 H&M、ZARA、MUJI（无印良品）等国际连锁店，还有德国人气时装品牌、鞋、日用杂货等商店。另外，还有超市和药妆店。

| 购物中心 | Map p.294-C1 |

- 🏠 Leipziger Platz 12　☎（030）20621770
- 🌐 www.mallofberlin.de　🕐 周一～周六 10:00~21:00（超市是 9:00~）
- 🚫 因店铺而异
- 🚇 从 S U Potzdamer Platz 站步行 2 分钟或者从 U Mohrenstr. 站步行 1 分钟

杜斯曼文化百货大楼
Kultur Kaufhaus Dussmann
◆文艺范儿的百货商场

　　主要出售书籍、CD、DVD、软件、乐谱、文具等商品的大型综合书店。书店区域配有沙发座椅，可以舒适地坐下来慢慢挑选自己喜欢的书。几乎所有的 CD 都可以试听。

| 购物中心 | Map p.298 |

- 🏠 Friedrichstr. 90　☎（030）20251111
- 🌐 www.kulturkaufhaus.de
- 🕐 周一～周五　　　　9:00~24:00
- 　　周六　　　　　　9:00~23:30
- 🚫 周日·节日　💳 A M V
- 🚇 从 U S Friedrichstr. 站步行 3 分钟

陶谢
tausche
◆可以更换皮肤的包包

　　tauschen 在德语中的意思是"替换"，tasche 是"皮包"的意思，由这两个词组成的"tausche"便是这一品牌。如品牌字面的意思一样，皮包的翻盖部分附带拉锁，可以随意更换图案。包包的功能性很强，无论男女都可以使用。

| 箱包店 | Map p.295-A3 |

- 🏠 Raumerstr.8（Helmholtzplatz）
- ☎（030）40301770
- 🌐 www.tausche.de
- 🕐 周一～周五　　　　10:00~20:00
- 　　周六　　　　　　10:00~18:00
- 🚫 周日·节日　💳 A M V
- 🚇 从 U Eberswalder Str. 站步行 8 分钟

信号灯小人纪念品商店
Ampelmann
◆原东德的信号灯衍生的明星产品！

　　Ampelmann 指的是原东德的信号灯中红色与绿色的信号灯箱内的小人图案。如今将这一图案印在了 T 恤等各式商品上。价格便宜，非常适合作为伴手礼送人。杯子垫€3.90、环保包€6.90。※参考编外话

| 杂货店 | Map p.298 |

- 🏠 In den Hackeschen Höfen, Hof 5
- ☎（030）44726438　🌐 www.ampelmann.de
- 🕐 周一～周五　　　　9:30~21:00
- 　　周六　　　　　　13:00~20:00
- 🚫 周日·节日　💳 A J M V
- 🚇 从 S Hackescher Mark 站步行 5 分钟

戴希曼鞋店
DEICHMANN
◆德国最大的连锁廉价鞋店

　　这家连锁店在德国全境共拥有 1300 间店铺，仅柏林市内各大主要购物中心内就有 10 间店铺。展示商品与各个尺码的鞋盒共同陈列于店内，即便不寻求店员的帮助也能轻松找到自己的尺码试穿。

| 杂货店 | Map p.297-B3 |

- 🏠 Tauenzienstr. 7
- ☎（030）21963198
- 🌐 www.deichmann.com
- 🕐 周一～周六　　　　10:00~20:00
- 🚫 周日·节日　💳 A M V
- 🚇 从 U Wittenbergplatz 站步行 3 分钟

编外话　信号灯小人纪念品商店在菩提树下大街（🏠 Unter den Linden 35　🔗Map p.298）和库达姆大街（店内同时设有咖啡厅 🏠 Kurfürstendamm 20　🔗Map p.296-B2）分别设有分店。

凯思·沃尔法特圣诞装饰品店
Käthe Wohlfahrt

◆**全年营业的圣诞梦幻王国**

　　总店位于罗滕堡的圣诞装饰品店，于 2011 年在柏林开设了分店。特制的胡桃夹子人偶等充满梦幻色彩的商品琳琅满目。店铺的中心矗立着一棵巨大的圣诞树，货架呈圆形斜坡式摆放的内部构造也非常有趣。

玩具	Map p.297-B3

- 🏠 Kufürstendamm 225/226
- ☎ （09861）4090
- 🌐 www.wohlfahrt.com
- 🕐 周一～周六　10:00~18:00（依季节而变化）
- 🚫 周日·节日、12/25
- 💳 A D J M V
- 🚇 从 U Uhlandstr. 站步行 2 分钟

多彩的巧克力世界
BUNTE SCHOKOWELT

◆**体验型巧克力店**

　　瑞特巧克力公司的直营店。因为可以亲眼见证自己喜爱口味的巧克力是如何制作的，所以这里人气很高。在款台交费后（1 个€ 3.90），就可以在吧台处等待，挑选中意口味的巧克力胚（牛奶或黑巧），然后指定想要在其中添加的口味（坚果、水果酥等共 30 个品种）。挑选完毕之后需要等待 30 分钟，因为巧克力需要凝固。另外，店内还有许多与瑞特运动巧克力相关的产品。

食品	Map p.298

- 🏠 Französische Str. 24　☎（030）200950810
- 🌐 www.rittre-sport.de/berlin
- 🕐 周一～周三　　10:00~19:00
　周四～周六　　10:00~20:00
　周日　　　　　10:00~18:00
- 💳 A M V　🚇 从 U Französiche Str 站步行 3 分钟

法斯宾德和劳斯巧克力店
Fassbender & Rausch

◆**欧洲最大的巧克力商店**

　　弥漫着香甜味道的巧克力专营店。根据可可含量共有 8 种调和巧克力，亲民的价格十分有人气。店铺的二层是欧洲第一家巧克力餐厅，可以选择自己喜爱的浓度和口味的热巧克力（€ 4.20~），非常受欢迎。

食品	Map p.298

- 🏠 Charlottenstr. 60　☎（030）20458443
- 🌐 www.fassbender-rausch.de
- 🕐 周一～周六　　10:00~20:00
　（二层咖啡厅是 11:00~）
　周日　　　　　11:00~20:00
- 🚇 从 U Stadtmitte 站步行 2 分钟
- 💳 J M V

妮维雅之家
NIVEA HAUS

◆**可以购买到中国国内未发售的商品！**

　　国内超市常见的化妆品品牌妮维雅是德国的品牌。这家店铺汇集了妮维雅的各类产品，价格从€ 0.80 起，有柏林限定的迷你罐、环保包、钥匙坠、毛巾等，不妨在这里挑选几件商品作为伴手礼。店内还有美容中心，25 分钟€ 25~（需要预约）。

化妆品	Map p.298

- 🏠 Unter den Linden 28
- ☎（030）20456160
- 🌐 www.nivea.de
- 🕐 周一～周六　　10:00~20:00
- 🚫 周日·节日　💳 M V
- 🚇 从 U S Friedrichstr. 站步行 5 分钟

Information 周游珂勒惠支广场

　　位于普伦茨劳贝格地区的珂勒惠支广场 Kollwitz platz（● Map p.295-A3）每周四的 12:00~19:00（冬季~18:00）会举办环保市场 Ökomarkt。届时会有 40 多家商铺，主要出售新鲜的蔬菜水果、肉类和乳酪，另外还有环保的护肤品和织物等。每周六的 9:00~16:00 还会举办周末集市 Wochenmarkt，除了环保商品之外，还有各式各样的新鲜食材、手工制品等，还有快餐摊位。小编推荐汤类和土耳其风味卷饼的店铺。

当地人会常来购物的市场

被称为 Gözleme 的土耳其卷饼

Information 柏林主要的跳蚤市场

对于钟爱老物件的德国人来说，跳蚤市场（德语是 Flohmarkt）是每个城市必不可少的。如果你想尝试着砍价，就一下子买2~3件物品，摊主一定会很给你一个大大的折扣。值得注意的是人比较混杂的时候谨防被盗，随身携带的贵重物品一定要看管好。另外，如果开市的日期与法定节日重合则休市。

6月17日大街的跳蚤市场 · Trödelmarkt

既有苏联和原东德的纪念品，也有专门售卖二手家具、摇篮、门闩、老唱片等物品的店铺，商品多种多样，十分有趣。

开市日▶周六·周日的 10:00~17:00 左右
地点▶从Ⓢ Tiergarten 站下车即到。6月17日大街 Str.Des 17. Juni 沿街。
➡ Map p.297-A3

博德博物馆前的古董&旧书市场 · Antik- & Buchmarkt

主要出售原东德出版的二手书籍，另外还有画卷、明信片、硬币、邮票等。还有一些店铺是专门出售当地艺术家作品的。

开市日▶周六、周日的 10:00~17:00 左右
地点▶从Ⓢ Friedrichstr. 站下车。市场位于博物馆岛地区的博德博物馆前的一条叫作 Am Kupfergraben 的运河沿岸。
➡ Map p.298

哈根盒子广场跳蚤市场 · Trödelmarkt auf dem Boxhagener Platz

位于原东柏林地区，离市中心稍微有些远，也正是因此这里没有浓郁的旅游气息。广场的四周被木质围栏圈起来，周边还有几家大大小小的咖啡馆，可以在这里享受周日的早午餐。

开市日▶周日的 10:00~18:00 左右
地点▶从 Alexanderplatz 乘坐Ⓤ5 在 Frankfuter Tor 站下车，步行约7分钟可达 Boxhagener Platz。
➡ Map 文前图④-B4

柏林墙公园的跳蚤市场 · Flohmarkt am Mauerpark

柏林墙公园是以前柏林墙的旧址。在这里开办的跳蚤市场受到了相当高的评价。既有专业的古董商店，又有当地的儿童商店，各个年龄层的人都可以在这里找到乐趣。

开市日▶周日的 8:00~18:00 左右
地点▶乘坐Ⓤ2 在 Eberswalder Str. 站下车，步行5分钟可达。
➡ Map p.294-A2

手工做的艺术品

编外话 德国的超级市场在周日或者法定假日都是休业的，但是中央车站内的Kaisers、腓特烈大街车站内的Edeka、东站站台下的Ullriche都是有周日营业许可的。

柏林的酒店
Hotel

柏林东部的菩提树下大街周边和腓特烈大街周边的酒店地理位置非常便利，夜生活也比较丰富，不过这些地区的住宿费用也相对比较高昂。入住面向年轻人开放的个人经营的旅馆价格会便宜一些。

大规模的会展召开期间（通过官网查询 ✉ www.messe-berlin.de ）住宿费用会一下子上涨，需要格外注意。另外，在柏林每住宿一晚需要加收 5% 的城市税 City Tax。本书中提供的住宿费用仅供参考，实际费用根据入住的季节、时期不同还会有很大变动。

凯宾斯基柏林阿德隆酒店
Hotel Adlon Kempinski Berlin

◆作为柏林迎宾馆的名门酒店

创业于 1907 年。玛琳·黛德丽、卓别林、爱因斯坦、迈克尔·杰克逊等名人都曾经下榻于此。"Lorenz Adlon"餐厅还被评为米其林二星餐厅。有免费 Wi-Fi。

最高档酒店	Map p.298

- 🏠 Unter den Linden 77　D-10117
- ☎ (030) 22610　📠 (030) 22612222
- 🔗 www.hotel-adlon.de
- 🛏 ⑤Ⓣ €275~　早餐需单独支付€42
- 💳 ADJMV
- 🚇 乘坐 ⑤Ⓤ 或者 100 路、TXL 路巴士在 Branden-burger Tor 站下车，步行 1 分钟

柏林丽晶酒店
The Regent Berlin

◆紧邻柏林国家歌剧院的豪华酒店

位于菩提树下大街和商业购物区。酒店大堂十分奢华，但又不失柏林古香古色的韵味。有免费 Wi-Fi。"Fischers Fritz"餐厅被评为米其林二星。

最高档酒店	Map p.298

- 🏠 Charlottenstr. 49　D-10117
- ☎ (030) 20338　📠 (030) 20336119
- 🔗 www.regenthotels.com/berlin
- 🛏 ⑤Ⓣ €260~　早餐需单独支付€35
- 💳 ADJMV
- 🚇 从 ⒰Französiche Str. 站步行 3 分钟

皇宫酒店
Hotel Palace

◆方便在库达姆大街购物

位于欧洲中心内，地理位置极佳。还可以提前预约能够看见动物园、威廉皇帝纪念教堂风景的房间。"First Floor"餐厅是米其林一星餐厅，需要提前预约。

最高档酒店	Map p.297-B3

- 🏠 Budapester Str. 45（im Europa-Center）D-10787
- ☎ (030) 25020　📠 (030) 25021119
- 🔗 www.palace.de　💳 ADJMV
- 🛏 ⑤Ⓣ €189~　早餐需单独支付€26
- 🚇 从 ⒰⑤Zoologischer Garten 站步行 5 分钟

索菲特柏林库尔菲尔斯滕酒店
Sofitel Berlin Kurfürstendamm

◆地理位置、装修设计、客房服务都非常完美

设计感极强的酒店，可以让你在柏林期间享受浪漫的度假时光。无论是高雅上乘的外观设计，还是细致入微的服务都是五星级标准，世界顶级的水平。有免费 Wi-Fi。法餐厅法布鲁克餐厅"Le Faubourg"（→ p.322）在当地备受好评。

最高档酒店	Map p.297-B3

- 🏠 Augsburger Str. 41　D-10789
- ☎ (030) 8009990
- 📠 (030) 80099999
- 🔗 www.sofitel.com
- 🛏 ⑤Ⓣ €195~　早餐需单独支付€30
- 💳 ADJMV
- 🚇 从 ⒰Kurfürstendamm 站步行 1 分钟

柏林达斯施图酒店
Das Stue Hotel Berlin Tiergarten

◆传统和现代相结合的酒店

这家豪华的酒店是由建于 20 世纪 30 年代的原丹麦大使馆改建而成的。地点位于柏林动物园与蒂尔加滕之间，四周绿植茂盛。客房内使用了雅可布森的家具，非常实用。有免费 Wi-Fi。

高档酒店	Map p.297-B3

- 🏠 Drakestr. 1　D-10787
- ☎ (030) 3117220　📠 (030) 31172290
- 🔗 www.das-stue.com
- 🛏 ⑤Ⓣ €252~　早餐需单独支付€35
- 💳 ADJMV
- 🚇 从 ⒰⑤Zoologischer Garten 站乘坐出租车 5 分钟

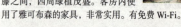
勃兰登堡门前有不少身着毛绒熊服装或者军装的人，他们会主动跟游客拍照，然后索取高额费用，请一定要小心。

柏林海滨大道喜来登大酒店
Sheraton Berlin Grand Hotel Esplanade

◆环境舒适的高档酒店

　　从东站乘坐出租车到达这里约需 5 分钟。有付费的 Wi-Fi 设施。蒂尔加滕地区的运河从酒店前流过，属于酒店的船埃斯普拉纳德号漂浮于河上。高雅上乘感觉的"哈里兹·纽约酒吧"非常值得一去。

威斯汀柏林大酒店
The Westin Grand Berlin

◆菩提树下大街的豪华酒店

　　虽然酒店面朝菩提树下大街，但是正门入口位于另一条道路 Behrenstr. 一侧。酒店中央大厅有豪气十足的挑高中空天井和气派的楼梯，给人的第一印象是十分豪华的。客房内的设施也很便捷。有付费的 Wi-Fi 设施（公共区域免费）。

凯宾斯基柏林布里斯托尔酒店
Kempinski Hotel Bristol

◆面对库达姆大街的高档酒店

　　柏林西部规格较高的酒店，肯尼迪曾经下榻于此。酒店内有啤酒花园、高档餐厅、迪斯科舞厅、酒吧等设施。有免费的 Wi-Fi 设施。正面是繁华的街区——库达姆大街，对于喜爱购物的游客来说再方便不过了。距离东站也比较近。

丽笙布鲁酒店
Radisson BLU

◆酒店大堂拥有巨大的通天水槽

　　位于大堂的高达 25 米的圆柱形水槽是世界最大规模的。乘坐位于水槽中心部的电梯，可以到达隔壁的 SEA LIFE（URL www.sealife.de），需要购买门票，酒店住宿者有折扣。有免费 Wi-Fi。客房明亮舒适，极具功能性。

柏林美利亚酒店
Hotel Melia Berlin

◆位于博物馆岛步行范围内

　　建于施普雷河沿岸的西班牙系大型酒店。与同级别的酒店相比，这里的价格相对便宜一些。通往各个景点的交通也十分便利。现代化设施齐全的客房宽敞明亮，使用起来很便捷。有 Wi-Fi（付费）。

柏林弗里德里希酒店
NH Berlin Friedrichstrasse

◆距离车站非常近的便捷酒店

　　酒店就位于 S-Bahn、U-Bahn 的腓特烈大街站前，距离菩提树下大街也非常近。无论是观光还是购物都十分方便。面朝铁路的一侧房间使用的是隔音玻璃。有免费 Wi-Fi。

高档酒店　　Map p.297-B4

- 🏠 Lützowufer 15　D-10785
- ☎（030）254780　FAX（030）254788222
- URL www.esplanade.de
- 🛏 ⑤T € 162~ 早餐需单独支付 € 22
- 🆔 A D J M V
- 🚇 乘坐 M29 号在 Hiroshimasteg 站下车，或者乘坐 100 路在 Lützowplatz 站下车，步行 3 分钟即到

高档酒店　　Map p.298

- 🏠 Friedrichstr. 158-164　D-10117
- ☎（030）20273420
- FAX（030）20273362
- URL www.westin-berlin.com
- 🛏 ⑤T € 199.50~ 早餐需单独支付 € 32
- 🆔 A D J M V
- 🚇 从 U Französische Str. 站步行 3 分钟

高档酒店　　Map p.296-B2

- 🏠 Kurfürstendamm 27　D-10719
- ☎（030）884340　FAX（030）8836075
- URL www.kempinskiberlin.de
- 🛏 ⑤T € 190~　早餐需单独支付 € 27
- 🆔 A D J M V
- 🚇 从 U Kurfürstendamm 站步行 3 分钟，从 Uhlandstr. 站大约需要步行 2 分钟

高档酒店　　Map p.298

- 🏠 Karl-Liebknecht-Str. 3　D-10178
- ☎（030）238280　FAX（030）2382810
- URL www.radissonblu.com/hotel-berlin
- 🛏 ⑤T € 177.45~　早餐需单独支付 € 25　🆔 A D M V
- 🚇 乘坐 100 路、200 路巴士在 Spandauer Str./Marienkirche 站下车，步行 3 分钟即到

高档酒店　　Map p.298

- 🏠 Friedrichstr. 103　D-10117
- ☎（030）20607900
- FAX（030）2060790444
- URL www.meliaberlin.com
- 🛏 ⑤ € 117~　T € 127~ 早餐需单独支付 € 24　🆔 A D J M V
- 🚇 从 U S Friedrichstr. 站步行 3 分钟

高档酒店　　Map p.298

- 🏠 Friedrichstr. 96　D-10117
- ☎（030）302062660
- FAX（030）206266933
- URL www.nh-hotels.com
- 🛏 ⑤T € 135~　🆔 A D J M V
- 🚇 从 U S Friedrichstr. 站步行 1 分钟

柏林与歌德之路·哈茨地区

● 柏林

329

柏林欧洲之星酒店
Eurostars Berlin Hotel

◆距离博物馆岛与车站极近的酒店

2011年在腓特烈大街站附近新开业的大型酒店，共有221间客房。健身中心有温水游泳池。客房虽然很宽敞，但是大都朝向中庭，大多数房间没有面向外侧的窗户。有免费Wi-Fi。

高档酒店　　Map p.298

Friedrichstr. 99　D-10117
☎（030）7017360
FAX（030）701736100
URL www.eurostarsberlin.com
Ⓢ Ⓣ €133～ 早餐需单独支付€16
从 Ⓢ Ⓤ Friedrichstr. 站步行1分钟
Ⓐ Ⓜ Ⓥ

布雷特尔柏林酒店
Hotel Bleibtreu

◆设计明快的酒店

酒店使用了抗敏的天然建材装修的客房明亮宽敞，也是该酒店引以为豪之处。一层有酒店直营的花店和纽约风格的时尚熟食店。房间迷你吧台的饮料全部免费。有免费Wi-Fi。

中档酒店　　Map p.296-B2

Bleibtreustr. 31　D-10707
☎（030）884740　FAX（030）88474444
URL www.bleibtreu.com
Ⓢ €66.30～ Ⓣ €74.80～ 早餐需单独支付19
Ⓐ Ⓓ Ⓙ Ⓜ Ⓥ
从 Ⓢ Savignyplatz 站步行7分钟

柏林25小时酒店
25Hours Hotel Berlin

◆可以俯瞰动物园风景的酒店

欧洲各地极具人气的概念＆设计型酒店在柏林开设的分店。乘坐电梯到达酒店大堂，从这里可以俯瞰动物园都市森林的景观。同层还设有带有吊床的休息室和时尚的咖啡厅。有免费Wi-Fi。

中档酒店　　Map p.297-B3

Budapester Str. 40　D-10787
☎（030）1202210
URL www.25hours-hotels.com
Ⓢ €120～ Ⓣ €150～ 早餐需单独支付€14　Ⓐ Ⓜ Ⓥ
从 Ⓢ Ⓤ Zoologischer Garten 站步行5分钟

加州酒店
Hotel California

◆面朝库达姆大街的便利酒店

从动物园站步行约需15分钟可达，乘坐地铁或者巴士都很方便。房间大都朝向中庭方向，屋内有迷你吧台和保险柜。大概是由于酒店名字的原因，住客中美国人的比例比较高一些。有免费Wi-Fi。

中档酒店　　Map p.296-B2

Kurfürstendamm 35　D-10719
☎（030）880120　FAX（030）88012111
URL www.hotel-california.de
Ⓢ €99～ Ⓣ €109～ 早餐需单独支付€10　Ⓐ Ⓓ Ⓙ Ⓜ Ⓥ
从 Ⓤ Uhlandstr. 站步行1～2分钟

雷迪森柏林亚历山大广场酒店
Park Inn by Radisson Berlin Alexanderplatz

◆交通方便的高层酒店

位于亚历山大广场旁的大型高层酒店。全馆禁烟。可以远眺美景的酒吧、健身健康中心等设施都是这家酒店值得炫耀的地方。有Wi-Fi（付费）。酒店的对面便是古洛迷亚百货商店，购物也十分方便。

中档酒店　　Map p.295-B3

Alexanderplatz 7　D-10178
☎（030）23890　FAX（030）23894305
URL www.parkinn-berlin.de
Ⓢ €99～ Ⓣ €104～ 早餐需单独支付17　Ⓐ Ⓓ Ⓙ Ⓜ Ⓥ
从 Ⓤ Ⓢ Alexanderplatz 站步行3分钟

柏林中央火车站城际酒店
InterCityHotel Berlin Hauptbahnhof

◆火车之旅的起点

全酒店共有412间客房。从柏林中央车站或者去往机场方向的TXL路线巴士站步行到酒店只需3分钟，十分方便。如果住客提出申请，酒店还可以为你提供市内交通卡（适用于AB区）。有免费Wi-Fi。

中档酒店　　Map p.294-B1

Katharina-Paulus-Str. 5　D-10557
☎（030）2887550　FAX（030）288755930
URL www.berlin-hauptbahnhof.intercityhotel.de
Ⓢ Ⓣ €115.70～ 早餐需单独支付€17　Ⓐ Ⓓ Ⓙ Ⓜ Ⓥ
从 Ⓤ Ⓢ Hauptbahnhof 站步行3分钟

塞外语 施普雷河河畔，到了夏季就会有不少河畔酒吧出现（德语叫作Strandbar），现如今这些酒吧已经成为柏林夏季的一道风景线。虽然有好几处这样的地方，但是位于博物馆岛和博德博物馆对面的 Strandbar Mitte（●Map ✒

库达姆 101 酒店
Ku'damm 101

中档酒店　　　　Map p.296-B1

◆超级个性设计的酒店

位于库达姆西部的中档酒店。客房内摆设有设计性极强的家具，大号的桌子用起来十分方便。浴室的设计也很时尚。不过这家酒店最赞的地方要数位于七层的早餐就餐室，不仅风景极佳而且早餐样式丰富。有免费 Wi-Fi。

🏠 Kurfürstendamm 101　D-10711
☎ (030) 5200550　📠 (030) 520055555
🔗 www.kudamm101.com
🕐 Ⓢ Ⓣ € 84~　早餐需单独支付 € 15
🏧 Ⓐ Ⓓ Ⓜ Ⓥ
🚇 乘坐 M19、M29 路巴士在 Kurfürstendamm/Joachim-Friedrich-Str 站下车，步行 1 分钟

路易斯艺术酒店
Arte Luise Kunsthotel

中档酒店　　　　Map p.298

◆推荐预订设计师房间

这家艺术酒店，让住客的入住体验为住宿于画廊之中，内饰设计相当有个性。官网上登载的房型非常齐全，可以对指定房间进行预约。有不少房间是共用浴室和厕所的，价格比右记的要便宜一些。全室禁烟。有免费 Wi-Fi。

🏠 Luisenstr. 19　D-10117
☎ (030) 284480　📠 (030) 28448448
🔗 www.luise-berlin.com
🕐 Ⓢ € 87~　Ⓣ € 109~　早餐需单独支付 11　🏧 Ⓜ Ⓥ
🚇 从 Ⓢ Friedrichstr. 站步行约 10 分钟可达。如果乘坐 147 路巴士，则是在 Luisenstr. 站下车，步行约 2 分钟

峡湾酒店
Fjord Hotel

中档酒店　　　　Map p.294-C1

◆波茨坦广场附近的小酒店

步行至波茨坦广场或者爱乐音乐厅只需要 10 分钟左右，巡游文艺区的美术馆也比较方便。客房干净明亮。住宿费用每天都有变动，请在官网确认价格。有免费 Wi-Fi。

🏠 Bissingzeile 13　D-10785
☎ (030) 254720　📠 (030) 25472111
🔗 www.FjordHotelBerlin.de
🕐 Ⓢ € 72.45~　Ⓣ € 88.20　早餐需单独支付 € 12.50　🏧 Ⓐ Ⓙ Ⓜ Ⓥ
🚇 从 Ⓤ Mendelssohn-Bartholdy-Park 站步行约 5 分钟可达。或者乘坐 M49、M48、M85 路巴士，在 Postdamer Brücke 站下车

柏林哈克市场一号汽车旅馆
Motel One Berlin-Hackescher Markt

中档酒店　　　　Map p.294-B2

◆交通便利、价格便宜的酒店

德国各地均设有连锁店，柏林市内拥有 7 间酒店，这一家的地理位置极佳，非常适合旅游观光。火车道一侧的客房全部使用防噪声玻璃。所有客房都是双床房。唯一不足的地方是没有收纳的区域。有免费 Wi-Fi。

🏠 Dircksenstr. 36　D-10179
☎ (030) 20054080　📠 (030) 200540810
🔗 www.motel-one.com　🏧 Ⓐ Ⓓ Ⓜ Ⓥ
🕐 Ⓢ € 72.45~　Ⓣ € 88.20　早餐需单独支付 € 9.50　有活动或者特殊时期涨幅在 € 20~50
🚇 从 Ⓢ Ⓤ Alexanderplatz 站步行 2 分钟

柏林中央火车站梅宁格酒店
Meininger Hotel Berlin Hauptbahnhof

青年旅舍　　　　Map p.294-B1

◆距离中央车站仅 1 分钟

三星级酒店水准，房型有多种选择，既有上下铺的 4 人间，又有多人间、单人间、双人间等。年轻人的团体旅游大都喜欢在这里入住，气氛十分热闹欢快。所有房间都带有空调。Wi-Fi 免费。

🏠 Ella-Trebe-Str. 9　D-10557
☎ (030) 98321073
🔗 www. meininger-hotels.com
🕐 Ⓢ € 59~　Ⓣ € 59~　4 人间 € 49~、早餐需单独支付 € 6.90　网络预约折扣等优惠活动依季节而变化
🚇 从 Ⓢ Ⓤ Hauptbahnhof 站步行 1 分钟
🏧 Ⓜ Ⓥ

马戏团旅馆
Circus The Hostel

青年旅舍　　　　Map p.294-B2

◆深受年轻人喜爱的私人旅馆

乘坐 Ⓤ 8 或者 M1 路有轨电车在 Rosenthaler Platz 站下车，步行 1 分钟即到。旅馆从里到外都很整洁。前台 24 小时提供服务。有免费 Wi-Fi。十字路口的斜对面还有同系列的 Circus Hotel，可以根据你的旅行预算选择。

🏠 Weinbergsweg 1A　D-10178
☎ (030) 20003939　📠 (030) 2000393699
🔗 www.circus-berlin.de
🕐 卫生间、浴室共用型 Ⓢ € 46~、Ⓣ € 58~套间 € 81~、10 人间每人 € 19~、带淋浴房的房间 Ⓢ € 56　Ⓣ 只有 1 个房间 € 75、早餐 € 5　🏧 Ⓙ Ⓜ Ⓥ

🔖 p.298）位于市中心，酒水饮料是自助式的，旅行者利用起来十分方便。到了傍晚，舞台上还会有不少热爱探戈的舞者云集于此。即便只是路过看看也是非常开心的一件事情。

柏林米特 A&O 酒店
A&O Berlin Mitte
◆设施齐备的酒店＆旅馆

这里是一间大型的酒店＆旅舍，位于柏林的克罗伊茨贝格地区，可以深度地认识更加真实的柏林。学校团体游经常入住这家旅馆。另外还设有家庭房。旅舍形式的房型需要单independ收取床单费和毛巾费。有免费 Wi-Fi。

青年旅舍　　　　　　　Map p.295-C3
- 🏠 Köpenicker Str. 127-129　D-10719
- ☎ (030) 809475200
- 🌐 www.aohostels.com　💳 A M V
- 💴 Ⓢ €48～　Ⓣ €50～、8 人间每人 €12.75～、早餐需单独支付 €7
- 🚇 从 Ⓤ Ⓢ Ostbahnhof 站步行 10 分钟

工厂旅舍
Hostel Die Fabrik
◆虽然都是大房间但是整洁便宜

深受背包客喜爱的旅舍。房型从单人间到 7 人间有很多种，浴室和卫生间共用，有储物柜。早餐可以在酒店并设的咖啡厅内解决。虽然早上也是可以办理入住手续的，但是第一天入住需要在 15:30 以后才能进入房间。房间内没有电话和电视。有免费 Wi-Fi。

青年旅舍　　　　　　Map 文前图④-B4
- 🏠 Schlesische Str. 18　D-10997
- ☎ (030) 6117116　📠 (030) 6182974
- 🌐 www.dieFabrik.com
- 💴 所有房型都是浴室、卫生间共用的。多人间€18～、Ⓢ €38～ Ⓣ €58～、套间€72～　💳 不可使用
- 🚇 乘坐 Ⓤ1 在 Schlesisches Tor 站下车，步行 5 分钟

巴克斯帕西米特旅馆
Mitte baxpax Hostel
◆会聚了来自世界各地的背包客

有共用厨房。多数入住的背包客是自带睡袋来的。有些房间内还有以前曾经在这里入住的艺术家们留下的壁画和艺术作品。另外还提供租借自行车服务，还有各个俱乐部的入场打折券。有免费 Wi-Fi。前台 24 小时开放。

青年旅舍　　　　　　　Map p.294-A1
- 🏠 Chausseestr. 102　D-10115
- ☎ (030) 28390965　📠 (030) 28390955
- 🌐 www.baxpax.de
- 💴 早餐单独付费。Ⓣ €62～　卫生间、浴室共用 4 人间每人€15～、多人间€10～ 床单费€2.50　💳 M V
- 🚇 乘坐 Ⓤ 6 在 Naturkundemuseum 站下车即到

全西特酒店
Hotel Transit
◆独行者也可以安心入住的私人旅馆

地处最受年轻人喜爱的克罗伊茨贝格地区。从 Ⓤ6 或者 Ⓤ7 的 Mehringdamm 站步行到达旅馆约需 5 分钟。外观建筑看上去虽然很旧，但是内部是全新的而且非常洁净。穿过整栋房子的中庭，乘坐电梯到达 4.Etage 便是接待中心。有免费 Wi-Fi。

青年旅舍　　　　　　Map 文前图④ C3
- 🏠 Hagelberger Str. 53-54　D-10965
- ☎ (030) 7890470
- 📠 (030) 78904777
- 🌐 www.hotel-transit.de
- 💴 Ⓢ €65～ Ⓣ €75～、套间€105～
- 💳 A J M V

中央火车站青年旅舍
Jugendgästehaus Hauptbahnhof
◆距离中央车站步行只需 5 分钟的旅舍

距离柏林中央车站北口（Europaplatz）只有 5 分钟脚程。住宿费用是到店支付。除了多人间之外，其他房型都是带有独立淋浴房和卫生间的。早餐需要单独支付费用（€6.50）。只有公共区域才可以使用 Wi-Fi（付费）。由于这里是教会系的旅舍，所以全馆禁烟。

青年旅舍　　　　　　　Map p.294-B1
- 🏠 Lehrter Str. 68　D-10557
- ☎ (030) 3983500
- 🌐 www.jgh-hauptbahnhof.de
- 💴 Ⓢ €44～ Ⓣ €60～ 3～4 人间每人€20～ 多人间€16～、26 岁以下可以享受€3 的优惠　💳 M V
- 🚇 距离中央车站步行仅需 5 分钟

柏林国际青年旅舍
Jugendherberge Berlin International
◆观光旅游十分便利的青年旅舍

共有 341 间客房的大型人气青年旅舍。步行至波茨坦广场仅需 15 分钟。学生团体旅行的住客较多，多人间是男女混住的形式。办理入住手续从 13:00 开始。有免费 Wi-Fi。淡季有折扣。

青年旅舍　　　　　　　Map p.294-C1
- 🏠 Kluckstr. 3　D-10785
- ☎ (030) 747687910　📠 (030) 747687911
- 🌐 www.jh-berlin-international.de
- 💴 €24、27 岁以上€28
- 🚇 乘坐 M29 路巴士 在 Gedenkstätte Dt. Widerstand 站下车，步行 2 分钟即到　💳 D M V

  袋熊城市旅馆Wombats The City Hostel（📍Map p.294-B2）🌐 www.wombats-hostels.com/berlin）是朋友推荐给我的面向背包客的住宿设施。距离车站较近，房间也比较干净。

波茨坦 *Potsdam*

腓特烈大帝的梦之国——无忧宫

建于梯形葡萄园之上的无忧宫

柏林
波茨坦
法兰克福
慕尼黑

Map ▶ p.285-A4

人　口	161500 人
长途区号	0331

ACCESS

铁路：从柏林中央车站乘坐RE至波茨坦中央车站仅需25分钟。

❶ 波茨坦的旅游服务中心
☎ (0331) 27558899
🌐 www.potsdamtourismus.de

●中央车站内的 ❶
（从 6 号线站台下来之后的楼梯旁）
🔲 Map p.334-B2
📅 周一～周六　9:30~18:00
　　周日　　　10:00~16:00
　　年末年初有变更。

●勃兰登堡大街的 ❶
🔲 Luisenplatz 3
🔲 Map p.334-B2
📅 4～10月
　周一～周六　9:30~18:00
　周日·节日　10:00~16:00
　11 月～次年 3 月
　周一～周六　9:30~18:00
　年末年初有变更。

世界遗产

波茨坦与柏林的宫殿群和园林群
（1990年被列为世界遗产）

●波茨坦的市内交通
　　波茨坦中央车站南口有巴士和市内有轨电车车站。车票分为可以乘坐 6 站地的Kurzfahrt € 1.40、60 分钟之内有效的 Nomaltarif € 1.90。还有 1 日乘车券 Tageskarte € 4。波茨坦的市内交通分为 ABC区，乘车券分为 AB、BC、ABC 三种形式。本书中介绍的景点均在 AB 区之内，上述的车票费用也是 AB 区的价格。
　　ABC 区有效的柏林欢迎卡Berlin Welcome Card 与城市观光卡 City Tour Card（→ p.292），以及 ABC 区有效的柏林 1 日乘车券（→ p.292）可以用于乘坐 S-Bahn 到波茨坦，及乘坐波茨坦的市内交通。

古都波茨坦被易北河支流哈弗尔河和众多湖泊与森林所围绕。这里曾经隶属于原东德，东、西德统一后便成了柏林的邻城。波茨坦拥有众多的宫殿和庭园，因而成了世界遗产之城，呈现出无限的活力。

波茨坦 漫步

　　从波茨坦中央车站 Potsdam Hauptbahnhof 下车后，从与车站相通的购物中心走出，然后向西北方向前行，过了架于哈弗尔河上的桥之后，便可到达波茨坦城区的入口处。经过位于道路左侧的美居酒店大厦后，便可看到前方的尼古拉教堂 Nikolaikirche 和旧市政厅 Altes Rathaus、波茨坦电影博物馆 Filmmuseum Potsdam 等建筑。然后继续从老集市广场 Alter Markt 走出。

　　继续北上，经过步行街勃兰登堡大街 Brandenburger Str. 向西走。这里是波茨坦最主要的商业街。大街的尽头是路易森广场，然后继续前行便是无忧宫 Schloss Sanssouci 和建有新宫殿 Neues Palais 的无忧宫花园 Park Sanssouci 的入口处。夏季旅游旺季，无忧宫内非常拥挤，请尽量安排充裕的参观时间。

　　从无忧宫出来之后，乘坐巴士可以到达距离市中心较远的一处景点——采琪莲霍夫宫 Schloss Cecilienhof，这里也是波茨坦的一处重要景点。

　　另外，18 世纪被逐出祖国的胡格诺派（新教徒）荷兰人曾经居住的荷兰街区也别有一番风情。红色砖结构房屋林立，可爱的小商店、咖啡馆、餐厅等云集于此。

在红砖房屋连排而建的荷兰街区散步是一件非常愉快的事情

投稿　在波茨坦观光巴士是必需的交通工具，但是巴士本身班次较少，尤其是到了周末会骤减。而且，参观各个宫殿的时间也是有规定的，有时需要在外等候。所以，制订旅行计划时一定要安排充裕的时间。

●无忧宫1日券 +
Tagesticket sanssouci+

　无忧宫、新宫殿、采琪
莲霍夫宫等波茨坦市内的城
堡（部分除外）共通的1日
游览券。可以在各个城堡入
口处的售票处或者互联网
上购买。价格是€19，学生
€14，通过互联网购票时可
以选择无忧宫的入场时间，
需要加收€2。详细信息请参
考→ tickets.spsg.de

●无忧宫
→ Map p.334-B1

🚌 从波茨坦中央车站乘坐695
路、X15路（只在3/25~
10/31期间的周六日运行）
巴士，在 Schloss Sanssouci
站下车。这个巴士站位于
无忧宫的里侧（北侧），距
离售票处很近。

🖥 www.spsg.de
🕐 4～10月　　10:00~18:00
　11月～次年3月
　　　　　　10:00~17:00
　闭馆前30分钟停止入场
🚫 周一、12/24
💶 €12、学生€48（根据语
音导览参观）。摄影费€3
（波茨坦以外的其他城堡
在同一天也可使用）

腓特烈大帝钟爱的无忧宫与无忧宫花园

世界遗产 ★★★

Park und Schloss Sanssouci

　无忧宫的名字取自法语中表
示"无忧无虑"的 Sanssouci。作
为普鲁士国王腓特烈大帝（腓特
烈二世，1712~1786年）的夏宫，
建于1745~1747年，为洛可可式
豪华宫殿。腓特烈大帝亲自参与
设计，之后从35岁直至74岁去
世，大部分时间都在这里度过。
据说，仰视这座建于阶梯式葡萄
园之上的宫殿时，看到的景色尤
其美丽。

无忧宫奶黄色的外观给人留下了深刻的印象

　葡萄架上面的右侧，有腓特
烈大帝及大帝爱犬的墓地。大帝
的遗体曾被葬于波茨坦的卫戍教
堂。但是第二次世界大战末期，
为了安全起见，遗体被转移至图
林根的盐矿中。战争结束后，美

鼓励在寒冷贫瘠的土地上种植马铃薯的腓特烈
大帝之墓，有为祭奠而摆放的马铃薯

✉投稿　波茨坦车站北侧S-Bahn站台电梯附近有自行车租赁店，以1日€11的价格租了一辆。仅在4~11月期间营业。骑
车游览广阔的无忧宫花园，十分惬意。不过，花园内有禁止骑车的地方，需注意路边标识。我由于不了解……

军在苏军控制区将遗体夺回，之后
安放于霍亨索伦城堡长达 46 年。两
德统一后的 1991 年 8 月，腓特烈大
帝终于能够按照自己生前的遗愿，
跟爱犬一起被安葬于无忧宫。

　　宫殿内的主要宫间有 12 间，可
以参观"大理石厅"、"会见厅"、位
于宫殿中央的"椭圆大厅"等房间。
室内装饰使用了一种被称为波茨坦
洛可可的贝壳图案，非常漂亮。腓
特烈大帝十分敬仰的法国哲学家伏
尔泰也曾在这里居住。

　　面积达 290 公顷的无忧宫花园
中，有中国茶馆 Chinesisches Teehaus、
夏洛特城堡 Schloss Charlottenhof、橘
园 Orangerie 等几座离宫。花园的主
路长 2.5 公里左右，位于花园最深
处的是雄伟的新宫殿 Neues Palais。
那是一座腓特烈大帝于 1763~1769
年修建的巴洛克式宫殿，有 200 多
个房间。最不能错过的是用贝壳装饰的洞穴厅 Grottensaal。

巴洛克式的新宫殿

具有东方情调的中国茶馆

波茨坦会议的会址采琪莲霍夫宫
Schloss Cecilienhof ★★★

　　位于湖边的新花园 Neuer Garten 内。与其说是宫殿，其实更像是英
式的楼房。霍亨索伦王朝最后的王储威廉一家曾在此居住。宫殿名取自
王妃采琪莲的名字，1917 年完工。这里也是 1945 年 7 月 7 日~8 月 2 日
举行的波茨坦会议的会址。第二次世界大战末期，美英苏召开首脑会议，
讨论战后如何处置德国的问题。会谈房间保持着原貌，可以参观。还有
供各国代表休息的房间，都很值得一看。

召开首脑会议的房间

采琪莲霍夫宫的花园也很美丽

波茨坦电影博物馆
Filmmuseum Potsdam ★★

　　德国电影在"二战"前就诞生了《大都会》《蓝天使》等留名电影
史的名作，在全世界都很有影响。这些名作都是在波茨坦郊外的巴贝尔

●新宫殿
⊙ Map p.334-B1
🚌 从波茨坦中央车站乘
　　605、606、695 路巴士在
　　Neues Palais 下车。
🌐 www.spsg.de
🕙 4~10 月　　10:00~18:00
　　11 月~次年 3 月
　　　　　　　　10:00~17:00
🚫 周二、12/24·25
💶 €8、学生 €6

●采琪莲霍夫宫
🏠 Im Neues Garten 11
⊙ Map p.334-A2
🚌 从中央车站乘 92、96 路有
　　轨电车至 Platz der Einheit/
　　west，然后换乘开往
　　Höhenstr. 的 603 路巴士，
　　在终点前一站的 Schloss
　　Cecilienhof 下车。这条
　　路是单行线，所以回程
　　时沿道路行驶方向步行
　　300 米左右，在 Höhenstr.
　　巴士车站（终点站）乘
　　车。或者沿宫殿出口处
　　的小路直行 200 米左右，
　　在 Langhansstr./Große
　　Weinmeisterstr. 乘车。
　　从无忧宫出发前往的
　　话，可乘 695 路巴士，在
　　Platz der Einheit/West 换
　　乘 603 路。
🌐 www.spsg.de
🕙 10:00~18:00（11 月~次
　　年 3 月 ~17:00）
🚫 周一、12/24·25
💶 €6、学生 €5

●波茨坦电影博物馆
🚌 从与中央车站相通的购物
　　中心走出之后，步行 5 分
　　钟可达。
🏠 Breitr Str. 1A
⊙ Map p.334-B2
🌐 www.filmmuseum-potsdam.
　　de
🕙 周二~周日　10:00~18:00
　　（入场 ~17:30）
🚫 周一
💶 €5、学生 €4，特展或者
　　上映电影时单收费

🔖 相关规定，在禁止区域骑行时，遭到了工作人员的制止。有关自行车的交规可能与中国国内不同，最好事先上网
查询一下。

● 巴伯尔斯贝格电影公园
方向

图 从波茨坦中央车站前乘坐
601、619、690 路巴士在
Filmpark Babelsberg 站下
车。

August-Bebel-Str. 26~53

Map p.334-B2 外

www.filmpark.de

3/23~10/31 10:00~18:00
（10 月~17:00）
（入场截至闭馆前 1 小时）

11/13~次年 3 月下旬、4~
6 月、9 月的周一、周五、
10/7、10・14

€ 21、15:00 以后是 € 14

※ 参观正式的摄影棚的导览
团 Studio Babelsberg Tour 需
要提前 10 天申请（ www.
studiobabelsberg.com），进入
电影公园的入口也与普通游
客不同。

斯贝格电影制作基地拍摄的。著名的电影公司 Ufa 战后由东德接手，改名为 DEFA，默默地继续拍摄了许多作品。博物馆内收藏有生动地讲述德国电影史的摄影机等摄影器材以及玛莲娜·迪特里茜、莉莲·哈维的遗物。

巴贝尔斯贝格电影公园
Filmpark Babelsberg ★★★

　　1912 年建成的巴贝尔斯贝格电影制作基地，其规模曾经超过好莱坞。两德统一后，在新设立的巴贝尔斯贝格电影制作基地，拍摄了《钢琴家》《无耻混蛋》等电影作品。制作基地内还建有电影学校。电影公园位于制作基地旁边，园内主要是适合家庭娱乐的设施，还可

适合家庭游览的主题公园

以参加团体游参观著名电视剧、电影的拍摄布景以及观看电影特技表演。

波茨坦的餐馆
Restaurant

关岛咖啡屋
Café Guam

◆位于荷兰街，招牌是自制的乳酪蛋糕。7 种左右的乳酪蛋糕整齐地排列于吧台处。照片中的蛋糕是加入芥子的乳酪蛋糕和红茶套餐。蛋糕可以外卖。

　　　　　　　　　　　Map p.334-B2

Mittelstr. 38

☎（0177）7358360

每天 11:00~20:00

不可使用

波茨坦的酒店
Hotel

阿姆路易森广场酒店
Am Luisenplatz

◆利用建于 1726 年的建筑改建而成的中档酒店。有免费 Wi-Fi。一层是餐厅。

最高档酒店　　　　　Map p.334-B2

Luisenplatz 5　D-14469

☎（0331）971900　FAX（0311）9719019

www.hotel-luisenplatz.de

Ⓢ € 84.50~　Ⓣ119~　早餐需单独支付€ 9.50　AMV

施泰根博阁波茨坦无忧宫酒店
Steigenberger Hotel Sanssouci

◆建于无忧宫花园的附近。风格是 20 世纪 30 年代的美式田园风。有免费 Wi-Fi。

最高档酒店　　　　　Map p.334-B2

Allee nach Sanssouci 1　D-14471

☎（0331）90910　FAX（0331）9091909

www.potsdam.steigenberger.de

Ⓢ Ⓣ € 89~ 早餐需单独支付€ 15

ADJMV

Ⓘ Information　波茨坦的午餐区

　　如果想在波茨坦简单地吃一个午饭，可以去勃兰登堡大街，那里有许多快餐店、香肠餐馆以及环境优雅的餐厅。另外，在荷兰街也集中了许多很有个性的咖啡馆、餐厅。时间不充裕的话，可以去与中央车站直接相连的购物中心，那里也有很多快餐店、面包店、小餐馆。

  投稿　听说，在夏季无忧宫的游客非常多，所以选择乘坐从柏林到波茨坦的半日游巴士。有很多旅行社都经营此游览项目。BEX Sightseeing（ bex.de）巴士公司的费用为€39，用时4小时。

莱比锡 *Leipzig*

在菩提树下倾听巴赫名曲的文艺之城

托马斯教堂前的巴赫像

柏林
莱比锡
法兰克福
慕尼黑

Map ◆ p.285-B3

人　口	531600人
长途区号	0341

ACCESS

铁路：从柏林中央车站乘坐ICE特快大约需要1小时15分钟，从德累斯顿乘坐ICE特快大约需要1小时5分钟。
机场与市内的交通：机场与市区之间有⑤5路车，需要15分钟。

ⓘ 莱比锡的旅游服务中心
🏠 Katharinenstr. 8
　D-04109 Leipzig
🔄 Map p.338-A1
☎ (0341) 7104265
📠 (0341) 7104271
🌐 www.leipzig.travel
🕐 周一～周五　9:30～18:00
　（11月～次年2月是10:00～）
　周六　　　　9:30～16:00
　周日·节日　9:30～15:00
🚫 12/25·26、1/1

● 莱比锡卡
LEIPZIG CARD
1天有效　Tageskarte € 10.90
3天有效
3-Tageskarte　　€ 21.90
团体3天有效
3-Tagesgruppenkarte € 39.90
※ 可以任意乘坐莱比锡的市内交通（S-Bahn除外），主要美术馆、博物馆等可以享受折扣价门票。另外，购买音乐会、歌剧的票，或者购物、就餐时也可以适当享受一定的优惠服务。团体用票可供大人2人和不满14岁的儿童3人共同使用。可以在ⓘ或者主要酒店等地购买。

莱比锡这一城市的名字，源自7世纪时在此建立村落的索布人的语言中"菩提树"一词。时至今日，菩提树仍然为莱比锡提供了凉爽的树荫。

从中世纪开始，这里依靠商业和金融业逐渐发展壮大。1409年，创立了莱比锡大学，歌德、尼采都曾就读于那里。

17世纪时，印刷、出版业也开始繁荣，1650年创办了世界上首份日报，一直到第二次世界大战前，德国半数的出版物都是在莱比锡印刷的。

另外，后半生都在托马斯教堂担任音乐总监的巴赫以及舒曼、门德尔松、瓦格纳等音乐大师都在莱比锡留下过艺术人生的足迹。

1989年，东德谋求民主化的运动始自会集在莱比锡尼古拉教堂的人们发起的游行。也就是说，两德统一是从这里开始的。

莱比锡　漫步

列车只能单向进出的莱比锡中央车站有漂亮的乘车大厅，是德国顶级规模的火车站。站内设有购物中心。

莱比锡的市中心被内环路Ring包围，景点都集中在内环路以内及内环路周边地区，步行就能游遍。ⓘ位于市中心集市广场Markt的北侧，

有旅游手册。集市广场是莱比锡最美丽的广场，东侧旧市政厅Altes Rathaus的塔楼以及正面墙壁很有特点。

从集市广场向西前行100米左右便可以见到托马斯教堂Thomaskirche的建筑了。教堂入口前矗立着巴赫的铜像，斜对面是巴赫博物

旧市政厅是一栋美丽的文艺复兴式建筑

仔细观察巴赫像的话，会发现其上衣的左侧口袋翻了出来。据说，这是为了强调"没有钱"。另外，马甲上有一个扣子没有系好，据说是为了插指挥棒。

旧市政厅东侧的年轻时期的
巴赫铜像

与巴赫有渊源的托马斯教堂

馆 Bach-Museum，对于古典音乐迷来说绝
对有值得一看的价值。

　　曾经就读于莱比锡大学的歌德经常
光顾的小酒馆，就位于市政厅附近的一
处叫作梅德勒购物长廊 Mädlerpassage 的
购物区的地下。建于 1525 年的历史悠久
的葡萄酒廊奥尔巴赫地窖餐厅 Auerbachs
Keller，由于在歌德的《浮士德》中曾经
出现过，而成了莱比锡的观光名胜。进入
地下之前，可以看到浮士德与恶魔靡菲斯
特的铜像。

"瓦格纳博物馆"于2013年开业（图 Nikolaikirchhof 2　● MAP p.338-B2　● www.richard-wagner-leipzig.de ）。
博物馆就位于尼古拉教堂的北侧，原尼古拉学校的建筑物内，瓦格纳也曾经就读于此。

市中心的东部地区有音乐厅莱比锡布商大厦 Gewandhaus 和与其相对而建的歌剧院 Opernhaus、莱比锡大学 Universität 等文化设施。与其相邻而建的城市摩天大楼 City Hochhaus 的顶层可以作为瞭望台供游客参观。

梅德勒购物长廊内汇集了许多商铺

浮士德与恶魔靡菲斯特的铜像

外观近似一座主教堂的莱比锡大学。一层的画廊对外开放。左边为城市摩天大楼

莱比锡　主要景点

有美丽的正面墙壁和大时钟的旧市政厅
Altes Rathaus ★★★

建于 1556~1557 年，是德国具有代表性的文艺复兴式建筑。从 1909 年开始，作为莱比锡市历史博物馆对外开放。除了著名的巴赫肖像画之外，还收藏有家具、服装、手工艺品。该建筑的北侧是博物馆的新馆。

旧市政厅的东侧是小吃广场，广场上立有歌德铜像。歌德曾在莱比锡度过了他的大学时光。

巴赫曾工作过的托马斯教堂
Thomaskirche ★★★

创立于 1212 年，1889 年改建后成了现在的样子。这座教堂因托马斯教堂少年合唱团和巴赫曾在此工作过而闻名。巴赫在 1723~1750 年期间曾担任托马斯教堂的音乐总监，《马太受难曲》等诸多名曲都诞生在这里。花窗玻璃上画着巴赫、门德尔松、路德的形象。巴赫去世后被埋葬在圣约翰教堂，在其逝世 200 周年的 1950 年，托马斯教堂设置了巴赫墓。

主祭坛前的巴赫墓

可以试着找一找画着巴赫的花窗玻璃

介绍巴赫音乐贡献的巴赫博物馆
Bach-Museum ★★★

托马斯教堂对面的建筑被称为 Bose-Haus，是曾与巴赫家保持着亲密往来的大商人 Bose 家的住宅。

2010 年博物馆得到全面整修。街道旁的建筑物入口，左侧是商店兼

● **城市摩天大楼**
田 Augustuspl. 9
→ Map p.338-B2
www.panorama-leipzig.de
9:00~（餐厅关店前 30 分钟）
€3
　乘坐电梯可以到达全景餐厅 Panorama Tower 所在的 29 层，花费 €3 购买入场券后，可上至楼顶。

● **莱比锡市历史博物馆**
田 Markt 1, im Alten Rathaus
新馆地址为 Böttchergäßchen 3
→ Map p.338-A1~B1
www.stadtmuseum-leipzig.de
周二~周日　10:00~18:00
闭馆前 15 分钟停止入场
周一
€6、学生 €4　每月第一个周三免费

● **托马斯教堂**
田 Thomaskirchhof 18
→ Map p.338-B1
www.thomaskirche.org
9:00~18:00（做弥撒时谢绝参观）
　托马斯教堂合唱团的赞美诗及康塔塔表演：周五 18:00 与周六 15:00~（学校放假及巡回演出期间有时会停演，详情可在上边所载网址中查询）
观看演出费用 €2，开演 45 分钟前入场。周五主要是赞美诗的无伴奏合唱。周六原则上是布商大厦管弦乐团伴奏的巴赫康塔塔。旁边的托马斯教堂商店，出售 CD 和各种相关商品。

托马斯教堂塔楼的团体游，在 4~11 月的周六 13:00、14:00、16:30 举行。费用为 1 人 €2。集合地点为巴赫像附近的塔楼下。

339

●巴赫博物馆
- Thomaskirchhof 15/16
- Map p.338-B1
- www.bachmuseumleipzig.de
- 周二～周日 10:00~18:00
- 周一、12/24·25·31
- €8、学生€6
- 每月第一个周二免费

在这里可以体验巴赫的音乐世界

●巴赫音乐节
Bachfest Leipzig

自1904年以来延续至今的音乐节。随着古乐的普及（使用巴洛克时期的乐器，以当时的演奏法为基础的演奏形式），这一音乐节已经成为欧洲最重要的音乐节之一。详细内容请参考上述巴赫博物馆的官网通知。

●尼古拉教堂
- Nikolaikirchhof 3
- Map p.338-B2
- www.nikolaikirche-leipzig.de
- 10:00~18:00

●造型美术馆
- Katharinenstr. 10
- Map p.338-A1
- www.mdbk.de
- 周二·周四～周日 10:00~18:00
  周三 12:00~20:00
- 周一、12/24·31
- €5、学生€3.50
  每月第二个周三免费
  特展需要单独支付费用

●格拉希博物馆
- Johannispl. 5-11
- Map p.338-B2
- www.grassimuseum.de
- 周二～周日 10:00~18:00
- 周一·部分节日
- 格拉希博物馆全馆通票
  €15、学生€12
- 民俗博物馆
  €8、学生€6（特展除外）
- 应用艺术博物馆
  €8、学生€5（特展除外）
- 乐器博物馆
  €6、学生€3

售票处，走过中庭就是博物馆的入口。二层有展示巴赫时代的乐器的房间，可以欣赏这些乐器的音色。还有巴赫作品试听区、1743年巴赫最后一次演奏管风琴时使用的演奏台、巴赫家的家具中唯一保存下来的木箱。另外，珍贵资料展厅里展示有巴赫亲笔书写的乐谱，因很容易受损，为保护文物，所以乐谱经常被更换。

摆放着巴赫半身雕像的门厅

在两德统一中起到重要作用的尼古拉教堂
Nikolaikirche ★★

莱比锡最大的教堂。最初为建于1165年的罗马式建筑，16世纪时先后被改建为后哥特式和新古典主义建筑。教堂内部有棕榈树形状的柱子和美丽的屋顶装饰，给人以明亮、华丽的感觉。

每个星期一在这座教堂举行的祈祷会发展成谋求政治变革的游行集会，是引发1989年柏林墙被推倒的第一波运动。

尼古拉教堂内部

收藏绘画作品的造型美术馆
Museum der bildenden Künste ★★

现代建筑内，展示着以德国绘画及17世纪法兰德斯、尼德兰绘画为主的许多欧洲名画。包括丢勒、克拉纳赫、勃克林、柯克西卡等人的作品。

外观为玻璃幕墙的造型美术馆

格拉希博物馆
Grassimuseum ★★

由民俗博物馆 Museum für Völkerkunde、应用艺术博物馆 Museum für Angewandte Kunst Leipzig、乐器博物馆 Museum für Musikinstrumente 组成的大型综合博物馆。

对于喜爱音乐的游客，乐器博物馆尤其值得推荐。有全世

大型综合博物馆格拉希博物馆

  可能因为巴赫博物馆的语音导游设备为便携式，租借时要用护照作抵押。操作方法很简单，有详细的使用说明。

界规模最大的古乐器收藏，博物馆由莱比锡大学负责运营并进行研究工作。藏品丰富，从世界上最古老的小键琴到巴赫时代的乐器都有收藏，还可以通过 3D 音响系统欣赏展出乐器的音色。楼上还设有可亲自体验世界上各种乐器的房间。

世界上最古老的钢琴（1726年制）

乐器体验室，可以充分了解内部构造的钢琴和管风琴

现代历史博物馆
Zeitgeschichtliches Forum Leipzig ★★

通过历史照片、纪录电影，生动地展示了第二次世界大战后的冷战时代、东西德的并立、柏林墙的建设、共产党政权统治时代以及谋求自由的社会运动、两德统一的历史。还有介绍东德民众的生活及文化的展区，非常值得一看。

● 现代历史博物馆
🏠 Grimmaische Str. 6
🔗 Map p.338-B1
🖥 www.hdg.de/leipzig
🕐 周二～周五　9:00~18:00
　　周六·周日　10:00~18:00
🚫 周一
💰 免费

布商大厦
Gewandhaus ★

莱比锡布商大厦管弦乐团的所在地。这个管弦乐团是世界上历史最久的民间管弦乐团，门德尔松、柴可夫斯基、瓦格纳、施特劳斯、富特文格勒都曾在该乐团从事音乐活动。曾毁于战火，1981 年重建。

布商大厦原为纺织品仓库，19 世纪开始被当作音乐厅使用，建筑名称则一直保持着原来的名称

● 布商大厦
🏠 Augustusplatz 8
🔗 Map p.338-B2
预约 ☎（0341）1270280
🖥 www.gewandhaus.de
票务中心
🕐 周一～周五　10:00~18:00
　　周六　　　10:00~14:00
　　周一～周五期间如果有音乐会则营业至演奏结束，周六至演出前 1 小时。
　　夏季停演（商店也休息）。

门德尔松故居
Mendelssohn-Haus Leipzig ★

作为作曲家、指挥家而活跃于乐坛的费利克斯·门德尔松·巴托尔迪（1809~1847 年），38 岁便英年早逝。有晚期毕德迈尔式家具、乐谱、遗物的实物展示。还在这里恢复了音乐沙龙，会定期举办音乐会（每周日 11:00~）。

● 门德尔松故居
🏠 Goldschmidtstr. 12
🔗 Map p.338-B2
🖥 www.mendelssohn-stiftung.de
🕐 每天 10:00~18:00
💰 € 7.50、学生 € 6、音乐会 € 15

莱比锡的餐馆
Restaurant

奥尔巴赫地窖餐厅
Auerbachs Keller

Map p.338-B1

◆位于梅德勒购物长廊的地下。建于 1525 年的著名葡萄酒廊兼餐厅。歌德曾经造访于此。天井和墙壁上画有《浮士德》中的各种场景。萨克森风洋葱汤 Sächsische Zwiebelsuppe 的价格是 € 5.90、番茄、西葫芦、菠菜混合乳酪焗菜 Gratinvon Tomate & Zucchini mit Blattspinat 的价格是 € 14.50，便宜又好吃。

🏠 Mädlerpassage　☎（0341）216100
🖥 www.auerbachs-keller-leipzig.de
🕐 11:30~24:00、葡萄酒廊是周一～周六 18:00~24:00（冬季不营业）
🚫 12/24　💳 Ａ Ｍ Ｖ

茨尔地道餐厅
Zill's Tunnel

Map p.338-B1

◆在这里可以品尝到具有当地萨克森特色的地方菜，店内有 400 多个座位。萨克森风醋焖牛肉 Sächsischer Sauerbraten 的价格是 € 14.60。烧烤拼盘 Zills Grillpfane 这道菜中有小牛排、培根、香肠、土豆、蘑菇等烧烤类菜肴，价格是 € 14.90。

🏠 Barfußgäßchen 9
☎（0341）9602078
🖥 www.zillstunnel.de
🕐 每天 11:30~24:00
💳 Ｍ Ｖ

堪德勒咖啡馆
Café Kandler

Map p.338-B1

◆位于托马斯教堂旁的一间氛围安静舒适的咖啡馆。店面虽然不大，但是客人多的时候二楼的座席也会开放。东德时期这里作为"茶室"被人们所喜爱。图中的蛋糕是一种叫作巴赫蛋糕 Bachtorte 的巧克力蛋糕（€ 3.80）。另外，印有巴赫头像的银币巧克力 Bachtaler 作为伴手礼也十分受欢迎。

- 田 Thomaskirchhof 11
- ☎ (0341) 2132181
- URL www.cafekandler.de
- 🕐 10:00～20:00
- 🈁 M V

斯皮兹咖啡吧
Spizz

Map p.338-B1

◆面朝集市广场的一间时尚咖啡吧。小吃种类多，便宜可口。萨克森风土豆汤 Sächsische Kartoffelsuppe，附带法棍面包价格是小€ 3.20、大€ 5。荷兰酱焗花椰菜 Blumenkohl，附带法棍面包价格是€ 5.20。

- 田 Markt 9
- ☎ (0341) 9608043
- URL www.spizz.org
- 🕐 9:00～次日 1:00
- 🈁 M V

莱比锡的酒店
Hotel

中央车站附近有许多酒店，主要针对来参加展会的商业人士和团体客人。单人间是€ 60～。距离市中心稍微偏离 1~2 公里处有浴室、卫生间共用的住宿设施，价格是 Ⓢ € 30、Ⓣ € 45~50。

莱比锡弗斯滕霍夫酒店
Fürstenhof Leipzig

Map p.338-A1

◆在建于 1770 年的贵族宫殿的基础上改建而成的最高档酒店。在酒店内地中海风情的室内游泳池游泳简直是一种莫大的享受。另外还有模仿 18 世纪沙龙风格的高档餐厅 "Villers"。有无线 Wi-Fi(付费)。

- 田 Tröndlinring 8　D-04105
- ☎ (0341) 1400　FAX (0341) 1403700
- URL www.luxurycollection.com
- 🕐 ⓈⓉ € 145~　早餐需单独支付€ 28
- 🈁 A D J M V

莱比锡海滨公园酒店
Seaside Park

Map p.338-A2

◆面中中央车站前广场的大型酒店，共有 288 间客房。1913 年开业时，由青年美术流派设计的正面外观被列为重点保护文物。

- 田 Richard-Wagner-Str. 7　D-04109
- ☎ (0341) 98520　FAX (0341) 9852750
- URL www.parkhotelleipzig.de
- 🕐 Ⓢ € 90~　Ⓣ € 100~　🈁 A D M V

莱比锡威斯汀酒店
The Westin Leipzig

Map p.338-A1

◆高档大型酒店。拥有莱比锡所有酒店中最大级别游泳池和健身中心。可以在公共区域使用 Wi-Fi，客房内有有线网络（付费）。酒店内还有莱比锡最大的日料餐厅"大和"（🕐 12:00～14:00、18:00～23:00）。

- 田 Gerberstr. 15　D-04105
- ☎ (0341) 9880　FAX (0341) 9881229
- URL www.westin.com/leipzig
- 🕐 Ⓢ € 99~　Ⓣ € 119~
　早餐需单独支付€ 19
- 🈁 A D J M V

莱比锡丽笙酒店
Radisson Blu

Map p.338-B2

◆距离莱比锡布商大厦和歌剧院比较近，适合提前预订了歌剧票的游客入住。有 Wi-Fi（付费）。

- 田 Augustusplatz 5/6　D-04109
- ☎ (0341) 21460　FAX (0341) 2146815
- URL www.radisson-leipzig.de
- 🕐 Ⓢ € 89~　Ⓣ € 99~
　早餐需单独支付€ 21
- 🈁 A J M V

编外话 阿拉伯咖啡树 Kaffeehaus Riquet（Schuhmachergäßchen 11 ●Map p.338-B1 ✉ www.riquethaus.de 🕐 9:00-19:00）是一家位于新艺术风格的外观建筑内的维也纳风情咖啡馆。在古典的氛围下喝上一杯咖啡，品上一块蛋糕也是旅行中的一份惬意。二楼有座席。

皇家国际酒店
Royal International

◆距离中央车站仅 200 米，去往各个景点也很方便。几乎所有双人间都带有一个小厨房，可以自行烹饪。可以免费使用 Wi-Fi。

📧 Richard-Wagner-Str. 10　D-04109
☎ (0341) 2310060
📠 (0341) 23100611
🔗 www.royal-leipzig.de
💰 Ⓢ €59~　Ⓣ €69~　🏠 A M V

莱比锡一号汽车旅馆 – 圣尼古拉
Motel One Leipzig Nikolaikirche

◆在德国各地都有分店的连锁酒店。建于尼古拉教堂的对面，地理位置便捷。双床，有空调。全部房间禁烟。有免费 Wi-Fi。

📧 Nikolaistr. 23　D-04109
☎ (0341) 3374370
📠 (0341) 33743710
🔗 www.motel-one.com
💰 Ⓢ €69~　Ⓣ €79~　早餐需单独支付　🏠 A D M V

莱比锡市中心花园假日酒店
Best Western Hotel Leipzig City Center

◆从中央车站西口 Westhalle 出来后即到。设施比较时尚和现代化，房间面积较小。有免费 Wi-Fi。

📧 Kurt-Schumacher-Str. 3　D-04105
☎ (0341) 12510　📠 (0341) 1251100
🔗 www.bestwestern-leipzig.de
💰 Ⓢ €66~　Ⓣ €79~　🏠 A D J M V

维尔嘉瑞斯泽顿酒店
Günnewig Hotel Vier Jahreszeiten

◆从中央车站西口出来大约步行 5 分钟即到，是一家中档酒店。除展会期间外，周末住宿有折扣。有 Wi-Fi（付费）。

📧 Kurt-Schumacher-Str. 23-29
　 D-04105
☎ (0341) 98510　📠 (0341) 985122
🔗 www.guennewig.de/leipzig
💰 Ⓢ €75~　Ⓣ €105~　🏠 A D M V

莱比锡火车总站中央周游世界旅馆
Central Globetrotter Hostel

◆距离中央车站西侧出口约 300 米，主要面向年轻人的旅馆。服务台 24 小时开放。也有不少团体游的住客，建议提前预约。需要注意的是，这里没有单人房间，所以订了单人间的客人是双床房单人用。另外，周末不能双床房单人用。有带锁的储物柜和公共厨房。有免费 Wi-Fi。全馆禁烟。不需要青年旅舍会员证。

📧 Kurt-Schumacher-Str. 41　D-04105
☎ (0341) 1498960　📠 (0341) 1498962
🔗 www.globetrotter-leipzig.de
🏠 M V
💰 Ⓢ €34（带淋浴房 €37）。以下是一个人的费用 Ⓣ €22~（带淋浴房 €24~）、4 人间 €18、8 人间 €12.50。入住第一天加收 €2.50 的床单费，早餐 €4
※ 大规模展会或者活动期间会相应地提价

青年旅舍
Jugendherberge Leipzig

◆办理入住手续从 14:00 开始。从中央车站乘坐前往 Mockau 方向的 1 路有轨电车，在第七站的 Löbauer Str. 站下车，之后步行 5 分钟即到。2~5 人间的各层都设有卫生间和淋浴房。共有 170 间房间。可以使用 Wi-Fi。冬季休业。

📧 Volksgartenstr. 24
　 D-04347 Leipzig-Schönefeld
☎ (0341) 245700　📠 (0341) 2457012
🔗 www.leipzig.jugendherberge.de
💰 附带早餐 €28、27 岁以上是 €32。包含床单费。晚餐、午餐各 €5.50
🏠 M V

📧 投稿　从中央车站西口出来之后，斜右方的是一处叫作 Höfe am Brühl（⊖Map p.338-A1）的大型购物中心，里面有在德国人气较高的连锁商店、超市等店铺。

维滕贝格 *Lutherstadt Wittenberg*

路德开启宗教改革的城市

冬季市中心集市广场的景色

MAP◆p.285-A4

人 口	46700人
长途区号	03491

ACCESS

铁路：从柏林中央火车站乘坐 ICE 特快约需 40 分钟。从莱比锡出发约需 30 分钟。

① 维滕贝格的旅游服务中心
图 Schlossplatz 2
D-06886 Wittenberg
☎（03491）498610
图（03491）498611
图 www.lutherstadt-wittenberg.de
图 4~10月
周一~周五　9:00~18:00
周六·周日　10:00~16:00
11月~次年3月
周一~周五　10:00~16:00
周六·周日　10:00~14:00
图 圣诞节

世界遗产
维滕贝格与艾斯莱本的马丁·路德纪念地
（1996年被列为世界遗产）
2017年是马丁·路德发表《95条论纲》500周年。
●**路德故居**
图 Collegienstr. 54
图 www.MartinLuther.de
图 4~10月
每天 9:00~18:00
11月~次年3月
周二~周日 10:00~17:00
图 11月~次年3月的周一
图€6、学生€4
●**圣玛利恩城市和教区教堂**
图 复活节~10/31
周一~周六　10:00~18:00
周日　11:30~18:00
11/1~复活节
周一~周六　10:00~16:00
周日　11:30~16:00
图 免费

宗教改革家马丁·路德从事过宗教活动的维滕贝格，与保存着路德出生地和逝世地的艾斯莱本一起被作为"马丁·路德纪念地"列为世界遗产。这两个城市的名字前都冠有路德施塔特（路德城），表示与路德有着深厚的渊源。

维滕贝格 漫步

虽然火车站距市中心有一段距离，但景点都比较集中，靠步行就能全部游览完。从火车站 Am Bahnhof 一侧的出口出来，沿铁路线方向前行，经过一个长着路德橡树 Luthereiche 的小公园便来到了老城区。

进入克莱吉恩街 Collegienstr.，左侧有路德故居 Lutherhaus。该建筑原为大学兼修道院，路德 1508 年初次造访维滕贝格时曾住在这里的阁楼上。宗教改革后，路德得到了这座建筑，与妻子及 6 个孩子一起居住在这里。现在，建筑内除了可供参观的书房等房间外，还有与路德有关的各种展品。

沿克莱吉恩街继续前行，就能来到立有路德与梅兰希顿青铜像的集市广场 Markt。那里是城市的中心，有文艺复兴建筑风格的市政厅 Rathaus。路德曾布道的圣玛利恩城市和教区教堂 Stadtkirche St. Marien 是这座城市里最古老的建筑，里面出自老卢克斯·克拉纳赫之手的祭坛画非常值得一看。在集市广场南侧的施劳斯街 Schlossstr. 有画家克拉纳赫故居 Cranachhaus。克拉纳赫不仅是路德的朋友，还担任过市长，同时也是药店的老板。沿施劳斯街继续前行，会看见路德左侧的城堡教堂 Schlosskirche，右侧有

路德张贴《95条论纲》的城堡教堂大门

城市的正式名称为路德城－维滕贝格 Lutherstadt Wittenberg，在本书中，有一些地方使用简称维滕贝格。另外，维滕贝格的集市广场南面也有一个火车站，但只有部分地方火车在那里停车。

ℹ。1517年路德在城堡教堂张贴《95条论纲》的大门为木质的，因此在七年战争中（1760年）被烧毁。现在的大门为1858年用青铜铸造的复制品，门的表面刻有论纲的内容。城堡教堂里安放着路德的棺椁。

紧邻教堂的城堡 Schloss 在多次战乱中遭到严重破坏，残存部分现为博物馆和青年旅舍。

● 城堡教堂
🌐 www.schlosskirche-wittenberg.de
※ 因改建施工目前处于闭馆状态。
🚆 从维滕贝格出发乘坐前往 Halle（Saale）Hbf 方向的 RB（普通）大约需要1小时40分钟，然后换乘 RE 快速30分钟。
ℹ 艾斯莱本的旅游服务中心
🏠 Hallesche Str. 4 D-06295
☎ （03475）602124
🌐 www.eisleben-tourist.de
📅 周一～周五　10:00～17:00
　周六　　　　10:00～13:00
● 路德出生地
🏠 Lutherstr. 15
📅 4～10月
　每天　　　　10:00～18:00
　11月～次年3月
　周二～周日　10:00～17:00
💶 €4，学生€2.50
● 路德逝世地
🏠 Andreaskirchpl. 7
📅、💶 与路德出生地一致

艾斯莱本
Lutherstadt Eisleben

世界遗产
MAP p.285-B3

　　从艾斯莱本的火车站沿平缓的下坡路步行20分钟，可以到达市中心。老城区入口处设有 ℹ，对面就是路德出生地 Geburtshaus，里面设有现代化的博物馆。从这里步行5分钟左右，可以到达市中心的集市广场。从集市广场沿上坡路走1分钟左右就能来到路德逝世地 Sterbehaus。楼内保存着路德临终的房间。

立有路德像的集市广场

维滕贝格的酒店
Hotel

斯达帕拉斯酒店
Stadtpalais
◆共有78间客房，非常适合旅游观光住宿的中档酒店。有免费 Wi-Fi。

Map p.345
🏠 Collegienstr. 56-57　D-06886
☎ （03491）4250　FAX（03491）425100
🌐 www.bestwestern.de
💶 ⓈⓉ €69~
💳 ⒶⒹⓂⓋ

青年旅舍
Jugendherberge
◆紧邻城堡的青年旅舍。办理入住手续的时间是15:00~22:00，退房时间至10:00、门限至22:00。圣诞节前后休业。只有公共区域可以使用 Wi-Fi（付费）。

Map p.345
🏠 Schlossstr. 14/15　D-06886
☎ （03491）505205　FAX（03491）505206
🌐 www.jugendherberge.de/jh/wittenberg
💶 附带早餐€22~，27岁以上是€25~
💳 不可使用

维滕贝格 WITTENBERG

Mauerstr. / 市立公园 Stadtpark / Heubnerstr. / Sternstr. / Friedrichstr. / 路德施塔特·维滕贝格站 Bahnhof Lutherstadt Wittenberg / Bahnstr. / Juristenstr. / Bürgermeisterstr. / Marstallstr. / Töpferstr. / Mauerstr. / Neustr. / Fleischerstr. / Lutherstr. / Schlossplatz / ℹ / Hallegasse / Coswiger Str. / 市政府 Rathaus / Jüdenstr. / 圣玛利恩城市和教区教堂 Stadtkirche St. Marien / 集市广场 Markt / Mittelstr. / 邮局 / 城堡教堂 Schlosskirche / 青年旅舍 / Schlossstr. / Schwarzer Bär / Collegienstr. / 克拉纳赫故居 Cranachhaus / Wallstr. / Am Stadtgraben / 梅兰希顿故居 Melanchthonhaus / 斯达帕拉斯酒店 / 路德故居 Lutherhaus / Hallesche Str. / Elbstr. / Acron / Am Bahnhof / 路德橡树 Luthereiche / N / 0 100 200m

 公布《95条论纲》的10月31日，在德国被定为"宗教改革日"。在半数以上人口为新教徒的萨克森－安哈尔特州、萨克森州、图林根州，还被定为法定节日。

柏林
德绍
法兰克福
慕尼黑

MAP ◆ p.285-A3

人　口　83600人

长途区号　0340

ACCESS

铁路：从柏林乘坐 ICE 特快
和 RE 快速（换乘或者是 RE
快速直通）大约需要 1 小时
30~40 分钟。从莱比锡乘坐
RE 快速大约需要 40 分钟。

❶ 德绍的旅游服务中心
🏠 Zerbster Str. 2c　D-06844
☎（0340）2041442
📠（0340）2203003
💻 www.dessau-tourismus.de
🕐 周一·周二·周四·周五
　　　　　　10:00~17:00
　　周六　　10:00~13:00
🗓 周三·周日

世界遗产

德绍与魏玛的包豪斯及其
相关遗址群
（1996 年被列为世界遗产）

● 包豪斯校舍常设展览室
🏠 Gropius-Allee 38
💻 www.bauhaus-dessau.de
🕐 10:00~17:00
　（闭馆前 1 小时停止 4.50
　参加本部校园的导览团
　（所需时间 1 小时）价格为
　€ 5，周一、周五是 11:00、
　14:00 出发，周六、周日（冬
　季不定期）是 12:00、16:00
　出发。另外还有语音导览
　机，费用是 € 5。

● 包豪斯教员宿舍
🏠 Ebertallee 69-71
🕐 周二~周日　11:00~17:00
　（4~10 月 10:00~）
　（闭馆前 30 分钟停止入场）
🎫 € 7.50、学生 € 4.50

德绍 *Dessau*

留名建筑史的包豪斯建筑群

包豪斯学校本部校舍

　　瓦尔特·格罗皮乌斯于 1919 年在魏玛创立了一所名为包豪斯 Bauhaus
的工艺美术学校。1924 年，由于政治原因学校迁至德绍。当时，依靠容
克斯公司的航空器制造而发展起来的机械工业城市德绍，比保守的魏玛更
容易开展艺术教育活动，包豪斯学校也因此在德绍迎来了发展的全盛期。
包豪斯学校本部教学楼与教授住宅 Meisterhäuser、实验住宅群 Törten
Siedlung 等包豪斯学校的建筑已被联合国教科文组织列为世界遗产。

德绍 漫 步

　　德绍中央车站的主要出入口——东口前设有巴士与有轨电车的车站，
乘 1、3、4 路有轨电车，在第二站 Hauptpost 下车，就来到了市中心。经
过名为 Rathaus Center 的大型购物中心，前面就是市政府，旁边设有 ❶。

　　要前往包豪斯学校校舍，可以从中央车站西出口出发，步行可至。
从车站步行 5 分钟左右，便进入了有很多大学建筑的地区，包豪斯学校
本部校舍就在 Gropius-Allee 旁边。校舍内设有包豪斯校舍常设展览室
Dauerausstellung Bauhaus Dessau 以及咖啡厅、学生食堂、商店等设施。
可通过参加团体游的方式参观楼内一些主要的房间。

　　从包豪斯校舍沿 Gropius-Allee 向北前行，在 Ebertallee 转向西，能看
到在道路左侧有一栋栋过去为包豪斯的教授们修建的住宅——包豪斯教
员宿舍 Meisterhäuser，可以进入住宅内部参观。

　　　　　　　　　　位于城市南部的实验
住宅群 Törten Siedlung 现
在仍被作为住宅使用，不
过 Das Stahlhaus 对外开放。

建在树丛中的 Meisterhäuser，康定斯
基与克利也曾在这里居住

编外话　有可参观包豪斯校舍常设展览室、本部校舍、Meisterhäuser、Törten Siedlung（含团体游费用）的 1 日通票（24
小时内有效）Tages-Ticket（24h），€22，学生 €15.50。

包豪斯教员宿舍 Meisterhäuser
Ebertallee
Puschkinallee
Gropiusallee
包豪斯校舍（本部）Bauhaus
Bauhaus-str.
Seminar Platz
德绍中央车站 Dessau Hauptbahnhof
str.
●巴士中心
Wolfgang
丽笙布鲁福斯特兰普德酒店
NH德绍酒店
剧院 Theater
市政厅 Rathaus Ratsgasse
Friedrichstr.
Lohmann-str.
Kavalierstr.
Askanische Str.
August-Bebel-Platz

德绍 DESSAU
0 150 300m

德绍 **近郊景点**

德绍郊外的世界遗产沃利茨园林

Wörlitzer Gartenreich

世界遗产

MAP p.285-A3

德绍以东 18 公里处的沃利茨的城堡及英式园林，与易北河畔的风景融为一体，十分和谐，被联合国教科文组织列为世界遗产。18 世纪后半叶，安哈尔特－德绍侯爵建造了面积达 112 公顷的园林，里面有城堡、林荫道、小河上造型美丽的桥。在旅游季节，可乘坐有导游的"贡多拉"在水上游览园林，非常惬意。

夏季乘"贡多拉"游览

● **在包豪斯住宿**

包豪斯学校招待所优先接待学生、包豪斯相关学会及研讨课程的参加者，不过如果有空房的话，普通游客只要提前预订，也可入住。Gästehaus "Ateliergebäude" 位于包豪斯本部校舍所在的校园内，是比较典型的德国式学生宿舍。招待所全面禁烟。每层都有公用的淋浴室、厕所、厨房，Ⓢ€35~、Ⓣ€55~。到达后付款。因为没有前台，所以预订房间时需商量好取钥匙的时间和地点。可通过电话或电子邮件询问。
☎（0340）6508318
ⒻⒶⓍ（0340）6508226
E-mail unterkunft@bauhaus-dessau.de

● **实验住宅群**

交通提示 从德绍中央车站前乘坐 1 路有轨电车，大约需要 15 分钟在 Damaschkestr. 站下车，步行约需 5 分钟。
🕐 周二~周日 11:00~15:30
💰 €2

导览团（只有德语）是每周二~周日的 15:30 从 Das Stahlhaus 出发。💰 €5

世界遗产

德绍近郊 沃利茨园林
（2000 年被列为世界遗产）

● **去往沃利茨园林的交通方法**

交通提示 从德绍中央车站前的巴士中心乘坐 304 路巴士大约需要 40 分钟，在 Neue Reihe，Wörlitz 站下车。

● **沃利茨园林**
🌐 www.gartenreich.com

德绍的酒店

Hotel

丽笙布鲁福斯特兰普德酒店

Radisson Blu Fürst Leopold

◆穿过德绍中央车站前广场后即到，交通非常方便。虽然是德绍最高档的大型酒店，价格相对来说却比较亲民。宽敞的客房内，摆设着时尚的家具，便捷舒适。周末（周五~周日）有折扣。Wi-Fi 免费。

Map p.347

🏠 Friedenplatz D-06844
☎（0340）25150
ⒻⒶⓍ（0340）2515177
🌐 www.hotel-dessau-city.de
💰 ⒮Ⓣ €70~ 早餐需单独支付€16
💳 ⒶⒹⓂⓋ

NH 德绍酒店

NH Dessau

◆距离市中心较近，住客多为商务人士。酒店内同时设有小酒馆风格的餐厅。有 Wi-Fi（付费）。

Map p.347

🏠 Zerbster Str. 29 D-06844
☎（0340）25140 ⒻⒶⓍ（0340）2514100
🌐 www.nh-hotels.com
💰 ⒮Ⓣ €65~ 早餐需单独支付€15
💳 ⒶⒹ ⒿⓂⓋ

投稿 参观包豪斯本部校舍时可使用语音导游。解说的内容十分详尽，包括包豪斯的历史、相关人物以及学校的近况。因此加深了对包豪斯的了解。

哈雷 *Halle(Saale)*

巴洛克音乐大师亨德尔的故乡

亨德尔像与集市教堂对面的集市广场

MAP◆p.285-B3

人　　口	231600 人
长途区号	0345

ACCESS

铁路：从柏林中央车站乘坐
ICE 特快需要 1 小时 10 分钟。
从莱比锡乘坐 IC 特快需要
25 分钟。

❶ 哈雷的旅游服务中心
🏠 Marktplatz 13
　　Marktschlösschen　D-06108
☎ （0345）1229984
📠 （0345）1227922
🖥 www.stadtmarketing-halle.
　de
🕐 5～10 月
　　周一～周五　　9:00～19:00
　　周六・周日　10:00～16:00
　　11 月～次年 4 月
　　周一～周五　　9:00～18:00
　　周六　　　　10:00～15:00

● 亨德尔故居
🏠 Große Nikolaistr. 5
🖥 www.haendelhaus.de
🕐 4～10 月
　　周二～周日　10:00～18:00
　　11 月～次年 3 月
　　周二～周日　10:00～17:00
🚫 周一
💰 € 5、学生 € 3.50

● 莫里茨城堡美术馆
🏠 Friedemann-Bach-Platz 5
🖥 www.stiftung-moritzburg.de
🕐 周四～下周二
　　　　　　　　10:00～18:00
🚫 周三、12/24・31
💰 € 6、学生 € 4（特展需单
独支付）

推荐酒店

🏨 洛特斯罗斯多姆洛酒店
　　DORMERO Hotel Rotes
　　Ross
🏠 Leipziger Str. 76
☎ （0345）233430
📠 （0345）23343699
🖥 www.dormero-hotel-rotes-
　ross-halle
💰 早餐需另支付 ⑤Ⓣ € 95～
🏧 ⒶⓂⓋ
　　位于从车站去往集市广
场的途中。有免费无线网络
设施，有免费迷你吧。

哈雷是 14~15 世纪依靠盐贸易而繁盛一时的城市。从哈雷中央车站大厅的出口出来，沿出租车乘车处前面向左延伸的地下通道 Stadttunnel 前行。地下通道上面是立体交叉式机动车道路。在地下通道直行，就能来到热闹的步行街莱比锡大街 Leipziger Str.。继续前行

亨德尔故居入口

5 分钟，横跨名为 Waisenhausring 的街道，再往前就是哈雷的老城区。在老城区的中心集市广场 Marktplatz，立有亨德尔的塑像，广场旁边设有 ❶。集市教堂 Marktkirche 的外观很有特点，建有 4 座塔楼，亨德尔在那里弹奏过管风琴，路德也曾在那里布道。还收藏有路德面部模型（参观费用 € 2）。

从集市广场出发，按照沿街随处可见的亨德尔故居 Händelhaus 的指示牌的指示，在小巷里步行 5 分钟，就能到达亨德尔出生的地方。建筑的外观并不起眼，里面有关于乔治・弗里德里希・亨德尔 Georg Friedrich Händel（1685~1759）生平及作品的详细介绍。亨德尔在人生最后的 47 年都居住在伦敦，但为了纪念这位让哈雷引以为豪的大作曲家，每年 6 月这里都会举办声势浩大的亨德尔音乐节。

亨德尔故居以北、步行 5 分钟左右的地方有莫里茨城堡 Moritzburg，其历史可以追溯到 15 世纪，内部现为莫里茨城堡美术馆 Moritzburg Kunstmuseum des Landes Sachsen-Anhalt。收藏有基希纳、诺尔德、马尔克等德国表现主义画家的作品。

在桥上看到的莫里茨城堡

瑙姆堡 *Naumburg*

雄伟的大教堂拥有 4 栋塔楼

大教堂是中世纪宗教艺术的宝库

Map◆p.285-B3

人　口	32800 人
长途区号	03445

ACCESS

铁路：从莱比锡乘坐 ICE 特快约需 40 分钟。

ⓘ 瑙姆堡的旅游服务中心

🏠 Markt 6
　D-06618 Naumburg
☎（03445）273125
📠（03445）273128
🖥 www.naumburg.de
🕐 4~10 月
　周一～周五　9:00~18:00
　周六　　　　9:00~16:00
　周日·节日　10:00~13:00
　11 月～次年 3 月
　周一～周五　9:00~18:00
　周六　　　　9:00~16:00
　（1~3 月的周一～周五 10:00~17:00）

● 大教堂

🏠 Domplatz 16/17
🕐 3~10 月
　周一～周六　9:00~18:00
　周日·节日　11:00~18:00
　11 月～次年 2 月
　周一～周六　10:00~16:00
　周日·节日　12:00~16:00
　（如有宗教活动会有时间变动）
　闭馆前 30 分钟停止入场
💰 € 6.50，学生€ 4.50，内部摄影€ 2

● 圣文策尔教堂

🕐 5~10 月
　周一～周六　10:00~17:00
　11 月·4 月
　周一～周六　13:00~15:00
　12 月～次年 3 月期间需要提前预约
💰 € 4

市中心距离车站有一段距离，如果准备步行前往，可以沿着车站前斜向左延伸的 Bahnhofstr. 前行，走到一个十字路口后会看到写有 "Zur Stadt, Dom" 的指示牌，沿着标识前行大约 20 分钟便可到达大教堂 Dom。虽然也可乘坐巴士和有轨电车前往，但是班次较少。

大教堂现存最古老的部分（1170~1180 年时期）是东祭坛的地下墓室。西祭坛有 12 座捐助者的等身像，是由 13 世纪瑙姆堡的巨匠所做（作者不明），尤其是 "埃克哈德与乌塔" 夫妇像和 "雷格灵笛斯和赫尔曼" 夫妇像非常具有欣赏价值。

埃克哈德与乌塔夫妇像

集市广场的四周被古建筑所围绕，最具代表性的还要数建于 16~17 世纪的市政厅 Rathaus 和主教宫 Residenz，另外被称为 "Schlößchen" 的古民居也非常值得一看。

建于集市广场南侧的圣文策尔教堂 St. Wenzel 内部有巴赫演奏过的管风琴 Hildebrandt Orgel（5~10 月的周三、周四、周日、节日的 12:00 开始有约 30 分钟的管风琴表演。圈 €4）以及克拉纳赫的绘画作品。

瑙姆堡 NAUMBURG

柏林
马格德堡
法兰克福
慕尼黑

马格德堡 *Magdeburg*

壮丽的教堂与崭新的建筑相结合的古都

知名建筑绿色堡垒（又称"百水屋"）是奥地利设计师百水生前最后的作品

MAP◆p.285-A3

人　口	231000 人
长途区号	0391

ACCESS

铁路：从柏林中央车站乘坐
RE快速，约需1小时40分钟。

ⓘ 马格德堡的旅游服务中心
Ernst-Reuter-Allee 12
☎ （0391）8380403
📠 （0391）8380430
🖥 www.magdeburg-tourist.de
🕐 4~10月
　周一～周五　10:00~18:30
　周六　　　　10:00~16:00
　11月～次年3月
　周一～周五　10:00~18:00
　周六　　　　10:00~15:00
●大教堂
🖥 www.magdeburgerdom.de
🕐 5-9月　　　　10:00~18:00
　11月～次年3月
　　　　　　　　10:00~16:00
　4 · 10月　10:00~17:00
　（周日 · 节日是11:30~）
●绿色堡垒
Breiter Weg 9
🖥 www.gruene-zitadelle.de

推荐酒店

🏨 马格德堡艺术酒店
artHOTEL Magdeburg
🖥 arthotel-magdeburg.de
位于绿色堡垒内，拥有
大量艺术作品的设计型酒店。
🛏 ⓢ€75~　ⓣ€85~
早餐€12~　📇 ＡＭＶ
●去往马格德堡水桥的交
通方法
从位于 ⓘ 附近的 Alter
Markt 站乘坐去往 Barleber
See 方向的 10 路有轨电车，
大约需要 30 分钟，在终点
站下车。从这里步行到水桥
前的易北河运河大约需要步
行 2.5 公里。有轨电车站周
围没有什么设施。如果准
备乘坐出租车，可以在车
站前或者在 ⓘ 叫车。单程
费用需€40。水桥的东端
附近有一家酒店 Landhotel
Trogbrücke。

这里是位于易北河西岸的繁荣古
都，还是萨克森州的首府。从中央车
站走出之后，正对面是一处叫作 City
Carre 的购物中心，东西向的道路叫
作 Ernst-Reuter-Allee，一直向东走大
约 5 分钟便可到达与 Breiter Weg 大
街相交会的十字路口。从这里开始南
北向延伸的区域便是马格德堡的中心
街区了。

大教堂的中庭

沿着 Breiter Weg 大街向北走，
可以到达有早市的老市场 Alter Markt
所在的广场。如果反向向南走大约 5
分钟，可以到达德国最早的哥特式建
筑——马格德堡大教堂 Magdeburger Dom。大教堂有特别喜爱这座城市
的、神圣罗马帝国第一代皇帝奥托一世的墓地，以及重要的雕像和雕刻
作品。

距离大教堂较近的 Breiter Weg 大街沿途色彩绚丽的新式建筑是一处
叫作绿色堡垒 Grüne Zitadelle 的复合式建筑。这栋建筑是奥地利建筑家百
水先生的作品，里面包含剧院、酒店、咖啡馆、餐厅、租赁写字楼等。

城市的北侧架于易北河之上的马格德堡水桥 Wasser-straßenkreuz
Magdeburg，立体交错，既有行人又有运河航船的奇妙景观彻底颠覆了桥
的概念。水桥全长 918 米，
是欧洲最大级别的水路桥。

右侧是米特兰德运河，左下方是流淌
着的易北河

耶拿 *Jena*

光学仪器知名厂商卡尔・蔡司的发祥地

从耶恩塔观景层眺望的集市广场周边风景

柏林
耶拿
法兰克福
慕尼黑

Map ◆ p.285-B3

人　　口	107700 人
长途区号	03641

ACCESS

铁路： 从魏玛乘坐 RE 快速到耶拿西站 Jena West 大约需要 15 分钟，从爱尔福特出发大约需要 30 分钟。从莱比锡乘坐 RE 快速大约 1 小时可以到达耶拿天堂站。

耶拿有两个主要车站，必须要留意。ICE 和 EC 等特快列车停靠在耶拿天堂站 Jena Paradies，快速和普通列车是从耶拿西站 Jena West 进站和出发。无论哪个站，距离市中心的木制品市场 Holzmarkt 乘坐有轨电车都只需一站地。步行需要 10~15 分钟。

❶ 耶拿旅游服务中心

⊞ Markt 16　D-07703 Jena
☎（03641）498050
📠（03641）498055
⊞ www.jena.de
⊞ 周一～周五　10:00~19:00
　周六、周日　10:00~16:00
　（1~3月的周一～周五~18:00、周六~15:00、周日休息）

席勒纪念馆的庭园非常美丽

耶拿大学创办于 1558 年，席勒、歌德、费希特、黑格尔等德国代表性的文学家、哲学家都曾在此执教。圆柱形的高层建筑耶恩塔 Jen Tower 曾是大学的校舍，现在被改为购物中心兼写字楼了。顶层的全景餐厅有观景台 Aussichtsplattform。塔的北侧有植物园 Botanischer Garten，沿途有一个小型的歌德纪念室 Goethe Gedenkstätte。另外，席勒故居作为席勒纪念馆 Schillers Gartenhaus 对外开放。

以制作照相机、眼镜片等光学仪器而闻名于世的卡尔・蔡司公司，还设有专门展示光学仪器历史等资料的光学博物馆 Optisches Museum。馆内再现了初期（1866 年）蔡司工作室内的场景，另外还有可以通过显微镜、望远镜观察的区域，十分有趣。博物馆前的广场上有曾经与蔡司共同创业的天才物理学家恩斯特・阿贝的纪念堂 Ernst-Abbe-Tempel。除了在光学研究方便的贡献之外，阿贝还有感于当时工人们所受的

● 耶拿卡
Jenacard

48 小时有效，费用为 €11.90。在有效期内可以任意乘坐市内交通工具，还可以享受歌德纪念室、植物园、席勒纪念馆的门票折扣政策。需要在旅游服务中心购买。

● 耶拿塔（观景层）

⊞ Leutragraben 1
⊞ 10:00~23:00
圏 €3

在一层购买门票后，乘坐电梯前往 27 层，然后再换乘小电梯上到位于 28 层的观景台。

● 歌德纪念室

⊞ Fürstengraben 26

本书调查时仍在改建中。

● 席勒纪念馆

⊞ Schillergäßchen
⊞ 周二～周日　11:00~17:00
⊞ 周一、节日、11 月～次年 3 月的周日
圏 €3.50、学生€2

耶拿
JENA
0　100　200m

植物园
Botanischer Garten
耶拿萨尔火车站方向
Jena Saalbahnhof
歌德纪念室
Goethe Gedenkstätte
蔡司天文馆
Planetarium
大学图书馆
施瓦泽巴尔书店
Johannisplatz
Fürstengraben
Johannisstr.
圣米夏埃尔城市教堂
Carl Zeiss Str.
Krautgasse
恩斯特・阿贝纪念堂
耶恩塔
Jen Tower
市政厅
Rathaus
市立博物馆
集市广场
Löbder Unterm Markt
祖尔诺尔酒店
Luther Str.
歌德画廊
施德尼酒店
Engelplatz
木制品市场
Holzmarkt
Löbdergraben
光学博物馆
Optisches Museum
席勒纪念馆
Schillers Gartenhaus
耶拿宜必思酒店
Am Volkshaus
Grietgasse
Paradiestr.
耶拿天堂站
萨尔河
Neugasse
Knebelstr.
Schillerstr.
Hackel Str.
West bahnhofstr.
耶拿西站
Jena West
Hohestr.　Sellierstr.
耶拿天堂站
Jena Paradies

编外话 歌德纪念室所在的植物园内有一棵名为歌德银杏 GOETHE-Ginko 的银杏树，是 1790 年左右种植于此的，也是欧洲最古老的银杏树之一。歌德的诗中也曾赞美过银杏。

●光学博物馆
🏠 Carl-Zeiß-Platz 12
🌐 www.optischesmuseum.de
🕐 周二～周五　10:00~16:30
　　周六　　　　11:00~17:00
🚫 周日・周一・节日
💰 € 5、学生€ 4
　　与天文馆的套票价格是
　　€ 12, 学生€ 10

●蔡司天文馆
🏠 am Planetarium 5
🌐 www.planetarium-jena.de
　　除了天体观察展示之
外，还有摇滚秀、大自然
展，以及面向儿童的展示内
容等，上述网站有相关介
绍。

　　苛刻制度，从根本上改革了工人们的社会保障制度，并且创建了当时前所所未有的"财团"组织，为蔡司集团的发展贡献了自己的一生。
　　植物园的一角处是蔡司天文馆 Planetarium，在这里可以享受最新仪器带给我们的太空漫步体验。
　　集市广场 Markt 的周围仍旧保持着老城区的风貌。

与蔡司集团有着千丝万缕关联的光学博物馆

集市广场的早市。左后方可以望见耶恩塔

耶拿的酒店
Hotel

施泰根博阁酒店
Steigenberger Hotel Esplanade

◆这是一家高档酒店，位于购物长廊歌德画廊所在的卡尔·蔡司大街一侧。

Map p.351
🏠 Carl-Zeiss-Platz 4　D-07743
☎ (03641) 8000　FAX (03641) 800150
🌐 www.jena.steigenberger.com
💰 Ⓢ Ⓣ € 79.20~、早餐需要单独支付每人€ 16　🅰Ⓓ🅹🅼Ⓥ

耶拿宜必思酒店
Hotel Ibis Jena City am Holzmarkt

◆距离歌德画廊较近，地理位置便捷。部分区域可以使用 Wi-Fi（付费）。

Map p.351
🏠 Teichgraben 1　D-07743
☎ (03641) 8130　FAX (03641) 813333
🌐 www.ibishotel.com
💰 Ⓢ Ⓣ € 63~、早餐需要单独支付每人€ 10　🅰Ⓓ🅹🅼Ⓥ

施瓦泽巴尔酒店
Schwarzer Bär

◆自 1498 年开始营业的历史悠久的酒店 & 餐厅。路德、歌德、俾斯麦都曾经造访过这里。有免费 Wi-Fi。

Map p.351
🏠 Lutherplatz 2　D-07743
☎ (03641) 4060　FAX (03641) 406113
🌐 www.schwarzer-baer-jena.de
💰 Ⓢ € 80~　Ⓣ € 105~　🅰🅼Ⓥ

祖尔诺尔酒店
Zur Noll

◆位于市中心步行街的商店街内，十分方便，共有 10 间客房。房间和内部设施都比较新。位于酒店一层的、创业于 1864 年的餐厅也很值得推荐。部分房间可以使用 Wi-Fi。有周末折扣价。

Map p.351
🏠 Oberlauengasse 19　D-07743
☎ (03641) 59770　FAX (03641) 597720
🌐 www.zur-noll.de　🅰🅼Ⓥ
💰 Ⓢ € 65~80　Ⓣ € 65~85　三人间€ 90
早餐需要单独支付每人€ 7

耶拿国际青年旅舍
Internationales Jugendgästehaus Jena

◆从耶拿西站前，或者市中心乘坐去往 Beutenberg 方向的 10、13、40 路巴士，在 Zeiss-Werk 站下车，步行约 10 分钟可达。有免费 Wi-Fi。年末年初休息。

Map 地图外
🏠 Am Herrenberge 3　D-07745
☎ (03641) 687230　FAX (03641) 687202
🌐 www.jgh-jena.de　🈲 不可使用
💰 附带早餐€ 22~Ⓢ € 31~　Ⓣ € 52

魏玛 *Weimar*

将德国古典文化发扬光大的城市

民族剧院前歌德与席勒的铜像

应魏玛公国的卡尔·奥古斯特公爵之邀于 1775 年来到魏玛时，歌德 26 岁。之后，直到 82 岁去世，歌德一生中的大部分时间都在魏玛度过。因此，这里与歌德有关的景点非常多，是可以追寻歌德一生足迹的歌德之路上最重要的一个城市。席勒、李斯特、克拉纳赫等著名艺术家在此居住过的住宅也被保留下来并作为纪念馆对外开放。

1919 年，一部民主宪法——《魏玛宪法》在此诞生，德意志的土地上出现了第一个共和国。

魏玛也是教授现代设计的包豪斯学校的诞生地。这里还有著名的李斯特音乐学院。总是走在时代前沿的文化城市魏玛，现在仍充满着活力。

魏玛 漫步

从魏玛中央车站至市中心，步行需要 15 ~ 20 分钟。乘坐巴士的话，在中央车站前的巴士车站乘 1 路巴士在第四站，或乘 7 路巴士在第三站歌德广场 Goetheplatz 下车，沿维兰德街 Wielandstr. 前行一段，就能来到建有国民剧院 Nationaltheater 的剧院广场 Theaterplatz。剧院前携手而立的歌德与席勒像 Goethe-Schiller Denkmal 创作于 1857 年。

走过位于席勒大街 Schillerstr. 上的席勒故居 Schillers Wohnhaus 后，马上就可到达集市广场 Markt。在集市广场的建筑中，最引人注目的就是装有金字

市政厅与集市广场

柏林
魏玛
法兰克福
慕尼黑

Map◆p.284-B2

人　口	63300 人
长途区号	03643

ACCESS

铁路：从爱尔福特乘坐 RE 快速约需 15 分钟，从莱比锡约需 1 小时 15 分钟。

❶ 魏玛的旅游服务中心
●集市广场的 ❶
⊠ Markt 10　D-99423 Weimar
➡ Map p.354-B2
☎ (03643) 7450
📠 (03643) 745420
🖥 www.weimar.de
🕐 4 ~ 10 月
　周一 ~ 周六　9:30 ~ 19:00
　周六·节日　9:30 ~ 15:00
　11 月 ~ 次年 3 月
　周一 ~ 周五　9:30 ~ 18:00
　周六·周日·节日
　　　　　　　9:30 ~ 14:00

●购物中心内的 ❶
⊠ Friedenstr. 1
➡ Map p.354-A2
☎、📠、🖥 与上述内容相同
🕐 周一 ~ 周五　10:00~18:00
　从火车站乘坐市中心方向的巴士，中途的巴士站附近有一家购物中心，❶ 位于中庭 Atrium 内，门口写有 Welcome Center 的标识。

世界遗产
魏玛古典主义之都
（1998 年被列为世界遗产）
德绍与魏玛的包豪斯及其相关遗址群
（1996 年被列为世界遗产）

●市内交通
　市中心区域的巴士 1 次乘车券价格是 € 2，1 日乘车券 Tageskarte 的价格是 € 5。

●图林根卡
→ p.363

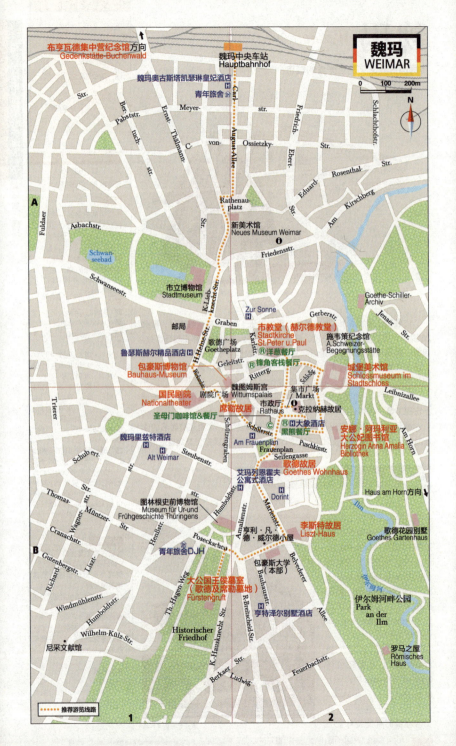

布享瓦德集中营纪念馆方向
Gedenkstätte-Buchenwald

魏玛中央车站
Hauptbahnhof

魏玛奥古斯塔凯瑟琳皇妃酒店
青年旅舍

0   100   200m

N

Meyer-

von-

Ossietzky-

Rathenau-
platz

新美术馆
Neues Museum Weimar

Friedensstr.

Goethe-Schiller-
Archiv

Schwan-
seebad

市立博物馆
Stadtmuseum

Zur Sonne

Graben

Gerberstr.

市教堂（赫尔德教堂）
Stadtkirche
St.Peter u.Paul

施韦策纪念馆
A.Schweizer-
Begegnungsstätte

邮局

歌德广场
Goetheplatz

鲁瑟斯赫尔精品酒店

洋葱餐厅

城堡美术馆
Schlossmuseum im
Stadtschloss

包豪斯博物馆
Bauhaus-Museum

锋角客栈餐厅

魏图姆斯宫
Wittumspalais

集市广场
Markt

国民剧院
Nationaltheater

剧院广场

市政厅
Rathaus

克拉纳赫故居

席勒故居

圣母门咖啡馆&餐厅

Schillerstr.

大象酒店

黑熊餐厅

安娜·阿玛利亚
大公妃图书馆
Herzogin Anna Amalia
Bibliothek

魏玛里兹特酒店
Alt Weimar

Am Frauenplan
Frauenplan

Puschkinstr.

Seifengasse

歌德故居
Goethes Wohnhaus

Steubenstr.

艾玛列恩霍夫
公寓式酒店

Haus am Horn方向

图林根历史省博物馆
Museum für Ur-und
Frühgeschichte Thüringens

Dorint

享利·凡·
德·威尔德小屋

李斯特故居
Liszt-Haus

歌德花园别墅
Goethes Gartenhaus

青年旅舍DJH

Poseckscher

伊尔姆河畔公园
Park
an der
Ilm

尼采文献馆

大公园王侯墓室
（歌德及席勒墓地）
Fürstengruft

包豪斯大学
（本部）

亨特泽尔别墅酒店

罗马之屋
Römisches
Haus

Historischer
Friedhof

Feuerbachstr.

推荐游览线路

1   2

时钟的市政厅 Rathaus 以及对面的克拉纳赫故居 Kranachhaus。画家克拉纳赫在 1553 年去世之前曾在此居住。克拉纳赫也是一位宗教改革家，可以在市教堂（赫尔德教堂）及城堡美术馆欣赏到他的画作。

集市广场东面的建筑。左为旅游服务中心，中央为克拉纳赫故居

另一座历史悠久的建筑是集市广场旁的大象酒店 Hotel Elephant。从前，门德尔松、巴赫、李斯特、瓦格纳、托尔斯泰、托马斯·曼都曾入住过该酒店。

这座城市虽然不大，但景点很多。在市郊，还有李斯特故居 Liszt-Haus 以及也安葬着歌德、席勒的大公国王侯墓室 Fürstengruft、歌德花园别墅 Goethes Gartenhaus 等景点。

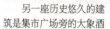

魏玛　主要景点

歌德曾长期居住的 歌德故居
Goethes Wohnhaus ★★★

大文豪歌德从 1782 年开始，直到 1832 年留下"多些光明"的遗言后去世，一直居住在这里。二层黄色房间 Gelber Saal 入口处的地板上写着拉丁语 SALVE，意为"欢迎光临"。可以通过参观歌德临终的卧室、写下《诗与真》及《浮士德》等众多名作的书房等房间来了解歌德的日常生活。设于同一建筑中的歌德国家博物馆 Goethe Nationalmuseum 展出有绘画和歌德的大量作品。

歌德还很喜欢前往伊尔姆河对岸的歌德花园别墅 Goethes Gartenhaus 小住。

与歌德故居南隔一条街的 Ackerwand 25/27 号，是歌德的恋人——夏洛蒂·冯·施泰因夫人的家。

歌德故居

德国著名剧作家席勒居住过的 席勒故居
Schillers Wohnhaus ★★

受歌德之邀而来到魏玛的席勒，从 1802 年到 1805 年去世曾居住于此。与歌德故居相比确实略显普通，不过也是一座环境舒适的住宅。在这里诞生了著名的《威廉·退尔》。故居内还设有现代化的席勒博物馆 Schillermuseum。

立有歌德与席勒像的 国民剧院
Nationaltheater ★★

席勒的《威廉·退尔》及歌德的《浮士德》均在此首演，李斯特、舒

集市广场上有许多出售图林根香肠的小吃摊

● 魏玛历史古迹景点信息网址
🖳 www.klassik-stiftung.de
有歌德与席勒相关设施、城堡、包豪斯、新美术馆的详细信息。
※ 大多数景点都在 12/24~26·31、1/1 期间停业或者缩短营业时间。

● 歌德故居
🏠 Frauenplan 1
➡ Map p.354-B2
乘坐市内巴士在 Wielandplatz/Steu-benstraße 站下车。
🕐 9:30~18:00（10 月下旬~次年 3 月下旬~16:00）
游客较多时采取限流政策，规定时限。
🚫 周一、12/24
💶 € 12、学生 € 8.50

歌德离世的卧室

● 歌德花园别墅
🏠 Im Park an der Ilm
➡ Map p.354-B2
🕐 10:00~18:00（10 月下旬~次年 3 月下旬~16:00）
🚫 周一
💶 € 6、学生 € 4.50

歌德花园别墅

● 席勒故居
🏠 Schillerstr. 12
➡ Map p.354-B2
乘坐市内巴士在 Goetheplatz 站下车。
🕐 9:30~18:00
（10 月下旬~次年 3 月下旬~16:00）
🚫 周一
💶 € 7.50、学生 € 6

投稿　在魏玛的集市广场，有几个香肠小吃摊。该地区的图林根香肠非常有名，这种美味的香肠也完全合乎亚洲人的口味。价格在€2.30左右。

● 国民剧院（提前售票窗口）
囲 Theaterplatz 2
⬤ Map p.354-B1
☎ (03643) 755334
📠 (03643) 755321
🔗 www.nationaltheater-weimar.de
囲 周一　　　14:00~18:00
　周二~周六　10:00~18:00
　周日·节日　10:00~13:00
　当天售票处 Abendkasse
是从开演前 1 小时开始售票。

● 城堡美术馆
囲 Burgplatz 4
⬤ Map p.354-A2
　乘坐市内巴士在 Schloss
站下车。
囲 周二~周日　9:30~18:00
　（10月下旬~次年3月下
旬~16:00）
困 周一
園 €7.50、学生€6

● 市教堂（赫尔德教堂）
囲 Herderplatz
⬤ Map p.354-A2
囲 5~10月
　周一~周五　10:00~18:00
　周六　　　　10:00~12:00
　　　　　　　14:00~16:00
　周日　　　　11:00~12:00
　　　　　　　14:00~15:00
　11月~次年4月
　周一~周六　10:00~12:00
　周日　　　　14:00~16:00
園 在入口处的筹款箱内投入
　€0.50以上的金额

● 包豪斯博物馆
囲 Theaterplatz 1
⬤ Map p.354-A1~A2
　乘坐市内巴士在 Goetheplatz
站下车。
囲 周三~下周一
　　　　　　　10:00~18:00
　（10月下旬~次年3月下
旬~16:00）
困 周二
園 €4、学生€3

Haus am Horn

魏玛宪法获得通过的地点

曼、瓦格纳、理查德·施特劳斯也曾在此演出。该剧院多次毁于火灾，现在的建筑建于 1907 年。近代史上，该剧院对魏玛的艺术及政治发挥过重要的作用，1919年的《魏玛宪法》就是在此获得通过的。

歌德曾工作过的城堡美术馆
Schlossmuseum im Stadtschloss　★★★

魏玛公爵的城堡，1774 年遭遇火灾，塔楼以外的部分均被烧毁，1803 年重建。歌德为该城堡的建筑委员会成员。据说，歌德的意见对城堡的重建产生了相当大的影响。

现在，城堡已成为美术馆，收藏着克拉纳赫以及蒂施拜因、贝克曼、罗丹等画家的作品。

收藏着许多珍贵美术作品的魏玛公爵的居城

保存着克拉纳赫所绘祭坛画的市教堂（赫尔德教堂）
Stadtkirche　★★

正式名称为 Peter und Paul，根据思想家，同时也是牧师的赫尔德的名字，这座教堂也被称为赫尔德教堂。建于 1498~1500 年。教堂内的祭坛画出自克拉纳赫父子之手，十字架的右侧画着施洗者约翰、克拉纳赫、路德的身影。面对祭坛画，左侧的墙面上有克拉纳赫的墓石。

一定要参观克拉纳赫设计的祭坛

了解现代设计浪潮产生的包豪斯博物馆　世界遗产
Bauhaus-Museum　★★

建筑师瓦尔特·格罗皮乌斯于 1919 年创立的一所艺术设计学校，名为包豪斯。这所学校在现代设计史上有着不可替代的地位。奥斯卡·施莱默、保罗·克利、康定斯基等名家都曾任该校的教师。所教专业不局限于绘画、雕塑、工艺美术，在"艺术设计的根本目的是为建筑服务"的教育理念下，学校逐渐开设了家具、印刷、舞台设计等工业设计方面的专业。

博物馆内收藏有 1919~1925 年包豪斯魏玛办学时期的文物及艺术作品 500 多件。

包豪斯创立之地的博物馆

投稿 李斯特故居附近、伊尔姆河畔公园西端，有名为 Parkhöhle 的洞穴的入口，可以沿阶梯下到洞穴里。据说是 18 世纪时，啤酒厂为了排放废水而挖掘的。19 世纪时，歌德对采自这里的化石进行了研究。第二次世界大战

对现代设计感兴趣的游客还可以参观位于李斯特故居附近的包豪斯大学Bauhaus Universität。本部校舍Hauptgebäude内线条优美的新艺术风格楼梯非常值得一看。另外，格罗皮乌斯设计的实验住宅Haus am Horn（囲 Haus am Horn 61 ⊃Map p.354-B2 外）被认为是现在的装配式建筑的雏形。

设有艺术、设计、建筑、传媒专业的包豪斯大学本部校舍（凡·德·威尔德设计）

曾活跃于魏玛的音乐家之家 李斯特故居
Liszt-Haus ★

李斯特于1842年来到魏玛担任宫廷乐长，1848~1861年居住在名为阿尔滕堡的宅邸中。之后，他移居罗马，1869年又返回魏玛，直到1886年去世都住在这里（在拜罗伊特去世）。

故居内展出着李斯特的乐谱、书信以及用于作曲的钢琴。

有"钢琴魔术师"之称的音乐家李斯特的故居

安娜·阿玛利亚大公妃图书馆
Herzogin Anna Amalia Bibliothek ★★

德国最早的公共图书馆之一。对该图书馆的建立做出巨大贡献的大公夫人安娜·阿玛利亚非常热爱文化。她的儿子卡尔·奥古斯特还将歌德邀请至此，担任了图书馆长一职。一定要参观的是世界遗产洛可可大厅Rokoko-saal，椭圆形的华丽大厅，四周摆满了书籍。

歌德与席勒长眠的 大公国王侯墓室
Fürstengruft ★★

进入建于1825~1827年的祭祀设施的地下，离入口最近的就是歌德的棺椁，席勒的棺椁就在旁边。不过，棺椁里的遗骨是否为席勒本人似乎并不明了。此外，墓室里还安放着卡尔·奥古斯特大公及其家族成员们的棺椁。

纳粹集中营遗址 布亨瓦德集中营纪念馆
Gedenkstätte Buchenwald ★★

这座曾经的纳粹集中营位于魏玛西北方向，距市中心约10公里的地方。1937~1945年，有来自32个国家的约25万人被关在这里，其中超过6.5万人因强制劳动、饥饿或遭处决而丧命于此。现在这里建有布亨瓦德纪念馆和高大的纪念碑。

从歌德广场（也经过中央车站）的巴士车站乘开往Buchenwald的6路巴士，在终点下车。要参观纪念碑的话，可在终点前一站的Glocken-turm下车。从歌德广场上车的话，全程需20分钟。

柏林与歌德之路·哈茨地区 ●魏玛

●包豪斯大学
囲 Geschwister-Scholl-Str. 8
⊃ Map p.354-B2
乘坐市内巴士在Bauhaus-Universität 站下车。
大学开放期间可以自由参观校园。

●李斯特故居
囲 Marienstr. 17
⊃ Map p.354-B2
乘坐市内巴士在Bauhaus-Universität 站下车。
囲 周三~下周一
10:00~18:00
（10月下旬~次年3月下旬~16:00）
囨 周二
圏 €4、学生€3

●安娜·阿玛利亚大公妃图书馆
囲 Platz der Demokratie 1
⊃ Map p.354-B2
囻 www.anna-amalia-bibliothek.de
囲 洛可可大厅
周二~周日 9:30~14:30
文艺复兴大厅（有企划展）
周二~周日 9:00~17:00
囨 周一
圏 洛可可大厅€7.50、学生€6，文艺复兴大厅免费
※ 洛可可大厅有入场人数限制，如果不从开馆时就排队的话很难购买到门票。

●大公国王侯墓室
⊃ Map p.354-B1
乘坐市内巴士5路，在Am Poseckschen Garten 站下车。
囲 周三~周日 10:00~18:00
（10月下旬~次年3月下旬~16:00）
囨 周二
圏 €4、学生€3

●布亨瓦德集中营纪念馆
⊃ Map p.354-A1 外
平时是每小时1趟巴士。周六日是2小时1趟车。由于班次较少请特别注意。
囻 www.Buchenwald.de
囲 4~10月 10:00~18:00
11月~次年3月
10:00~16:00
（闭馆前30分钟停止入场）
囨 周一、圣诞节、年末年初
圏 免费

📖 期间，洞穴又被当作防空洞使用。门票€4。周二关闭。洞穴内已经过整修，所以并不恐怖。

魏玛的餐馆
Restaurant

黑熊餐厅
Gasthaus Zum Schwarzen Bären

◆魏玛最古老的餐厅。主要提供家常地方菜。黑啤酒炖牛肉 Schwarzbiergulasch 的价格是€ 12.80。

Map p.354-B2
- 🏠 Markt 20
- ☎ （03643）853847
- 🌐 www.schwarzer-baer.de
- 🕐 每天 11:00~24:00（菜肴 ~23:00）

圣母门咖啡馆 & 餐厅
Frauentor Café & Restaurant

◆位于席勒德故居所在的大街沿线的一家时尚咖啡餐馆。品种丰富的自制蛋糕是这家的招牌。另外，菜肴的种类也很齐全。

Map p.354-B2
- 🏠 Schillerstr. 2
- ☎ （03643）511322
- 🌐 www.cafe-frauentor.de
- 🕐 每天 9:00~23:00

洋葱餐厅
Gasthaus Zum Zwiebel

◆位于赫尔德教堂附近的可以品尝到当地特色菜的餐厅。正如餐厅的名字，这里的招牌菜是洋葱派 Zwiebelkuchen € 4.60。图林根风味的烤香肠（附带泡菜和土豆泥）Zwei Thüringer Würste mit Sauerkraut und Kartoffelbrei 的价格是€ 9.80，也很值得推荐。

Map p.354-A2
- 🏠 Teichgasse 6 ☎ （03643）502375
- 🌐 www.zum-zwiebel.de
- 🕐 11:00~15:00，17:00~22:00（周五、周六、周日没有午休。冬季时周五、周六是 11:00~22:00，周日 ~15:00，周一~周四只在夜间营业）

锋角客栈餐厅
Gasthaus Scharfe Ecke

◆这里是一家专营图林根菜的餐厅。与主菜肉类料理（洋葱醋渍牛肉和德国猪肘）一起组成拼盘 Thüringer Klöße 的土豆丸子是这里的招牌菜。肉类菜肴的价格是€ 12~16，还可以点小拼盘（Kleine Portion）。

Map p.354-A2
- 🏠 Eisfeld 2 ☎ （03643）202430
- 🕐 周三~周六 11:00~14:30（菜肴 ~14:00），17:00~23:00（菜肴 ~21:30），周日夜间 ~22:00（菜肴 ~20:30）
- 🚫 周一、周二

魏玛的酒店
Hotel

※ 在魏玛每入住一晚都需要缴纳€ 1~2 的文化保护税。

大象酒店
Elephant

◆ 1696 年宫廷厨师创办的餐厅，历经多年后发展成为魏玛最棒的酒店。有着包豪斯样式的外观建筑，时尚的客房内设施齐全。有 Wi-Fi（付费，大厅免费）。酒店内的餐厅"安娜·阿玛利亚"是米其林一星餐厅（周日、周一、1 月上旬~3 月上旬休业）。

Map p.354-B2
- 🏠 Markt 19 D-99423
- ☎ （03643）8020
- 📠 （03643）802610
- 🌐 www.hotelelephantweimar.com
- 🛏 Ⓢ € 115~195 Ⓣ € 130-270
  早餐需单独支付€ 20
- 💳 ＡＤＪＭＶ

  Zum Zwiebel餐厅的洋葱派非常好吃，但是好像不是每天都烤制。

鲁瑟斯赫尔精品酒店
Grand Hotel Russischer Hof

◆面朝歌德广场（巴士站汇集于此）的一面
是复古式的建筑，现在作为历史性建筑被列
为保护对象。进入酒店之后仿佛置身于古代
欧洲贵族王宫。有免费 Wi-Fi。

田 Goetheplatz 2　D-99423
☎（03643）7740
FAX（03643）774840
URL www.russischerhof.com
圆 Ⓢ € 88~　Ⓣ € 100~
田 A D J M V

魏玛奥古斯塔凯瑟琳皇妃酒店
Ringhotel Kaiserin Augusta Weimar

◆位于中央车站对面。这是一间建于 1867 年的老字号酒店，托马
斯·曼曾经下榻于此。有免费 Wi-Fi。酒店的名称是由魏玛大公之女、
之后嫁给普鲁士国王威廉皇帝的奥古斯塔皇妃（凯瑟琳）之名而命
名的。

田 Carl-August-Allee 17　D-99423
☎（03643）2340　FAX（03643）234444
URL www.hotel-kaiserin-augusta.de
圆 Ⓢ € 69~106　Ⓣ € 84~123
田 A D J M V

艾玛列恩霍夫公寓式酒店
Christliches Hotel Amalienhof

◆距离歌德故居较近。是一间富有古典韵味的酒店。有免费 Wi-Fi。
属于三星级水准，共有 32 间客房。

田 Amalienstr. 2　D-99423
☎（03643）5490　FAX（03643）549110
URL www.amalienhof-weimar.de
圆 Ⓢ € 60~85　Ⓣ € 80~125
田 A D M V

魏玛里兹特酒店
Hotel Liszt

◆周围环境安静的中档酒店，共有 23 间客房。可以花 € 8 预约位于
酒店地下的车库。有 Wi-Fi（付费）。

田 Lisztstr. 1　D-99423
☎（03643）54080　FAX（03643）540830
URL www.Hotel-Liszt.de
圆 € 65~　Ⓣ € 75~　田 M V

亨特泽尔别墅酒店
Hotel Villa Hentzel

◆位于包豪斯大学南侧，是建于 19 世纪的乳白色古典风格酒店。斯
坦纳教育的创立人鲁道夫·斯坦纳曾经在此居住过。这家三星级酒
店不算大，共有 2 个单人间、3 个双人间和 8 个小型套房。有免费
Wi-Fi。

田 Bauhausstr. 12　D-99423
☎（03643）86580　FAX（03643）865819
URL www.hotel-villa-hentzel.de
圆 Ⓢ € 54~95　Ⓣ € 75~115　小型套
房€ 85~120　田 M V

青年旅舍（德国青年旅协所属）
Jugendherberge Germania

◆位于中央车站附近，交通十分方
便。从 15:00 开始办理入住手续。
有免费 Wi-Fi 可供使用。12/22~1/1
期间休业。

田 Carl-August-Allee 13　D-99423
☎（03643）850490
FAX（03643）850491
URL www.djh-thueringen.de
圆 附带早餐€ 26.50~　田 不可使用

青年旅舍 DJH
Jugendherberge Am Poseckschen Garten

◆从中央车站乘坐 5 路或者 8 路巴
士，在 Am Poseckschen Garten 站
下车，步行 5 分钟即到。晚餐是
€ 4.80~。有免费 Wi-Fi。12/24~27
期间休业。

田 Humboldtstr. 17　D-99423
☎（03643）850792
FAX（03643）850793
URL www.jh-posgarten.de
圆 附带早餐€ 26.50~
田 不可使用

✉投稿　魏玛奥古斯塔凯瑟琳皇妃酒店的房间非常干净，前台的工作人员也很热情亲切。早餐的种类丰富，可以在能
看见街景的明亮餐厅内享受早餐时间。

柏林
爱尔福特
法兰克福
慕尼黑

爱尔福特 *Erfurt*

图林根森林之中的花都

MAP ◆ p.284-B2

人 口	204900 人
长途区号	0361

ACCESS

铁路：从法兰克福乘坐 ICE 特快大约需要 2 小时 20 分钟，从爱森纳赫出发需要约 30 分钟，从莱比锡出发则需要约 45 分钟。

❶ 爱尔福特的旅游服务中心
🏠 Benediktsplatz 1
　 D-99084 Erfurt
🗺 Map p.361-A2
☎ (0361) 66400
📠 (0361) 6640290
💻 www.erfurt-tourismus.de
🕐 周一～周六　10:00~18:00
　 周日　　　 10:00~18:00
● 市内交通（市内有轨电车）
　 中心地区乘车一次的费用是€2，1 日乘车券 Tageskarte 的价格是€5。

（注 1）
　 3 路和 6 路市内有轨电车的车站名是 Domplatz Nord，4 路的车站名称是 Domplatz Süd。
● 爱尔福特卡
Erfurt Card
　 48 小时有效€14.90。有效期内可以任意乘坐市内交通，还可以享受免费导览团、市立博物馆免费等优惠政策。可以在 ❶ 购买。
● 图林根卡
→ p.363
● 老城区导览团
　 全程需要 45 分钟。4 月～11 月中旬每天 10:30~15:30 期间，从大教堂广场出发，大约每 1 小时一趟。每人收取€7。
● 大教堂
🗺 Map p.361-B1
💻 www.dom-erfurt.de
🕐 5~10 月
　 周一～周六　9:30~18:00
　 周日　　　 13:00~18:00
　 11 月～次年 4 月
　 周一～周六　9:30~17:00
　 周日　　　 13:00~17:00
🎫 免费

在大教堂（左）与塞维利教堂（右）前举办的圣诞市场

爱尔福特有 1200 年的历史，也是图林根地区最大的城市。位于森林环绕的盆地之中，属于交通要冲，因此长期以来作为商业城市而得到发展。来到设有市场的大教堂广场，能够想象出中世纪的爱尔福特是何等繁华。1808 年，歌德与拿破仑曾在此会面。

爱尔福特　漫 步

　　爱尔福特是州首府，所以城市规模比较大，但主要景点靠步行就能前往。也可以从中央车站旁乘 3、4、6 路有轨电车，在第三站大教堂广场 Domplatz（注 1）下车，在那一带游览景点，然后步行返回，这样比较节省时间和体力。在老城区，开行有可巡游各著名景点的观光小火车 Altstadt Tour。

从河北岸看到的克雷默桥。木结构房屋非常漂亮

　　爱尔福特的大教堂 Dom 建在一座小丘之上，沿台阶上行，可到达并肩而立的大教堂和塞维利教堂 Severikirche。从大教堂广场返回，沿有轨电车通过的集市大街 Marktstr. 前行约 5 分钟，便能到达鱼市 Fischmarkt。广场周围建筑的正面墙壁上色彩鲜艳且极尽奢华的装饰非常引人注目。尤其是市政厅 Rathaus，更是十分漂亮，可参观建筑内的庆典大厅。

　　市政厅后面有 ❶，再往前走，可以来到克雷默桥 Krämerbrücke。虽说是桥，但桥两侧建有商店，所以在桥上根本看不见河面。走到桥的外面，站在其他地方，才能看到被涂上鲜艳色彩的美丽大桥。

爱尔福特　主要景点

屹立于山丘之上的大教堂
Dom ★★★

　　创建于 742 年。1154 年建成了罗马式的柱廊，1349~1370 年增建了哥特式的圣坛。1465 年改建之后，教堂的样子保持至今。教堂内有装饰在入口处的十二门徒雕像、双手持烛台的沃尔夫勒姆像（创作于 1160

如果想欣赏图林根地区的美术及工艺品，可以去位于安格尔广场一角的安格尔博物馆 Angermuseum（💻 www.angermuseum.de 🕐 周二～周日 10:00~18:00 🎫 €6），那里的相关展品非常丰富。

年左右）、1150 年前后制作的爱尔福特的圣母像、高 14 米的花窗玻璃（14~15 世纪）等很多值得一看的地方。

大教堂旁边，是建有 3 个尖屋顶的塞维利教堂。这座教堂始建于 13 世纪，为早期哥特式建筑风格。

商人往来的克莱默桥
Krämerbrücke
★★★

两侧建有古老的木结构住宅建筑的桥，样子非常美丽。克莱默意为零售商人，中世纪时有很多商人从远方来到爱尔福特做生意，整个城市一片热闹景象。从岸上看过去，也能感到这座桥的美丽。

桥上有咖啡馆和商店街

位于鱼市的市政厅
Rathaus
★

鱼市是一个广场，建有很多豪华的建筑。广场中央立有罗兰像（1591 年创作）。市政厅是建于 1870~1874 年的哥特复兴式建筑。可以参观以《唐怀瑟》《浮士德》为题材的壁画以及豪华的庆典大厅 Festsaal。

鱼市是一个非常热闹的广场

●塞维利教堂
⊃ Map p.361-B1
圏 与上述大教堂一致
圀 免费

●克莱默桥
⊃ Map p.361-A2
从中央车站乘坐 4 路或者 3 路市内有轨电车，在 Fischmarkt 站下车，步行 3 分钟即到。

●市政厅
圉 Fischmarkt 1
⊃ Map p.361-A2
圏 周一、周二、周四
　　　　　　8:00~18:00
　周三　　　8:00~16:00
　周五　　　8:00~14:00
　周六·周日·节日
　　　　　　10:00~17:00
※ 市政厅有特殊活动时闭馆
圀 免费

景色很美的鱼市

只凭走过克莱默桥，无法了解到这座桥究竟好在哪里。站在桥的北面观看整座桥，会发现木结构的房屋本身就构成了桥，非常漂亮。另外，桥南面道路中央一带，可以观赏到河流南面的景色，也是拍照片的绝佳地点。

爱尔福特的餐馆
Restaurant

金头盔巧克力工厂
Goldhelm SchokoladenManufaktur

◆从克雷默桥沿河畔向北走马上就可以看到商店（圖 周五～周六 12:00~18:00），再往前就是这家咖啡馆了。使用高品质的可可手工制成的巧克力和蛋糕深受当地人的喜爱。可可含量 73% 以上的白巧克力 Trinkschokolade pur 超赞！

	Map p.361-A2
🏠 Kreuzgasse 5　☎（0361）6609851	
🌐 goldhelm-schokolade.de	
🕐 周一～周五	14:00~18:00
周六・周日	12:00~18:00
💳 M V	

爱尔福特的酒店
Hotel

爱尔福特丽笙酒店
Radisson Blu Hotel

◆这是一家 17 层楼的大型酒店，共有 282 间客房。从中央车站乘坐 3、4 路市内有轨电车在第一站 Anger 站下车，步行约 5 分钟即到。有 Wi-Fi 可供使用（第一小时免费）。

	Map p.361-A2
🏠 Juri-Gagarin-Ring 127　D-99084	
☎（0361）55100　FAX（0361）5510210	
🌐 www.radisson-erfurt.de　💳 A D J M V	
🛏 Ⓢ € 85~135　Ⓣ € 110~160	

IBB
IBB Hotel Erfurt

◆位于克雷默桥附近。客房的内装十分时尚新颖。有免费 Wi-Fi。面朝格拉河的餐厅还专门设有露台座席，特别适合赏景小憩。

	Map p.361-A2
🏠 Gotthardtstr. 27　D-99084	
☎（0361）6740110　FAX（0361）6740280	
🌐 www.IBBHotels.com	
🛏 Ⓢ € 75~　Ⓣ € 95~　💳 A J M V	

埃尔塞西奥最佳西方酒店
Excelsior

◆距离车站步行约 5 分钟可达。只有公共区域有 Wi-Fi（付费）。

	Map p.361-B2
🏠 Bahnhofstr. 35　D-99084　💳 A D J M V	
☎（0361）56700　FAX（0361）5670100	
🌐 www.excelsior.bestwestern.de	
🛏 Ⓢ € 100~140　Ⓣ € 125~160	

爱尔福特城际酒店
InterCityHotel

◆紧邻中央车站。可以根据客人的需求提供市内交通旅游卡。有免费 Wi-Fi。

	Map p.361-B2
🏠 Willy-Brandt-Platz 11　D-99084	
☎（0361）56000　FAX（0361）5600999	
🌐 www.intercityhotel.de	
🛏 Ⓢ € 79~89　Ⓣ € 97~107　💳 A J M V	

大教堂膳食公寓酒店
Pension am Dom

◆从中央车站乘坐 3 路或者 4 路市内有轨电车，在 Domplatz 站下车。是一家距离大教堂较近的公寓式酒店。所有房间禁烟，只有公共区域有 Wi-Fi（付费）。

	Map p.361-B1
🏠 Lange Brücke 57　D-99084	
☎（0361）55048660　FAX（0361）5628441	
🌐 www.dompension.de	
🛏 Ⓢ € 59~　Ⓣ € 79~　💳 不可使用	

青年旅舍
Jugendherberge

◆从中央车站乘坐 6 路市内有轨电车，在终点站 Steigerstraße 站下车，步行约 10 分钟可达。圣诞节前后休业。公共区域有免费 Wi-Fi。

	Map 地图外
🏠 Hochheimerstr. 12　D-99094	
☎（0361）5626705　FAX（0361）5626706	
🌐 www.djh-thueringen.de	
🛏 附带早餐 € 28~　💳 M V	

爱森纳赫 *Eisenach*

瓦尔特堡是德国文化的源泉

德国历史上最重要的城堡之一瓦尔特堡

从爱森纳赫可以远眺图林根森林西北部山上的中世纪城堡——瓦尔特堡。路德与巴赫在年轻时也曾造访过此地。现在，有很多游客到此旅游，以期领略中世纪德国的风采。

爱森纳赫还是著名的汽车城。两德统一后，欧宝公司在此设立了欧洲最先进的汽车生产工厂。

爱森纳赫 漫步

特快列车在爱森纳赫中央车站停车。沿车站前的班霍夫大街Bahnhofstr.前行，穿过尼古拉塔，就来到立有路德像的卡尔斯广场Karlsplatz。继续沿广场前行，始于广场右侧的步行街卡尔斯大街Karlstr.是爱森纳赫的主街道。边逛商店，边向前走，便会来到集市广场Marktpl.。广场中央建有62米高的塔以及格奥尔格教堂Pfarrkirche St. Georg。路德在1521年曾在这座教堂布道，巴赫于1685年在此受洗。

市中心的集市广场

教堂南面的木结构建筑是路德故居Lutherhaus，从那里步行5分钟可到达巴赫故居Bachhaus。

巴赫故居与巴赫像

前往瓦尔特堡Wartburg的话，可以从火车站前乘坐10路巴士至城堡的停车场。然后，步行10分钟登上山坡，到城堡入口。从山脚下登山前往的话，需要40分钟左右。

Map◆p.284-B2

人　口　41600人

长途区号　03691

ACCESS

铁路：从法兰克福乘坐ICE特快大约需要1小时45分钟，从莱比锡大约需要1小时15分钟。

ⓘ 爱森纳赫的旅游服务中心

住 Markt 24
D-99817 Eisenach

➡ Map p.364-A2

☎（03691）79230

FAX（03691）792320

URL www.eisenach.info

开 周一～周五　10:00~18:00
周六·周日　10:00~17:00

世界遗产

爱森纳赫　瓦尔特堡
（1999年被列为世界遗产）

●图林根卡
ThüringenCard

可免费参观包含图林根州（本书介绍了爱森纳赫、爱尔福特、魏玛、耶拿等地）的美术馆、城堡等200个景点。爱森纳赫所介绍的景点全部有效。共有3种卡，24小时有效卡（€18）、3天有效卡（€38）和6天有效卡（€58），有效期内还可以免费乘坐爱尔福特市的市内巴士（→编外话所述内容）。3天有效卡和6天有效卡可以根据行程指定日期（不需要是连续的日期）。可以在ⓘ购买。

●去往瓦尔特堡的市内巴士

可以乘坐10路市内巴士，1小时1趟车。单程车票是€1.50（在车内购买是€1.70）。

编外话　在爱尔福特中央车站对面的图林根州旅游局（住 Willy-Brandt-Platz 1），出示图林根卡，便能获得可随意乘坐爱尔福特市内公共交通工具的车票。也可在那里购买图林根卡。

● 瓦尔特堡
◯ Map p.364-B1
🖳 www.wartburg.de
囲 团体游
　4-10月　　8:30~17:00
　11月～次年3月
　　　　　9:00~15:30
囲 无导游€5、学生€3。参
加团体游€9、学生€5
※ 不参加团体游则不能参
观设有歌唱大厅等房间的主
楼。无导游带领的话，只能
参观博物馆及路德的房间。

金色马赛克装饰的伊丽莎白厅

德国风格的中世纪城堡瓦尔特堡

Wartburg

世界遗产

★★★

这座山顶上的城堡建
于1067年。据说是图林
根伯爵路德维希·德·史
宾格所建，现存部分为建
于1170年的后期罗马式
建筑。

　参观城堡内部，可
参加有德语或英语导游
的团体游。也有其他语
言的游览手册。骑士厅

瓦尔特堡的入口

Rittersaal、餐厅 Speisesaal 的装潢都很质朴，但伊丽莎白厅 Elisabeth-
Kemenate 装饰有绚丽的金色马赛克，其豪华程度令人惊叹。

　在13世纪初，有很多诗人及被称为 Minnesänger 的宫廷情歌歌者被
招至城堡里。歌唱大厅 Sängersaal 墙壁上的油画《唐怀瑟》描绘了德国

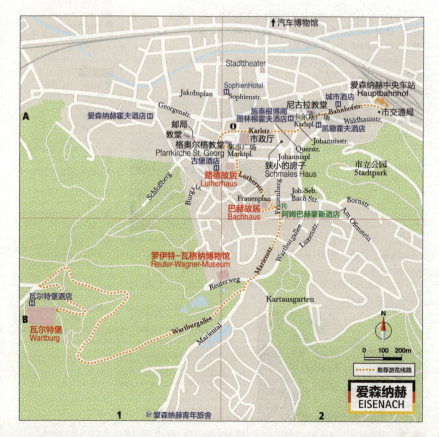

路德翻译《圣经·新约全书》的房间

历史上最著名的 Minnesänger 瓦尔特·封·德尔·福格威德、沃尔夫拉姆·冯·埃申巴赫等人对歌的场面。

约 1 小时的团体游结束后，游客可以自行参观博物馆，经过木结构的走廊，到达马丁·路德将《圣经·新约全书》翻译为德文的房间 Lutherstube。房间装饰陈设非常普通，1521 年 5 月~次年 3 月的 10 个月，路德在艰苦的环境中完成了伟大的事业，令人十分敬佩。歌德在 1777 年时也曾造访过这座城堡。

可举办音乐会的宴会厅

描绘《唐怀瑟》中对歌场面的湿壁画

可了解音乐家庭日常生活的巴赫故居
Bachhaus　★★★

1685 年 3 月 21 日，约翰·塞巴斯蒂安·巴赫出生在爱森纳赫的一个宫廷乐师的家庭，他是家里最小的孩子。10 岁之前，巴赫都生活在那里。巴赫家族的住宅，已超过 600 年历史，里面除了有再现当时生活环境的房间，还介绍了巴赫及其家族的历史以及展示了巴赫时代的珍贵古乐器。

沉浸于巴赫的音乐世界

2007 年 4 月，现代化的新馆建成，展厅面积增加了一倍。可以坐在从天花板上垂吊下来的胶囊形椅子上，欣赏《哥德堡协奏曲》等巴赫的作品。还经常举办特别展览及音乐会。入口位于新馆一侧。

●巴赫故居
⊞ Frauenplan 21
⎘ Map p.364-A2
🖳 www.bachhaus.de
🕐 10:00~18:00
€ 9、学生 € 5

巴赫故居内部

颇具古代情趣的路德故居
Lutherhaus　★★

1498~1501 年，还是一名学生的路德曾在这个历史悠久的木结构住宅里居住。除了路德居住过的房间，还有有关路德生平及贡献的展览。

美丽的木屋——路德故居

罗伊特－瓦格纳博物馆
Reuter-Wagner-Museum　★★

生于爱森纳赫的诗人弗里茨·罗伊特（1810~1874 年）曾居住在这里，因此这里也被称为 Reuter-Villa。二层保存着诗人住过的房间，一层有对外开放的理查德·瓦格纳资料室。收藏着以瓦尔特堡为故事背景的歌剧《唐怀瑟》的乐谱。

●路德故居
⊞ Lutherplatz 8
⎘ Map p.364-A2
🖳 lutherhaus-eisenach.com
🕐 10:00~17:00
€ 8、学生 € 6

●罗伊特－瓦格纳博物馆
⊞ Reuterweg 2
⎘ Map p.364-B1~B2
🕐 周五~周日 11:00~17:00
🚫 周一~周四
€ 4、学生 € 2

爱森纳赫的餐馆
Restaurant

阿姆巴赫豪斯酒店
Hotel am Bachhaus

◆这家餐厅 & 酒店位于巴赫故居前的广场附近。可以用很实惠的价格尝到地道的图林根地方特色菜。

⊞ Marienstr. 7
☎ (03691) 20470
🖳 www.hotel-am-bachhaus.de
🕐 11:00~23:00　🆔 MV

在市政厅东侧的 Johannespl. 发现了一栋非常有趣的住宅。正如建筑的名字——狭小的房子 Schmales Haus（⎘ Map p.364-A2）所表达的那样，建筑呈细长形状。

施泰根博阁图林根霍夫酒店
Steigenberger Hotel Thüringer Hof

◆距离车站仅 300 米，位于卡尔斯广场路德像背后的一家高档酒店。有免费 Wi-Fi。

🏠 Karlsplatz 11　D-99817
☎（03691）280　FAX（03691）28190
URL www.eisenach.steigenberger.de
圏 S € 89~　T € 119~　🅷 A D J M V

瓦尔特堡酒店
Hotel Auf der Wartburg

◆紧邻瓦尔特堡的古堡酒店。每个房间都拥有不同的格调，浪漫的内装是这里最大的卖点。有免费 Wi-Fi。另外，景观餐厅特别适合观景远眺。住客可以将车子开入城堡的区域内。

🏠 Auf der Wartburg　D-99817
☎（03691）7970　FAX（03691）797100
URL www.wartburghotel.de
圏 S € 119~199　T € 185~255
🅷 A D M V

古堡酒店
Schlosshotel

◆位于路德故居的隔壁，过去这里是方济各会的修道院，于 1994 年改建为酒店。整栋建筑非常具有历史感，内部设施是现代化的。有 Wi-Fi（付费）。

🏠 Markt 10　D-99817
☎（03691）214260
FAX（03691）214259
URL www.schlosshotel-eisenach.de
圏 S € 75~　T € 107
🅷 A J M V

凯撒霍夫酒店
Kaiserhof

◆酒店外观建筑虽然是建于 1897 年的、文艺复兴风格的厚重建筑，但是房间内的设施非常新式。距离车站步行仅需 5 分钟。有些季节可以享受周末折扣。有免费 Wi-Fi。

🏠 Wartburgallee 2　D-99817
☎（03691）88890
FAX（03691）8889599
URL www.kaiserhof-eisenach.de
圏 S € 72~　T € 96~
🅷 A D J M V

城市酒店
City Hotel

◆位于距离车站仅 100 米的班霍夫大街的对面，是一家经济型酒店。虽然房间内设施很简单，但是距离车站非常近，想要节约住宿费用的人不妨入住这里。距离去往瓦尔特堡的巴士站也非常近。有免费 Wi-Fi。

🏠 Bahnhofstr. 25　D-99817
☎（03691）20980　FAX（03691）2098120
URL www.cityhotel-eisenach.de
圏 S € 57~　T € 79~　🅷 A J M V

爱森纳赫霍夫酒店
Eisenacher Hof

◆拥有 300 年历史的古老酒店。有免费 Wi-Fi。店内同时设有地方菜餐厅 Lutherstube（路德厅），有路德啤酒、路德葡萄酒等与路德有些渊源的食谱。

🏠 Katharinenstr. 11-13　D-99817
☎（03691）29390　FAX（03691）293926
URL www.eisenacherhof.de
圏 S € 69~　T € 89~　🅷 A D J M V

爱森纳赫青年旅舍
Jugendherberge Artur Becker

◆位于瓦尔特堡山脚下的城市效区。从中央车站前乘坐 3 路或者 10 路巴士，在 Liliengrund 站下车。办理入住的时间是 15:00~18:00 期间。有 Wi-Fi（付费）。12/23~28 期间休业。

🏠 Mariental 24　D-99817
☎（03691）743259　FAX（03691）743260
URL www.jugendherberge.de
圏 附带早餐€ 23.60~　🅷 不可使用

  面朝集市广场的餐厅Marktschänke（🏠 Markt 19　📧 marktschaenke-eisenach.de），虽然是一家不大的餐厅但是味道相当地道。

富尔达 *Fulda*

建有精美巴洛克式建筑的宗教城市

建有大教堂的城市

柏林
富尔达
法兰克福
慕尼黑

Map◆p.284-B1

人　口	65000 人
长途区号	0661

ACCESS

铁路：从法兰克福乘坐 ICE
特快需要 55 分钟。

ℹ️ **富尔达的旅游服务中心**
🏠 Bonifatiusplatz 1
　 Palais Buttlar D-36037
☎ (0661) 1021813
🖥 www.tourismus-fulda.de
🕐 周一~周五　　8:30~18:00
　 周六・周日　　9:30~16:00
●**城市宫（历史性房屋）**
🕐 周二~周日　10:00~17:00
💰 €4
●**大教堂**
🕐 周一~周五　10:00~18:00
　 （11 月~次年 3 月~17:00）
　 周六　　　　10:00~15:00
　 周日　　　　13:00~18:00
管风琴音乐会
🖥 www.orgelmusik.bistum-fulda.de
　 5 月・6 月・9 月・10 月
与圣诞节的前 4 周，每周六
的 12:05~12:35 期间。
💰 €4
※11:30~12:35 期间只限音乐
会听众入场。

一定要欣赏一下管风琴动听
的音色

位于法兰克福东北方 100 公里左右的地方，歌德在前往魏玛的途中经常造访此地。他来到这里一定会投宿的金鲤鱼酒店 Hotel Goldener Karpfen 至今仍然营业。

从火车站前沿两边有很多商店的班霍夫大街 Bahnhofstr. 前行，走过道路尽头的百货商店就进入了步行街商业区。

主教领主的居城——城市宫

在建有双塔的主教区教堂前右转，前行一段，正前方就是巴洛克式建筑风格的城市宫 Stadtschloss。从正门进入后向中央区域前行，就是历史性房屋 Historischen Räumen 的参观入口。ℹ️ 在城市宫的斜对面。

城市宫的后面是美丽的城堡花园 Schlossgarten。在城市宫斜对面的广场里侧，有雄伟的大教堂 Dom。大教堂是建于 1704~1712 年的巴洛克式建筑。中央祭坛下的墓室里，有 8 世纪时在德国传播基督教的圣人波尼法爵的棺椁，教堂也因此而闻名。旁边还有珍宝室 Schatzkammer des Dom。

富尔达的酒店
Hotel

金鲤鱼酒店
Romantik Hotel Goldener Karpfen
◆内饰充满古典氛围的小酒店。店内同时设有拥有精美家具的餐厅。有免费 Wi-Fi。

🏠 Simpliziusbrunnen 1　D-36037
☎ (0661) 86800　📠 (0661) 8680100
🖥 www.hotel-goldener-karpfen.de
💰 Ⓢ €95~　Ⓣ €135~　🈑 ADJMV

曼德法赫特皮特彻斯酒店
Hotel Peterchens Mondfahrt
◆位于城市宫旁边的一栋大厦内，其中一些楼层是客房。从车站步行约需 5 分钟。有免费 Wi-Fi。

🏠 Rabanusstr. 7　D-36037
☎ (0661) 902350　📠 (0661) 90235799
🖥 www.hotel-peterchens-mondfahrt.de
💰 Ⓢ €82~　Ⓣ €104~　🈑 AJMV

柏林
戈斯拉尔
法兰克福
慕尼黑

戈斯拉尔 *Goslar*

在木结构住宅间的小巷里闲游

集中了众多历史建筑的集市广场

MAP ◆ p.284-A2

人　　口	4200人
长途区号	05321

ACCESS

铁路：从汉诺威乘坐 ERX
（私铁、铁路通票有效）大
约需要 1 小时 5 分钟，从不
伦瑞克约需 50 分钟。

ℹ️ 戈斯拉尔的旅游服务中心
🏠 Markt 7 D-38640 Goslar
☎️（05321）78060
📠（05321）780644
🖥️ www.goslar.de
📅 4～10月
周一～周五　　9:15～18:00
周六　　　　　9:30～16:00
周日　　　　　9:30～14:00
11月～次年3月
周一～周五　　9:15～17:00
周六　　　　　9:30～14:00

世界遗产

戈斯拉尔老城和拉默尔斯贝格矿山
（1992年被列为世界遗产）

● 哈茨卡
Harzcard

　　哈茨地区有戈斯拉尔、
韦尼格罗德、奎德林堡、塔
勒等许多美丽的城市。如果
游览这些城市，使用哈茨卡
会比较划算。卡分为48小
时有效（€29）与4日有效
（€51）两种。凭卡可免费参
观各主要博物馆、美术馆、
城堡以及免费乘坐缆车和观
光小火车 Bimmelbahn。4日
有效卡还可乘坐哈茨窄轨
火车（→p.374）往返1次。
在旅游淡季，有的交通工具
会停运，而且为了避免赶上
一些景点关门，应事先在有
哈茨卡涵盖设施相关信息的
网站 www.harzcard.info 内
确认实际情况。可在哈茨地
区的各 ℹ️ 或上述网站购买
哈茨卡。

　　将哈茨地区的古老历史完整保存的小城戈斯拉尔，因始于 968 年的哈茨山银矿开发而发展起来。1050 年，神圣罗马帝国皇帝亨利三世建成城堡后，在 11 世纪至 13 世纪期间，多次在此召开帝国议会，戈斯拉尔也因此在历史上一度成为德国及欧洲的中心。13 世纪时就已加入汉萨联盟，金属商人把生意拓展到了英国和法国。1500 年前后，是当地银矿最繁盛的时期，所以木结构住宅的装饰也开始变得华丽起来。看到中世纪的贵族和商人的住宅，就能知道当时的戈斯拉尔是多么富足。

　　戈斯拉尔的老城区与拉默尔斯贝格的老矿山，已被列为世界遗产。

戈斯拉尔 漫 步

　　从火车站前向东南方向前行，马上就能到达老城区。沿着罗森特大街 Rosentorstr.，欣赏着利用城墙而建的酒店、教堂，步行 6～7 分钟，就是位于市中心的集市广场 Marktplatz。广场的一角上设有 ℹ️。

　　从集市教堂 Marktkirche 沿 Hoher Weg 前行，可以到达皇帝行宫 Kaiserpfalz 所在的广场。这座城市不大，所以花 2 小时就能转遍全城。老城区里的建筑，三分之二建于 1850 年之前，基本上是木结构的住宅。其中，有 168 栋建筑是 1550 年以前的中世纪时修建的。有利用 1528 年修建的住宅改建而成的僧侣屋博物馆、可以看到瓷人偶和泰迪熊的乐器与人偶博物馆、可以了解到哈茨山地与戈斯拉尔历史的戈斯拉尔博物馆、展示中世纪武器及刑具的茨温格宫博物馆等，很多非常有特色的博物馆。

沿着集市教堂北塔的台阶可以爬上去
（€2）, 11:00～17:00（冬季只限周五～周日）

投稿　戈斯拉尔的圣诞广场是通过网络投票选出来的"最美丽的圣诞广场（2012年）"第一名。虽然规模不算大，但是很多小吃摊都与其他地区不同，还可以喝到热的梅子酒Pflaumenwein。另外，还有可爱的垂耳兔和羊驼↗

拉默尔斯贝格矿山博物馆 Rammelsberger Bergbau-museum 位于城市的西南郊，需要乘坐巴士前往。

很适合在小巷中漫步的城市

戈斯拉尔 主要景点

雄伟的皇帝行宫
Kaiserpfalz ★★★

这座城堡是德国现存宫殿式建筑中规模最大的一座。11世纪由亨利三世所建。现在的城堡是19世纪重建。二层的帝国大厅与展现德国历史的巨型壁画都非常值得一看。地下有收藏着亨利三世墓碑的圣乌尔里希礼拜堂 St. Ulrich Kapelle。

修建在山丘之上

与行宫隔草坪而立的大教堂入口大厅 Domvorhalle 是11世纪亨利三世所建教堂唯一现存的部分。

集市广场
Marktplatz ★★★

集市广场周围有灰色的石板建筑、曾为行会会馆的 Kaiser Vault（现为酒店）、哥特式的市政厅。

戈斯拉尔
GOSLAR

0　50　100m

⋯⋯ 推荐游览线路

戈斯拉尔车站
Goslar

Bismarck-str.

Schwarzer Adler

Klubgartenstr.
夏萨克森霍夫酒店

阿施特曼酒店

Vititorwall
Neuwerk-Kirche

Petersilienstr.

雅克布教堂
Jakobkirche

Rosentorstr.

Breite Str.

松露餐厅

Bäcker str.
Hokenstr.

Fleischbänken

Schilderstr.
Jakobistr.

僧侣屋博物馆
（近代美术馆）
Mönchehaus

Münzstr.

Kornstr.

集市广场
Marktplatz

史密兹酒店

Marktstr.

集市教堂
Marktkirche

市政厅
Rathaus

开瑟沃斯酒店

布拉斯图克酒店

安德尔斯咖啡馆

An der Abzucht

Frankenberger Str.
Schreiberstr.

Bergstr.

Klapperhagen

Königstr.

Wallstr.

Köthenstr.

西门子故居
Siemenshaus

戈斯拉尔博物馆
Goslarer Museum

An der Gose

Kaiserbleek

Glockengießer

茨温格宫博物馆
Museum im Zwinger

Bergstr.

艾尔特斯德-吉奥克尔酒店
Klauskapelle

皇帝行宫
Kaiserpfalz

大教堂入口大厅
Domvorhalle

● 建有美丽建筑的道路
在戈斯拉尔，保存至今的古建筑多位于从西门子故居向西南方向延伸的 Bergstr. 及更靠西的 Petersstr.。Bergstr. 南侧相邻的 An der Gose 也保存有许多精美的木结构建筑。除此之外，还有多条美丽的街道，可以试着找一找。

● 皇帝行宫
🏠 Kaiserbleek 6
🕐 4~10月　　　10:00~17:00
　 11月~次年3月
　　　　　　　 10:00~16:00
🚫 举办活动时可能会暂停参观
💰 € 7.50

● 戈斯拉尔是女巫之乡
在戈斯拉尔的伴手礼店，经常能见到骑着扫帚的女巫人偶。相传，每年4月30日~5月1日的夜里，女巫们为了庆祝冬天过去，会在哈茨山脉的主峰布罗肯峰（→p.374）上与魔鬼一起举办宴会。歌德的《浮士德》中也谈到了这个非常有名的传说。这段时间的夜晚被称为"沃普尔吉斯之夜"，在从戈斯拉尔乘巴士20分钟可到达的汉尼克里 Hahnenklee 以及塔勒（→p.378）、布罗肯峰等地，会举行由普通女子扮成女巫的祭祀活动。午夜时分，女巫现身，祭祀活动达到高潮。

据说可为人带来好运的女巫人偶是非常受欢迎的伴手礼

🐾 等小动物可以喂食。

●集市广场的早市
　周二与周五上午开市，
有出售香肠、面包、蔬菜、
鲜花等商品的摊位。

演奏怀旧风格旋律的音乐报
时钟

●市政厅的尊奉厅
田 Kaiserbleek 6
田 本书调查时为 3/21~10/31
　与 11/3~12/31（除 12/24
　以外）的 11:00~15:00（周
　六、周日是 10:00~16:00）
圏 € 3.50
●拉默尔斯贝格矿山博物馆
田 Bergtal 19
　位于城市的西南部，从
戈斯拉尔车站前乘坐 803
路巴士大约 15 分钟，在
Berbaumuseum 站下车。
www.rammelsberg.de
田 9:00~18:00
　最后一个导览团的出发时
间是 16:30。
困 12/24・31
圏 参观博物馆的导览团 1 次
　€ 15

拉默尔斯贝格矿山的巷道

广场的中央有一个喷水池，池上有戴着王冠的帝国之鹰 Reichsadler 做出展翅飞翔的姿势。这只金色的鹰是戈斯拉尔的象征，广场地面上的石板也以喷水池为中心向四周呈放射状铺设。

喷水池上金光灿灿的帝国之鹰

市政厅 Rathaus 的正面墙壁为白色，建于 15 世纪。登上房屋前的阶梯，然后进入建筑内部，二层有一个大厅。这个大厅叫作尊奉厅 Huldigungssaal，是供市参议员们使用的房间，挂着美丽的壁画，还有金碧辉煌的装饰。

市政厅对面建筑的屋顶上安装有音乐报时钟 Glockenspiel，在 9:00、12:00、15:00、18:00 时会奏出优美的旋律。这个时钟是为了纪念位于戈斯拉尔近郊的拉默尔斯贝格矿山开矿 1000 年而制作的，还会出现矿工形象的人偶。

戈斯拉尔 近郊景点

拉默尔斯贝格矿山博物馆
世界遗产

Rammelsberger Bergbaumuseum
Map 地图外

拉默尔斯贝格矿山从 10 世纪就开始出产银、铜、铅等矿产，支撑着戈斯拉尔的经济发展，开采持续到 1988 年。现在，部分巷道得到整修，可以通过参加团体游（只有德语导游）的形式参观。

团体游有多个种类，包括步行进入废矿中 200 年前的吕德尔斯巷道 Der

拉默尔斯贝格的废弃矿山

Roeder-Stollen 的线路以及乘坐小火车参观矿井现代化采掘面的 20 世纪采掘 Bergbau im 20. Jahrhundert 项目、参观矿石筛选场 Aufbereitungsanlage 项目等。所需时间从 1 小时到 1 小时 20 分钟不等。如果时间充裕的话，也可以参加多个项目。矿井中，即使是夏季气温也只在 10℃左右，需穿着长袖上衣。有坡度较大的阶梯，所以最好按户外远足来准备自己的装束和鞋。

导游会带领游客参观废矿内部

戈斯拉尔的餐馆
Restaurant

安德尔斯咖啡馆
Barock-Café Anders

◆可以享受自制美味蛋糕和咖啡，并且小憩一会儿的好地方。二层是宽敞的咖啡厅区域。

Map p.369

田 Hoher Weg 4　☎（05321）23814
www.barockcafe-anders.de
田 8:30~18:00

  德国屈指可数的大型企业西门子公司的创始人维尔纳·冯·西门子的祖籍就在戈斯拉尔。建于 1693 年的西门子大楼是一座漂亮的木结构建筑，至今保存完好。

松露餐厅
Restaurant Trüffel

◆以地中海料理为主，例如沙拉、意面、牛排、鱼类菜肴等。米兰风味猪排 Piccata alla Milanese 的价格是€ 20，烤虾串附带蔬菜杂烩 2 Garnelen Spieße auf Ratatouille 的价格是€ 15。

⊞ Bäckerstr. 106　☎（05321）29677
URL www.restaurant-trueffel.de
🕙 11:30~14:30、17:30~23:00
❌ 周一晚间

戈斯拉尔的酒店
Hotel

※ 汉诺威举办展会期间个别酒店会涨价。

阿施特曼酒店
Der Achtermann

◆利用老城区入口的城墙改建而成的酒店，非常有个性。酒店内有室内游泳池。有 Wi-Fi（付费）。

⊞ Rosentorstr. 20　D-38640
☎（05321）70000　FAX（05321）7000999
URL www.der-achtermann.de
🏠 Ⓢ € 72~　Ⓣ € 102~　🏧 A D J M V

开瑟沃斯酒店
Kaiserworth

◆建于集市广场上的色彩鲜艳的高格调酒店。整栋建筑有 500 年历史，非常有韵味。有免费 Wi-Fi。

⊞ Markt 3　D-38640
☎（05321）7090　FAX（05321）709345
URL w w.kaiserworth.de
🏠 Ⓢ € 81~　Ⓣ € 97~　🏧 A D M V

夏萨克森霍夫酒店
Niedersächsischer Hof

◆距离车站较近的中档酒店。有免费 Wi-Fi。

⊞ Klubgartenstr. 1　D-38640
☎（05321）3160　FAX（05321）316444
URL www.Niedersaechsischerhof-goslar.de
🏠 Ⓢ € 79~139　Ⓣ € 109~139
🏧 A D J M V

布拉斯图奇酒店
Hotel Brusttuch

◆利用建于 16 世纪的古建筑改建而成的个性酒店。共有单人房 1 间、双人房 12 间，虽然房间数量不多，但是酒店有室内游泳池。餐厅的口碑也不错。公共区域有 Wi-Fi。

⊞ Hoher Weg 1　D-38640
☎（05321）34600　FAX（05321）346099
URL www.brusttuch.de
🏠 Ⓢ € 71~　Ⓣ € 125~　🏧 A D M V

艾尔特斯德 – 吉奥斯克尔酒店
Altstadt-Hotel Gosequell

◆距离皇帝行宫步行仅需 3 分钟。是一家三星级的木结构酒店。所有房间都覆盖 Wi-Fi。酒店内同时设有餐厅。

⊞ An der Gose 23　D-38640
☎（05321）34050　FAX（05321）340549
URL www.hotel-gosequell.de
🏠 Ⓢ € 39~84　Ⓣ € 64~120　🏧 M V

史密兹酒店
Gästehaus Schmitz

◆距离 ❶ 非常近的一家民宿旅馆。还有附带厨房和厨具、餐具的房间，预订时注明希望自炊，旅馆会为你安排相应的房型。没有 Wi-Fi。

⊞ Kornstr. 1　D-38640
☎（05321）23445　FAX（05321）306039
URL www.schmitz-goslar.de
🏠 Ⓢ € 47~　Ⓣ € 65~　🏧 不可使用

青年旅舍
Jugendherberge

◆青年旅舍距离市中心稍远，是一栋建于山丘之上的木结构建筑。早餐就餐结束后需要自行清洗餐具。从车站乘坐 803 路巴士在 Theresienhof 站下车，步行约 3 分钟可达。部分区域有 Wi-Fi（付费）。整栋建筑内禁烟。12/23~26 期间休业。

⊞ Rammelsberger Str. 25　D-38644
☎（05321）22240　FAX（05321）41376
URL www.jugendherberge.de/jh/goslar
🏠 附带早餐€ 23.60~、27 岁以上是€ 27.60~，午餐是€ 5.80、晚餐是€ 5.80　🏧 J M V

韦尼格罗德 *Wernigerode*

拥有尖顶市政厅与蒸汽火车的城市

集市广场上的早市

MAP ◆ p.284-A2

人　口	33500 人
长途区号	03943

ACCESS

铁路：从奎德林堡乘坐私铁 HEX（Harz ElbeExpress 的简称）大约需要 15 分钟，然后在 Halberstadt 换乘还需要 15 分钟。从戈斯拉尔乘坐 RE 快速或者 HEX 大约需要 35 分钟。

❶ 韦尼格罗德的旅游服务中心
Ⓜ Marktplatz 10　D-38855 Wernigerode
🚪 Map p.373-B1
☎（03943）5537835
📠（03943）5537899
🖥 www.wernigerode-tourismus.de
Ⓦ 周一～周五　9:00~18:00
　周六　10:00~16:00
　周日　10:00~15:00
　介绍小册子不是免费的。

●迷你观光列车
　共有 2 个公司在运行，往返只能乘坐同一家公司的列车。夏季是 20~25 分钟一趟，11 月～次年 4 月是 30~45 分钟一趟。单程€4，往返€6。

店门口有女巫人偶

韦尼格罗德完整地保存着许多古建筑，其保存状态在哈茨地区属于最好的城市之一。这里有色彩鲜艳的木结构房屋以及可俯瞰街区的韦尼格罗德城堡，还是开行于哈茨地区的蒸汽火车的始发地，因此很受游客喜爱。

韦尼格罗德 漫 步

　韦尼格罗德的火车站分为开往戈斯拉尔、哈尔伯施塔特方面的 DB（德国铁路）车站和开往布罗肯峰的哈茨窄轨火车车站。

　沿火车站前的道路步行 10 分钟左右，在与当地的主街道布莱特街 Breite Str. 相交的路口右转。布莱特街从中途开始为步行街，两侧排列着木结构的房屋。

　当地人引以为荣的市政厅 Rathaus 位于集市广场 Markt。广场上的建筑颜色非常亮丽，还设有蔬菜市场。在夏季，市场上摆放着咖啡桌、遮阳伞，变得更加热闹。

尖顶的市政厅仿佛绘本中出现的建筑

　在市政厅后面及布莱特街，有开往韦尼格罗德城堡的名为 Bimmelbahn 和 Schloßbahn 的观光小火车经过（冬季有时会更换成巴士）。如果步行前往城堡的话，需从城市边缘沿山路走 30~40 分钟。

建有有趣的尖顶的**市政厅**

Rathaus ★★★

现在所看到的木结构房屋始建于 1492~1497 年，1543 年遭遇火灾后重建。两座建有尖顶的 Erker 塔与主体建筑保持着很好的比例。安装在外墙上的木雕，有圣人、街头艺人、魔术师，非常有趣。

可以俯瞰全城的**韦尼格罗德城堡**

Schloss Wernigerode ★★★

城堡位于海拔 350 米高的山上，原为韦尼格罗德伯爵在 1110~1120 年所建。之后，城堡多次易主，在三十年战争期间还遭到废弃，最终成了现在的巴洛克与哥特复兴式建筑。

在 19 世纪经过大规模改建的城堡

● 市政厅
○ Map p.373-B1
　内部不能参观。

● 韦尼格罗德城堡
○ Map p.373-B2
🌐 www.schloss-wernigerode.
　de
📅 5~10 月
　每天　　　　10:00~18:00
　11 月~次年 4 月
　周二~周五　10:00~17:00
　周六·周日·节日
　　　　　　　10:00~18:00
　（闭馆前 30 分钟停止入
　场，11 月~次年 4 月的
　周二~周五 60 分钟前）
📅 11 月~次年 4 月的周一
💶 €6、学生 €5

韦尼格罗德
WERNIGERODE

0　50　100m

N

推荐游览线路

韦尼格罗德车站（DB）
Bahnhofplatz
韦尼格罗德车站
（哈茨窄轨铁路）

Vor der Mauer

Bahnhofstr.

Rudolf-Breitscheid-Str.

Mauergasse

Halberstädter Str.

A

Pfarrstr.

Bahnhofstr.

St.-Johanniskirche

Grüne Str.

Ramada H
Treff Hotel

Albert-Bartels-Str.

Pfarrstr.

Schäferstr.

Grubestr.

Johannisstr.

城市巴士车站

Brete Str.

Grosse Schenkstr.

Ringstr.

Grosse Bergstr.

Unter den Zindeln

Nikolaiplatz

旧城墙

Westentor

Hintersir.

Heidestr.

Mittelstr.

Unter den Zindeln

Westernstr.

维格黑尔茨酒店

集市广场
Markt

Unterengengasse

Büchlingenstr.

Kleine Bergstr.

W. Rathenau-Str.

格蒂赫斯豪斯酒店

哈茨博物馆

市政厅
Rathaus

宾梅尔线游览车站

祖尔波斯特酒店

Lindenallee

Schiefes
Haus（斜屋）

Vorwerk

Oberpfarrkirchhof

Sylvestrikirche

Oberengengasse

Markstr.

Liebfrauenkirche

（城堡方向）

Johann-Sebastian-Bach-Str.

Kanzleistr.

Teichdamm

Kochstr.

Kleinste Haus（迷你小屋）

Burgberg

韦尼格罗德城堡
Schloss Wernigerode

齐乐巴赫河
Zillerbach

Am Schloss

B

1　　　2

373

城堡内部现为博物馆并对外开放，介绍伯爵家的历史及19世纪的日常生活。

哈茨博物馆
Harzmuseum ★

博物馆位于市政厅后面的木结构住宅中，规模不大。展厅在二层，主要展出哈茨地区的植物、岩石、动物等与自然科学有关的展品。

参观木结构住宅
Fachwerkhäuser ★

开往韦尼格罗德城堡的观光小火车宾梅尔线 Bimmelbahn 在花卉时钟发车，旁边是斜屋 Schiefes Haus。这座建筑建于1680年，原为安放水车的小屋。带动水车转动的水渠里的水侵蚀了住宅的地基，所以整个建筑变得非常倾斜。Schiefe 就是"倾斜"的意思。

中间的房屋就是 Kleinste Haus

建于18世纪中叶的韦尼格罗德最小的住宅建筑就是 Kleinste Haus。面朝道路的墙体只有3米宽。还有建于1400年前后的当地最古老的住宅 Ältestes Haus（囲 Hinterstr. 48），可以去那里一边散步，一边欣赏街景。

韦尼格罗德 近郊景点

传说中女巫会聚的山峰布罗肯峰　世界遗产
Brocken　Map p.284-A2

布罗肯峰位于原东德与西德的边境线上，是哈茨地区最高的山峰。虽然海拔只有1142米，但很多人应该都听说过"布罗肯现象"。当阳光水平地照射到云雾缭绕的山顶时，背对光线而立的人的影子就会映到雾中，并且影子周围还会出现光圈。因在布罗肯经常能观测到这种现象，所以以布罗肯来命名，也被称为"布罗肯的妖怪"。1年当中平均260天会起雾，其中有100天全天都会被雾笼罩。因此布罗肯峰自古以来就被视为一座神秘的山峰。在歌德的《浮士德》中，这里也被描写为在沃普尔吉斯之夜会有女巫聚集的地方，山顶附近立有纪念歌德的石碑。

两德统一前，这里安装有秘密警察的雷达设备，普通人无法进入。

在哈茨窄轨铁路 Harzer Schmalspurbahnen 的布罗肯线，两德统一后，蒸汽火车（SL）立即重现开始运行，深受游

布罗肯峰顶。右侧有球形屋顶的建筑为布罗肯博物馆。左侧为住宿设施

● 哈茨博物馆
囲 Klint 10
⇨ Map p.373-B1
囲 周一~周六　10:00~17:00
　（最终入场~16:30）
囲 周日
圏 € 2、学生 € 1.30

木结构房子错综排列的 Kochstr.

● Kleinste Haus（迷你小屋）
囲 Kochstr. 43
⇨ Map p.373-B1
囲 4~10月
　每天　　　　10:00~16:00
　11月~次年3月
　周二~周五　11:00~15:00
　周六、周日　11:00~16:00
囲 11月~次年3月的周一
圏 € 1

● 哈茨窄轨铁路
　韦尼格罗德~布罗肯峰之间的SL，乘坐时间为1小时40分钟~2小时。往返的费用是€39。
时刻表可参考以下网址
Harzer Schmalspur-
bahnen GmbH
囲 Friedrichstr. 151
　D-38855 Wernigerode
☎ (03943) 5580
🔲 www.hsb-wr.de

富有怀旧感的 SL 小火车

编外话　韦尼格罗德郊外的 Harzer Baumkuchen Friedrich（囲 Neustadter Ring 17　🔲 www.harzer-baumkuchen-friedrich. de），周五及周六从14:00开始，可以免费观看年轮蛋糕的制作过程。还可以在工厂里的咖啡厅品尝年轮蛋↗

客喜爱。从韦尼格罗德至布罗肯需 2 小时左右。去时，火车开行方向的左侧风景更好。终点站布罗肯峰上建有布罗肯博物馆 Brockenmuseum 等设施。

布罗肯有许多当地特有的植物，可以沿山顶巡游小路步行游览，欣赏充满绿色的哈茨山脉。

● 在夏季气温也很低的布罗肯山顶

布罗肯山顶，即便在夏季，多数时间也会比较寒冷，所以不要忘记带上羊毛衫等可保暖的上衣。

● 布罗肯博物馆
URL www.nationalpark-brockenhaus.de
開 9:30~17:00
圏 € 5、学生 € 3

电视塔・
布罗肯博物馆 Brockenmuseum
云之家 Wolkenhäuschen
电信通行设施
布罗肯山顶站 Brockenbahnhof
原俄罗斯军驻地
环游步行线路 Rundwanderweg
Schierke Drei Annen Hohne Wernigerode 方向
气象观测站 Wetterwarte
布罗肯山顶 Brockenheide
布罗肯花园 Brockengarten
恶魔说教坛及女巫祭坛 Teufelskanzel und Hexenaltar
N
布罗肯山顶 BROCKEN

到达了布罗肯山顶站

韦尼格罗德的酒店
Hotel

维格黑尔茨酒店
Weisser Hirsch

◆位于市政厅对面的木结构建筑。无论是外观还是内装都很漂亮，是一家人气很高的酒店。自助早餐的种类也有很多种选择。酒店的一层是餐厅。同时设有新馆。有桑拿房。有免费 Wi-Fi。

Map p.373-B1
囲 Marktplatz 5 D-38855
☎ (03943) 267110
FAX (03943) 26711199
URL www.hotel-weisser-hirsch.de
圏 Ⓢ € 82~ Ⓣ € 112~ 附带早晚餐 （Halbpension）每人追加 € 24
囲 Ⓐ Ⓙ Ⓜ Ⓥ

格蒂斯赫斯豪斯酒店
Gothisches Haus

◆位于市政厅旁的大型高档酒店。内部有桑拿房、按摩浴缸、健身房等设施。有免费 Wi-Fi。

Map p.373-B1
囲 Marktplatz 2 D-38855
☎ (03943) 6750 FAX (03943) 675555
URL www.travelcharme.com/hotels/gothisches-haus
圏 Ⓢ € 92~191 Ⓣ € 128~312
囲 Ⓐ Ⓜ Ⓥ

祖尔波斯特酒店
Zur Post

◆这是一家中档酒店，是充满浪漫色彩的木造建筑，内饰和家具也非常可爱。有 Wi-Fi。

Map p.373-B1
囲 Marktstr. 17 D-38855
☎ (03943) 69040
FAX (03943) 690430
URL www.hotelzurpost-wr.de
圏 Ⓢ € 58~ Ⓣ € 95~ 囲 Ⓐ Ⓓ Ⓥ

🍰 糕。前往时，可从韦尼格罗德火车站乘开往 Floßplatz 的 4 路巴士，在 Baumkuchenhaus Nr.1 下车（周六、周日在 Charlottenlust 下车，步行 10 分钟左右）。工厂呈年轮蛋糕形状，很容易就能找到。

柏林
奎德林堡 ★
法兰克福
慕尼黑

奎德林堡 *Quedlinburg*

排列着美丽木结构建筑的世界遗产之城

MAP ▶ p.284-A2

人 口	19900 人
长途区号	03946

ACCESS

铁路： 从柏林乘坐 RE 快速约需 1 小时 40 分钟，从马格德堡乘坐私铁 HEX（HarzElbe Express）约需 1 小时 15 分钟。

❶ **奎德林堡的旅游服务中心**

⌂ Markt 4　D-06484
☎（03946）905624
📠（03946）905629
🖥 www.quedlinburg.de
🕐 5~10 月
　周一·周二　　9:30~18:30
　周三·周六　　9:30~20:00
　周日　　　　9:30~15:00
　11 月~次年 4 月
　周一~周四　　9:30~17:00
　周五·周六　　9:30~18:00

世界遗产

奎德林堡的老城区、城堡、圣塞瓦提乌斯修道院
（1994 年被列为世界遗产）

● **木结构房屋博物馆**

⌂ Wordgasse 2-3
🕐 周四~下周三 10:00~17:00
　（11 月~次年 3 月是 13:00~16:00）
🚫 周四、12/24·25·31、1/1
💰 €2、学生 €2

● **圣塞瓦提乌斯修道院**

🕐 5~10 月
　周二~周六　10:00~17:30
　周日·节日　12:00~17:30
　11 月~次年 4 月
　周二~周六　10:00~15:30
　周日·节日　12:00~15:30
　（4 月~16:30）
闭馆前 30 分钟停止入场。6~9 月的周六будет有音乐会在此举行，于 16:00 闭馆。
🚫 周一、12/24·25·31、1/1
💰 教堂与珍宝馆 €4.50、学生 €3。主教堂、珍宝馆、地下圣堂 €6，学生 €4。另外还有与城堡博物馆的组合套票。教堂内部禁止拍照。

集市广场旁的市政厅

　　奎德林堡位于由哈茨山流下的泉水汇集而成的博德河畔，是一座有着 1000 年历史的古都，小城内木造结构的房屋整齐地排列着。老城区几乎没有受到战火的侵害，保存着中世纪以来贸易昌盛的景象，因此被联合国教科文组织列入《世界遗产名录》。

奎德林堡　漫　步

　　沿着车站正前方的班霍夫大街 Bahnhofstr. 直行 5 分钟后，经过 Turnstr. 路口然后在下一个路口 Heiligegeiststr. 向左转，沿着这条路再继续前行 5 分钟，右手边便是美丽的集市广场了。广场正对面是市政厅 Rathaus，左侧相邻而建的是罗兰骑士像 Roland，这座雕像象征着整座小城的自由与公正。❶ 位于市政厅右侧的建筑物内。

　　沿着集市广场周围的道路走，无论哪一条路两边都是一栋栋的木结构房屋。而且，集市广场附近还有一座木结构房屋博物馆 Fachwerkmuseum "Ständerbau"，展示了后哥特式建筑以及青年美术流派的住宅模型，还可以了解这些房屋的保存、修缮等历史变迁。

　　位于城镇西南方城堡山 Schlossberg 的木结构房屋的建筑群不容错过。城堡为德国第一代君王亨利一世的居所之一，建于 919 年。国王死后，整座城堡变为了女子修道院。沿着坡路向上走，可以俯瞰整个街区红砖

最吸引人的就是这些美丽的建筑

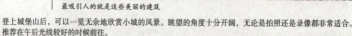

✉ 投稿　登上城堡山后，可以一览无余地欣赏小城的风景。眺望的角度十分开阔，无论是拍照还是录像都非常适合。推荐在午后光线较好的时候前往。

色的景色。城堡山最大的看点是，建于 12 世纪的附属于女子修道院的圣塞瓦提乌斯修道院 Stiftskirche St. Servatius，这是一座呈拉丁十字形的罗马式建筑，非常气派。祭坛左右的法器室内也有宝物展出。

　　教堂的隔壁是城堡博物馆 Schlossmuseum，可以顺道参观一下。

●城堡博物馆
🏛 Schlossberg 1
🕐 4~10 月　　　　10:00~18:00
　　11 月~次年 3 月
　　　　　　　　　10:00~16:00
🚫 周一、12/24·25·31、1/1
💰 € 4、学生 € 3

奎德林堡
QUEDLINBURG

奎德林堡的酒店
Hotel

※ 入住奎德林堡需要每人缴纳 € 2.50 的疗养税。

Map p.377

狄奥法诺浪漫酒店
Romantik Hotel Theophano

◆每一间房间都拥有自己的浪漫特点。酒店没有电梯。在葡萄酒窖内享受早餐也是一件非常有趣的事情。1 月份全馆休息。有免费Wi-Fi。

🏛 Markt 13/14（入口在 Hohe Str. 一侧）
☎ (03946) 96300　📠 (03946) 963036
🌐 www.hoteltheophano.de　💳 A M V
💰 Ⓢ € 65~105　Ⓣ € 85~145

Map p.377

祖姆巴尔酒店
Zum Bär

◆创业于 1748 年，由历史悠久的木结构房屋改建成的酒店。没有电梯。有免费 Wi-Fi。

🏛 Markt 8-9　D-06484
☎ (03946) 7770　📠 (03946) 700268
🌐 www.hotelzumbaer.de
💰 Ⓢ € 58~　Ⓣ € 90~　💳 D J M V

Map p.377

奎德林堡霍夫酒店
Hotel Quedlinburger Hof

◆位于车站附近的中档酒店。虽然房间的设施很朴素，但是干净舒适。只有部分区域可以使用 Wi-Fi（免费）。

🏛 Harzweg 1　D-06484
☎ (03946) 77870　📠 (03946) 778719
🌐 www.quedlinburgerhof.de
💰 Ⓢ € 59~　Ⓣ € 89~　💳 A M V

Map p.377

青年旅舍
Jugendherberge

◆旅舍位于 Neuendorf 与 Goldstr. 十字路口的一角处，是一栋黄色的木结构房屋。入口是位于 Goldstr. 一侧的绿色大门，按门上的铃便会有人从里面开门。部分区域有 Wi-Fi（付费）。11 月~次年 2 月期间休息。

🏛 Neuendorf 28　D-06484
☎ (03946) 811703　📠 (03946) 811705
🌐 www.jugendherberge-quedlinburg.de
💰 附带早餐 € 19.50~、床单费 € 4~、
　27 岁以上加收 € 3　💳 A M V

编外话　位于城堡山西北侧的明岑山山顶，是拍摄圣塞瓦提乌斯修道院的绝佳地点。山顶上有建于10世纪的玛利亚修道院遗址，道路两旁木结构的房屋鳞次栉比。

柏林与歌德之路·哈茨地区

奎德林堡

塔勒 *Thale*

拥有女巫和白马蹄传说的山地

登上有女巫传说的山峰的厢式登山缆车

MAP ◆ p.284-A2

人　口	18000人
长途区号	03947

ACCESS

铁路：从奎德林堡乘坐私铁 HEX 大约需要 10 分钟，从马格德堡大约需要 1 小时 30 分钟，从韦尼格罗德出发需要在哈尔伯施塔特转换车，车程约需 1 小时。

ℹ️ **塔勒的旅游服务中心**
- ✉️ Bahnhofstr. 1　D-06502
- ☎️ (03947) 77680000
- 📠 (03947) 7768019
- 🌐 www.bodetal.de
- 🕐 周一～周五　8:00~18:00
  周六・周日・节日
  9:00~15:00

● **椅式登山缆车与厢式登山缆车**
- 🌐 www.seilbahnen-thale.de
- 💰 椅式登山缆车往返 €4
  厢式登山缆车往返 €6.50
  组合套票 €9.50

　　塔勒是位于哈茨山地中的一座小镇。博德河对岸的山上流传着女巫的传说，至今仍有些许诡异的氛围在空气中弥散。

　　从车站出来之后，大约正前方的位置便是 ℹ️。向西直行过河后，大约 10 分钟便可到达椅式登山缆车的乘车处。

　　塔勒还是世代流传的"白马蹄"Rosstrappe 传说的舞台，乘坐椅式登山缆车到站后，步行 15~20 分钟便可看到两座悬崖。切记一定要穿着方便行走的鞋子。"Rosstrappe"是"马蹄印记"的意思，悬崖边缘的一块岩石上有清晰可见的马蹄印记。而且这里风景秀丽是绝好的观景点，也被称为德国的大峡谷。

瓦尔普吉斯大厅

　　从椅式登山缆车下来后，接着需要向对面的山峰方向移动。厢式登山缆车的乘车处就位于椅式登山缆车站的附近。到达山顶之后，首先向左前行。这边有上演露天剧的哈茨山顶剧院 Harz Bergtheater 和成为博物馆的瓦尔普吉斯大厅 Walpurgishalle。接下来是野生动物园 Tierpark 的所在地女巫舞池 Hexentanzplatz。这里以前曾经是女巫们举办酒宴的场所。之所以有这样的传说，是因为这里以前曾经是祭祀场所，女巫曾经在这里被处以火刑后用来供奉。如今女巫玩偶已经成为这里的纪念品商店里最有人气的商品，而且是作为"带来好运"的吉祥物在售卖。

📧 投稿　去往女巫舞池 Hexentanzplatz 方向的登山缆车有红色和绿色之分。绿色的缆车脚下是透明的，可以看见脚下 200 米的谷底深渊。如果胆小不敢乘坐，可以换给排在后面的人。

1 德累斯顿的圣诞市场。面朝市中心的繁华街道，人流涌动 2 诞生于厄尔士地区的矿工人偶 3 德累斯顿地区不仅有信号灯小绿人，还有信号灯小红人（女孩） 4 萨克森小瑞士国家公园内的柯尼希施泰因要塞 5 位于德累斯顿新城区的人气地点——艺术廊街的中庭

Bärenstark!

Vögel !!

德累斯顿及周边地区

Dresden / Sachsen

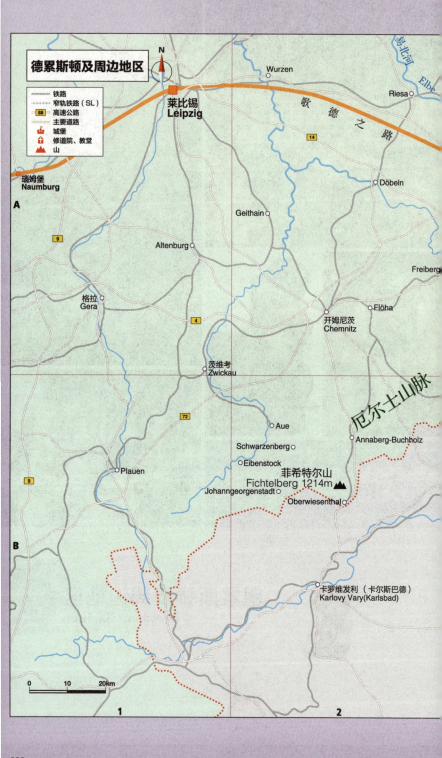

德累斯顿及周边地区

铁路
窄轨铁路（SL）
88 高速公路
主要道路
城堡
修道院、教堂
山

N

易北河
Elbe

歌德之路

Wurzen

Riesa

莱比锡
Leipzig

14

瑙姆堡
Naumburg

Döbeln

A

9

Geithain

Altenburg

Freiberg

格拉
Gera

4

Flöha

开姆尼茨
Chemnitz

茨维考
Zwickau

厄尔士山脉

72

Aue

Annaberg-Buchholz

Schwarzenberg

Eibenstock

菲希特尔山
Fichtelberg 1214m

Plauen

9

Johanngeorgenstadt

Oberwiesenthal

B

卡罗维发利（卡尔斯巴德）
Karlovy Vary(Karlsbad)

0   10   20km

1   2

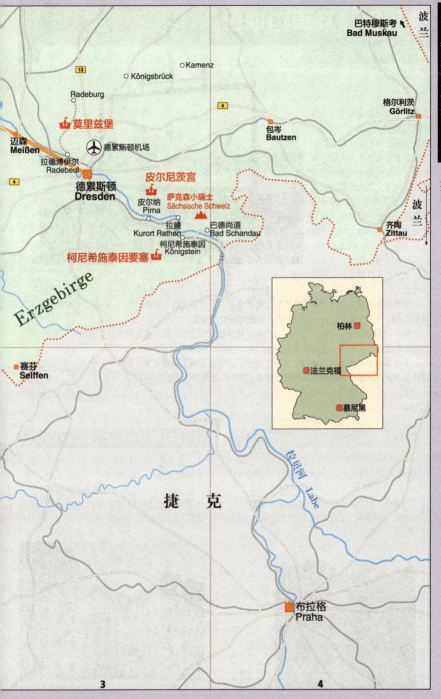

巴特穆斯考
Bad Muskau

波兰

Kamenz

Königsbrück

13

Radeburg

格尔利茨
Görlitz

莫里兹堡

迈森
Meißen

德累斯顿机场

包岑
Bautzen

拉德博伊尔
Radebeul

4

波兰

皮尔尼茨宫

德累斯顿
Dresden

皮尔纳
Pirna

萨克森小瑞士
Sächsische Schweiz

齐陶
Zittau

拉腾
Kurort Rathen

巴德尚道
Bad Schandau

柯尼希施泰因
Königstein

柯尼希施泰因要塞

Erzgebirge

赛芬
Seiffen

柏林

法兰克福

慕尼黑

捷 克

拉贝河 Labe

布拉格
Praha

3

4

德累斯顿及周边地区

萨克森州是萨克森人曾经居住过的地方，位于与波兰、捷克接壤的原东德东南部。州首府德累斯顿，建有多座巴洛克式的宫殿，整个城市景色优美，被誉为"易北河畔的佛罗伦萨"。歌德曾多次造访此地，了解当地的艺术与文化，欣赏易北河沿岸的风景。曾经的萨克森王国凭借易北河贸易与银矿开采而获得了巨大财富，其文化遗产中，最著名的就是迈森瓷器。

在易北河岸边透过画框观看老城区的景色，仿佛绘画一般

位于德国与捷克边境附近易北河畔的砂岩溪谷有所谓的"萨克森小瑞士"，景色非常美丽，陡峭的山崖看上去很有冲击力，所以那里也是欧洲的攀岩胜地。

另外，绵延在德捷边境上的厄尔士山脉，曾经是银和锡的产地，也是萨克森王国的重要财源。曾经的矿区赛芬，现在成了木偶玩具的生产地。

位于波兰与捷克边境附近的上劳西茨地区，居住着被称为索布人的少数民族。包岑的车站名、道路名都使用德语和索布语这两种语言标记，这样的城市在德国非常少见。

游览提示

德累斯顿是德国东部的铁路枢纽之一，与柏林和莱比锡之间的交通都很便利。乘坐 EC 特快，2 小时 20 分钟左右就能到达布拉格。德累斯顿与布拉格之间的铁路线是著名的风景线路，乘客可以透过车窗欣赏易北河沿岸的风光。

在"萨克森小瑞士"地区可以透过火车车窗看到巴斯泰桥

住宿指南

德累斯顿有很多大型酒店，但价格偏高。中等酒店较少，想要入住的话最好提前订房。尤其是举办圣诞市场的时候以及夏季，入住酒店的客人会比较多。其他城市的酒店数量要比德累斯顿少很多。

德累斯顿的老城区中心有很多高级酒店

特产与美食

萨克森州的名特产是迈森的瓷器与厄尔士地区的手工木偶及玩具。德累斯顿的特产是一种被称为"鸡蛋布丁蛋糕"Eierschecke 的芝士蛋糕。另外圣诞蛋糕 Stollen、年轮蛋糕也是德国东部的最正宗。

上／德累斯顿圣诞市场上烤制的 Stollen
右／里面有许多干果和坚果

装饰在窗户旁边的木偶模型

厄尔士地区的传统天使人偶

值得珍藏一生的迈森瓷器

口感极好的 Eierschecke

正宗的年轮蛋糕是切成薄片吃的

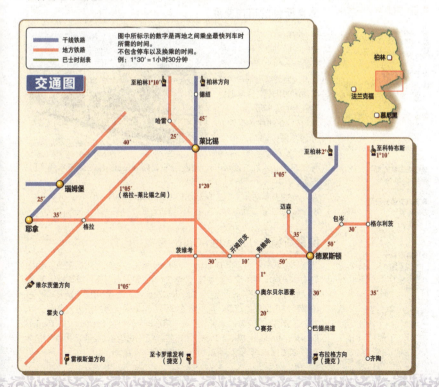

干线铁路
地方铁路
巴士时刻表

图中所示的数字是两地之间乘坐最快列车时所需的时间。
不包含停车以及换乘的时间。
例：1°30′＝1小时30分钟

交通图

至柏林1°10′　柏林方向
　　　　　　　德绍
哈雷　　　45′
　　　25′
　　40′　莱比锡
　　　　　　　　　至柏林2°　至科特布斯
　　　　　　　　　　　　　　　1°10′
　　　　　　　　1°05′
瑞姆堡　1°05′　　1°20′
　25′　（格拉~莱比锡之间）
　　35′　　　　　　　迈森
耶拿　　格拉　　　　　　包岑　格尔利茨
　　　　　　　　　　　35′　30′
　　　　茨维考　开姆尼茨　弗赖塔　50′
　　　　　　30′　10′　50′　德累斯顿
维尔茨堡方向　　　　　　1°
　1°05′　　　　奥尔贝尔恩豪　30′　35′
霍夫　　　　　　　20′　　巴德尚道
　　　　　　　赛芬
雷根斯堡方向　至卡罗维发利　布拉格方向　齐陶
　　　　　　　（捷克）　（捷克）

柏林
法兰克福
慕尼黑

德累斯顿 *Dresden*

游览"易北河畔的佛罗伦萨"

在易北河岸边远眺老城区

MAP ● p.381-A3	
人 口	53800 人
长途区号	0351

ACCESS

铁路: 从柏林中央车站车乘坐 EC 特快大约需要 2 小时。从捷克的布拉格乘坐 EC 特快大约需要 2 小时 20 分钟。从莱比锡乘坐 ICE 特快大约需要 1 小时 5 分钟,从法兰克福大约需要 4 小时 20 分钟。

机场与市内的交通: 德累斯顿机场候机大厅下站与中央车站(经由新城)由 S-Bahn 相互连接,20~40 分钟一趟车。到达中央车站大约需 20 分钟,单程票价为€ 2.30。

● **德累斯顿的旅游服务中心**

☎ (0351) 50160501

📠 (0351) 50160509

🖥 www.dresden.de/tourismus

● **老城区的 ❶**

🏠 Neumarkt 2(位于一座叫作 Quartier F 的购物中心内)

⬤ Map p.385-A1

🕐 周一~周五　10:00~19:00
　　周六　　　10:00~18:00
　　周日　　　10:00~15:00

● **中央车站的 ❶**

🕐 8:00~20:00

● **市内交通费用**

普通车票		€ 2.30
1 日通票	成人	€ 6
	家庭	€ 9

● **德累斯顿卡**

1 人用 Einzel	城市卡 City Card	地区卡 Regio Card
1 天用 1 Tag	€ 10	€ 20
2 天用 2 Tage	€ 15	€ 30
2 天 + 2 Tage+	€ 35	€ 50
3 天用 3 Tage	€ 20	€ 40

曾被誉为"百塔之都"的德累斯顿,中世纪凭借易北河的便利交通而发展成了一个繁荣的商业城市,16 世纪以后是萨克森王国的首都。巴洛克式的宫殿、教堂以及贵族的城堡在第二次世界大战中毁于空袭。

享有盛誉的森帕歌剧院 1985 年得到重建,曾变成废墟的圣母教堂在两德统一后开始重建,2005 年完工。这座城市恢复了艺术与文化之都的风采。

德累斯顿的市内交通

有轨电车是市内最主要的交通工具。虽然部分有轨电车内也设有自动售票机,但最好还是在中央车站前的售票处或自动售票机上购买车票。

开行于市内的黄色有轨电车

有 60 分钟内有效的普通车票 Stundenfahrt 以及开始使用时至次日 4:00 有效的 1 日通票 Tageskarte、家庭乘车卡 Familientageskarte 等不同种类车票。

从中央车站前(中央车站北口 Hbf. Nord)去往市中心,可乘开往 Bühlau 的 11 路有轨电车,在距离茨温格宫很近的第三站 Postplatz 下车。

德累斯顿卡 Dresden-Card

凭德累斯顿城市卡 Dresden-City-Card 可在有效期内随意乘坐车市内的公共交通工具,参观美术馆、博物馆等主要景点时还可以享受优惠票价。如果使用德累斯顿地区卡 Dresden-Regio-Card,还可以乘坐火车前往德累斯顿之外的迈森、柯尼希施泰因,可享受优惠的景点也更多。另外,还有两日内有效的德累斯顿卡 + 博物馆卡的组合 Dresden City Card + Dresden Museums Card 2 Tage,可以随意乘坐市内公共交通工具并且可以免费参观 14 家博物馆。每一种卡都有家庭卡。在 ❶ 购买。

  投稿　设有 ❶ 的 Quartier F 大厦内,有迈森瓷器的奥特莱斯店。圣诞市场举办期间,周日也正常营业。不妨去逛一逛,看看是否能找到自己喜欢的商品。

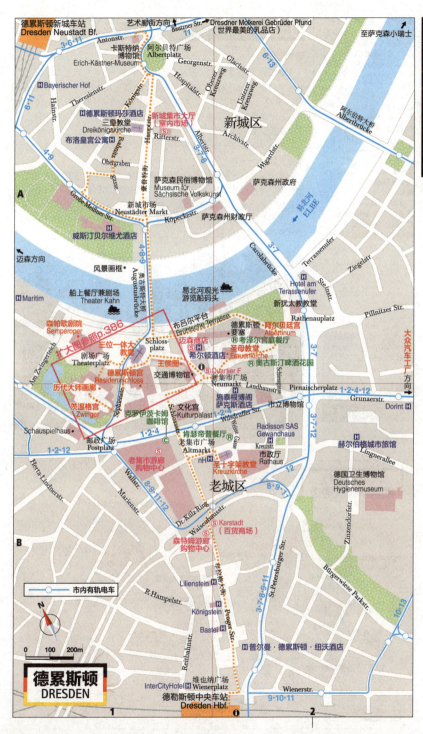

德累斯顿新城车站
Dresden Neustadt Bf.

艺术廊街方向 Bautzner Str. ← Dresdner Molkerei Gebrüder Pfund
（世界最美的乳品店）

至萨克森小瑞士

卡斯特纳博物馆 阿尔贝特广场
Erich-Kästner-Museum Albertplatz

阿尔伯特大桥
Albertbrücke

H Bayerischer Hof

新城区

H德累斯顿玛莎酒店
三皇教堂 新城集市大厅
Dreikönigskirche （室内市场）
布洛皇宫公寓 Ritterstr.

萨克森州政府

萨克森民俗博物馆
Museum für
Sächsische Volkskunst

迈森方向
新城市场
Neustädter Markt 萨克森州财政厅

威斯丁贝尔维尤酒店

易北河
ELBE

H Maritim

风景画框

船上餐厅兼剧场
Theater Kahn

易北河观光
游览船码头

Hotel am
Terassenufer
新犹太教堂

森帕歌剧院
Semperoper
扩大图参照p.386

布吕尔平台
Brühlsche Terrasse

德累斯顿
Rathenauplatz

要塞 阿尔贝廷宫
Albertinum

三位一体大教堂
剧院广场
Theaterplatz

迈森商店 圣母教堂
希尔顿酒店 Frauenkirche

大众汽车工厂
方向

德累斯顿王宫
Residenzschloss

交通博物馆

Quartier F
新集市广场
Neumarkt Landhausstr.

历代大师画廊
茨温格宫
Zwinger

文化宫
Kulturpalast

施泰根博阁
萨克斯酒店

市立博物馆

Pirnaischerplatz

Dorint H

Schauspielhaus

克罗伊茨卡姆
咖啡馆

邮政广场
Postplatz

肯瑟帝普餐厅
老集市广场
Altmarkt

Radisson SAS
Gewandhaus

市政厅
Rathaus

赫尔伯格城市旅馆
Lingnerallee

老集市游廊
购物中心

圣十字架教堂
Kreuzkirche

老城区

德国卫生博物馆
Deutsches
Hygienemuseum

Dr.-Külz-Ring

Karstadt
（百货商场）

森特姆游廊
购物中心

市内有轨电车

Lilienstein

Königstein

Bastei

普尔曼·德累斯顿·纽沃酒店

德累斯顿
DRESDEN

0 100 200m

InterCityHotel H Wienerplatz
维也纳广场
德累斯顿中央车站
Dresden Hbf.

如果准备德累斯顿1日游的话推荐购买博物馆群1日通票（→p.388），比德累斯顿1日通票好用一些。只需花费€19购卡，所有国立博物馆、美术馆都可以参观。不包含车票。

385

●德累斯顿市内观光巴士

比较著名的有 Stadtrundfahrt Dresden 公司经营的 Grand City Tour。用 1 小时 30 分钟左右的时间巡游市内各主要景点,每天 9:30~17:00,每隔 15~30 分钟发一班车(各线路的出发地点不一)。1 天之内可在所乘巴士的线路上自由上下车,€ 20。另外,还有去往郊外的迈森、萨克森小瑞士、皮尔尼茨宫的线路(费用为每人 € 12~)。关于详细的运行时刻表(根据季节会有所变动),可在 ❶ 或直接向 Stadtrundfahrt Dresden 公司查询。

🏠 Königstr. 6
　　D-01097 Dresden
🖳 www.stadtrundfahrt.com
☎ (0351) 8995650
📠 (0351) 8995660

据说歌德也曾对 Brühlsche Terasse 的景色大加赞赏

德累斯顿 漫步

老城区

❶ 位于中央车站内。从车站的北口出来,就是有轨电车站所在的维也纳广场 Wienerplatz,从那里有向北延伸的步行街布拉格大街 Prager Str.。沿着两边建有酒店、百货商场、购物中心的布拉格大街前行 10 分钟左右,就是德累斯顿的发祥之地老集市广场 Altmarkt。广场的东南侧是圣十字架教堂 Kreuzkirche。

穿过 Wilsdruffer Str. 继续前行,右侧是德累斯顿管弦乐团所在的玻璃幕墙式建筑——文化宫。

走过文化宫,就是德累斯顿景点最为集中的区域。东侧有白色圆顶的教堂就是圣母教堂 Frauenkirche,西侧有德累斯顿宫 Residenzschloss 及茨温格宫 Zwinger 等雄伟的建筑。

在易北河的岸边有名为 Brühlsche Terasse 的美丽步道。河岸下面是易北河观光游览船 Weisse Flotte(→ p.392)的乘船码头。

展出萨克森王室珍宝的王宫

茨温格宫与
德累斯顿宫周边

⬅ 入口处标

森帕歌剧院
Semperoper

奥古斯特大桥方向

剧场广场
Theaterplatz

市内观光巴士车站

4·8·9

公共厕所

Ⓡ Alte Meister

历代大师画廊
Gemäldegalerie Alte Meister

数学-物理学博物馆
Mathematisch-Physikalischer Salon

Ⓒ 欣克尔瓦赫咖啡馆
Chiaverigasse

三位一体大教堂
Kathedrale St. Trinitatis

Schloss-
platz

茨温格宫
Zwinger

(关闭中)
Schinkelwache
(森帕歌剧院的售票处)

历史绿穹珍宝馆(一层)
Historisches Grünes Gewölbe

德累斯顿宫
Residenzschloss

王侯图(壁画)
Der Fürstenzug

Augustusstr.

•王冠之门
Kronentor

护城河

Sophienstr.

Kanzlei-
gässchen

str.

❼ 德累斯顿宫
瑞士酒店

迈森陶瓷的大钟琴

瓷器收藏馆
Porzellansammlung

Taschenberg

Schloss-

Sporer-Gasse

Schlossergasse

N

0 25 50m

❼ 塔森博格帕莱
凯宾斯基酒店

新城

易北河对岸是新城，也就是所谓的新城区。走过奥古斯特大桥，就来到名为新城市场 Neustädter Markt 的广场。广场上立有骑马的金色奥古斯特二世像。据说，虽经历了第二次世界大战的战火，但在瓦砾堆中被发现时竟然毫发无伤。

再往前，就是街边种有法国梧桐的豪普特街 Hauptstr.，一直通往阿尔贝特广场 Albertplatz。《埃米尔捕盗记》《两个小洛特》的作者、著名作家艾利克·卡斯特纳就出生在广场附近，卡斯特纳博物馆 Erich-Kästner-Museum 也离此不远。

金光闪闪的奥古斯特二世骑马像

主要景点

德累斯顿

萨克森国王的居城德累斯顿宫
Residenzschloss ★★

宫殿内的绿穹大厅 Grünes Gewölbe 收藏着萨克森王室的宝物，现为珍宝馆和博物馆。特别是一层的历史绿穹珍宝馆 Historisches Grünes Gewölbe，有许多镶嵌着金银、宝石、琥珀的中世纪至文艺复兴早期的珍贵宝物，非常值得一看（一层限制参观者人数，需要指定时间的门票）。

二层的新绿穹珍宝馆 Neues Grünes Gewölbe，展出 16 世纪以后的象牙、水晶、珐琅器等工艺品。

兵器展厅 Rüstkammer 里有骑士使用过的盔甲、枪、剑等武器。豪华的大厅 Riesensaal 看上去宛如中世纪的历史画卷。奥斯曼土耳其展厅 Türckische Cammer，展出 16~19 世纪土耳其的珠宝饰品及家居用品。还有钱币展厅 Münzkabinett。

德累斯顿宫有两个入口，一个位于塔森博格帕莱凯宾斯基酒店的对面，另一个位于 Schlossstr. 旁，售票处在门厅内

✉投稿　我是在星期日参观的历史绿穹珍宝馆，买票时不需要排队，11:30 到达，买了 12:30 入场的票。

● 卡斯特纳博物馆
🏠 Antonstr. 1
➡ Map p.385-A1
🌐 www.erich-kaestner-museum.de
🕐 周日~下周三、周五
　　　　　　10:00~18:00
🚫 周四·周六
💰 €4、学生€3

向你展示了卡斯特纳的世界

● 德累斯顿宫
🏠 Kleiner Schlosshof
➡ Map p.386
🌐 www.skd.museum
🕐 周三~下周一
　　　　　　10:00~18:00
🚫 周二、1~2 月期间有闭馆期

● **历史绿穹珍宝馆（一层）**
只能凭有指定时间的门票才可参观。可以通过☎
(0351) 49142000 或上面所列网站（🚫付费）预约。需要打印付费单据）预约。也可以在宫殿内的售票处预约。售票处每天 10:00 开始售票，售票处出售的当天门票数量占该日门票总数的 40%，所以可以选择早一点到达，排队买票。
💰 €14（含预约手续费、语音导游设备费用）、当天门票 €12
● **新绿穹珍宝馆（二层）**
不需预约。
💰 €12、学生€9（可凭此票参观王宫内其他展览，但历史绿穹珍宝馆除外）
● **兵器展厅**
💰 €12、学生€9（可凭此票参观王宫内其他展览，但历史绿穹珍宝馆除外）

● 王侯图
⟳ Map p.386

● 奥古斯特强力王

　　萨克森选帝侯腓特烈·奥古斯特一世（1670~1733年）也被称为奥古斯特强力王。传说他吃狮子奶长大，所以力大无穷，可以徒手掰断马蹄铁。而且他还很受女人喜爱，据说子女多达360人。许多德累斯顿的美术馆藏品、迈森瓷器以及郊外的宫殿，都是他为后人留下的宝贵财富。

君主出行图中位于中央的人物就是奥古斯特强力王

● 茨温格宫
⟳ Map p.386

● 德累斯顿国家博物馆群（SKD）1日通票
Tageskarte,alle SKD-Museen
票价为 € 19，可参观茨温格宫内所有博物馆、德累斯顿王宫（历史绿穹珍宝馆除外）、阿尔贝廷宫等。

● 历代大师画廊
⟳ Map p.386
🌐 www.skd.museum
困 周二～周日 10:00~18:00
困 周一，冬季有闭馆期（2~3月）
€ € 10、学生 € 7.50
（凭茨温格宫门票 Zwingerticket 还可以参观瓷器收藏馆、数学－物理学博物馆）
　语音导游 € 3

迈森瓷砖上描绘的王侯图
Der Fürstenzug　　★★★

　　王宫的东北侧有欧洲现存最古老的比武场施塔尔霍夫 Stallhof，完全按照中世纪的原样重建。施塔尔霍夫的外墙上，有使用迈森瓷砖制作的长达 101 米的《王侯图》（Der Fürstenzug）。图中有 1123~1904 年间所有

萨克森君主的骑马像以及 93 位各个时代著名的艺术家像。队列最后留着胡须的男子就是瓷砖壁画的作者 W. 瓦尔特。壁画共使用了 2.5 万块 20 厘米见方的瓷砖，而且奇迹般地在战火中幸免于难，非常值得一看。

刻画了许多德累斯顿著名历史人物的《王侯图》

展现萨克森王国荣耀的茨温格宫
Zwinger　　★★★

　　德累斯顿的巴洛克式建筑是 17 世纪末即位的萨克森国王腓特烈·奥古斯特一世（奥古斯特强力王）在位时修建的。茨温格宫是建筑师珀佩尔曼的杰作，1732 年竣工。19 世纪，森帕歌剧院的设计者、建筑师森帕对宫殿北侧部分（现在的历代大师画廊）按照意大利文艺复兴风格进行了扩建。

　　宫殿内现有 3 家博物馆，每家博物馆的入口都不同，需要注意（参见→p.386 地图）。

　　茨温格宫内的历代大师画廊 Gemäldegalerie Alte Meister 是德累斯顿最重要的美术馆。收藏有拉斐尔在 1513 年创作的《西斯廷圣母》以及弗美尔、伦勃朗、丢勒、勃鲁盖尔、波提切利等欧洲古典绘画名家的作品。

　　瓷器收藏馆 Porzellansammlung 内展出奥古斯特大公收藏的 18~19

茨温格宫的中庭

世纪中国和日本的瓷器以及迈森生产的瓷器名品。精美的瓷器跟巴洛克式建筑相得益彰，而且被当作经济实力的象征，当时的王侯贵族们都争相购买。在瓷器收藏馆入口处的钟琴亭，安装有迈森瓷制成的钟琴。

茨温格宫里还设有数学－物理学博物馆 Mathematisch-Physikalischer Salon。

茨温格宫的南门，时钟两侧安装了迈森瓷的钟琴

德国军事历史博物馆
Militärhistorische Museum der Bundeswehr ★★

著名建筑师丹尼尔·里伯斯金设计的新馆，造型非常独特。运用特别的设计把新馆与 19 世纪曾为武器库的主馆组合在一起，因此建筑本身也很有观赏价值。

作为德国最大的军事历史博物馆，这里有 V2 火箭、潜水艇以及从中世纪到现在的各种与德国军事史、文化史有关的展品。室外还设有军用车辆展区。

似乎把造型厚重的主馆分割开来的"金属网"，象征着战争与东西德分裂

参观大众汽车工厂
VW Gläsernen Manufaktur ★★

这座现代化的建筑被称为"透明的工厂 Gläserne Manufaktur"，有参观工厂的团体游，因此很有人气。团体游每到整点开始，用时 75 分钟。

完全颠覆传统工厂印象的现代化建筑

●瓷器收藏馆
Map p.386
周二～周日　10:00~18:00
周一、冬季休业（2~3 月期间）
€ 6，学生 € 4.50

●数学－物理学博物馆
Map p.386
周二～周日　10:00~18:00
周一
€ 6

●德国军事历史博物馆
交通 位于新城区的北部，从中央车站乘坐 8 路（Hellerau 方向）或者 7 路（Diebsteig 方向）有轨电车，大约 20 分钟在 Stauffen-bergallee 站下车，步行约需 5 分钟。
Olbrichtplatz 2
www.mhmbundeswehr.de
周四～下周二
　　　　　　10:00~18:00
周一　　　　10:00~21:00
周三
€ 5、学生 € 3、特展需要单独支付 € 2
馆内设有博物馆商店和餐厅。

●大众汽车工厂
交通 位于城市的东部，从中央车站乘坐 10 路有轨电车（Ludwig-Hartmann-Str. 方向）在 Straßburger Platz 站下车即到。
Lennéstr. 1
www.glaessernemanufaktur.de
周一～周五　　8:30~19:00
周六·周日　　9:00~18:00
英语导览团是周一～周五 10:00、12:00、15:00、17:00，周六 15:00
特别情况时会有变更。可能会有休馆。
€ 7

编外话　位于新城区的艺术廊街 Kunsthof Passage（入口在 Alaunstr. 70 或 Görlitzer Str. 23-25　Map p.385-A1 外　www.kunsthof-dresden.de），建筑的中庭里有许多很受欢迎的商店和咖啡馆。

389

● 圣母教堂
Map p.385-A2
www.frauenkirche-dresden.de
可以攀登到高塔的观景台 Kuppelaufstieg。
参观教堂内部
周一～周六　10:00~12:00
　　　　　　13:00~18:00
（有时会因为音乐会彩排和弥撒会活动停止参观）
周日、法定节日弥撒后可以参观（时间不固定）
任意捐赠
语音导览器可租借€2.50
高塔的观景台 Kuppelaufstieg
3～10月
周一～周六　10:00~18:00
周日　　　　12:30~18:00
11月～次年2月
周一～周六　10:00~16:00
周日　　　　12:30~16:00
闭馆前1小时停止入场，天气恶劣时以及冬季关闭。
€8、学生€5

● 三位一体大教堂
Map p.386
www.kathedrale-dresden.de
周一·周二　9:00~18:00
周三·周四　9:00~17:00
周五　　　　13:00~17:00
周六　　　　10:00~17:00
周日　　　　12:00~16:00
导游导览团是周五、周六、周日13:00~、4月~9月期间周一～周四14:00也有团出发（有时会有临时停团的情况）。
导览团€4

● 圣十字架教堂
Map p.385-B2
www.dresdner-kreuzkirche.de
周一～周五　10:00~18:00
周六　　　　10:00~15:00
周日　　　　（有时会因为音乐会彩排和教会活动而停止参观）
高塔的门票是€3（持有德累斯顿城市卡可享受优惠）
圣十字架少年合唱团
www.kreuzchor.de

重现往日风采的圣母教堂
Frauenkirche
★★★

这座教堂位于新集市广场，建成于1743年。第二次世界大战爆发之前，广场周围有很多美丽的巴洛克式建筑。圣母教堂有直径达25米的圆顶，曾为德国最大的新教教堂，但在1945年2月毁于空袭。"二战"结束后，教堂也未得到修复，以废墟的状态向人们传达着战争的残酷。1994年开始重建工程，2005年10月30日完工，教堂恢复了往日的风采。

教堂前立有路德像

安放着圣人像的三位一体大教堂
Kathedrale St. Trinitatis
★★

屋顶上排列着圣人石像的教堂看上去十分庄严

萨克森州规模最大的教堂建筑，建于18世纪，当时为宫廷教堂Hofkirche。屋顶上有78尊圣人石像，在夜晚的灯光下，显得格外神圣。"二战"后，一代管风琴制作大师西尔伯曼制作的管风琴也被完全按照原样修复，迈森瓷的圣母子像也十分精美。

历代萨克森国王都来自韦廷家族，在安葬韦廷家族王侯们的教堂地下墓室（只有参加团体游才能参观）里，有装着奥古斯特强力王心脏的银盒子，是被从波兰送回萨克森的。据说，有美女从盒子旁边经过时，心脏会出现微弱的跳动。

以历史悠久的合唱团而闻名的圣十字架教堂
Kreuzkirche
★★

前身为建于13世纪的尼古拉教堂。原为后期巴洛克加早期古典主义的建筑风格，现存建筑于1764~1814年。教堂塔54米高处有观景平台，从那里甚至可以看到位于远处的易北河峡谷。创作了德国首部歌剧作品的德国音乐之父海因里希·许茨曾在这里指挥圣十字架少年合唱团，至今合唱团已经有500年的历史。合唱团实行严格的寄宿制，除了音乐，还要学习各种集体生活的规则。每到周末，合唱团成员们就会在弥撒上向人们展示他们动人的歌声，西奥·亚当、彼得·许莱尔等著名歌唱家都出自该合唱团。

可沿256级阶梯登上圣十字架教堂塔顶

仔细看一看圣母教堂的外墙，就会发现既有白色石材也有黑色石材。黑色石材是教堂在战火中遭破坏之前所用的建材，而白色石材是新建材。新的石材被精心地修补在旧墙面上，看上去就像是某种智力游戏。黑色石材占全部石材的40%。

艺术殿堂阿尔贝廷宫
Albertinum ★★★

　　建于易北河岸边布吕尔平台旁的阿尔贝廷宫，是一座新文艺复兴式建筑，前身是 16 世纪的一座兵器库，现为美术馆。

　　一层的雕刻展厅 Skulpturensammlung 以及二、三层的新艺术大师绘画馆 Galerie Neue Meister，展出梵高、莫奈、马奈、德加、高更等浪漫派、印象派画家的作品。在德累斯顿去世的德国浪漫派绘画代表性人物卡斯帕·大卫·弗里德里希的作品尤其值得一看。

森帕歌剧院（萨克森州立歌剧院）
Semperoper(Sächsische Staatsoper) ★★

　　这座以建造者森帕的名字命名的歌剧院，建于 1838~1841 年。剧院正面广场上的骑马像塑造的就是下令建造剧院的萨克森国王约翰的形象。广场的一侧还有曾担任剧院首任音乐总监的韦伯的塑像。接替韦伯担任剧院音乐总监的是理查德·瓦格纳，他的《飞翔的荷兰人》《唐怀瑟》均在此首演。

　　剧院经历了无数次火灾及战乱，"二战"后，用了 40 年时间，到了 1985 年重建工程才得以完工。作为再次拉开帷幕的开场大戏，上演了剧院创立功臣韦伯所作的《自由射手》。除了夏季，几乎每天都有歌剧、音乐会、芭蕾舞剧上演。

欧洲顶级歌剧院

● 阿尔贝廷宫
🏠 Georg-Treu-Platz
　　易北河畔布吕尔平台一侧也有入口。
🔗 Map p.385-A2
🌐 www.skd.museum
🕐 周二~周日　10:00~18:00
🚫 周一
💰 € 10、学生€ 7.50

● 森帕歌剧院
🏠 Theaterplatz
🔗 Map p.386
🌐 www.semperoper.de
售票处
　　预售票处、导览团申请位于一栋叫作 Schinkelwache（→ Map p.386）的建筑物内。
🏠 Theaterplatz 2
🕐 周一~周五　10:00~18:00
　　周六　　　10:00~17:00
　　（1~3月的周六~13:00）
　　周日·节日　10:00~13:00
　　演出开始前 1 小时可以在森帕歌剧院内购买当天的演出票。参观剧院内部的导览团是在音乐节期间的上午开团（德语、英语）。1 人€ 10。有时会因为彩排而临时中止参观。通过 🌐 www. semperoper-erleben.de 官网，查询导览团的日程表。

德国历史最久的圣诞市场

　　德累斯顿的圣诞市场 Striezelmarkt 开始于 1434 年，是德国历史最久的圣诞市场。从前，在圣诞节期间，商业活动会遭到禁止，因此人们便在圣诞节到来前开设贩卖食品和日用品的市场。这种市场后来就发展为现在的圣诞市场。在德国，每到圣诞节人们都要吃一种加入葡萄干或果仁的名为 Stollen 的蛋糕，德累斯顿的 Stollen 被认为是全德国最好吃的。

夜晚的景色更显浪漫

　　主会场设在集市广场，会场中央有巨大的圣诞树，还能看到世界上最大的圣诞金字塔。在德累斯顿宫的比武场 Stallhof，会举办具有中世纪风格的圣诞市场，新城区的豪普特街还有许多街边小摊，整个德累斯顿都会充满浓郁的圣诞节气氛。

圣诞金字塔

　　如果周六有闲暇时间，可以走过易北河上的阿尔伯特大桥，去看一看老城区河岸的集市。集市规模很大，最多的时候，摊位多达 600 家，开业时间为周六 8:00~16:00。

●皮尔尼茨宫

交通方式 乘易北河游船在皮尔尼茨宫下船。或者在邮政广场 Postplatz 及老集市广场 Altmarkt 乘坐 2 路有轨电车在终点站 Freystraße 下车，然后换乘 88 路巴士（周末车次较少。不过步行也只需 10 分钟）在第一站渡轮码头下车。乘渡轮前往对岸的宫殿。

也可以在邮政广场乘 12 路有轨电车（开往 Striesen 方面）前往 Schiller-platz，然后换乘 63 路巴士（开往 Bon-newitz 方面），在 Pillnitzer Platz 下车。

📍 August-Böckstiegel-Str.2
☎ (0351) 2613260
🌐 www.schlosspillnitz.de
🕐 公园 6:00～日落
博物馆
5～10 月
周二～周日 10:00～18:00
（售票截至闭馆前 1 小时）
11 月～次年 4 月仅城堡博物馆可通过参加团体游的方式参观（具体时间需要查询）
💰 博物馆（也可进入花园、植物园）€ 8、学生 € 6

●莫里兹堡

交通方式 从德累斯顿新城车站乘坐 326 路或 457 路巴士约 30 分钟，在 Moritzburg,Schloss 下车。选择火车的话，可乘坐 S-Bahn 前往拉德博伊尔-奥斯特 Radebeul-Ost，然后换乘窄轨蒸汽火车（Loessnitzgrund 铁路公司 🌐 www.loessnitzgrundbahn.de 1 天 6-7 次 往返 至莫里兹堡单程 € 6.20，往返 € 12.40）。车次较少。

🌐 www.schloss-moritzburg.de
🕐 4～10 月的 10:00～17:00
瓷器展区仅可通过参加每天举办 4 次的团体游的形式才能参观。
💰 冬季有闭馆期
💰 € 8、学生 € 4、团体游需另加 € 2

德累斯顿 近郊景点

易北河畔的皮尔尼茨宫
Schloss & Park Pillnitz
Map p.381-A3

溯易北河而上约 7 公里，就是皮尔尼茨宫。深受奥古斯特强力王信任并受命设计了茨温格宫的珀佩尔曼负责修建皮尔尼茨宫，他在巴洛克风格中加入了中国元素。奥古斯特强力王把这座宫殿送给了自己的情人考泽尔伯爵夫人。在夏季，奥古斯特强力王有时会乘贡多拉船来此，而且经常在广阔的花园里散步。

易北河边的水宫 Wasserpalais 以及与其相对而立的山宫 Bergpalais 现为工艺美术博物馆 Kunstgewerbe-museum，位于这两座宫殿之间的新宫殿由礼拜堂、大厅、宫中厨房等部分组成，现为城堡博物馆 Schlossmuseum。

易北河边的水宫

美丽身姿倒映水中的莫里兹堡
Schloss Moritzburg
Map p.381-A3

这座宫殿位于德累斯顿西北 14 公里处的一个栖息着鹿和野猪的自然保护区内。过去是狩猎时使用的城堡，现在为巴洛克博物馆 Barockmuseum，展出巴洛克式家具、奥古斯特强力王的御用马车等藏品。羽毛殿堂 Federzimmer 里有使用了数十万根孔雀、绿雉、鸭等羽禽类羽毛制作的挂毯及华丽的床铺装饰。宫殿周围还有大小 30 多个水池及花园。

土黄色与白色的组合是萨克森地区巴洛克式建筑的特点

Information
乘坐 Weisse Flotte 号游览易北河

易北河发源于捷克，南北向纵贯德国，在德国境内全长约 1100 公里，水流平缓。名为"Weisse Flotte（白色舰队）"的游船，在 1836 年时从萨克森王室手中获得了易北河的航运特权，运营至今已有 170 年的历史，是世界上最古老的蒸汽观光船。游览线路及旅游项目很多。

从德累斯顿出发的定期游船在 4～10 月期间运行（冬季有圣诞节游船等特别游船）。乘船前往迈森及萨克森小瑞士（→ p.393）的悠闲旅程很有情趣。乘船当天，可在船票所载区间内自由上、下船，因此可以畅游沿途景点。

乘船码头位于布吕尔平台前面的易北河畔。可在 ❶ 获得旅游手册。凭德累斯顿城市卡可享受打折优惠。

客服
Sächsische Dampfschiffahrts GmbH & Co., Conti Elbschiffahrts KG
📍 Hertha-Linder-Str. 10 D-01067 Dresden
☎ (0351) 866090
📠 (0351) 8660988
🌐 www.saechsische-dampfschiffahrt.de

德累斯顿的阿尔特集市画廊、中央画廊地下一层的 NORDSEE 有餐厅，可以品尝到物美价廉的海鲜。可以用手指指吃的食物点菜，所以不会德语也没关系。百货商场 Karstadt 顶层（六层）的餐厅 Le Buffet 也很好找，➴

萨克森小瑞士

Sächsische Schweiz　　　　　**Map p.381-A3**

从德累斯顿沿易北河而上，在德国与捷克边境附近，河两岸耸立着陡峭的山石。这一带的易北河砂岩山地，在河流长年的侵蚀作用下，形成了许多高达 100 米的断崖绝壁，因此被称为萨克森小瑞士。

在拉腾疗养地 Kurort Rathen，有萨克森小瑞士的最大看点巴斯泰桥 Basteibrücke。那里是观赏奇石的最佳地点。

可从拉腾疗养地沿山路前往萨克森小瑞士最有名的巴斯泰桥

柯尼希施泰因 Königstein 的高地上建有德国最大的要塞柯尼希施泰因要塞。这座要塞可谓一夫当关万夫莫开，建成至今从未被攻破过。

易北河游船终点巴德尚道 Bad Schandau 从 18 世纪起就成为疗养胜地，游客很多。

规模宏大、结构复杂的柯尼希施泰因要塞

巴特穆斯考公园

世界遗产

Muskauer Park in Bad Muskau　　**Map p.381-A4**

因公园建造者为皮克勒侯爵，所以也被称为皮克勒侯爵公园。在德国与波兰的界河——尼萨河两岸超过 800 公顷的土地上，皮克勒侯爵建造了这座 19 世纪上半叶的英式花园。公园内的新宫 Neues Schloss 有关于皮克勒侯爵的展览。

巴特穆斯考公园内的新宫

● **拉腾疗养地**

🚃 从德累斯顿中央车站乘 ⑤ 约 35 分钟，在 Kurort Rathen 下车。从火车站到对岸的易北河码头，步行需 3 分钟左右。

● **柯尼希施泰因要塞**

🚃 从德累斯顿中央车站乘 ⑤ 约 40 分钟在 Königstein（Sächsische Schweiz）下车。从火车站沿铁路步行 5 分钟左右的十字路口附近有巴士车站，乘坐名为 Festungs Express 的红色双层巴士可到达要塞。用时约 15 分钟（有时需要在中途换乘），往返 €5。

🌐 www.festung-koenigstein.de

🕐 9:00～18:00（11 月～次年 3 月～17:00）
　入场截至关门前 1 小时

📅 12/24

💰 夏季€10、冬季€8、语音导游€3

● **易北河游船**

德累斯顿与巴德尚道间，上行 5 小时 30 分钟，下行（巴德尚道→德累斯顿）3 小时 30 分钟。往返€25。

🌐 www.saechsische-dampfschiffahrt.de

航行于易北河上的游船

世界遗产

巴特穆斯考公园
（2004 年被列为世界遗产）

● **巴特穆斯考公园**

🚃 巴特穆斯考不通火车，所以需要先从德累斯顿乘民营列车 TLX 用 1 小时 20 分钟左右前往格尔利茨 Görlitz，然后换乘民营列车 OE（铁路通票有效）约 35 分钟到达离巴特穆斯考公园最近的车站维斯瓦萨 Weißwasser。从那里乘 250 路巴士约 15 分钟在 Bad Muskau,Kirchplatz 下车。

🌐 www.muskauer-park.de

新宫

🕐 4～10 月 10:00～18:00

📅 11 月～次年 3 月

💰 €6、学生€3

🍴 而且价格便宜。可以将自己想要的食物放入盘子，然后在收银台称重付款，即使不会德语也不用担心。

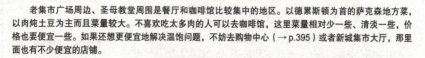

德累斯顿的餐馆
Restaurant

老集市广场周边、圣母教堂周围是餐厅和咖啡馆比较集中的地区。以德累斯顿为首的萨克森地方菜，以肉炖土豆为主而且菜量较大。不喜欢吃太多肉的人可以去咖啡馆，这里菜量相对少一些、清淡一些，价格也要便宜一些。如果还想更便宜地解决温饱问题，不妨去购物中心（→ p.395）或者新城集市大厅，那里面也有不少便宜的店铺。

奥古斯汀啤酒花园
Augustiner
◆位于圣母教堂附近

慕尼黑风格的啤酒餐厅。菜式有巴伐利亚地方菜和萨克森地方菜两种。生啤酒（Helles）0.5 升的价格是€ 3.50、白香肠 2 根的价格是€ 5.80、半只烤鸡 1/2Grillhendl 的价格是€ 11.80。

德国菜 — Map p.385-A2
- ⌂ An der Frauenkirche 17
- ☎ (0351) 49776650
- URL www.augustiner-dresden.com
- 🕐 10:00~24:00（菜肴 ~23:00）
- 💳 不可使用
- 🚋 乘坐有轨电车在 Altmarkt 站下车，步行约需 5 分钟

肯瑟帝普餐厅
Gänsedieb
◆在轻松的氛围下就餐

价格实惠、味道好的地方菜餐馆。德累斯顿风味醋焖牛肉 Dresdner Sauerbraten 的价格是€ 13.80，萨克森风味土豆汤 Sächsische Kartoffelsuppe mit Würstchen 的价格是€ 6.50（杯装是€ 3.90）。

德国菜 — Map p.385-B2
- ⌂ Weisse Gasse 1
- ☎ (0351) 4850905
- FAX (0351) 4850910
- URL www.gaensedieb.de
- 🕐 11:00~24:00 💳 A M V
- 🚋 乘坐有轨电车在 Altmarkt 站下车，步行约需 5 分钟

考泽尔宫庭餐厅
Coselpalais
◆充满萨克森宫廷氛围的餐厅

紧邻圣母教堂的一家餐厅，过去这栋建筑曾经是考泽尔伯爵的宅邸，后经改建变成了餐厅。外观颜色是奶油黄色，内部装修十分奢华。餐厅是咖啡餐厅的形式，糕点的种类也很丰富，也提供正餐。

德国菜 — Map p.385-A2
- ⌂ An der Frauenkirche 12
- ☎ (0351) 4962444
- URL www.coselpalais-dresden.de
- 🕐 10:00~24:00（冬季是 11:00~23:00）
- 💳 A J M V
- 🚋 乘坐有轨电车在 Altmarkt 站下车，步行约需 5 分钟

欣克尔瓦赫咖啡馆
Café Schinkelwache
◆欣赏完艺术品之后不妨来这里喝上一杯茶

由于这是一家很小的咖啡馆，所以经常满座。值得推荐的是德累斯顿的名特产——乳酪蛋糕 Original Dresdner Eierschecke € 3.30。除了蛋糕之外还有简餐和料理食谱，每天更替混合沙拉 gemischter Tagessalat 的价格是€ 7.60。

咖啡馆 — Map p.386
- ⌂ Am Theaterplatz 2
- ☎ (0351) 4903909
- URL www.schinkelwache-dresden.de
- 🕐 10:00~24:00（冬季是 11:00~23:00）
- 💳 A J M V
- 🚋 乘坐有轨电车在 Theaterplatz 站下车，步行约需 1 分钟

克罗伊茨卡姆咖啡馆
Café Kreuzkamm
◆因年轮蛋糕而闻名的老铺

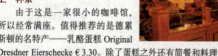

位于老集市游廊购物中心一层的一家咖啡馆兼蛋糕店。覆盖覆盆子酱和鲜奶油的鸡蛋布丁蛋糕 Eierschecke mit Himbeeren und Schlagsahne 的价格是€ 3.80，年轮蛋糕切片（80g）的价格是€ 3.50，都非常值得一试。

咖啡馆 — Map p.385-B1
- ⌂ Altmarkt 25 ☎ (0351) 4954172
- URL www.kreuzkamm.de 💳 J M V
- 🕐 周一~周六 9:30~21:00
- 周日·节日 12:00~18:00
- （冬季有调整）
- 🚋 乘坐有轨电车在 Altmarkt 站下车，步行约需 1 分钟

投稿 1 月初时 Café Kreuzkamm 的 Stollen 等圣诞糕点会打半价，这些糕点的保质期较长，我买了好多，感觉很实惠。在德累斯顿一种叫作 Prasselkuchen 的四角形蛋糕，蘸着白糖吃好像非常有名，经常看到有人这样吃。其中 ↗

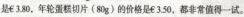

德累斯顿的商店
Shopping

从中央车站向北延伸的布拉格街上有不少购物中心和百货公司。当地人比较集中的购物街位于新城区的阿尔贝特广场附近，以及从这里向东延伸的鲍岑纳街 Bautzner Str. 周边。这里汇集了不少小店，不妨淘淘自己喜爱的物件。城市的北部有一处叫作 Elbepark（🔲 www.elbepark.info）的巨型购物中心。

森特姆游廊购物中心
Centrum Galerie
◆ 距离车站较近的大型购物中心

位于中央车站附近，地理位置十分便利。购物中心内有大型家电量贩店 Media Markt、卡尔施泰特体育用品店、药妆店穆勒、平价鞋店 Deichmann，还有大量精品店、咖啡馆等设施。

购物中心 Map p.385-B1
- 🏠 Prager Str. 15
- 🔲 www.centrumgalerie.de
- 🕙 周一～周六 9:30～20:00
- 休 周日·节日（餐饮店照常营业）
- 🏠 依店铺而异
- 🚃 乘坐有轨电车在 Prager Str. 站下车，步行 2 分钟即到

老集市游廊购物中心
Altmarkt Galerie
◆ 引领时尚潮流的时装汇聚于此

是位于市中心地区的大型购物中，内有 H&M、ZARA 等时尚品牌专卖店。另外大型家电商场 Saturn 也入驻于此，还有可以吃些简餐的就餐区域和餐厅。

购物中心 Map p.385-B1
- 🏠 Webergasse 1 ☎（0351）482040
- 🔲 www.altmarkt-galerie-dresden.de
- 🕙 周一～周六 10:00～21:00
- 休 周日·节日
- 🏠 依店铺而异
- 🚃 乘坐有轨电车在 Prager Str. 站或者 Postplatz 站下车，步行 5 分钟即到

迈森商店
MEISSEN Boutique
◆ 汇集了迈森的精品

商店位于希尔顿酒店一层，周日、法定节日也会照常营业。除了迈森的常规产品茶杯之外，还有美丽的茶托、洛可可风格的玩偶等，品种繁多。可以邮寄回中国。

陶器 Map p.385-A1
- 🏠 An der Frauenkirche 5（Hotel Hilton 内）
- ☎（0351）8642964 卡 A D J M V
- 🕙 周一～周五 9:30～19:00
- 周六·周日·节日 9:30～18:00
- 🚃 乘坐有轨电车在 Theaterplatz 站下车，步行 5 分钟即到

新城集市大厅
Neustädter Markthalle
◆ 古典建筑中五花八门的魅力

这里是新城区中建于 100 年前的一栋古典建筑，虽然感觉好像一个大厅，但是内部既有超市，又有生鲜店、杂货铺等各式各样的小店，可以带着一种海淘的心情来这里逛一逛。地下还有一些亚洲地区的小餐馆。

室内市场 Map p.385-A1
- 🏠 Metzer Str. 1 ☎（0351）8105445
- 🔲 www.markthalle-dresden.de
- 🕙 周一～周六 8:00～20:00（部分店铺有差异）
- 休 周日·节日 🏠 依店铺而异
- 🚃 乘坐有轨电车在 Albertplatz 站下车，步行 5 分钟即到

Information 世界上最美的乳品店

小店内充满着香浓的乳酪味道

Dresdner Molkerei Gebrüder Pfund 开业于 1880 年，店内的装潢极其精致。被吉尼斯世界纪录列为"世界上最美的乳品店"，现在有越来越多的巴士旅游团游客会来此参观，这里俨然已经成了观光名胜。店内同时设有可以品尝乳制品的咖啡馆。

- 🏠 Bautzner Str. 79 🔴 Map p.385-A2 外
- 🕙 周一～周六 10:00～18:00
- 周日·节日 10:00～15:00
- 🚃 乘坐有轨电车 11 路在 Pulsnitzer Str. 站下车，步行 3 分钟即到。
- 🔲 www.pfunds.de

🏠 市内有许多家店铺的带有红色 LOGO 的面包房"Emil Reimann"做的这种蛋糕最好吃！以亚洲人的饭量来说 2 个人吃一个刚好。买来第二天吃也还是一样，口感很好。

德累斯顿的酒店
Hotel

德累斯顿的酒店在德国价格算是偏高的。尤其是适合观光游览的老城区有不少大型的高档酒店。中央车站附近有一些中档酒店和旅馆。圣诞节期间经常满房，一定要早做准备。另外，在德累斯顿每住宿 1 晚需要缴纳€ 1.30 的观光税。

塔森博格帕莱凯宾斯基酒店
Kempinski Hotel Taschenbergpalais

◆五星级的超豪华酒店

　　酒店是由奥古斯特国王为爱妃建造的塔申贝格宫殿改建而成的。位于茨温格宫的旁边，无论是游览观光还是观赏歌剧都非常方便。室内游泳池、健身房等设施也很完善。有免费 Wi-Fi。

最高档酒店	Map p.386
⊞ Taschenberg 3　D-01067	
☎ (0351) 49120　FAX (0351) 4912812	
URL www.kempinski.com/dresden	
Ⓢ € 199~　Ⓣ € 219~ 早餐需单独支付€ 31　A D J M V	
図 从有轨电车 Theaterplatz 站下车，步行 2 分钟即到	

威斯汀贝尔维尤酒店
Westin Bellevue

◆新城区最高档的酒店

　　酒店沿河而建，对岸便是森帕歌剧院和茨温格宫。从位于易北河沿岸一侧的客房内，可以望见德累斯顿的老城区风景。另外，还有芬兰浴式桑拿和湿蒸等设施齐全的 SPA。有免费 Wi-Fi。

高档酒店	Map p.385-A1
⊞ Große Meißner Str. 15　D-01097	
☎ (0351) 8050　FAX (0351) 8051609	
URL www.westin-bellevue.com	
Ⓢ € 127.30~　Ⓣ € 141.55~	
A D J M V	
図 从有轨电车 Neustädter Markt 站下车，步行 5 分钟即到	

希尔顿酒店
Hilton

◆适合旅游观光入住的大型酒店

　　位于圣母教堂的对面，距离"王侯图"等景点非常近。酒店内还有迈森瓷器专卖店、高档餐厅"小仓"（周一与周日休息）。公共区域可以免费使用 Wi-Fi，房间内需要付费。

高档酒店	Map p.385-A1
⊞ An der Frauenkirche 5　D-01067	
☎ (0351) 86420　FAX (0351) 8642725	
URL www.hilton.com	
ⓈⓉ € 119~	
A D J M V	
図 从有轨电车 Theaterplatz 站下车，步行 5 分钟即到	

德累斯顿宫瑞士酒店
Swissôtel Dresden Am Schloss

◆享受优雅的酒店氛围

　　位于德累斯顿宫售票处旁朝向马路一侧，老城区的景点都在可步行到达范围内。这是 2012 年新开放的酒店，房间内充满大自然的气息，非常舒适。有免费 Wi-Fi。距离有轨电车车站稍微有些远，推荐乘坐出租车前往。

高档酒店	Map p.386
⊞ Schlossstr. 16　D-01067	
☎ (0351) 501200	
FAX (0351) 50120555	
URL www.swissotel.com/hotels/dresden	
ⓈⓉ € 103~ 早餐需单独支付€ 18	
A J M V	
図 从有轨电车 Altmarkt 站下车，步行 8 分钟即到	

施泰根博阁萨克斯酒店
Steigenberger Hotel de Saxe

◆老城区的景点都在步行范围内

　　位于圣母教堂的对面，是一家共有 178 间客房的大型高档酒店。桑拿、水疗中心等设施完善，全馆有 Wi-Fi 信号覆盖（免费）。餐厅和酒吧的感觉也不错。

高档酒店	Map p.385-B2
⊞ Neumarkt 9　D-01067	
☎ (0351) 43860　FAX (0351) 4386888	
URL www.desaxe-dresden.steigenberger.de	
ⓈⓉ € 132~ 早餐需单独支付€ 21	
A D J M V	
図 从有轨电车 Pirnaischer Platz 站下车，步行 5 分钟即到	

  私人旅馆 Kangaroo-stop Inernational Hostel（⊞ Erna-Berger-Str. 8-10　URL www.kamgaroo-stop.de）从新城站步行约需 3 分钟。客房内非常干净整洁。有厨房。

布洛皇宫公寓
Bülow Palais

◆优雅的私密小酒店

　　使用贵族宅邸改建而成的五星级酒店。酒店内的卡鲁索餐厅"Restaurant Caroussel"（周二~周六只在晚间营业，需要预约）是米其林一星餐厅，使用的餐具全都是迈森瓷器。

高档酒店　　　　　　　Map p.385-A1
- Königstr. 14　D-01097
- ☎（0351）80030　FAX（0351）8003100
- URL www.buelow-hotels.de
- Ⓢ Ⓣ €125～　早餐需单独支付€24
- 从有轨电车 Neustädter Markt 站下车，步行5分钟即到　A D M V

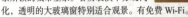

普尔曼·德累斯顿·纽沃酒店
Pullman Dresden Newa

◆位于中央车站前的便利酒店

　　位于中央车站附近的一家近代高层大酒店。从北侧的高层可以一眼望见德累斯顿的城市全景。客房装潢十分现代化，透明的大玻璃窗特别适合观景。有免费 Wi-Fi。

高档酒店　　　　　　　Map p.385-B2
- Prager Str. 2C　D-01069
- ☎（0351）48140　FAX（0351）4955137
- URL www.pullmanhotels.com
- Ⓢ €99～　Ⓣ €109～早餐需单独支付€19　A D M V
- 距离中央车站步行约需1分钟

基平酒店
Kipping

◆距离车站较近的实惠酒店

　　位于中央车站里侧（与市中心的反方向），步行仅需3分钟。餐厅只在夜间营业。共有20间客房，房间数较少建议提早预订。房间内的设施也很不错。有免费 Wi-Fi。

中档酒店　　　　　　　Map 地图外
- Winckelmannstr. 6　D-01069
- ☎（0351）478500　FAX（0351）4785090
- URL www.Hotel-Kipping.de
- Ⓢ €64～　Ⓣ €89 早餐需单独支付€9　A J M V
- 距离中央车站步行约需3分钟

德累斯顿玛莎酒店
Martha

◆安静舒适的客房备受好评

　　位于新城区一侧的、拥有50间客房的三星级酒店，客房装修舒适安逸。酒店内同时设有餐厅，这里的主厨曾经上过电视台的美食节目（17:00~次日1:00）。有免费 Wi-Fi。

中档酒店　　　　　　　Map p.385-A1
- Nieritzstr. 11　D-01097
- ☎（0351）81760　FAX（0351）8176222
- URL www.hotel-martha-dresden.de
- Ⓢ €79～86　Ⓣ €113～121 早餐需单独支付€10　A M V
- 距离新城车站步行约需8分钟

赫尔伯格城市旅馆
City-Herberge

◆节约旅费的最佳选择

　　共有97间客房的酒店&旅馆。从中央车站乘坐去往 Wilder Mann 方向的3路有轨电车在 Pirnaischer Platz 站下车。从中央车站步行大约需要15分钟。旅馆的客房每层都需使用共用的淋浴、卫生间。有免费 Wi-Fi。餐厅只在周一~周五的中午营业，在这里可以吃到仅售€5的午餐。

旅馆　　　　　　　　　Map p.385-B2
- Lingnerallee 3　D-01069
- ☎（0351）4859900　FAX（0351）4859901
- URL www.city-herberge.de　A M V
- Ⓢ €46～　Ⓣ €66～，
　旅馆房间 Ⓢ €26～、Ⓣ €40～、有3~4人间
- 从有轨电车 Pirnaischer Platz 站步行5分钟即到

德累斯顿·青年旅舍
Jugendgästehaus Dresden

◆共有204间客房，萨克森州最大的青年旅舍

　　从中央车站乘坐7、10路有轨电车在第二站 Freiberger Str. 站下车。不坐车步行也就是15~20分钟脚程。办理入住手续是从16:00开始，退房~10:00。午餐、晚餐各需要€6.50。只住宿一晚需要加收€2。

青年旅舍　　　　　　　Map 地图外
- Maternistr. 22　D-01067
- ☎（0351）492620　FAX（0351）4926299
- URL www.dresden.jugendherberge.de
- 附带早餐€24.50～　带淋浴、卫生间€28.50～，27 岁以上需要加收€4，入住单人间需要追加€10　M V

鲁迪阿恩特青年旅舍
Jugendherberge Rudi Arndt

◆青年派风格的旅舍

　　从中央车站乘坐8路有轨电车在 Südvorstadt 或者乘坐开往 Coschütz 方向的3路在第二站 Nürnberger Platz 站下车。不坐车步行也就是10分钟脚程。圣诞节前后休业。有 Wi-Fi（付费）。

青年旅舍　　　　　　　Map 地图外
- Hübnerstr. 11　D-01069
- ☎（0351）4710667　FAX（0351）4728959
- URL www.jh-rudiarndt.de
- 多人间附带早餐€18.50～，27 岁以上是€22.50～，只住宿一晚需要加收€1.50。晚餐是€5.50　不可使用

投稿　沿着从中央车站向东延伸的 Strehlener Str. 步行5分钟，我入住在 A & O Dresden Hauptbahnhof（URL www. aohostels.com）。附带浴室、卫生间，价格便宜。

迈森 *Meißen*

令人向往的迈森瓷器的发源地

MAP ◆ p.381-A3

人 口	27100 人
长途区号	03521

ACCESS

德累斯顿中央车站每隔30分钟就会有一趟 S-Bahn 开往迈森，车程35分钟。另外，每年4月下旬~10月下旬还有从德累斯顿开往迈森的易北河观光船通航。

● 迈森有3个车站

从德累斯顿出发的 S-Bahn 是按照迈森站 Meißen（迈森的主要车站）、迈森老城区站 Meißen-Altstadt（直通购物中心，离市中心较近。是无人车站）、迈森 - 特里比施塔车站 Meißen-Tirebischtal（⑤1 的 终点。是无人车站）停车的。

ⓘ **迈森的旅游服务中心**

🏠 Markt 3 D-01662 Meißen
☎ （03521）41940
📠 （03521）419419
🌐 www.touristinfo-meissen. de
🗓 4~10月
　周一~周五　10:00~18:00
　周六·周日　10:00~16:00
　11 月~次年 3 月
　周一~周五　10:00~17:00
　周六　　　10:00~15:00
　（1月的周六休息）

● **迈森中心地区的 City-Bus**

🚌 1日车票 €5
　只在4~10月期间运营的小型巴士，每30分钟一趟车。分别从阿尔布雷希特堡和瓷器工厂发车。中途可下车。
　线路是阿尔布雷希特堡 / 大教堂~圣母教堂 / 集市广场~易北河畔~瓷器工厂

● **圣母教堂**
　本书调查时受到改造工程的影响暂时关闭。

易北河畔的阿尔布雷希特堡

位于德累斯顿郊外的迈森，因生产欧洲具有代表性的高档瓷器而闻名于世。由于在第二次世界大战中受到战火的侵害较少，因此保留了比较完整的古建筑。可以漫步在小城的石铺路面上，尽情地享受中世纪的风情。

迈森　漫 步

出了迈森车站沿着易北河畔的大道班霍夫街 Bahnhofstr. 一直向北前行5分钟，便可到达架于易北河上的大桥。这里非常适合远眺山丘上的城堡和大教堂的景色。

过桥后沿着 Elbstr. 一直前行，便可到达小城的中心部集市广场 Markt。市政厅 Rathaus 是人字形屋顶的建筑，非常有特点。哥特式圣母教堂 Frauenkirche 的塔楼中用迈森瓷制作的组钟精美绝伦。ⓘ 位于集市广场的对面。

从集市广场沿着石头铺砌的伯格街 Burgstr. 前行，然后沿着叫作 Schlossstufen 的窄台阶爬上去，便可以将红砖色的迈森街景尽收眼底。穿过城门便可到达刚才在桥上望到的哥特式大教堂 Dom。大教堂内的克拉纳赫祭坛画非常值得一看。一直到内侧的回廊都可以参观。

阿尔布雷希特堡 Albrechtsburg 的入口在面向大教堂一侧的左边。由于刚刚整修好，外观看上去比较新，但是其实历史悠久，是一栋建于15世纪后期的哥特式城堡。1710~1864 年，瓷器工厂就建于城堡中。直到1865年才搬移至城外，至今仍旧制作着迈森瓷器。

如果想要去这间迈森瓷器工厂 Porzellan-Manufaktur Meissen，

位于市中心的集市广场。左侧的建筑物是市政厅

📧 投稿　如果准备去迈森瓷器工厂的话，在迈森 - 特里比施塔尔车站下车要比迈森站近一些，从这一站走过去更方便。沿着 Talstr. 步行10分钟便可到达工厂。参观完工厂后从集市广场沿着伯格街 Burgstr. 前行，便可到达大教堂 ↗

过了架于易北河上的大桥之后沿着 Gerbergasse、Neugasse 步行 20~25 分钟可达。或者在旅游旺季期间，乘坐阿尔布雷希特堡至工厂之间的 City-Bus，每 30 分钟一趟车（→ p.398）。

　　如果时间充足的话，不妨去位于瓷器工厂旁的市立公园游览一番，这里有建于 12 世纪的罗马式尼古拉教堂 Nikolaikirche。这是一座纪念教堂，从 1929 年以来纪念在第一次世界大战中牺牲的迈森市民。教堂的内部装潢使用了迈森瓷器，还有凯旋拱门和世界上最大（高达 2.5 米）的瓷器人偶。

初期哥特式的大教堂

● 大教堂
🖥 www.dom-zu-meissen.de
🕐 5~10 月　　　　9:00~18:00
　　11 月~次年 3 月
　　　　　　　　10:00~16:00
　　4 月　　　　10:00~18:00
　　弥撒中谢绝参观。
　　（闭馆前 30 分钟停止入场）
💰 € 4、学生 € 2.50
　　5~10 月的周一~周六从 12:00 开始每隔 20 分钟就有一次管风琴音乐会，只需花费 € 5.50（学生 € 4）便可欣赏。

● 阿尔布雷希特堡
🖥 www.albrechtsburg-meissen.de
🕐 3~10 月　　　10:00~18:00
　　11 月~次年 2 月
　　　　　　　　10:00~17:00
　　（闭馆前 30 分钟停止入场）
🚫 12/24 · 25、冬季会休馆（不定期）
💰 € 8、学生 € 4

欧洲瓷器的历史从这座城堡开始

● 尼古拉教堂
🕐 5~9 月的 10:00~17:00

集市广场对面的圣母教堂

主要景点　迈森

可以了解迈森瓷器历史沿革的迈森瓷器工厂

Porzellan-Manufaktur Meissen　　★★★

　　这里分为参观用的工房 Schauwerkstatt 与瓷器博物馆 Museum of MEISSEN Art（Porzellan Museum）两个部分，门票是通用的。

伯格街两旁是杂货店和饮食店

🚶 和阿尔布雷希特堡，最后从迈森站返回。这样的游览线路效率较高。可以一边欣赏美丽的景色，一边享受旅行的乐趣，而且全程无须乘坐巴士。

● 迈森瓷器工厂参观用工房

⊞ Talstr. 9

🖳 www.meissen.com/de/
meissen-erleben

⊞ 5~10 月　　　9:00~18:00
（最后入场时间 17:15）
11 月~次年 4 月
　　　　　　9:00~17:00
（最后入场时间 16:15）
12/31、1/1 是 10:00~16:00

⊞ 12/24~26

⊞ 工房与瓷器博物馆通票的
价格是 € 9、学生 € 5

● 瓷器博物馆

⊞ 9:00~18:00
（11 月~次年 4 月 ~17:00）
闭馆前 30 分钟停止入场
12/31、1/1 是 10:00~16:00

⊞ 12/24~26

可以充分了解迈森瓷器世界的参观用工房和博
物馆

展示着历代名品的博物馆

拥有娴熟技能的工匠

　　位于一层的参观用的工房，是按照迈森瓷器的制作流程一间一间地
进行演示。参观工房只能参加由导游带领的导览团。导览团是每 10 分钟
一团。参观需要大约 30 分钟。

　　位于二、三层的瓷器博物馆内收藏了从 18 世纪至现代的 3000 多件
瓷器，所有展品都精美绝伦，让人不由得为制作这些作品的工匠而感叹。

　　位于一层的直营精品店有不亚于博物馆的商品陈列。另外还有出售
二级品（在价格的后面标示为Ⅱ）的奥特莱斯。可以使用各类信用卡支
付。店内还同时设有免税柜台。

左 / 不妨在奥特莱斯工厂店里淘一
些自己喜欢的瓷器
上 / 在一层的咖啡店可以品尝到迈
森的蛋糕。蛋糕是使用黄油和鲜奶
油制作而成的，味道非常清淡

History ⚱ 迈森瓷器的历史

　　原为宫廷炼金术士的约翰·弗里德里希·伯
蒂格，于 1709 年成功地制造出欧洲的第一件白色
瓷器，这便是迈森历史的第一步。在此之前只有
东洋才能制造出白瓷，从此，迈森王室瓷窑所生
产的瓷器名声大振，风靡整个欧洲，各位公爵领
主竞相购买。伯蒂格的成功正源于这所谓的"白
色黄金"，巨大财富也随之而来。

　　伯蒂格所侍奉的萨克森选帝侯奥古斯特一世
为了守住制造瓷器的秘密，让伯蒂格住在阿尔布
雷希特堡。因此 1710 年城堡内创办了欧洲第一家
皇家瓷器厂。也正是因此，迈森成为了欧洲首屈
一指的瓷器产地，名声大振。

　　迈森瓷器的商标是一对交叉的击剑。最
受欢迎的款式是蓝色的洋葱图案系列，德语是
"Zwiebelmuster"。看起来像洋葱的部分其实是石
榴与桃子的图案，追溯起来这些图案源自中国。
德累斯顿的茨温格宫内展出的瓷器中便有作为这

些图案原型的中国瓷器。除了陶瓷餐具之外，迈
森还生产色彩鲜艳的摆件人偶。

　　无论是造型还是绘画都是传统的手工技艺。
也正是这些手工艺人成就了迈森从古至今的名声。
每一件瓷器都出自匠人们的亲手制作，精美绝伦。
有机会的话一定要购买一个留作纪念。

蓝洋葱是最有名的图案

迈森的餐馆
Restaurant

文森特·里希特餐厅
Vincenz Richter

◆ 这是一间红酒餐厅，1523 年作为纺织工人公会的俱乐部而建，后来改建为餐厅。这里非常有人气，建议提前预约。店内展示有创办者收集的中世纪武器和刑具，还有伯蒂格亲手写给奥古斯特一世的《欧洲第一件白色陶瓷烧制成功》的报告书等。虽然地方不大，但是展品不少，宛如一个小型博物馆一般有趣。加入红酒的甜品 Weincreme 味道好极了！

Map p.399

🏠 An der Frauenkirche 12
☎ (03521) 453285
📠 (03521) 453763
🌐 www.vincenz-richter.de
🕐 周二 ~ 周六   12:00~14:00
          17:00~22:00
    周日   12:00~15:00
🚫 周一、冬季有不定期休息
💳 ADMV

奶酪甜品咖啡馆
Konditorei Café Zieger

◆ 创业于 1844 年，因中空的自制大圆圈面包——迈森圈 Meißner Fummel 而闻名。古时候迈森的红酒和瓷器都是通过马车运往德累斯顿的，为了防止马车夫在途中打盹儿将珍贵的物品损坏，奥古斯特一世建议将这种面包包在货品外一起运输，这款面包因此开始流传开来。店铺位于城堡入口处。

Map p.399

🏠 Rote Stufen
☎ (03521) 453147
📠 (03521) 453100
🕐 周二 ~ 周六   8:00~18:00
    周日   11:00~18:00
🚫 周一
💳 不可使用

迈森的酒店
Hotel

维根迎宾公园酒店
Welcome Parkhotel Meissen

◆ 与阿尔布雷希特堡隔河（易北河）相望。位于住宅区的正中间，十分显眼，宛如童话中的城堡一般。主楼内有前台大厅、餐厅、桑拿房等设施。有免费 Wi-Fi。

Map p.399

🏠 Hafenstr. 27-31   D-01662
☎ (03521) 72250   📠 (03521) 722904
🌐 www.welcome-hotels-meissen.de
🛏 € 63~   ⓣ € 86~   💳 AJMV

罗斯酒店
Hotel Ross

◆ 位于车站的斜对面，是一家建于 1898 年的四星级酒店。有多种房型可供选择。有 Wi-Fi（付费）。

Map p.399

🏠 Großenhainer Str. 9   D-01662
☎ (03521) 7510   📠 (03521) 751999
🌐 www.hotelrossmeissen.de
🛏 € 55~85   ⓣ € 65~120   💳 MV

伯格克莱罗曼蒂克酒店
Hotel Burgkeller

◆ 位于大教堂附近，是一家创业于 1881 年的历史悠久的酒店。虽然只有 10 间客房，但是酒店内同时设有特别适合观景的餐厅和啤酒花园，因此人气很高。有免费 Wi-Fi。

Map p.399

🏠 Domplatz 11   D-01662
☎ (03521) 41400
📠 (03521) 41404
🌐 www.hotel-burgkeller-meissen.de
🛏 € 79~   ⓣ € 130~
💳 AMV

 在位于 Konditorei Café Zieger 店里侧的咖啡吧吃了杜果巧克力蛋糕，价格是 € 2.65，味道好极了！虽然店员的服务态度不是很热情，不过在德国一路上都是这个感觉。

赛芬 *Seiffen*

整个村子就像一个精美的玩具箱

玩具博物馆内展示了诞生于赛芬的、历史悠久的作品

MAP ◆ p.381-B3

人　口	2300 人
长途区号	037362

ACCESS

铁路与巴士：从开姆尼茨乘坐普通列车约1小时10分钟后，在 Olbernhau-Grünthal 站下车，然后换乘453路巴士，大约20分钟在 Kurort Seiffen Mitte, Seiffen (Erzgebirge) 站下车，便可以到达 ❶ 附近的十字路口。

从德累斯顿乘坐普通列车约2小时10分钟（中途需要在 Flöha 站换乘）后，在上述的 Olbernhau-Grünthal 站下车，换乘453路巴士。还有其他途径可以从换乘车站乘坐巴士到达赛芬，但大都车次较少交通极为不方便。

❶ 赛芬的旅游服务中心
- ⌂ Hauptstr. 95
  D-09548 Seiffen
- ☎ (037362) 8438
- 📠 (037362) 76715
- 🖥 www.seiffen.de
- 🕐 周一～周五　9:00～17:00
  周六　　　10:00～14:00
  （冬季会缩短营业时间）

德国与捷克边境附近的小山村赛芬，位于萨克森州厄尔士山地的中部山谷里。小村共有700年以上的历史，因开采锡矿而繁荣。从1480年开始有锡矿的开采，从此小村有了巨大的飞跃性的发展。后来由于开采量逐渐减退，加上锡市场价格一路下跌，对赛芬的冲击很大，1849年锡矿山终于熄灭了灯光。

锡矿繁荣时期，矿工们曾经将制作玩具作为副业，废矿后这一副业逐渐发展成了主业。

仿佛从童话世界中走出来的赛芬，一年中最辉煌的时期莫过于圣诞节了。黄昏时分漫步于村庄的小路上，周围民居装饰窗户的彩灯、特有的弓形霓虹灯、胡桃夹子人偶、在烛光热量的驱动下旋转的圣诞金字塔发出的光芒等，忽隐忽现若明若暗的感觉梦幻极了。窗子上之所以使用这些灯光作为装饰，是由于过去矿工们在昏暗的矿洞里辛劳了一天，家人希望用温暖的灯光迎接自己亲人们的归来。现如今，这些灯光变成了吸引旅行者们的装饰品。

立于小镇中心位置的可爱的路标指示牌

立于小镇中心位置的可爱的路标指示牌

📷 **编外话** Wendt & Kühn 是厄尔士地区具有代表性的木偶工房，这里生产的木偶天使八音盒驰名海内外。小镇的中心部有专卖店。⌂ Hauptstr. 97　🕐 10:00～17:00　🔒 12/24、1/1

豪普特街 Hauptstr. 是主街，沿途有玩具博物馆 Spielzeugmuseum，馆内既有复古风情味浓厚的玩具展品，又有现代工匠的代表作——华丽的圣诞金字塔霓虹灯等展品。距离小镇中心以东 2.5 公里、步行大约 30 分钟的地方，有一处室外博物馆 Freilichtmuseum，也可以说是玩具博物馆的分馆。辖区内有制造木偶时使用的木材加工厂和水车小屋，还有玩具匠人们的工

玩具博物馆展示大厅中间摆放着圣诞金字塔

房。一些工房的匠人会使用赛芬传统的转盘工具在游客面前展示如何制作玩具。

小镇内有几家可供参观的玩具工房，既有可以参观餐具制造过程的工房，也有与商店联合经营的工房，可以在 ❶ 领取相关资料后再拜访。可以通过赛芬旅游官网查询相关事宜。

到了圣诞节期间赛芬宛如童话世界般梦幻

● 玩具博物馆
田 Hauptstr. 73
🌐 www.spielzeugmuseum-seiffen.de
🕙 10:00~17:00
　　平安夜与跨年夜 ~13:00，
　　1/1 是 12:00~
💰 € 5、学生 € 4
● 室外博物馆
田 Hauptstr. 203
🕙 10:00~17:00
　　（11月~次年3月 ~16:00，
　　根据天气变化有调整）
🚫 12/24·25·31、1/1
💰 € 4.50、学生 € 3

推荐咖啡馆 & 餐厅

C Café Spielzeugschachtel
田 Hauptstr. 72
☎ (037362) 798715
🌐 www.dregeno.de
🕙 周一~周六　9:00~17:00
　　周日　　　9:30~18:00
　当地知名玩具制造商 DREGENO 的直营咖啡馆。这里的蛋糕非常具有当地的乡土味道。

R Gaststätte Holzwurm
田 Hauptstr. 71A
☎ (037362) 7277
🌐 www.holzwurm-seiffen.de
🕙 11:00~12:00（冬季有不定期休息）
　位于玩具博物馆停车场的正对面，店内装饰了好多木玩偶，十分可爱。地方特色菜的种类繁多，价格也比较实惠。

赛芬的酒店
Hotel

※ 住宿的客人需要支付每人每晚 € 1 的疗养税。

艾尔布格利特旅馆
Elbgericht Buntes Haus
◆ 位于小镇中心部的一家中档酒店。客房内的家具十分可爱，除此之外前台和走廊里也装饰有可爱的玩偶。旅馆内同时设有餐厅。有 Wi-Fi（付费）。

Map p.402
田 Hauptstr. 94　D-09548
☎ (037362) 7760
📠 (037362) 77660
🌐 www.erzgebirgshotels.de
💰 Ⓢ € 48.50~　Ⓣ € 68~
💳 A D M V

赛芬霍夫酒店
Seiffener Hof
◆ 从玩具博物馆沿豪普特街向西步行 5 分钟，便可到达这家中档酒店。有免费 Wi-Fi。酒店的辖区内有一间玩具工房，可以参观。同时酒店内还设有餐厅。

Map p.402
田 Hauptstr. 31　D-09548
☎ (037362) 130
📠 (037362) 1313
🌐 www.seiffener-hof.com
💰 Ⓢ € 50~65　Ⓣ € 76~120
💳 A M V

MAP ◆ p.381-A4

ACCESS

铁路：从德累斯顿乘坐私铁
TLX（铁路通票有效）大约
需要 50 分钟。

ℹ️ **包岑的旅游服务中心**

🏠 Hauptmarkt D-02625
☎️（03591）42016
📠（03591）327629
🌐 www.bautzen.de
🕐 4~10月
　周一~周五　9:00~18:00
　周六　　　 9:00~15:00
　11月~次年3月
　周一~周五　9:00~17:00
　周六·周日　9:00~14:00

包岑 *Bautzen*

适合眺望奥尔滕堡美景的、索布人的中心城市

　　这座如画般美丽的城市位于流经柏林的施普雷河上游，地处小山丘之上。让人印象最深的是这里无论是车站名还是道路名，都是用德语和索布语两种语言表示。这里是与波兰、捷克同一宗系的索布人的城市。索布人是德国的少数民族之一，约有6万人

建有塔的老城区

都居住在以包岑为中心的劳西茨地区。从市中心的车站步行10分钟便可到达中央广场 Hauptmarkt，然后沿着上坡路再走10分钟便可到达奥尔滕堡 Ortenburg 和索布博物馆 Sorbisches Museum。

MAP ◆ p.381-A4

ACCESS

铁路：从德累斯顿乘坐私铁
TLX（铁路通票有效）大约
需要1小时15分钟。从包
岑需约30分钟。

ℹ️ **格尔利茨的旅游服务中心**

🏠 Obermarkt D-02826
☎️（03581）47570
🌐 www.goerlitz.de
🕐 周一~周五　9:00~18:00
　周六·周日·节日
　　　　　　 9:30~14:30
　（5~10月的周六~17:00、周
　六·周日·节日~16:00）

格尔利茨 *Görlitz*

通过房屋外墙可以感觉到这座国境小城昔日的繁荣

　　车站前的 Berliner Str. 是一条笔直的大街，沿着有轨电车的线路前行便可到达小城的中心地区。莱辛巴赫塔 Reichenbacher Turm 的右侧有一处叫作上市场 Obermarkt 的细长条形的广场，沿途是修复过的建筑外墙。过去这里曾经是

奈塞河是德国与波兰之间的边境线

盐商和麻商们的住宅地和经营场所。继续前行是市政厅 Rathaus。从这里向北大约步行3分钟建有彼得教堂 Peterskirche，可以沿着教堂后面的奈塞河顺流而下，对岸则是波兰的城市。

MAP ◆ p.381-A4

ACCESS

铁路：从格尔利茨乘坐私铁
OE（参考编外话）大约需要
35分钟。

ℹ️ **齐陶的旅游服务中心**

🏠 Markt 1D-02763
☎️（03583）752200
📠（03583）752161
🌐 www.zittau.de
🕐 周一~周五　9:00~18:00
　周六　　　 9:00~13:00
　（5~10月周日在 10:00~
　12:00 期间也开放）

齐陶 *Zittau*

德国、捷克、波兰3国交界处的边境城市

　　齐陶一直是波西米亚国王的领地，一直到13世纪才被授予了城市权力，后因纺织业和贸易而繁荣一时。小城的中心地区是集市广场 Marktplatz，以东约2公里是波兰，以南5公里左右是捷克。
　　沿着车站正前方的班霍夫街

建于小城中心地区集市广场上的市政厅

Bahnhofstr. 前行500米左右，便可以到达在围绕老城区的城墙遗址上建造的环状道路。主要的景点都在环状道路以内。

编外话　OE（Ostdeutsche Eisenbahn 的简称）的齐陶~格尔利茨之间虽然可以使用海尔曼铁路通票等旅行者通票，但是齐陶~科特布斯、格尔利茨~霍耶斯韦达之间等是不可使用的。

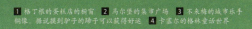
1 格丁根的蛋糕店的橱窗 2 马尔堡的集市广场 3 不来梅的城市乐手铜像，据说摸到驴子的蹄子可以获得好运 4 卡塞尔的格林童话世界

童话之路
Deutsche Märchenstraße

Gartenzwerge

童话之路

接下一页

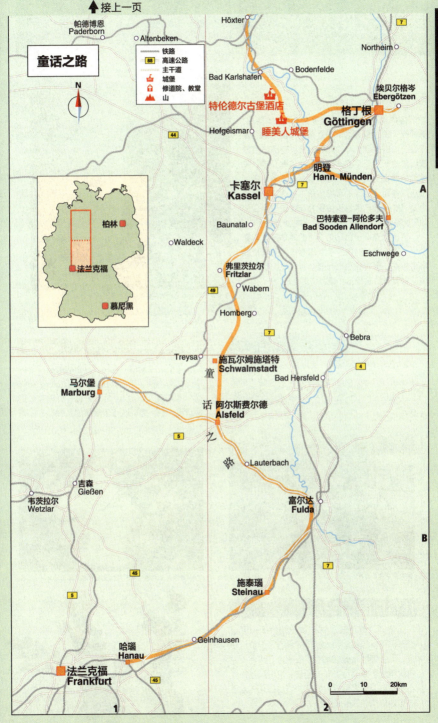

童话之路

接上一页

N

铁路
88 高速公路
主干道
城堡
修道院、教堂
山

Höxter
Altenbeken
帕德博恩
Paderborn
Northeim
Bad Karlshafen
Bodenfelde
埃贝尔格岑
Ebergötzen
特伦德尔古堡酒店
睡美人城堡
Hofgeismar
格丁根
Göttingen
44
明登
Hann. Münden
卡塞尔
Kassel
巴特索登-阿伦多夫
Bad Sooden Allendorf
Baunatal
Waldeck
Eschwege
弗里茨拉尔
Fritzlar
柏林
Wabern
法兰克福
49
Homberg
Bebra
慕尼黑
7
Treysa
施瓦尔姆施塔特
Schwalmstadt
Bad Hersfeld
4
马尔堡
Marburg
阿尔斯费尔德
Alsfeld
5
Lauterbach
吉森
Gießen
韦茨拉尔
Wetzlar
富尔达
Fulda
45
7
施泰瑙
Steinau
5
哈瑙
Gelnhausen
Hanau
法兰克福
Frankfurt
45

童 话 之 路

A

广 域 图

B

0   10   20km

1   2

407

童话之路

格林兄弟收集童话故事的 1806 年前后，德国处于法国的统治下，之前非常淡薄的国家意识开始在德国人心中高涨起来。身为语言学家同时也研究日耳曼神话传说的格林兄弟，与他们的朋友诗人布伦塔诺以及小说家阿尔尼姆一起探索所谓德国的精神传统。以收集整理作为德国文化遗产的民间传说，英雄传说为目的的研究活动，最终产生了伟大的格林童话。

童话之路从格林兄弟出生的哈瑙延续至童话中"不来梅的城市乐手"想要前往的港口城市不来梅，全长约 600 公里。可以在了解了上述历史背景的基础上，畅游童话之路。

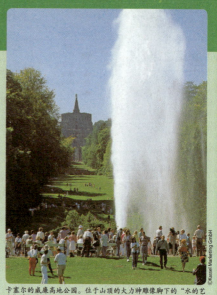

卡塞尔的威康高地公园。位于山顶的大力神雕像脚下的"水的艺术"秀极受欢迎

游览提示

格丁根、卡塞尔、不来梅的火车站较大，ICE 和 IC 特快都会停车。开往其他城市的地方铁路列车，车次较少，应事先查询列车时刻表。

快车多为双层列车

住宿指南

童话之路上较小城市的旅馆，多为家庭经营。设备虽然不如大城市的酒店，但价格便宜，而且还能享受到家庭式的招待。或者入住古代城堡，也会留下深刻记忆。也可以选择住在不来梅及卡塞尔等大城市，然后每天往返于住宿地与周边的小城市。

特产与美食

童话之路周边多森林，夏季的蘑菇以及冬季的野味 Wild（相当于法餐中的 Gibier）菜式都非常好吃。可以尝到鹿、野猪、野鸭等，可谓野趣十足。港口城市不来梅的鱼鲜非常值得一尝。

以鱼鲜菜式闻名的不来梅的餐厅不来梅酒窖（→ p.436）

不来梅的城市乐手与哈默尔恩的小老鼠，种类繁多

格林童话世界

深受世界人民喜爱的格林童话，最初是在1812年圣诞节期间以《儿童与家庭童话集》为名出版的，当时的发行量只有900本。第一版因太过残酷和阴暗、不适合儿童阅读，而受到了批判。书中大多数童话都是从民间收集而来，是按照口述者的真实讲述而记录的，后来格林逐渐摸到了读者们的好恶，从读者的角度做了修改，1857年的第七版已经与第一版有了很大的不同。

格林童话集中，有不少是收录自因在法国受到迫害而移民至德国的胡格诺派新教徒们的口述。因此，《小红帽》等故事与法国的童话有相似的部分。但总体而言，以德国人心目中的故乡——森林为背景的格林童话，为此后的德国文学奠定了基础。

童话故乡的风景至今仍保留完好

格林兄弟生平（简历）

1785~1786	格林兄弟家族共有6个孩子，父亲是公务员，雅克布是长子，威廉是次子，他们都出生于哈瑙
1791	搬家至施泰瑙
1798	因为要上高中，只有兄弟二人搬到了卡塞尔
1802~1803	在马尔堡大学学习法律
1806	卡塞尔被法军占领
1809	与歌德交往甚密
1812	出版了《儿童与家庭童话集》
1814~1815	威廉成了帝国图书馆的管理员。雅克布出席了维也纳会议。开始从卡塞尔的女性中，收集童话素材
1825	威廉结婚
1830	成为了格丁根大学的教授
1838	返回卡塞尔（雅克布）
1852	兄弟都开始专注于学术研究
1854	将《德语词典》整理至"F"（100年后格丁根文化研究院后续完成至"Z"）
1859	威廉姆在柏林去世，享年73岁
1863	雅克布去世，葬于威廉姆墓的一旁

交通图

哈瑙 *Hanau*

格林兄弟的出生地

矗立于市政厅前的格林兄弟铜像

MAP ◆ p.407-B1

人　口	89900 人
长途区号	06181

ACCESS

铁路：从法兰克福中央车站（地下月台）乘坐 S-Bahn ⑤8 或者 9 号车，到哈瑙中央车站大约需要 30 分钟。从法兰克福中央车站的地上月台（中长距离列车在此发车）乘坐 RE 快速，大约需要 20 分钟，ICE 特快大约需要 15 分钟（有个别 ICE 不停车）。可以到达哈瑙西站的 RB 列车（从法兰克福中央车站需要 25 分钟）车次较少，需要格外注意。

❶ 哈瑙的旅游服务中心
🏠 Rathaus, Am Markt 14-18
☎ (06181) 295950
📠 (06181) 295959
🖥 www.hanau.de
🕐 周一～周四　9:00~13:00
　　　　　　　13:30~16:30
　　周五　　　9:00~13:00

● 集市广场的市场
　　周三、周六的 7:00~13:00 会举办露天市场，届时会有售卖蔬菜和鲜花的摊位。圣诞节前这里还会举办圣诞市场。

● 金匠屋
🏠 Altstädter Markt 6
🕐 周二～周日　11:00~17:00
🚫 周一
💰 €3、学生 €2

格林兄弟的故乡哈瑙，位于距离法兰克福以东约 20 公里的地方。出人意料的是，这里给人的感觉像是一座现代化的大城市，可能是由于哈瑙也发挥着法兰克福卫星城的作用吧。尽管如此，来到位于市中心的集市广场，还是可以见到具有德国特色的风景，砖红色市政厅对面便是教堂。雅克布和威廉兄弟的铜像就矗立于广场之上，仿佛在告诉人们这里便是童话之路的起点了。

哈瑙 漫 步

距离哈瑙市中心最近的车站是哈瑙西站 Hanau Westbahnhof，但是这一站的停车班次较少，除了自动售票机以外没有任何其他设施。从站台走下来之后，沿着车站下的东北向道路 Vor dem Kanaltor 一直走，穿过商店整齐排列的 Römerstr. 之后便可到达市中心的集市广场 Marktplatz。

ICE 和 IC 特快都停靠的站点是哈瑙中央车站 Hauptbahnhof，这里的设施也比较齐备。如果行李较多，建议在此站下车。从中央车站前乘坐 1、2、5 路巴士（1、5 路巴士在周日和法定节日停运）可以去往市中心的集市广场。建于广场北侧的市政厅 Rathaus 内侧有 ❶。

弗莱海特广场 Freiheitsplatz 是巴士换乘中心，以前位于此地的格林兄弟出生地在"二战"中遭到破坏，没有被保存下来。但是，附近的

相当气派的木结构房屋

Langstr. 41 号立有一块指示牌，表示这是弟弟画家路德维希的出生地。弗莱海特广场的北侧有一栋非常气派的木结构房屋，这便是金匠屋 Goldschmiedehaus 了，这里展示着在此地区制作的金银饰品。

集市广场与格林兄弟像
Brüder Grimm-Nationaldenkmal auf dem Marktplatz ★★★

标示"童话之路出发点"的指示牌

坐着翻开书在阅读的是弟弟威廉，守候在弟弟身旁站立着的是哥哥雅克布。雕像是德国全国上下募捐后，于1896年建成的。雕像的下面刻有作为语言学者编撰童话的兄弟之名，而且还有一块标记有"童话之路出发点"的指示牌。

菲力普斯鲁尔城堡
Schloss Philippsruhe ★★

位于城市西南部的巴洛克式城堡，内部作为哈瑙博物馆对外开放。展示有格林兄弟遗物的展厅非常值得一看。此外，这里还有环境幽雅的咖啡厅。

上／菲力普斯鲁尔城堡的庭园　右／展示了格林兄弟常用的皮包和外套等

童话之路

●哈瑙

弟弟威廉体弱多病所以坐在那里，而哥哥雅克布则仿佛在守候着弟弟般站在他身旁

●菲力普斯鲁尔城堡
⊞ Philippsruher Allee 45
⊠ 周二～周日　11:00～18:00
㊡ 周一、圣诞节、年末年初
⊛ €4、学生€3

从集市广场乘坐5路或者10路巴士在 Schloss Philippsruhe 站下车。

哈瑙
HANAU

（地图标注）
金匠屋 Goldschmiedehaus
Marien-K.
弗莱海特广场 Freiheitsplatz
Nord str.
Mühlstr.
Langstr.
Hotel-Café Menges
Rosen str.
市政厅 Rathaus str.
Hirsch str.
Krämer-巨人酒店
Nürnberger Str.
Römer str.
格林兄弟像 集市广场 Marktplatz
Röder str.
哈瑙西站 Westbahnhof
Gärtner str.
Kurt Blaum-Pl.
Grüner Weg
Nußallee
Leipziger Str.
哈瑙阿卡迪亚酒店
Willy-Brandt-Str.
法兰克福方向
至菲力普斯鲁尔城堡约2公里
Am Steinheimer Tor
Konrad-Adenauer-Str.
Westbahnhofstr.
Friedrich-Ebert-Anlage
Friedrichstr.
Dettinger Str.
Barbarossastr.
Akademiestr.
Mainstr.
Westerburgstr.
Main
哈瑙中央车站 Hauptbahnhof
0　200　400m
Hanau-Steinheim

哈瑙的酒店
Hotel

※ 法兰克福召开展会期间会涨价。

巨人酒店
Zum Riesen

◆ 1812年拿破仑曾经下榻于此。店主很喜欢亚洲文化。有免费Wi-Fi。别馆比主楼的费用便宜。

Map p.411

⊞ Heumarkt 8　D-63450
☎ (06181) 250250　FAX (06181) 250259
URL www.Hanauhotel.de
⊛ Ⓢ €99～　Ⓣ €130～　套房 €170～　⊞ JMV

哈瑙阿卡迪亚酒店
Arcadia Hotel Hanau

◆ 共有145间客房的大型酒店。其中有40间客房是附带空调（冷气）的房间。从中央车站乘坐10路或者20路巴士，在Kurt-Blaum-Platz站下车。有Wi-Fi（付费）。

Map p.411

⊞ Kurt-Blaum-Platz 6　D-63450
☎ (06181) 30550　FAX (06181) 3055444
URL www.arcadia-hotellerie.de
⊛ Ⓢ €85～　Ⓣ €120～　⊞ ADMV

施泰瑙 *Steinau an der Straße*

格林兄弟幸福的童年就是在此度过的

格林兄弟故居的雪景

MAP ◆ p.407-B2

人　口	10400 人
长途区号	06663

ACCESS

铁路：从法兰克福中央车站乘坐 RE 快速大约需要 55 分钟，从哈瑙出发大约需要 30 分钟。Steinau an der Straße 才是城市的正式名称。在 DB 等的时刻表上会用 Steinau（Steaße）来表示。

🛈 **施泰瑙的旅游服务中心**
🏠 Brüder-Grimm-Str. 70
　 D-36396
　 Steinau an der Straße
☎ （06663）96310
📠 （06663）963133
🌐 www.steinau.de
🕐 周一～周四　8:30～12:00
　　　　　　　 13:30～16:00
　 周五　　　 8:30～13:00
　 4～10 月的周六、周日
　 13:30～15:30 期间也会营业。

● **格林兄弟故居**
🏠 Brüder-Grimm-Str. 80
🌐 www.brueder-grimm-haus.de
🕐 1/2～12/18 的每天 10:00～17:00
💰 €6（可以同时进入隔壁的施泰瑙博物馆）

　　施泰瑙是一座恬适安静的小城，四周有群山环绕，金齐希河也流经这里。在雅克布 6 岁、威廉 5 岁的时候，格林一家从哈瑙搬到了这里。这里也是格林兄弟父亲的故乡，兄弟两人在这里生活了 5 年，度过了无忧无虑的童年。

　　车站距离城区大约 1 公里，如果没有较大的行李，在乡间的小路上漫步也是旅途中很惬意的事情。

　　沿着格林兄弟大街 Brüder-Grimm-Str. 前行，可以到达格林兄弟故居 Brüder Grimm-Haus。格林兄弟的父亲是法官，格林一家人从 1791~1796 年一直住在这栋法院兼政府官邸里。现在格林一家的相关资料在此馆内展示。隔壁的施泰瑙博物馆 Museum Steinau 里有关于这座小城的历史和文化的介绍。

　　继续沿着格林兄弟大街 Brüder-Grimm-Str. 前行，道路右侧的广场便是市中心，喷水池周围建有市政厅 Rathaus 和木偶剧场 Steinauer Marionettentheater。木偶剧场经常会上演格林童话，所以非常有人气，建议提早预约。

　　广场的南侧建有一座文艺复兴时期的城堡 Schloss。城堡的内部是博物馆，还设有格林纪念室。

🎭 **课外话**　木偶剧场（🌐 www.die-holzkoeppe.de）的演出不定期。预约购票可以拨打电话（06663）245。在演出开始前 15 分钟可以取票。每人 €7.50～12。3 岁以下不能入场。冬季休演。

马尔堡 *Marburg*

格林兄弟大学时代居住过的位于山丘上的城市

Deutsche Märchenstraße

柏林

马尔堡

法兰克福

慕尼黑

童 话 之 路

● 施泰瑙 \ 马尔堡

有许多坡路的老城区

创办于 1527 年的马尔堡大学是一所名牌大学，格林兄弟、哲学家海德格尔都曾就读于此。学生们在城市中来来往往，老城区还有不少书店、咖啡馆和学生酒馆。在这座学生城的坡路上漫步真的非常惬意。

马尔堡 漫 步

火车站距离老城区的集市广场 Markt 大约有 1 公里远。去程一路上上坡路较多，建议乘坐巴士前往。市内巴士 1、4、6、7 路都在 Rudolphsplatz 站停车，这站离 ❶ 比较近，而且车站前还有升降电梯，可以到达位于高台处的集市广场。

如果准备从火车站步行前往，不妨先参观这座城市最重要的教堂——伊丽莎白教堂 Elisabethkirche，然后沿着缓缓的上坡路 Steinweg 向高处去。这条道路中途会更名为 Neustadt、Wettergasse，一直走，出了集市广场 Markt 之后便可以看到写有"城堡 Schloss"的指示牌，沿着标识上台阶，穿过马利恩教堂 St. Marien，再上一段台阶便可以到达有方塔的伯爵城堡 Landgrafenschloss 了。

格林兄弟 1802~1805 年居住过的房子

从伯爵城堡向下走的时候，沿着 Ludwig-Bickell-Treppe、Ritterstr. 这条路可以到达集市广场。广场上有文艺复兴风格的市政厅 Rathaus，屋顶上有报时大钟，整点就会鸣钟报时。街景最漂亮的是位于老城区的巴菲瑟大街 Barfüßerstr.，以及集市广场以东的 Marktgasse、Reitgasse 等。格林兄弟曾经居住过的房子也位于巴菲瑟大街上，外墙上有纪念标牌。

马尔堡 主要景点

路德进行宗教辩论的舞台 伯爵城堡

Landgrafenschloss ★★

建于小山丘之上的城堡，视野极好。这里曾经是图林根伯爵的城堡

Map ◆ p.407-B1

人 口	73100 人
长途区号	06421

ACCESS

铁路：从法兰克福乘坐 IC 特快或者 RE 快速大约需要 1 小时，从卡塞尔·威廉高地车站出发大约需要 1 小时。

❶ **马尔堡的旅游服务中心**

⊞ Pilgrimstein 26
D-35037 Marburg
☎ (06421) 99120
⊠ (06421) 991212
🖥 www.marburg.de
囲 周一~周五　9:00~18:00
　　周六　　10:00~14:00
图 周日、节日

● **市内交通**

巴士费用，从车站到距离 ❶ 较近的 Rudolphsplatz 站的 1 次车票 Einzelfahrkarte 价格是 € 2.15。1 日乘车券 Tageskarte 的价格是 € 4.20。

市政厅大楼仿佛是在格林童话中也经常出现的建筑

建于山丘上的伯爵城堡

●伯爵城堡
（大学文化史博物馆）
🏛 Schloss 1
🌐 www.uni-marburg.de/uni-
museum/kulturgeschichte
🕐 周二～周日　10:00～18:00
（11 月～次年 3 月～16:00）
闭馆前 30 分钟停止入场
🚫 周一
💰 €4、学生 €3（只限常设
展）

●伊丽莎白教堂
🌐 www.eilsabethkirche.de
🕐 11 月～次年 3 月
10:00～16:00
4～10 月　9:00～17:00
※ 周日需要在弥撒结束后方
可进行参观。
💰 部分内殿和交叉走廊的参
观需要购票，价格是 €2.70、
学生 €1.70

从兰河对岸望去的伯爵城堡

木质装饰非常漂亮的 Wettergasse
的茶叶店

巴菲墨大街上有许多可爱的
小店铺

所在地，后来伊丽莎白之女在此开始建设。1529 年，路德、兹温格里、梅兰希顿在此进行了宗教辩论。城堡的内部现在作为大学文化史博物馆 Universitätsmuseum für Kulturgeschichte 对外开放。

纪念伊丽莎白公主的伊丽莎白教堂
Elisabethkirche　　　　★★★

　　13 世纪匈牙利的伊丽莎白公主嫁入了图林根地区的伯爵家，丈夫去世后被家族排挤，之后搬到了马尔堡居住。伊丽莎白公主是一位心地非常善良的人，经常帮助贫苦大众。可惜她在 24 岁时就逝世了。死后她因善行而被列入圣人的行列。这座教堂便是为了供奉她的圣棺而于 1235～1283 年修建的。

伯爵城堡前有一条叫作 Ludwig-Bickell-Treppe 的道路，在上这条路的台阶前有一条 Ritterstr. 的横向道路，Ritterstr.15 号便是萨维尼教授故居，格林兄弟经常拜访这里。

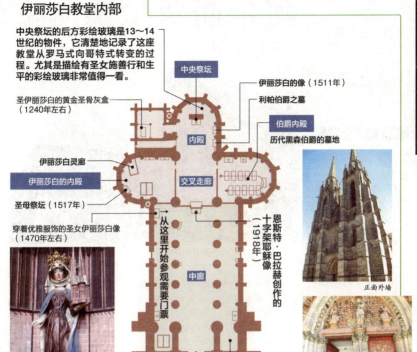

伊丽莎白教堂内部

中央祭坛的后方彩绘玻璃是13～14世纪的物件，它清楚地记录了这座教堂从罗马式向哥特式转变的过程。尤其是描绘有圣女施善行和生平的彩绘玻璃非常值得一看。

中央祭坛

伊丽莎白的像（1511年）

利帕伯爵之墓

圣伊丽莎白的黄金圣骨灰盒
（1240年左右）

伯爵内殿

历代黑森伯爵的墓地

内殿

伊丽莎白灵廊

伊丽莎白的内殿

交叉走廊

圣母祭坛（1517年）

穿着优雅服饰的圣女伊丽莎白像
（1470年左右）

从这里开始参观需要门票

恩斯特·巴拉赫创作的十字架耶稣像（1918年）

中廊

正面外墙

正面入口

内殿入场门票售票处

正面入口（1270～1280年左右）

马尔堡的酒店
Hotel

※ 法兰克福召开展会期间会涨价。

马尔堡迎宾酒店
Welcome Hotel Marburg

◆位于去往老城区的电梯旁。购物十分方便。有 Wi-Fi（付费）。

Map p.414-B

🏠 Pilgrimstein 29　D-35037
☎（06421）9180　📠（06421）918444
🔗 www.schlossberg-marburg.de
💰Ⓢ€94～　Ⓣ€124～　💳ＡＤＪＭＶ

马尔堡霍夫酒店
Hotel Marburger Hof

◆建于距离火车站步行 5 分钟可达的地区，是一家共有 102 间客房的中档酒店。有 Wi-Fi（除经济房型以外免费）。

Map p.414-A

🏠 Elisabethstr. 12　D-35037
☎（06421）590750　📠（06421）59075100
🔗 www.marburgerhof.de
💰Ⓢ€57～　Ⓣ€76～　💳ＡＤＪＭＶ

阿尔斯费尔德 *Alsfeld*

如画般美丽的集市广场

柏林
阿尔斯费尔德
法兰克福
慕尼黑

MAP ▶ p.407-B2

人　口　16000人

长途区号　06631

ACCESS

铁路：从富尔达乘坐私铁
HLB（铁路通票有效）大约
需要45分钟。

**❶ 阿尔斯费尔德的旅游服
务中心**

⊞ Markt 3　D-36304 Alsfeld
☎ (06631) 182165
▥ www.alsfeld.de
⊞ 周一～周五 9:00～18:00
　　周六　　 10:00～14:00
　　（冬季是周一～周五 9:00～
　　16:00、 周 六 是 10:00～
　　13:00）

☕ 集市咖啡馆 Marktcafe

⊞ Mainzer Gasse 2
☎ (06631) 3485
▥ alsfeld-marktcafe.de
🕐 8:30～18:30（周五是7:30～、
周 六 是 6:30～、 周 日 是
10:00～，但是1～2月的周
日是14:00～）
🚫 11月·次年1月～4月的
周一

● 乡土博物馆

⊞ Rittergasse 3-5
　　因改建闭馆中。

木结构的市政厅（右）和砖结构的葡萄酒屋

这座小镇的木结构房屋没什么名胜古
迹，几乎都是普通民众所居住的民居。但却
是人们倾注了情感，用心维护的美丽家园。

从车站步行到镇中心的集市广场
Marktplatz 需要5～6分钟。老城区的所有道
路都可以通往集市广场。广场四周围的建筑
和这里的氛围非常和谐。

位于集市广场附近的喷泉

正面有两座尖塔的木结构房屋是市政厅
Rathaus，其左侧是过去售卖葡萄酒的葡萄
酒屋 Weinhaus，广场的南侧是文艺复兴样式
的婚礼礼堂 Hochzeitshaus。婚礼礼堂的内部
有备受好评的集市咖啡馆，这里的蛋糕非常
好吃。

位于 Rittergasse 的乡土博物馆 Regionalmuseum 也不错。

阿尔斯费尔德
ALSFELD

推荐游览线路

✉ 投稿　Kartoffelsack 餐厅（⊞ Markt 16　▥ www.kartoffelsack-alsfeld.de）营业～23:30（周三休息）。当地客人较多，
味道不错，菜量很大。

卡塞尔 *Kassel*

拥有格林兄弟博物馆、举办卡塞尔文献展的城市

柏林
★卡塞尔
●法兰克福
慕尼黑

Map◆p.407-A2

人 口	194100 人
长途区号	0561

ACCESS

铁路： 从法兰克福乘坐 ICE 特快至卡塞尔·威廉高地站 Kassel Wilhelmshöhe 约需 1 小时 25 分钟。从格丁根出发约需 20 分钟。

水幕公园中的流水艺术

卡塞尔是童话之路中仅次于不来梅的大城市。地处法兰克福和汉诺威的中间位置。另外，还因为每 5 年这里会举办一次国际美术展——卡塞尔文献展 Documenta（→ p.418）而知名。

格林兄弟曾经在这里定居，《格林童话》的框架也是在这里构思的，对于喜欢童话的人来说卡塞尔简直是资料宝库。

卡塞尔 漫步

ICE 在卡塞尔威廉高地站停车，车站内有 ❶，虽然是很小的办公室，但是资料齐全。

这座城市比较大，既有有轨电车又有巴士可以乘坐，不妨在 ❶ 领取线路图 Liniennetz，方便查找线路。

首先从车站出来，看到大路 Wilhelmshöher Allee 后左转，首先去叫作威廉高地 Wilhelmshöhe 的山丘一带游览，这里有威廉高地城堡 Schloss Wilhelmshöhe（内部是古典绘画馆），山顶有水幕公园 Kaskaden 和矗立于此的大力神雕像、中世纪风格的狮堡 Löwenburg，山脚下还有库尔黑森温泉 Kurhessen-Therme。

虽然，中央车站 Hauptbahnhof 规模较大而且距离市中心比较近，但是 ICE 和 IC 特快能够停车的只有威廉高地站，中央车站不停车。

不过，市内观光也不一定要从中央车站出发。乘坐 1 路或者 3 路市内有轨电车，在位于这座城市主干道 Obere Königsstr. 上的市政厅 Rathaus 前或者国王广场 Königsplatz 站下车，便是市中

❶ 卡塞尔的旅游服务中心

● 威廉高地站的 ❶
⊞ ICE-Bahnhof Wilhelmshöhe D-34131 Kassel
☎ (0561) 34054
📠 (0561) 315216
🖥 www.kassel-marketing.de
🕐 周一～周六　9:00~18:00

● 市政厅的 ❶
⊞ Wilhelmsstr. 23
☎ (0561) 707707
📠 (0561) 7077169
🕐 周一～周六　9:00~18:00

世界遗产

威廉高地公园
（2013 年被列为世界遗产）

● 市内交通

巴士和有轨电车单次车票 Einzelfahrkarte 的价格是 €2.80。24 小时车票（1 人用）MultiTicket Single 的价格是 €7。MultiTicket 是一张可供 2 名成人和 1 名儿童（未满 18 岁）共 3 人使用的车票，周六日可以 2 天内有效，价格是 €8.90。

● 威廉高地车站周边

从威廉高地站出来之后左侧就是 City Center Wilhelmshöhe 购物中心，内有超市、药妆店、餐厅、咖啡厅，还有中餐馆等。

低底盘式有轨电车在市内穿梭

水幕公园 Kaskaden
威廉高地公园 Wilhelmshöhe
狮堡 Löwenburg
卡塞尔中央车站
卡塞尔最佳西方酒店
国王广场 Königsplatz
施塔特酒店
弗里德里希阿鲁门博物馆
格林兄弟像 Ober.Königst.
市政厅 州立剧院 Rathaus
卡塞尔黑森兰德戴斯酒店
黑森州立博物馆
橘园宫 Orangerie
新绘画馆

Ochsen allee
Schlosshotel Wilhelmshöhe
威廉高地城堡（古典绘画馆）Schloss Wilhelmshöhe
卡塞尔城际酒店
黑森温泉 Kurhessen-Therme
卡塞尔威廉一世选帝侯最佳西方酒店
卡塞尔威廉高地站 Bhf. Kassel-Wilhelmshöhe

Breitscheidstr.
青年旅舍
中央车站 Hauptbahnhof
中央邮局 Hauptpost
Kölnische Str.
弗里德里希阿鲁门博物馆 Museum Fridericianum
左下是扩大图
Wilhelmshöher Allee
City Hotel
壁纸博物馆 Tapetenmuseum
格林童话世界 GRIMMWELT
Ludwig.Mond Str.
Frankfurter Str.
卡哨尔公园 Karlsaue
花之岛 Siebenbergen
富尔达河 Fulda
富尔达河公园
Auedamm

N
0 500m 1km

卡塞尔 KASSEL

● 卡塞尔文献展

　　五年一度的"文献展"是世界上最大型的现代美术展。自 1955 年首次举办以来，便因其实验性的展示掀起了激动人心的话题。会场主要以弗里德里希阿鲁门博物馆为中心，另外还有卡哨尔公园等。

　　www.documenta.de

卡塞尔文献展的主会场弗里德里希阿鲁门博物馆（2012年文献展时的情形）

橘园宫曾经是种植柑橘的温室

　　心。乘坐有轨电车从威廉高地车站方向在市政厅前下车，然后稍微往回走一些便是格林兄弟广场 Brüder-Grimm-Platz，广场上有格林兄弟像。铜像一旁的建筑物是 1805~1822 年兄弟两人住过的地方。广场南侧是黑森州立博物馆 Hessisches Landesmuseum（本书调查时因改造工程闭馆）和新画廊 Neue Galerie 等，这一区域也是博物馆相对集中的区域。

　　2015 年 9 月，格林童话世界 GRIMMWELT 在温伯格公园 Weinberg 的一角处开园。从温伯格公园还可以看到宽广的卡哨尔公园 Karlsaue，建于 18 世纪初期的橘园宫 Orangerie（现在是餐厅）也在公园域内。

HISTORY　卡塞尔的格林兄弟

　　虽然是兄弟，但是他们的性格却截然不同。哥哥雅克布是比较严谨的学者型，弟弟威廉是充满诗意、喜欢音乐、热爱幻想的类型。据说由于父亲早亡，雅克布作为长子承担起了家庭的负担，为了抚养众多的兄弟开始工作，而威廉则一直体弱多病。虽然拿破仑战争也波及了卡塞尔，而且城市被法军所占领，但格林一家在此幸福地生活了 30 年。一天，格林兄弟被一位经常给附近小朋友讲述古老传说和童话的老婆婆所吸引。这位叫作德罗特娅·费曼的老婆婆只是一位普通人。她出生在旅馆里，经常听工匠们、军人和车夫等人讲一些过去的事情。婆婆的记忆力非常好，这些故事都没有被她遗忘。而且她还非常喜欢把这些故事讲给别人。格林兄弟花费 1 年 5 个月的时间整理了她讲的故事。婆婆的家位于格林兄弟街 46 号，现在叫作"童话屋"。虽然是简单木结构房屋，但至今仍保留完好。

格林兄弟广场上矗立有格林兄弟像

华丽壮观的奇景水的艺术
Wasserkünste

水流从罗马风格的 Aquädukt（水道桥）上飞流而下

威廉高地公园总面积约 240 公顷，水流从位于山顶的高达 9.2 米的大力神雕像的脚下流出，然后经由被称作"水幕"的人造石级向下流，环绕威廉高地公园一圈之后，最后以威廉高地城堡为背景，喷射出高达 50 米的喷泉。这一壮丽的"水的艺术"在每年 5/1~10/3 的周三、周日与法定节日的 14:30~15:30 期间举行。

从位于大力神像的起点处出发，按照顺流的标识走，可以在合适的时间走到水流会出现的景点，边下山边欣赏景观。从水幕流淌下来的水，接下来会变为施泰因霍夫瀑布，浮于地面。然后在恶魔桥下汇聚成急流，从罗马式的水道桥遗址 Aquädukt 上一泻而下，形成 28 米落差的瀑布。最后用自身的水压从大喷泉池中喷射出高达 52 米的喷泉，将整套水的艺术推向高潮。

水的艺术威廉高地公园略图

- 水的艺术正确的游览方向
- 水路
- ❶-❺ 水的艺术参观地点和水到达的时间

大力神像 Herkules ❶14:30　餐厅

水幕公园 Kaskaden

餐厅　N

施泰因霍夫瀑布 Steinhöfer Wasserfall ❷15:05

普鲁特古罗蒂 Plutogrotte

❸15:20

恶魔桥 Teufelsbrücke　❹15:30　水道桥 Aquädukt

狮堡 Löwenburg

大喷泉池 Fontänenteich ❺15:45

音乐堂 Musikpavillon

温室 Gewächshaus

城堡酒店 Schloßhotel H

威廉高地城堡 Schloss Wilhelmshöhe

城堡咖啡馆 Schloßcafé

Bergparkbus 巴士站
Brabanter Str.（3路有轨电车）

黑森温泉 Kurhessen-Therme

卡塞尔市中心↓

Bergparkbus 巴士站 Wilhelmshöhe（1路有轨电车终点站）

从水幕公园的山顶向市区方向流淌的水流

●水的艺术
交通指南 去大力神像的附近，需要从威廉高地车站前乘坐去往 Druseltal 方向的 3 路有轨电车，在终点站下车；然后换乘 22 路巴士（有一部分巴士不到大力神像，上车前请确认清楚）在 Herkules 站下车。另外，还有可以经过威廉高地公园内的 23 路巴士。

圈 3/15~11/15
　　每天　　　　10:00~17:00
　6~9 月每月第一个周六的晚间会有灯光秀（只在水幕阶梯和喷泉周围）。6~7 月是 22:00~、8 月是 21:30~ 左右，9 月是 21:00~。

浪漫的狮堡
Löwenburg

★★

以苏格兰城堡为原型而建造的城堡内展示有精美的彩绘玻璃、16~18 世纪的武器、哥白林纺织品等。虽然外观看上去像是中世纪的城堡，但确实是在 1793~1798 年建造的，故意将一部分建成废墟的样子，彰显了浪漫的氛围。

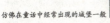

仿佛在童话中经常出现的城堡一般

●狮堡
URL www.museum-kassel.de
圈 通过参加 3/1~11/15 的周二~周日 10:00~16:00；11/16~次年 2/28 的周五~周日 10:00~15:00 整点出发的导览团对城堡进行参观。
圈 周一、11/16~次年 2/29 的周二~周四、12/24・25・31
圈 €4、学生€3

童话之路

卡塞尔

●格林童话世界

Am Weinberg

乘坐有轨电车在 Rathaus 站下车，步行约 400 米即到。

www.grimmwelt.de

周二～周日　10:00～18:00 （周五～20:00）

周一、1/1

€ 8、学生€ 6

童话之路上的亮点格林童话世界
GRIMMWELT
★★★

这里是一家展示格林兄弟伟业和世界上最为人熟知的童话世界的新型博物馆。使用最新型的多媒体机器将这里打造成了体验型、互动型的博物馆。馆内的半地下和地下部分是格林童话世界的常设展示。地上部分是企划艺术展的会场，需要单独支付费用。

在格林童话世界游览

●威廉高地城堡

Schlosspark 1

乘坐去往 Wilhelmshöhe 方向的 1 路有轨电车，在终点站下车，步行 1 分钟即到。

www.museum-kassel.de

10:00～17:00 （周三～20:00）

周一、12/24・25・31、部分节日

€ 6、学生€ 4

威廉高地城堡
Schloss Wilhelmshöhe
世界遗产　★★★

城堡是 18 世纪后半期由威廉一世建造的，现在一层与地下的部分是古代雕刻展 Antikensammlung，二至四层是古典绘画馆 Gemäldegalerie Alte Meister 和特展会场。古典绘画馆主要展出了 15~18 世纪的作品，例如伦勃朗、鲁宾斯、克拉纳赫等巨匠的作品。

雄伟而庄严的威廉高地城堡

●新画廊

Schöne Aussicht 1

周二～周日　10:00~17:00 （周三 4~20:00）

周一

€ 6、学生€ 4

可以了解德国现代美术的新画廊
Neue Galerie
★★

这里展示了从 1750 年至现代的德国美术作品。1960 年举办的卡塞尔文献展（国际美术展）中的部分作品被收藏于此，特别是约瑟夫・博伊斯、马里奥・梅兹的作品有较高的人气。

Information　东方情调的黑森温泉

中式风格和日式风格相结合的内装修虽然感觉有些不太和谐，但内部设施非常齐备。室内和室外合起来一共约 1200 平方米的温泉池，还有 85 米长的滑梯、罗马式的蒸汽浴室、芬兰浴桑拿房、日光浴以及健身房、按摩室、电影放映厅、餐厅等。除了桑拿房（除女性专用桑拿以外还有男女共用的）以外均需要穿着泳衣入浴。

●黑森温泉

Wilhelmshöher Allee 361

☎ （0561）318080

FAX （0561）3180813

www.kurhessen-therme.de

每天 9:00~23:00（周三、周五、周六～24:00）

90 分钟€ 14、2 小时€ 16、4 小时€ 20

---

420 编外话　位于威廉高地城堡地下的 Café –Jerome 即便是不购买城堡（美术馆）的门票，只需在入口处说一声是去咖啡馆的就可以进入。除了蛋糕之外，还有一些简餐。周一休息。

卡塞尔 近郊景点

小红帽的故乡施瓦尔姆施塔特
Schwalmstadt Map p.407-B2

施瓦尔姆施塔特是以德莱沙 Treysa 和齐根海恩 Ziegenhain 为中心的多个村落的总称。乡土博物馆等值得一看的景点，大都位于有护城河环绕的齐根海恩 Ziegenhain（正式名称是 Schwalmstadt-Ziegenhain）地区。

小红帽和奶奶

乡土博物馆 Museum der Schwalm 内再现了这一地区过去的生活方式。展示内容大致有鞋铺作坊、民居客厅、厨房、卧室、织布屋、楼梯、婚礼的情形等，都是真人等身大小的模型。

这一地区在每年圣灵降临节 Pfingsten 的 2 周后（大约是 5 月或者 6 月）会举办叫作 Salatkirmes 的大型活动。届时身着民族服饰的人们会排成队伍在拥有木结构房屋的街道游街，在广场上跳传统舞等。

童话之路上的小镇弗里茨拉尔
Fritzlar Map p.407-A2

童话之路上共有大大小小 60 多个充满魅力的城镇，弗里茨拉尔 Fritzlar 也是其中之一，从卡塞尔乘坐巴士向西南方向行驶大约 1 小时便可到达。除了可爱的木结构房屋之外，还有威严的圣彼得大教堂 St. Petri-Dom、曾经是中世纪监狱的格劳尔塔 Grauer Turm 和建于 15 世纪的市政厅等景点。

木结构房屋整齐排列的街景十分美丽

交通线路 从卡塞尔威廉高地车站乘坐去往德莱沙 Treysa 的 IC 特快或者 RE 快速大约 35 分钟可达，从火车站步行大约 3 分钟可以到达巴士站。乘坐巴士（490、493 路）大约需要 10~15 分钟在 Schwalmstadt-Ziegenhain Museum（博物馆前）站下车。乘坐 396 路巴士向阿尔斯费尔德（→p.416）大约需要 35 分钟。但是车次较少，大约是 2 小时 1 趟车，周六日停运。

ⓘ **施瓦尔姆施塔特的旅游服务中心**
⊞ Paradeplatz 7（Alte Wache）
　D-34613
　Schwalmstadt-Ziegenhain
☎（06691）71212
ⅮⅩ（06691）5776
🖥 www.schwalm-touristik.de
📅 周一~周五　9:00~12:30
　　　　　　　　14:00~17:00
　　周六　　　14:00~16:00
　　周日·节日　10:00~12:00
　　　　　　　　14:00~16:00
　（冬季缩短营业时间，或者休息）

● **乡土博物馆**
⊞ Paradeplatz 1
🖥 www.museumderschwalm.de
📅 周二~周日　14:00~17:00
📅 周一、12 月末~次年 3 月下旬左右
💶 € 2.50、学生 € 1
交通线路 从卡塞尔威廉高地站前乘坐 500 路巴士大约 1 小时，在 Fritzlar, Alle 站下车，距离中心地区比较近。

ⓘ **弗里茨拉尔的旅游服务中心**
⊞ Zwischen den Krämen 5
　D-34560 Fritzlar（市政厅内）
☎（05622）988643
ⅮⅩ（05622）988626
🖥 www.fritzlar.de
📅 周一　　　10:00~18:00
　　周二~周四　10:00~17:00
　　周五　　　10:00~16:00
　　周六　　　10:00~14:00

卡塞尔的酒店
Hotel

卡塞尔城际酒店
InterCityHotel

◆与威廉高地站比邻而建，距离去往市中心的有轨电车站也比较近。没有空调（冷风）。可以根据客人的要求代办滞留期间的公共交通乘车通票。有免费 Wi-Fi。

Map p.418
⊞ Wilhelmshöher Allee 241　D-34121
☎（0561）93880　ⅮⅩ（0561）9388888
🖥 www.intercityhotel.com/kassel
💶 Ⓢ € 59.90~　Ⓣ € 67.20~
　早餐需单独支付 € 13
Ⓐ Ⓓ Ⓙ Ⓜ Ⓥ

编外话 施瓦尔姆施塔特的民族服饰中女性头顶的杯状小帽子，每种颜色有不同意义的，少女用红色，年轻已婚女子用绿色，中年女性用紫色，老人和寡妇用黑色。

古德酒店
Gude

◆从威廉高地车站乘坐出租车大约需要 15 分钟。或者乘坐 1 路有轨电车到 Rathaus，然后换乘 5 路有轨电车在 Dennhäuser Str. 站下车，约走 100 米即是。

这里是一间非常受欢迎的酒店兼餐厅。餐厅 Restaurant Pfeffermühle 获得了多个大奖。单品菜肴的价格为 € 15~。餐厅的营业时间是 12:00~14:00 和 18:00~22:00。酒店有室内游泳池和桑拿房。房间内饰非常精美。有免费 Wi-Fi。

🏠 Frankfurter Str. 299　D-34134
☎ (0561) 48050
📠 (0561) 4805101
🔗 www.hotel-gude.de
🛏 Ⓢ € 89~134　Ⓣ € 144~169
🈁 ADMV

卡塞尔黑森兰德戴斯酒店
Days Inn Kassel Hessenland

◆位于卡塞尔的中心地区，从市政厅向威廉高地车站方向稍微走一小段路，过了第一个十字路口便是。有免费 Wi-Fi。

🏠 Obere Königsstr. 2　D-34117
☎ (0561) 91810　📠 (0561) 9181160
🔗 www.daysinnkasselhessenland.com
🛏 Ⓢ € 65~　Ⓣ € 75~
早餐需单独支付 € 12.50
🈁 ADJMV

卡塞尔威廉一世选帝侯最佳西方酒店
Kurfürst Wilhelm I.

◆从威廉高地车站出来之后靠左侧走，建筑物的屋顶上立着一张床的便是这家酒店了。大堂、餐厅、客房都是现代风格的家具装饰。有 Wi-Fi（付费）。

🏠 Wilhelmshöher Allee 257　D-34131
☎ (0561) 31870　📠 (0561) 318777
🔗 www.kurfuerst.bestwestern.de
🛏 Ⓢ € 84~　Ⓣ € 108~
🈁 ADJMV

卡塞尔市最佳西方酒店
BEST WESTERN PLUS Hotel Kassel City

◆位于 Kurfürsten Galerie 购物中心内的一家大型高档酒店。客房内有咖啡茶座。有免费 Wi-Fi。

🏠 Spohrstr. 4　D-34117
☎ (0561) 72850　📠 (0561) 7285118
🔗 www.bestwestern.de
🛏 Ⓢ € 95~　Ⓣ € 105~ 早餐需单独支付 € 16.50　🈁 ADMV

施塔特酒店
Stadthotel

◆从中央车站步行仅需 5 分钟。内饰是现代风格的。位于弗里德里希阿鲁门博物馆的拐角处。虽然没有餐厅，但是周围有几家时尚的商店。公共区域可以使用 Wi-Fi（付费）。

🏠 Wolfsschlucht 21　D-34117
☎ (0561) 788880　📠 (0561) 78888100
🔗 www.stadthotel-kassel.de
🛏 Ⓢ € 65~　Ⓣ € 85~　🈁 AMV

青年旅舍
Jugendherberge

◆从中央车站步行约需 15 分钟。如果乘坐巴士需要从中央车站前的 Hauptbahnhof-Kurfürstenstr. 站乘坐 10 路或者 25 路，在 Achenbachstr. 站下车，然后步行 3 分钟即到。从威廉高地车站需要乘坐 4 路有轨电车在 Querallee 站下车，然后步行约 5 分钟。这家青年旅舍拥有一个很大的咖啡休闲区，内部设施也非常棒。4~6 人间共有 209 个床位。如果空余床位较多，可以调整为单人间或者双人间（需要支付追加费用）。12/20~27 · 31、1/1 休息。门限时间是 24:00。公共区域可以使用 Wi-Fi（付费）。

🏠 Schenkendorfstr. 18　D-34119
☎ (0561) 776455
📠 (0561) 776832
🔗 www.djh-hessen.de/jh/kassel
🛏 附带早餐 € 24~
🈁 不可使用

明登 *Hann. Münden*

"铁胡子医生"居住的木结构建筑小城

排列着美丽木结构房屋的朗格街

Deutsche Märchenstraße

柏林●
明登★
●法兰克福

●慕尼黑

Map◆p.407-A2

人　　口	23700 人
长途区号	05541

ACCESS

铁路：从卡塞尔威廉高地站乘坐 RE 快速大约需要 15 分钟。从格丁根乘坐私铁 CAN（铁路通票有效）大约需要 40 分钟。

小城共有 574 栋木结构住宅建筑，看上去像画一样美丽。

从前，小城里住着一位名叫 Eisenbart（铁胡子）的医生。这位医生虽然精于业务，但性格比较张扬，曾做出在民众面前做手术等举动。他医术高明，创造出了一些新的治疗方法，但却被其他医生称为"江湖郎中"。之后，便有了铁胡子医生是江湖郎中的说法。可实际上，他对待工作非常认真而且很有抱负。这里有铁胡子医生故居 Sterbehaus Dr. Eisenbart（现为药妆店），他在那里一直居住到离世。手持巨大注射器的医生雕像，看上去非常奇特。

铁胡子医生离世时所在的朗格街 79 号有医生雕像

🛈 **明登的旅游服务中心**

⌂ Rathaus/Lotzestr. 2
　　D-34346 Hann. Münden
☎ (05541) 75313
📠 (05541) 75404
🖥 www.hann.muenden-tourismus.de
🗓 4/25～10/3
　　周一·周三·周四
　　　　　　　9:30～17:00
　　周二·周五　9:30～15:00
　　周六　　　10:00～15:00
　　10/5～4/24（12/24～次年 1/10 休息）
　　周一～周四　9:30～16:00
　　周五　　　9:00～13:00

明登 漫步

从规模很小的火车站出来，沿右侧的 Bahnhofstr. 向下走。能看见名为 Innenstadt（市中心）的标识牌。沿路继续前行 5 分钟，就来到木结构建筑汇集的老城区。在道路尽头转入当地的主街道朗格街 Lange Str.。这条大街上还有铁胡子医生曾经住过的房屋。

市政厅的三角形屋顶和中央玄关装饰门非常漂亮

● **蒂利尚策**

位于城西，过桥后沿着山路向上走 20～25 分钟便会到达一处叫作蒂利尚策的观景台，这是一栋建于 1885 年的高达 25 米的高塔。登上 129 级台阶后，可以将城市和周围森林的景色尽收眼底。如果发现门上了锁，可以去隔壁的咖啡馆拜托帮忙打开。

🗓 5～10 月
　　周二～周日　11:00～18:00
　　11 月～次年 4 月
　　周五～周日　11:00～18:00
💰 € 1.50

沿街向北走，左侧会出现圣布拉修斯教堂 St. Blasius-Kirche，继续前行，就是里面设有 🛈 的市政厅 Rathaus。市政厅北面的墙壁上有铁胡子医生的人偶时钟，每到 12:00、15:00、17:00 报时时，铁胡子医生就会现身。

市政厅后面是集市广场 Markt。5/7～10/1（预订）的每个周六 13:00 开始，在市政厅内的大厅 untere Rathaushalle 会举办铁胡子医生门诊 Dr.-

从蒂利尚策远眺的风景

● 威悉河观光游览船

🖥 www.flotte-weser.de

维尔芬城堡的背后是威悉河，到了下游便会与富尔达河合流，两河交汇的地方形成了一座叫作 Unterer Tanzwerder 的沙洲。沙洲的前端是威悉石纪念碑 Weserstein 和威悉河观光游览船码头（夏季通航）。

从观光游览船上可以欣赏威悉河沿岸的风景

● 市立博物馆

🏠 Schlossplatz 5

🕐 周三~周日　11:00~16:00
（4·11·12月是13:00~16:00）

🚫 周一·周三·节日

💶 € 2.50、学生€ 1

Eisenbart-Sprechstunde 活动，时间为 15 分钟左右（免费）。

沿市政厅北面的 Marktstr. 东行，就来到维尔芬城堡 Welfenschloss。这座建于 1501 年的城堡，现为图书馆和市立博物馆 Städtisches Museum。

在旅游旺季有铁胡子医生门诊

明登的酒店
Hotel

阿尔特帕克霍夫酒店
Alter Packhof

◆面朝富尔达河的酒店，共有 25 间客房。酒店建筑是用 19 世纪后半期的旧仓库改建而成的，内饰家具非常有品位。同时内部设有咖啡餐厅。有免费 Wi-Fi。

Map p.424

🏠 Bremer Schlagd 10　D-34346
☎ (05541) 98890
📠 (05541) 988999
🖥 www.packhof.com
💶 Ⓢ € 86~　Ⓣ € 133~　🈺 🅰🄼🅅

施穆克尔·雅格酒店
Schmucker Jäger

◆这是一家有 30 间客房的二星级酒店，酒店内同时设有餐厅（周日晚间和周一白天休业）。距离老城区稍微有些远，但是酒店前就是停车场，特别适合开车自驾的旅行者。另外，这里也是骑车环游威悉河的驴友非常喜爱的酒店。没有 Wi-Fi。

Map p.424

🏠 Wilhelmshäuser Str. 45　D-34346
☎ (05541) 98100
📠 (05541) 981033
🖥 www.Radfahrerhotel.de
💶 Ⓢ € 45~60　Ⓣ € 70~78　🈺 🄼🅅

城堡酒店
Schlossschänke

◆位于维尔芬城堡附近的酒店兼餐厅。面朝大街的白色外墙非常醒目。全部房型都带有淋浴、卫生间、闭路电视。需要注意的是如果准备在 14:00~17:00 期间去酒店办理入住手续，作为酒店入口的餐厅可能没有开业，可以提前打电话预约或者按大门右侧的门铃。有免费 Wi-Fi。

Map p.424

🏠 Vor der Burg 3-5　D-34346
☎ (05541) 70940
📠 (05541) 709440
🖥 www.hotel-schlossschaenke.de
💶 Ⓢ € 64　Ⓣ € 99　三人间€ 119　🈺 🅰🄹🄼🅅

格丁根 *Göttingen*

格林兄弟曾执教于此

位于市中心的旧市政厅与集市广场

有著名的格丁根大学，有 30 多位诺贝尔奖得主出自这所大学，格林兄弟也曾在那里执教。这是一座富有活力的城市，市内到处都是学生，也保留着许多精美的木结构建筑。

格丁根　漫步

市中心位于中央车站的东南方。走过站前广场，从 Goethe-Allee 沿 Prinzenstr. 向东行，在与 Weender Str. 相交的十字路口右转（转向南）就来到市中心的集市广场 Markt。广场旁的旧市政厅 Altes Rathaus 里设有 ⓘ。旧市政厅一层的大厅里，有汉萨同盟城市的徽章壁画。

装饰着精美壁画的旧市政厅大厅

16 世纪的木结构楼房——施罗德谢斯邸

柏林
格丁根 ☆
法兰克福
慕尼黑

Map◆p.407-A2

人　口	116900 人
长途区号	0551

ACCESS

铁路：从法兰克福乘坐 ICE 大约需要 1 小时 45 分钟，从汉诺威出发大约需要 35 分钟，从卡塞尔威廉高地站大约需要 20 分钟。车次较多，很方便。

ⓘ **格丁根的旅游服务中心**
🏠 Altes Rathaus, Markt 9
D-37073 Göttingen
☎（0551）499800
📠（0551）4998010
💻 www.goettingen-tourismus.de
🕐 周一～周五　　9:30~18:00
　　周六　　　　10:00~18:00
　　4~10 月的周日、节日
　　10:00~14:00 也会开放

● **旧市政厅**
🏠 Markt 9
🏠 由于大厅经常举办各类音乐会或集会活动，所以对

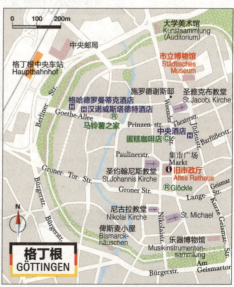

0　100　200m
大学美术馆
Kunstsammlung
(Auditorium)
中央邮局
市立博物馆
Städtisches Museum
格丁根中央车站
Hauptbahnhof
施罗德谢斯邸
圣雅克布教堂
St. Jacobi Kirche
格哈德罗曼蒂克酒店
旧汉诺威斯塔德特酒店
马铃薯之家
Goethe-Allee
Prinzen-str.
中央酒店
蛋糕咖啡店
Paulinerstr.
集市广场
Markt
圣约翰尼斯教堂
St Johannis Kirche
Groner-Tor-Str.
Groner Str.
旧市政厅
Altes Rathaus
Ⓡ Glöckle
尼古拉教堂
Nikolai Kirche
St. Michael
俾斯麦小屋
Bismarck-häuschen
乐器博物馆
Musikinstrumenten-sammlung
Am Geismartor
格丁根 GÖTTINGEN
Bürgerstr.

🔖 集市广场在 4~10 月期间，每个周四的 10:00~19:00 会开设出售蔬菜、水果、鲜花的露天市场以及 Gänseliesel（牧鹅姑娘）市场。

425

外开放的时间不固定。

旧市政厅的地下部分现在变为了餐厅，夏季时还会在广场上放座位。

● 市立博物馆

🏠 Ritterplan 7/8

🌐 www.museum.goettingen.de

🕐 周二～周五　10:00~17:00
周六・周日　11:00~17:00

※ 本书阅读时可能受到改造工程的影响，只有一部分免费对外开放（特展需要单独支付费用）。

● 美术收藏馆

🏠 Weender Landstr. 2

🕐 周日 10:00~16:00（复活节、圣诞节期间休馆）

💰 €3、学生€1.50

● 乐器博物馆

🏠 Kurze Geismar-Str. 1

🕐 与美术收藏馆相同

世界遗产

科威修道院加洛林王朝西侧建筑群以及周围住宅（2014 年被列为世界遗产）

🚉 从格丁根乘坐普通列车到达距离最近的城市 Höxter，需要 1 小时 30-40 分钟（途中需要在 Kreiensen 或者 Ottbergen 站换乘），然后在 Höxster-Rathaus 站下车。从车站到修道院，需要沿着威悉河畔的道路步行 2 公里，大约需要 30 分钟。夏季时有威悉河观光游览船（🌐 www.flotte-weser.de）通航（周一停运），修道院前有游船码头。

● 科威修道院

🌐 www.schloss-corvey.de

🕐 4~10 月
10:00~18:00（最终入场时间 17:00）
🕐 11 月～次年 3 月

💰 €6、学生€2.50

🚉 位于卡塞尔以东约 20 公里处。从格丁根乘坐私铁 CAN，大约需要 25 分钟。

❶ 巴特索登-阿伦多夫的旅游服务中心

🏠（Kurpark）Landgraf-Philipp-Platz 1-2　D-37242 Bad Sooden Allendorf

🌐 www.bad-sooden-allendorf.de

🕐 周一～周五　9:00~17:00
周六　9:00~12:00

● 盐博物馆

🏠 im Södertor 1

🕐 周三・周六・周日・节日
14:00~17:00
🕐 周一・周二・周四・周五、10 月～次年 3 月的周三

💰 €1

🚉 距格丁根以东约 17 公里，乘坐 170 路巴士大约 30 分钟，在 Ebergötzen Schule 站下车。

旧市政厅前的喷泉，立有格林童话中的牧鹅姑娘 Gänseliesel 塑像。这个城市有一个传统，如果有人取得了博士学位，就要亲吻牧鹅姑娘以示庆祝。

市立博物馆 Stätisches Museum 收藏着当地的出土文物以及工艺美术品。另外，格丁根大学的大学美术收藏馆 Kunstsammlung（Auditorium）以及乐器博物馆 Musikinstrumentensammlung，开馆时间都比较短，而且有时会出现变化，想参观的话应事先在官网上查询确认。

牧鹅姑娘的塑像是这座城市的象征

格丁根 近郊景点

重要的基督教建筑科威修道院
Kloster Corvey　　　　　　　　Map p.406-B2

创立于法兰克王国的卡尔大帝（即查理曼大帝）统治下的加洛林王朝时期（8~10 世纪），是王国直属的修道院，地位极其崇高。与圣堂西侧相连的"Westwerk"建于 873~885 年。Westwerk 意为"西侧的建筑"，为多层结构，在入口的两侧配有高塔。这种建筑同世于科威修道院，对之后的教堂建筑产生了巨大的影响。世界遗产登录名称 Civitas 意为城市，所以修道院周边的住宅区遗迹也跟修道院一同被列为了世界遗产。

已成为博物馆的楼房及旁边的 Westwerk

修道院的大部分建筑毁于 17 世纪的三十年战争，但 Westwerk 则完好无损地保持着原貌，这在全世界的同类建筑中是唯一一例。修道院遗址建有巴洛克式建筑，还设有博物馆及餐厅。

生长着菩提树的温泉疗养地巴特索登－阿伦多夫
Bad Sooden Allendorf　　　　　　Map p.407-A2

曾作为盐产地而繁荣一时，从 19 世纪后半叶开始逐渐转型成了有益健康的盐水温泉疗养地。威拉河 Werra 的左岸是巴特索登，右岸是阿伦多夫。两个城市在 1929 年时合并，成为了一个城市。

火车站位于巴特索登一侧，盐博物馆 Salzmuseum 及疗养公园 Kurpark 等主要温泉设施集中在这个区域（❶ 也设在疗养公园内）。

阿伦多夫一侧的著名景点是菩提树下泉水池 Brunnen vor dem Tore。舒伯特曾为 18 世纪诗人威廉・缪勒的诗作《菩提树》谱曲，里面描写的大树，就位于这座城市东南方的施泰因门 Steintor 外。

菩提树和泉水

《马克斯和莫里茨》的故乡埃贝尔格岑
Ebergötzen　　　　　　　　　　Map p.407-A2

在德国，无论是大人还是孩子，提到图画书《马克斯和莫里茨》几乎无人不知。作者威廉・布什在这座城市度过了少年时代，经常跟面粉店

格丁根最受欢迎的香肠快餐店是 Bratwurst Glöckle（🏠 Kornmarkt 1　🕐 周日、法定节日）。香味十足的 Göttinger Bratwurst 附带面包价格是€2.40。

老板的儿子一起玩耍。这家面粉店放置水车的房间，现作为威廉·布什纪念馆 Wilhelm-Busch-Mühle 对外开放。

另外，附近还有欧洲面包博物馆 Europäisches Brotmuseum。

德国人熟知的两个淘气鬼——马克斯与莫里茨

● 威廉·布什纪念馆
🏠 Mühlengasse 8D-37136 Ebergötzen
🌐 www.wilhelm-busch-muehle.de
🕐 周二～周日　10:30~13:00
　　　　　　　　14:00~16:30
🚫 周一、12 月～次年 2 月
💰 5
● 欧洲面包博物馆
🏠 Göttinger Str. 7
🌐 www.brotmuseum.de

 ## 格丁根的餐馆
Restaurant

马铃薯之家
Kartoffelhaus

◆价格实惠、菜量大，特别适合全家人在此就餐。主要以土豆类菜肴为主，另外还有意面、焗杂菜、鱼类料理等。

Map p.425

🏠 Goethe-Allee 8
☎ (0551) 5315577
🌐 www.Kartoffelhaus-goettingen.de
🕐 周一～周六　9:30~22:00（菜肴是
　　11:30~）、周日 10:00~

蛋糕咖啡店
Konditorei-Café Cron & Lanz

◆ 店铺创业于 1876 年，位于老城区，橱窗内摆放着色彩多样的自制蛋糕，二层是宽敞的饮茶区域。照片中的蛋糕是年轮蛋糕与鲜奶油的 Aida € 3.70。

Map p.425

🏠 Weender Str. 25　☎ (0551) 50088710
🌐 www.cronundlanz.de
🕐 周一～周五　　　8:30~19:00
　　周六　　　　　8:30~18:30
　　周日·节日　　13:00~18:30

 ## 格丁根的酒店
Hotel

格哈德罗曼蒂克酒店
Gebhards

◆距离车站最近的酒店。费用虽然有些高昂，但无论是客房还是自助早餐都非常棒。有免费 Wi-Fi。

Map p.425

🏠 Goethe-Allee 22/23　D-37075
☎ (0551) 49680　FAX (0551) 4968110
🌐 www.gebhardshotel.de
🕐 用Ⓢ € 104~173　Ⓣ € 158~328
🅰Ⓓ🅹Ⓜ🆅

汉诺威斯塔德特酒店
Stadt Hannover

◆创业于 1919 年，是一家经过了四代人经营的中档家庭旅馆。距离车站大约 250 米，在去往老城区的途中，临街而建。有免费 Wi-Fi。有停车场。

Map p.425

🏠 Goethe-Allee 21　D-37073
☎ (0551) 547960　FAX (0551) 45470
🌐 www.HotelStadtHannover.de
🕐 Ⓢ € 84~105　Ⓣ € 119~132 三人间
　€ 177~189　🅰Ⓓ🅹Ⓜ🆅

中央酒店
Central

◆外观和大堂都是现代式建筑，地理位置极佳，无论是旅游观光还是购物都很方便。有免费 Wi-Fi。

Map p.425

🏠 Jüdenstr. 12　D-37073
☎ (0551) 57157　FAX (0551) 57105
🌐 www.hotel-central.com
🕐 Ⓢ € 79~99　Ⓣ € 99~135
🅰Ⓓ🅹Ⓜ🆅

Deutsche Märchenstraße

柏林
哈默尔恩
法兰克福
慕尼黑

MAP ◆ p.406-B2

人　口	56300 人
长途区号	05151

ACCESS

铁路：从汉诺威出发最便捷。
乘坐直达的 S-Bahn 大约需
要 45 分钟。从不来梅出发
也是需要途经汉诺威的。

ℹ **哈默尔恩的旅游服务中心**

🏠 Deisterallee 1　D-31785
　 Hameln
☎ (05151) 957823
📠 (05151) 957840
🖥 www.hameln.de
🕐 5~9 月
　 周一～周五　　9:00~18:00
　 周六　　　　　9:30~15:00
　 周日　　　　　9:30~13:00
　 10 月～次年 4 月
　 周一～周五　　9:00~18:00
　 周六　　　　　9:30~13:00
　（4·10 月与圣诞节前后的
　 周日 9:30~13:00 期间也会
　 开放）

● **市内交通**

　 从中央车站乘坐巴士去
往市区时，只要行驶方向上
写有 City 字样的车都可以到
达老城区。距离 ℹ 最近的巴
士站是 Bürgergarten，巴士总
站 City 站距离威悉河畔最近。

● **威悉河观光游览船**

　 每年 4 月末~10 月上旬，
这里会有威悉河观光游览船
Flotte Weser 通航。有 1 小时
周游套餐（€9），还有固定
线路。详细内容参考下述。
🏠 Deisterallee 1
☎ (05151) 939999
📠 (05151) 9399933
🖥 www.flotte-weser.de

哈默尔恩 *Hameln*

哈默尔恩的孩子们去哪儿了？

集市教堂（左）与装有人偶报时钟的婚礼之家（右）

　　从前，这里发生了大规模鼠害，一名男子用笛子的声音将老鼠驱除，
但哈默尔恩的居民却违反事先的约定，没有支付男子应该得到的报酬。
随后，男子再次吹响笛子，将这里的孩子全部带走了。《哈默尔恩的吹笛
人》就大致讲述了这样的故事。1284 年 6 月 26 日，有 130 名儿童（也
有一种说法认为是成人）突然从这里消失，据说这个故事就源于这个真
实事件。至于孩子们的去向，有多种不同的说法。诸如移民东欧说、参
加十字军说、传染病致死说，等等。在很多国家，这名治理鼠害的男子
被称为"吹笛人"，但在德国，其实称他为"捕鼠者 Rattenfänger"。中
世纪欧洲所有城市的环境卫生都非常差，面粉业发达的哈默尔恩长期鼠
患横行。捕鼠在中世纪德国属于一个专门的职业，据说捕鼠人同时也是
流浪艺人。这些城市的背景与孩子失踪事件叠加在一起，就演变成了这
个著名的传说。

　　孩子们被带走的那条街道，至今仍为禁止舞乐的道路，不可以在那
里跳舞或演奏音乐。到了夏天，市民们会在集市广场上演出以"哈默尔
恩的捕鼠人"为题材的戏剧（→ p.430）。

用干面包制作的老鼠（不能吃），
是很受欢迎的伴手礼

428

哈默尔恩 漫 步

从中央车站出发，步行 15 分钟左右可到达位于市中心的老城区。站前广场有巴士枢纽站，走过那里，沿右侧的 Bahnhofstr. 前行，在路的尽头左转进入 Deisterstr.。继续前行，走过公园后，可以看到右侧的现代化建筑，那里设有 ❶。

排列着华丽建筑的奥斯特街

跟随白色老鼠形状的标志前行，就能转遍老城区的主要景点

沿 ❶ 前面的地下通道西行，就来到老城区。已成为步行街的奥斯特街 Osterstr. 是老城区的主街道。在第一个转角处的左侧，有捕鼠人之家 Rattenfängerhaus。现为餐厅，招牌菜是"老鼠尾巴"（实际上是将猪肉切细后制作而成）。这家餐厅旁边的小巷，就是传说中孩子们离奇失踪的禁舞乐街 Bungelosenstr.。

奥斯特街的右侧建有哈默尔恩博物馆 Museum Hameln。这座橘红色的建筑美得让人着迷。再往前，就是婚礼之家 Hochzeitshaus。建筑外墙上安装有人偶报时钟，每当报时时，29 个钟会演奏 5 分钟童话乐曲，捕鼠人与孩子们的人偶也会登场。

哈默尔恩有许多建筑都带外悬窗，看上去很有情趣。这种窗户受到了荷兰建筑风格的影响，被称为"乌特尔福特"。比较典型的是集市广场上的戴姆普特楼 Dempterhaus、捕鼠人之家、哈默尔恩博物馆的窗户。

建筑正面的外悬窗，外形非常美观

现已变为餐厅的"捕鼠人之家"

哈默尔恩 主要景点

捕鼠人露天剧上演的季节最适合前往

Rattenfänger-Festspiele ★★★

每年 5 月中旬~9 月中旬的每周日，在婚礼之家前的平台上会上演捕鼠人露天剧。12:00 开始，演出时间为半小时左右。观看演出免费，但

集市教堂建有观景台，在入口处存放好随身物品（通道很短），沿楼梯登上观景台，就可远眺全城。门票€1，围 12:00~16:00。

429

● 音乐剧 "鼠 Rats"

www.musical-rats.de

除了捕鼠人露天剧之外，还有音乐剧。演出地点是婚礼之家前的平台上（大约 40 分钟）。免费。

衣装鲜艳的《鼠》音乐剧

● 哈默尔恩博物馆

Osterstr. 8

www.hameln.de/museum

周二~周日 11:00~18:00

周一

€ 5、学生 € 4

博物馆的入口处有捕鼠人的人偶

● 史蒂夫菲施贝克修道院

D-31840 Hessisch Oldendorf

www.stift-fischbeck.de

复活节~10 月期间
周二~周日 9:30~16:00

免费、导览团 € 5、学生 € 3

如果想坐到比较好的位置，则需要提早到达。演出结束后，演员们还要在市内游行。跟着游行队伍一块前行，能顺便看到当地的许多景点。

在剧中扮演老鼠的孩子们非常可爱

婚礼之家的人偶报时钟
Glockenspiel am Hochzeitshaus ★★

每天 9:35 与 11:35，钟表会报时。另外，在 13:05、15:35、17:35，捕鼠人的人偶以及跟随其后的老鼠会现身。

只要捕鼠人吹响笛子……

孩子们就会跟着他走

可以了解捕鼠人传说的哈默尔恩博物馆
Museum Hameln ★★

博物馆入口位于名为 Leisthaus 的建筑内，威悉文艺复兴式的建筑正面非常美观。跟旁边的名为 Stiftsherrenhaus 的建筑相通，展出与捕鼠人传说有关的资料及讲述哈默尔恩历史的文物、绘画作品。

哈默尔恩 近郊景点

史蒂夫菲施贝克修道院
Stift Fischbeck Map p.406-B2

位于哈默尔恩以北 7 公里处。该修道院在 955 年受到神圣罗马帝国皇帝奥托一世的认可。教堂建于 12 世纪。地下圣堂的柱头为罗马式，圣坛及回廊也非常值得一看。现为女子修道院。

可从哈默尔恩中央车站前的巴士车站乘坐开往 Hessisch Oldendorf 的 20 路巴士，约 20 分钟，在 Fischbeck（Weser），Stiftstr.，Hessisch Oldendorf 下车，然后步行 5 分钟左右。

哈默尔恩的餐馆
Restaurant

普拉娜餐厅
Paulaner im Rattenkrug

◆ 餐厅位于一处叫作 Rattenkrug 的老房子的一层，在这里你可以品尝到德国南部的啤酒和香肠。生啤（Bier vom Fass）Paulaner Urtyp 和炸猪排 Schweineschnitzel 的味道很不错，值得推荐。

Map p.429

Bäckerstr. 16 ☎ (05151) 22731

www.rattenkrug.de

周一~周五 11:00~24:00
（冬季是 14:30~17:00 期间休息）
周六·周日 10:00~24:00

冬季周二、冬季有临时休息

施特本咖啡馆
Kaffeestuben

◆自制蛋糕非常美味。位于木结构房屋之中，复古风格的陈设很有品位。店内分成几个小房间，即便入口处坐满座了，也不妨问问店员是否还有空位。

⊞ Wendenstr. 9
☎（05151）958801
URL www.kaffeestuben-hameln.de
🕒 周一～周六　　　　9:00~18:00
　周日　　　　　　14:00~18:00

哈默尔恩的酒店
Hotel

※ 在汉诺威举办展会期间酒店会有相应的价格上涨。

哈默尔恩美居酒店
Mercure Hotel Hameln

◆哈默尔恩最大、最高档的酒店。外观时尚，客房也是现代感十足。主要面向团体客人和商务人士。在公共区域内使用 Wi-Fi 免费，客房内需要单独收费。

⊞ 164er Ring 3　D-31785
☎（05151）7920　FAX（05151）792191
URL www.mercure.de
🛏 Ⓢ €84~　Ⓣ €94~　🆔 ADJMV

哈默尔恩施塔特酒店
Stadt Hameln

◆面向团体客人和商务人士的大型酒店。建于威悉河畔。有健身房、室内泳池等设施。在公共区域内使用 Wi-Fi 免费，客房内需要单独收费。

⊞ Münsterwall 2　D-31787
☎（05151）9010　FAX（05151）901333
URL www.hotel-stadthameln.de
🛏 Ⓢ €90~　Ⓣ €100~　🆔 ADJMV

克里斯汀恩霍夫酒店
Christinenhof

◆位于老城区的一家拥有 30 间客房的中档酒店。有室内泳池、桑拿等健身设施。非常适合家庭旅行者。有免费 Wi-Fi。圣诞节~1 月上旬期间休业。

⊞ Alte Marktstr. 18　D-31785
☎（05151）95080　FAX（05151）43611
URL www.christinenhof-hameln.de
🛏 Ⓢ €90~　Ⓣ €115~　🆔 MV

哈默尔恩邮政酒店
Zur Post

◆房间非常舒适，早餐的味道也不错。只有部分客房可以使用 Wi-Fi。位于哈默尔恩博物馆的里侧。

⊞ Am Posthof 6　D-31785
☎（05151）7630　FAX（05151）7641
URL www.hotel-zur-post-hameln.de
🛏 Ⓢ €62~　Ⓣ €79~　🆔 AMV

祖尔波斯酒店
Zur Börse

◆位于市中心奥斯特街，地理位置非常便利。入口位于 Kopmanshof 一侧。客房宽敞而整洁。在公共区域内使用 Wi-Fi 免费，客房内需要单独收费。

⊞ Osterstr. 41a　D-31785
☎（05151）7080　FAX（05151）25485
URL www.Hotel-zur-Boerse.de
🛏 Ⓢ €69　Ⓣ €93　🆔 ADJMV

阿特斯达特酒店
An der Altstadt

◆位于老城区的入口，❶ 的斜前方。是一栋建于 1901 年的青年美术流派的建筑。淡季（冬季）时，只有早上前台才有服务人员。Wi-Fi 免费。

⊞ Deisterallee 16　D-31785
☎（05151）40240　FAX（05151）402444
URL www.hotel-hameln.de　🆔 AMV
🛏 Ⓢ €73~93　Ⓣ €89~114

青年旅舍
Jugendherberge

◆从车站步行大约需要 30 分钟，可以乘坐 2 路巴士前往（Wehler Weg 站下车，距离车站 200 米）。办理入住是在 17:00~。面朝威悉河一侧的风景广受好评。冬季有休业。有 Wi-Fi（付费）。

☎ Fischbecker Str. 33　D-31785
☎（05151）3425　FAX（05151）42316
URL www.hameln.jugendherberge.de
🛏 附带早餐 €22.30，27 岁以上是 €26.30　🆔 MV

投稿　克里斯汀恩霍夫酒店的房间和浴室都很干净整洁。地理位置优越，停车场可免费使用。

不来梅 *Bremen*

城市乐手们向往的童话之路终点

位于市中心的市政厅（左）与圣彼得大教堂

MAP ◆ p.406-A1

人　口	548500 人
长途区号	0421

ACCESS

铁路：从汉堡中央车站乘坐 IC 特快大约需要 55 分钟，从汉诺威出发约需 1 小时，格丁根出发约需 3 小时 5 分钟。位于交通干线上，交通极为便利。

ℹ **不来梅的旅游服务中心**
● **中央车站内的** ℹ
🏠 Im Hauptbahnhof
　D-28195 Bremen
🚇 Map p.433-A2
☎（0421）3080010
📠（0421）3080030
🌐 www.bremen-tourism.de
🕐 周一～周五　9:00~18:30
　周六・周日　9:30~17:00

● **集市广场的** ℹ
🏠 Langenstr./Marktplatz
　D-28195 Bremen
🚇 Map p.433-B1
🕐 周一～周六　10:00~18:30
　（11 月～次年 3 月期间的
　周六~16:00）
　周日　　　10:00~16:00

世界遗产
不来梅市政厅与罗兰雕像
（2004 年被列为世界遗产）

高达 10 米的罗兰雕像静静地守护着不来梅

　　不来梅位于德国北部的威悉河畔。沿威悉河向北 65 公里，就是北海沿岸的港口不来梅港，不来梅港和不来梅市组成了一个州。不来梅虽然是仅次于汉堡的德国第二大港口城市，但实际上离海还有 50 公里以上的距离，所以没有人们印象中的那种海港城市的景象和风土人情。应该说，这里的居民性格是比较含蓄的，整个城市也非常清洁且比较安静。

　　说到不来梅，自然会想到"不来梅的城市乐手"的童话故事，也就是想要去不来梅并成为乐手的驴、狗、猫和鸡的故事。虽然它们没能到达不来梅，但不来梅跟它们想象的一样，确实是一座充满活力的城市。

不来梅　漫　步

　　不来梅及其近郊，是全德国自行车道最多的地区。市内的人行道上也辟出了涂有颜色的自行车道，非常易于骑行。步行者应注意不要在自行车道行走。

　　面向火车站的方向，左侧有海外博物馆 Übersee-Museum。该馆规模很大，参观下来要耗费很长时间，所以最好先去游览市中心。沿 Bahnhofstr. 向西南方向前行，在中途的桥上，可以看到绿树丛中的风车。走过桥，就是市中心，即步行者专用的现代化道路瑟格街 Sögestr.。放猪塑像是那里的标志。道路的尽头是与这条路呈直角相交的奥伯恩街 Obernstr.，也是当地的主要街道。

　　沿奥伯恩街前行，就能看见圣彼得大教堂的高塔。教堂前是集市广场 Marktplatz。这里立有象征着和平与权利的罗兰像 Roland。过去人们认为，只要这座雕像还存在于此，不来梅就能够一直是汉萨同盟的加盟城市。非常有意思的是，这座雕像即便被毁坏，据说还有一个备用的，人们对它的重视可见一斑。

位于瑟格街入口处的放猪塑像

✉ **珂梅** 　不来梅的有轨电车和巴士都非常便捷。虽然城市不大，但市政厅等景点与中央车站还是有一定距离的。在火车站前的 BSAG 办公室（不来梅交通局）购买 1 日乘车通票，就可以随意乘坐有轨电车和巴士。可供 1 名 ⤵

不来梅的城市乐手像，据说抚
摸驴的蹄子可以获得好运

面向雕像，右侧有绿屋顶及文艺复兴式
正面墙壁的雄伟建筑是市政厅 Rathaus。面对
市政厅，左侧有不太显眼的不来梅的城市乐
手像。

广场东侧，可以看到两座很高的塔楼，那
就是圣彼得大教堂。登上塔楼，可以在这座不
来梅唯一的高层建筑上眺望全城景色。

市政厅对面是名为施廷 Schütting 的美丽建
筑，现为商会。

可以走进左侧的小路箍桶匠街 Böttcherstr.
看一看。那里有许多玻璃工艺品店和瓷器店，
边走边很有意思。东南方向不远处是施诺尔

●不来梅游客卡
Erlebnis CARD Bremen

可随意乘坐有轨电车、
市内巴士，购买市政厅、博
物馆、教堂的门票时还可以
享受打折优惠。1 日有效（可
供 1 名大人与 2 名不满 14
岁的孩子使用）€ 8.90，2 日
有效€ 11.50，3 日卡€ 20.90。
还有不限制年龄、可供 5 人
同时使用的卡，1 日有效
€ 18.50，2 日有效€ 23.50，3
日有效€ 29.90。从卡有效期
开始前一天的 18:00 就可
以凭卡乘坐有轨电车及市内
巴士。

童
话
之
路

●不
来
梅

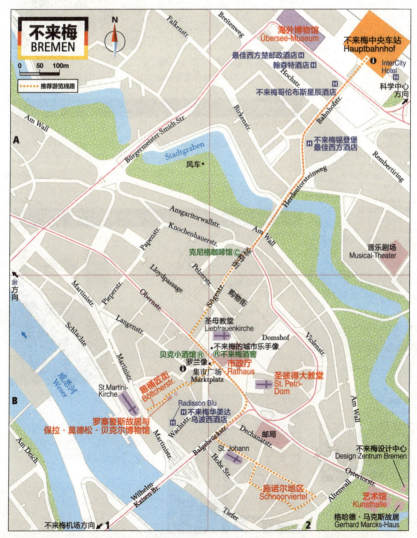

🢂大人（+3 名 6～14 岁的孩子）使用的 1 日乘车通票€ 7.80，可供 2 名大人（+同前）使用的 1 日乘车通票€ 10.40。前
往市政厅时，在 Domsheide 下车。

433

商业街

瑟格街中段的东侧有一条建有玻璃屋顶的商业街。下雨天，可以穿过这条街道，去往市政厅附近。

在商业街逛一家家小店也是很有意思的

以不来梅的城市乐手为主题的戏剧演出

5月上旬～9月下旬的每个周日，从12:00开始在市政厅附近的Domshof有戏剧演出。可免费观看。但是有时会临时变更演出时间或取消演出。

市政厅

🔴Map p.433-B2

参观建筑内部需要参加团体游，用时为45分钟左右。但遇到举办活动时，参观会被取消，所以应事先到❶查询确认。购票也在❶。

周一～周六11:00、12:00、15:00、16:00，周日11:00、12:00有团体游。

🎫€5.50

圣彼得大教堂

📮Sandstr. 10-12

🔴Map p.433-B2

🕐周一～周五10:00～16:45
周六·周日·节日14:00～16:00

只有在复活节的周六～10月期间才能登塔。周一～周五10:00～16:30，周六10:00～13:30，周日14:00～16:00（有时会有变更）。

🕐基督教节日及举办音乐会时

🎫免费。东侧墓室（入口位于教堂外公园内）€1.40，学生€1，登塔€1，学生€0.70

箍桶匠街

🔴Map p.433-B1

让人不禁想坐下来休息一下的咖啡馆

地区Schnoor-vietel，也非常值得一去。小巷两边的木结构房屋里有许多手工艺品店。

不来梅 主要景点

市政厅与酒窖　　　　　　　　　　　世界遗产
Rathaus & Bremer Ratskeller　　　★★★

被誉为德国北部最重要的建筑之一。建于1405~1410年间，建筑整体上为哥特式建筑风格。但是面向集市广场一侧的正面墙壁是建筑竣工200年后增建的，所以为文艺复兴式建筑风格。虽然叫作市政厅，但这里其实只供各种节日庆典、展览会、官方活动使用。

市政厅正面的雕刻十分精美

如果喜欢葡萄酒的话，则一定要参观一下地下的不来梅酒窖Bremer Ratskeller（→p.436）。

圣彼得大教堂
St. Petri-Dom　　　★★

两座塔楼拔地而起，直插云霄，令人叹为观止。1042年开始动工建设，最古老的部分为东西两侧的地下墓室，东侧的墓室安置有木乃伊。里面还设有大教堂博物馆Dom-Museum。可以登上塔顶，俯瞰不来梅的全貌。

最有人气的街道箍桶匠街
Böttcherstr.　　　★★★

咖啡商人罗塞鲁斯为再现中世纪街市景象而建的街道。虽然是一条长度不足100米的小街，但建有电影院、剧场、美术馆、赌场、玻璃工艺品店、首饰工房（可以观看加工过程）、咖啡馆、餐厅等多种设施。所有建筑都又细、又窄、又小，看上去非常可爱。尤其有趣的是使用迈森瓷制造的组钟Glockenspiel。罗塞鲁斯故居南侧，两座建筑的屋顶之间安装有许多钟，报时时会演奏起动听的音乐。5~12

美丽的小街箍桶匠街的入口

月每天12:00~18:00期间的整点以及1~4月的12:00、15:00、18:00可以听到音乐。但是，据说当气温降到零下时，钟就无法奏乐了。

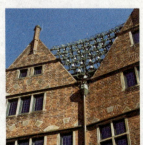

可以欣赏组钟动听的音色

 市政厅前的罗兰像附近有一个形似下水井的圆洞，投入硬币后，就能听到驴、狗、猫、鸡之中一种动物的叫声。使用10欧分的硬币即可。我自己试了好几次。

工匠们比试手艺的施诺尔地区
Schnoorviertel ★★

位于不来梅的老城区。现存建筑都建于15~16世纪之后。早期有富豪居住于此，之后变成了手工艺工匠的居住区并保持至今日。一条条狭窄的街巷交错在一起，仿佛就是迷宫，游客较少的时候，似乎能够感受到几百年前的生活气息。古老的白色木结构房屋，现在成为了商铺、工房，出售首饰、手工编织品、瓷器等物品。还有画廊、咖啡馆、餐厅。

海外博物馆
Übersee-Museum ★★

面向火车站时看到的位于火车站左侧的建筑，有玻璃大门。展品涉及自然、生活、风俗、环境、文化、美术等许多领域。馆内还有南太平洋岛国生活等可以反映第三世界文化的相关展览。

位于中央车站前的广场上

罗塞鲁斯故居与保拉·莫德松·贝克尔博物馆
Roselius-Haus und Paula Modersohn-Becker Museum ★★

位于游客众多的箍桶匠街6区与8区之间的地带，馆内氛围很好。罗塞鲁斯故居是建于1588年的楼房，里面有高级家具、家居用品、地毯以及克拉纳赫的绘画作品、雷姆施奈德的雕塑作品。建筑设计出自沃尔普斯韦德（→p.438）的建筑师赫特格之手。保拉·莫德松·贝克尔（1876~1907年）是曾活跃于沃尔普斯韦德的著名德国表现主义女画家，留下了许多富有力量且非常温馨的作品。

以精美的正面墙壁而闻名的罗塞鲁斯故居

艺术馆与周边的美术馆
Kunsthalle ★

艺术馆主要展出19~20世纪的德国绘画以及法国印象派绘画等欧洲绘画作品。展品中包括保拉·莫德松·贝克尔及其丈夫奥托·莫德松等沃尔普斯韦德画家的作品。

紧邻艺术馆的格哈德·马克斯故居 Gerhard-Marcks-Haus 是展出20世纪德国代表性雕塑家作品的美术馆，还会经常举办各种特别展览。

艺术馆的对面有不来梅设计中心 Design Zentrum Bremen。该建筑由拘留所改建而成，展厅极富个性。曾在包豪斯学校学习的华根菲尔德以设计台灯和玻璃茶壶闻名，在设计史上有很高的地位，他就出生在不来梅。这里举办的展览，展品也以继承了包豪斯艺术风格的艺术家们创作的作品居多。

● 施诺尔地区
◯ Map p.433-B2

日落时分施诺尔地区的餐厅和咖啡馆充满了活力

● 海外博物馆
⊞ Bahnhofsplatz 13
◯ Map p.433-A2
▦ uebersee-museum.de
⊞ 周二~周五　9:00~18:00
　周六·周日　10:00~18:00
⊞ 周一
⊞ €6.50、学生€4.50（特展需单独支付）

● 罗塞鲁斯故居与保拉·莫德松·贝克尔博物馆
（入口、门票两馆通用）
⊞ Böttcherstr. 6-10
◯ Map p.433-B1
▩ www.pmbm.de
⊞ 周二~周日　11:00~18:00
　节日有变更
⊞ 周一
⊞ €6、学生€4（特展需单独支付）

⚽ 足球场信息

● 威悉球场
Weser-Stadion
▩ www.weserstadion.de
云达不来梅队的主场
交通指南 从中央车站乘坐去往Sebaldbrück 方向的10路有轨电车，大约10分钟在St.-Jürgen-Str. 站下车，步行约10分钟可达。从位于市中心圣彼得得大教堂前的Domsheide，乘坐开往Sebalbrück 方向的2路有轨电车，在St.-Jürgen-Str. 站下车，或者乘坐开往Weserwehr 方向的3路有轨电车在Weser-Stadion 站下车。

● 艺术馆
⊞ Am Wall 207
◯ Map p.433-B2
▩ www.kunsthalle-Bremen.de
⊞ 周二~周日　10:00~17:00
　（周二~21:00）
※ 如有企划展会有变化
⊞ 周一
⊞ €8、学生€5

● 格哈德·马克斯故居
⊞ Am Wall 208
◯ Map p.433-B2
▩ www.marcks.de
⊞ 周二~周日　10:00~18:00
　（周四~21:00）
⊞ 周一
⊞ €5、学生€3.50

不来梅的新景点宇宙馆
Das Universum ★

位于不来梅大学附近的体验型科学博物馆。整个宇宙馆由宽阔的体验公园 Entdeckungspark、特别展览会场 Schaubox 以及作为主展览馆的科学中心 Science Center 组成。科学中心的外形就像是露出牙齿的鲸鱼或者 UFO，看上去非常特别。有以人类、地球、宇宙为主题的体验区，可以体验北极的气候以及地震等多种自然现象。

●不来梅设计中心
- Am Wall 209
- Map p.433-B2
- www.designzentrumbremen.de
- 周三～周日　10:00～18:00
　周二　　　　15:00～21:00
- 周一、年末年初
- €3.50
（根据展览会有变化）

●宇宙馆（科学中心内）
- Wiener Str. 1a
- Map p.433-A2 外
从中央车站乘坐 6 路市内有轨电车大约需要 15 分钟，在 Universität/Natur Wissenschaft 站下车。
- www.universum-bremen.de
- 周一～周五　9:00～18:00
　周六·周日·节日
　　　　　　10:00～18:00
※ 体验公园在冬季或者恶劣天气时休馆或缩短营业时间。
- 年初年末
- €16、学生€11
售票处位于馆内。

银色的科学中心

不来梅的餐馆
Restaurant

不来梅酒窖
Bremer Ratskeller

◆位于市政厅地下，是创办于 1405 年的一家历史悠久的餐厅。餐厅内珍藏了大约 600 种葡萄酒，甚至拥有单独的葡萄酒农场。鱼类菜肴是这里的名品，北海鲽鱼的黄油烧 Nordsee-Scholle 价格是€18.50/19.90，2 种以上的鱼类与土豆和蔬菜烹制的 Pannfisch Ratsherren Art 的价格是€15.90（右侧照片）。内部分为几个区域。

Map p.433-B2
- Schoppensteel 1　☎（0421）337788
- www.ratskeller-bremen.de
- 11:00～24:00　1/1
- A D J M V

贝克小酒馆
Beck's Bistro

◆位于集市广场上的敞亮的快餐店。菜肴的价格便宜，就餐氛围轻松。啤酒是当地的贝克啤酒。

Map p.433-B1
- Am Markt 1
- ☎（0421）326553
- www.becks-bistro-bremen.de
- 9:00～24:00

克尼格咖啡馆
Cafe Konditorei Knigge

◆创业于 1889 年的咖啡馆。街头漫步时如果感觉累了，不妨坐下来喝杯咖啡。加入足量果干的蛋糕 Bremer Klaben 特别适合作伴手礼。

Map p.433-A2
- Sögestr. 42/44
- ☎（0421）13060
- 周一～周六　　9:00～18:30
　周日　　　　11:00～18:00

✉ 投稿　参观了德国出口量最大的贝克啤酒的生产工厂。在不来梅的旅游网站上预订（英语）的参观票。参观活动的最后，可以品尝啤酒（最多 3 杯），很适合喜欢喝啤酒的游客参加。也有英语导游的团体游。团体游相关▶

不来梅的酒店
Hotel

不来梅公园酒店
Park Hotel Bremen

Map 地图外

◆酒店位于市民公园内，从不来梅中央车站老城区方向的出口出来，步行约需 5 分钟。有免费 Wi-Fi。

田 Im Bürgerpark　D-28209
☎（0421）34080　FAX（0421）3408602
URL www.park-hotel-bremen.de
圏⑤ € 109~ ⓣ € 139~　田 AMV

翰森特酒店
Hanseat

Map p.433-A2

◆虽然酒店不算大，只有 33 间客房，但是地处站前广场对面，交通十分方便。没有餐厅。有免费 Wi-Fi。

田 Bahnhofsplatz 8　D-28195
☎（0421）14688　FAX（0421）170588
URL www.hotel-hanseat.com
圏⑤ € 69~ ⓣ € 89~　田 ADJMV

不来梅华美达乌波西酒店
Ramada Überseehotel

Map p.433-B1

◆位于景点中心，距离集市广场很近，共有 124 间客房。去往箍桶匠街也只需要穿过一道拱门。Wi-Fi 需要付费。

田 Wachtstr. 27　D-28195
☎（0421）36010　FAX（0421）3601555
URL www.ramada-bremen.de
圏⑤ € 84.90~ ⓣ € 124.90~
田 ADJMV

最佳西方楚邮政酒店
Best Western Hotel Zur Post

◆位于中央车站的斜对面，地理位置优越。虽然部分客房的设施比较陈旧，但是房间比较宽敞。可以一览站前广场景色的早餐厅位于酒店二层。Wi-Fi 免费。

Map p.433-A2

田 Bahnhofsplatz 11　D-28195
☎（0421）30590
FAX（0421）3059591
URL www.zurpost.bestwestern.de
圏⑤ € 90~　ⓣ € 112~
田 AMV

不来梅哥伦布斯星辰酒店
Star Inn Hotel Bremen Columbus

Map p.433-A2

◆面朝中央车站的一家连锁的时尚酒店。有 Wi-Fi（付费）。

田 Bahnhofsplatz 5-7　D-28195
☎（0421）30120　FAX（0421）15369
URL www.starinnhotels.com
圏⑤ € 83~ ⓣ € 120~　田 ADMV

不来梅锡登堡最佳西方酒店
Schaper-Siedenburg

◆从中央车站出站即到。客房虽然不算宽敞，但是很实用。有 Wi-Fi。

Map p.433-A2

田 Bahnhofstr. 8　D-28195
☎（0421）30870　FAX（0421）308788
URL www.siedenburg.bestwestern.de
圏⑤ € 74~ ⓣ € 106~
田 ADJMV

青年旅舍
Jugendherberge Bremen

◆从车站乘坐 1 路有轨电车，或者 26 路、27 路巴士在第二站 Am Brill 站下车，然后向威悉河方向步行 200 米，从河前右侧的窄台阶向下走，直行就可以看到旅舍了。如果在 18:00 以后才能到达旅舍，一定要提前联系。14:00 开始办理入住手续。12/24 休息。

Map 地图外

田 Kalkstr. 6　D-28195
☎（0421）163820
FAX（0421）1638255
URL www.jugendherberge.de/jh/bremen
圏 附带早餐€ 22~，27 岁以上是€ 26~
田 MV

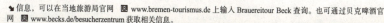

✎信息，可以在当地旅游局官网 ⊠ www.bremen-tourismus.de 上输入 Brauereitour Beck 查询。也可通过贝克啤酒官网 ⊠ www.becks.de/besucherzentrum 获取相关信息。

沃尔普斯韦德 *Worpswede*

森林环绕下的艺术家村

沃尔普斯韦德咖啡馆

MAP ◆ p.406-A1

人 口	9200 人
长途区号	04792

ACCESS

从不来梅车站前的巴士中心乘坐 670 路巴士大约需要 45 分钟。在 Worpswede Hemberg 站或者 Worpswede Insel 站下车距离 ℹ 比较近。平时是 1 小时 1 趟车，周六、周日、节日是 2~3 小时 1 趟车。

ℹ **沃尔普斯韦德的旅游服务中心**

⌂ Bergstr. 13　D-27726 Worpswede
☎ (04792) 935820
📠 (04792) 935823
🖥 www.worpswede.de
🗓 5~10 月
　周一~周四　10:00~16:00
　周五、周六　10:00~18:00
　周日　　　　10:00~15:00
　11 月~次年 4 月
　周二~周日　11:00~15:00
🚫 1/1、12/24~26、31

● **Große Kunstschau**

⌂ Lindenallee 5
🖥 www.grosse-kunstschau.de
🗓 10:00~18:00（11 月~次年 3 月是周二~周日的 11:00~17:00）
€ 19（Haus im Schluh、Barkenhoff、Worpsweder Kunsthalle 四馆通票）

这一带是湿地，地形平坦，一望无际，艺术家村就坐落于平原上很罕见的小山丘之上。由于这里距离不来梅不远，从 19 世纪末期开始，就有不少艺术家聚集于此。

ℹ 位于村子中央的贝格大街 Bergstr. 和 Lindenallee 的一角处。

沃尔普斯韦德咖啡馆 Kaffee Worpswede 在建筑界非常有名，是由设计不来梅箍桶匠街的赫特格设计的。咖啡馆隔壁的美术馆 Große Kunstschau 内珍藏的保拉·莫德松·贝克尔和海因里希·弗凯拉的作品等都非常值得一看。

珍藏有弗凯拉作品的 Haus im Schluh 和弗凯拉曾经居住过的 Barkenhoff 也不容错过。

1 汉堡内阿尔斯特湖岸边的游船码头。面朝市中心的繁华街道，人流涌动 **2** 红心啤酒（Astra）是汉堡的啤酒，猫和桃心的标志被人们所熟知 **3** 从吕讷堡的给水塔上眺望的市中心街景 **4** 春季到初夏收获草莓的季节，城市各处都会有佳卖草莓的摊位（汉诺威） **5** 2015年被列为世界遗产的汉堡智利屋 **6** 在世界遗产瓦登海的浅滩上行走的马车

汉堡与石楠之路·德国北部
Hamburg /Erikastraße /Norddeutschland

Cuxhavener
Strandmusikanten♪

丹 麦

叙尔特岛
Sylt
韦斯特兰
Westerland

Niebüll

弗伦斯堡
Flensburg

格吕克斯堡

Kieler Bucht

Schleswig

拉博
Laboe

Oldenburg

哈利根群岛
Halligen

胡苏姆
Husum

北弗里西亚群岛
Nordfriesische Inseln

St. Peter Ording

Rendsburg

基尔
Kiel

普伦
Plön

A

黑尔戈兰
Helgoland

Heide

北海—波罗的海运河（基尔运河）
Nord-Ostsee Kanal

Neumünster

特拉沃明德
Travemünde

北 海
Nordsee

瓦登海

库克斯港
Cuxhaven

Büsum

Itzehoe

吕贝克
Lübeck

拉策堡
Ratzeburg

默尔恩
Mölln

威廉斯港
Wilhelmshaven

施塔德
Stade

Elmshorn

汉堡机场

Ahrensburg

汉堡
Hamburg

24

石

不来梅港
Bremerhaven

布克斯特胡德
Buxtehude

楠

27

沃尔普斯韦德
Worpswede

29

1

吕讷堡
Lüneburg

之

不来梅
Bremen

28

路

1

27

威悉河
Weser

费尔登
Verden

吕讷堡石楠草原
Lüneburger Heide

萨尔茨韦德尔
Salzwedel

B

柏林

贝尔根—贝尔森集中营遗址
Bergen-Belsen

法兰克福

策勒
Celle

沃尔夫斯堡
Wolfsburg

慕尼黑

汉诺威
Hannover

2

不伦瑞克
Braunschweig

1

2

希尔德斯海姆
Hildesheim

440

汉堡与石楠之路·德国北部

波罗的海
Ostsee

希登塞岛
Hiddensee

萨斯尼茨
Sassnitz

吕根岛
Rügen

普洛拉
Prora

宾茨
Binz

Maribo

Nykøbing

Rødby

Gedser

Rødbyhavn

Puttgarden

Mecklenburger Bucht

Bergen

Putbus

Göhren

施特拉尔松德
Stralsund

佩内明德
Peenemünde

格赖夫斯瓦尔德
Greifswald

Zinnowitz

乌瑟多姆岛
Usedom

瓦尔讷明德
Warnemünde

Heiligendamm

Kühlungsborn

Lübecker Bucht

罗斯托克
Rostock

巴特多伯兰
Bad Doberan

维斯马
Wismar

Bützow

Güstrow

Demmin

Züssow

Bad Kleinen

什未林
Schwerin

19

新勃兰登堡
Neubrandenburg

Prenzlau

Ludwigslust

24

埃伯斯瓦尔德
Eberswalde

尼德费那屋船舶升降机

易北河
Elbe

24

Oranienburg

萨克森豪森集中营

波 兰

Stendal

泰格尔机场

柏林
Berlin

10

舍内费尔德机场
（柏林·勃兰登堡国际机场即将启用）

10

0   20   40km

3

2

4

N

铁路
88 高速公路
主干道
城堡
修道院、教堂
山

汉堡与石楠之路·德国北部

德国第二大城市汉堡是一座生机勃勃的城市，也是德国最大的港口城市。如果仔细观察的话，会发现在以汉堡为中心的德国北部地区，机动车号牌都冠以 HH 或 HB。第一个 H 代表汉萨同盟城市。HH 表示汉萨同盟城市汉堡，HB 表示汉萨同盟城市不来梅。这两个城市均为单个城市构成一个州（德语为施塔特 Stadtstaat），这在德国属于非常特殊的情况。

从河对岸看到的汉堡游船出发地圣保利栈桥

汉萨同盟城市

汉萨同盟是为了保护交通、贸易利益而结成的城市同盟，成员为不接受王侯贵族统治而由皇帝直辖的自由城市。汉萨的商人主要在北海及波罗的海沿岸从事铁矿石、琥珀、盐、毛皮、木材等商品的贸易。13 世纪后半叶至 15 世纪是汉萨同盟的鼎盛时期，以德国北部为中心，有 100 多个城市加盟，掌控着波罗的海沿岸的贸易。吕贝克、罗斯托克以及波罗的海沿岸的其他城市等都曾是加盟城市，从这些城市留下的大量精美的古建筑，可以看出昔日的繁华。

汉堡以南，有被列为自然公园加以保护的 **Lüneburger Heide**（意为吕讷堡石楠草原）。夏季，这里会开满紫褐色的石楠花，在著名的旅游线路"石楠花之路"上，有吕内堡、策勒、默尔恩等 10 多个德国北部地区的城市。

德国北部的海岸线

世界遗产瓦登海（北海浅滩）绵延于德国与荷兰的北海沿岸。有很多德国人会携家人或与朋友来此参加浅滩步行游，跟大自然亲密接触。

需要注意的是，这里的海滨沙滩浴场会收取入场费。沙滩上有许多名为 Strandkorb 的带遮阳篷的椅子。这种椅子用藤编成，诞生于 19 世纪后半叶的罗斯托克。在风力很强的德国海滩上，这种椅子必不可少，可以租借。

摆满了 Strandkorb 的库克斯港海滩

游览提示

汉堡是一个重要的铁路枢纽，除了主干线路外，地方线路的车次也非常多。汉堡也是通往北欧的门户。

前往位于东部的罗斯托克、施特拉尔松德，有从柏林发车的直达列车。

住宿指南

汉诺威是德国著名的会展城市。世界上规模最大的计算机展销会 CeBIT 举办期间，就连汉诺威周边的酒店也会客满。

特产与美食

　　汉堡、吕贝克等德国北部的城市擅长烹饪鱼类菜肴，这方面的餐厅也相对较多。大多数的鱼类菜肴都是使用油煎的方法烹调。港口城市的名菜海员杂烩 Labskaus（将土豆、牛肉粒乱炖，加上一个煎蛋），是一道质朴简单的德国北部菜肴。

　　德国北部比较受欢迎的甜品是红果羹，使用草莓、树莓、蓝莓等浆果类的果子炖煮而成。经常与鲜奶油和香草冰激凌一起食用。

左／加上香草冰激凌的红果羹，甜度相当高
右／新鲜的草莓甜品非常值得一试

左／港口城市的
名菜海员杂烩
左下／煎梭鲈

左上／形状酷似木桩的萨尔茨韦德尔的年轮蛋糕
上／年轮蛋糕非常好吃的咖啡馆 HOLLANDISCHE KAKAO-STUBE

可以在汉堡港栈桥处品尝到的简餐，熏制鲱鱼三明治，和 Fritz-kola（弗里茨可乐）搭配会更美味

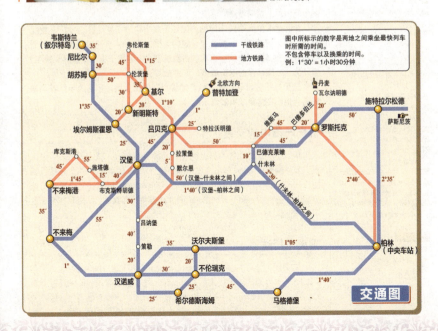

干线铁路
地方铁路

图中所标示的数字是两地之间乘坐最快列车时所需的时间。
不包含停车以及换乘的时间。
例：1°30′＝1小时30分钟

韦斯特兰（叙尔特岛） 35′
尼比尔 30′
胡苏姆 50′
弗伦斯堡 45′ 1°15′
伦茨堡
基尔 30′ 35′
1°35′ 20′ 20′
北欧方向
普特加登
丹麦 20′
瓦尔讷明德
施特拉尔松德 50′
萨斯尼茨
新明斯特 25′ 1°10′ 维斯马 15′ 巴德多伯兰 20′
埃尔姆斯霍恩 特拉沃明德 45′ 罗斯托克
吕贝克 20′ 45′
库克斯港 55′ 45′ 拉策堡 50′ 10′ 巴德克莱嫩 什未林 2°30′（什未林~柏林之间） 2°40′ 2°35′
施塔德 15′ 默尔恩
45′ 25′ 5′
不来梅港 1°45′ 40′ 50′（汉堡~什未林之间）
布克斯特胡德 1°40′（汉堡~柏林之间）
汉堡
35′ 45′
不来梅 吕讷堡
55′ 40′
策勒 35′ 沃尔夫斯堡 1°05′ 柏林（中央车站）
1° 20′ 20′
汉诺威 不伦瑞克 1°40′
25′ 45′
希尔德斯海姆 马格德堡
25′

交通图

汉堡 *Hamburg*

充满活力的德国最大港口城市

宫殿般雄伟的汉堡市政厅

MAP ◆ p.440-B2

人　口　1746300 人

长途区号　040

ACCESS

铁路：从法兰克福乘坐 ICE 特快大约需要 3 小时 40 分钟，从柏林出发约需 1 小时 40 分钟。还有通往北欧各国的国际列车。

❶ **汉堡的旅游服务中心**
● 中央车站内的 ❶
（Kirchenalllee 出口附近）
➡ Map p.449-B4
🌐 www.hamburg-tourism.de
🕐 周一～周六　9:00~19:00
　　周日　　　10:00~18:00
（冬季会缩短营业时间）

● **汉堡机场的 ❶**
🕐 每天　　　6:00~23:00

● **汉堡机场**
➡ Map p.448-A1（小图）
🌐 www.ham.airport.de

● **机场～市内的交通费用**
机场～中央车站之间的 S-Bahn 费用是€ 3.10。
乘坐出租车从机场到中央车站的费用是€ 20~25。

● **中国驻汉堡总领馆**
🏠 Elbchaussee 268，22605 Hamburg
☎（040）82276013
📠（040）040- 8226231
🌐 hamburg.china-consulate.org/chn/
交通线路 乘 ⑤1 至 Othmarschen 站，换 286 路巴士至 Parkstraße 站下车。或者乘其他车辆至 Teufelsbrück 站，换 36 路巴士至 Parkstraße 站下车。

世界遗产
汉堡仓库街和包括智利屋在内的商务大楼区
（2015 年被列为世界遗产）

虽然是德国最大的港口城市，但其实港口位于易北河畔，距离易北河入海口约 100 公里，所以跟人们印象中的港口城市还是有一些区别的。在这里，可以同时体验到防波堤上特有的旅途情思、阿尔斯特湖畔的度假地氛围以及运河沿岸的浪漫气息。

9 世纪卡尔大帝统治期间，建都于此，称为"汉玛堡"。从 12 世纪开始，作为贸易中心，实现了快速的经济发展，14 世纪时成为汉萨同盟城市并且变得更加繁荣。市内的古建筑基本上都毁于第二次世界大战中，但作为一个国际性的港口城市，汉堡充满了活力。

这里也是音乐家门德尔松、勃拉姆斯的出生地，甲壳虫乐队在尚未成名时也曾在这里从事过音乐活动。

机场与市内的交通

从位于汉堡市北部的汉堡机场 Hamburg Airport 前往市内时，可以在紧邻航站楼的 S-Bahn 车站乘坐每隔 10 分钟发车的 ⑤1，约 25 分钟可到达中央车站。从中央车站前往机场时，在中途的 Ohlsdorf 站，车厢将被拆分为开往机场方面与开往 Poppenbuttel 方面的两部分，所以乘车时一定不要忘记确认所在车厢的行车方向。

乘火车抵达

在汉堡，除了中央车站 Hauptbahnhof（缩写为 Hbf.）之外，还有 S-Bahn 列车停靠的达姆托尔站 Dammtor、阿尔托纳站 Altona 以及位于郊外的哈尔堡站 Harburg。所谓到达终点站的列车中，也有很多会驶过中央车站而继续开往阿尔托纳站，所以务必注意乘车时不要出现错误。

●市内交通

www.hvv.com

全市有效的单次车票
€ 1.50（短途 Kurzstrecke）~。

● 1 日通票的种类与金额

种类	市内	全区域
1日通票 （2等）	€7.60	€19
1日通票 （1等）	€9.60	€21
9点开始的1日通票 （2等）	€6.20	€16.40
9点开始的1日通票 （1等）	€8.20	€18.40

有汉堡市内 Grossbereich Hamburg 与全区域 Gesamtbereich 两种票，游览本书介绍的景点（施塔德除外）使用汉堡市内用车票即可。1 等票（incl.Schnellbus/1Klasse）可以乘坐高速巴士、Ⓢ、Ⓤ 的 1 等车。9 点开始的 1 日通票 9-Uhr Tageskarte，在周一～周五早上 9 点以后可以使用，周六和周日无时间限制。还有可供 5 人使用的团体票 Gruppenkarte。

●汉堡卡

（ ）内为团体卡价格

1 日有效	€ 9.90（17.90）
2 日有效	€ 18.50（32.90）
3 日有效	€ 25.50（43.90）
4 日有效	€ 33.90（58.50）
5 日有效	€ 40.90（72.90）

汉堡的市内交通

汉堡有 S-Bahn（城市轻轨，标识符号为 Ⓢ）、U-Bahn（地铁，标识符号为 Ⓤ）、巴士（除地铁公司巴士、快速巴士之外，还有需额外付费的高速巴士）等公共交通工具。这些公共交通工具都属于汉堡交通联盟 HVV，使用统一的通用车票。

可以在火车站的自动售票机上购票。游客可以购买非常方便的 1 日通票 Tageskarte（票有多种类型。参见左表）。

汉堡卡 Hamburg-Card

适合游客使用的旅行交通卡，在有效时间内可随意乘坐市内的公共交通工具，参观市内的美术馆、博物馆时还可以享受打折票价。乘坐市内游览巴士以及港口游船时，也可以打折。1 张卡可供 1 名大人与 3 名不满 15 岁的孩子同时使用。另有可供 5 人同时使用的团体卡 Gruppenkarte。旅游服务中心有售。

汉堡 漫 步

从中央车站前往市中心

汉堡中央车站门克贝格街出口。可以从这里步行前往市中心

ⓘ 位于中央车站内。乘坐从法兰克福方面驶来的列车到达中央车站 Hauptbahnhof 后，登上位于站台北端的阶梯（有电动扶梯），沿右侧前行就是 **ⓘ**。

设有 **ⓘ** 的火车站东出口前面，有名为教堂大道 Kirchenallee 的大街，周边有很多酒店。前往市中心的话，从与教堂大道方向相反的西出口出站。然后沿门克贝格街 Mönckebergstr. 或史匹塔勒街 Spitalerstr. 向市中心的市政厅广场 Rathausmarkt 前行。史匹塔勒街在盖尔哈特·豪普特曼广场 Gerhart Hauptman Platz 与门克贝格街汇合。这两条街道上有许多百货商场及购物中心。

门克贝格街边的古洛迪亚百货

⚽ 足球场信息

●人民公园体育场（禾克斯公园体育场）（原英泰体育场）

www.hsv.de ●Map p.448-A1（小图）

汉堡足球俱乐部的主场。

交通线路 从汉堡中央车站乘 Ⓢ3 或 21,15~20 分钟后在斯达林昙 Stellingen 下车。然后步行 20 分钟左右。比赛日，会开行斯达林昙至球场的巴士。

球场团体游 &HSV 博物馆

参观球场的团体游在 12:00、14:00、16:00（1~3月的周一～周四仅在 12:00、14:00）开始。比赛日及举办活动期间暂停。团体游用时 90 分钟，可以参观球员休息室、VIP 室。集合地点在体育场的 HSV 博物馆前（入口位于体育场的 Nord/Ost 一侧）。参观费用与博物馆门票€ 12，体育场内设有商店。

市政厅广场周边与仓库街

市政厅广场上建有雄伟的市政厅，塔楼高达 112 米。从市政厅广场走过一座桥，然后横穿高级品牌店林立的诺伊瓦尔街 Neuer Wall，就是大型购物拱廊街。

汉堡有 13 世纪截断易北河支流阿尔斯特河后形成的内阿尔斯特湖 Binnenalster 与外阿尔斯特湖 Außenalster 两个人造湖。与湖水相通的水

路、运河纵横交错，桥梁的数量也超过威尼斯而居欧洲城市的首位。在市中心的少女堤 Jungfernstieg 栈桥有开往人造湖及运河的游船。

如果想避开城市的喧嚣，可以到尼古拉运河周边及建有许多仓库的仓库街 Speicherstadt 游览。

少女堤栈桥的游船码头

达西街后面的尼古拉运河

珊泽地区与加洛林菲尔特地区

在 Ⓢ Ⓤ 珊泽站 Sternschanze 周边的珊泽地区 Schanzenviertel，有很多租金便宜的住宅，是学生、年轻人、各国青年艺术家会聚的艺术街区。与市政厅周边的高级商业街不同，这里是一个充满了个性的空间。尤其是火车站南侧的施尔塔布拉特 Schulterblatt 与珊泽街 Schanzenstr. 一带，有许多富有个性的时装店、杂货店以及价格便宜的咖啡店、甜品咖啡店、餐厅，很值得一逛。

在加洛林菲尔特地区 Karolinenviertel 向东南方向延伸的集市大街 Maktstr. 周边，有许多旧书店和旧货店，是一个生活感很强的地区。

生活悠闲自由的人们会聚的珊泽地区

施尔塔布拉特的葡萄牙风格咖啡店 Transmontana

● 市内观光巴士
Hamburgerstadtrundfahrt
🔳 www.stadtrundfahrthamburg.de

从汉堡港圣保利栈桥 4 号桥前的 Landungsbrücken vor Brücke 4 出发。导览团 -1 是在 10:30、13:00 出发，全程约需 2 小时。费用€ 18.50。导览团 -2 是在 11:30、13:30 出发，全程约需 1 小时 30 分钟，周六·周日和夏季会增加出发班次。费用€ 17.50。

市内观光巴士是双层巴士

Hamburger Hummelbahn
🔳 die-roten-doppeldecker.de

从中央车站（教堂大道侧）或者汉堡港（1、2 号栈桥前）出发。共在市内 28 个地点停车，可以随意上下车，可换乘。4~10 月中央车站每天 9:30~17:00 期间每 30 分钟一趟车。11 月~次年 3 月是周一～周五的 10:00~16:00 期间每 1 小时一趟车，周六·周日的 9:30~16:00 期间每 30 分钟一趟车。车票在 1 天内有效，价格是€ 17.50。

● 阿尔斯特湖观光游览船

从中央车站步行约 10 分钟便可达到游览船码头 Jungfernstieg，或者在 Ⓤ Ⓢ 的 Jungfernstieg 站下车。

🔴 Map p.449-B4
🔳 www.alstertouristik.de

· 阿尔斯特湖观光游览
（所需时间 50 分钟）
出发 4~9 月是 10:00~18:00 每 30 分钟一趟。10 月是 10:00、11:00~16:00 期间每 30 分钟一趟，17:00 发船。
🎫 € 15

· 运河巡游
（所需时间 2 小时）
出发 4 月·10 月是 9:45、12:45、15:45 发船。5~9 月除上述时间之外，增加 11:45、14:45、17:45 的班次。
🎫 € 19

集市大街上有很多少数族裔的商铺

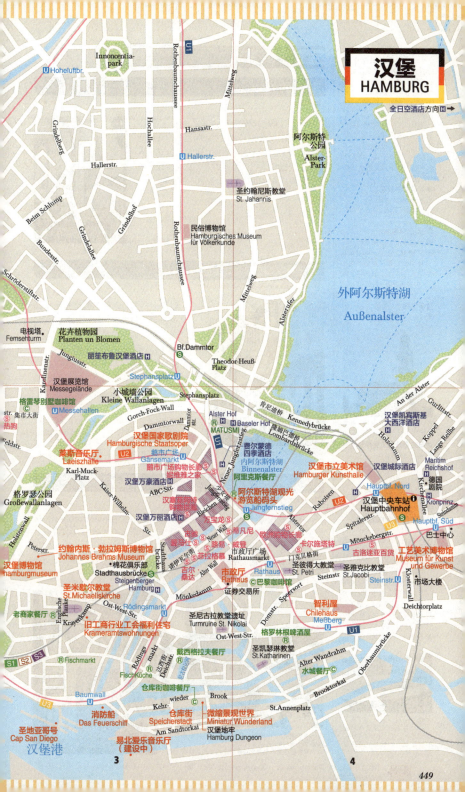

汉堡 主要景点

市政厅

Rathaus ★★★

建于1886~1897年的新文艺复兴式建筑，也是汉堡州议会的议事场所。厚重的内部装饰非常漂亮，游客可通过参加团体游的方式进入参观。让当地人引以为豪的是，这座市政厅的房间数多达647间，比白金汉宫还多6间。

运河边可以远眺市政厅的咖啡馆很有人气

圣米歇尔教堂及其周边

St. Michaeliskirche und Alt Hamburg ★★

旧工商行业工会的福利住宅

巴洛克式的圣米歇尔教堂是汉堡最著名的基督新教教堂。被人们亲切地称为“米歇尔”的教堂塔楼高132米。可以乘电梯登上位于82米处的观景台，俯瞰全城景色。

圣米歇尔教堂的东侧为旧工商行业工会福利住宅 Krameramtswohnungen。餐厅旁边的小巷深处，有为已亡故的工会会员的在世妻子建造的住宅，其中的一个房间现为一个很小的博物馆 Museumswohnung。

汉堡港巡游

Hamburg Hafen ★★

圣保利栈桥 St. Pauli-Landungsbrücken 开行有游船 Hafenrundfahrt，可以乘船巡游位于易北河边的德国最大港口汉堡港。6号栈桥与7号栈桥旁，有圣保利地下隧道 St. Pauli Elbtunnel。这个隧道十分特别，汽车和人都可乘电梯下到隧道内，然后沿隧道前行，因此被指定为文化财产。从对岸眺望港口也能看到非常美丽的景色。

上／圣保利栈桥的西端，有一家味道不错的鱼肉三明治店 Brücke 10（参见页脚）
右／需要乘专用的电梯或沿台阶来到水面下的地下隧道

●**市政厅**

在 U3 Rathaus 站下车即到，或者从中央车站步行15分钟。

➲ Map p.449-B3~B4

団 周一～周五 11:00~16:00
周六 10:00~17:00
周日 10:00~16:00

※ 在上述时间内每隔30分钟便有一个导览团出发。不定期还会有英语团。市政厅内有官方活动或者集会活动时导览团中止。

●**圣米歇尔教堂**

住 Krayenkamp 4C

在 S1 或者 2 的 Stadthausbrücke 站下车。

➲ Map p.449-B3

URL www.st-michaelis.de

団 5~10月 9:00~19:30
11月～次年4月 10:00~17:30
（但是周日是12:30~）
弥撒期间关闭。

登塔电梯

费 €5

可以乘坐电梯登上米歇尔教堂的塔楼

●**旧工商行业工会福利住宅**

住 Krayenkamp 10

➲ Map p.449-B3

団 周二～周日 10:00~17:00
（冬季只限周六·周日）

休 周一、冬季的周一～周五

费 €2.50

●**巡游汉堡港的游览船**

在 U3 的 St. Pauli 站或者 S1、S2、U3 的 Landungsbrücken 站下车。

➲ Map p.448-B2

4~10月 9:00~18:00 期间每30分钟一趟，11月～次年3月下旬每天的10:00~18:00期间每1小时一趟（根据客人的集散情况会有相应变化）。所需时间1小时。

费 €20

不乘坐游船，也可以凭公共交通工具车票乘坐定期班船观赏港口景色。尤其是72号，可以看到美丽的易北爱乐音乐厅，很值得推荐

编外语 小吃店 Brücke 10（➲ Map p.448-B2 URL www.bruecke-10.de 营 10:00~22:00，冬季~20：00）位于10号栈桥旁。煎鱼肉的三明治€3。

沿栈桥边的游览步道东行，就能看见兼具博物馆与餐厅功能的大型帆船瑞克莫·瑞克莫斯号 Rickmer Rickmers 以及圣地亚哥号 Cap San Diego、消防船 Das Feuerschiff 等多艘船只。

从圣保利栈桥向西步行 10 分钟左右的地方，停泊着苏联制造的潜水艇 U434，游客可以进入艇内参观这艘全世界最大的常规动力潜艇。

瑞克莫·瑞克莫斯号与易北爱乐音乐厅（左侧远处的建筑物。→p.454）

曾顺利完成侦察任务的苏联海军潜艇

仓库街
Speicherstadt ★★

市中心以南的运河边，有许多建于 100 年前的红砖结构仓库。在那里可以感受到 19 世纪的氛围，是当地著名的景区，有微缩景观世界、汉堡地牢等景点。

仓库街北面的达西街 Deichstr. 有好几家可品尝到鱼鲜的餐厅。

红砖建筑倒映在水中的仓库街

智利屋
Chilehaus ★

从仓库街向东北方向前行，地铁 Meßberg 站旁边有汉堡著名的商务大楼智利屋 Chilehaus。用棕褐色的砖建筑而成的大楼，看上去非常厚重，是靠从智利进口硝石而发达的富商委托建筑师弗里茨·霍格尔设计并于 1924 年建成的。作为德国表现主义建筑的代表作，跟周边的商务大楼一并被列为了世界遗产。现为写字楼，有很多企业入驻。

微缩景观世界
Miniatur Wunderland ★

仓库街的红砖古建筑中，有世界上最大的铁道模型。在这个 1：87 比例的铁道模型中，可以看到列车运行、数字控制的照明设施以及美丽的夜景，非常有趣。模型中有大量的风景，所以对于不是铁道迷的游客，这里也完全值得一去。由于很有人气，所以入场时大多需要等待。

陶醉于微缩景观的世界

●苏联制潜水艇 U434
🚇 St. Pauli Fischmarkt
在 🇸🇺 Landungsbrücken 站下车，沿易北河向西步行约 10 分钟。或者从中央车站的 Spitalerstr./City 侧出口走出，然后乘坐 112 路巴士到 Hafentreppe 或者 Fischmarkt 站下车，步行 5 分钟即到。
📍 Map p.448-B2
🌐 www.u-434.de
🕐 周一～周六　9:00~20:00
　周日　　　11:00~20:00
💶 €9、学生€6

●仓库街
从 Ⓤ3 Baumwall 站步行约需 5 分钟。
📍 Map p.449-B3

●智利屋
🚇 Fischertwiete 2
从 Ⓤ Meßberg 站步行约需 1 分钟。
📍 Map p.449-B4
🌐 www.chilehaus.de/

建筑物的东侧宛如一艘巨轮的船首

●微缩景观世界
🚇 Kehrwieder 2, Block D
📍 Map p.449-B3
🌐 www.miniatur-wunderland.de
🕐 周一～周五　9:30~18:00
　（周二 ~21:00）
　周六·周日　8:30~20:00
※ 每月还会有变化，请随时上网查询详情。
💶 €13、学生€9
※ 周六·周日·节日时这里的游客会比较多，可以通过上述网站查询预计等候的时间（有英文表示）。还可以在线预约。

📧 投稿　8月的一个周日去了微缩景观世界。当天购买了购票后 3 小时可入场的门票。不仅仅是铁道模型，沿途的城镇以及瑞士的群山也非常值得一看。尤其是机场附近的区域更是备受游客喜欢。

汉堡市立美术馆
Hamburger Kunsthalle ★★★

● 汉堡市立美术馆
圖 Glockengießerwall 1
▶ Map p.449-B4
圖 www.Hamburger-Kunsthalle.de
圖 周二～周日　10:00~18:00
（周四～21:00）
困 周一、12/24・25
圈 €12、学生€6

位于汉堡中央车站北侧，是德国规模最大的美术馆之一。汉堡许多富有的美术收藏家的捐赠，为该美术馆的展品收藏奠定了基础。

中世纪展厅收藏有现存最大的中世纪绘画《格拉波的祭坛》（*Grabower Alter*）（麦斯塔·贝尔特拉姆作，1379年），非常值得一看。

汉堡市立美术馆的外观是圆顶形的非常醒目

19世纪至20世纪上半叶的绘画作品很多，收藏着浪漫派画家弗里德里希的代表作《冰海》（*Eismeer*）以及勃克林、利伯曼、高更、塞冈蒂尼、蒙克、克利、毕加索等人的作品。

主馆北侧还建有新馆，为现代美术馆Galerie der Gegenwart，展出现代艺术及装置艺术的作品。可从主馆内的咖啡厅Cafe Liebermann旁的通道前往新馆。

珍藏有不少名画和大家之作的汉堡市立美术馆

工艺美术博物馆
Museum für Kunst und Gewerbe ★★

● 工艺美术博物馆
圖 Steintorplatz 1
▶ Map p.449-B4
圖 www.MKG-Hamburg.de
圖 周二～周日　10:00~18:00
（周四～21:00，但是如果赶上周四是法定节日或者法定节日的前一天～18:00）
困 周一、5/1、12/24・31
圈 €12、学生€8

从中央车站kirchenhalle侧出口南行，就能来到这座位于巴士中心站前的古典建筑。1877年开馆，收藏着来自世界各地的工艺品、平面设计、古乐器、时尚艺术作品。这里也是世界上最大的新艺术运动藏品的博物馆。经常会同时举办多个特别展览。

阿尔托纳博物馆
Altonaer Museum ★★

● 阿尔托纳博物馆
圖 Museumstr. 23
▶ Map p.448-B1
圖 www.altonaermuseum.de
圖 周二～周日　10:00~17:00
困 周一
圈 €7.50、学生€4.50

主要展出舰船模型、船首雕像以及与汉堡及周边地区造船业、渔业有关的展品，显示出了港口城市的特色。可以了解到在大航海时代繁盛一时的德国北部地区的文化史及自然环境。

Information
周日早上前往十分热闹的鱼市

虽说是鱼市Fischmarkt，但也有水果、花草、服装等商品。可以见到从荷兰乘船来卖花的商人以及语速极快的卖水果大叔，即便听不懂他们在讲什么，也会觉得这里十分有趣。市场尽头处的市场大楼Markthalle里，有啤酒馆、海鲜餐厅，可以在参观完市场后去那里休息一下。

市场开业时间为每周日的5:30左右（10月～次年3月为7:00左右）~9:30，在⒮Ⓤ Landungsbrücken下车后步行10分钟左右可至。或从中央车站乘112路巴士在Fischmarkt下车即至。

▶ Map p.448-B1~B2

从1703年开始延续至今的鱼市

 工艺美术博物馆规模很大，展品也很充实。不仅有中世纪及文艺复兴时期欧洲的艺术品，现代艺术与亚洲地区的展品也为数不少。

汉堡博物馆
hamburgmuseum ★★

　　介绍汉堡历史的博物馆，为砖结构建筑。有从前汉堡街区的复原模型、巴洛克时代商会内部陈设再现、服装的发展变迁、音乐及乐器、船模、汉堡犹太人历史等相关展示，展品数量极为丰富。

约翰内斯·勃拉姆斯博物馆
Johannes Brahms Museum ★

　　博物馆不大，展示出生于汉堡的大作曲家勃拉姆斯的乐谱手稿副本、音乐会节目单、照片等展品。

入口处摆放着勃拉姆斯的半身像

没有笼子的哈根贝克动物园
Tierpark Hagenbeck ★★

　　世界上非常著名的动物园，采用了全新的方式来展示动物，不使用笼子，而是用墙把动物与游客隔开。有 210 种、1850 只动物生活在这里。最有趣的是给猴子和大象喂食（只可以喂蔬菜和水果。园内有购买饵食的地方）。还设有水族馆。

会有标识显示哪些动物可以喂食蔬菜和水果，应仔细确认

耶尼施之屋与恩斯特·巴拉赫故居
Jenisch Haus und Ernst-Barlach-Haus ★

　　位于山坡上可俯瞰易北河的 Elbchausee 是汉堡郊外的高级住宅区。这个地区的耶尼施公园 Jenischpark（自然保护区）中有新古典主义建筑风格的耶尼施之屋。此外，公园内还有展出雕塑家恩斯特·巴拉赫作品的恩斯特·巴拉赫故居，这位雕塑家出生于汉堡近郊。参观者会被富有温情又充满力量的木雕作品所深深吸引。

巴拉赫的作品

●汉堡博物馆
田 Holstenwall 24
　Ⓤ 3 St.Pauli 站下车。
➲ Map p.449-B3
🖳 www.hamburgmuseum.de
🕐 周二～周六　10:00~17:00
　周日　　　　10:00~18:00
休 周一、5/1、12/24·31、1/1
💰 € 9，学生 € 5.50

●约翰内斯·勃拉姆斯博物馆
田 Peterstr. 39
🚉 Ⓤ St.Pauli 站或者 Messehallen 站下车。
➲ Map p.449-B3
🖳 www.brahms-hamburg.de
🕐 周二～周日　10:00~17:00
休 周一、1/1、12/24·25·31
💰 € 5，学生 € 3

●哈根贝克动物园
田 Hagenbeckallee
　Ⓤ 2 Hagenbecks Tiepark 站下车。
➲ Map p.448-A1（小图）
🖳 www.hagenbeck.de
🕐 3/5~10/29　　9:00~18:00
　（7~8月～19:00）
　10/30~次年 3/4 9:00~16:30
　（12/24·31~13:00）
💰 € 20，水族馆 € 14、联合套票 € 30、有家庭票价优惠政策

●耶尼施之屋
田 Baron-Voght-Str. 50
　（im Jenischpark）
　乘坐 Ⓢ 1 在 Klein Flottbek 站下车。
🕐 周二～周日 11:00~18:00
💰 € 5.50、学生 € 3.70
●恩斯特·巴拉赫故居
田 Baron-Voght-Str. 50a
　（im Jenischpark）
➲ Map p.448-A1（小图）
🖳 www.Barlach-Haus.de
🕐 周二～周日　11:00~18:00
💰 € 6、学生 € 4、与耶尼施之屋的通票是 € 8

充满绿色的园内

 投稿　约翰内斯·勃拉姆斯博物馆虽然不大，但工作人员都很认真负责。地点有些不大好找，所以终于见到博物馆时感到非常高兴。

● 汉堡国家歌剧院
⊞ Dammtorstr. 28
　在 Ⓤ1 Stephansplatz 站
或者 Ⓤ2 Gänsemarkt 站下车。
⊜ Map p.449-B3
☎ （040）351721
预售票和当天票售票窗口
⊞ Große Theaterstr. 25
⊞ 周一～周六　10:00～18:30
　当天演出的票是从开演
前 90 分钟开始售票。
　电话预约是周一～周六
的 10:00～18:30 期间。
☎ （040）356868
🅵🅰🆇 （040）3568610
🔗 www.hamburgische-staatsoper.
de

● 莱斯音乐厅
⊞ Johannes-Brahms-Platz
⊜ Map p.449-B3
🔗 www.elbphilharmonie.de/
laeiszhalle.de

● 石荷州音乐节（SHMF）
🔗 www.shmf.de
　每年 7 月至 8 月下旬在
汉堡及其周边城市举行的音
乐节。届时会有一流的管弦
乐队和音乐家进行演奏，演
出的曲目从古典音乐到现代
音乐都有。

观看歌剧及芭蕾舞剧可以前往 汉堡国家歌剧院
Hamburgische Staatsoper

　　每年 8 月末至次年 6 月末，剧院都会举办歌剧及芭蕾舞剧的公演。尤其是著名编舞约翰·诺伊梅尔率领的芭蕾舞团人气极高。因为太受欢迎，所以一票难求，不过也可以到 ❶ 去碰碰运气，根据日程安排，询问一下是否有票。预售票和当天票的售票窗口 Tageskasse 位于歌剧院旁边（面对歌剧院时左手一侧）的 Große Theaterstr. 25 号。

近代建筑——汉堡国家歌剧院

古典音乐的殿堂 莱斯音乐厅
Laeiszhalle

　　汉堡有 3 家乐团，汉堡交响乐团 Hamburger Symphoniker e.V、汉堡国家爱乐管弦乐团 Philharmonisches Staatsorchester Hamburg 及北德广播交响乐团 NDR-Sinfornieorchester Hamburg。

　　巴洛克复兴式的莱斯音乐厅是一座古典音乐的殿堂。许多德国及国际著名的演奏家、乐团都在此举办音乐会。音乐厅的正式名称曾为 Musikhalle，后改为 Laeiszhalle。

建筑正面非常漂亮的莱斯音乐厅

𝒜𝓇𝓉　形似帆船的音乐厅——易北爱乐音乐厅

　　仓库街的尽头（⊜ Map p.449-B3），有一座帆船形状的音乐厅正在建设中。建于 20 世纪 60 年代的砖结构建筑之上，又加盖了波浪形的玻璃幕墙建筑，大胆的双重结构设计非常引人注目。

　　设计者为赫尔佐格与德梅隆，曾参与过北京奥运会主体育场的设计工作。360° 开放型的大厅可容纳 2200 人。

　　2017 年 1 月竣工，不过在竣工前该工程就已备受瞩目，有人在可以看到施工现场的地点搭建起大型看台。最新信息可在 🔗 www.elbphilharmonie.de 查询。

汉堡交响乐团所在的音乐厅

● 大型看台
⊞ Grooer Grasbrook
🗺 从 Ⓤ 4 Uberseequartier 站步行约 5 分钟。
⊞ 周二～周日　10:00～17:00（冬季为周四～周日）

丰富多彩的音乐剧与剧场
Musical & Theater

　　这里的音乐剧十分受欢迎，有从北欧专门前来观看的观众。本书调查时，新佛罗拉剧院 Neue Flora 上演《阿拉丁》，歌剧院 Operettenhaus 上演《歌剧魅影》，汉堡港剧场 Theater im Hafen Hamburg 上演《狮子王》。

音乐俱乐部
Musikclubs

　　在棉花俱乐部 Cotton Club 可以欣赏到爵士乐。位于 Großneumarkt 附近，是汉堡历史最久的爵士乐俱乐部。内部空间不大，但是能在这里听到德国及其他国家的爵士队的演奏。除此之外，中央车站附近的市场大楼 Markthalle 以及阿尔托纳的法布里克 Fabrik 也是很有人气的音乐俱乐部。

在棉花俱乐部欣赏爵士乐

引人注目的绳索街
Reeperbahn

　　汉堡是一个港口城市，自古以来就有面向海员的夜间娱乐设施。其中心地就是世界有名的、东西长 900 米的绳索街。酒吧、夜总会、卡巴莱、脱衣舞厅、情趣商店的招牌非常醒目。其中不乏危险的店铺，夜晚最好不要在这条街上行走。

　　如果无论如何都想感受一下那里的气氛，不妨参加乘坐游览巴士的夜间团体游。

● **各类音乐剧的票务信息以及预约**
🖳 www.hamburg-tourism.de

● **新佛罗拉剧院**
🏠 Ecke Alsenplatz/ Stresemannstr.
　Ⓢ Holstenstraße 站下车。
● Map p.448-A1

● **歌剧院**
🏠 Spielbudenplatz 1
● Map p.448-B2

● **汉堡港剧场**
🏠 Norderelbstr.6
● Map p.448-B2

● **棉花俱乐部**
🏠 Alter Steinweg 10
● Map p.449-B3
🖳 www.cotton-club.de

● **市场大楼**
🏠 Klostewall 11
● Map p.449-B4
🖳 www.markthalle-hamburg. de

● **法布里克**
🏠 Barnerstraße 36
● Map p.448-B1 外
🖳 www.fabrik.de

● **绳索街**
● Map p.448-B2
　Ⓢ Reeperbahn 站下车。

Information　在汉堡追寻甲壳虫乐队的足迹

　　说到甲壳虫乐队的诞生，就不能不提到汉堡。甲壳虫乐队从 1960 年开始在这里演出了两年，"The Beatles" 的乐队名在此期间开始使用。

　　从 S-Bahn 的绳索街站下车，沿绳索街步行1分钟左右，就能来到甲壳虫乐队广场 Beatles-platz，那里有乐队成员的现代雕塑。从广场向北延伸的是自由大街 Große Freiheit，有甲壳虫乐队曾经演出过的俱乐部 Kaiserkeller（🏠 Großefreiheit 36 ●Map p.448-B2 🖳 www.grossefreiheit36.de），现在仍为音乐俱乐部。虽说是红灯区，但白天女性单独在此行走也不会有什么问题，不过夜晚还是需要注意。

甲壳虫乐队广场上呈演奏姿态的乐队成员像

音乐俱乐部 Kaiserkeller（在地下）

前往施塔德的方法

从汉堡中央车站乘开往 Cuxhaven 的 ME（民营列车 metronom 的简称，可使用铁路通票），用时约 50 分钟。

❶ 施塔德的旅游服务中心

- 🏠 Hansestr. 16
- D-21682 Stade
- ☎ （04141）409170
- 📠 （04141）409150
- 🌐 www.stade-tourismus.de
- 🕐 周二～周五　10:00~16:00
- 　　周六　　　　10:00~15:00
- 　　4-9 月期间的周日 10:00~15:00 也开放。

● 瑞典仓库博物馆

- 🏠 Wasser West 39
- 🌐 www.museen-stade.de
- 🕐 周二～周五　10:00~17:00
- 　　周六·周日　10:00~18:00
- 🚫 周一
- 💰 €6

● 诺因加默集中营纪念馆

- 🏠 Jean-Dolidier-Weg 75
- 🌐 www.kz-gedenkstaette-neuengamme.de
- 🕐 周一～周五　　9:30~16:00
- 　　周六·周日　12:00~19:00
- 　　（10 月～次年 3 月的周六·周日 ~17:00）
- 🚫 12/24·25·31、1/1
- 💰 免费

汉堡 近郊景点

施塔德
Stade　　　　　　　　　　　　　　　**Map p.440-B1**

汉萨同盟城市施塔德，大约 700 年前作为贸易港口曾经繁荣一时，甚至超过汉堡。未曾遭受战争破坏的老城区与旧港口周边，保存着许多砖结构的建筑，很适合散步闲游。

从火车站出来，左转沿与铁路线平行的道路前行，在第一个十字路口右转。过了桥，从 Bahnhofstr. 走到 Holzstr.，继续前行就是名为 Pferdemarkt 的广场。再往前，就进入了老城区，用 1~2 小时可以游览完毕。市政厅 Rathaus 的正面墙壁为文艺复兴式风格，上面有瑞典国徽。这是因为从 1648 年到 1712 年，施塔德是在瑞典的统治之下。❶ 位于旧港口附近的瑞典仓库博物馆 Schwedenspeicher Museum 旁边。

诺因加默集中营纪念馆
KZ-Gedenkstätte Neuengamme　　**Map p.448-A1 小图外**

曾经有超过 10 万的犹太人及俘虏被关押在这里。其中，一半以上的人死于强制劳动、人体实验，或在毒气室中被夺去生命。从中央车站乘 Ⓢ2、21 在 Bergdorf 下车，然后换乘 227 或 327 路巴士（车次较少），在 Neuengammer Gedenkstätte/Ausstellung 下车。

Information　年轮蛋糕之乡——萨尔茨韦德尔

汉萨同盟城市萨尔茨韦德尔（🔴 Map p.440-B2）位于汉堡东南约 90 公里处，是德国年轮蛋糕的发祥地。市内，年轮蛋糕店随处可见，对于喜爱甜品的游客来说，这里具有强大的诱惑力。其中，一家名为 Erste Salzweldeler Baumkuchen 的店铺创业于 1806 年，曾为德国皇帝威廉一世制作年轮蛋糕，十分有名。周一～周五的 9:00~13:00 可以参观年轮蛋糕的烤制过程。刚烤好的蛋糕特别好吃。因为不使用防腐剂，所以保质期为 1 周左右（购买时应确认生产日期）。

交通线路 从汉堡中央车站乘 IC、ICE 特快或民营列车 ME 去往 Uelzen，然后换乘 RE 快车。用时 1 小时 35 分钟。从车站到市中心步行约 15 分钟。

从市中心步行 15 分钟可至

有可以看到独角兽祭坛的凯瑟琳教堂等众多景点

可品尝到 3 种年轮蛋糕的 Cafe Kuruse（🌐 www.baumkuchen-kaufen.de）

● Erste Salzweldeler Baumkuchen

- 🏠 St.-Georg-Str. 87 D-29410 Salzwedel
- ☎ （03901）32306
- 🌐 www.baumkuchen-salzwedel.de
- 🕐 周一～周五　9:00~17:00
- 　　周六　10:00~13:00
- 🚫 周日·节日

汉堡的餐馆
Restaurant

由于这里是港口城市，所以可以吃到美味鱼类菜肴的餐厅为数不少。醋渍鲱鱼 Marinierter Hering 是德国北部波罗的海一带最受欢迎的美食。海员杂烩 Labskaus（将土豆、牛肉粒乱炖，加上一个煎蛋的菜肴）这种在船上经常烹调的美食也是这里的名菜。另外，汉堡还是咖啡的集结地，有不少咖啡烘焙工厂的直营咖啡馆等个性咖啡店。

老商家餐厅
Old Commercial Room

◆甲壳虫乐队也曾光顾过的老店

创办于 1795 年，可以用实惠价格品尝到德式鱼类菜肴的绝好餐厅。港口城市名菜海员杂烩 Labskaus 的价格是 € 16.90（将土豆、牛肉粒乱炖，加上一个煎蛋的菜肴），这里的海员杂烩还得过不少美食大奖呢！

德国菜　　　　Map p.449-B3
- Englische Planke 10
- ☎（040）366319
- www.oldcommercialroom.de
- 11:00~24:00（菜肴是 12:00~23:00）
- A D J M V
- 从 Ⓢ Stadthausbrücke 站步行约需 7 分钟

戴西格拉夫餐厅
Deichgraf

◆充满港口氛围的名店

餐厅的里侧面朝运河，内部有老照片和古董出海用具等作为装饰。以鱼类菜肴为主，价位偏高。海员杂烩等汉堡名菜的价格为 € 15~。建议晚间用餐，最好提前预约。

德国菜　　　　Map p.449-B3
- Deichstr. 23　☎（040）364208
- www.deichgraf-hamburg.de
- 周一~周五　　　　12:00~15:00
- 　　　　　　　　17:30~22:00
- 周六　　　　　　17:00~21:00
- 9 月~次年 6 月的周日、7~8 月的周一　A J M V
- 从 Ⓤ3 Rödingsmark 站步行约需 5 分钟

阿里克斯餐厅
ALEX

◆面朝内阿尔斯特湖的开放式餐厅

紧邻游览船码头，是一间透明大玻璃外墙的咖啡餐厅。既有沙拉、汉堡等简餐，又有炸猪排、排骨、华夫饼、芭菲等食谱。在参观旅游之余不妨坐在这里小憩片刻。

多国料理　　　Map p.449-B3
- Junfernstieg 54　☎（040）3501870
- www.dein-alex.de
- 8:00~次日 1:00（周五、六~次日 2:00、周日·节日是 9:00~）
- A D M V
- 从 ⒮Ⓤ Jungfernstieg 站步行约需 1 分钟

格罗林根啤酒屋
Gröninger

◆在仓库街喝上一杯鲜酿啤酒！

这里是一间大型的啤酒餐厅，店内存放有酿造啤酒用的罐子。比尔森啤酒 Gröninger Pils（0.2 升）的价格是 € 2.40，1 升大杯的生啤 Gröninger Maß 的价格是 € 8.90。下酒菜是称重售卖的自助式。也可以在餐桌上点烧烤类的菜肴。

多国料理　　　Map p.449-B4
- Willy-Brandt-Str. 47
- ☎（040）331381
- www.groeninger-hamburg.de
- 周一~周五　　　　11:00~
- 周六　　　　　　17:00~
- 周日　　　　15:00~20:00
- A D M V（消费 € 50 以上方可使用）
- 从 Ⓤ1 Meßberg 站或者 Ⓤ3 Rathaus 站步行约需 10 分钟

奶奶的药房咖啡餐吧
Oma's Apotheke

◆受欢迎的咖啡餐吧兼居酒屋

位于最受年轻人欢迎的珊泽区的一家餐厅，店铺德语名字的意思是"老奶奶的药局"，内部装饰的做旧感觉非常有魅力。浓汤、比萨、汉堡肉饼、土豆等料理菜量十足，价格也很实惠。另外还有正式一点的菜肴。早餐的品种也不少。

咖啡餐吧　　　Map p.448-A2
- Schanzenstr. 87
- ☎（040）436620
- www.omas-apotheke.com
- 9:00~次日 1:00
- 不可使用
- 从 ⒮Ⓤ Staernschanze 站步行约需 3 分钟

从 Landungsbrücken 站步行约 12 分钟便可到达海鲜餐厅 Fischerhaus（ Fischmarkt 14）。是给人感觉非常亲切的餐厅，鳗鱼汤 Aalsuppe 和鱼类菜肴味道非常不错。

布雷莱餐厅
Bullerei

◆可以品尝到人气厨师长手艺的餐厅

德国屈指可数的明星厨师长 Tim Mälzer 开办的餐厅。店内分为夜间营业的餐厅和白天营业的快餐店。快餐店摆设着木质的桌子，店内的氛围给人感觉很轻松。使用 BIO 牛肉制成的汉堡 Deli Burger（如图）的价格是 € 11.50。

<table>
<tr><td>国际菜肴</td><td>Map p.448-A2</td></tr>
</table>

- 囲 Lagerstr 34b ☎（040）33442110
- URL www.bullerei.com
- 圏 餐厅 18:00~、快餐店 11:00~（菜肴是 12:00~）
- 困 A M V
- 図 从 Ⓢ Sternschanze 站步行约需 2 分钟

巴黎咖啡馆
Café Paris

◆古老而奢华的巴黎在汉堡出现！

咖啡馆创立于 1882 年，位于市政厅旁的小路上。整个咖啡馆给人一种 19 世纪末巴黎的感觉，深受广大顾客们的喜爱。店内经常是预约满座，如果早上早点去的话估计还能有位子。早餐套餐的价格是 € 7.80~。

<table>
<tr><td>咖啡馆</td><td>Map p.449-B4</td></tr>
</table>

- 囲 Rathaustr. 4 ☎（040）32527777
- URL www.cafeparis.net
- 圏 周一～周五　9:00~23:30
  周六・周日・节日　9:30~23:30
- 困 不可使用
- 図 从 Ⓤ Rathaus 站步行约需 1 分钟

水城餐厅
Wasserschloss

◆名曰"水城"的红茶专营店

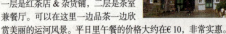

位于砖结构建筑群仓库街的一端，店内共有 250 多种红茶可供挑选。一层是红茶店 & 杂货铺，二层是茶室兼餐厅。可以在这里一边品茶一边欣赏美丽的运河风景。平日里午餐的价格大约在 € 10，非常实惠。

<table>
<tr><td>茶室餐厅</td><td>Map p.449-B4</td></tr>
</table>

- 囲 Dienerreihe. 4
- ☎（040）558982640
- URL www.wasserschloss.de
- 圏 商店是 10:00~19:00、餐厅~22:00。
  周一～周五 12:00~15:00 提供午餐
- 困 M V
- 図 从 Ⓢ Meßberg 站步行约需 5 分钟

格雷琴别墅咖啡馆
Caf'e Gretchens Villa

◆当地女生御用的咖啡馆

整个咖啡馆的基础色调是薄荷绿色，虽然店铺不大但感觉很好。一层隔壁是同一店主经营的 Gretchens Roedchen。图中的是叫作 kleiner aber feiner Start 的早餐套餐 € 4.90 和 Kusumi Tea € 2.70。

<table>
<tr><td>咖啡馆</td><td>Map p.449-B3</td></tr>
</table>

- 囲 Marktstr. 142
- ☎（040）76972434
- URL www.gretchens-villa.de
- 圏 周二～周日　10:00~19:00
- 困 周一　困 不可使用
- 図 从 Ⓤ Messehallen 站步行约需 4 分钟

马克斯蛋糕咖啡馆
Herr Max

◆这里的蛋糕非常美味！

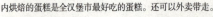

利用 1905 年创办的乳制品店改建而成的自制蛋糕咖啡馆，墙壁上还保留有创业时的白色瓷砖。有许多人评价由老板马克斯先生在店内工房内烘焙的蛋糕是全汉堡市最好吃的蛋糕。还可以外卖带走。

<table>
<tr><td>咖啡馆</td><td>Map p.448-A2</td></tr>
</table>

- 囲 Schulterblatt 12
- ☎（040）69219951
- URL www.herrmax.de
- 圏 10:00~21:00
- 困 不可使用
- 図 从 Ⓤ Ⓢ Sternschanze 站步行约需 10 分钟

仓库街咖啡餐厅
Speicherstadt Kaffeerösterei

◆并设烘焙坊的正宗咖啡店

在这间利用仓库改造而成的咖啡店里你可以品尝到非常地道的醇香咖啡。店内是自助式的，需要在收银台处下单付款，可以选择咖啡豆的产地、咖啡的浓淡、杯子的大小等。意式浓缩咖啡 € 1.90~、卡布奇诺 € 2.90。

<table>
<tr><td>咖啡馆</td><td>Map p.449-B3</td></tr>
</table>

- 囲 Kehrwieder 5
- ☎（040）31816161
- URL www.speicherstadt-kaffee.de
- 圏 10:00~19:00
- 困 M V（消费满 € 15 以上可用）
- 図 从 Ⓤ Baumwall 站步行约需 8 分钟

题外话　Alsterwasser 是汉堡地区常见的饮品，直译过来就是"阿尔斯特湖水"，实际上是啤酒 + 柠檬水的酒精饮品。夏季天气炎热的时候来上一杯，非常清爽解渴。

汉堡的商店
Shopping

从中央车站向市政厅方向延伸的门克贝格街 Mönkebergstr 和史匹塔勒街 Spitalerstr. 周边有不少百货商店，大品牌专卖店大都集中在市政厅西北侧的诺伊瓦尔街 Neuer Wall 上。从诺伊瓦尔街到鹅市广场有 7 座大型的购物拱廊。无论是在寒冷的冬季还是遭遇坏天气时都可以享受购物乐趣的购物拱廊内，商品的种类齐全，正是北国城市汉堡的一大特色。

欧洲购物长廊
Europa Passage
◆ 市内最大的购物中心

占地面积大约 3 万平方米，有 120 家以上的店铺汇集于此，是汉堡人气最高的购物区。地下一层的集市大厅 Markthalle 是美食广场，有中餐馆。购物长廊里面向年轻人的价格亲民的商铺较多，不妨在这里淘上几件自己喜欢的商品。

购物拱廊	Map p.449-B4
⊞ Balindamm 40	
☎ (040) 36174444	
🖥 www.europa-passage.de	
🕘 周一～周六 10:00~20:00	
🚫 周日·节日（餐饮店营业）	
💳 依店铺而异	
🚇 从 Ⓤ⑤ Jungfernstieg 站步行约需 1 分钟	

汉塞菲阿特购物拱廊
Hanse Viertel
◆ 高档购物长廊

阳光可以透过玻璃的拱形屋顶直射进来，在这样舒适的环境下逛街是一件非常享受的事情。拱廊内有时尚的精品店、各类专卖店、咖啡馆、餐厅、快捷酒吧、进口饰品店、巧克力店等。

购物拱廊	Map p.449-B3
⊞ Poststr.33	
🖥 www.hanseviertel.de	
🕘 周一～周六 10:00~20:00	
🚫 周日·节日（餐饮店营业）	
💳 依店铺而异	
🚇 从 Ⓤ1 和 ⑤1 的 Jungfernstieg 站、Ⓤ2 Gänsemarkt 站步行约需 5 分钟	

鹅市广场购物长廊
Gänsemarkt-Passage
◆ 深受年轻人喜爱的时尚区域

轻松明快的购物氛围深受年轻人的喜爱。主要面向广大青年消费者，以流行元素为中心的精品店居多。三丽鸥的德国旗舰店也在此购物长廊内，在这里可以购买到国内未发售的 Hello Kitty 商品。

购物拱廊	Map p.449-B3
⊞ Gänsemarkt 50 ☎ 依店铺而异	
🖥 www.gaensemarkt-passage.de	
🕘 周一～周六 10:00~20:00	
🚫 周日·节日（餐饮店营业）	
💳 依店铺而异	
🚇 从 Ⓤ2 Gänsemarkt 站步行约需 3 分钟	

古洛迷亚百货
Galeria Kaufhof
◆ 距离中央车站较近的大型百货公司

建于门克贝格街上的砖红色的大型建筑。所售商品种类繁多，从时装到家庭用品、玩具等应有尽有。逛累了还可以去自助餐厅 DINEA 休息一会。食品区的内容也十分丰富。

百货商场	Map p.449-B4
⊞ Mönkebergstr. 3 ☎ (040) 333070	
🖥 www.galeria-kaufhof.de	
🕘 周一～周六 10:00~20:00	
🚫 周日·节日	
💳 ADJMV	
🚇 从 Ⓤ⑤ 中央车站步行约需 2 分钟	

🛍 主要知名品牌商店导航

店 名	地图／地址	店 名	地图／地址
古驰 GUCCI	Map ◆ p.449-B3 ⊞ Neuer Wall 34	吉尔·桑达 JIL SANDER	Map ◆ p.449-B3 ⊞ Neuer Wall 43
菲拉格慕 Salvatore Ferragamo	Map ◆ p.449-B3 ⊞ Neuer Wall 41	路易·威登 LOUIS VUITTON	Map ◆ p.449-B3 ⊞ Neuer Wall 37
蒂凡尼 TIFFANY & Co.	Map ◆ p.449-B3 ⊞ Neuer Wall 19	爱马仕 HERMES	Map ◆ p.449-B3 ⊞ Neuer Wall 40

 时尚界的"帝王"卡尔·拉格斐（Karl Lagerfeld）出生于汉堡。高档时尚品牌吉尔·桑达的发祥地也是汉堡。
另外，高档钢笔品牌万宝龙（⊞ Neuer Wall 19 ◐ Map p.449-B3）也是从汉堡起家的。

妮维雅之家
NIVEA HAUS

◆ 广为人知的妮维雅系列产品十分齐全

拥有众多粉丝的护肤品牌——妮维雅是起源于汉堡的企业。这里除了在国内尚未发售的护肤品和化妆品之外，还有印有妮维雅 LOGO 的毛巾、环保包、钥匙坠等适合作伴手礼的商品。还可以预约这里的美容沙龙。

化妆品	Map p.449-B3

- ⊞ Jungfernstieg 51
- ☎ （040）82224740
- URL www.nivea.de
- 🕐 周一～周六　　10:00~20:00
- 休 周日·节日　🅱 Ⓜ Ⓥ
- 🚇 从 Ⓢ Ⓤ Jungfernstieg 站步行约需 2 分钟

热狗
HOT DOGS

◆ 古着运动鞋 & 服装

店内主要销售 20 世纪 60~80 年代的古着和杂货，以阿迪达斯、彪马的运动鞋和运动衣为主的一些复古风格的商品琳琅满目。尚未使用过的商品可以通过标签的颜色来识别，店主也会为你做详细的说明。即便不是新品，有些商品也非常吸引人。

古着、其他	Map p.449-B3

- ⊞ Marktstr. 38
- ☎ （040）43274157
- 🕐 周一～周五　　10:30~19:30
- 　　周六　　　　10:00~19:00
- 休 周日·节日
- 🅱 Ⓜ Ⓥ
- 🚇 从 Ⓤ 3 Feldstr. 站步行约需 5 分钟

梅德世家
Elternhaus-Maegde u. Knechte

◆ 集市大街上的一家人气店铺

这里最有人气的商品是印有德语标语的原创卫衣。店内的商品以生态色系为中心，衣服的材质也十分考究。有男装、女装、童装、饰品、箱包、小商品等。

精品店	Map p.448-B2

- ⊞ Marktstr. 29　☎ （040）4308830
- URL www.elternhaus.com
- 🕐 周一～周五　　12:00~19:00
- 　　周六　　　　11:00~18:00
- 休 周日·节日　困 不可使用
- 🚇 从 Ⓤ 3 Feldstr. 站步行约需 5 分钟

Ⓘnformation 欧洲最长的露天集市

位于 Ⓤ 3Hoheluftbrücke 站和 Eppendorfer Baum 站之间的高架桥下的伊赛集市 Isemarkt 是世界上最长的露天集市。

全长共有 970 米，有超过 300 家各式各样的店铺入驻于此，所售商品从蔬菜、瓜果、鲜花、肉类、面包、乳酪、BIO 商品、手作巧克力、日用百货到首饰等应有尽有。另外，具有港口城市特色的鱼店，是将鱼放在长长的拖车上直接售卖的。

每周二、周五的 9:00~14:00 开市。

鱼店的鱼放在长长的拖车上销售是集市的一大亮点

上／逛累了可以坐在出售零食和咖啡的摊位上小憩一会儿。高架桥的两旁绿植环绕　左／购买日用商品时自带环保包是这里的习惯

U-Bahn（地铁）的 Feldstr. 站和 Messehallen 站之间的集市大街 Marktstr. 上，除了本页中介绍的店铺以外还有不少古着和古董店等个性的店铺，喜欢小众亚文化的游客不妨来这里逛一逛。

汉堡的酒店
Hotel

酒店一条街位于中央车站教堂大道 Kirchenallee 出口一侧的附近。从教堂大道到阿尔斯特湖畔沿途高档酒店较多，旁边的小路里是较为便宜的民宿、公寓等。便宜的住宿设施良莠不齐，最好去 ❶ 让工作人员介绍可靠的住宿设施。

汉堡是国际展会城市，大型会展召开期间住宿费用会上涨。

费尔蒙德四季酒店
Fairmond Hotel Vier Jahreszeiten

◆景观与环境都是超一流

创办于 1897 年的历史悠久的高档酒店。内部有赌场，酒店整体充满了 19 世纪末期古老欧洲的感觉。面朝阿尔斯特湖一侧的景观也甚是别致。有免费 Wi-Fi。米其林一星餐厅 Haerlin 只在晚间营业，露台座席非常受欢迎。

最高档酒店	Map p.449-B3

- 🏠 Neuer Jungfernstieg 9-14 D-20354
- ☎ (040) 34940　FAX (040) 34942600
- URL www.hvj.de
- 🏷 Ⓢ € 218～　Ⓣ € 278～
- 🗂 A D J M V
- 🚇 从 Ⓤ Ⓢ Jungfernstieg 站步行约需 5 分钟

汉堡凯宾斯基大西洋酒店
Kempinski Hotel Atlantic

◆汉堡具有代表性的名门酒店

建于外阿尔斯特湖畔的象牙白色高档酒店。内饰高贵而典雅，住宿体验相当优雅舒适。有周末折扣。有 Wi-Fi（付费）。酒店餐厅 ATLANTIC RESTAURANT 的德国菜味道很不错，广受好评。

最高档酒店	Map p.449-B4

- 🏠 An der Alster 72-79　D-20099
- ☎ (040) 28880
- FAX (040) 247129
- URL www.kempinski.atlantic.de
- 🏷 Ⓢ € 238～　Ⓣ € 308～
- 🗂 A D J M V
- 🚇 从中央车站步行约需 5 分钟

汉堡万丽酒店
Renaissance Hamburg Hotel

◆购物商圈内的高档酒店

紧邻购物长廊汉塞菲阿特购物拱廊而建的近代高档酒店。距离大牌云集的诺伊瓦尔街也不远，购物十分方便。有 Wi-Fi（付费）。

高档酒店	Map p.449-B3

- 🏠 Große Bleichen　D-20354
- ☎ (040) 349180　FAX (040) 34918919
- URL www.RenaissanceHotels.com
- 🏷 Ⓢ € 114～　Ⓣ € 134～
- 🗂 A D J M V
- 🚇 从 Ⓤ Ⓢ Jungfernstieg 站步行约需 5 分钟

丽笙布鲁汉堡酒店
Radisson-Blu Hotel Hamburg

◆达姆托尔站旁的高档酒店

正对花卉植物园（Planten un Blomen）而建，绿色景观很养眼。酒店紧邻会议中心，商务住客居多。异国风情的酒店非常有个性。有室内游泳池。有免费 Wi-Fi。

高档酒店	Map p.449-A3

- 🏠 Marseiller Str. 2　D-20355
- ☎ (040) 35020
- FAX (040) 35023530
- URL www.radissonblu.com
- 🏷 Ⓢ € 179～　Ⓣ € 216～
- 🗂 A D J M V
- 🚇 从达姆托尔站步行约需 5 分钟

🎺FESTIVAL　汉堡游乐节

以前是岁末的集市，后经逐渐发展变为了热闹的游乐节。在 Ⓤ3 的 St.Pauli 和 Feldstr. 站之间的圣灵广场会场 Heiligengeistfeld（●Map p.448-B2）上，会有移动式的游乐园、食物和饮料摊位。每年春夏冬举办 3 次。

举办时间为 3 月底～4 月底、7 月底～8 月底、11 月初～12 月初。

每年会举办 3 次的汉堡游乐节

 投稿　郊外的大型购物设施 Alstertal 内，有百货商场、H&M 等众多商铺，即便是花上 1 天的时间，可能也逛不完。从 Ⓢ1、11 的终点 Poppenbüttel 站步行仅需 1 分钟。周日、节日休息。

汉堡港酒店
Hafen Hamburg

◆拥有浪漫海港风景的酒店

　　这间大型酒店位于可以俯瞰海港景色的小山丘之上，过去水手们曾经居住过的建筑是酒店老馆，新馆是明快的现代时尚风格。距离Landungsbrücken比较近，但是需要攀登许多级台阶。风景极佳的餐厅人气很高。有免费Wi-Fi。

高档酒店	Map p.448-B2

- ⌂ Seewartenstr. 9　D-20459
- ☎（040）311130
- FAX（040）3111370601
- URL www.hotel-hafen-hamburg.de
- 圏 Ⓢ€89～　Ⓣ€99～
　早餐需要单独支付€20
- ⊞ A M V
- 図 从Ⓤ3 St.Pauli 站步行约需8分钟

汉堡万豪酒店
Hamburg Marriott Hotel

◆地处繁华区，方便购物

　　酒店地处市中心地带，内部设施完善，拥有健身房、游泳池等。优越的地理位置特别适合喜爱购物的游客入住。无线网络和网线设施齐全（付费）。

高档酒店	Map p.449-B3

- ⌂ ABC- Str. 52　D-20354
- ☎（040）35050　FAX（040）35051777
- URL www.mariotthotels.com
- 圏 €122～　Ⓣ€144～
- ⊞ A D J M V
- 図 从Ⓤ2 Gänsemarkt 站步行约需3分钟

全日空酒店
Nippon Hotel

◆榻榻米和床共处一室的奇妙房间

　　客房内虽然有日式的推拉门和榻榻米，但也不算是纯正的日式风格，是按照德国习惯装修的。有Wi-Fi。如果准备乘坐巴士前往，需要从中央车站乘坐前往 Borgweg 方法的6路巴士，大约10分钟车程，在 Zimmerstr. 站下车即到。

中档酒店	Map p.449-A4 外

- ⌂ Hofweg 75　D-22085
- ☎（040）2271140
- FAX（040）22711490
- URL www.nipponhotel.de
- 圏 ⓈⓉ€97.50～
　早餐需要单独支付€15
- ⊞ A M V
- 図 从中央车站乘坐出租车约需10分钟

汉堡城际酒店
InterCityHotel

◆最适合火车之旅的便利酒店

　　距离中央车站较近，交通十分方便。在城际酒店连锁系列中属于档次稍高的酒店，设施齐全，是四星级水准。根据住客需求，可以在办理入住手续的同时为客人办理停留期间的市内交通卡。有免费Wi-Fi。

中档酒店	Map p.449-B4

- ⌂ Glockengießerwall 14/15　D-20095
- ☎（040）248700
- FAX（040）24870111
- URL www.intercityhotel.de
- 圏 Ⓢ€103～　Ⓣ€152～
- ⊞ A D J M V
- 図 从中央车站步行约需3分钟

汉堡市中心梅尼奈格酒店
MEININGER Hamburg City Center

◆阿尔托纳站附近的酒店

　　三星级的酒店和拥有多人间的旅馆都位于同一栋建筑之中。馆内还设有家庭房。设施比较新。所有房间禁烟。有储物柜、投币式洗衣机、自行车租赁等服务。有免费Wi-Fi。

中档酒店 & 旅馆	Map p.448-B1

- ⌂ Abteistr. 14　D-22765
- ☎（040）28464388
- URL www.meininger-hotels.com
- 圏 Ⓢ€45～　Ⓣ€50～　多人间每人€15～　早餐需要单独支付€6.90
- ⊞ M V
- 図 从阿尔托纳站步行约需3分钟

澳德姆舒婷坊汉堡青年旅舍
Jugendherberge Auf dem Stintfang

◆紧邻港口，交通极为便利

　　景色优美的青年旅舍，从食堂可以俯瞰汉堡港全貌。交通也十分方便。有投币式洗衣机、厨房、个人用带锁的储物柜等。房间通常是男女混住的。12/23～26 期间休息。公共区域有 Wi-Fi（免费）。

青年旅舍	Map p.448-B2

- ⌂ Alfred-Wegener-Weg 5　D-20459
- ☎（040）5701590　FAX（040）313732
- URL www.djh.de
- 圏 €26.90～、27 岁以上是€31.40～
- ⊞ M V
- 図 从Ⓢ1、Ⓢ2、Ⓢ3 的 Landungsbrücken 站下车，位于车站的正上方

投稿　青年旅舍是 24 小时开放的，即便到达时间较晚也可以安心入住。而且旅舍就位于车站的正上方，绝对不会迷路。晚餐是€7.50（17:30~20:30），味道和就餐环境都不错。

吕贝克 *Lübeck*

被称为"波罗的海女王"的古都

从圣彼得教堂的塔楼上眺望的霍尔斯滕门

在 13~14 世纪汉萨同盟最繁荣时期，吕贝克作为商业中心曾经鼎盛一时。从各地来的商人都会到访吕贝克，因为这里是将从波罗的海或者北海打捞上岸的鲱鱼等海产品进行交易的地方。距离吕贝克以南 80 公里的吕讷堡是盐产地，为了运输海产品，人们从吕讷堡运来盐，然后这些盐经由吕贝克运往俄罗斯以及北欧各地。这条运输盐的通商道路也被称为"盐运古道 Alte Salzstraße"。

吕贝克出过 3 位诺贝尔奖获得者，分别是托马斯·曼（文学奖）、君特·格拉斯（文学奖）、维利·勃兰特（和平奖）。

吕贝克　漫　步

吕贝克的老城区位于特拉沃河和特拉沃运河环绕之下的中岛之上。景点也大都集中在这个区域，步行游览即可。

城区位于中央车站的西侧。从去往市中心方向的出口 Ausgang Stadtmitte 走出，然后进入稍微向左延伸的 Konrad-Adenauer-Str.，正面便可以见到这座城市的标志建筑——霍尔斯滕门 Holstentor. 现在内部是市历史博物馆 Stadtgeschichtliches Museum. 穿过此门之后，右侧是 16~18 世纪建造的红砖结构的盐仓库。

沿着缓坡路霍尔斯滕路 Holstenstr. 前行，可以到达市中心的集市广场 Markt。中途可以顺便去圣彼得教堂 St.Petrikirche 游览。登上这座教堂的塔楼，可以眺望街市全

使用色彩浓厚的砖搭建而成的市政厅

✉ 投稿　参观吕贝克的博物馆，如果持有其他已经使用过的博物馆的门票，便可以享受半价优惠。这个制度非常方便，我半价参观了君特·格拉斯故居。

★吕贝克
柏林
●法兰克福
慕尼黑

Map◆p.440-A2

人　　口	213000 人
长途区号	0451

ACCESS

铁路：从汉堡中央车站乘坐 RE 快速约需 45 分钟。

❶ **吕贝克的旅游服务中心**
🏠 Holstentorplatz 1　D-23552
▱ Map p.464-B1
☎ (0451) 8899700
📠 (0451) 4091992
🖥 www.luebeck-tourismus.de
🕐 5~8 月
　周一～周五　　9:00~19:00
　周六　　　　　9:00~16:00
　周日·节日　　10:00~15:00
　其他季节时间会相应缩短
🚫 10 月～次年 3 月的周日，12/24·25、1/1

世界遗产

吕贝克的老城区
（1987 年被列为世界遗产）

●**欢乐 1 日卡**
Happy Day Card
　如果只是游览吕贝克的老城区，步行就足够了，但是对于想要去特拉沃明德（→ p.466）的游客来说这张卡非常实惠。持此卡可以在24 小时内任意乘坐从吕贝克至特拉沃明德之间的 DB 列车，还可以享受主要博物馆、美术馆的门票优惠政策。1 日券是€ 12、2 日券是€ 14、3 日券是€ 17。可以在 ❶ 购买。

●**圣彼得教堂的塔楼**
▱ Map p.464-B1~B2
🕐 4~9 月　　　　9:00~21:00
　10 月～次年 3 月
　　　　　　　　10:00~19:00
🎫 电梯€ 3

463

● 集市广场的市场
　市政厅前的集市广场每
周一～周四的 10:30~19:00
期间，都会有鲜花和蔬菜的
市场。

● 君特·格拉斯故居
🏠 Glockengießerstr. 21
🔴 Map p.464-A2
🖥 grass-haus.de
🗓 4~12 月
　周一～周日　10:00~17:00
　1~3 月
　周二～周日　11:00~17:00
🚫 1~3 月 的 周 一、1/1、
　12/24·25·31
💰 € 7、学生 € 3.50

景和霍尔斯滕门。

　到达集市广场之后，首先映入眼帘的便是庄严雄伟的市政厅
Rathaus。

　位于集市广场北侧，砖结构的大教堂是玛利恩教堂 Marienkirche。教
堂北侧的道路是孟街 Mengstr.，街上建有原汉萨商人们的房屋，非常有韵
味。这条街的 4 号是布登勃洛克宅邸 Buddenbrookhaus，也是托马斯·曼
的小说《布登勃洛克一家》故事发生的背景之一。因《铁皮鼓》而被世
人所熟知的君特·格拉斯的纪念馆——君特·格拉斯故居 Günter Grass
Haus 也在距离这里步行 5 分钟的范围内。

　沿着商店街向布莱特街 Breite Str. 北侧走，右手边可以看到专门为水
手们修建的教堂雅克比教堂 Jakobikirche，教堂的正对面便是吕贝克贸易
最繁盛时期的水手工会之家 Haus der Schiffergesellschaft（现在作为餐厅

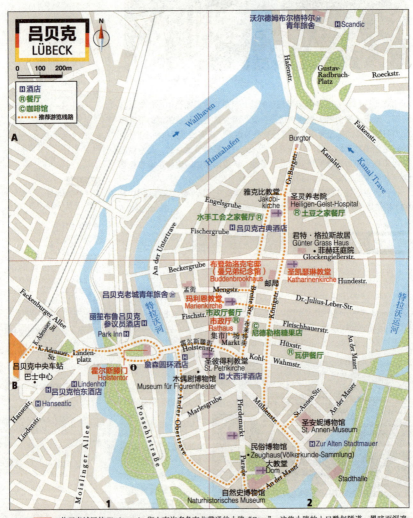

👀 编外话　位于老城区的 Fischergrube 街上有许多条南北贯通的小路 "Gang"。这些小路的入口酷似隧道，黑暗而深遂，
通过的时候有一种冒险的感觉，很刺激。

营业 → p.466）。雅克比教堂的前面是圣灵养老院 Heiligen-Geist-Hospital，这是一栋建于 13 世纪的福利设施（救助贫苦人兼医院），内部可参观。

　　老城区的南侧有以大教堂为首的一些景点，圣安妮博物馆 St.Annen-Museum 也位于此区域。

吕贝克　主要景点

吕贝克的地标建筑霍尔斯滕门
Holstentor ★★★

　　这座由两栋塔楼组成的城门建于 1464~1478 年间，墙壁的厚度达 3.5 米，由于过于厚重，在建筑过程中地基就有些塌陷了。仔细观察的话还会发现塔楼是有些倾斜的。城门的入口处写有拉丁语 "CONCORDIA DOMI FORIS PAX" 的金色字，意思是"城内（吕贝克城）团结，城外和平"。

矗立在老城区的入口处

　　如今城门内部可以参观，是市历史博物馆，展示有过去的吕贝克城的模型和帆船模型等，另外还有中世纪的武器和刑讯道具等展品。

拥有汉萨城市风采的市政厅
Rathaus ★★★

正对集市广场的市政厅

　　使用吕贝克特有的黑砖搭建而成，再加上釉面设计，显得整栋建筑更加厚重。作为汉萨同盟盟主时期的大门至今仍保存完好。位于南侧的山墙建于 13 世纪，是最古老的部分，为了通风在墙壁中间开了一个圆形的孔，很有特点。可以跟随导团参观内部。

动听的管风琴声令巴赫都陶醉的玛利恩教堂
Marienkirche ★★★

拥有哥特式塔楼的教堂

　　从 1250 年至 1350 年用 100 年时间建造的哥特式巨型教堂。波罗的海沿岸的许多城市的教堂都是仿照这座教堂修建的。另外，拥有 8512 根管的管风琴是世界上最大级别的管风琴，教堂也因此而闻名于世。巴赫曾经被教堂的管风琴演奏师布克斯特霍德演奏的管风琴音色所吸引，擅自延长假期，多次到教堂来听音乐。

　　1941 年在英军的空袭中教堂遭到了破坏，战后虽然进行了修复，但是 2 座塔楼的正下方，仍旧有被炸毁的碎钟残片，为了祈祷和平至今仍保留着被损坏时的样子作为纪念。

街市上看到的雅克比教堂

● 大教堂
田 Mühlendamm 2-6
Map p.464-B2
www.domzuluebeck.de
田 4~9 月　　　 10:00~18:00
　　 10 月　　　 10:00~17:00
　　 11 月~次年 3 月
　　　　　　　　 10:00~16:00

● 霍尔斯滕门（市历史博物馆）
田 Holstentorplatz
Map p.464-B1
museum-holstentor.de
田 4~12 月
　　周一~周日　10:00~18:00
　　1~3 月
　　周二~周日　11:00~17:00
田 1~3 月 的 周 一、1/1、12/24·25·31、部分节日
圏 €7，学生 €3.50

● 市政厅
田 Breite Str.
Map p.464-B2
田 周一~周五　11:00、12:00、15:00 开始，周六·周日 13:30 开始。只有德语，如果有活动会中止。
圏 €4

● 玛利恩教堂
田 Schüsselbuden 13
Map p.464-B2
田 4/1~10/3　　　 10:00~18:00
　　 10/4~10/31　 10:00~17:00
　　 11/1 月~次年 3/31
　　　　　　　　 10:00~16:00
　　每周日 10:00 是做弥撒的时间。
圏 €2、学生 €1.50（教堂维护费）

玛利恩教堂的内部

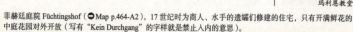

编外话　菲赫廷庭院 Füchtingshof（●Map p.464-A2），17 世纪时为商人、水手的遗孀们修建的住宅，只有开满鲜花的中庭花园对外开放（写有 "Kein Durchgang" 的字样就是禁止入内的意思）。

- **布登勃洛克宅邸**
- ⌂ Mengstr. 4
- ➡ Map p.464-B2
- 🖥 www.Buddenbrookhaus.de
- 📅 4~12月　10:00~18:00
- 1~3月　11:00~17:00
- 🚫 1/1、12/24·25·31
- 💰 €7、学生€3.50

象牙白色的外墙

- ●**圣凯瑟琳教堂**
- ⌂ Königstr. 27
- ➡ Map p.464-B2
- 因改造工程闭馆中。

- ❶ **特拉沃明德的旅游服务中心**
- ⌂ Bertlingstr. 21/Strandbahnhof
- D-23570 Travemünde
- ☎ (0451) 8899700
- 🖥 www.travemuende.de
- 📅 周一～周五　9:30~17:30
- 6-9月的周六·周日是
- 10:00~17:00。复活节~5月
- 末和10月的周六是10:00~
- 15:00，周日是11:00~14:00。
- 其他季节的周六·周日休息。
- 🚫 12/24·25、1/1

1911年建造的拥有4根桅杆
的帕萨特号

布登勃洛克宅邸（曼兄弟纪念馆）
Buddenbrookhaus Heinrich und Thomas Mann-Zentrum ★★

　　这里是诺贝尔文学奖得主托马斯·曼以及年长他4岁的哥哥亨利希·曼经常造访的祖父母的家。1841~1914年间是在曼家族名下的财产。由于受到战争的破坏，只有前面的墙壁和地下室残留了下来，1993年这里作为曼兄弟纪念馆被改建，内部展示了与曼家族有关的物品。距离这里不远处的Breite Str.38号是托马斯·曼的出生地。

拥有巴尔拉赫雕刻作品的圣凯瑟琳教堂
Katharinenkirche ★★★

　　入口上方的外墙上有巴尔拉赫的雕刻作品，非常精美。教堂内部是宗教美术博物馆，还可以鉴赏丁托列托的画作。教堂的隔壁是拥有400多年历史的名门高级中学，托马斯·曼及亨利希·曼兄弟曾经就读于此。

吕贝克　近郊景点

波罗的海的疗养胜地特拉沃明德
Travemünde Map p.440-A2

　　吕贝克东北约20公里的地方便是特拉沃明德了，这里紧邻波罗的海，夏季有不少游客到此地的海水浴场度假，十分热闹。整座城市充满着优雅浪漫的氛围，既有泊满豪华游艇的游艇码头，又有乳白色的赌场。从吕贝克乘坐普通列车大约需要25分钟，还可以乘坐巴士（30、40路）需要40~50分钟，在Travemünde Strand站下车，沿着站前的道路Berltingstr.一直走，便可到达海滩。

　　从海岸边的散步大道Strandpromenade，到35层的高层酒店玛丽蒂姆之间有特拉沃河Untertrave沿河的游步道可以漫步。沿着步道一直走还可以欣赏位于对岸的帕萨特号帆船Passat，大约步行5分钟便可到达古色古香的Vorderreihe大街，然后便是渡轮码头了。

吕贝克的餐馆
Restaurant

水手工会之家餐厅
Historische Gaststätte Schiffergesellschaft

◆餐厅位于建于1535年的历史悠久的"水手工会之家"内，屋内有船上用具和帆船模型的装饰品。这间餐厅是吕贝克的名店，主要提供以鱼类菜肴为主的德国北部特色菜，价位稍高。周末和晚间就餐时建议提前预约。菜谱中的种类繁多，如果选择困难不妨从每天更替的推荐菜肴Tages-Spezialitäten中挑选。

Map p.464-A2

- ⌂ Breite Str. 2
- ☎ (0451) 76776
- 🖥 www.schiffergesellschaft.com
- 📅 10:00~24:00（菜肴是11:30~23:00）
- 💳 ＡＭＶ

瓦伊餐厅
VAI

◆这是一间位于购物商圈的餐厅，因此就餐的客人当中当地人较多。菜谱主要是意大利菜和德国菜这两种。晚间主菜大约€20~，价位偏高；但是午餐2道菜的套餐的价格是€15、3道菜的套餐的价格是（附带甜品）€18，比较实惠。葡萄酒有意大利和法国产的。

Map p.464-B2

- ⌂ Hüxstr. 42
- ☎ (0451) 4008083
- 🖥 www.restaurant-vai.de
- 📅 12:00~22:00
- 🚫 周日　💳 ＭＶ

Specialty 吕贝克的名特产是杏仁软糖和红酒

杏仁软糖是使用杏仁粉做成的糖果。可以加入巧克力中做夹心用，还可以做成各种形状，种类繁多，特别适合作为吕贝克旅行伴手礼。位于市政厅附近的尼德勒格糖果店 Niederegger（⌂ Breite Str. 89 ●Map p.464-B2 URL www.niederegger.de）是吕贝克最有名的店铺。店内充满了糖果的香甜味道。二层是咖啡茶座，可以点份蛋糕（招牌是杏仁糖蛋糕）和咖啡，稍事休息一会儿。

吕贝克并不是葡萄酒产地，那么为什么红酒是这里的特产呢？以前汉萨同盟时期，吕贝克的帆船会将腌鲱鱼用的盐运送到法国的波尔多，回程将空桶内装入波尔多产的葡萄酒带回。然后再将酒桶放入吕贝克的酒窖内继续发酵，待酒熟成后便可以喝了，很多人认为这里的酒比法国本地的要好喝。被称为 "Rotspon" 的葡萄酒，"rot" 是红色的意思、"spon" 是木桶的意思。现在的吕贝克红酒还是将法国红葡萄酒熟成之后灌装入瓶在进行售卖。在当地的餐厅也可以品尝到这种酒。

各种形状的杏仁软糖

市政厅餐厅
Ratskeller

◆位于市政厅地下的复古内饰的餐厅。有几桌隔间型的4人座席，周围装饰有与托马斯·曼有关的照片和资料。菜肴经济实惠，种类也比较齐全。烤三文鱼配荷兰酱 Lachsfilet vom Grill（€17.90）。

Map p.464-B2

⌂ Markt 13
☎（0451）72044
URL www.ratskeller-zu-luebeck.de
🕐 11:30~22:30（冬季的周日～15:00）
🚫 12/24
💳 M V

土豆之家餐厅
Kartoffelkeller

◆位于圣灵养老院 Heiligen-Geist-Hospital 旁的小径深处。Kartoffel 其实就是土豆的意思，所以店内的菜肴都是以土豆类为主的，另外还有牛排和鱼类菜肴。天气好的日子里，前院也会摆上桌子。

Map p.464-A2

⌂ Koberg 8
☎（0451）76234
URL www.kartoffel-keller.de
🕐 12:00~22:30
🚫 冬季有不定期休息
💳 M V

吕贝克的酒店
Hotel

丽笙布鲁吕贝克参议员酒店
Radisson Blu Senator Hotel

◆位于霍尔斯滕门附近的大型高档酒店。商务人士、旅游团的客人较多。有免费 Wi-Fi。

Map p.464-B1

⌂ Willy-Brandt-Allee 6　D-23554
☎（0451）1420　FAX（0451）1422222
URL www.senatorhotel.de
🛏 Ⓢ Ⓣ €138~　💳 A D J M V

大西洋酒店
Atlantic

◆这家高档酒店位于老城区，十分方便，共有135间客房。有免费 Wi-Fi。

Map p.464-B2

⌂ Schmiedestr. 9-15　D-23552
☎（0451）384790
FAX（0451）38479500
URL www.atlantic-hotels.de/luebeck
🛏 Ⓢ €139~　Ⓣ €149~
💳 A D M V

✉ 投稿　去了当地人推荐的 Ratskeller 餐厅。餐厅给人浓厚的历史感，非常棒。不过对于甚是喜欢吃酸的的我来说，这里泡菜的酸味也还是太强的。

吕贝克古典酒店
Klassik Altstadt Hotel

Map p.464-A2

◆位于老城区的一角处，是一座安静舒适的酒店。单人间不算宽敞，但是设施比较齐全。早餐也非常好吃。有免费 Wi-Fi。

🏠 Fischergrube 52
☎ (0451) 702980　📠 (0451) 73778
🌐 www.klassik-altstadt-hotel.de
💰 Ⓢ € 69~　　Ⓣ € 128~
🏧 ⒶⒹⓂⓋ

吕贝克怡东酒店
Hotel Excelsior

Map p.464-B1

◆距离中央车站较近，但价格很实惠。虽然是三星级的酒店，但是很多房间都带有空调。有免费 Wi-Fi。

🏠 Hansestr. 3　D-23558
☎ (0451) 88090　📠 (0451) 880999
🌐 www.hotel-excelsior-luebeck.de
💰 Ⓢ € 65~　　Ⓣ € 79~　🏧 ⒶⓂⓋ

詹森圆环酒店
Ringhotel Jensen

Map p.464-B1

◆位于霍尔斯滕门附近的中档酒店，共有 42 间客房。所有房间禁烟。有 Wi-Fi（付费）。还有鱼类菜肴非常美味的餐厅。

🏠 An der Obertrave 4-5　D-23552
☎ (0451) 702490　📠 (0451) 73386
🌐 www.hotel-jensen.de
💰 Ⓢ € 65~　　Ⓣ € 93~
🏧 ⒶⒿⓂⓋ

沃尔德姆布尔格特尔青年旅舍
Jugendherberge Vor dem Burgtor

Map p.464-A2

◆从车站前乘坐 1、3、11、12 路巴士（还有其他巴士可达但是会绕远一些），在 Gustav-Radbruch-Platz 站下车。然后向 Scadic Hotel 的停车场方向走，在下一个拐角处左转。公共区域有 Wi-Fi（付费）。12/21~1/5 期间休息。

🏠 Am Gertrudenkirchhof 4　D-23568
☎ (0451) 33433　📠 (0451) 34540
🌐 www.jugendherberge.de/jh/lubeck-jh
💰 附带早餐 € 23~，27 岁以上是 € 27.50~，包含床单费。晚餐€ 5.50
🏧 ⓂⓋ

吕贝克老城青年旅舍
Jugendherberge Altstadt

Map p.464-B1

◆距离中央车站步行约需 15 分钟。位于老城区之中，无论去哪里都十分方便。共有 5 间单人间、16 间双人间、3 间 3 人间、8 间 4 人间、1 间 6 人间，规模不算大，所以夏季经常满房。冬季有不定期休业，需要提前确认。没有 Wi-Fi。全馆禁烟、禁酒。12/23~26 期间休业。

🏠 Mengstr. 33　D-23552
☎ (0451) 7020399
📠 (0451) 77012
🌐 www.jugendherberge.de/jh/luebeck-jh
💰 附带床单、早餐€ 23~，27 岁以上是€ 27.50~
🏧 ⓂⓋ

特拉沃明德的酒店

※ 每人每晚需要支付€ 1~2.60 的疗养税。

旅者之家滨海酒店
Maritim Strandhotel

Map p. 地图外

◆特拉沃明德最高档的酒店。海景非常漂亮。有免费 Wi-Fi。

🏠 Trelleborgallee 2　D-23570 Travemünde
☎ (04502) 890
📠 (04502) 892020　🌐 www.maritim.de
💰 Ⓢ € 85~Ⓣ € 130~（依季节而变化）
🏧 ⒶⒹⒿⓂⓋ

索尔德沃施酒店
Hotel Soldwisch

Map p. 地图外

◆距离特拉沃明德车站 Travemünde Hafen 大约 200 米的家庭旅馆。距离特拉沃河岸边和港口都比较近。有拥有透明大玻璃窗的露台和庭园。有免费 Wi-Fi。

🏠 Kurgartenstr. 61　D-23570 Travemünde
☎ (04502) 2651　📠 (04502) 2382
🌐 www.hotel-soldwisch.de
💰 Ⓢ € 55~　Ⓣ € 80~　🏧 ⒹⒿⓂⓋ

拉策堡 *Ratzeburg*

浮于湖面上的中世纪古镇

耸立在夕阳下的大教堂

虽然这是一座浮于湖面上的罕见小镇，但是由于现在有堤防建筑，因此并没有给人以小岛的感觉。这里的空气极好，是知名的疗养胜地，整个小镇充满了安详幽静的感觉。从车站步行至镇中心，首先要穿过北侧的铁路道口，然后沿着 Bahnhofsallee 这条宽敞的大道，步行约 25 分钟可达。也有巴士通往城区。

主要景点是建成于 13 世纪的大教堂 Dom，这是一座罗马样式的砖结构建筑也是德国北部最古老的建筑之一。巴尔拉赫美术馆 Barlach-Museum 内有雕刻家巴尔拉赫的作品，另外通过描绘动物来讽刺社会的著名画家保罗·韦伯的美术馆——保罗·韦伯美术馆 A.Pau-Weber-Museum 也很值得一看。

Map◆p.440-A2

人 口	13900 人
长途区号	04541

ACCESS

铁路： 从吕贝克乘坐前往吕讷堡方向的 RE 大约需要 20 分钟。

❶ 拉策堡的旅游服务中心
- Unter den Linden 1 D-23909 Ratzeburg
- ☎（04541）8000886
- 📠（04541）8000889
- inselstadt-ratzeburg.de
- 周一～周五 9:00～17:00
  11 月～次年 3 月期间 16:00、5～9 月期间周六·周日的 11:00～16:00 也开放

●大教堂
- 5～9 月 10:00～18:00
  10 月～次年 4 月 10:00～16:00
- 10 月～次年 4 月的周一

默尔恩 *Mölln*

与梯尔·艾伦施皮格尔颇有渊源的小镇

梯尔博物馆

疗养胜地默尔恩，是与德国人所熟知的恶作剧者梯尔·艾伦施皮格尔 Till Eulenspiegel 颇有渊源的小镇。小镇上有梯尔的铜像，还有关于他的纪念馆，在这里可以让旅途中的人们享受片刻幽默的小时光。

小镇的景点，主要集中于从车站延伸出去的主要道路豪普特街 Hauptstr. 上，集市广场 Marktplatz 位于道路的左侧，景点大都在这里。有梯尔的铜像、圣尼古拉教堂 St.Nicolai-Kirche（有梯尔的墓地标识）、默尔恩博物馆 Möllner Museum（位于老市政厅内，❶ 也位于此栋建筑中）和梯尔博物馆 Eulenspiegel-Museum 等。

滑稽的梯尔铜像

Map◆p.440-A2

人 口	18500 人
长途区号	04542

ACCESS

铁路： 从吕贝克乘坐前往吕讷堡方向的 RE 大约需要 30 分钟，在 Mölln（Lauenb）站下车。

●默尔恩博物馆与内部的 ❶
- Am Markt 12
- www.moelln-tourismus.de
- 周一～周五 10:00～19:00
  周六·周日 11:00～17:00
  （冬季各缩短 1 小时）
- €4（默尔恩博物馆与梯尔博物馆通用）

●梯尔博物馆
- Am Markt 2
- 5～10 月
  周一～周五 10:00～13:00
  14:00～17:00
  周六·周日 11:00～17:00
  11 月～次年 4 月
  周一～周五 14:00～16:00
  周六·周日 11:00～13:00
  14:00～16:00
- 与默尔恩博物馆通用

呂讷堡 *Lüneburg*

宛如童话绘本一般的历史小城

伊尔默瑞河畔的浪漫小城

MAP ◆ p.440-B2

人 口 71700 人

长途区号 04131

ACCESS

铁路：从汉堡乘坐 IC 约需 30 分钟，从汉诺威约需 55 分钟。从吕贝克乘坐 RE 约需 1 小时 10 分钟。

❶ 吕讷堡的旅游服务中心

🏠 Rathaus, Am Markt 1
D-21335 Lüneburg

☎ (04131) 2076620

🖥 www.lueneburg.info

🗓 5~10 月·12 月
周一～周五　9:30~18:00
周六　　　　9:30~16:00
周日　　　　10:00~16:00
11 月·1~4 月
周一～周五　9:30~18:00
周六　　　　9:30~14:00

● 市政厅

☎ (04131) 309230

个人游客需要参加导览团参观。周二～周六 11:00、12:30、14:30、16:00，周日·节日 11:00、14:00 开团（市政府有活动时会临时中止）。

🎫 €5、学生€4

集市广场与市政厅

● 德国盐博物馆

🏠 Sülfmeisterstr. 1

☎ (04131) 45065

🖥 www.salzmuseum.de

🗓 周一～周五　9:00~17:00
（10 月~次年 4 月 10:00~）
周六·周日　10:00~17:00

🎫 €6、学生€5

● 给水塔

🏠 Bei der Ratsmühle 19

🖥 www.wasserturm.net

🗓 10:00~18:00

🎫 €4、学生€3

千年以前这里曾经是繁荣昌盛的产盐重镇，作为吕贝克"盐运古道"的出发点繁盛一时，如今这座小城在历史的长河中静静地看时光流逝。红砖结构的房子一栋栋联排而建，博物馆也非常值得一看。

吕讷堡　漫　步

出了车站之后沿着向北延伸的班霍夫街直行，在道路尽头向西转，穿过 DB 铁路后就可以看见教堂的塔楼了。过了第一条河之后，便可以看到红砖建筑鳞次栉比的浪漫风景，这里是绝好的摄影点。

然后继续向西前行便可到达集市广场 Marktplatz。广场正对面是市政厅 Rathaus，❶ 也在这里面。塔顶上有迈森陶瓷烧制的组钟。

从市政厅向南延伸的道路是步行街 Große Bäckerstr.，沿着这条道路一直前行便可到达安姆山德广场 Am Sande。中世纪时这里曾经是盐商们进行交易的广场，因此广场四周被拥有气派的门脸的建筑所围绕。

德国盐博物馆 Deutsches Salzmuseum 也很值得一看。这座博物馆非常适合这座与盐有渊源的城市，可以从这里了解到不少关于盐的知识。

矗立于圣约翰尼斯教堂南侧的是砖结构的给水塔 Wasserturm，可以乘坐电梯登上 56 米高的塔顶瞭望台，眺望红砖色的街景以及被绿植环绕的小城。

建于 1907 年的给水塔

吕讷堡　近郊景点

自然保护公园吕讷堡石楠草原

Naturschutzpark Lüneburger Heide　　　　Map p.440-B2

每年一到了夏天，紫红色的石楠花（heath）会开满整个石楠草原。

为了保护这片美丽的景色，防止人们过度开发，从 1921 年开始这一地区就被列入了自然保护区范围。因此，这里是不能驾车进入的。

宛如紫色绒毯一般的石楠花草原

●石楠花观光巴士
　　Heide-Radbus 是专门前往石楠草原的巴士，每年 8 月上旬~10 月中旬的周六·周日和节日，从吕讷堡车站前的巴士中心发车，每天有 4 趟车。在 Heide-Shuttle-Ring 2 站或者 Heide-Shuttle-Ring 3 站下车，以换乘去往石楠草原内的 Heide Shuttle 巴士。上述是本书调查时的运行状况。可以在 ❶ 或者 🔗 www.naturpark-lueneburger-heide.de 确认详情。

吕讷堡的餐馆
Restaurant

皇冠啤酒花园
Krone Bier-&Event-Haus
◆位于曾经是啤酒酿酒厂的砖结构建筑物内。店内同时设有早餐备受好评的咖啡馆和氛围超好的啤酒花园。

Map p.471

 Heiligengeiststr. 39-41　D-21335
☎（04131）2445050
🕐 周一～周六 8:00、周日 10:00~（关店时间不定）

吕讷堡的酒店
Hotel

贝格斯托罗姆罗曼蒂克酒店
Bergström
◆面朝伊尔默瑙河的浪漫酒店。酒店内有带有露台的浪漫餐厅。有免费 Wi-Fi。

Map p.471

 Bei der Lüner Mühle　D-21335
☎（04131）3080　FAX（04131）308499
URL www.bergstroem.de　🏧 A D J M V
💰 ⑤ €119~ ⑦ €149~ 早餐每人需单独支付€15

布雷默霍夫酒店
Bremer Hof
◆只有公共区域才有 Wi-Fi（免费）。

Map p.471

 Lüner Str. 12-13　D-21335　🏧 A D M V
☎（04131）2240　FAX（04131）224224
URL www.bremer-hof.de　💰⑤ € 70~　⑦ € 103~

青年旅舍
Jugendherberge
◆从安姆山德广场乘坐 5011 路或者 5012 路巴士在 Scharnhorststraße（DJH）站下车。冬季休业。只有公共区域才有 Wi-Fi（付费）。

Map p.471 外

 Soltauer Str. 133　D-21335　🏧 A D M V
☎（04131）41864　FAX（04131）45747
URL www.jugendherberge.de/jh/lueneburg
💰 附带早餐€ 26.40、27 岁以上€ 30.40

策勒　柏林
法兰克福
慕尼黑

策勒 *Celle*

木结构房屋色彩斑斓的"德国北部的明珠"

MAP ◆ p.440-B2

人　口	68500人
长途区号	05141

ACCESS

铁路：从汉堡中央车站乘坐
IC特快约需1小时10分钟，
从吕讷堡约需40分钟。

❶ 策勒的旅游服务中心

Markt 14-16
D-29221 Celle
☎ (05141) 1212
📠 (05141) 12459
🖥 www.celle-tourismus.de
📅 5～9月
　　周一～周五　　9:00～18:00
　　周六　　　　10:00～16:00
　　周日　　　　11:00～14:00
　　10月～次年4月
　　周一～周五　　9:00～17:00
　　周六　　　　10:00～13:00
📅 10月～次年4月的周日、
　　部分节日、圣诞节

拥有美丽联排木屋的老城区

　　策勒仿佛是童话世界中的城市，无论是谁，在这座城市漫步都会有如此感觉。在德国虽然随处可见木结构房屋的街景，但是策勒的老城街景却别有特色。首先是色彩搭配非常别致，然后数量也很多。被涂装成黄色、粉色、蓝色或者绿色等不同颜色的木屋，整齐地排列在各个街道的两旁。每一栋都保存得非常好，可以感觉到住在房子里的人都非常爱惜这些木屋。策勒因此被称为"德国北部的明珠"。

策勒　漫步

●市教堂
📅 4～12月
　　周二～周六　10:00～18:00
　　1～3月
　　周二～周六　11:00～17:00
　　登上教堂的塔楼（4～
10月的周二～周六10:00～
11:45、14:00～16:45）可以瞭
望老城区的景色。
💰 €1

市教堂的塔楼（左）和市政厅

市中心距离车站较远，步行大约需要15分钟。乘坐沿班霍夫街Bahnhofstr.向东行驶的巴士，任何一辆都可以到达市中心。如果你有体力步行过去，不妨沿着巴士行驶的班霍夫街一直向东走。途中道路的左侧有绿植茂盛的公园。沿着公园内与班霍夫街同一方向的小路前行的感觉非常惬意。经过两座小桥之后就到了Schlossplatz，从这里向左转。大约200米后便可到达城堡的正面入口。这里还是巴士中心。❶ 位于老城区中心部的市政厅Rathaus内。

●早市
　　位于市政厅旁边集市广场Markt西侧的施特希大道Stechbahn周边，每周三和周六从早上到中午会有早市Wochenmarkt。届时会售卖蔬菜、水果和鲜花等各种新鲜的商品。

　　沿着城堡正面的Stechbahn道路一直走，左侧是市教堂Stadtkirche，前方是市政厅。然后走进步行街策尔纳街Zöllnerstr.，这是一条游客较多的街道，也是老城区的主干道。过去公爵的马车和护卫队就从这里通行。两侧色彩斑斓的木造房屋鳞次栉比，令人百看不厌。房屋的横梁或者柱子上，刻有德语或者拉丁语的家训、屋号、建筑的年月日等。

　　这座城市最美丽的木屋是霍彭宅邸Hoppener

拥有美丽外观的霍彭宅邸

策勒车站没有投币式储物柜。无奈只好乘坐小巴游览，但是感觉非常好。巴士开得很缓慢，可以很悠闲地欣赏风景，在景点还有少许的停留时间。

Haus，位于 Poststr. 和 Rundestr. 的一角处。另外，位于 Am Heiligen Kreuz 26 号的木屋，是老城区最古老的住宅。市教堂对面的小路 Kalandgasse 一带也是木屋林立，非常有感觉。

晚间在色彩斑斓的灯光衬托下的策勒美术馆

距离城堡较近的博曼博物馆 Bomann Museum 是一家民俗博物馆，再现了这一地区的农民和市民的生活情景。与博曼博物馆相邻的现代建筑是"世界上第一家 24 小时开放的美术馆"——策勒美术馆 Kunstmuseum Celle。所谓的 24 小时开放，其实夜间也是不能入内的，可以从外面欣赏美术馆的大窗户所装饰的光影造型。

策勒 主要景点

集文艺复兴和巴洛克两种风格于一身的城堡

Schloss ★★

有着白墙和红砖屋顶的美丽城堡

策勒大公是吕讷堡的领主，该城堡建于 17 世纪。为了恢复文艺复兴式的原型，对城堡进行了改造，但是改造工程因种种原因中止，所以城堡两侧的塔风格迥异，面朝正面右侧是文艺复兴风格，左侧是巴洛克风格。有导游带领的城堡内导览团，可以参观历代大公妃的起居室和礼拜堂，以及陶器展览等。

策勒 近郊景点

安妮·弗兰克被害之地贝尔根·贝尔森集中营遗址

Gedenkstätte Bergen-Belsen   Map p.440-B2

贝尔根·贝尔森集中营遗址位于策勒西北方 20 公里处。因《安妮日

● 博曼博物馆
🏛 Schlossplatz 7
🌐 www.bomann-museum.de
🕐 周二~周日　10:30~16:30
🚫 周一
💰 € 8，与策勒美术馆、城堡美术馆的通票价格是 € 12，周五免费

● 策勒美术馆
🏛 Schlossplatz 7
🌐 www.kunst.celle.de
🕐 周三~下周一
　　　　　　　　10:30~16:30
　光影造型
　　　　　　17:00~次日 10:00
🚫 周二
💰 € 8

● 城堡
🏛 Schlossplatz 1
🌐 www.schloss-celle.de
🕐 内部导览团
　11 月~次年 3 月
　11:00、15:00（周六·周日 13:00 也有）
　4~10 月
　11:00、13:00、15:00（周六 12:00、14:00 也有）
🚫 周一
💰 附带导览团 € 8，学生 € 6

● 贝尔根·贝尔森集中营遗址
🚍 从策勒车站前乘坐前往 Küsterdamm, Winsen（Aller）方向的 900 路巴士，然后换乘 110 路巴士，在 Belsen Gedenkstätte 站下车。约需 50 分钟。车次较少。

🏛 Gedenkstätte Bergen-Belsen
D-29303 Lohheide
🖥 www.bergenbelsen.de
🕐 4~9月　　　10:00~18:00
　10月~次年3月
　　　　　　10:00~17:00
🚫 12/24・25・26・31、1/1
💴 免费

记》而被世人所熟知的安妮·弗兰克，从阿姆斯特丹隐蔽的家中被捕之后便被送至了这座集中营，不久便结束了 15 岁的花季生命。

　　遗址的占地面积十分庞大，有战后所建造的犹太人纪念碑和资料馆等，但是集中营当时的设施已不复存在了。有德语和英语的说明。有语音导航。

策勒的餐馆
Restaurant

※ 汉诺威召开展会时住宿费用会涨价。

市政厅历史餐厅
Historischer Ratskeller

Map p.473

◆ 位于市政厅内非常有历史感的一家餐厅。以使用时令食材烹制的德国菜为主。鸭胸肉 Celler Entenbraten、猪里脊 Medailiions vom Schweinfilet 非常值得推荐。鱼类菜肴的套餐也非常不错。菜谱是根据季节而变化的。

🏛 Markt 14　☎（05141）29099
🖥 www.ratskeller-celle.de
🕐 周一～周六 11:30~14:30, 17:45~21:15
　周日·节日　　　　 11:30~14:00
🚫 周日·节日的晚上、冬季有不定期休息 💳 ⒜ⒿⓂⓋ

策勒的酒店
Hotel

阿尔特霍夫酒店
Fürstenhof

Map p.473

◆ 由富有历史感的宫殿改造而成的酒店，也是策勒最古老的酒店。有免费 Wi-Fi。酒店内有米其林星级餐厅 Endtenfang，是一家法国餐厅。周一、周二休息，周三～周六只有晚上营业，周日的白天、晚上都营业（冬季不定期）。

🏛 Hannoversche Str. 55/56　D-29221
☎（05141）2010
📠（05141）201120
🖥 www.Fuerstenhof-celle.de
💴 Ⓢ € 117~　Ⓣ € 135~
💳 ⒜ⒹⓂⓋ

萨尔酒店
Celler Hof

Map p.473

◆ 地理位置绝佳，从车站出发的巴士途经的 Schlossplatz 位于酒店附近，ⓘ 所在的市政厅也位于酒店的斜对面。共有 46 间客房，是策勒房间数相对较多的三星级酒店，有些旅行团也喜欢在这里入住。有 Wi-Fi（付费）。

🏛 Stechbahn 11D-29221
☎（05141）911960
📠（05141）9119644
🖥 www.cellerhof.de
💴 Ⓢ € 85~　Ⓣ € 120~
💳 ⒜ⒿⓂⓋ

赫伦托尔酒店
Am Hehlentor

Map p.473

◆ 这是一间非常具有策勒特色的红砖与黑木组合的建筑物。这栋古建筑建于 1712 年，内部被改造得非常明亮。有免费 Wi-Fi。早餐非常丰盛，天气好的时候可以坐在院子里就餐。

🏛 Nordwall 62-63　D-29221
☎（05141）8856900
📠（05141）88569013
🖥 www.Hotel-am-Hehlentor.de
💴 Ⓢ € 70~ Ⓣ € 96~　💳 ⓂⓋ

策勒城际酒店
InterCityHotel Celle

Map p.473

◆ 建于老城区东部的连锁酒店。客房内设施齐全。有免费 Wi-Fi。

🏛 Nordwall 22　D-29221
☎（05141）200701　📠（05141）200200
🖥 www.intercityhotel.com/celle
💴 ⓈⓉ € 59.90~早餐需单独支付€13.50
💳 ⒜ⒹⒿⓂⓋ

不伦瑞克 *Braunschweig*

以狮子为标志的王都

罗马式大教堂。创作于 1230~1250 年的屋顶壁画非常值得一看

Map◆p.440-B2

人　　口	247200 人
长途区号	0531

ACCESS

铁路：从汉诺威乘坐 IC 特快约需 30 分钟。

🛈 **不伦瑞克的旅游服务中心**
🏢 Kleine Burg 14
　　D-38100　Braunschweig
☎ (0531) 4702040
📠 (0531) 4702044
🖥 www.braunschweig.de
🕐 周一~周五　10:00~18:30
　　周六　　　10:00~16:00
　　5~9 月的周日 10:00~12:00
　　期间也营业。

● **丹克瓦尔德罗德城堡**
🏢 Burgplatz 4
🖥 www.museum-braunschweig.de
🕐（中世纪展厅）
　　周二·周四~周日
　　　　　　　10:00~17:00
　　周三　　　10:00~20:00
🚫 周一、部分节日
💰 €5、学生€3

● **安东·乌尔里希公爵博物馆**
🏢 Museumstr. 1
※ 因改造工程，本书调查时闭馆。部分藏品在上述的丹克瓦尔德罗德城堡做特展（期限未定）。

---

12 世纪统治德国北部地区的狮子亨利就居住在繁盛一时的不伦瑞克。统治者亨利因为如狮子般勇敢，所以被誉为狮子亨利。他在大教堂 Dom 旁的城堡广场 Burgplatz 立了一尊狮子像作为自己的象征。罗马式的大教堂也是狮子亨利建造的，两座八角形塔楼最引人注目。内殿中安放着狮子亨利及其英国妻子玛蒂尔德的灵柩。狮子像对面是丹克瓦尔德罗德城堡 Burg Dankwarderode，有重建的 Rittersaal 大厅（整修中）与中世纪展厅 Mittelatersammlung。

来到不伦瑞克不能不去的是位于丹克瓦尔德罗德城堡以北 500 米处一个公园中的安东·乌尔里希公爵博物馆 Herzog Anton Ulrich-Museum，里面收藏有克拉纳赫、乔尔乔内、弗美尔等人的作品。工艺美术展区也很有意思。

梯尔·艾伦施皮格尔（→ p.469）是著名的中世纪恶作剧故事中的主人公。据说，他就出生在不伦瑞克的郊外，城市的边缘地带有梯尔泉。

中央车站与市中心有一定距离。可乘坐 M1、M2 有轨电车，在大教堂附近的市政厅 Rathaus 站下车，就是位于市政厅西侧的城堡广场。🛈 位于大教堂前，从同一个有轨电车车站步行 3 分钟左右可至。

　推荐酒店

🏨 **奥赫尔不伦瑞克美居酒店**
　 Mercure Atrium
🏢 Berliner Platz 3　D-38102
☎ (0531) 70080
📠 (0531) 7008125
💰 Ⓢ €93~ Ⓣ €103~
　　早餐需单独支付€17
💳 ＡＤＭＶ
　　这是一家建于中央车站前的三星级酒店。有免费 Wi-Fi。

希尔德斯海姆 *Hildesheim*

被列为世界遗产的教堂与美丽如画的集市广场

希尔德斯海姆 ★ 柏林
法兰克福
慕尼黑

Map ◆ p.440-B2

人 口	99400 人
长途区号	05121

ACCESS

铁路: 从汉诺威乘坐私铁 ERX(铁路通票有效)约需 25 分钟。

ℹ **希尔德斯海姆的旅游服务中心**

📮 Rathausstr. 20　D-31134
☎ (05121) 17980
📠 (05121) 179888
🖥 www.hildesheim.de
🕐 周一～周五　10:30~18:00
　　周六　　　　9:00~15:00
　　4~10月的周日 11:00~15:00
　　期间也开放。

世界遗产

希尔德斯海姆的大教堂和圣米迦勒教堂
(1985 年被列为世界遗产)

● **大教堂**
🕐 10:00~18:00

● **圣米迦勒教堂**
📮 Michaelisplatz 1
🕐 11 月～次年 3 月
　　　　　　　9:00~16:00
　　4~10 月　8:00~18:00
　　(周二 10:00~)
　　上述期间如遇特殊活动或者弥撒时不可参观。

圣米迦勒教堂的屋顶壁画

集市广场与周围的木结构房屋

希尔德斯海姆兴盛于中世纪,现在仍然是一座充满活力的城市。市内很多地方都设置有显示现在所在位置及主要景区的地图,所以游览起来非常方便。市中心的人行道上绘制的白玫瑰图案表示主要景点的方向。

市中心的集市广场 Marktplatz,被很多外观非常漂亮的木结构建筑以及庄严的市政厅围绕。从集市广场向南 600 米左右,就是已被列为世界遗产的大教堂

大教堂后院树龄约有 1000 年的玫瑰树。这种野生的品种 5~6 月期间会开出美丽的花朵

Dom。后院有一棵据说树龄达 1000 年的玫瑰树非常有名,第二次世界大战中曾被烧光,但很快从根部长出了新的树枝。

另一处世界遗产圣米迦勒教堂 St. Michaelis-Kirche,始建于 1010 年,是德国最古老的罗马式建筑之一。现在的建筑为第二次世界大战后重建的,里面保存着在战火中得以幸存的 13 世纪版画以及建于 11 世纪初的地下圣堂。

圣米迦勒教堂被誉为是德国最美的早期罗马式教堂

汉诺威 *Hannover*

典雅的巴洛克式庭园与展览会之都

外观美如宫殿的文艺复兴建筑风格的市政厅

曾在 18 世纪时兼任英国国王的汉诺威王室就居住在这里，典雅的宫廷花园让人想起往昔的岁月。这里是下萨克森州的首府，也是著名的展览会之都，有很多来自世界各地的人，国际化程度很高。

虽说是大城市，但是海恩豪森王宫花园及马斯公园植被被丰富，因此汉诺威也被称为"绿树丛中的大城市 Die Großstadt im Grünen"。

汉诺威 漫 步

汉诺威虽为大城市，但从中央车站到位于市区南部的市政厅完全可以步行前往。前往城市西北部的海恩豪森花园等稍微远离火车站的景点，可以乘坐有轨电车 Stadtbahn。在中央车站附近，有轨电车会变为地铁（U-Bahn），进入地下开行，车站入口处有 U 标识。离开市中心后，转为地上开行，车站也改用 H 标识。

与班霍夫大街相连的地下通道

可在自动售票机上买票，市内单次车票 Einzel Ticket € 2.60，市内 1 日乘车通票 Tages Einzel Ticket € 5。

起始于中央车站前的班霍夫大街 Bahnhofstr. 经过的克莱普凯广场 Kröpcke 就是市中心。广场东侧有建筑造型非常美观的歌剧院 Opernhaus。继续步行 10 分钟左右，就能到达集市教堂 Marktkirche，为砖结构建筑，有高达 97 米的塔楼，建于 14 世纪。走过教堂向右转，就是莱讷宫 Leineschloss 以及历史博物馆 Historisches Museum，里面展出汉诺威王室的家具、马车等展品。市区南部有雄伟的市政厅 Rathaus，在马斯湖 Maschsee 畔的施普伦格尔博物馆 Sprengel Museum，可以见到克利、

集市教堂与老城区

编外话　在历史博物馆西北面莱讷河边的 Am Hohen Ufer，每周六的 9:00~16:00 都会开设旧货市场。在这个已经有 40 多年历史的市场里，也许能有意外的收获。

Hamburg /Erikastraße /Norddeutschland

汉堡与石楠之路·德国北部

希尔德斯海姆／汉诺威

Map ◆ p.440-B2

| 人　　口 | 528400 人 |
| 长途区号 | 0511 |

ACCESS

铁路： 从汉堡中央车站乘坐 ICE 特快约需 1 小时 15 分钟。从柏林中央车站约需 1 小时 35 分钟。

机场与市内的交通： 机场与中央车站之间有 S-Bahn 5 号线可以乘坐，每 30 分钟一趟车，约需 20 分钟车程。

❶ **汉诺威的旅游服务中心**
⊠ Ernst-August-Platz 8
　 D-30159 Hannover
🚇 Map p.478-A2
☎（0511）12345111
📠（0511）12345112
🌐 www.visit-hannover.com
🕐 周一～周五　9:00~18:00
　 周六·周日·节日
　　　　　　10:00~15:00
🚫 11 月～次年 3 月的周日、节日

● **汉诺威卡**
HannoverCard
可以在 ❶ 购入。可供 5 人使用的团体 1 日券价格是 € 20，3 日券为 € 35。在有效期内可以任意乘坐巴士、地铁等市内交通（可以从前一天的 19:00 开始使用），美术馆、博物馆、海恩豪森王宫等也可以持此卡享受折扣。

⚽ **足球场信息**

● **HDI 体育场**
HDIarena
🚇 Map p.478-B2
🌐 www.hannover96.de（德国）
汉诺威 96 队的主场。
位于城市南部，从汉诺威中央车站乘坐去往 Wettbergen 方向的 3 路或 5 路有轨电车（地下站台），约 3 分钟后在 Waterloo 站下车。如果乘坐去往 Empelde 方向的 9 路有轨电车也是在同一个车站下车。从车站步行至体育场约需 5 分钟。

477

毕加索、贝克曼等 19~20 世纪画家的作品。

当地最重要的景点海恩豪森王宫花园 Herrenhäuser Gärten，位于稍微远离市中心的西北部。

汉诺威 主要景点

海恩豪森王宫花园
Herrenhäuser Gärten　　★★★

建于 17 世纪的巴洛克式花园。由 Groäer Garten、Georgengarten、Welfengarten、Bergarten 这 4 个花园组成，尤以 Groäer Garten 最为美丽。树木、花坛、喷泉以及雕塑都是按照几何图形设置，其精确性与整齐程度令人惊讶。

海恩豪森王宫花园的大门

●历史博物馆
囲 Prerderstr.6（入口在 Burgstr.）
⊟ Map p.478-B2
囲 周二·周四　10:00~19:00
　 周三·周五　10:00~17:00
　 周六·周日　10:00~18:00
困 周一
圀 €5、学生€4（周五免费）
●施普伦格尔博物馆
囲 Kurt-Schwitters-Platz
⊟ Map p.478-B2
囲 www.Sprengel-Museum.de
囲 周二　　　10:00~20:00
　 周三~周日　10:00~18:00
困 周一
圀 €7、学生€4、周五免费、特展需要另外支付费用
交通信息 从 Kröpcke 的巴士站乘坐 100 巴士在 Maschsee/Sprengel Museum 站下车。
●海恩豪森王宫花园
⊟ Map p.478-A1
囲 www.hannover.de/herrenhausen
囲 5~8 月　　9:00~20:00
　 4 月·9 月　9:00~19:00
　 3 月·10 月　9:00~18:00

Berggarten
Herrenhäuser Gärten
Parkhaus
花园剧院
Gartentheater
海恩豪森王宫花园
Herrenhäuser Gärten
Nienburger Str.
Herrenhäuser Allee
Georgengarten
威廉·布什博物馆
Wilhelm-Busch-Museum
Schneiderberg/W-Busch-Museum
汉诺威大学
（维尔芬城堡）
Universität
Engelbostelder Damm
Vahrenwalder Str.
Hamburger Allee
A
Bremer Damm
Jägerstr.
Schloßwender Str.
莱讷河 Leine
Königsworther Platz
Königsworther Str.
Goethestr.
中央邮局
凯瑟霍夫
中央酒店
Steintor
Bahnhofstr.
汉诺威
中央车站
Hauptbahnhof
马斯曼豪华酒店
City Hotel
Hannover
Kröpcke
歌剧院
©荷兰风味可可屋
Westschellweg
Goetheplatz
历史博物馆
Historisches Museum
集市教堂
Marktkirche
莱讷宫康库德酒店
莱讷宫（州政府）
Leineschloss
Maritim Grand Hotel
Markthalle
室内市场
Marktstr.
Georgstr.
Osterstr.
Aegidientorplatz
Rathaus/Friedrichstr.
B
克里斯特纳博物馆
Kestner Museum
市政厅
Rathaus
Maschpark
Friedrichswall
Mercure
Lavesallee
Ihme
下萨克森州博物馆
Niedersächsisches Landesmuseum
Hildesheimer Str.
施普伦格尔博物馆
Sprengel Museum
轨大去
电厅往
车一展
乘览
坐会（
8一
路展
有会
有轨电车与车站
有轨电车地下站台
0　300　600m
N
HDI体育馆
（下萨克森体育场）
马斯湖
Maschsee
汉诺威
HANNOVER
1　　2

478

巴洛克式的美丽花园

花园剧场里会举办亨德尔"水上音乐"的演奏会。亨德尔曾在汉诺威居住。道路对面的 Berggarten 里有植物园及汉诺威王室的灵堂。

建筑内外都具欣赏价值的市政厅
Rathaus ★★

建于 1901~1913 年的雄伟建筑。一层的大厅里有关于汉诺威发展历史的展览。

可以乘电梯登上高达 100 米的圆屋顶。因圆屋顶呈倾斜状，所以这架电梯也是倾斜升降，这在世界上极为罕见。

涉及众多领域的下萨克森州博物馆
Niedersächsisches Landesmuseum ★★

设有州立画廊，除此之外还收藏着考古学、自然学、民族学等领域的展品，数量很多。州立画廊收藏着欧洲各时期的作品，尤以德国印象派、早期表现主义以及法国印象派的作品为多。

19 世纪漫画家威廉·布什博物馆
Wilhelm-Busch-Museum ★

这座博物馆位于海恩豪森王宫花园之中的 Georgengarten 内，深受孩子们喜欢。威廉·布什是德国著名绘本《马克斯和莫里茨》的作者（→p.426）。

汉诺威 近郊景点

阿尔费尔德的法古斯鞋楦工厂 【世界遗产】
Fagus-Werk, Alfeld　　Map p.406-B2

世界上第一个全玻璃幕墙式的工厂

包豪斯建筑师瓦尔特·格罗皮乌斯与阿道夫·迈尔于 1911 年设计的鞋楦工厂。现在仍作为工厂进行着生产。工厂里的大型仓库，被改为法古斯·格罗皮乌斯展览馆 Fagus-Gropius-Ausstellung 对外开放。

沃尔夫斯堡
Wolfsburg　　Map p.440-B2

大众汽车公司的总部就位于这里，当地最大的景点就是大众汽车公司总部所属工厂内名为 Autostadt（意为汽车之乡）的大型主题公园。博

---

11 月~次年 1 月
　　　　　9:00~16:30
2 月　　　9:00~17:30
闭园前 1 小时停止入场
喷水只在 4 月~10 月上旬
€ 8（包含植物园入场费）
冬季是 € 6

从中央车站前进入到地下通道，然后走到 U-Bahn 的 Kröpcke 车站。从这里乘坐 4 或者 5 路，然后在 Herrenhäuser Gärten 站下车。

● 市政厅
Trammplatz 2
Map p.478-B2
电梯
3 月上旬~11 月上旬
周一~周五　9:30~18:30
周六·周日　10:00~18:30
（闭馆前 30 分钟电梯停运）
冬季 € 3（电梯）

● 下萨克森州博物馆
Willy-Brandt-Allee 5
Map p.478-B2
www.landesmuseum-hannover.
niedersachsen.de
周二~周五　10:00~17:00
周六·周日　10:00~18:00
周一、部分假日
€ 4、学生 € 3、周五的
14:00~17:00 期间 免费。
特展需另外支付费用。
在 Aegidientorplatz 站下车。

● 威廉·布什博物馆
Georgengarten 1
Map p.478-A1
www.karikatur-museum.de
周二~周日　11:00~18:00
周一、12/24·31
€ 6、学生 € 4
乘坐 4 或者 5 路在 Schnei-derberg/Wilhelm-Busch-Museum 站下车。

【世界遗产】
阿尔费尔德的法古斯鞋楦工厂（2011 年被列为世界遗产）
从汉诺威乘坐 ME（私铁、铁路通票有效）约需 35 分钟，在 Alfeld（Leine）站下车。从车站到工厂，需要沿着 Hannoversche Str. 向西北方向步行约 500 米。

● 法古斯·格罗皮乌斯展览馆
Hannoversche Str. 58
www.fagus-werk.com
周一~周日　10:00~16:00
冬季有变更
€ 8、学生 € 65

前往沃尔夫斯堡可从汉诺威乘 ICE 特快约 30 分钟。

● Autostadt
从车站步行约需 5 分钟。
Stadt Brücke, Wolfsburg

www.autostadt.de
9:00~18:00　12/24・31
€ 15，学生€ 12
● Phaeno
Willy-Brandt-Platz 1
www.phaeno.de
周二～周五　9:00~17:00
周六・周日・节日
10:00~18:00
（闭馆前 1 小时停止入场）
周一，12/24・31
€ 12.50，学生€ 9.50

足球场信息

● 大众汽车体育场
Volkswagen Arena
www.volkswagen-arena.de
VFL 沃尔夫斯堡队的主场。
从沃尔夫斯堡车站沿
火车道向东步行，约 20 分钟
可达。比赛日有巴士（如果
有当天的球票可免费乘车）。

紧邻总部所属工厂（左）的大众汽车主题公园
Autostadt

ZeitHaus 里陈列着豪华的大众甲壳虫汽车

物馆 ZeitHaus 内陈列着各个时代的名车。公园内还有大众集团的体验展区、酒店、餐厅等设施，可以一整天都在里面参观。

另外，沃尔夫斯堡火车站的南面，有萨哈·哈蒂设计的名为 Phaeno 的科学博物馆，造型非常独特。馆内以体验型、实验型展示为主，经常能看到许多学生团体来此参观。建议喜欢科学的游客一定要去看一看。

汉诺威的餐馆
Restaurant

※ 举行展会时（可以通过 www.messe.de 查询）价格会上涨。

荷兰风味可可屋
Holländische Kakao-Stube

◆ 正如店名一样，巧克力是这里的名品。尤其是 Wiener Schokoladen（€ 6.50），美味至极。除此之外还可以点菜，可以在这里好好休息，缓解旅途的疲劳。

Map p.478-B2
Ständehausstr. 2
☎（0511）304100
www.hollaendische-kakao-stube.de
周一～周五　9:00~19:30
周六　　　　9:00~18:30
周日　不可使用

汉诺威的酒店
Hotel

凯瑟霍夫中央酒店
Central Hotel Kaiserhof

◆ 建于中央车站前的中档酒店。有免费 Wi-Fi。

Map p.478-A2
Ernst-August-Platz 4　D-30159
☎（0511）36830　FAX（0511）3683114
www.centralhotel.de
€ 79~　Ⓣ € 119~　ADJMV

莱讷宫康库德酒店
Concorde Hotel Am Leineschloß

◆ 距离莱讷宫较近，位于集市教堂对面的市中心地区，交通十分方便。共有 81 间客房。从中央车站乘坐 U-Bahn 在第二站 Markthalle 站下车即到。即便是从中央车站步行也仅需 15 分钟。有免费 Wi-Fi。

Map p.478-B2
Am Markte 12　D-30159
☎（0511）357910　FAX（0511）35791100
www.ConcordeHotel-am-leineschloss.de
Ⓢ € 115~　Ⓣ € 150~
ADJMV

马斯曼豪华酒店
Grand Hotel Mussmann

◆ 位于中央车对面的高档酒店。客房的地面是木地板，房间内有大桌子和沙发等家具。浴室也十分宽敞。

Map p.478-A2
Ernst-August-Platz 7　D-30159
☎（0511）36560　FAX（0511）3656145
www.grandhotel.de
Ⓢ € 99~　Ⓣ € 120~　AMV

室内市场 Markthalle（ Map p.478-B2），不仅有出售蔬菜、肉类等生鲜食品的店铺，还有许多可品尝到香肠与啤酒的站立式小餐馆。从早上开始就非常热闹。

不来梅港 *Bremerhaven*

在德国第二大贸易港参观潜水艇

柏林
不来梅港
法兰克福
慕尼黑

Map◆p.440-B1

人　　口	108800 人
长途区号	0471

ACCESS

铁路：从不来梅乘坐 RE 快速约需 35 分钟，乘坐私铁 NWB（NordWestBahn 的简称，铁路通票有效）约需 45 分钟。

停泊在老港的潜水艇与新式建筑东经 8°气象馆"Klimahaus"（右侧远处）

　　不来梅与不来梅港被称为出入北海的门户，两座城市组成了一个州。这里不仅是一座港口城市，也是前往世界遗产瓦登海（北海浅滩）游览的据点城市，因此非常有名。

❶ 不来梅港的旅游服务中心

🏠 H.-H.-Meier-Str. 6
D-27568 Bremerhaven
☎ (0471) 94646120
📠 (0471) 94646129
🌐 www.bremerhaven-touristik.
de
🕐 周一～周日　　9:30~18:00
（5~9月是 8:00~）
🚫 部分节日

●市内交通
　　巴士的单次乘车券
EinzelTicket 价格是€ 2.40。

不来梅港　漫 步

　　前往景点集中的港口周边，可从中央车站乘坐巴士（502、505、506、508、509 路）。在巴士车站 Hochschule Bremerhaven/Stadttheater 下车后，不远处就是名为哥伦布中心 Columbus-Center 的购物中心。走过购物中心，就能到达老港 Alter Hafen，那里有德国船舶博物馆 Deutsches Schiffahrtsmuseum 的分馆，停泊着威廉·鲍尔号潜水艇（U2540）。
　　从那里南行，就是德国船舶博物馆的主馆，向北走，有可以体验世界各种气候的玻璃幕墙式的东经 8°气象馆 Klimahaus 以及海洋动物园 Zoo am Meer。❶ 位于东经 8°气象馆旁边。

位于哥伦布中心对面的施密特市长纪念教堂

海洋动物园
Zoo am Meer
东经 8°气象馆
Klimahaus
潜水艇
德国船舶博物馆
Deutsches
Schiffahrtsmuseum
哥伦布中心
Columbus-Center
Theodor-Heuss-Platz
市立剧院
Stadttheater
历史博物馆
Morgenstern-Museum
中央车站
Hauptbahnhof
邮局

不来梅港
BREMERHAVEN

0　200　400m

东经 8° 气象馆

- Am Längengrad 8
- ☎ (0471) 9020300
- 🖳 www.klimahaus-bremerhaven.de
- 🕐 4~8 月
  周一～周五　9:00～19:00
  周六·周日·节日
  　　　　　10:00～19:00
  9 月~次年 3 月
  周一～周日　10:00～18:00
- 🎫 € 15、学生€ 11

德国船舶博物馆

- Hans-Scharoun-Platz 1
- 🖳 www.dsm.museum
- 🕐 周一～周日　10:00～18:00
  （闭馆前 30 分钟停止入场）
- 🚫 11 月～次年 3 月期间的
  周一、12/24·25·31。船舶与潜水艇冬季休馆。
- 🎫 €8、分馆（潜水艇）€3.50

海洋动物园

- H.-H.-Meier-Str. 7
- 🖳 www.zoo-am-meer-bremerhaven.de
- 🕐 4~9 月　　　9:00～19:00
  3 月·10 月　　9:00～18:00
  11 月～次年 2 月
  　　　　　　9:00～16:30
  （闭馆前 30 分钟停止入场）
- 🎫 € 8.50、€ 6

世界遗产

瓦登海
（2009 年被列为世界遗产）
🚄 从不来梅港到瓦登海沿岸的库克斯港 Cuxhaven，乘坐私铁 EVB（Elbe-Weser-Bahn，铁路通票有效）约需 45 分钟。从汉堡乘坐私铁 MF（铁路通票有效）大约需要 1 小时 45 分钟。

●库克斯港的旅游咨询中心

- Cuxhavener Str. 92　D-27476
- 🖳 tourismus.cuxhaven.de
  浅滩漫步的团体项目集合地点位于 Duhnen 海滩附近的 ❶ 前。成团日和时间不定期，可通过上述网址查询。团体游的导游使用的是德语。€6~。

●浅滩马车

主办方会在 ❶ 的官网登载信息，申请参团需要电话预约（德语）。也可通过 🖳 www.holiday-cuxhaven.de 预约。去诺伊韦尔克岛的往返行程需要 3.5~4 小时，€30。

东经 8° 气象馆
Klimahaus ★★

　　这里是一座体验型的博物馆，将不来梅港所处的东经 8° 在地球上的位置进行展开，然后再现各种气候条件。可以体验到湿热的热带雨林、沙漠，还有极为寒冷的冰河等各种气候。

再现了沙漠世界的房间

可以体验地球上的各种气候

德国船舶博物馆
Deutsches Schiffahrtsmuseum ★★★

　　在这间博物馆不仅可以了解船舶的历史和构造，还能参观馆外老港上停泊的历史船舶。参观潜水艇需要单独支付费用，入口也不同。

海洋动物园
Zoo am Meer ★★

　　在这里可以见到北极熊、企鹅、海豹等多种海洋动物。如果赶在喂食时间（官网上有介绍）前往，还能看到动物们各种生动的表情。周三的 13:00 开始，可以观看海豹训练。

瓦登海（北海浅滩）
Wattenmeer 　　　　　　　　　　**世界遗产**
　　　　　　　　　　　　　　　　　Map p.440-A1

　　瓦登海在德语中意为浅滩，位于德国与荷兰的北海沿岸。
　　退潮后就会现身的浅滩是大自然的宝库。那里不仅栖息着海豹，还有礁石中的贝类、泥土中的螃蟹以及湿地藻类，也能见到珍稀的候鸟与海鸟。
　　对游客来说，最有吸引力的就是在退潮后的广阔浅滩上行走以及乘坐被称为 Wattwagen 的浅滩马车。从库克斯港 Cuxhaven 火车站前乘坐 1007 路巴士，约 20 分钟可到达杜奈恩海滩（Duhnen, Strand），那里是最有人气的海滩（入场费€3），还举办浅滩团体游。海岸距离海中的诺伊韦尔克岛 Insel Neuwerk 约 13 公里，在退潮时可步行登岛（参见页脚的编外话）。马车极受游客欢迎，需提前预订，出发地点在 Duhnen 及其附近的 Döse、Sahlenburg。

浅滩的面积非常大

 编外话　在浅滩步行，如遇到涨潮或天气恶劣会有生命危险。一定要在网站及海滩入口处的 "Wattlaufzeit" 确认 "Wattwanderzeiten（浅滩可步行时间）" 与天气情况，并且准备好必要的装备才能前往。

胡苏姆 *Husum*

诗人施托姆的故乡，面朝北海的港口城市

玛利恩教堂和蒂娜的铜像

从车站步行至市中心的集市广场 Marktplatz 大约需要 5 分钟。沿着车站前的赫索格阿道夫大街 Herzog-Adolf-Str. 一直走，在 Süderstr. 左转，然后再走一小段路便可到达集市广场。或者从下一条街 Norderstr. 左转也可以到达。赫索格阿道夫大街 25 号是北海博物馆 Nordsee Museum，展示有北海的海滩、堤防、船舶贸易的历史等。

集市广场的中央位置，是这座城市的地标建筑——名曰蒂娜 Tine 的渔家女子铜像。广场的东侧是玛利恩教堂 Marienkirche，北侧是建于 1601 年的旧市政厅 Altes Rathaus。另外，集市广场 9 号是诗人兼作家台奥多尔·施托姆出生的故居 Theodor-Storm-Geburtshaus，他的中篇小说《茵梦湖》《白马骑士》等为世人所熟知。

穿过旧市政旁的拱门进入一条叫作 Schlossgang 的道路上，很快就可以看到文艺复兴样式的胡苏姆城堡 Schloss vor Husum 和花园组成的城堡地区 Schlossviertel。

港口位于集市广场的西侧。正对港口的大道是港湾大道 Hafenstr.，路旁有不少用过去旧仓库改建而成的咖啡馆、餐厅等，可以品尝到新鲜的鱼类、螃蟹、虾等海产品的菜肴。

与港湾大道平行而建的道路是 Wasserreihe，这条道路的 31 号是施托姆长期居住的房子，现在作为施托姆纪念馆 Theoder-Storm-Zentrum 对外开放。

胡苏姆
柏林
法兰克福
慕尼黑

Map ◆ p.440-A1

人　　口	22000 人
长途区号	04841

ACCESS

铁路：从汉堡·阿尔托纳站乘坐私铁 NOB（铁路通票有效）约需 1 小时 50 分钟。

❶ 胡苏姆的旅游服务中心
集市广场前。
- Großstr. 27
  D-25813 Husum
- ☎ (04841) 89870
- FAX (04841) 898790
- ⌨ www.husum-tourismus.de
- 🕐 4～10 月
  周一～周五　　9:00～18:00
  周六　　　　10:00～16:00
  11 月～次年 3 月
  周一～周五　　9:00～17:00
  周六　　　　10:00～16:00

● 北海博物馆
- Herzog-Adolf-Str. 25
- ⌨ www.museumsverbund-nordfriesland.de
- 🕐 6/16～9/15
  周一～周日　10:00～17:00
  9/16～次年 6/15
  周二～周日　11:00～17:00
- 🕐 9/16～次年 6/15 的周一、12/24～26、1/1
- 💶 € 5、学生 € 2

● 胡苏姆城堡
- König-Friedrich-V.-Allee
- ⌨ www.museumsverbund-nordfriesland.de
- 🕐 3～10 月
  周二～周日　11:00～17:00
  11 月～次年 2 月
  周六·周日　11:00～17:00
- 🕐 周一、11 月～次年 2 月的周一～周五、12/24～26、1/1、1 月、💶 € 5、学生 € 2

● 施托姆纪念馆
- AWasserreihe 31
- ⌨ www.storm-gesellschaft.de
- 🕐 4～10 月
  周二～周五　10:00～17:00
  周六　　　　11:00～17:00
  周日·周一　14:00～17:00
  11 月～次年 3 月
  周二·周四·周六
  　　　　　　14:00～17:00
- 💶 € 3.50、学生 € 2.50

叙尔特岛 *Sylt*

位于北海上的德国最北端的度假岛屿

韦斯特兰的海滩

MAP ◆ p.440-A1

人　口	13400 人
长途区号	04651

ACCESS

铁路：从汉堡的阿尔托纳站乘坐私铁 NOB 至韦斯特兰（铁路通票有效）约需 3 小时。

❶ **叙尔特岛的旅游服务中心**
☎（04651）9980
🖥 www.westerland.de
● 韦斯特兰站的 ❶
🏠 Am Bahnhof Westerland
🕐 10:00～16:00
● 腓特烈大街的 ❶
🏠 Friedrichstr. 44
🕐 周一～周五　10:00～16:00
　周六　　　　10:00～14:00
● 乡土博物馆／老弗里西亚之屋
🏠 Am Kliff 19/13
🕐 4～10 月
　周一～周五　10:00～17:00
　周六·周日　11:00～17:00
　11 月～次年 3 月
　周三～周六　12:00～16:00
🏠 冬季有临时休业
💰 各€7/€4

● **自行车租赁**
　游览叙尔特岛最适合骑行。韦斯特兰站周边有几家自行车租赁店，每天大约€7便可租借。冬季休业。

推荐酒店

🏨 **克劳森酒店**
　Hotel Clausen
🏠 Friedrichstr. 20　D-25980
☎（04651）92290
📠（04651）28007
🖥 www.hotel-clausen-sylt.de
🛏 Ⓢ €80～　Ⓣ €140～
　上述酒店夏季与圣诞节·新年期间收取旺季费用，淡季价格会便宜一些。酒店正对腓特烈大街，去海滩也十分方便。有免费 Wi-Fi。1 月休业。

　　叙尔特岛是位于德国最北端的小岛，面积仅有 99 平方公里。与德国本土之间有兴登堡铁路堤道相连。这里还是在德国人中人气较高的高级度假胜地。

　　岛上最主要的小镇韦斯特兰 Westerland 刚好位于岛屿的中央位置，这里还是列车的终点。从韦斯特兰车站向西延伸的腓特烈大街 Friedrichstr. 是一条步行街，这一代是商业中心，时尚商店也比较多。周边还有不少海产专营店，可以品尝到鱼汤和炸鱼等美味。腓特烈大街的最前方便是海滩的入口，夏季需要收取入场费（如果有住宿卡则不需要缴费）。海岸沿线的室内泳池中心 Freizeitbad Sylter Welle 内，有综合美容中心 Syltness Center。

车站前被强风吹得倾斜的人像

　　韦斯特兰站的内侧是巴士中心，这里有通往岛上各地的巴士。另外，还有观赏临近岛屿上的海豹保护区的半日至 1 日游观光船，夏季期间从岛南端 Hörnum 和北端 List 的港口出发。

　　距离韦斯特兰以东 5 公里，乘火车或者巴士往回的方向，有一个美丽的村落凯图姆 Keitum。村子里有多座麦秸秆、芦苇秆和茅草铺顶的民居，这些茅屋入口或者后院入口的门都非常有特色。天气不好的时候建议在这座小村落内散步散步。乡土博物馆 Sylter Heimatmuseum 内展示有岛屿的历史和部分艺术作品，老弗里西亚之屋 Altfriesisches Haus 内再现了古老的家具和陈设。

乡土博物馆

基尔 *Kiel*

生机勃勃的美丽港口与运河之城

基尔港

港口城市基尔，位于连接波罗的海与北海的运河起点，是通往北欧的门户。第二次世界大战期间，基尔是德国海军的潜艇基地。现在，这里是石勒苏益格－荷尔斯泰因州的首府，经济发展主要依靠海运和造船业。每年6月下旬的基尔周活动，已经有100年的历史，届时会举办有世界各国帆船选手参加的帆船比赛，整个城市都会变得非常热闹。

从港湾式火车站的左侧（西）出来，有横跨道路的天桥，通往购物中心。在天桥上右转（北）后继续前行，就是步行街霍尔斯滕街Holstenstr.。附近有新市政厅Neues Rathaus，里面设有❶。

沿霍尔斯滕街继续前行，就来到了市中心的老集市Alter Markt。这个广场上的圣尼古拉教堂St. Nikolai-Kirche与港口旁的船舶博物馆Stadt und Schiffahrtsmuseum都是重要的景点。

来到基尔，还可以顺便去一下基尔以北20公里处的拉博Laboe。那里有德国海军纪念馆Marine-Ehrenmal，纪念馆前的海边还保存着曾用于实战的U型潜艇U995。前往纪念馆，可从基尔火车站前乘坐开往Laboe的100路巴士（用时约40分钟）或102路巴士（用时约25分钟）在Laboe Hafen下车。从巴士车站沿海岸步行10~15分钟，就能看见船首形状的海军纪念塔，塔高85米，为茶色。在塔顶可以远眺基尔湾Kieler Förde的景色。

Map◆p.440-A2

人　口	241500人
长途区号	0431

ACCESS

铁路：从汉堡中央车站乘坐ICE特快约需1小时10分钟。从吕贝克乘坐RE快速约需1小时10分钟。

❶ **基尔的旅游服务中心**
Andreas-Gayk-Str. 31
D-24103
☎（0431）679100
📠（0431）6791099
🖥 www.kiel-sailing-city.de
🕐 周一～周五　9:30~18:00
　 周六　10:00~14:00

● **圣尼古拉教堂**
🖥 st-nikolai-kiel.de
🕐 周一～周六　10:00~18:00
　 周日　10:00~19:00
（礼拜中谢绝参观）

● **船舶博物馆**
🏠 Wall 65
🕐 10:00~18:00
（10/15~次年4/14期间的周二～周日10:00~17:00）
💰 €3

● **德国海军纪念馆**
🏠 Strandstr.92
🕐 4~10月　9:30~18:00
　 11月~次年3月　9:30~16:00
（闭馆前1小时停止入场）
💰 €6，U型潜艇U995是€4，组合套票€9.50

海军纪念塔

位于拉博岸边的U型潜艇

编外话　基尔的特产是用长度不足10厘米的鲱鱼熏制而成的金黄色的Kieler Sprotten。鱼店会把这种鱼放入木盒或制成罐头出售。价格便宜，很适合与啤酒一起食用，非常值得品尝。

弗伦斯堡 *Flensburg*

靠近丹麦的德国最北端的港口城市

弗伦斯堡
柏林
法兰克福
慕尼黑

MAP ◆ p.440-A1

人 口	84000 人
长途区号	0461

ACCESS

铁路：从汉堡中央车站乘坐 RE（快速）约需 2 小时。从基尔乘坐 RB（普通）约需 1 小时 15 分钟。

🄸 **弗伦斯堡的旅游服务中心**
🏠 Rote Str. 15-17
　D-24937 Flensburg
☎ （0461）9090920
🖥 www.flensburg-tourismus.de
🕐 周一～周五　9:00~18:00
　周六　　　10:00~14:00

● **船舶博物馆**
🏠 Schiffbrücke 39
🖥 www.schifffahrtsmuseum.flensburg.de
🕐 周二～周日　10:00~17:00
💰 € 6

● **格吕克斯堡**
🚌 从弗伦斯堡的巴士枢纽站 ZOB 乘坐 1574 路开往 Glücksburg（Ostsee）ZOB 的巴士，约需 35 分钟，在 Schloss Glücksburg 站下车，步行约需 5 分钟。
🏠 Schlossallee
🖥 www.schloss-gluecksburg.de
🕐 5~10 月
　每天　　　　10:00~18:00
　11 月～次年 4 月
　周六·周日　11:00~16:00
　（闭馆前 1 小时停止入场）
💰 € 8，学生 € 4.80

仿佛浮于湖面的格吕克斯堡

诺尔德街

这里曾经有 400 多年受丹麦王室的统治，现在仍然大约每 5 个人中就有 1 个人的母语为丹麦语。古建筑的样式也保持着浓重的丹麦风格。

从火车站向北 1.5 公里，就是市中心的巴士枢纽站 ZOB。乘 1 路或 5 路巴士约 5 分钟可到达。沿缓缓的坡路步行，大约需要 15 分钟。🄸 在火车站以北 500 米处的市政厅附近。

沿市政厅街向西，不远处就是与步行街格罗塞街 Große Str. 相交的十字路口。那里是弗伦斯堡最繁华的商业街。还有许多可以品尝到鱼鲜菜肴及丹麦特色肉类菜肴的餐厅。向北前行，右侧是建有高塔的圣母教堂 Marienkirche，道路的名称变为诺尔德街 Norderstr.。来到前面的港口后继续往北走，就是船舶博物馆 Schifffahrtsmuseum。

弗伦斯堡 近郊景点

倒映在水中的白色城堡格吕克斯堡

Schloss Glücksburg　　　　　　　　**Map p.440-A2**

位于弗伦斯堡东北约 9 公里处的一座城堡，白色的建筑倒映在水中。建于 1583~1587 年。现在拥有该城堡的格吕克斯家族，有丹麦及挪威王室的血统，是欧洲非常尊贵的名门望族。文艺复兴式的城堡看上去非常整洁，是德国北部地区的人气景点。从巴士道路走过石桥，就来到城门前，城堡内部现为展出民俗展品的博物馆。

编外话　"moin moin" 是弗伦斯堡等德国北部地区的港口城市及岛屿上使用的问候语。发音给人感觉十分可爱且容易记住，全天任何时间都可以使用，所以是一个十分方便的词汇。说出来的话，当地人会感到非常亲切。

什未林 *Schwerin*

森林和湖泊围绕的华丽城堡

法式风情的优雅城堡

位于湖区的古都什未林，也被人们称为"七湖之城 Stadt der sieben Seen"。战后作为梅克伦堡地区的产业和文化中心逐渐发展起来。

什未林 漫 步

从中央车站的广场右转，沿着有轨电车或者巴士穿行的 Wismarsche Str. 或者湖畔的 Karl-Marx-Str. 一直走便可到达市中心。走在宽敞的步行街——梅克伦堡大街 Mecklenburgstr. 上，街角处立有指示牌标示着各个方向，还算是比较好找。集市广场 Markt 是整个城市的中心，❶、市政厅 Rathaus、大教堂 Dom 都位于广场周围。登上大教堂的塔楼还可以眺望在湖泊和森林环绕下的城市风景。

市政厅的下部有地下通道。

沿着街头写有"Schloss"的指示牌走，便会到达一处叫作"老花园 Alter Garten"的宽敞广场，从这里可以看到什未林城堡 Schloss 的全貌。这座广场上建有州立剧场 Staatstheater 和州立博物馆 Staatliches Museum。州立博物馆内珍藏的 17 世纪荷兰·弗兰德斯的绘画作品，非常有鉴赏价值。

城堡仿佛是浮于湖心的王宫一般，到达那里需要穿过一座古老的桥。现在所见到的城堡外观建筑是建于 1843~1857 年间的，是仿照法国卢瓦尔河畔的香波城堡而建的，四周林立的塔楼酷似香波城堡。城堡花园 Schlossgarten 的景色美丽至极。城堡内部开放，有城堡主人梅克伦堡大公腓特烈·弗朗茨二世的王座大厅、大公妃的房间和画廊等可供游客参观。

如果时间宽裕的话还可以参观城堡花园南侧的动物园 Zoo 和民俗博物馆 Mecklenburgische Volkskundemuseum。

建有大教堂的集市广场

什未林　★　柏林

·法兰克福

慕尼黑

Map◆p.441-A3

人　口	91600 人
长途区号	0385

ACCESS

铁路：从汉堡中央车站乘坐 IC 特快约需 50 分钟，乘坐 RE（快速）约需 1 小时 25 分钟。从柏林乘坐 RE 快速约需 2 小时 30 分钟。

❶ **什未林的旅游服务中心**
🏠 Am Markt 14
　 D-19055 Schwerin
☎（0385）5925212
📠（0385）555094
🖳 www.schwerin.info
🗓 周一～周五　9:00~18:00
　 周六·周日　10:00~16:00

●**什未林票**
Schwerin-Ticket
　1 日券€5.50，2 日券€8。可以任意乘坐市内交通，美术馆的门票可以享受折扣，还有一些免费的服务。可以在 ❶ 购买。

●**大教堂**
🖳 www.dom.schwerin.de
🗓 周一～周六　11:00~14:00
　 周日·节日　12:00~15:00
🎫 塔楼门票€1.50

●**州立博物馆**
🏠 Alter Garten 3
🖳 www.museum-schwein.de
🗓 4/15~10/14
　 周二～周日　11:00~18:00
　 10/15～次年 4/14
　 周二～周日　11:00~17:00
　（闭馆前 30 分钟停止入场）
🚫 周一
🎫 €5.50、学生€4（特展需另付费）

●**什未林城堡**
🏠 Lennéstr.1
🗓 4/15~10/14
　 周二～周日　10:00~18:00
　 10/15～次年 4/14
　 周二～周日　10:00~17:00
　（闭馆前 30 分钟停止入场）
🚫 周一
🎫 €8.50、学生€6.50

487

● 民俗博物馆
囲 Alte Crivitzer Landstr. 13
囲 4~10月
周二～周日 10:00~18:00
（10月~17:00）
囲 周一，11月～次年3月
囲 €3.50，学生€2.50

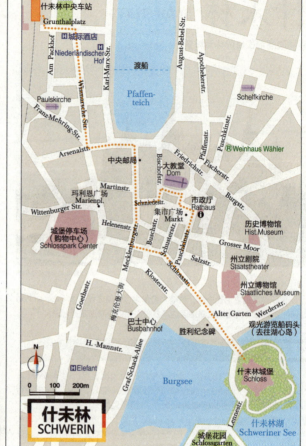

推荐餐厅

Ⓡ Weinhaus Wähler
囲 Puschkinstr. 26
☎ （0385）555830
圖 www.weinhaus-woehler.com
圖 11:30~14:30，17:30~
22:00（冬季会缩短营业
时间或休业）
　创建于1819年的历史
悠久的葡萄酒餐厅。外观建
筑是一栋18世纪中叶的木
结构房屋。

什未林的酒店
Hotel

城际酒店
InterCityHotel

◆建于中央车站前的连锁酒店。基本房型是标准间，两张床，附带淋浴。有Wi-Fi（付费）。可以根据客人的需求提供市内交通卡。

Map p.488

囲 Grunthalplatz 5-7　D-19053
☎ （0385）59500 囲 （0385）5950999
圖 www.intercityhotel.com/schwerin
圖 ⓈⓉ €46.75~　早餐需单独支付€13
囲 ⒶⒹⒿⓂⓋ

青年旅舍
Jugendherberge

◆距离动物园较近，靠近湖畔。从中央车站向南走500米，在玛利恩广场的巴士站乘坐去往Jugendherberge的14路巴士，在终点站下车。然后再步行5分钟即到。16:00开始办理入住手续。没有Wi-Fi。圣诞节休业。

Map p. 地图外

囲 Waldschulenweg 3　D-19061
☎ （0385）3260006 囲 （0385）3260303
圖 www.djh-mv.de
圖 附带早餐€21，27岁以上是€24
囲 不可使用

维斯马 *Wismar*

至今仍保留有汉萨城市风貌的小型港口城市

集市广场与给水塔（左侧）

Map◆p.441-A3

人口	42200 人
长途区号	03841

ACCESS

铁路: 从什未林乘坐 RE 快速约需 30 分钟，从罗斯托克约需 1 小时 10 分钟。

从吕贝克等地过来的移民于 1229 年开始建设这座城市。为了对抗日益猖獗的海盗，1295 年维斯马、吕贝克、罗斯托克之间缔结了协定，这便是日后汉萨同盟的前身。1648~1803 年这座城市落入了瑞典国王之手，直到 1903 年才重新归于德国管辖。市中心古老建筑相对比较集中，是一座非常有情调的海港城市。

ⓘ **维斯马的旅游服务中心**
- Stadthaus, Am Markt 11
  D-23966 Wismar
- ☎ (03841) 19433
- 📠 (03841) 2513091
- 🌐 www.wismar.de
- 🕐 9:00~17:00
  （冬季是 10:00~16:00）

维斯马 漫步

从车站出来之后沿着河畔的 Frische Grube 前行，然后在建有莎贝尔豪斯 Schabbelhaus 的 ABCstr. 左转，便可以到达位于市政厅斜后方的步行街。市政厅前的集市广场 Markt 是一座 100 米 ×100 米的正方形广场。建于广场一侧的市政厅的地下部分是一座叫 Rathauskeller 的乡土历史博物馆。另外，名为老瑞典饭店 Alter Schwede 的建筑是维斯马最古老的建筑（1380 年），现在改成了餐厅。ⓘ 也位于集市广场上。

世界遗产
维斯马与施特拉尔松德的老城区
（2002 年被列为世界遗产）

● **Rathauskeller**
- 🕐 10:00~18:00（冬季的周日是 10:00~16:00）
- 💶 € 1，学生 € 0.50

● **尼古拉教堂**
- 🕐 5~9 月　　8:00~20:00
  4 月·10 月　10:00~18:00
  11 月~次年 3 月
  　　　　　11:00~16:00
- 💶 € 1~（任意捐款）

红砖色的建筑群云集的旧港

从 ⓘ 的一角处出发，朝着玛利恩教堂 Marienkirche 方向前行。沿途，自中世纪维斯马开港以来，入港船舶的坐标塔（高80米）至今仍矗立在那里。塔的隔壁是主教宅邸（内部不可参观）和乔治教堂 Georgenkirche，从这里继续往北前行便可到达旧港。

夏季是旅游旺季，从旧港乘坐观光游览船 Weissen Flotte 的游客非常多，从这里沿水路可以返回到尼古拉教堂 Nikolaikirche。这座教堂是在 1380~1508 年间，仿照法国的大教堂修建的，中间长廊高达 37 米，十分气派。尼古拉教堂的对面桥头处是建于 16 世纪的莎贝尔豪斯 Schabbellhaus，现在作为历史博物馆 Stadtgeschichtliches Museum 被使用。

尼古拉教堂与运河畔的道路

489

维斯马最古老的建筑老瑞典餐厅

旧港有不少售卖熏鱼或者炸鱼三明治的船只

● 历史博物馆
⊞ Schweinsbrücke 8
※ 受到改造工程影响，本书调查时正在闭馆。部分展品在 Rathauskeller 或者玛利恩教堂展出。

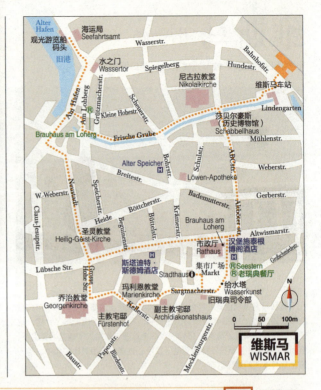

Alter Hafen
旧港
观光游览船码头
海运局 Seefahrtsamt
Wasserstr.
水之门 Wassertor
Spiegelberg
Bahnhofstr.
Hundestr.
尼古拉教堂 Nikolaikirche
维斯马车站
Alt Hafen
Am Hafen
Grützmacherstr.
Kleine Hohestr.
Scheuerstr.
Lindengarten
莎贝尔豪斯（历史博物馆）Schabbellhaus
Mühlenstr.
Brauhaus am Lohberg
Frische Grube
Alter Speicher
Bohrstr.
Schulstr.
ABCstr.
Löwen-Apotheke
Weberstr.
W.-Weberstr.
Neustadt
Breitestr.
Gerberstr.
Speicherstr.
Bademutterstr.
Claus-Jesupstr.
Heide
Beguinenstr.
Böttcherstr.
Bütelstr.
Krämerstr.
Altböckerstr.
圣灵教堂 Heilig-Geist-Kirche
Brauhaus am Loherg
Altwismarstr.
市政厅 Rathaus
汉堡施泰根博阁酒店
斯塔迪特·斯德姆酒店
Stadthaus
Lübsche Str.
Grosse Hohe Str.
集市广场 Markt
Seestern
老瑞典餐厅
玛利恩教堂 Marienkirche
Sargmacherstr.
给水塔 Wasserkunst
旧瑞典司令部
乔治教堂 Georgenkirche
Kellerstr.
副主教宅邸 Archidiakonatshaus
主教宅邸 Fürstenhof
Baustr.
Papenstr.
Blackmant
Mecklenburgerstr.
Grossschmedest.
N
0 50 100m
维斯马 WISMAR

维斯马的餐馆
Restaurant

老瑞典餐厅
Alter Schwede

◆面朝集市广场而建，从露台远眺的风景非常不错。鱼类菜肴的味道非常棒，照片中的菜肴是 Zanderfilet，是用梭鱼——欧洲非常受欢迎的一种白身鱼烤制而成的，然后淋上奶油汤汁再加上菠菜等配菜。隔壁的 Seestern 餐厅也是同一个老板经营的，比这间店铺的就餐氛围要轻松些，有种咖啡店的感觉。

Map p.490

⊞ Am Markt 22
☎（03841）283552
URL www.alter-schwede-wismar.de
🕐 11:30~22:00
💳 A M V

维斯马的酒店
Hotel

汉堡施泰根博阁酒店
Steigenberger Hotel Stadt Hamburg

◆面朝集市广场而建的新型高档酒店。设备是最新的。共有 103 间客房。有咖啡馆、餐厅、芬兰浴桑拿房。有 Wi-Fi（付费）。

Map p.490

⊞ Am Markt 24   D-23966   💳 A D J M V
☎（03841）2390   FAX（03841）239239
URL www.wismar.steigenberger.de
💶 S € 56~   T € 64~ 早餐需单独支付€ 16

斯塔迪特·斯德姆酒店
Stadthotel Stern

◆拥有大窗的敞亮房间较多。有免费 Wi-Fi。共 31 间客房。住宿的客人可以免费使用这里的桑拿、按摩浴缸等。并设有餐厅。

Map p.490

⊞ Lübsche Str. 9   D-23968
☎（03841）257740   FAX（03841）25774505
URL www.stadthotel-stern.de
💶 S € 71~97.50   T € 90~122   💳 M V

 距离港口较近的啤酒餐厅 Brauhaus am Lohberg（URL www.brauhaus-wismar.de ⊞ Kleine Hohe Str. 15）无论是啤酒还是海鲜味道都很赞！烤偏口鱼 gebratene Scholle 价格是€ 15.60。

罗斯托克 *Rostock*

散发着浓郁北欧气息的汉萨城市

购物游客云集的克勒佩林街。砖造建筑物是 15 世纪的牧师馆

虽说是原东德最大的港口城市，但老城区距离瓦尔诺河的河口还有约 15 公里，完全没有港口城市的氛围。只是偶尔能看到海鸥飞过。造船厂、港湾设施等都在紧邻瓦罗的海的瓦尔讷明德市 Warnemünde。

老城区呈椭圆形展开，东西约 1.5 公里，南北约 1 公里。围绕这座老城的城墙还残留有 1/3。老城区的景点用半天的时间游览就足够了。如果是夏季，剩下的半天时间可以去瓦尔讷明德热闹的海滨浴场。

罗斯托克 漫 步

从中央车站步行至老城区约需 15 分钟。或者从车站的地下站台乘坐有轨电车在第二站石门站 Steintor 下车。这站附近有残留下来的中世纪城墙的一座城门，也是老城区的入口。

7 座尖塔给人留下深刻印象的市政厅和有轨电车

新集市广场 Neuer Markt 的对面是拥有 7 座小尖塔的市政厅大楼。从广场延伸的步行街克勒佩林街 Kröpeliner Str. 两旁整齐排列着战后重建的人字形屋顶的建筑。其中最醒目的建筑，是建于 15 世纪的牧师馆 Pfarrhaus，现在是市立图书馆 Stadtbibliothek。德国北部特有的砖结构建筑和哥特式风格搭配得十分完美。

建于 1419 年的罗斯托克大学历史悠久，至今仍旧可以看到中世纪的影子。利用古修道院改造而成的历史文化博物馆 Kulturhistorisches

罗斯托克　柏林

法兰克福

慕尼黑

Map ◆ p.441-A3

人　口	203400 人
长途区号	0381

ACCESS

铁路：从斯图加特乘坐 ICE 特快约需 50 分钟，从什未林出发约需 55 分钟，从汉堡出发约需 1 小时 50 分钟。如果从维斯马乘坐 RE 快速，约需 1 小时 10 分钟，从柏林约需 2 小时 40 分钟。

❶ **罗斯托克的旅游服务中心**
🏠 Universitätsplatz 6
　 D-18055 Rostock
☎ (0381) 3812222
📠 (0381) 5480060
　 www.rostock.de
📅 5~10月
　 周一～周五　10:00~18:00
　 周六·周日　10:00~15:00
　 11 月～次年 4 月
　 周一～周五　10:00~17:00
　 周六　　　　10:00~15:00

● **罗斯托克卡**
Rostock Card
　 有 24 小时卡（€12）和 48 小时卡（€16），持卡参观博物馆等景点可以免费或者享受折扣。在 ❶ 或者市内交通的售票处均可购买，还可以在主要酒店购买。

● **市内交通**
　 5 路有轨电车非常适合观光游览，线路是中央车站～石门～新集市广场～克勒佩林塔。
　 单次乘车券 Einzelfahrausweis €2。1 日乘车券 Tages-karte 是从打卡时刻起至次日 3:00 期间有效，市中心用的票价是 €4.90。可供 5 人使用的团体票的 1 日券是 €14.80。

✉投稿　市政厅的柱子下面有一条蛇（铜像）。根据文献记载，250 年前这里便有这条蛇了，现在是第三代。蛇是"智慧的象征"，所以造访这里的人都习惯性地去抚摸蛇的头，因此铜像的头部非常光亮。

●历史文化博物馆
[www] www.kulturhistorisches-
museum-rostock.de
[时] 周二～周日　10:00～18:00
（闭馆前30分钟停止入场）
[休] 周一
[费] 常设展免费。特展需单独
支付费用
●圣玛利恩教堂
[www] www.marienkirche-rostock.
de
[时] 周一～周六　10:00～18:00
周日　11:15～17:00
但是10月～次年4月的
周一～周六是10:00~12:15
和14:00~16:00，周日是
11:15~12:15
[费] €1（捐赠）

历史文化博物馆的入口

[i] 瓦尔讷明德的旅游服务
中心
[地] Am Strom 59　D-18119
Rostock-Warne-münde
[电] (0381) 3812222
[传] (0381) 5480060
[www] www.warnemuende.travel
[时] 5~10月
周一～周五　9:00～18:00
周六·周日　10:00～15:00
11月～次年4月
周一～周五　10:00～17:00
周六　　　　10:00～15:00
[i] 巴特多伯兰的旅游服务
中心
[地] Severinstr. 6
D-18209　Bad Doberan
[电] (038203) 62154
[传] (038203) 77050
[www] www.bad-doberan.de
[时] 5/15~9/15
周一～周五　9:00～18:00

Museum 也非常值得一看。从克勒佩
林街去博物馆的途中也有一座 [i]。

　　圣玛利恩教堂 St.-Marien-Kirche
也是必看的景点之一。最古老的部分
是13世纪残留下来的，之后经历了
400年的建设期，有着各种各样的建
筑风格。内部有1290年制造的青铜
洗礼盆、1472年制造的天文时钟等文物。

罗斯托克 近郊景点

瓦尔讷明德
Warnemünde　　　　　　　　　　Map p.441-A3

从罗斯托克乘坐 S-Bahn
约20分钟可达。这座城市是
瓦尔诺河注入波罗的海的入海
口。过去只是一个小渔村，如
今是度假胜地，地方特色餐
厅、商店林立。
　　从瓦尔讷明德车站出来以
后，走过左侧架于运河上的桥
便可到达 [i]。沿着运河河畔

车站旁的运河

的道路前行，可以到达有灯塔的广场。从这里一直到海岸沿线有一条沿
海大道 Seepromenade 通行。

巴特多伯兰
Bad Doberan　　　　　　　　　　Map p.441-A3

从罗斯托克乘坐去往维斯马的普通列车约20分钟可达。从巴特多伯

兰经由海利根达姆 Heiligendamm（这里拥有面朝波罗的海的海水浴场），到达屈隆斯伯恩 Kühlungsborn 大约有 15 公里，之间有窄轨蒸汽火车通行。自 1886 年通车以来，一直不间断行驶的小型蒸汽火车被人们亲切地称为"茉莉 Molli"，拥有众多粉丝。

❶ 位于城市中心地区，市政厅的内部。

城市的主要街道上有 SL 通行

周六 10:00~15:00
9/16～次年 5/14
周一～周五 9:00~16:00
●蒸汽火车茉莉
Mecklenburgische Bäderbahn Molli
🏠 Am Bahnhof D-18209 Bad Doberan
☎ （038293）431331
📠 （038293）431332
🌐 www.molli-bahn.de
🕐 4~10月 每小时 1 趟车，11月～次年 3月期间 2 小时 1 趟车。单程约需 40 分钟。
💰 至终点 Kühlungsborn West 单程€ 7.50，往返€ 13.50

罗斯托克的酒店
Hotel

施泰根博阁索纳尔度假酒店
Steigenberger Hotel Sonne
◆位于市政厅附近的高档酒店。只有公共区域有 Wi-Fi（免费）。客房上网需要付费。

Map p.492
🏠 Neuer Markt 2 D-18055
☎ （0381）49730 📠 （0381）4973351
🌐 www.rostock.steigenberger.de
💰 ⑤ € 108~ ⑦ € 137~ 🏧 ADJMV

城际酒店
InterCityHotel
◆出中央车站后右侧即是。有 Wi-Fi（付费）。可以根据入住者的要求提供在市内停留期间的交通卡。

Map p. 地图外
🏠 Herweghstr. 51 D-18055
☎ （0381）49500 📠 （0381）4950999
🌐 www.intercityhotel.de
💰 ⑤⑦ € 69.90~ 早餐需单独支付€ 14
🏧 ADJMV

小太阳酒店
Hotel die Kleine Sonne
◆位于老城区的一家拥有 48 间客房的中档酒店。可以使用斜对面施泰根博阁索纳尔度假酒店的休闲区和桑拿区（付费）。有 Wi-Fi（付费）。

Map p.492
🏠 Steinstr.7 D-18055 Rostock
☎ （0381）46120 📠 （0381）46121234
💻 die-kleine-sonne.de 💰 ⑤ € 73~ ⑦ € 90~
🏧 ADMV

瓦尔讷明德青年旅舍
Jugendherberge Warnemünde
◆从罗斯托克中央车站乘坐前往瓦尔讷明德方向的 S-Bahn，在 Warnemünde Werft 站下车。然后换乘 36 路巴士在 Warnemünde-Strand 站下车即到。部分区域可以使用 Wi-Fi（付费）。12/24~26 期间休业。

Map p. 地图外
🏠 Parkstr. 47 D-18119 Rostock- Warnemünde
☎ （0381）548170 📠 （0381）5481723
🌐 www.djh-mv.de 🏧 不可
💰 包含床单、早餐€ 25~，27 岁以上是€ 31.90~，另外需要加收疗养税€ 1~2。午餐、晚餐各€ 5.50

海利根达姆的酒店

※ 每人每晚需支付€ 1~2 的住宿疗养税。

海利根达姆豪华酒店
Grand Hotel Heiligendamm
◆面朝波罗的海而建的白色高档度假酒店。曾经是 2007 年发达国家首脑会议（G8）的会场。在这里你可以尽情享受海滩度假酒店的奢华乐趣。SPA 水疗设施完善。公共区域有 Wi-Fi，客房有网线。

Map p. 地图外
🏠 D-18209 Bad Doberan-Heiligendamm
☎ （038203）7400
📠 （038203）7407474
🌐 grandhotel-heiligendamm.de
💰 ⑤ € 190~ ⑦ € 220~
🏧 ADJMV

📧 投稿 巴特多伯兰的明斯特教堂是利用建于 12 世纪初期的修道院，在 13 世纪时改建而成的。也是一座哥特式建筑的杰作，非常值得一看。🌐 www.muenster-doberan.de

施特拉尔松德 *Stralsund*

拥有绵延石子路的波罗的海旁的古都

MAP ◆ p.441-A4

人 口	57300 人
长途区号	03831

ACCESS

铁路: 从汉堡乘坐 IC 特快约需 2 小时 50 分钟,从什未林约需 1 小时 55 分钟,从罗斯托克约需 50 分钟。从柏林中央车站乘坐 ICE 特快约需 2 小时 35 分钟,乘坐 RE 快速约需 3 小时 10 分钟。

❶ 施特拉尔松德的旅游服务中心

- Alter Markt 9
- D-18439 Stralsund
- ☎ (03831) 24690
- FAX (03831) 246922
- URL www.stralsundtourismus.de
- 5~10月
  - 周一~周五 10:00~18:00
  - 周六 10:00~16:00
  - 周日·节日 10:00~14:00
- 11月~次年4月
  - 周一~周五 10:00~17:00
  - 周六 10:00~14:00

世界遗产

维斯马与施特拉尔松德的老城区

(2002 年被列为世界遗产)

老集市广场建筑物的风格十分和谐

夏季旅游旺季的时候还有专门向游客售卖鱼的船漂浮于运河上

红砖建筑群与白色外观的欧岑诺伊姆海洋博物馆

这里是德国人气较高的海滨度假胜地,也是去往吕根岛 Rügen 和希登塞岛 Hiddensee 的根据地,夏季十分热闹。还是曾经繁荣一时的汉萨同盟城市,拥有古老的城市风貌。

施特拉尔松德 漫 步

出车站后向东走,沿特里布赛尔达姆街 Tribseer Damm 前行 300 米左右,便会到达一个比较大的十字路口,直行穿过路口进入到石铺路面的

✉ 投稿 前往佩内明德可当天往返。包含换乘 (Züssow 和 Zinnowitz) 和等车的时间,乘坐电车单程需要 4 小时。历史技术博物馆虽然没有语音导览器,但是大多数的展品都用英语和德语做了解释,每天有 3 次关于火

特里布赛尔街 Tribseer Str.，这里便是进入老城区的入口。

从新集市广场 Neuer Markt 向北延伸的道路门希街上，文化历史博物馆 Kulturhistorisches Museum 和海洋博物馆 Deutsches Meeresmuseum 相邻而建。两座博物馆都是利用过去的教堂和修道院改建而成的，具有独特风格。

沿着熙熙攘攘的奥森赖尔街 Ossenreyerstr. 向北前行，可以到达老集市广场 Alter Markt，广场上建有红砖牌楼的市政厅 Rathaus。市政厅的东侧，是巍然耸立的尼古拉教堂 Nikolaikirche。

面朝港口而建的欧岑诺伊姆海洋博物馆 Ozeaneum 的外观备受瞩目。

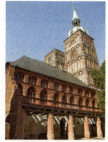

尼古拉教堂的两栋塔楼的屋顶形状各异

●文化历史博物馆
🏠 Mönchstr. 25~28
🕐 10:00~17:00
🚫 12.24・31
💰 € 6、学生€ 3

●海洋博物馆
🏠 Ecke Mönchstr. / Bielkenhagen（入口）
🌐 www.meeresmuseum.de
🕐 6~10 月　　10:00~17:00
　　11 月~次年 5 月
　　周二~周日　10:00~17:00
🚫 11 月 ~ 次年 5 月的周一，12/24
💰 € 10、学生€ 8

施特拉尔松德 主要景点

欧岑诺伊姆海洋博物馆

Ozeaneum ★★★

欧岑诺伊姆海洋博物馆在 2010 年的欧洲博物馆年会中获得大奖，是一座博物馆与水族馆相结合的综合设施。入口处巨型鲸鱼的骨骼模型浮于半空中的玻璃幕之上，美妙绝伦。

内部展示的巨大骨骼模型

原大的巨型须鲸、座头鲸模型在挑高有 4 层楼高的中空大厅来回"游荡"，给人一种置身于深海海底的感觉。除了模型之外，当然还有展示真正的海洋生物的水槽。

让人有种置身于海底的感觉

●欧岑诺伊姆海洋博物馆
🚌 从中央车站乘坐去往 Hafen 方向的 6 路巴士，在 Ozeaneum 站下车即到。
🏠 Hafenstr. 11
🌐 www.ozeaneum.de
🕐 6~9 月　　　　9:30~20:00
　　10 月 ~ 次年 5 月
　　　　　　　　9:30~18:00
（闭馆前 1 小时停止入场）
🚫 12/24
💰 € 17、学生€ 12

乘坐长长的扶梯到达顶层，从这里开始参观

Information　火箭研发的起点佩内明德

　　乌瑟多姆岛 Insel Usedom 是德国第二大岛，岛的东端是波兰的领土。佩内明德 Peenemünde（◯ Map p.441-A4）位于岛的最北部，这里因为第二次世界大战时是德军的火箭实验基地而闻名于世。韦恩赫・冯・布劳恩在这里研发了 V2 火箭，德国战败后他向美国投降，后来参加了 NASA 的阿波罗计划。现在佩内明德有历史技术博物馆 Historische-Technisches Museum Peenemünde（🌐 www.peenemuende.de），全长 12 米的 V2 火箭等展品，在旧发电厂的区域内展示。🕐 周二~周日 10:00~16:00（4~9 月 ~18:00）🚫 周一 💰 € 8

　　佩内明德没有酒店，如果想要住宿推荐在海水浴客人云集的位于岛中心的赫林斯多夫 Heringsdorf。从施特拉尔松德乘坐私铁 Usedomer Bäderbahn 约需 2 小时 10 分钟（中途在 Zinnowitz 站换乘，Züssow~ Peenemünde 之间铁路通票无效）。

V2 火箭的等高模型

🔖 箭的电影上映。附近还有一家玩具博物馆 Spielzeugmuseum，在里面的餐厅里吃了点东西（除此之外没有看到其他餐厅）。

交通路线 从施特拉尔松德乘坐 RE 到宾茨约需 50 分钟。宾茨有两个车站，一个是 DB（德国铁路）的车站 Ostseebad Binz（也表示为 Binz Großbahnhof），另一个是 SL 的车站 Binz LB，这两座车站之间相距 2 公里（虽然有巴士通车但是班次较少）。吕根轻轨（URL rasender-roland.de）不可使用铁路通票。

宾茨的豪普特街是一条可以通往海岸的热闹的主街

宾茨的海滩上有许多藤编的躺椅

施特拉尔松德　近郊景点

吕根岛
Insel Rügen
Map p.441-A4

　　吕根岛是德国最大的岛屿，荒凉的断崖和沙滩相互交错，这里是德国非常有人气的度假胜地。施特拉尔松德与吕根岛之间由 2.5 公里的大桥相连接，桥上通火车。推荐海岸旁的宾茨 Binz 为游览这里的据点，这一地区酒店也相对集中。春季至秋季有叫作"吕根轻轨 Rügensche Kleinbahn"的 SL 列车运行。

　　北部的港口城市萨斯尼茨 Sassnitz，有可以欣赏吕根岛美丽海岸线的游览船通航。

从萨斯尼茨车站延伸至海岸线的桥

耸立的白色断崖是吕根岛最具代表性的风景。乘坐游览船去看高 118 米的柯尼希斯·施图尔是非常有人气的项目

施特拉尔松德的酒店
Hotel

希德登瑟酒店
Hotel Hiddenseer

◆位于欧岑诺伊姆海洋博物馆旁，入住这里可以尽情享受海港城市的乐趣。有免费 Wi-Fi。

Map p.494 外

 Hafenstr. 12　D-18439
☎（03831）2892390　FAX（03831）28923999
URL www.hotel-hiddenseer.de
⑧ Ⓢ € 61.50～　Ⓣ € 72.50～　Ⓗ Ⓐ Ⓜ Ⓥ

城际酒店
InterCityHotel

◆建于中央车站对面。有桑拿和健身房。有 Wi-Fi。

Map p. 地图外

 Tribseer Damm 76　D-18437
☎（03831）2020　FAX（03831）202599
URL www.intercityhotel.com/stralsund
⑧ Ⓢ € 55～　Ⓣ € 75～　早餐需要单独支付 € 13
Ⓗ Ⓐ Ⓓ Ⓙ Ⓜ Ⓥ

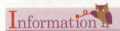

Information　纳粹巨大的休闲娱乐设施——普洛拉度假村改建成了青年旅舍

　　吕根岛的宾茨与萨斯尼茨之间有一片广阔的海水浴场普洛拉 Prora，这里有纳粹曾经规划的巨大型疗养设施。长 500 米的大楼共 8 栋，相连全长 4 公里，可以容纳 2 万人，虽然曾经是一个非常庞大的计划，但是由于第二次世界大战的爆发在即将竣工之前便中止了建设。战后由于建筑物过于巨大而且很结实，不易拆除，这里一度被废弃。后来这里终于实现了再次开发，部分区域被改建成了拥有 400 个床位的、德国最大级别的青年旅舍。与青年旅舍位于同一区域的还有普洛拉中心 Prorazentrum（URL www.prora-zentrum.de），有关纳粹或者东德时期的摄影展等活动会随时举办。

　　普洛拉的青年旅舍（URL www.prora.jugendherbergen-mv.de）只在 4~10 月期间营业。从萨斯尼茨车站前乘坐 20 路巴士约需 25 分钟，在 Prora Jugendherberge 站下车。这趟巴士还通往宾茨。

1 莱茵河畔的鱼市场附近休息的人们（科隆）
2 乘坐登山火车登上德国的最高峰——楚格峰！
3 充满活力的慕尼黑

德国旅行的准备与技巧
Travel Information

旅行必需品

■关于申根签证
持申根签证者（如果签证上无其他注明）可到所有申根国旅游，但该签证不能用于从事工作。不过签证并不是一定能进入申根国家的保证，是否能入境最终由入境的边防部门作决定。（申根协定成员国→ p.508）

■护照有效期
包含德国在内的申根协约国规定入境时护照的有效期必须在 3 个月以上。申请护照更新可在护照到期前 6 个月开始办理，请尽早确认。更换新护照后，旧护照依然需要携带。

■护照信息
申请护照所需材料请参考各地公安局官网。

■国际学生证
德国旅游的重点是美术馆，而多数美术馆和博物馆都有学生票。所以持有国际学生证是非常有必要的。可以凭学生证在下述网址申请 www.isicchina.com。

最重要的是护照和签证，其次是海外旅行保险等必要手续。有些是需要提前准备的，请规划好时间。

护照

中华人民共和国普通护照

申请护照

护照是公民在国际间通行所使用的身份证和国籍证明，也是一国政府为其提供外交保护的重要依据。所以在旅行中一定要随身携带护照，务必要小心保管。

我国的因私普通护照有效期 16 岁以上为 10 年，不满 16 岁为 5 年。首次申请需要支付人民币 220 元，其中 200 元为工本费，20 元为照相费用。如果你已经持有护照，请确认自己的护照是否在有效期内。护照末页的签名，无论是英文还是中文必须是自己写的比较顺手的签名。信用卡上的签名也需要与护照签名一致。在当地经常会有刷卡后要求确认 ID 签名的事情发生。公民因私出国申领护照，须向本人户口所在地市、县公安局出入境管理部门提出申请，具体事宜可登录户口所在地区的公安局官网查询。

签证

中国内地居民前往德国需提前办妥签证。经德国前往第三国者，无论是否出机场，均需申办过境签证。

德国系申根协议国家，中国公民如同时前往多个申根协议国家，应向第一入境国提交申请（详见相关国家驻华使馆网站），并从第一入境国入境。

德国现在华使领馆有 6 个，即德国驻华大使馆、驻上海总领馆、驻广州总领馆、驻成都总领馆、驻沈阳总领馆和驻香港总领馆。除北京、上海、广州、成都、沈阳 5 个签证中心外，另在武汉、重庆、济南、杭州、深圳、西安、长沙、昆明、南京、福州开设了签证申请受理中心。申请人一般根据领区划分前往上述使领馆或签证中心申办签证。

申请申根旅游签证需要提供护照、申请表、2 张证件照片、旅行医疗保险、户口簿、申请人的银行账户对账单（原件）、工作单位 / 自有企业开具的在职证明（原件）、工作单位 / 自有企业营业执照（1 份复印件）、旅行计划、机票预订单、住宿证明以及使领馆要求的其他材料。详情可登 录 www.china.diplo.de/Vertretung/china/zh/02-visa/01-schengenvisa/00-schengenvisa-15092015.html 查询。签证费为 60 欧元。

海外旅行保险

如果没有购买旅行保险，在旅行目的地突发疾病如果住院需要支付巨额费用。所以出发前一定要购买海外旅行保险。这也是申请申根签证的必要条件。

目前国内海外旅行意外险种类主要有五种：一是旅游意外伤害险；二是旅游人身意外伤害险；三是住宿游客旅游意外险；四是旅游意外救助保险；五是旅游紧急救援保险。

主要内容是针对海外旅行量身定制的，包含提供境外紧急援助和医疗服务、境外人身保障、住院医疗赔付、旅行证件遗失赔付、旅程延误赔付等多项服务。

请结合自身的实际情况选择合适的保险公司和险种。

服装与携带物品

德国位于北部，从纬度来看，德国南部的慕尼黑（北纬48°）更接近库页岛。冬季非常寒冷，要准备足够暖和的衣服。但是夏季有时突然就变得非常热，温度变化比较大。即使是同一时期，每年的温度变化也不同，所以出发前一定要登录德国的天气预报网站等了解出发前的气候情况。

如果中午出去的话，最好选择轻便的服装，这样会好走一些。穿高档服装会成为小偷的目标。如果打算去欣赏歌剧或去高档餐馆的话，男性要准备与夹克搭配的领带，女性要准备搭配素色连衣裙的首饰等，这样行李也不会增加很多。

在旅行地行动方便是最重要的。大部分物品德国也都能购买到。但是一定不能忘记带上胃药和感冒药等常用药。

行李核对表

重要财物			药品杂物		
重要财物	护照		药品杂物	泳衣	
	信用卡			伞、雨衣	
	预付卡、旅行支票			常用药	
	现金（欧元）			洗涤剂	
	现金（人民币）			卫生巾	
	机票（电子机票凭据）			文具、笔记本	
	交通通票（铁路通票等）			针线	
	海外旅行保险契约			指甲刀与掏耳勺	
	身份证件（国际学生证等）			塑料餐具、勺子、叉子	
	护照复印件			塑料袋	
洗漱用具	洗发水			拖鞋、沙滩鞋	
	牙刷			太阳镜	
	毛巾			防寒用品（便携式取暖用具）	
	剃须刀			锁（挂锁）	
	化妆品			手表、带闹钟的钟表	
	纸巾			电池	
	便携式湿巾			照相机、充电器	
衣物	衬衫			手机、充电器	
	内衣、袜子				
	毛衣（卫衣）			计算器	
	手套、帽子		书籍	外语会话手册、电子辞典	
	睡衣			导游手册	

■电压与频率

德国的电压为230V。频率为50Hz。可以根据使用电器的要求，带上变压器。

C型插头

一定要穿着便于行走的服装

■方便的可封口式塑料袋

Ziploc等可封口塑料袋，很适合将小物件装入其中，然后放入旅行箱，使用时会比较方便。另外，带上几个中号的塑料袋，可以用来装在旅途中购买的水果、面包、三明治等食物，这样可以把食物与其他物品隔开，既能保证卫生，又便于在旅途中食用。

旅行的季节

冬 *Winter*

早上 8 点多天还比较暗，傍晚 4 点多就开始变黑。从南部的巴伐利亚阿尔卑斯山区到东部的厄尔士山区会有比较厚的积雪。需要厚外套、手套、帽子等防寒衣物。路面可能结冰，所以应选择具有防滑功能的鞋。

春 *Frühling*

4 月时，天气多变，在晴朗的日子也可能突然下雨。有时会连续几天变得像夏天般炎热，或者变得像冬天般寒冷。过了 5 月中旬才能迎来百花盛开、春天真正到来的日子。同时，德国特有的啤酒花园也会在春暖花开后开始营业。

纽伦堡的圣诞市场

啤酒之乡慕尼黑的啤酒花园

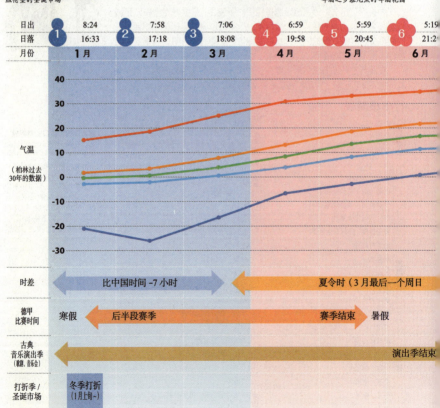

	❶	❷	❸	❹	❺	❻
日出	8:24	7:58	7:06	6:59	5:59	5:19
日落	16:33	17:18	18:08	19:58	20:45	21:2
月份	1 月	2 月	3 月	4 月	5 月	6 月

气温
（柏林过去30年的数据）

时差　比中国时间 -7 小时　　夏令时（3 月最后一个周日

德甲比赛时间　寒假　后半段赛季　赛季结束　暑假

古典音乐演出季（歌剧、音乐会）　演出季结束

打折季 / 圣诞市场　冬季打折（1月上旬~）

✉ 投稿　夏季前往旅游，也带了长袖衣服。有的日子阳光非常强，但也有穿着薄卫衣还感到冷的时候。早上与夜晚气温比较低，所以建议带上厚一些的长袖衣服。

■德国的天气预报
可在网上看到德国的天气预报。根据天气情况选择旅行时的服装及携带物品。
● www.dwd.de（德语、英语）

夏 *Sommer*
德国没有梅雨，天气比较干燥。也许是受到全球气候变暖的影响，最近一些年份会出现连续多日气温超过30℃的情况。除了高级酒店，一般没有冷气装置。另外，即便是盛夏季节，只要下雨，气温就会骤降，所以应准备一件卫衣或夹克。

秋 *Herbst*
秋天来得比较早，进入9月后，气温便开始下降，早晚会变得很凉。到了10月，日照时间也会大幅减少，白天变短。秋季是农作物成熟的季节，在葡萄酒产地会举办葡萄收获的庆祝活动，还可以看到美丽的红叶。

波罗的海中的吕根岛的海滩

波茨坦的10月，树叶开始变黄

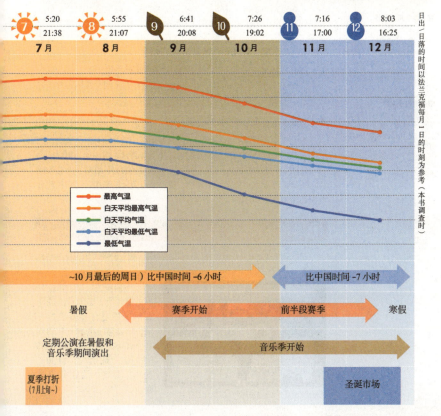

| | 5:20 | | 5:55 | | 6:41 | | 7:26 | | 7:16 | | 8:03 |
| 7 | 21:38 | 8 | 21:07 | 9 | 20:08 | 10 | 19:02 | 11 | 17:00 | 12 | 16:25 |

7月　　8月　　9月　　10月　　11月　　12月

日出／日落的时间以法兰克福每月一日的时刻为参考（本书调查时）

最高气温
白天平均最高气温
白天平均气温
白天平均最低气温
最低气温

~10月最后的周日）比中国时间 -6 小时　　比中国时间 -7 小时

暑假　　赛季开始　　前半段赛季　　寒假

定期公演在暑假和音乐季期间演出　　音乐季开始

夏季打折（7月上旬~）　　圣诞市场

旅行的货币与预算

■最新汇率查询
🔲 srh.bankofchina.com/

货币单位

货币单位为欧元€，辅助货币单位为欧分 ¢。德语读音分别为
"Euro""Cent"。欧元的币种→ p.1。

€ 1=100 ¢ ＝约 7.7 元人民币（2017 年 9 月）。

关于携带的货币

现金

无论在中国还是德国，都能把人民币兑换成欧元，但考虑到抵达德
国后马上就需要支付交通费，所以最好从中国出发前就到银行或机场的
外汇兑换窗口兑换一定金额的欧元现金带在身上。从汇率的角度考虑，
在德国换汇可能会比在中国换汇更有利。另外，为了避免随身携带过多
的现金，最好使用信用卡等付费工具。

信用卡

不用花时间去兑换外汇，也不用随身携带大量现金，因此会更加
安全。适用范围很广，在中等以上的酒店以及餐厅、小餐馆都可以用
信用卡付款，还可以用于购买德国铁路的车票。另外，租赁汽车时也
可作为身份证明，所以一定要随身带好。

付款时，除了签名，很多时候还会被要求输入密码。如果已经忘
记密码，出发前应向信用卡公司查询。考虑到可能会丢失或损坏，所
以最好带两张信用卡，以备不时之需。

海外专用预付卡

这种卡使用起来非常方便，可以为使用者消除兑换外汇的麻烦，而
且其汇率可能比在国内兑换现金时的汇率更加划算。出发前，可在国内
往卡里预存一定金额的人民币，然后可在国外的银行及 ATM 上直接取出
当地货币。需要支付一定的手续费，但可以避免因随身携带过多的现金
而面临的风险。

外汇兑换小窍门

可在银行 Bank、外汇兑换处 Geldwechsel、较大的酒店将人民币兑换
成欧元。

一般来说，汇率最划
算的是银行，各营业厅的营
业时间可能会有微小的不
同，但基本上为周一～周五
的 9:00~12:00 及 14:30~16:00
（个别银行周四营业~17:30），
周六、周日、法定节日不
营业。

兑换外汇时应当场点清金额

■主要信用卡公司
维萨卡 VISA
万事达卡 Master
美国运通卡 America Express
JCB 卡
大来卡 Diners Club

■用信用卡提款
详情请咨询各大银行的
信用卡中心。每一种信用
卡，在不同的国家收费标准
都各不相同。

 在国外使用信用卡时，结算货币有可能不是当地货币。设定的汇率也许对消费者不利，需要注意。酒店或商
店的工作人员有时会询问客人"是否按人民币结算"，但也有工作人员不征求客人意见就擅自按人民币结算的
情况。签字之前一定要确认使用何种货币结算。

机场及规模较大的火车站内的外汇兑换处，营业时间较长，比较方便，但汇率往往都不太划算。

兑换时需要支付手续费，所以应尽量减少兑换次数，但是随身携带大量现金的话，风险也很大。可以根据下面介绍的"旅行预算"来计算一下，除

银行在机场和火车站一般都设有营业点

去使用信用卡支付的住宿费用，旅行期间大概需要多少钱。计算时，还应该查一下日历，看看银行不营业的周末及法定节日是哪天。

旅行预算

旅途中的支出包括住宿费、餐费、交通费、博物馆等门票费用。其中，城市之间的交通费，根据选择路线及时间会有差别。市内交通的话，很多城市都有面向游客的套票，包括1日乘车通票和博物馆等主要景点的门票，可按照个人需要购买。

我们可以计算一下旅行支出中所占比例最高的住宿费与餐费大概需要多少钱。

有两套方案可供参考。第一个方案为普通方案，前提是不想在旅途中过于节省，但又有预算限制，所以支出会有所侧重。另一个方案为节俭方案，前提是把省钱放在第一位，即使有时稍微饿肚子也没关系。

下表的住宿费与餐费，加上杂费（门票、市内交通费等），普通方案的话，每人每天€130左右；节俭方案的话，每人每天€90左右。

	普通方案	节俭方案
住宿费	城市中等酒店带淋浴、厕所的单人间€70~，双人间€85~。乡村酒店的参考价格为单人间€60~，双人间€75~。另外，德国的酒店，除了部分高级酒店外，大多带早餐。	选择淋浴、厕所为公用的酒店或者民宿、客栈的话，单人间€50~，双人间€60~。青年旅舍和私人旅馆，1夜带早餐，€20~25。
餐费	午餐可以在价格便宜的餐厅吃€10~15的套餐，晚餐的话，可以每隔1天去当地特色的餐厅或啤酒馆，大约花费€25。在咖啡馆品尝蛋糕及喝茶，包括小费，需要€8~10。不去餐厅用餐的日子，可以到香肠店及烤串店吃饭，既快捷又省钱。平均下来，1天需要€30~40。	午餐吃三明治、香肠加饮料，€4~6。晚餐可以去快餐店或者在外卖店买一些熟食、沙拉带回酒店吃，还可以在青年旅舍的厨房自己做饭，这样的话花费€6~8。但也不能总是吃这些，可以每3天去1次餐厅，平均下来1天€15~20。

■ 与兑换外汇有关的德语（汇率牌中）
Kurs 汇率
Gebühr 手续费
Ankauf 外汇买入价
用人民币兑换欧元时要确认此价格
Verkauf 外汇卖出价
用欧元兑换人民币时要确认的价格

各主要火车站都设有自动取款机

■ 欧元区国家
爱尔兰、法国、比利时、卢森堡、荷兰、德国、奥地利、西班牙、葡萄牙、意大利、希腊、芬兰、斯洛伐克、斯洛文尼亚、马耳他、塞浦路斯、爱沙尼亚。另外，在摩纳哥、梵蒂冈、圣马力诺、安道尔也可流通。

■ 小额纸币比大额纸币方便
兑换时，往往会收到€100等大额纸币，但最好还是要€10、€20的小额纸币。大额纸币无法在自动售货机上使用，购买价格较低的商品时也可能会被以没有零钱为由拒收（还可能被怀疑是假币）。即使会让钱包变得比较鼓，但还是要记住一定要在钱包中放一些零钱。

■ 准备一些硬币
使用车站、博物馆的行李寄存箱以及上厕所都可能需要€0.50、€1、€2的硬币，没有的话，会增加许多麻烦，所以钱包里应随时放有一两枚硬币。

在德国，65岁以上的老人在很多地方都能享受"老年优惠"，通常都是€1左右的优惠，在购买门票时不妨可以问一句"有老年优惠吗？"

收集旅行信息

■德国国家旅游局官网
🌐 www.germany.travel

■德国国家旅游局电子杂志
　　上面所载网站中有订阅德国国家旅游局电子杂志的功能。按照提示输入自己的姓名及电子邮箱（尽可能使用电脑和智能手机）后，每月月末就能收到免费的电子杂志。内容丰富多彩，包括各种旅游相关活动等最新信息及时事新闻。每月还会举办面向会员的赠送礼品活动。即使没有前往德国旅游的计划，如果对德国感兴趣，也可以通过阅读来了解德国。

■德国驻华大使馆
🏠 北京市朝阳区东直门外大街 17 号
☎ 010-85329000
🌐 www.china.diplo.de

■德国驻上海总领事馆
🏠 上海市徐汇区永福路 181 号
☎ 021-34010106
🌐 www.shanghai.diplo.de

📦 在中国国内收集信息

　　德国国家旅游局在中国设有办事处，会发布德国各主要城市的旅游信息。可以前往咨询。

📦 在德国获取信息

　　德国各个城市都设有旅游服务中心（Tourist Information）。有景点的游览手册、旅游地图、酒店名单等资料，有的地方可免费获取，也有的地方需付费（比较简单的资料为€ 0.50 左右）。也许是因为最近很多旅游服务中心都转为民营，所以对旅游资料收费的地方在增加。如果想获取服务窗口前摆放着的资料，应先询问工作人员，确认是否可以免费拿走。有的地方准备有中文资料。

📦 通过网络获取德国旅行信息

　　德国的网络信息资源非常丰富。本书中刊载了部分德国城市旅游局的网址，未被提到的城市，也可以通过在 http://www. ⬜ .de 的空白部分键入城市名的方法来试着查询。大部分情况，能顺利进入查询城市的网站。主页菜单中，大多都有 Tourismus 等与旅游有关的链接。如果找到的话，就能方便地查询旅游信息。各网站会有所不同，但都会按时更新，可以获取到最新信息，有的城市的网站还可以在线预订酒店房间。

　　还可使用德国的搜索引擎（例如德国 Yahoo）来搜索相关城市的信息。

● **德国旅游相关网站**

德国国家旅游局	🌐 www.germany.travel/cn
柏林旅游局（中文）	🌐 www.laibolin.com
德国铁路	🌐 www.bahn.de
汉莎航空	🌐 www.lufthansa.com/cn（中文）
德国 News Digest	🌐 www.newsdigest.de
德国青年旅舍协会	🌐 www.jugendherberge.de

 # 去往德国的交通方法

■汉莎航空
🌐 www.lufthansa.com/cn

■中国国际航空
🌐 www.airchina.com.cn

■中国南方航空
🌐 www.csair.com/cn

📦 中国飞往德国的航班

　　现在，运营着中国直飞德国航班的有中国国际航空公司（CA）、中国南方航空公司（CZ）、中国东方航空公司（MU）、中国海南航空公司（HU）、德国汉莎航空公司（LH）、德国柏林航空公司（AB）等民航企业。飞行时间为 10~12 小时。

海南航空与柏林航空有北京直飞柏林的航班。也可以选择其他航空公司的航班转机前往柏林及德国其他城市。

📖 机票的种类

中国及欧洲的大型航空公司的机票，除了有效期为 1 年的 Normal Fare，还有打折机票及廉价机票。

打折机票是航空公司自己设定打折票价的机票，如汉莎航空的"Eurovalu"，就属于这种机票。可以从航空公司或旅行社购买。有的航空公司还有预订折扣及 WEB 折扣，在有的季节甚至会比特价机票还要便宜。这种机票的优点是，在预订机票时可以挑选座位。

德国汉莎航空的飞机

廉价机票主要是从团体票中被拿出来单独出售的机票，需从旅行社购买。即便是同一个航班，各旅行社的票价也可能不同，所以购票时最好多比较一下。

另外，打折机票与廉价机票，在可购票的时间以及转机滞留方面会受到限制，而且出票后不能更改乘机日期，所以购买时应仔细确认。

到达法兰克福机场

📖 中国出境（出发）

应比起飞时间提前 2 小时到达机场，按照以下程序办理手续。

1 登机手续

在所乘航班的航空公司柜台，出示护照及电子机票凭据，领取登机牌（Boarding Pass）。办理行李托运，领取行李牌（Baggage Clam Tag）。

2 安全检查

随身行李要接受 X 线检查，乘客也要接受身体检查。

3 海关申报

持有外国产品（手表、贵金属、品牌产品等）的乘客，应填写好"出境旅客行李物品申报单"，然后跟所涉物品一起交给海关人员，由海关人员予以确认。其他乘客从绿色通道直接通过即可。

4 出镜检查

在边防检查窗口，出示护照及登机牌。边检人员在护照上加盖出境章后，便完成了所有出境手续。前往登机口，等待登机。

北京至法兰克福的直飞航班需飞行 10 小时左右

■机场客服
北京首都国际机场
☎ 010-96158
🖥 www.bcia.com.cn
上海浦东国际机场
☎ 021-96990
🖥 www.shanghaiairport.com/cn
广州白云国际机场
☎ 020-3606999
🖥 www.gbiac.net

■**随身登机行李的规格限制**
关于随身带上飞机的行李规格，汉莎航空规定经济舱为 55cm×40 cm×23cm 以下。各航空公司的具体规定不一，应事先确认。液体（包括乳液、膏状物、糊状物、喷剂）不超过 100mL 的，有可能被允许随身带上飞机，但需要把物品放入可封口的透明塑料袋（最大不超过 1L）内并接受检查。

■**不能随身带入机内的物品**
刀、剪刀等利器以及其他危险物品不能放入手提行李。另外，容积超过 100mL 的液体物品也不能随身带上飞机，应在办理登机手续时放入托运行李中。

■**进入中国境内时的免税范围**
香烟 400 支以内，雪茄 100 支以内，烟丝不超过 500g。
酒精饮料不超过 1500mL。
在境外获取的总值不超过 5000 元人民币的自用物品。

植物、植物产品：玉米、大豆种子、马铃薯块茎及其繁殖材料、榆属苗与插条、松属苗与接穗、橡胶属苗芽籽、烟属繁殖材料、烟叶、小麦（商品）、水果、茄子等茄科蔬菜、植物病原体（包括菌种、毒种）、害虫、有害生物体及其他转基因生物材料、土壤。

动物：鸡、鸭、锦鸡、猫头鹰、鸽、鹌鹑、鸟、兔、大白鼠、小鼠、豚鼠、松鼠、鳄、蚯蚓、蜗牛、鱼、虾、蟹、猴、穿山甲、猞猁、蜜蜂、蚕等。

动物产品：精液、胚胎、受精卵、蚕卵、生肉类、腊肉、香肠、火腿、腌肉、熏肉、蛋、水生动物产品、鲜奶、乳清粉、皮张、鬃毛类、蹄骨角类、血液、血粉、油脂类、脏器等。

其他检疫物：菌种、毒种、虫种、细胞、血清、动物标本、动物尸体、动物废弃物以及可能被病原体污染的物品。

详情可咨询检疫部门及海关。

■在其他国家接受入境检查

经由德国以外的欧盟申根协定成员国到达德国时，会在经由地机场接受入境检查，所以原则上在德国机场就不再进行入境检查了。申根协定成员国→ p.508。

■德国入境的免税范围

这里介绍的是乘飞机进入德国且年满17岁旅客的免税范围。均指旅客本人携带的自用物品。

烟草：卷烟200支，雪茄50支，细雪茄100支，烟丝250g。携带多种烟草时，总重量不能超过250g。

酒精饮料：葡萄酒或22度以下酒精饮料2升，超过22度的为1升。

其他：在欧盟国家之外购买的价格不超过€ 430 的物品。

※ 携带超过上述标准的物品（超过免税金额的电脑、照相机、手表、品牌商品等）以及携带超过€ 10000 现金进出境时，有义务向海关申报。

中国入境（回国）

在机内填写好"入境旅客行李物品申报表"。

1 入境检查

走中国公民边检通道，出示护照，由边检人员在护照上加盖入境章。

2 提取托运行李

找到所乘航班的行李转盘，提取自己的行李。如遇到行李丢失或损坏的情况，可向工作人员出示行李牌，等待工作人员处理。

3 动植物检疫

如果携带了水果、肉类、植物，则需办理相关的检疫手续。

4 海关申报

如所持物品在免税范围内，则可以走绿色通道。如携带有超出免税范围的物品时，应走红色通道并接受检查。需提交在机内向乘客发放并由乘客自己填写好的"入境旅客行李物品申报表"。

德国入境（到达）

在目的地下飞机后，按以下程序办理入境手续。

1 入境检查 Passkontrolle

分为持欧盟国家护照者通道与其他旅客通道，中国旅客自然在 Non-EU 通道排队，排到后出示护照。几乎不会被盘问，如果被问到旅行目的和滞留时间，可以用英语回答"旅游 Sightseeing""一周 One Week"。无须提交入境卡。

2 提取行李 Gepäckausgabe

找到所乘航班的行李转盘，提取自己的行李。万一没有找到自己的行李（Lost Baggage），可以向工作人员出示行李牌，寻求帮助。

3 海关申报 Zollkontrolle

海关检查区靠近出口。如所持物品在免税范围内，则可以走绿色通道。如携带有需要申报的物品（参见左侧相关内容），则应走红色通道并接受检查。

 法兰克福机场规模非常大。因此在那里转机时，应留出充足的时间以便顺利完成航站楼内的移动，不然则有可能会来不及。如果找不到想要去的地方，可以询问工作人员。

🏛 德国出境（出发）

最迟应该在飞机起飞前 2 小时到达机场。退税窗口前排队的人非常多，需要办理退税的乘客应提早到达机场。

1 退税手续 USt.-Rückerstattung

购买商品的价格已达到退税标准并且能够按规定提供必要的材料时方可申请退税。退税手续详情→ p.530。

2 登机手续 Check-in

在所乘航班的航空公司柜台，出示护照及电子机票凭据，领取登机牌（Boarding Pass）。给旅行箱等大件行李办理托运，领取行李牌（Baggage Clam Tag）。

3 出境检查/安全检查 Kontrollen

在出境检查窗口，出示护照及登机牌。安全检查也可能在此同时进行。

出境手续全部完成后，可以逛一逛免税店，然后前往登机口等待登机。

最好提早前往机场办理登机

※ 从德国出境时须缴纳的机场使用税包含在机票费用中，因此不必另行支付。

■登机再确认

汉莎航空等航空公司的航班，不需要进行登机前的再确认。

TRAVEL INFORMATION

🛍 前往邻近各国

德国与荷兰、比利时、卢森堡、法国、瑞士、奥地利、捷克、波兰、丹麦等国相邻，德国的交通网不是单个城市中心型，而是有多个主要门户城市分布在全国。任意一个主要门户城市都有良好的航空、高速公路、高速铁路交通系统，先进程度处于欧洲领先水平，所以顺便去邻国旅游也非常方便。

■汉莎航空
www.lufthansa.com/cn

■中国国际航空
www.airchina.com.cn

■中国南方航空
www.csair.com/cn

法兰克福机场与汉堡机场的安检非常严格，也很耗费时间。在德国国内转机也丝毫不会放松，所以制定行程时应给登机留出充足的时间。

德国、瑞士、冰岛、意大利、爱沙尼亚、奥地利、荷兰、希腊、瑞典、西班牙、斯洛伐克、斯洛文尼亚、捷克、丹麦、挪威、匈牙利、芬兰、法国、比利时、波兰、葡萄牙、马耳他、拉脱维亚、立陶宛、卢森堡、列支敦士登

（本书调查时）

各成员国之间，取消边境检查，往来航班原则上都被视为国内航班。从中国乘飞机经由上述国家前往德国时，会在转机地接受入境检查，所以到达德国后不需另行检查。

※ 政治局势出现变动时，也可能会进行入境检查。

🏛 航空

p.509 地图中的飞机符号表示该机场有从中国直飞该地的航班。法兰克福以及汉堡、柏林、科隆、杜塞尔多夫、慕尼黑、德累斯顿等主要城市的机场都有飞往欧洲各地的航班。另外，从德国飞往欧盟申根协定成员国的航班等同于德国国内航班，原则上无须办理出入境手续。但是，旅客应随身携带护照。

🏛 铁路

奥地利联邦铁路引以自豪的高速列车 Railjet

EC 特快列车约翰内斯·勃拉姆斯号在汉堡～柏林～布拉格～布尔诺一线开行

跨越国境在欧洲大陆上驰骋的国际特快列车中，欧洲城际特快列车 EuroCity（EC）是很具有代表性的。当然，德国也有开往相邻各国的 EC。

另外，在科隆与布鲁塞尔、巴黎之间开行的 Thalys 以及在斯图加特、法兰克福与巴黎之间开行的 TGV 也是非常值得乘坐的著名高速列车。乘坐这些列车都需要提前预订，使用铁路通票也需要另外支付一部分票款，不过去巴黎的话十分便捷。

奥地利联邦铁路的高速列车 Railjet 从慕尼黑发车经维也纳，最终到达匈牙利的布达佩斯，整个旅程非常舒适。

乘卧铺车旅行也非常值得体验。酒店式城际夜行列车（→ p.517）开往苏黎世、布拉格、罗马等城市。

斯图加特中央车站，有开往巴黎的 TGV 与开往柏林的 ICE 在此停车

长途巴士

Eurolines 是欧洲 32 家企业联合运营的长途巴士线路。从德国发车的国际巴士由德国旅游公司 Deutsche Touring 运营，不仅有开往希腊、西班牙等邻国的线路，还有开往北欧、东欧等距离更远的线路。德国乘客中去巴黎、伦敦、南欧地区的人较多。另外，德国铁路（DB）经营的 IC 巴士等新近加入长途巴士运输竞争的公司（→ p.520）也在增加，价格竞争非常激烈。

DB 在不断拓展德国国内外的长途巴士线路

■德国旅游公司的国际巴士线路
● 柏林～布达佩斯
　需要 4 小时 30 分钟
客服
🖥 www.touring.de
☎（069）46092780
　（法兰克福）

■ IC 巴士的国际巴士线路
● 慕尼黑～布拉格
　需要 4 小时 40 分钟
● 慕尼黑～苏黎世
　需要 3 小时 45 分钟

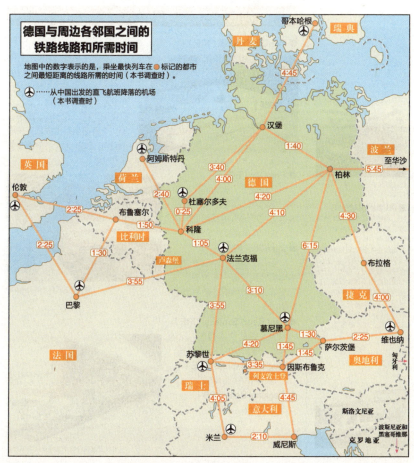

德国与周边各邻国之间的铁路线路和所需时间

地图中的数字表示的是，乘坐最快列车在 ● 标记的都市之间最短距离的线路所需的时间（本书调查时）。

✈……从中国出发的直飞航班降落的机场（本书调查时）

铁路之旅

■ DB 官网

www.bahn.de

可以搜索列车运行时刻及票价，还可以在线购买车票。提前订票的话，有可能享受打折票价。

德国铁路 DB 之旅

德国最大的铁路公司是德国铁路 Deutsche Bahn AG（简称 DB），线路遍及德国全境。该公司由原西德国家铁路公司与原东德国家铁路公司

合并而成并转为民营，是在德国旅行时一定会乘坐的交通工具。

主要线路上的列车，大多每隔 1~2 小时就有一个车次，发车时间均为每个小时内的相同时刻，乘坐非常方便。

行驶在沃尔夫斯堡的 ICE

DB 的主要列车型号 ※（ ）内为时刻表上标记的列车名缩写

● InterCityExpress（ICE）

高速便捷且乘坐舒适的 ICE 特快

在各主要城市之间开行的高速列车，最高时速可达 300 公里。还有开往法国、荷兰、比利时、奥地利、瑞士、丹麦等国的车次。有一等、二等车厢。一等车厢提供报纸（仅限德语）。基本上每列车都有餐车和酒吧。

● EuroCity（EC）

开往瑞士、意大利、匈牙利、奥地利、捷克、波兰等欧洲各国主要城市的国际城际列车。有一等车厢和二等车厢。

停在德累斯顿站的 EuroCity

● InterCity（IC）

开行于德国大中城市之间的城际特快。有一等车厢和二等车厢。多数情况，还有酒吧车厢。

● Inter Regio Express（IRE）

地区间的快速列车。比地区内的快速列车的开行距离长。

● Regional Express（RE）

地区内的快速列车。

● Regional Bahn（RB）

普通列车。

前往乡村旅行时不可缺少的普通列车

舒适的 ICE 一等车厢

■ DB 之外的铁路公司

近些年，有从 DB 转为第三部门来经营 DB 之外的线路及地方铁路的情况，也有其他企业参加到铁路的经营中，不过多数都是与 DB 合作的形式或者是加入了地方交通联盟，因此乘客可以使用铁路通票（→ p.518）。但是，与 DB 存在竞争的铁路公司的列车及观光登山火车则不能使用铁路通票。

民营列车的车身大多色彩鲜艳

题外话 德国的列车内完全禁烟。吸烟车厢已经被取消。车站内，除了站台上指定的吸烟区，均禁止吸烟。

德国铁路特快列车行车线路图

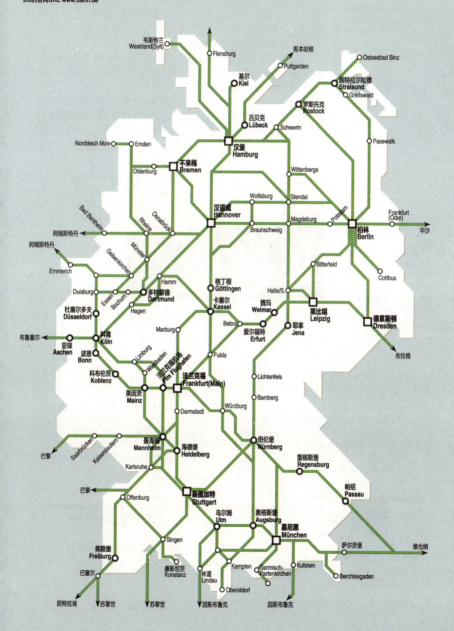

ICE（城际超特快）/ IC（城际特快）/ EC（欧洲城际特快）

*运行线路和停车站点每年都会有变化
*更加详细的IC / ICE的行车线路图请参考
 DB的官网URL www.bahn.de

韦斯特兰
Westland(Sylt)
Flensburg
哥本哈根
Puttgarden
Ostseebad Binz
基尔
Kiel
施特拉尔松德
Stralsund
Greifswald
吕贝克
Lübeck
Schwerin
罗斯托克
Rostock
Pasewalk
Norddeich Mole
Emden
汉堡
Hamburg
Wittenberge
不来梅
Bremen
Oldenburg
Bad Bentheim
Rheine
汉诺威
Hannover
Wolfsburg
Stendal
Magdeburg
Potsdam
Frankfurt(Oder)
柏林
Berlin
华沙
阿姆斯特丹
阿姆斯特丹
Braunschweig
Emmerich
Osnabrück
Münster
Gelsenkirchen
Hamm
格丁根
Göttingen
Halle/S.
Bitterfeld
Cottbus
Duisburg
Essen Bochum
多特蒙德
Dortmund
Hagen
卡塞尔
Kassel
魏玛
Weimar
莱比锡
Leipzig
德累斯顿
Dresden
杜塞尔多夫
Düsseldorf
Marburg
Bebra
耶拿
Jena
布拉格
布鲁塞尔
亚琛
Aachen
科隆
Köln
波恩
Bonn
Limburg
威斯巴登
Wiesbaden
爱尔福特
Erfurt
Fulda
科布伦茨
Koblenz
法兰克福机场
Flughafen
法兰克福
Frankfurt(Main)
Lichtenfels
美因茨
Mainz
Darmstadt
Würzburg
Bamberg
巴黎
Saarbrücken
Kaiserslautern
曼海姆
Mannheim
海德堡
Heidelberg
纽伦堡
Nürnberg
雷根斯堡
Regensburg
帕绍
Passau
巴黎
Karlsruhe
Offenburg
斯图加特
Stuttgart
乌尔姆
Ulm
奥格斯堡
Augsburg
慕尼黑
München
萨尔茨堡
维也纳
弗赖堡
Freiburg
Singen
康斯坦茨
Konstanz
林道
Lindau
Kempten
Garmisch-
Partenkirchen
Kufstein
Berchtesgaden
巴塞尔
因特拉肯
苏黎世
苏黎世
Oberstdorf
因斯布鲁克
因斯布鲁克

511

■铁路通票与 KD Rhine
　　一直以来，凭欧洲铁路通票（Eurail Pass）和德国铁路通票（German Rail Pass）（→ p.518），可以乘坐 KD German Rhine 公司的汽船（科隆～美因茨、科布伦茨～科赫姆），但是从 2015 年 1 月开始，已经不能凭铁路通票乘船。不过，有铁路通票的乘客，可以以 8 折的价格购买船票。

注意！
　　乘坐火车时，一定要先买好可到达目的地的全程车票。虽然没有检票口，但是如果上车后补票，需要交手续费。如果被视作无票乘车，还可能会被罚款。

如何选择车票

　　车票分为许多种类。首先，应制定好行程，在此基础上考虑在何时、何地应该购买何种车票。游客可以使用的车票分为"铁路通票"和"区间车票"两种。

　　"铁路通票"有固定的使用区域及期限，只要是在规定范围内，可以自由上下车。优点是可以省去在乘客很多的售票窗口前排队买票的时间及烦琐。如果计划在旅途中主要乘坐火车，购买铁路通票是非常划算的（铁路通票的种类与票价→ p.518）。

　　"区间车票"是去往具体目的地的单程或往返车票。如果乘坐距离不是很远而且乘坐次数也不是特别多，那么就没有必要购买铁路通票，因为区间车票的价格要便宜许多。

　　如果担心因语言障碍而在当地无法买到自己希望购买的车票，可以通过中国国内的网上订票服务提前购买。尤其是准备在客流较大的时候乘车的游客，最好在网上预订车票。但是，需要注意的是，在中国国内通过网上订票服务购买车票，基本上无法享受到当地实行的各种打折优惠，而且需要支付一定的手续费。

纽伦堡中央车站的售票处

Information 网上购买车票

　　在 DB 的官网（www.bahn.de）上可以提前 3 个月预订车票。网站有英语版。使用信用卡付款。操作完毕后，将 PDF 格式的 Online-Ticket 打印，就可作为车票使用。上车后遇到查票时，需出示自己打印的车票以及可确认乘车身份的信用卡和护照。

　　另外，网上订票时，需要先定好乘车日期、时间、车次，然后选择普通票价或打折票价，选择是否使用 Bahn Card（→ p.515），如果不具备较高的英语或德语能力，可能会在购票后产生令人困扰的问题，所以购票时一定要慎重。如果不在网上购票，也可以在网上搜索列车时刻表、运行情况等信息。

官网首页。左侧页面可查询列车时刻表

输入车站名，网页上就会显示可以乘坐的车次及票价

购买、预订车票的页面。之后出现的选择项要慎重选择

  在英语界面的自动售票机上购买了 Bayern-Ticket（→p.515）。还用这张票去了普林和上阿默高。不能凭此票乘坐 ICE 及 EC，但票价非常划算。

预订座位

乘坐 DB 在德国国内的列车（夜行列车除外），都不需要特意预订座位。如果预订了车票，则座位位置自动按顺序确定，乘客上车后对号入座，其余的自由席座位则无须对号，乘客可随便落座。行李架旁边有标牌或电子显示系统来显示哪些座位是已被预订的座位。只要座位不在显示的范围内就可以坐。

近几年，乘坐 ICE 的旅客非常多，车内经常会比较拥挤。特别是一等车厢，在非休息日的早上，有很多从事商务活动的公司职员乘车。二等车厢，在暑假期间、圣诞节假期、复活节假期，会因旅游人群及回乡人群的增加而变得拥挤。如果同行者超过两个人，而且想确保有座位的话，建议事先订票。

ICE 的一等车厢中多为商务人士

显示预订区间

GGF.RESERVIERT 是"已被预订"的意思

■预订座位的费用
二等车厢€ 4.50，一等车厢免费（但是使用铁路通票或部分打折卡时，需要€ 4.50）。

■换乘时应留出充裕的时间
德国的火车有时会晚点 5~10 分钟，德国火车站的站台都很长，去往其他站台时也非常耗时，所以计划换乘时最好留出 20~30 分钟的时间。列车晚点时，车站的列车时刻牌会显示，例如"etwa 10 Minuten später"表示大约晚了 10 分钟。乘坐火车，感觉可能赶不上要换乘的列车时，可以跟车上工作人员联系。

Information　来自读者的铁路旅行信息

✉ 德国铁路的打折车票，在自动售票机上就可以购买，但是由于对购票对象有年龄限制或者打折只针对持有某种卡的乘客，所以有些打折车票可能是外国游客无法购买的，而且只凭自动售票机上的说明不容易判断。此时，可以去车站的服务窗口，向工作人员问一下"有打折车票吗"，如果有外国游客也可使用的打折车票，工作人员会出售。

✉ 科隆中央车站非常大，有多个地点都设有自动售票机和投币式行李寄存箱。位于一层的行李寄存箱，结构类似于立体停车场，初次使用的话，根本搞不清使用方法。如果站在行李寄存箱前阅读使用说明，或者看上去有些不知所措，就会有人主动凑过来跟你说"May I help you？"然后向你要小费（或者偷你的东西），需要注意。我的做法是，把说明拍下来，然后到别的地方仔细阅读说明内容，最后回到行李寄存箱前快速完成操作。

✉ 2015 年 7 月，在斯图加特站由 ICE 换乘 S-Bahn。《走遍全球》中介绍过，德国的火车经常会晚点，所以我留出了 30 分钟的换乘时间，可还是险些就没有赶上车。从当地朋友那里了解到，车站正在进行名为斯图加特 21 的大规模转移、改建工程。交通状况也因施工而受到影响，从临时站台前往轻轨站台换乘，非常耗费时间，其程度远远超过之前的预想。现在，工期又被延长，据说临时站台还要继续使用一段时间。换乘时，应留出 1 小时的时间，而且应多注意当地发布的相关信息。

内设售票处的旅行中心

■可使用的信用卡
AMEX、Diners、JCB、
Master、VISA 等

■欧洲的日期写法

在欧洲，年月日要按"日、月、年"的顺序书写。例如，"2016 年 12 月 11 日"，应写作"11/12/2016"。无论是自己书写，还是核对日期都要注意。书写时为了避免混乱，月份名称（→ p.536）最好不用数字而用字母书写。

■购买车票时的德语

出发车站
Abfahrtsbahnhof

到达车站
Zielbahnhof

大人
Erwachsene

儿童
Kinder

等级
Klasse

人数
Personen

去程
Hinfahrt

回程
Rückfahrt

立即
ab sofort

今天
heute

明天
morgen

时间
Uhrzeit

换乘
Verbindungen

靠过道的座位
Gangplatz

长途车票横向比较长

📖 在窗口购买车票

大城市中央车站的售票处被称为旅行中心 Reisezentrum，有多个服务窗口。较大的车站都采用按号排队办理的方式，购票时，先在门口处取号，当屏幕上显示自己的号码时，就可以到屏幕上指定的窗口处购票。

一般来说，德国人都会针对列车时刻及旅行线路进行详细的咨询后再最终购票，所以每个购票者都会在窗口前花费很长时间。这也就意味着等待的时间很长，至少提前一天购票会比较稳妥。千万不能在要乘车时才去买票。

另外，有的大型车站还专门设有一等车厢售票窗口，购买一等车厢车票的乘客不需要取号排队。

即便对自己的外语能力有足够的自信，也最好把购票要求写在纸上交给工作人员（参照下面的相关内容）。付款可以使用信用卡。拿到车票后，一定要当场检查车票，看看是否有出入。

旅行中心的发号机

当屏幕（照片右上）上显示自己的号码，就可以到指定窗口办理手续

购票便签　Fahrkarte

10. September（9月10日）	顺序一定为日、月
1 Erwachsene（成人票1张）	
2.Klasse（二等）	一等为1.Klasse
von Frankfurt Hbf.　7:54（从法兰克福中央车站出发）	
nach München Hbf.　11:06（至慕尼黑中央车站）	
mit Platzreservierung（预订座位）	预订车票时
Fensterplatz 靠窗座位	想选择的座位还有空座位时

（可以根据个人需要使用左侧"购买车票时的德语"写好购票便签）

✉投稿　在一个非休息日从慕尼黑前往菲森，预定早上8点多发车，所以就决定不购买9点以后才能使用的巴伐利亚州票。但是，在售票窗口，工作人员告诉我，"可以先买一张从慕尼黑出发的短程普通车票，只要这张车票能

自动售票机的使用方法

现金和信用卡都能使用的自动售票机

如果售票窗口排队等候买票的人较多，可以选择在自动售票机Fahrkartenautomat上购票。有英文界面可供选择。与银行ATM一样，显示器为触屏，在各个页面按照自己的意愿依次选择购票相关事项（出发站、到达站、出发日期、车厢等级、购买数量等）。最后，页面上会显示合计金额以及付款可使用的纸币、信用卡种类。完成付款后，车票会自动出来。

还可以利用自动售票机来查询列车时刻。能够打印查询结果，建议游客多使用该功能。

购票选择Fahr-karten，查询时刻表选择Fahrpla-nauskunft

找出发车站选Start，找目的地车站选Ziel。之后会出现选择出发日期、车厢等级、购票数量的页面

付款页面中有关于可使用的硬币、纸币以及信用卡的提示

DB BAHN	REISEPLAN			DATUM: Sa 11.07.09		Dauer: 1:28
VON	Aschaffenburg Hbf		NACH	Heidelberg Hbf		
BAHNHOF/HALTESTELLE	UHR	GLEIS	ZUG	BEMERKUNG		
Aschaffenburg Hbf	ab 07:49		RB 15708	b) c) d)	a) Bordrestaurant	
Darmstadt Hbf	an 08:27	5			b) Fahrzeuggebunden	
Darmstadt Hbf	ab 08:40	11	EC 113	a)	Einstiegshilfe: Anmeldung	
Heidelberg Hbf	an 09:17	1			01805-512512 *	
					c) (*14 ct/Min. aus dem Festnetz, Mobilfunk ggf. abweichend)	
					d) Klimaanlage	
				Bitte Änderungen vor Ort beachten.		
				TAXI: 22456 (69 ct/Min. von Mobil)		
861090904 10.07.09 18:12			Angaben ohne Gewähr			

在自动售票机上查询出的时刻表的打印件

Information DB的主要打折规定 & 车票

可在德国各火车站的售票窗口（部分车站为自动售票机，DB官网也有售票服务）购买车票。

● Bahn Card 50

1年内有效的会员打折卡，事先购买此卡，之后在购买普通车票时可享受50%的打折优惠。

大多数乘坐火车的德国人都有此卡，无论是在窗口购票，还是在自动售票机上购票，都会被问询是否持有该卡。但是，Bahn Card价格不低，二等车厢€255，一等车厢€515，如果乘车距离的车票价格达不到该卡价格2倍以上，就是不划算的，所以只适合在德国长期滞留的游客。

● Sparpreis

指定列车的打折车票，可提前3天以上在网上购买。每个车次对此种车票的数量都有限制，可先在网上查询列车时刻表，就能知道具体车次是否还能使用此种车票以及票价为多少。退票或变更车次需支付€17.50的手续费。另外，虽然列车为指定，但座位却不能自动预订，预订的话要另付费用。

● 周末打折车票 Schönes Wochenende-Ticket

只限在周六或周日使用的1日通票。1张€42（在官网或自动售票机上购买为40），可使用1天。最多可供4人同时使用，从第二个人开始每人需另行支付

€4。还要在票面上注明使用者姓名以及最长乘车线路。乘车时需要携带护照。可凭该票在规定时间内去往德国境内任何车站，但是可以乘坐的列车仅限IRE、RE、RB、S-Bahn以及与DB有合作关系的民营列车的二等车，不能乘坐高速列车（ICE、IC、EC）。

● 非休息日打折车票 Quer-durchs-Land-Ticket

周一～周五可使用该车票，有效时间为1天（9:00～次日3:00），在有效时间内可随意乘车。€46（在官网或自动售票机上购票€44），可供5人同时使用（从第二个人开始每人需另行支付€8）。其他要求与周末打折车票一致。

● 各州打折车票 Länder-Ticket

巴伐利亚州（拜恩州）票Bayern-Ticket（二等车€23，一等车€34.50，从第二个人开始每人需另行支付€5（一等车€6.50）。可供5人使用）、黑森州票Hessenticket（€33，可供5人使用。仅限二等车）等车票，乘客可凭车票随意乘坐在各州境内开行的列车。各州的具体规定不一，但大体规定是，可乘坐的列车仅限IRE、RE、RB。有的州还可以凭此票乘坐市内公共交通工具。非休息日的使用开始时间为9:00～，周六、周日、法定节日的使用开始时间没有限制，直至次日3:00有效。

让乘客坐到大约9点时可下车的车站即可。之后的行程就可以使用巴伐利亚州票了。"与直接购买一张开往菲森的普通车票相比，这样买票要便宜许多。

有问题可以问乘务员

可以在黄色的列车时刻表中查找自己所乘列车的发车站台

如果预订了座位，可以在列车编组表上查找

乘坐 ICE 时，按车门旁边的绿色按钮，车门就会打开

行李架下，有显示预订座位的区域

列车车门的打开方式为手动或按钮式。照片中的车门为手动式，转动扳手，车门就会打开。如果不大会操作，可以请乘务员或其他乘客帮忙

🏛 乘车方法

大城市中央车站的内部，面积非常大。如果有大件行李，乘车时会比较耗费时间，所以至少应该比发车时刻提前 15 分钟到达车站。没有检票口，持有车票或铁路通票的话，可以直接进站，前往站台等车。

车站内的指示牌很多都带有图案，非常容易明白

1 寻找发车站台

可以通过站内张贴的黄色发车时刻表来确认列车发车及到达的站台号 Gleis。如果是大站，还要查看列车时刻牌，可以了解到线路突然变更及列车延误等信息。站台上也有信息牌会显示发车信息，可以再次确认（因为前一个车次的列车可能晚点）。

2 查看列车编组表

地方铁路的话自然没有必要查看，如果是车厢较多的 ICE、IC，则应该查看站台上的列车编组表 Wagenstandanzeiger，确认自己乘坐车厢的位置。如果已经预订了座位或者是一等车厢，因车厢相对较少，可以把站台上的分区（在站台上用 A、B、C……表示）作为参考，在所乘车厢的停车位置附近等车。

3 乘车

列车进站停车后，车门不会自动打开。乘客需自己动手打开车门。ICE 与新型车辆的话，开门时需按车门旁边的绿色按钮。老式车辆的话，可手拉车门上的把手将门打开。关门为自动。

4 寻找座位

如果已经预订座位，可按车票上的车厢号和座位号对号入座。没有预订的话，可以在非预订座位区随便找座位坐下来。乘务员来查票时，乘客需出示车票或铁路通票。之后，就可以坐在座位上悠闲地欣赏车窗外的美景了。

5 准备下车

乘坐 ICE、EC，当列车驶近下一个停车站时，车内会有德语及英语的广播提示乘客即将到站，此时下车的乘客就可以拿好行李到车门处等候，注意不要忘记东西。当列车停好后，按下 ICE 车门处写有 TÜRAUF 的绿色按钮，车门便会打开。

在 ICE 车厢内开门时，按车门旁边的绿色按钮

516 捞稿 站台上有列车编组表，但很多时候会与实际情况有所不同，所以一定要看电子显示牌加以确认。列车到站后，德国人也会来回寻找自己应乘坐的车厢。

餐车

在用餐时能够欣赏着莱茵河畔的古城堡、葡萄园等童话世界般的德国风光，可以说是一种很大的享受。长途 ICE、EC、IC 基本上都有餐车Bord Restaurant 或者自助式的酒吧 Bistro。

餐车中，上午有早餐菜单可供选择，午餐和晚餐都能吃到丰盛的菜肴。

三餐时间以外，还提供简餐（三明治等），也可以喝上一杯咖啡或者啤酒。结账时，需付小费，可以将餐费的零头去掉后乘以 10% 来计算小费的金额。

内部环境类似咖啡厅的餐车

可在 ICE 的餐车里一边欣赏车窗外的美景一边享用午餐

ICE 的酒吧为自助式

夜行列车

像慕尼黑至汉堡这样的长途火车旅行，可以选择乘坐夜行列车。DB 的夜行列车叫作CityNightLine，车内设备齐全，被誉为铁轨上的酒店。除了可以体验夜行列车的独特氛围，还可以节省旅行时间。

夜行列车的车厢分为卧铺车 Schlafwagen、简易卧铺车 Liegwagen 和普通座位车，均需要预订。使用铁路通票乘坐卧铺车时，需要额外支付卧铺费用。

CityNightLine 的卧铺包厢门，需要用磁卡钥匙开锁，安全设备跟普通的酒店一样。乘坐简易卧铺车，有可能男女乘客相邻。有开往瑞士、意大利、荷兰的车次。

有设备先进的高级卧铺车

■夜行列车的官网
　www.citynightline.de
　可以查询列车运行时刻及票价。提早购票，有机会享受打折优惠。

■主要车站的洗手间
　柏林、慕尼黑、汉堡、美因茨、斯图加特等当地中央车站的洗手间（写有 rail & fresh WC）都实行收费制，支付 €1 后能得到 €0.50 的代金券。这张代金券可在下次去洗手间时使用，也可以在与洗手间相关联的商铺（车站内的商店、餐厅）内消费时使用，均相当于 €0.50 的现金。

Information 🦊 铁路线旁的市民花园

乘火车在德国旅行，会发现城市郊区的铁路沿线有很多规模不大的花田及菜地。田地旁建有小木屋，你也许会认为"这里的人竟然住在这么小的房屋里"。其实，这些土地是被称为市民花园的租赁式小农场，小木屋是供人们在花园劳动时休息的场所。

市民花园是 19 世纪中叶一位叫施莱博的医生所提倡的，目的是让居住在狭窄住宅楼里的人们也能拥有自己的花园从而帮助人们恢复健康。之后，这种花园开始在德国普及，因此也被称为施莱博花园。德国各地都有非营利团体的市民花园协会，负责运营市民花园，所以花园的租借费用很低。德国人都非常喜欢园艺，市民花园也已因此深受德国人喜爱。

车窗外的市民花园

投稿　DB 的列车经常延误，所以所有乘车计划都应留出充足的时间。从罗滕堡乘火车去法兰克福，通常 2 小时车程花了 4 小时，差一点就没赶上飞机。

Information — 铁路通票的种类与票价

● 德国铁路通票

可在 DB 全线任意乘车。可以乘坐 ICE，乘坐浪漫之路巴士时也可以享受打折优惠。

一直到奥地利的萨尔茨堡、瑞士的巴塞尔巴登站都在该通票的适用范围内。

通票分为连续使用型通票与从使用开始日期起 1 个月内可自由选择使用日的弹性使用型通票。

停在慕尼黑中央车站的 ICE 高速列车

德国铁路通票的种类与票价

	一等			二等		
	成人	双人	青年	成人	双人	青年
5 日（连续）	€293.00	€218.50	€236.00	€216.00	€162.00	€175.00
10 日（连续）	€427.00	€320.00	€341.00	€316.00	€237.00	€253.00
15 日（连续）	€596.00	€447.00	€479.00	€442.00	€331.50	€354.00
3 日/1 个月	€263.00	€197.00	€211.00	€198.00	€146.00	€157.00
4 日/1 个月	€282.00	€211.50	€226.00	€209.00	€157.00	€168.00
5 日/1 个月	€302.00	€225.50	€242.00	€223.00	€167.50	€180.00
7 日/1 个月	€374.00	€280.00	€301.00	€277.00	€208.00	€222.00
10 日/1 个月	€480.00	€359.00	€386.00	€355.00	€266.50	€286.00

※ 双人的票价为 1 人所需费用
（本书调查时的票价，仅供参考）

- 购买 1 张成人通票还可免费获得 2 张儿童（6~11 岁）用通票，需自己在购票时提出要求。双人通票则不能免费获得儿童通票。
- 青年通票仅供 12~25 岁乘客使用。
- 乘坐 19:00 以后出发、次日 4:00 后到达的直达夜行列车时，算作 1 日。
- 开始使用通票时，需到车站窗口向工作人员说明"从今天开始使用"，让工作人员在票面上写清 First Day 与 Last Day 的日期并加盖 Validating Stamp。一定要携带护照。弹性使用型通票的话，需在票面上自己注明使用日期（一定要在乘车当天注明日期。即便自己已经确定了所有的乘车日期，也不应将所有日期一次全部注明）。
- 可凭通票乘坐 ICE 等高速列车，但预订座位及乘坐卧铺车则需要另外付费。
- 可凭通票乘坐法兰克福、柏林等大城市的 S-Bahn，但不能乘坐 U-Bahn（地铁）。
- 二等车通票，可在补交差额票款后升为一等车通票。
- 持双人通票的两位乘客需同

时乘坐相同的列车。

- 只有在德国境内的始发车站乘坐 DB 的高速列车，才能凭同一张通票乘车进入下一个乘车区间。慕尼黑～因斯布鲁克（DB/ÖBB 的 EC 直达高速列车）、科隆～布鲁塞尔（ICE）、纽伦堡～布拉格（IC 巴士，需支付订票费）、慕尼黑～威尼斯、维罗纳、博洛尼亚（DB/ÖBB 的 EC 直达高速列车，需支付订票费）、柏林～弗罗茨瓦夫、卡托维兹、克拉科夫（IC 巴士，需支付订票费）。

● 欧洲各国通用的铁路通票

针对乘火车在德国以及欧洲其他国家旅行的游客，还有可在多国使用的铁路通票。

欧洲铁路自选通票是乘客可自主选择 3~4 个相邻国家作为旅行目的地的通票，除了火车以外还可以乘坐渡轮。欧洲铁路多国通票是可在欧洲 28 个国家使用的通票，包括只供未满 26 岁的游客使用的欧洲铁路多国青年通票以及可供 2~6 人同时使用的多人通票。通票分为连续使用型通票与弹性使用型通票（在有效期间内可自行选择任意日期乘车），可以根据个人情况选择。

舒适的 ICE 一等车厢

投稿　购买铁路通票时不知道该买一等车还是二等车，但最终还是选择了一等车。座位自然要比二等车舒适很多，而且二等车乘客较多，所以有找不到座位的可能，建议还是选择一等车。

飞机之旅

乘坐飞机在德国境内移动

在德国国内乘坐飞机旅行，对于短暂的旅途来说是最好的节约时间的办法。例如，从柏林~杜塞尔多夫乘坐火车约需4小时，不妨考虑选择乘坐飞机移动，可以大大缩短移动的时间。如果乘坐飞机只需要1小时10分钟，就算是加上去机场的时间和办理登机手续所花费的时间，也完全可以节省很多时间。

选择德国国内航线

汉萨航空 Lufthansa 虽说是德国最主要的国内航线航空公司，但是近年来柏林航空 Air Berlin、欧洲之翼 Eurowings、途易 TUIfly 等廉价航空公司也开始大力拓展国内外航线。

可以通过互联网在各个航空公司的官网购票，通过信用卡支付。购票凭证、预

选择廉价航空公司的机票需要提早到达机场

提供机内免费餐饮的柏林航空，是档次稍高一些的廉价航空公司

约确认电邮等的 PDF 文件打印后随身携带。到达当地办理登机手续的柜台，出示护照以及购票时所使用的信用卡，便可办理登机手续了。

大多数的廉价航空公司是不可以指定座席的，也有个别公司可以单独支付费用选座。另外，廉价机票的限制较多，基本上是不可以退换票的，如需换票可能需要支付高额手续费。

■德国主要的航空公司
● 汉莎航空
www.lufthansa.com
● 柏林航空
www.airberlin.com
● 欧洲之翼
www.eurowings.com
● 途易
www.tuilfjy.com

■选择廉价航空公司的注意事项
· 廉价航空公司一般会选择起降费用较低的地方机场，在预订机票之前一定要确认机场名称和去往机场的交通线路。
· 廉价航空公司一般位于机场内设备不太方便的区域。柜台可能在廉价航空专用的候机大厅，而且柜台的数量也较少，办理登机手续需要花费一定的时间。去往登机口可能需要乘坐巴士或者步行很长一段时间。所以请一定要尽可能早地到达机场。
· 如遇飞机晚点或者航班取消等情况，必须自己解决，所以需要具备一定的语言能力。

■德国国内的主要机场
（ ）内是从法兰克福飞往此地所需的时间。柏林（65分钟），汉堡（60分钟），不来梅（55分钟），汉诺威（50分钟），杜塞尔多夫（50分钟），科隆/波恩（40分钟），斯图加特（40分钟），慕尼黑（55分钟），纽伦堡（40分钟），德累斯顿（55分钟），莱比锡（50分钟）。

除上述机场之外，还有法兰克福哈恩机场、韦斯特兰机场、明斯特/奥斯纳布吕克、多特蒙德、帕德博恩等地方机场。

德国主要的机场

✈ 汉堡
✈ 不来梅
✈ 汉诺威   ✈ 柏林
                  ✈ 莱比锡
✈ 杜塞尔多夫   德累斯顿
✈ 科隆   ✈ 法兰克福
                  ✈ 纽伦堡
          ✈ 斯图加特
          ✈ 慕尼黑
                  ✈ 腓特烈港

柏林航空的机舱内

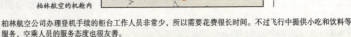

投稿 柏林航空公司办理登机手续的柜台工作人员非常少，所以需要花费很长时间。不过飞行中提供小吃和饮料等服务，空乘人员的服务态度也很友善。

巴士、出租车之旅

H（=Haltestelle 的省略）是巴士站的标志

■巴士客运中心的标识

德语的巴士客运中心是用 ZOB（Zentraler Omnibus Bahnhof 是中央巴士中心的简称）或者是 ROB（Regionaler Omnibus Bahnhof 地方巴士中心的简称）表示的。

■长途巴士公司

在德国国内外主要城市之间都拥有线路网的主要巴士公司。根据车次不同折扣的力度也不同。在 www.fernbusse.de 上，输入出发地、搭乘时间后进行检索，就会显示各公司车次的出发时间和费用。
● BerlinLinienBus
🖥 berlinlinienbus.de
● Flixbus
🖥 www.flixbus.de
● MeinFernbus
🖥 meinfernbus.de
● Postbus
🖥 www.postbus.de
● Deutsche Touring
🖥 www.touring.de

■搭乘出租车的方法

德国没有路上跑的空车，需要在车站前等固定场所通过电话叫车。

车门不是自动的。需要支付约占车费 10%（找零时拿出 €0.50~1）的小费。

个别出租车的里程可以通过后视镜显示

线路巴士之旅

德国的铁路没有覆盖本书中介绍的所有城镇，巴士线路却几乎在所有的城镇运行。但德国的线路巴士基本是当地的中小学生，或者没有汽车的人上班、上学时的代步工具。所以大多数巴士基本上都只在早上和傍晚发车，除了周末停运之外，在学校放假期间等也会停运，需要格外注意。

乘车时告知巴士司机需要前往的目的地，然后购票。最好顺便拜托司机到站后提醒一下。

长途高速巴士之旅

过去德国因为保护铁路产业，长途巴士产业一直被限制，2013 年这项规定终于被解禁，从此长途巴士 Fernbus 公司如雨后春笋般迅速增加。这些长途巴士连接德国的主要城市，费用与高昂的火车票相比简直太便宜了。车内

从慕尼黑长途巴士中心出发的长途巴士

有无线网络和厕所，座位也很舒适。不过要是遇到大堵车到达时间就会晚点，这是最难控制的不可预测性。可以通过互联网预订车票，使用信用卡支付费用。

灵活地使用出租车

如果准备去比较偏远的小乡村或者位于城市边缘的城堡、修道院等地，与其费尽脑汁计划乘车时间，乘坐每天只有 2~3 趟的巴士，不如搭乘出租车前往。

一般来说出租车都是打表计费的，也有包车服务 Pauschalpreis。如果需要包车，乘车前需要跟司机沟通好最终目的地，以及中途需要停车游览的景点。然后司机根据距离和所需时间核算费用，如果在预算范围内选择出租车出行也是很方便的。

大多数都是奔驰出租车，乘坐起来很舒适

柏林~科隆与科隆~维尔茨堡之间往返（需要换乘）选择乘坐的长途巴士，车内干净舒适，不过我一共只乘坐了 3 次，有 2 次都晚点了，最好在时间安排上留一些富余。

租车自驾之旅

奔驰、宝马、保时捷等名车都是德国的品牌。而且德国当地有不少不收取高速公路费的高速。既然来到汽车之国，还真是有些想要在这里驾车体验一把的感觉。德国人具有恪守规定的国民性，既严格遵守交通规则又十分注重交通礼仪，因此即便是第一次在德国自驾也会感觉非常舒服。乘坐火车或

穿越莱茵河（科隆）

者巴士的行程经常会被时间所束缚，开车自驾可以根据自己的心情来一段真正的自由旅行。可以在乡间的葡萄田、油菜花田的小路旁停车休息，也可以在郊外童话世界般的木屋小镇住宿一晚。自己手握方向盘在德国的乡间小路间穿梭的感觉一定十分惬意，相信会给你留下深刻的旅行记忆。

租车方法

在德国租车需要携带的证件有护照、中国驾照及驾照翻译公证件，还需要一张有效的国际币种信用卡。

德国除了赫兹 Hertz、安飞士 Avis、欧洛普卡租车 Europcar、席克斯特租车 Sixt 等大型连锁公司以外，还有许多中小型的租车公司。考虑到服务网络的覆盖和车种的选择，还是选择大型连锁租车公司比较放心。各个公司都有周末折扣等各式各样的折扣价，还可以在国内通过互联网租车平台预约。

如果在德国当地的租车公司直接租车，一般大型的租车公司都会配备会讲英语的工作人员。不过，临时去可选的车种会比较受限制。工作人员会确认是否有马上可以租借的车辆、租借的时间和还车的城市（是否需要异地还车）、保险（加入全险 Vollkasko）、如果有签约人以外的人驾驶车辆时的注意事项、合同中记载的各项约定等，上述内容一一确认完毕后签字。在离开租车柜台之前，最好确认一下从机场出发后或者从市中心出发后，前往目的地首先应该向哪一个方向行驶。或者在手机中

下载一个谷歌地图，直接导航输入目的地。另外，切记确认好如遇发生事故或故障等的特殊情况时的联系电话。

慕尼黑机场的租车柜台

■在德国驾驶车辆时的证件

在德国旅行时需要中国有效驾照和经德国法院指定的宣誓翻译的德文翻译公证件。可以通过租车公司公认的宣誓翻译和公证处等办理。详情可咨询租车公司及德国驻华使领馆。

■租车的年龄限制和驾照履历

赫兹公司要求驾驶员必须在25岁以上，并且取得驾照1年以上。个别车种需要30岁以上，取得驾照超过3年以上。

安飞士公司是21岁以上，如果未满25岁需要加收青年司机手续费。取得驾照3年以上，青年司机是2年以上。

欧洛普卡租车公司是21岁以上，未满25岁需要加收青年司机手续费，依据车种的不同有限制。

席克斯特租车公司是18岁以上，未满23岁需要加收青年司机手续费，依据车种的不同有限制。

■紧急情况

租借车辆时，根据各租车公司的不同处理事故与故障的对应方法也不同，如遇特殊情况请先与最近的租车公司取得联系，等待指示。
● 警察・事故救援
☎ 110

在德国租车后如果准备去德国以外的国家，必须提前申告。特别是捷克、波兰等地，准许入内的车种是十分有限的。

■**附带司机的租车服务**

德国的有些租车公司针对没有驾车经验的人会提供附带司机的服务，被称作Chauffeurservice。

■**道路地图**

德国汽车协会 ADAC 出版的德国道路地图是非常详细的道路地图，而且很好用。可以在加油站或者书店购买。另外，使用手机下载谷歌地图也很方便。

■**环境保护区规定**

德国主要的大城市都采用了环境保护区 Umweltzonen 制度，没有达到一定环保标准的汽车是不允许进入市区的。在环境保护区内，根据汽车尾气的排放分为红、黄、绿的标识，带有何种颜色标识的汽车只能在相同颜色的环保区内行驶。如果进入不同颜色的区域需要缴纳罚金。各城市及环境保护区的详情请参考以下网址。

🔲 www.umwelt-plakette.de

✉ **既要准备导航也要准备地图**

在租车的时候我没有带地图，于是追加租借了车载导航，但是这里的导航软件系统十分陈旧，完全没有更新数据，自己究竟是在哪一条路上行车完全没有搞明白。而且检索线路的速度超级慢，进入城市的地下隧道时完全就没有信号了。比如到慕尼黑等隧道内有岔路的地方时，完全无法导航。建议提前准备一张纸质地图（可以在加油站购买）。另外，写有"前方施工请绕行（Umleitung）"的看板一定不要漏看哦。

🎫 驾车时的注意事项

在租赁公司的停车场找到租借给自己的车后，首先应该检查一下车子的内外有无刮蹭。里程表与油表是否与合同中所标注的内容相符、操控反光镜与雨刷器的位置、倒挡的挂入方法、开车灯的方法、油箱口的位置以及打开

一边欣赏古城风光一边享受驾驶乐趣

方法。德国的法律规定，前后座位的乘客都必须佩戴安全带，12 岁以下的儿童禁止坐在副驾驶的位置。

德国是右侧通行，与我国的驾驶习惯基本相同。到达十字路口时一定要环顾左右。小心速度迅猛的骑行人。交通标识是国际通用的符号，辨认起来十分简单。

在城市内驾车，即便没有限速标识也应该控制在时速 50 公里以下，城市内的住宅区则需要时速 30 公里以下。驶出城区进入一般道路之后时速可以达到 100 公里。从高速公路、干线道路进入城市中心时，都会用表示中心地区的德语路标 Zentrum、Stadtmitte、Mitte 来表示。

停车场无论是在地图上还是在路标上都会用醒目的 🅿 来表示。

标识非常清晰

🎫 高速公路的行车方法

德国是欧洲高速公路网最完善的国家。除了在高速公路出入口设有限速规定之外，其他区域没有限速规定。不过为了安全起见，建议车速最好控制在时速 130 公里以内。近年来在臭氧浓度上升的夏季酷暑天等会发出限速警报。这么做是为了保护臭氧层，届时广播、电视等媒体都会通报此交通信息。这一点也非常具有德国特色，因为德国人非常重视环境问题。

想要尝试一次的高速公路驾驶

  德国的城市中大多数的道路上都会有自行车专用道，注意不要开车驶入。会有许多飞驰而过的骑车人。因为与我国的路况不同，经常会不经意开车闯人，一定要小心。

在没有限速的区域特别容易跟前车匀速行驶，结果一不留神就能达到在中国国内前所未有的驾驶速度。切记一定要根据自己的驾驶技术和车况来控制车速。高速公路上服务区的设施都是 24 小时营业的。

加油站

加油站 Tankstelle 的加油机上有 Benzin bleifrei（无铅）、Super bleifrei（无铅 95#）、Super Plus（无铅 98#）、Diesel（柴油）等种类（根据石油公司的不同也许会用其他标识方法）。另外，各石油公司的高辛烷汽油的名称可能各有不同。车种不同需要加入的汽油标号也不同，在提车时一定要确认（加错油没有被列入在保险赔偿范围之内）。另外，油箱盖的开关方法虽然很简单，但最好提前确认清楚。

加油是自助式的

加油站基本上都是自助式的。习惯之后就非常简单了，首先取出适合自己车辆的加油枪，然后插入油箱内，将加油枪上自带的小卡子卡住之后，油加满后会自动停止。加油完毕后，到收费处告知自己使用的油枪号码，结账缴费即可。加油站的商店内有食物、饮料、香烟、地图等商品。加油时最好顺便去个厕所。

加油完毕后，在商店付款

■不让车子空转
在铁路道口等火车通过时、等待较长的信号灯时，熄火等候是常识。大城市的交通信号灯一般红灯上标有 AUS，绿灯上标有 AN 的字母，AUS 表示"请熄火"，AN 是"发动车"的意思。

■停车场
德国有很多室内停车场和地下停车场。使用方法各有不同，一般来说都是在入口处领取票据，然后停车。取车时在自动精算机上缴纳停车费，然后乘车离开在出口处将票据插入机器。

停车场的入口处显示有剩余车位的数量。车满的德语是 besetzt

Information　摩托车之旅

在德国摩托车也非常受欢迎。各个年龄层的人都很喜欢骑摩托出行。位于美因茨近郊的 Bosenberg Motorcycle Excursions 公司，每年都会举办各种各样的摩托车之旅。

有包含出租摩托费用、住宿费用的莱茵河或者摩泽尔河的古城与葡萄田间骑行 8 天的线路，也有骑行至瑞士、意大利的 12 天线路。

虽然可以出租头盔，但是类似头盔、机车服、手套、防寒用具等自用品还是自己携带比较好。一定要带好驾照原件及翻译公证件。详细信息可以通过下述方式获取。

● **Bosenberg Motorcycle Excursions**
✉ Mainzer Str. 54　D-55545 Bad Kreuznach
☎（0671）67312
FAX（0671）67153
⌨ www.bosenberg.com

德国的住宿设施

无论是多么便宜的酒店也一定有人清扫房间和整理床铺。团体游的时候导游一般都会建议客人在枕头旁或者床头柜上放置€1的小费，但是如果没有什么特殊的事情需要帮忙，没必要放置小费。不过如果有人帮你把行李搬到了房间，或者叫了客房服务等，需要支付€1左右的小费。

五星级最高档的酒店设有管家服务，非常值得信赖

■更换毛巾的系统

连续入住时，请将使用过的毛巾置于浴室的地上或者浴缸上，如果放回毛巾架上，就会被误认为是"还要继续使用，请不要更换"的意思，一直这样做毛巾是不会被更换的。因为德国人比较注重环保，这已经成了不成文的习惯了。

■贵重物品的保管

不要将现金、护照等贵重物品置于屋内就外出。请将贵重物品放入屋内衣柜中的保险柜内。如果没有保险柜，就随身携带，或者放入带锁的行李箱内。

如果感觉房间的暖气温度不够，可以试着调节温控按钮（有时可能会在深夜停止供暖）

■打开酒店房门的技巧

德国酒店的房门非常结实。不过钥匙经常不是很灵敏。如遇这种情况，不妨将房门向外拽一下，然后再旋转钥匙。很多时候，钥匙需要转动2圈。

德国住宿设施的种类

德国的酒店虽然没有政府机关进行的全国性星级测评，但是有德国酒店餐厅协会根据酒店的设备评定的1~5星标准。另外，除了酒店之外德国还有多种住宿形态。

酒店 Hotel

酒店住宿费用一般是包含早餐费用的（最近，早餐单独收费的酒店逐渐增加）。早餐有红茶、咖啡等饮品，还有各种面包，此外还有切片火

用古典家具布置的房间

腿和乳酪等。中档以上的酒店大都是自助早餐，可以挑选自己喜爱的食物尽情享用。

如果客房的设施无差别，乡村小镇的酒店要比大城市的便宜很多，而且服务人员的态度也比较亲切。因此，乡间巡游之旅会比较舒畅。

古堡酒店 Schlosshotel

德国是古堡较多的国家。有几座从中世纪延续至今的古堡现在作为古堡酒店对游客开放。下榻在过去的王侯贵族们、公主们曾经居住过的城堡，宛如进入了童话世界。虽然外观还是中世纪时的模样，但是内部的房间都进行了现代化的改造，非常舒适。城堡大都地处森林中或者山上，虽说交通非常不方便，但是这种与世隔绝的氛围会让人有种进入梦境般的感觉。古堡酒店在德国十分有人气，建议尽早预约。具有代表性的古堡酒店请参考→ p.39~40。

希尔施霍仑古堡酒店的客房

加尔尼酒店 Hotel garni

即便设施十分简朴，也还是很想在这种德国风情的民宿里住上一次

虽然酒店本身没有餐厅，但是有早餐专用的食堂。询问服务台，便可以为你介绍附近好吃的餐厅。

旅馆 Gasthof

这种住宿设施一般是一层是餐厅，二层以上是客房的小规模旅馆。大多数是家

  大多数的酒店如果浴室内没有吹风机，可以向酒店前台借。我借吹风机的时候被收取了€10的押金，返还的时候押金退回。

族经营的，餐厅也兼做旅馆的前台。个别房间内没有浴室和厕所，需要使用楼层的公共浴室和厕所。在这里入住既可节约旅费，又能深度体验德国普通民众的生活。

公寓 Pension

房间较少的小规模住宿设施，费用也较为便宜。地处度假村的公寓，一般都会提供早餐、晚饭。城市里一般都是利用1个楼层来做公寓，房间相对较小。虽然有早餐厅，但是没有正式的餐厅。

民居 Privatzimmer

类似民宿的住宿设施。普通家庭，将空余的房间租借给旅行者。度假地和农村比较多。基本上是由这家的主妇来打理的。会一些德语会比较容易沟通。

农家乐 Urlaub auf dem Bauernhof

在农民家体验入住的形式，可以跟大自然和动物们亲密接触，对于家族旅行游客来说十分有魅力。推荐入住在种植葡萄的农民家或者酪农等的家中。不过，大多数的农家都会希望至少住1周以上。如果你会德语将会有比较难忘的旅行体验。最好开车自驾前往。

可以体验德国农民生活的住宿设施

度假公寓 Ferienwohnung

度假公寓顾名思义就是专门为"假期时提供的住所"，暑假或者滑雪季时，为长时间滞留于此的客人提供的公寓或者租赁别墅等。主要位于山区、海边、湖区等度假地，柏林等大城市也有。主要房型是2间卧室，以及厨房、浴室，适合全家人居住的较多。原则上需要以周为单位租借。可以通过当地旅游局的官网查询。

青年旅舍 Jugendherberge

青年旅舍起源于德国。因此这里的青年旅舍设施的充实程度也是欧洲屈指可数的。Jugendherberge是德语青年旅舍的意思，如果是高一级别的带有单人间、双人间的则被称为Jugendgästehaus或者Jugendhotel。

一般来说青年旅舍都是6~8人间，有公共浴室。包含早餐的住宿费用是每晚€20~25。也有一些利用古堡或者历史悠久的建筑改建而成的现代青年旅舍。如果准备夏季旅游旺季时入住人气较高的青年旅舍，建议提早预订。大多数青年旅舍可以通过互联网预订房间。基本上都是10:00~17:00，有些则是22:00关门，办理入住手续的时间段和关门的时间一定要在预约的时候确认清楚。

青年旅舍的魅力在于，可以与来自全世界各地的青年驴友相聚。然后互相交换旅行信息，一起运动，也是结交新朋友的机会。不过，多人间里入住的年轻人大都喜欢热闹，可能会一直吵闹到

交新朋友的机会

■酒店钥匙的管理

外出时，钥匙一般是放在前台。不过，小规模的住宿设施没有常设的前台服务人员，而且一般23:00就会关闭玄关。如遇这种情况，一般客房钥匙与玄关钥匙通用，或者单独再给你一把玄关钥匙，办理退房手续时归还即可。

■磁卡式钥匙的注意事项

使用磁卡式钥匙的酒店，一般在乘坐电梯时都需要刷楼层，如果没有刷卡电梯将不会在你入住的楼层停留。进入房间后，需要将房卡插入房门旁边的卡盒内，屋内才会通电。另外，出门会自动锁门，所以每次在出门前一定要确认是否携带了钥匙。

■酒店的无线网络

大多数的酒店有无线网络（Wi-Fi）设施（→p.530），不过接收到信号的房间比较有限，基本上酒店大堂都是有信号的。如果想要房间内有无线网络信号，在预订的时候需要确认。个别酒店的大堂还设有商务中心，为顾客提供可免费使用的电脑。

■农家乐信息

🌐 www.landtourismus.de

■住宿费用之外的税金

个别城市会征收疗养税Kurtax、住宿税City Tax等名目的税金，在€2~5，直接加算到住宿费用中。住宿费用的表示因酒店而异，有些标注的是含税价格，有些则是不含税价格。

■德国的青年旅舍协会

🌐 www.jugendherberge.de

■中国的青年旅舍协会

🌐 www.yhachina.com

■世界青年旅舍的预约网址

🌐 www.hihostels.com

■入住青年旅舍的注意事项

德国的青年旅舍大都建在距离中心城区较远的地方。第一次去一个陌生的地方，又要走远的路，而且四周的行人也很少，难免有些心理恐惧。所以一定要在日落之前赶到旅舍。尤其是冬季，最好是在16:00左右，天没黑之前抵达。另外，入住青年旅舍后要妥善保管好自己的贵重财物。

最近就连四星级酒店的洗发水和沐浴液都是完全相同的液体，建议还是自己携带洗漱用品比较放心。我的头发受到了很大伤害……

来自世界各地的背包客会聚于此

✉ 确认接待时间！

有些私人旅馆的接待时间至21:30，过时间后即便是打电话也无人接听，我虽然预约，但当天没能成功入住。一定要跟旅馆说清楚到达的时间。即使是酒店也大都是22:00左右服务台就没人了，有时需要自己用钥匙打开大门进入。便宜的酒店这种类型的偏多。

编辑部注：家庭经营的旅馆或者青年旅舍，一般房间是不设单独的工作人员的。抵达当天最好在18:00前办理入住手续。入住之后会给你大门的钥匙，届时可以自己用钥匙开门进入。

■ 主要私人旅馆

下记是酒店与旅馆共设的大型连锁店。年轻人的团体或者家庭旅行的住客较多。

· Meininger
📧 www.meininger-hotels.com
· A & O
📧 www.aohostels.com

公共空间非常宽敞（A & O · 纽伦堡）

杜塞尔多夫的青年旅舍

深夜，根据个人习惯的不同无法入睡的人也不少。

国际青年旅舍会员卡（HI卡）是国际青年旅舍联盟会员身份证明，全球通用，也是旅行者入住青年旅舍的凭证。现办理会员卡可通过网上办理、到各家青年旅舍前台办理，或到各代理商处办理，办理当天即可生效。会员卡需要缴纳50元会费，1年内有效。办卡详情请咨询 p.525 边栏所记网址。即便不是学生也可申请，没有年龄限制。

私人旅馆 Hostel

青年旅舍是会员制的，而且地理位置大都比较偏僻，还有门限，使用起来有诸多不便。私人旅馆改善了上述诸多弊端，近年来在柏林、慕尼黑、法兰克福等大城市的中心地带逐渐增多。

家庭房的房型较多（Meininger · 慕尼黑）

私人旅馆的主要住客是背包客，其次是想要节约住宿费用的游客，此外还有季节性的派遣打工者等。虽然有些地方也设有单人间和双人间，但是以4~10人的多人间为主（大房间）。多人间大都是男女混住的（德国一般是家庭或者情侣利用的比较多），如果对此比较在意的人还是慎重为好。淋浴房和

在大厅轻松交谈的住客（Meininger · 柏林）

厕所使用各楼层公用的设施。无论是青年旅舍还是私人旅馆，都只是当作睡觉的地方来考虑就容易理解了，房间的设施和服务是远远不能与酒店相比的。

多人间的床位是上下铺的床位（A & O · 德累斯顿）

前台与公共空间（A & O · 多特蒙德）

🏛 在中国预约

旅行的日程和想要入住的酒店决定下来之后，可以在中国通过互联网预约。尤其是在举办展会的大城市，或者有集会活动时一定要提早预约。

自己预约的时候可以通过酒店官网直接预订，也可以通过一些酒店

投稿 ▶ 在慕尼黑的Meininger入住了几晚。虽说是私人旅馆，但是住客中高中生团体较多，一直在楼道里喧哗至深夜。

预约平台进行预订。预约时请看清楚酒店的要求，如是否可以退改房，或者支付方法是否支持在线支付、信用卡支付等。

如果酒店无法通过互联网预约，可以参考 p.542 的酒店预约申请表格，通过传真等的方法预约。所有酒店都可以使用英文预约。

🏨 在当地寻找酒店

如果想要自由地旅行，不想被行程所束缚，也可以采取在当地寻找酒店的方法。

到达目的地城市之后，如果准备找酒店不妨先去旅游服务中心 ❶ 去看一看。这里最容易寻找到有空房的酒店。也可以跟工作人员说明自己的预算和希望住宿的位置等。预约需要收取 20~30 元的介绍费。如果决定要订这家酒店，可能会被要求支付部分预付款，以后会算入房费中。

另外，如果是小镇的话可能只有少数的几家旅馆，如果赶上旅行团入住可能很难找到空房。所以制定行程时请尽早安排到达准备住宿的目的地。当然，也可以在当地通过互联网预订平台寻找还有空房的酒店。

🏨 预约时需要确认的酒店设施

德国酒店中暖气设施相对比较完善，但是没有冷气的酒店也不少。即便是四星级的酒店，利用古建筑改建而成的欧式酒店通常都没有冷气。最近，德国受地球变暖的影响，从 6 月就开始持续高温闷热的日子了，比较怕热的游客一定要提前确认好酒店是否有冷气设备。

另外，没有电梯的中档酒店较多。有时工作人员会帮忙搬运行李，但是有些小规模的酒店由于人手不足可能很难抽出帮忙的服务人员。对于将自己的行李搬上楼感觉很吃力的人来说，一定要提前确认好酒店是否有电梯。

■确认退订条款
退订手续费的条款根据酒店而不同，可以在正式预约之前确认清楚。尤其是使用信用卡支付预订金时，退订之后是否会从卡内扣除费用等事宜一定要提前确认清楚。

■携带预约通过证明
通过互联网或者电邮预约时，可以将对方发出的《预约确认信函》打印后随身携带。如果出现任何预约上的纠纷，可以拿出来当作凭证。而且在办理入住手续时出示给对方，能迅速找到自己的名字，提高办理速度。

■记住一些实用的酒店用语
EZ = Eizelzimmer
单人间
DZ = Doppelzimmer
双人间
FW = mit fließendem Wasser
只有洗漱台，没有卫生间和淋浴的房间
Frühstüsk = 早餐

Information 进入带有自动防盗门锁的公寓中

中国有不少公寓等住宅的玄关是自动防盗门锁，德国也是如此。很多公寓式酒店只占大厦的一个楼层，通常入口处是没有人看守的，为了防盗大都安装了自动防盗锁门。

想要让里面的人打开门，首先要从位于入口旁的居住者名单中找到公寓的名字等，然后按名字下的按钮。话筒里有人应答了，就说"我是预约了房间的

○○"等，说明来意便可。然后里面的人会开锁，听到锁解除的声音就可以推门进入了。到达公寓所在的楼层后，可能还有一道同样的门，做上述同样的操作便可入内。

虽然看起来麻烦，但是习惯的话其实很简单。办理完入住手续之后，便会领到钥匙。如果去拜访个人的私宅也大都如此。

Information 楼层的表示方法

德国楼层的表示与我国略有不同，一层是 Erdgeschoß，也就是地上一层的意思；二层是 1.Etage；三层是 2.Etage。在中国的酒店搭乘电梯时，如果我们想去大堂通常都会习惯性地按 1，但是德国则需要按 E 或者 EG。

电话·通信

打电话的方法

公共电话的使用方法基本与中国相同。大多数的公共电话都是电话卡 Telefonkarte 式的，也有用现金的，都可以直接拨打中国电话。

如果使用酒店房间内的电话，需要拨打酒店指定的号码（一般都是"0"）接通外线，有些酒店也许没有连接外线。而且从酒店拨打时需要加收手续费，不是很划算。

公共电话的使用方法
① 拿起听筒；
② 将电话卡插入有箭头指示的卡槽内；
③ 拨打对方的电话号码；
④ 电话卡的余额会显示在屏幕上；
⑤ 通话结束后，放回听筒取出电话卡。

投币式的电话中，可以使用的硬币是€ 0.10、€ 0.20、€ 0.50、€ 1、€ 2，放入大额硬币，有可能不找零。

■电话卡

可以直接插入公共电话中使用的 Deutsche Telecom IC 电话卡价格是€ 10。

拨号式的电话卡，虽然通话费比较便宜，但是需要一定的语言能力，必须能听懂自动语音提示的意思。无论是哪种卡，在主要车站内的商店和自动贩卖机上都可以购买。

拨打国际电话

●从中国往德国拨打时
0049+ 德国区号（去掉开头的"0"）+ 电话号码。
●从德国往中国拨打
0086+ 中国区号（去掉开头的"0"）+ 电话号码。

从德国拨打中国北京的电话号码 010–88888888

国际电话识别码		中国区号		长途区号或手机号（去掉前面第一个 0）		电话号码
00	**+**	86	**+**	10	**+**	88888888

※ 从公共电话上拨打国际长途是这样的顺序，如果是从酒店的房间拨打需要连接外线。

手机

可以直接开通中国手机的国际漫游功能，详情请咨询各电话公司。也可以租借德国本地的电话卡。费用在 30~45 元 / 天。

邮政

从德国邮寄明信片回国内，收件人可以用中文填写，国名写 China，然后写航空件 LUFTPOST（或者 Priority），英文一定要写得醒目。之后去邮局购买邮票 Briefmarke，贴好后投入黄色的邮筒内。大约 10 天可到达。

德国的邮局也已经实行了民营化，在车站的便利店或购物中心的角落里也会设有邮局的营业点。除了提供邮政方面的服务以外，还售卖一

■寄往中国的邮资
🖥 www.deutschepost.com

明信片		€ 0.90
信封	50g 以下	€ 1.50
Päckchen	2kg 以下	€ 16
包裹	5kg 以下	€ 43.99
	10kg 以下	€ 59.99

 投稿 我在购买明信片的商店内购买了邮票。不过如果没有购买明信片，商店的邮票是不单独出售的，因为出售邮票是对购买明信片顾客的一种服务。

黄色号角的标志（古代邮政马车的号角）是邮局的标识

些文具等。包裹用的包装物也同时有售，如果行李增多的话不妨先寄回中国国内一批。航空包裹大约 10 天，如果选择 Premium 大约 6 天可达。Päckchen（小型包裹）需要 8~12 天送达。

 互联网

大多数的酒店都有无线网络设备，有些甚至可以免费使用。不过，办理入住手续的时候需要跟前台说一声"想要在房间内使用 Wi-Fi"，获得用户名和密码，如果是付费的可以购买上网时间。付费的情况，大多会自动接入服务器，然后按照上网的时间计算费用从信用卡扣款。

除了酒店以外，可以使用无线网络的咖啡厅、快餐店也在逐渐增多。德国各地也都有咖啡网吧 Internetcafe。

使用德国电脑的键盘时，英文字母 Y 与 Z 的位置交换了，需要注意。

购物

■ **商店的营业时间**
周日、法定节日休息。大城市的精品店等一般是周一～周五 10:00~19:00，周六 10:00~18:00，个别店铺也会有所不同。百货商店是周一～周六 9:30~20:00。

■ **包装与购物袋**
德国是推崇环保主义的国家，购物时的包装都是简easy包装。超市等地的商品大都是使用再生材质制成的简易包装。收银台也跟中国一样不提供免费的购物袋。如果需要可以单独购买。德国人购物都会带着环保购物袋去。

■ **礼物用**
如果你购买的商品是准备做礼物用的，只需要说"Als Geschenk（是送人用的）"，对方便会为你包装好。百货商店一般都需要到单独的柜台进行包装。

■ **遇到困难去加油站**
德国没有便利店，休息日想买东西会非常不方便。如果在大城市，可以去中央车站内营业的店铺购买，中小城市没有这种商店。这时可以去加油站。这里的商店售卖食品、简单的生活用品、地图等商品。加油站的商店几乎没有休假和而且晚上营业到很晚。不过加油站在老城区和城市中很少见，找到一座加油站也需要费一番功夫。

■ **德国的打折季**
德国有夏季打折季 SSV（Summer Schluss Fairkauf 的简称）和冬季打折季 WSV（Winter Schluss Fairkauf 的简称）。各城

 购物礼仪

德国商店的橱窗里一般都陈列着这家商店最值得推荐的商品。如果是逛专卖店，只需看看橱窗里所展示的商品，如果有感兴趣的物件不妨再进店逛一逛。

想要在德国愉快地购物，无论是否有良好的语言能力，都要学会"问候"和"表达自己的意愿"。

橱窗里陈列着店内首推的商品

进入精品店和专卖店时一定要说"Guten Tag.（德国南部说 Grüß Gott.）"作为问候。当店员过来接待时，便可以说自己的意愿了。指着橱窗里的物品说"请拿这个给我看一看。Zeigen Sie mir das, bitte"便可。如果还想看看其他的商品，也不要随便拿货架上的商品，只需要表达清楚自己想要的，等待店员帮你取出便可。当然，如果不想要，拒绝便可以了。不过，为了表示感谢服务员为你提供的服务需要说"谢谢，再见"（Danke schön. Auf Wiedersehen），一定要说。

如果不想买东西只是想逛一逛的话可以说"只是看看"（Ich möchte mich nur umsehen）或者用英语说"Just looking"。

 从德国出境时需要办理的退税手续

在德国购买的商品都支付了消费税 Mehrwertsteuer（简称 Mwst.，有时是 Umsatzsteuer = USt.）。税率大概是 19%（食品、书籍等是 7%）。居

 德国的塑料饮料瓶装的饮料都需要支付€0.25的再利用容器费。将空瓶子放入超市内设置的自动回收机 Pfandflaschenautoma内，便会有一张印有回收个数及金额的小票被打印出来，然后持此小票在收银台结算

住在欧盟以外的外国旅行者，如果满足条件（下记的①~③），办理相关手续后可以返还消费税。不过，办理免税手续时代办公司（参考边栏内容）会收取一定手续费，实际返还的金额是 10.3%~14.5%（食品、书籍等是 2.5%~3.5%）。并不是所有商店都可以办理免税手续，百货商场、名品店、特产商店等可能会设有退税服务的柜台。一般在店铺的入口处会张贴有代办免税手续的标识，请确认后再进入。

①在可以办理免税手续的商店内，一次性购买€ 25 的商品。

②有购物商店提供的免税手续证明和购物小票（信用卡回执小票和复印件不可）。办理免税手续证明只需要跟店员要，便可获得。需要出示护照。

③购买的商品必须是未使用的状态带出欧盟加盟国以外。

在机场办理手续（法兰克福机场 1 号候机楼）

（1）免税商品作为带入机舱内的随身行李时

①在航空公司的柜台办理完登机手续后，作为随身行李直接带到出境检查口（B41 登机口附近）前的海关 Export Certification（有雄鹰图案的标识），出示需要免税的商品、护照、登机牌和商店提供的免税手续证明，然后让窗口盖章。

②去代办免税手续公司的退税窗口（Cash Refund 或者 Tax Free），出示各项手续证明，领取返还的税金（可以选择现金或信用卡账号退款，→参考边栏内容）。

（2）免税商品作为随机托运行李时

①办理登机手续时，暂时不将装有准备办理免税商品的行李箱托运，跟柜台人员说明要去办理退税手续，然后领取登机牌和行李托运牌。

②去海关（B 区 643 号柜台隔壁的窗口）给退税手续证明盖章，然后把装有免税商品的旅行箱交由海关托运。

③去代办免税手续公司的窗口，领取返还的税金（与上述的（1）②一致）。

市根据店铺而各有不同，SSV 是 7 月上旬~8 月上旬，WSV 是 1 月上旬~2 月上旬。届时服装类、鞋帽类、箱包类等等商品将会以折后价格出售。

■代办免税手续的公司

最大的公司是 Global-blue 公司，最近 Premiertaxfree 公司的店铺也在逐渐增多。机场的退税柜台根据代办公司的不同而各异，请参考下记网址。

· Global-blue

🌐 www.global-blue.com

· Premiertaxfree

🌐 www.premiertaxfree.com

■通过信用卡账号返还税金

在海关盖完章之后，将信用卡号写在购物小票的原件和免税手续证明上，放入购物时商店提供的信封中，投入海关窗口附近的专用信箱中。

注意！

如果要经由德国之外的欧盟国家返回中国，原则上需要在最后出境的国家的机场办理免税手续。

■去机场时留下足够的时间

法兰克福国际机场客流量非常高，往往去办理免税手续需要排队等待很长时间，一定要留足充裕的时间应对各种突发状况。

■通过陆路到欧盟以外的国家时

去往欧盟以外国家的国际特快列车上，原则上来说在出境之前会有专门的海关人员在车内巡回，届时提出免税申请即可。不过，也有没有海关人员的情况，如果是这样只能去国境车站的海关办理相关手续了。如果想要保证退税，建议避免乘坐火车出境。

ℹnformation 在超市购物时的注意事项

在超市购物虽说是一件非常有趣的事情，但是德国的超市也与我国有个别的不同。

● 入口与出口是固定的

除了百货商场地下的部分超市之外，大部分的超市都严格地区分入口 Eingang 与出口 Ausgang，从入口处的旋转门进入后是不能出去的。如果在超市转了一圈没有自己想要购买的商品，想要走出超市时，一定要从收银台穿过才能到达出口。如果这时，你刚好手拿着一个比较大的包，店内的工作人员便会说请给我看看包里面的物品。

● 收银台有些忙乱

到收银台后，需要将商品从购物车或者购物篮中自行取出，然后将商品放在传送带一样的台案上（为了不与上一个顾客购买的商品混淆，放一个隔离用的横杆）。使用后的购物篮需要自行返还到收银台前的固定位置。购物袋需要单独购买，如果需要请在结完账之后说 "Eine Tüte,bitte"。收银员扫码后的商品需要尽快装进购物袋。如果动作慢一些，后面顾客的商品就会涌上来。

罗滕堡的超级市场

🔖（可做本次购物的抵金券）。如果是没有回收机的面包房或者药妆店，只需要将空瓶子交给收银员即可。

旅行中的麻烦与安全对策

■紧急联络
●警察 ☎ 110
●消防 ☎ 112
公共电话都设有紧急联络警察及消防的装置，拿起话筒，按下拉杆就可以免费通话。

■获取安全信息
外交部中国领事服务网会登载安全提醒。
🖳 cs.mfa.gov.cn

✉ 在车站的电动扶梯上钱包被盗
12月中旬的柏林，从地铁站乘扶梯上到地面的过程中，扶梯突然停止。当扶梯再次开始工作时，原本放在裤子后兜里的钱包就已经被偷走了。当然在自己身后的人没有足够的防范意识，导致自己遭受了损失。
偷盗者会按下电动扶梯的紧急停止按钮，然后趁乱行窃。类似案件正在增加，需要多加注意。

✉ 上车时应注意！
乘坐 IC 从波恩前往法兰克福时，我的前后各有一名女子。我感到后面的女子碰了我的背包，扭头看时，背包已经被打开了 10cm 左右。前面的女子在上车时故意行动迟缓，我等于被这两个人夹在中间。应该是两个人合作行窃。

德国的治安

德国的治安状况在欧洲属于较好的。但即使这样，在慕尼黑、法兰克福、柏林等大城市的机场以及中央车站周边，顺手牵羊及扒窃等案件仍然很多，需要特别注意。
对放有贵重物品的行李要时刻留意。绝不把行李放在自己视线之外的地方，购物时也要注意不给小偷趁机行窃的机会。

被盗·遗失

如果遇到被盗或贵重物品遗失，应立即前往最近的警察局（可以问酒店工作人员），让警察出具证明。回国向保险公司索赔时，需要出示失窃证明。

护照丢失后如何处理
如果护照被盗，也要立即前往最近的警察局，让警方出具被盗证明。
然后，去中国驻德使领馆（→ p.533），申办新护照或旅行证（可作为护照的替代证件）。
补发护照，需要提交 3 张 6 个月内拍摄的正面免冠彩色照片（48mm×33mm）、原护照复印件或其他能证明申请人中国国籍和身份的材料（身份证、户口簿等）复印件、在外国的居留证件或签证原件和复印件、个人情况说明（无居留证件人员适用）。申请发放旅行证，需要提交 3 张 6 个月内拍摄的正面免冠彩色照片（48mm×33mm）、原护照复印件或其他能证明中国申请人中国国籍和身份的材料原件及复印件以及护照遗失、被盗书面情况报告。

遗失信用卡时
信用卡被盗后很可能会被拿去恶意使用，所以应及时应对。需要立

Ⓘ Information 了解小偷的惯用手法与常见问题

✉ 乘坐 ICE 特快在科隆站停车时遭遇小偷行窃。应该是在把旅行箱放上行李架时被偷的。乘火车时一定要特别注意小偷。

●被假警察诈骗钱财
冒充检查毒品的便衣警察（一般为两个人），要求乘客出示护照和钱包。如果把钱包交给他们，他们会在假装查看钱包时把里面的钱偷走。
→对策：真正的警察有可能会要求游客出示护照，但是不可能要求查看游客的钱包。决不能把自己的钱包交给别人。

●看上去热情的人其实是小偷
在列车的车门处，看见有人在搬重行李便热情地主动上前帮忙的，很可能就是小偷。一般为两个小偷合作行动，此时乘客的注意力往往会集中在自己的旅行箱上，另一个小偷从后面悄悄接近，从手提包中盗窃钱包。
→对策：上下车时遭盗窃的情况在增加。在车站遇到主动过来搭话的人时要格外小心。应把贵重物品放入贵重物品袋中随身妥善保管。

●吃饭时手提包和钱包被盗
在酒店吃自助早餐时，小偷会趁着客人去拿食物的空当盗窃被留在座位上的包。在餐厅吃饭时，如果把衣服挂在椅子背上，放在衣服口袋中的钱包就有可能被偷。
→对策：携带物品时刻都不能离开自己的身体。

📢 趣味会话　在机场和车站，一刻都不能把旅行箱放到远离自己的地方。这不仅是为了防范偷盗，也是为了不让自己的行李被误认为是恐怖分子的物品而导致机场、车站被临时关闭以及旅客被紧急疏散的情况出现。德国曾出现▶

即给信用卡发行公司打电话报失，暂停卡的使用。因此应事先了解出现被盗、遗失时的紧急联络方式。补发信用卡的手续一般都要在回国后才能办理，但如果亟须使用信用卡，有时也可申请紧急补发。

在车站乘车时遭小偷行窃的情况经常发生

疾病·负伤

因时差及气候等环境因素的影响，加上过于紧张的旅行日程安排，身体可能突然出现不适。如果感到疲惫，一定不能勉强自己，应注意休息。在药店 Apotheke 可以买到头痛药等常见药物，但最好还是从中国国内带上自己平时的常用药。如果服药后身体状况仍不见好转，则应联系所在酒店的工作人员，让他们为自己介绍一家合适的医院。去德国的医院就诊原则上都需要预约，所以还要请酒店工作人员帮忙确认自己是否可以去要去的医院就诊。如果已经丧失行动能力，则要让酒店工作人员叫救护车。德国的救护车出车是要收取费用的。

如果已经购买了海外旅行保险（→ p.499），也可以联系保险公司的客服，让保险公司介绍与其有合作关系的医院。保险公司的保险手册上也可能有合作医院的名单。在与保险公司有合作关系的医院就诊，可能不需要自己支付医疗费，但在其他医院则需当场全额付款，回国后可凭诊断书等书面材料让保险公司按规定报销医疗费。在国外就医，费用非常高，所以一定要事先购买海外旅行保险。

※ 紧急就医时的会话→ p.537

■ 在商店付款时被盗
　在法兰克福中央车站的商店购买了一些食品，付款时把€ 20 放在了收银台的盘子里，不料后面的小偷直接伸手将纸币拿走并迅速逃跑。所以我认为付款时一定要把钱直接交到店员的手里。

■ 以备紧急之需在记事本上应记录的事项
　护照号、签发日期、签发机关（也可把护照复印件贴在记事本上）、机票号、信用卡号及有效期和紧急联系电话、旅行社及保险公司驻当地办事机构的联系方式、中国的紧急联系人。

■ 中国驻德国大使馆
Botschaft der Volksrepublik China
● 柏林
☎（030）27588
🖥 www.china-botschaft.de/chn
🏠 Märkisches Ufer 54, 10179 Berlin

■ 中国驻德国总领事馆
Generalkonsulat der Volksrepublik China
● 驻汉堡总领事馆
☎（040）82276013
🏠 Elbchaussee 268, 22605 Hamburg
● 驻慕尼黑总领事馆
☎（089）17301611
🏠 Romanstr.107, 80639 München
● 驻法兰克福总领事馆
☎（069）75085510
🏠 Stresemannallee 19-23, 60596 Frankfurt a.M
● 驻杜塞尔多夫总领事馆
☎（0211）90996366
🏠 Schanzenstraße 131, 40549 Düsseldorf

Information　随身携带护照的义务

　如果执法人员（警察等）要求旅行者出示护照，旅行者有义务配合。如果拒绝出示，可能会被逮捕并处以€ 1000 以下的罚金。在市内游览时，可以将护照存放在酒店的保险箱里而随身携带护照复印件。遇到检查时，向警察出示护照复印件，如果警察不认可的话，就只能返回住宿地取护照。如果不老老实实地按警察要求出示证件，则有可能被处罚金，但并不需当

场缴纳。如果警察要求当场支付，则可能是假警察，此时应到人多的地方，要求警察出示身份证件并要求开具罚款收据。

　行驶在边境地区的列车内，经常会突然检查护照。即便是乘火车当天往返的旅程，也不要忘记随身携带护照。

🐾 过类似的实例。一旦引发混乱，相关旅客就有可能被追究责任，所以一定要拿好自己的行李，或者把行李放到投币寄存箱里。

旅行用语

　　在德国，大城市或者游客较多城镇的酒店等相对来说可以使用英语。但是，原东德地区或者较高的年龄层也会有英语不通的时候。而且，到德国来旅游不妨试着使用一些简单的德语。最初可以从打招呼或者钱币面值的表达开始。德国人有一种秉性，无论是发音多不好的德语，都会侧耳倾听直到听懂为止。在一些特殊情况下，也可以将下面介绍的德语指给对方。能够沟通是最重要的。

请牢记这些！

Ja.	是	Danke schön.	谢谢
Nein.	不是	Bitte.	拜托
Guten Morgen.	早上好	Nein Danke.	不用了，谢谢
Guten Tag.	你好	Bitte.	不用谢
Grüß Gott.	你好（德国南部地区）	Entschuldigung.	对不起
Guten Abend.	晚上好	Entschuldigung.	麻烦（叫人的时候）
Gute Nacht.	晚安	Verzeihung.	抱歉（不小心撞到别人的时候）
Auf Wiedersehen	再见	Ich verstehe.	明白了
Tschüß.	再见（比较随意）	Mein Name ist ○○.	我的名字是○○
Danke.	谢谢	○○, bitte.	请给我○○

遇到麻烦时

救命！
Hilfe!

危险！
Vorsicht!

我的钱包被偷了。
Mir wurde meine Geldbörse gestohlen.

请帮我开一张失窃/被盗证明书。
Können Sie mir eine Bescheinigung über den Diebstahl / Verlust schreiben。

我把包忘在火车上了。
Ich habe meine Tasche im Zug vergessen.

护照丢了。
Ich habe meinen Pass verloren.

这是哪里？
Wo bin ich?

厕所在哪里？
Wo ist eine Toilette?

移动时

准备从今天开始使用欧洲铁路通票。
Ich möchte ab heute den German Rail Pass benutzen.

（在通票上）请帮我盖章
Können Sie bitte meinen Pass gültig stempeln?

请问可以使用欧洲铁路通票吗？
Kann ich mit dem "Eurail Global Pass" fahren?

请问这趟车在多特蒙德停车吗？
Hält dieser Zug in Dortmund?

这个位子有人吗？
Ist dieser Platz frei?

请帮我叫一辆出租车
Können Sie bitte ein Taxi rufen.

单词表		
	Abfahrt	出发
	Ankunft	到达
	Eingang	入口
	Ausgang	出口
	Schliessfach	投币式储物柜
	Fahrplan	时刻表
	Einfach	单程
	Hin- und Zurück	往返
	Umsteigen	换乘
	Verspätung	（列车）晚点

购物

随便看看。
Ich möchte mich nur umsehen.

可以拿那个看一下吗？
Können Sie mir dies zeigen?

可以试穿吗？
Kann ich das anprobieren?

我要买这个。
Ich nehme das.

可以使用信用卡吗？
Akzeptieren Sie Kreditkarten?

单词表		
	Kaufhaus	百货商店
	Supermarkt	超市
	Markt	市场
	Buchhandlung	书店
	Apotheke	药店
	Drogerie	药妆店
	Kasse	收银台
	Schaufenster	橱窗

餐厅

有英文的菜单吗？
Haben Sie die Speisekarte auf Englisch?

我要点菜。
Ich möchte bestellen.

有什么推荐的吗？
Was empfehlen Sie?

请给我和那个一样的菜。
Bringen Sie mir bitte das gleiche.

非常好吃。
Es hat gut geschmeckt.

结账。
Zahlen, bitte.

德语菜单简介 →p.25

单词表		
	Messer	刀
	Gabel	叉子
	Löffel	勺子
	Serviette	餐巾
	Glas	杯子
	Salz	盐
	Senf	芥末
	Zucker	砂糖

酒店

今晚还有空房吗?
Haben Sie ein Zimmer für heute Nacht frei ?

早餐是几点到几点?
Von wann bis wann kann man frühstücken?

房门打不开。
Ich kann die Tür nicht öffnen.

我要办理退房手续。
Ich möchte auschecken.

用信用卡/现金支付。
Ich bezahle mit Kreditkarte/ Bar.

可以寄存行李吗?
Können Sie mein Gepäck aufbewahren?

单词表		
	Einzelzimmer	单人间
	Doppelzimmer	双人间
	Bestätigung	预约确认信
	Anmeldeformular	房卡
	mit Badewanne	带浴缸
	mit Dusche	带淋浴
	Schlüssel	钥匙
	Föhn	吹风机
	Klimaanlage	空调
	Rechnung	收据

数字

Null	0	zehn	10	zwanzig	20
eins	1	elf	11	dreißig	30
zwei	2	zwölf	12	vierzig	40
drei	3	dreizehn	13	fünfzig	50
vier	4	vierzehn	14	hundert	100
fünf	5	fünfzehn	15	tausend	1000
sechs	6	sechzehn	16	zehntauzend	10000
sieben	7	siebzchn	17	hunderttauzend	100000
acht	8	achtzehn	18	eine Million	1000000
neun	9	neunzehn	19		

星期/月

Montag	周一	Feiertag	法定节日	Juli	7月
Dienstag	周二	Januar	1月	August	8月
Mittwoch	周三	Februar	2月	September	9月
Donnerstag	周四	März	3月	Oktober	10月
Freitag	周五	April	4月	November	11月
Samstag	周六	Mai	5月	Dezember	12月
Sonntag	周日	Juni	6月		

✉投稿 德语中一般用Samstag来表示周六,但是有时Sonnabend也被用作表示周六的意思。波茨坦的巴士时刻表用 Samstag来表示,柏林则用Sonnabend来表示。

紧急就医时的会话

向酒店索要药品

我身体不适。
Ich fühle mich krank.

请问有止泻的药品吗？
Haben Sie ein Medikament gegen Durchfall?

去医院

这附近有医院吗？
Gibt es hier in der Nähe ein Krankenhaus?

这里有中国医生吗？
Sind hier chinaische Ärzte?

请带我去医院。
Würden Sie mich ins Krankenhaus bringen?

医院内的对话

我想预约看诊。
Ich möchte einen Untersuchungstermin vereinbaren.

我是……酒店介绍过来的。
…Hotel hat mir Sie empfohlen.

叫到我的名字的时候请告诉我。
Bitte teilen Sie mir mit, wenn mein Name gerufen wird.

在诊疗室内

需要住院吗？
Muss ich im Krankenhaus aufgenommen werden?

下次什么时候来看诊呢？
Wann soll ich wieder kommen?

需要复诊吗？
Muss ich regelmäßig ins Krankenhaus kommen?

我准备在这滞留2星期。
Ich bleibe hier noch zwei Wochen.

诊疗结束后

诊疗费需要多少钱？
Was kostet die Untersuchung?

现在需要支付吗？
Soll ich das jetzt bezahlen?

可以使用保险吗？
Wird das von meiner Versicherung abgedeckt?

可以使用信用卡支付吗？
Akzeptieren Sie Kreditkarte?

请在保险资料上签字。
Unterschreiben Sie bitte die Versichrungspapiere.

※如果有下述症状，请做标记出示给医生。

想吐 ……………………Übelkeit	腹泻 …………………… Durchfall	鼻涕 …………… Nasenschleim
打冷战 ………… Schüttelfrost	便秘 ………………… Verstopfung	打喷嚏 ………………… Niesen
食欲不振 … Appetitlosigkeit	拉稀	咳嗽 …………………… Husten
头晕 ………………… Schwindel	…………dünnflüssiger Stuhlgang	痰 …………………………Sputum
心悸 ……………… Herzklopfen	溏便 …… weicher Stuhlgang	血痰 ……………… Blutauswurf
发烧 …………………… Fieber	1天__次 ……__mal täglich	耳鸣 …………………… Tinnitus
腋下测体温	偶尔 ………………… manchmal	听障 ……… Schwerhörigkeit
SublingualeTemperaturmessung	频繁地 ………………… häufig	耳朵流脓 …… Ohrenausfluss
口腔测体温	接连不断 …………… dauernd	眼屎过多 …… Augenschlein
……Axillare Temperaturmessung	感冒 ………………… Erkältung	眼睛充血 … blutlaufende Augen
_____℃	鼻塞 ………… verstopfte Nase	视觉模糊 ……schwer zu sehen

※指着下述单词向医生表达来意。

▶什么样的东西

生的 ………………………… roh
野生的 ……………………… wild
油腻的 ……………………… fettig
半生的 ……………………… halbroh
放置时间较长的食物 ……Nach dem Kochen lange Zeit liegengelassene

▶受伤了

被扎了了/被咬了
……………… gestochen/gebissen
被割伤 …………………… geschnitten
摔倒了 ……………………… fallen

被打了 …………………… schlagen
扭到了 …………………… verdrehen
从高处摔下 …………… abstürzen
烫伤 ……………… sich verbrennen

▶痛感

火辣辣的痛 ……………… brennend
刺痛 ………………………… stechend
痛感明显 ………………… scharf
剧烈疼痛 …………………… akut

▶原因

蚊子 ………………………… Mücke

蜜蜂 ………………………… Biene
牛虻虫 …………………… Bremse
松鼠 ……………… Eichhörnchen

▶什么时候

野营时
…………………… Campen gegangen
登山时
………… auf einer Berg gegangen
在河里戏水时
………………… im Fluss gebadet

537

德国历史

日耳曼民族的诞生

世界史教科书中最早出现的与德国有关的内容是"375年，日耳曼民族大迁徙"的事件。这次大迁徙导致西罗马帝国灭亡，日耳曼民族建立的法兰克王国诞生。

"德意志"一词最早开始使用是在8世纪左右，但其实只是法兰克王国东部"百姓"之间使用的语言。查理大帝（768~814年在位）时期曾经统治了整个西欧，在他死后王国分裂成了"东法兰克王国"和"西法兰克王国"。当时的国境线基本上与德语区和法语区的分界线一致，居住在东法兰克王国的民众之间，日后逐渐产生了同民族的意识，"德意志"（"大众的语言"的意思）指的就是使用这种语言的人们，以及这些人居住的地区。

神圣罗马帝国

东法兰克王国变为了德意志王国，962年从萨克森公国起家的奥托一世被教皇加冕为皇帝，这也是"神圣罗马帝国"的开始，最终至1806年，因拿破仑入侵而解体。神圣罗马帝国没有首都，皇帝在纽伦堡和戈斯拉尔等帝国内的城堡之间巡回移动统治帝国。皇帝不是世袭制的，是由7位选帝侯推选出来的，但最后还是变为了形式主义，1438年以后都是由哈布斯堡家族世袭的。

宗教改革与三十年战争

由马丁·路德的宗教改革（1517年）引起的新教与天主教之间的领土与民众的纷争最终演变成了一场国际纷争，后被世人称为"三十年战争（1618~1648年）"。这场战争导致德国土地荒废，人口减半。战争结束后，德意志给

德国城市奥古斯堡的市政厅

予了300多个诸侯以及帝国城市独立国家所享有的权力。因此，被称为领邦国的中小国开始逐渐独立割据，处于一种混乱状态。这也是日后德国成为近代统一国家比英国和法国要晚很多年的原因。但是，也正是因为领邦国的割据，才造就了德国今天富有个性的地域文化，使游客可以在德国境内体验多彩的魅力。这一传统，也是今天德国联邦制的前身。

德意志皇帝的诞生和魏玛共和国

拿破仑统治德国时期，德国人心目中强烈的民族意识被唤醒了。在此之前，曾经有巴伐利亚地区以及黑森地区，虽说大致等于"国家"，但这次人们意识到讲德语的才是同一个民族。拿破仑战败后，德国的35个邦国和4个自由城市组成了德国联邦。哈布斯堡家族和新兴势力霍亨索伦家族开始争夺盟主的位置。最终取胜的普鲁士于1871年建立了德意志帝国。德国跨入近代国家行列不久，便在第一次世界大战中战败，德皇退位。至此德意志帝国不到半个世纪便灭亡了。

歌德与席勒的铜像（魏玛）

君主制被废除，此后又诞生了实行议会民主制的"魏玛共和国"。虽然承受着第一次世界大战带来的巨额赔款以及通货膨胀的巨大痛苦，但是进入20世纪20年代后，首都柏林还是迎来了"黄金的20年代"，向世界展示了德意志文化的繁荣。

纳粹的兴起与战败

在狂乱的世界恐慌之中，政治和经济都不稳定的时期，希特勒率领的纳粹党开始逐渐崛

德国旅行的准备与技巧

● 德国历史

萨克森豪森集中营

起。1933年，掌握政权的希特勒侵并了奥地利，并且开始向波兰和捷克发起战争，从此第二次世界大战爆发（1939~1945年）。期间有600万犹太人在纳粹集中营遇害。

战后德国的问题由美国、英国、法国、苏联这4个战胜国进行处理。1948年苏联封锁了柏林，从此社会主义体制与资本主义体制的矛盾开始对立激化。

1949年，美国、法国、英国所占领的地区成了德意志联邦共和国（西德），苏联所占领的地区成立了德意志民主共和国（东德）。

战后的冷战和柏林墙

柏林是东、西德冷战的最前沿城市，东德在一夜之间就筑起了柏林墙（1961年）。这座高墙主要是为阻止人口向西德一侧流出。

此后东德在奥运会上获得了多枚金牌，通过体育在世界上华丽登场，但是政治与经济却没有任何起色。1989年东德各地开始举行抗议活动，要求民主化、废除禁止出国旅行的限制等。之后在11月9日的夜间，柏林突然爆发了大规模的越境事件，柏林墙就此倒塌。在1990年东西德终于合并。统一后的德国虽然存在着东西德经济差异、失业、新纳粹分子袭击外国人等众多问题，但仍然在欧盟中起到了核心作用。

从语言上了解德国地名的由来
德国的地名与共同的语源和地形有着隐秘的联系，从中可以了解到这座城市的由来，也是一件非常有趣的事情。

● **巴特 Bad** =浴室、浴池的意思。因此带有 Bad 的城市，都是公认的拥有温泉和清新空气的疗养胜地。例如，巴特温普芬 Bad Wimpfen、巴特梅根特海姆 Bad Mergentheim、巴特索登 - 阿伦多夫 Bad Sooden Allendorf 等。

● **堡 Burg** =城堡、要塞。汉堡、罗滕堡、维尔茨堡、弗赖堡等地和城堡有着深厚的渊源。

● **贝格 Berg** =山。本来城堡也是建在山上的，所以也有堡的意思。例如，班贝格等。

● **福特 Furt** =可以涉水通过的浅滩。例如，法兰克福、爱尔福特等，都是沿河而建的城市。爱尔福特架于格拉河上的克雷默桥，周边的河水很浅，至今仍然能够蹚水过河。

● **海姆 heim** =现在是（作为设施的）大厅的意思，也有"家、故乡"的意思。例如，吕德斯海姆、曼海姆等。

● **哈尔 Hall** ="盐"的意思。也就是这座城市是由盐业发展起来的。中世纪时，盐一直被称为"白色黄金"，可见当时的盐是多么昂贵。例如，施韦比施哈尔 Schwäbisch Hall 等。

简略德国历史年表

德国		中国	
1~3 世纪	日耳曼人经常入侵古罗马人的领地	105	蔡伦改进造纸术
375	日耳曼民族向罗马领地大举迁徙（墨洛温王朝 481~751 年）	383	淝水之战（东晋 317~420 年）
486	克洛维·法兰克王国建立	494	北魏孝文帝迁都洛阳（南北朝 420~589 年）
714	查尔·马特担任宫相		
732	在普瓦提埃战役中击败阿拉伯人（加洛林王朝 751~987 年）	713	开元盛世（唐朝 618~907 年）

539

德国		中国	
751	查理·马特之子丕平（矮子）废墨洛温王朝国王自立，成为法兰克王国的国王	755	安史之乱（~763年）
774	丕平之子查理大帝，征服了伦巴底王国		
800	查理大帝成为西罗马的皇帝	875	唐末农民起义（~884年）
843	根据《凡尔登条约》分裂为东法兰克（后来的德国）、西法兰克（后来的法国）、罗塔林根（后来的意大利和罗特林根地区）三国。（萨克森王朝919~1024年）	907	后梁建立，唐代灭亡，五代开始（~960年）
		916	阿保机建立契丹国
		960	北宋建立（~1127年）
962	奥托一世加冕（神圣罗马帝国成立）（弗兰尼斯王朝1024~1125年）	11世纪中期	毕昇发明活字印刷术
1077	卡诺莎之辱（在争夺主教任命权的斗争中，亨利四世向教皇格里高利谢罪，1122年通过《沃尔姆斯条约》解决）	1069	王安石开始变法
1096	第一次十字军东征（~1099年）		
1118	开始建造美因茨大教堂（施陶芬王朝1138~1254年）罗马风格建筑的全盛期，哥特式建筑刚刚兴起，宫廷·骑士文化的鼎盛时期	1115	阿骨打建立金
1143	吕贝克建立	1127	金灭北宋，南宋开始（~1276年）
1190	成立德意志骑士团		
1200左右	诗人辈出的年代，沃尔弗拉姆·冯·埃申巴赫、瓦尔特·封·德尔·福格威德等骑士爱情诗人辈出，《尼伯龙根之歌》面世	1206	成吉思汗建立蒙古政权
1241	汉萨同盟成立（~17世纪末）		
1248	科隆大教堂奠基仪式	1271	忽必烈定国号为元（~1368年）
1256	大空位时代（~1273年）		
1291	瑞士三州为对抗哈普斯堡家族缔结同盟（瑞士独立的开始）（卢森堡王朝1347~1437年）	1276	元灭南宋
1346~1351	欧洲流行瘟疫，从此开始后哥特式建筑（至1500年左右）	1368	明朝建立（~1644年）
1356	查理四世颁布金玺诏书（也译为黄金诏书＝确定选举皇帝的7位选帝侯）	1405~1433	郑和七次下西洋
		16世纪中期	戚继光抗倭寇
1386	海德堡大学创立	1553	葡萄牙攫取澳门居住权
1415	胡斯被教廷处以火刑	1616	努尔哈赤建立后金
1419	胡斯战争（至1436年）（哈布斯堡王朝1438~1918年，1745年开始为罗特林根王朝）	1628	明末农民战争爆发
1450	古登堡发明活字印刷术	1636	后金改国号为清
1495	沃尔姆斯会议（德国永久和平宣言）	1644	李自成建立大顺政权，农民军攻占北京，明灭亡
1517	马丁·路德发表《95条论纲》，揭开了宗教改革的序幕	1662	郑成功收复台湾

德国	
1521	沃尔姆斯会议（路德受审，此后路德在瓦尔特堡进行《圣经》的德文翻译工作）
1524	德国农民战争（~1525年）
1555	奥古斯堡的宗教合约（路德派取得合法地位，公众获得选择宗教信仰的权利）
1618~1648	三十年战争（1632年瑞典国王古斯塔夫·阿道夫战死，1634年瓦伦施泰因遇刺）
1648	《威斯特伐利亚和约》（三十年战争结束签订的一系列合约）
1701	腓特烈一世成为普鲁士王国的第一位国王
1720~1730左右	洛可可样式开始兴起，启蒙思想的时代
1740	普鲁士腓特烈二世（大帝）进行奥地利王位继承战争
1745	开始建造无忧宫（~1747年　洛可可式）
1806	以拿破仑为盟主的莱茵联邦成立，神圣罗马帝国解体，拿破仑进入柏林，普鲁士投降
1814	维也纳会议召开
1815	四国同盟成立，德意志联邦成立
1835	纽伦堡~菲尔特之间的德国第一条铁路开通
1848	柏林3月革命爆发
1862	普鲁士国王威廉一世任命俾斯麦为首相
1866	普奥战争
1870	普法战争（~1871年）
1871	德意志帝国宣告成立，威廉一世就任德国皇帝，俾斯麦被任命为帝国首相
1914	第一次世界大战爆发
1918	德国革命、德皇退位、德国投降
1919	《魏玛宪法》制定
1933	希特勒担任首相，脱离国际联盟
1939	第二次世界大战爆发
1945	德国无条件投降，被美国、英国、法国、苏联分割占领
1961	东西德之间筑起了柏林墙
1989	柏林墙倒塌
1990	东西德统一
1999	德国联邦议会迁至柏林，导入欧元
2005	安格拉·默克尔出任首相

中国	
1689	中俄签订《尼布楚条约》
1839	林则徐虎门销烟
1840~1842	鸦片战争
1842	中英《南京条约》签订
1851	金田起义，太平天国建立
1856~1860	第二次鸦片战争
1864	天京陷落，太平天国运动失败
1883~1885	中法战争
1894~1895	中日甲午战争，《马关条约》（1895年）
1898	戊戌变法
1900	义和团运动高潮，八国联军侵略中国
1901	《辛丑条约》签订
1905	中国同盟会成立
1911	黄花岗起义、保路运动、武昌起义
1912	中华民国建立
1913	二次革命
1915	新文化运动、护国运动开始
1916	袁世凯恢复帝制失败
1921	中国共产党成立
1927	南京国民政府建立，南昌起义
1928	井冈山会师
1931	九一八事变（抗日战争开始~1945年）
1936	西安事变
1940	百团大战
1949	中华人民共和国成立
1950	志愿军赴朝鲜作战
1954	中华人民共和国宪法诞生
1966	"文化大革命"开始
1978	改革开放
1997	香港回归
1999	澳门回归

根据自己预约的需求填写内容，英语或德语任选其一，统一书写，然后递交给酒店。一般来说使用德语书写的会用德语回信，而使用英语书写的会用英语回信。

※ 上面是德语，下面是英语

Reservierung
Reservation

❷ **Datum**____／____／20____
❶ _____ Date

Sehr geehrte Damen und Herren,
Dear Sir or Madam,

❸ **Buchen Sie bitte für____Personen;**
Please book for____Persons;
❹ ☐ **Einzelzimmer** ☐ **Doppelzimmer** ☐ **Appartment**
Single Room Double Room Suite Room
☐ **mit Dusche/WC** ☐ **mit Bad/WC**
with shower/WC with bath/WC

❺ **Anreise：**____／____／20____ ❻ **Ankunftszeit gegen____Uhr**
Check In Arrival Time

❼ **Abreise：**____／____／20____ ❽ **Nacht/Nächte**
Check Out _____ Night(s)

❾ **Mitteilung:**
Message _____
_____

❿ **Vorname**_____ **Name**_____
First name Family name

⓫ **Adresse**
Address _____

⓬ **TEL**_____ ⓭ **FAX**_____

⓮ **Kreditkarte** ☐ **American Express** ☐ **Diners** ☐ **JCB**
Credit Card ☐ **Master** ☐ **Visa**

⓯ **Kartennummer** ⓰ **Gültigkeitsdauer**____／20____
Account Number_____ Expiration Date

⓱ **Bitte bestätigen Sie meine Reservierung so bald wie möglich. Danke sehr.**
Please confirm my reservation as soon as possible. Thank you.

⓲ **Unterschrift**
Signature _____

---

❶ 酒店名称与酒店的地址
❷ 标注送出的年月日
德国是按照日/月/年的顺序来书写的
❸ 入住人数
❹ 希望的房型
❺ 到达酒店的日期
按照日/月/年的顺序
❻ 预计到店时间
❼ 退房日期
❽ 共计入住几晚
❾ 是否有儿童同行，希望房间内的设施、希望几天后得到回复等书写标注内容的项目栏
❿ Voname 是名字，
Name 是姓氏
⓫ 地址
⓬ 电话号码
⓭ 传真号码（如果希望回信用传真的方式）
⓮ 预约时，需要提供信用卡号作为保证。各酒店所能使用的信用卡种类也有所不同，详情请查询官网
⓯ 信用卡号（只在正式预约申请时填写）
为了防止错误发生，收到酒店 OK 的回复后，再告知卡号。
如果取消了预约，需要酒店提供带有负责人签字的取消确认书。
⓰ 信用卡有效期
（月/年的顺序）
⓱ "请尽早告知预约是否成功"
⓲ 签字（必须）

项目策划：王欣艳　翟　铭
统　　筹：北京走遍全球文化传播有限公司　http://www.zbqq.com
责任编辑：王佳慧
责任印制：冯冬青

图书在版编目（CIP）数据

德国 / 日本《走遍全球》编辑室编著；马谦译. --
2版. -- 北京：中国旅游出版社, 2017.10
（走遍全球）
ISBN 978-7-5032-5890-9

Ⅰ.①德…　Ⅱ.①日…②马…　Ⅲ.①旅游指南—
德国　Ⅳ.①K951.69

中国版本图书馆CIP数据核字（2017）第215383号

北京市版权局著作权合同登记号　图字：01-2017-1583
审图号：GS（2017）1820号　本书插图系原文原图

本书中文简体字版由北京走遍全球文化传播有限公司独家授权，全
书文、图局部或全部，未经同意不得转载或翻印。
GLOBE-TROTTER TRAVEL GUIDEBOOK
Deutschland 2016 ~ 2017 EDITION by Diamond-Big Co., Ltd.
Copyright © 2016 ~ 2017 by Diamond-Big Co., Ltd.
Original Japanese edition published by with Diamond-Big Co., Ltd.
Chinese translation rights arranged with Diamond-Big Co., Ltd.
Through BEIJING TROTTER CULTURE AND MEDIA CO., LTD.

书　　名：德　国

作　　者：日本《走遍全球》编辑室编著；马谦译
出版发行：中国旅游出版社
　　　　　（北京市建国门内大街甲 9 号　邮编：100005）
　　　　　http://www.cttp.net.cn　E-mail: cttp@cnta.gov.cn
　　　　　营销中心电话：010-85166503
排　　版：北京中文天地文化艺术有限公司
经　　销：全国各地新华书店
印　　刷：北京金吉士印刷有限责任公司
版　　次：2017年10月第2版　2017年10月第1次印刷
开　　本：889毫米×1194毫米　1/32
印　　张：17.5
印　　数：1-8000册
字　　数：783千
定　　价：108.00元
I S B N　978-7-5032-5890-9

版权所有　翻印必究
如发现质量问题，请直接与营销中心联系调换